KB057188

고대 희랍·로마의 **분노론**

고대 희랍·로마의

분노론

분노하는 인간, 호모 이라쿤두스 연구

초판 1쇄 발행 | 2013년 9월 2일
개정판(아카데미판) 발행 | 2014년 2월 5일

지은이   손병석
책임편집   김원영
아트디렉터   정계수
디자인   박은진 · 장혜림

펴낸곳   바다출판사
발행인   김인호
주소   서울시 마포구 서교동 401-1 5층
전화   322-3885(편집), 322-3575(마케팅부)
팩스   322-3858
E-mail   badabooks@gmail.com
홈페이지   www.badabooks.co.kr
출판등록일   1996년 5월 8일
등록번호   제 10-1288호

ISBN 978-89-5561-703-0 (93160)

• 이 저서는 2008년 정부(교육과학기술부)의 재원으로
한국학술진흥재단의 지원을 받아 수행된 연구임(NRF-2008-812-A00300).
This work was supported by the Korea Foundation Grant Funded
by the Korean Government.

손병석 지음

분노하는 인간
호모 이라쿤두스 연구

고대 희랍·로마의 **분노론**

바다출판사

머리말

첫 번째 책을 세상에 내놓으면서 남다른 감회와 더불어 설익은 앎이 세상에 나오는 것이 아닌가 하는 두려움이 앞선다. 한 편의 글이 세상에 나오기 위해선 자신의 영혼 속에서 그것이 오롯이 발효되어야 한다는 스승 권창은 선생님의 말씀을 떠올릴 때 더욱 그렇다.

이 책은 다음에 기획하고 있는 『고대 희랍인의 정의관』의 전편에 해당된다. 『고대 희랍인의 정의관』이라는 총괄적인 주제 아래 작업을 진행하던 중에 부정의에 대한 인간의 반응양태로서 분노의 감정이 밀접하게 관련되어 있음에 주목하게 되었다. 특히 분노라는 감정이 인간내면에서 작동하는 복잡한 심리적 방식을 통해 개인과 사회적 차원에서 표출되는 분노의 다양한 외적인 양태들에 초점을 맞추다보니 이 주제 자체만으로도 단행본 분량의 작업이 되었다. 이 책은 단순히 시중에 범람하는 분노나 화를 다스리기 위한 처세술에 관한 가벼운 작품이 아니다. 분노라는 하나의 감정이 우리의 일상적인 삶과 공적 영역에서 어떤 원인에 의해 발생하고, 또 그것이 개인과 공동체에서 갖는 현실적 의미가 무엇인지 고대 희랍과 로마의 철학자들의 원전 텍스트에 대한 면밀한 분석을 통해 밝힌 학술 연구서이다. 나는 이 책을 쓰면서 이론적인 차원에서 분노에 관한 철학적 고찰이 이루어지도록 애썼다.

분노는 한편으론 자연스러운 감정이다. 몸의 상처를 고통으로 느끼지 못하면, 결국 그 부상의 상처로 인해 죽을 수 있듯이, 부당함에 대한 영혼의 분노를 느끼지 못한다면 결국 그 사회는 부정의만 만연할 수 있기 때문이다. 그러나 모든 분노가 정당화될 수는 없다. 정당화될 수 있는 분노는 그것이 어떤 식으로든 정당성의 조건들을 충족시킬 때 정의로운 분노가 될 수 있기 때문이다. 또한 분노가 부정의나 모욕에 대한 의분(義憤) 또는 공분(公憤)의 속성을 갖더라도 그것이 이성의 통제를 벗어난 과도함을 보일 경우 그것은 자연적 분노로 보기 어려워진다. 분노는, 이렇듯, 정의 실현을 위한 순기능과 더불어 폭력과 테러, 그리고 살인과 같은 역기능의 감정이 될 수도 있는 것이다. 이러한 분노의 이중적 특성을 염두에 두고, 본 저술은 분노의 다양한 속성과 양태에 관한 고대 희랍과 로마 철학자들의 진단과 방책 그리고 평가를 호메로스 시기부터 헬레니즘 시기까지에 걸쳐 고찰하였다.

분노에 관한 이러한 이론적 작업을 시도하게 된 동기는 또한 우리의 사회·정치적 상황과도 무관하지 않다. 한국의 정치, 경제적인 발전은 한국인의 역동적인 감정의 표출이나 흐름과 그 궤를 같이한다고 볼 수 있기 때문이다. 이것은 분노가 한국인의 기질과 무관하지 않음을 뜻한다. 흔히 말하는 것처럼 한국인의 가슴속에는 한(恨)뿐만 아니라 고통과 불행에서 비롯한 그 무언가에 대한 분노심이 끓고 있는 것으로 생각되기 때문이다. 무엇보다 한국인의 '욱하는' 뜨거운 기질(hot temper)은 특히 분노심으로 표출되고, 그렇기 때문에 우리는 대화와 토론보다는 폭력과 증오가 더 강한 사회적, 문화적 환경 속에서 성장해왔다고 말할 수 있다. 그러나 분노의 부정적인 결과만 보고 분노를 부정하는 것 역시 올바른 태도가 아니다. 분노에 대한 일방적인 부정과 불신보다는 분노가 왜 과거부터 지금까지 우리 사회의 엄연한 삶의 양태로 존재해왔는지에 대한 비판적 검토가 진지하게 우선적으로 이루어질 필요가 있다. 이것은 우리로 하여금 사회·정치적 차원에서의 분노 표출의 원인이 무엇이고, 그것의 규범적 정당성의 한계가 어디까지이며, 또 그것이 가질 수 있는 사회적 순기능과 역기능이 무엇인지를 비판적으로 평가할 수 있는 안목과 통찰력을 요구한다. 한 나라의 올바른 시민 의식과 교양인의 척도(barometer)는 단순히 경제적인 부의 측면보다도 오히려 분노와 같은 감정에 대한 처리 방식이나 태도에서 찾을 수 있기 때문이다. '먼 과거를 되돌아볼수록 더 먼 미래를 내다볼 수 있다'는 말이 있는 것처럼 고대 희랍 로마 철학자들의 분노에 관한 철학적 논의는 이런 점에서 현재의 우리를 이해할 수 있는 중요한 하나의 통로가 될 수 있을 것이다.

이 책이 나오기까지 많은 분들의 도움이 컸다. 분노라는 감정에 대한 새로운 접근법을 생각하게 해주신 임홍빈 선생님, 처음부터 끝까지 원고를 꼼꼼하게 읽고 교정해준 대학원생 오현석 씨와 오지은 박사 그리고 김혁진 씨에게 고마움을 표한다. 그리고 이 책을 쾌히 출판해준 바다출판사의 김인호 사장님과 편집부의 김원영 선생님께 감사드린다. 또한 저술기간 동안에 연구년을 갖게 된 것도 이 책을 완성시키는 데 큰 도움이 되었다. 특히 그 기간에 물심양면으로 지원해 준 성창원 교수에게 감사한다. 또한 하버드 대학 철학과와 와이드너 (Widener) 도서관에서 에피쿠로스학파의 필로데모스 관련 자료를 이용할 수 있었던 것은 큰 행운이었다. 무엇보다 이 책이 나올 수 있도록 모든 것을 참아주고, 격려해준 아내와 사랑하는 아들에게 깊은 사랑과 고마움을 느낀다.

2013년 8월
손 병 석

저술의 연구사적 배경과 필요성

인간은 이성적인 동물일 뿐만 아니라, 그에 못지않게 감정에 따른 동물이라 말할 수 있다. 특히 분노는 우리가 일상적인 삶에서 비일비재하게 경험하게 되는 감정이다. 우리는 하루 일을 시작하기 위해 대문 밖을 나설 때부터, 그리고 바깥일을 마치고 다시 집으로 돌아와 하루 일과를 마칠 때까지 다양한 생활 속의 분노를 경험할 수밖에 없는 환경에 노출되어 살아간다. 인간은 이렇게 분노를 표출하기 쉬운 다양한 원인을 안고 살아갈 수밖에 없는 실존적 조건에 처해 있다고 볼 수 있다. 그러면 분노가 인간의 삶에서 차지하는 의미는 무엇일까? 그것은 인간의 행복에 순기능으로 작용하는 좋은 감정일까, 아니면 인간의 삶을 피폐하게 만드는, 그렇기 때문에 그것은 가급적 신속히 제거해야 할 악한 종류의 감정인가?

원시 수렵사회에서 분노의 감정은 인간이 자연과 짐승들로부터 자신의 생존을 위해 필히 표출해야 할 자연적인 감정으로 말해진다. 그러나 분노는 또한 다른 면에서 광기적이며 폭력적인 성향을 갖고 있으며, 이로 인해 복수와 전쟁과 같은 야만적이면서도 비합리적인 부정적인 감정으로 간주된다. 이렇듯 분노는 인간의 생존을 위한 자연적인 감정이면서도 문명파괴의 폭력적인 감정이라는 야누스적 얼굴을 하고 있다고 말할 수 있다. 부정할 수 없는 것은 우리의 삶의 조건이 우리를 더욱 분노하기 쉬운 호모 이라쿤두스(homo iracundus), 즉 '분노하는 인간'으로 몰아가고 있다는 점이다. 본 저술은 바로 이러한 분노가 인간 삶(vita)과 갖는 상관관계에 주목하고 이에 관한 고찰을 고대 희랍과 로마 철학자들의 분노에 관한 견해를 통해 접근하고자 한다. 앞으로 논의를 통해 차차 밝히겠지만 고대 희랍과 로마 철학자들의 분노론은, 이 당시의 철학함이 그런 것처럼, 단순히 이론적인 차원의 접근만이 아닌 인간의 삶의 문제와 관련해서 분노가 어떻게 그리고 왜 인간과 공동체에 직·간접적인 영향을 준 중요한 감정인지에 관한 진지하면서도 통찰력 있는 지혜를 제시하고 있다는 점에서 주목할 가치가 있다.

무엇보다 필자가 분노론의 연구를 시도하게 된 중요한 동기는 지금까지의 철학사에서의 인간의 자기 이해가 철학의 탄생에서 알 수 있듯이 이성이나 합리성을 통해 접근되어왔다는 점에서 비롯한다. 이것은 인간적 감정이 인간의 '자기 정체성'(ego identity)이나 '인간됨'(being humans)의 의미규명을 위한 방법론으로서 적극적으로 인정되지 않았음을 뜻한다. 그러나 인간의 영혼(psyche)에 대한 철학적 탐구가 이성에 의해서만 온전히 밝혀질 수 없음은 지금까지의 철학의 여정이 보여준다. 인간의 생각과 행동은 이성적 사고나 논리만이 아닌 감정과 정서의 흐름에 기인하는 바가 더 큰 경우도 있기 때문이다. 아니 어떤 면에서 흄(Hume)이 말하는 것[1]처럼 이성은 감정의 노예였는지 모른다. 감정 또는 정념은 그 자체의 고유한 문법과 구조를 갖고 인간의 마음과 행동의 내재적 요인으로 작동할 수 있기 때문이다. 인간영혼의 미묘하면서도 불투명한 다양한 감정의 심리적 양태들을 이성의 스펙트럼이 아닌 감정 자체의 특정한 방식과 새로운 언어로 규명해야 되는 이유가 여기에 있다.[2]

본 저술이 다루고자 하는 "분노"(orgē, ira)는 특히 그 변화의 예측불가능성과 강도의 폭발성으로 인해 이성의 통제와 조절이 다른 감정들보다 더 요구된다는 점에서 감정의 전형(typos)적인 특성을 보여주는 것으로 생각된다. 호메로스(Homeros)가 말하는 것처럼 "분노란 똑똑 떨어지는 꿀보다 더 달콤해서 인간들의 가슴속에서 연기처럼 커질 수 있는 것"[3]이기 때문이다. 실로 인간을 신과 야수의 중간자적 존재로 볼 때, 인간을 신적인 존재보다 야수에 가까운 동물로 변화시킬 수 있는 광기적 요소가 바로 분노라 말할 수 있다. 유베날리스(Iuvenalis)가 말하는 것처럼 인간의 분노가 터질 때, 그것은 마치 산꼭대기에서 바위가 굴러 깎아지른 벼랑 아래로 떨어지듯, 인간의 간장(肝臟)이 광기로 불타는 것과 같기 때문이다. 그렇기 때문에 일찍이 세네카는 분노를

---

1) D. Hume, *A Treatise of Human Nature*, L. A. Selby-Bigge(ed.) Oxford, 1978, p. 417.
2) 최근 국내에서 감정에 관한 연구로 주목할 만한 연구서는 임홍빈, 『수치심과 죄책감』, 바다출판사, 2013과 고려대 철학연구소, 『극복 대상으로서의 욕망』과 『자기실현의 동력으로서의 욕망』, 한국학술정보, 2011을 들 수 있다.
3) Homeros, *Ilias*, 18, p. 109~110.

악으로 규정하면서, 분노를 그 뿌리부터 제거할 것을 주장했다. 세네카(Seneca)에 따르면 누구든지 한번 분노에 사로잡히면 자식이 부모를 죽이고, 왕이 폭군이 될 수 있듯이 가장 선한 존재가 가장 사악한 존재로 변할 수 있기 때문이다.[4] 분노는 이런 점에서 인간에게 축복이 아닌 가급적 제거해야 될 인간의 유약함(weakness)을 보여주는 요소이다. 특히 분노는 그 영향력과 관련하여 그것이 개인적인 차원뿐만 아니라 공적 영역에서 그 결과와 해악이 다른 어떤 감정보다 크기 때문에 부정적인 감정으로 평가되어온 경향이 강하다.

그러면 우리는, 서양 철학사가 그렇듯이, 고대 철학에서 분노에 관한 이론적이며 철학적인 앎을 만족할만한 수준으로 얻을 수 있을까? 데카르트는 자신의 『정념론』(Les passions de l'âme)에서 이러한 질문에 다음과 같이 부정적으로 단언하고 있다: "지금 우리가 갖고 있는 고대인들의 학문이 얼마나 결함투성인가 하는 것은, 그들이 정념에 관해서 쓴 것을 보면 잘 알 수 있다. …… 이 문제는 다루기에 과히 힘들게 여겨지지 않는 데도 불구하고 고대 사람들이 정념에 관해서 가르친 바는 별반 배울 게 없으며, 또한 많은 부분은 믿기 어려운 것들이다."[5] 그러나 데카르트의 평가와는 달리 고대 희랍과 로마의 철학자들은 그들의 다양한 작품들 속에서 감정, 특히 분노에 관한 풍부하면서도 체계적인 이론적 성찰을 보여주고 있다. 호메로스, 아이스퀼로스, 아리스토파네스와 같은 서사시인이나 비극과 희극작가들 또는 소크라테스와 플라톤 그리고 아리스토텔레스와 같은 고전기의 철학자들, 더 나아가 세네카

---

4) Seneca, *de ira*, I. 2, II. 2 참조.
5) 데카르트, 『정념론』, 1. 1.

와 필로데모스(Philodemos)와 같은 헬레니즘 시기의 철학자들의 주요한 담론 중 하나가 분노의 감정이기 때문이다. 필자가 분노를 고대 희랍인과 로마인들의 멘탈리티(mentality), 즉 정신을 구성하는 중요한 하나의 철학적 담론으로 간주하고, 이에 관한 고찰이 필요한 것으로 생각하는 주된 이유는 다음과 같다.

첫째는 고대 희랍과 로마의 철학자들이 분노를 인간존재와 인간영혼을 이해할 수 있는 핵심적 통로이자 인간이 피할 수 없는 실존적 요소로 간주했다는 점이다. 이것은 분노라는 감정의 본성이 무엇인지 또 그것의 통제나 제거가 어떻게 가능한지에 관한 호메로스부터 로마 시대 철학자들까지의 지속적인 탐구 활동과 무관치 않다. 달리 이해하면 이것은 분노의 감정이 그만큼 희랍인들과 로마인들의 '삶의 방식'(tropos tou biou)에서 일상적으로 경험되고, 표출되고, 문제(aporia)가 되었음을 의미한다. 지금까지 전승되고 있는 다양한 주요 텍스트들을 고려할 때 고대 희랍인들과 로마인들은 개인적인 차원에서뿐만 아니라 공적인 영역에서도 분명 두드러진 분노의 에토스(ēthos)를 가진 것으로 보인다. orgē, thymos, cholos, mēnis 그리고 ira와 같은 분노에 관한 다양한 표현과 개념이 이를 방증한다. '결코 지나치지 말라'(mēden agan)는 델포이 신탁의 '중용'(mesotēs)에 관한 격언은 분노의 격정에, 특히 적용될 수 있는 말임이 분명하다. 분노는 희랍철학자들이 주장하는 것처럼 '덕에 따른'(kata aretēn) 행위(praxis)와 가장 큰 길항관계를 갖는 정념 중 하나이기 때문이다. 희랍인들에게 과도한 분노의 표출은 야만인의 전형적 특성이지, 문명인의 증표가 될 수 없기 때문이다. 따라서 분노의 감정이 그 자체의 질서와 구조를 갖고 전개되고, 그것의 내적·외적 연관관계가 어떻게 나타나는지를 규명하는 것은 분노 자체에 대한 이해뿐만이 아니라 궁극적으로 인간존재와 인간영혼에 대한 이해에 기여할 수 있을 것이다.

본 저술이 분노에 주목하는 두 번째 이유는 이러한 분노의 감정이 고대 희랍과 로마에서 단순히 사적 영역에만 국한되지 않고, 사회·정치적인 공적 활동에서 유용한 사회적 기능을 담당했다는 것이다. 이것은 분노가 다른 여러 감정들과는 다르게 단순히 한 개인의 내적인 차원에서의 심리적 내지 생리적(physiological) 운동이 아니라, 기본적으로 외적 상황, 특히 사회적 내지 정치적으로 조건 지어진 사회적 감정 내지 반응으로 볼 수 있기 때문이다. 즉 분노는 공동체 전체에서 나타나는 외적 행위나 운동의 주요한 잠재적 요인이나 모티브로 작용할 수 있는 감정이라는 점이다. 분노는 이처럼 그 지향성이 타인과 더 나아가 공동체(koinōnia) 전체로 확장될 수 있다는 점에서 문제의 심각성이 증폭될 수 있는 감정이다. 분노의 이러한 사회·정치적 의미와 관련하여 나는 특히 고대 희랍의 철학자들은 기본적으로 분노를 제거하거나 억제시켜야 될 부정적 감정이 아니라, 오히려 분노의 순화나 이성과의 조화를 통해 공동체에서 순기능을 하는 감정으로서의 역할 수행 가능성에 주목했다는 점을 밝힐 것이다. 이것을 호메로스와 비극작가들 그리고 특히 플라톤과 아리스토텔레스의 분노론을 통해 조명할 것이다.

마지막으로 분노에 관한 고찰이 필요한 이유는 분노가 또한 인간의 행복실현의 주요한 조건으로 작용하는 감정이라는 점 때문이다. 소크라테스부터 플라톤과 아리스토텔레스를 거쳐 헬레니즘 철학까지 인간의 최고 목적은 그 실현 방법의 상이성에도 불구하고 행복

(εὐδαιμονία) 내지 "잘 사는 것"(τὸ εὖ ζῆν)으로 강조되었음은 주지의 사실이다. 그런데 분노는 스토아학파가 주장하는 아파테이아(ἀπάθεια), 즉 '무정념'이나 에피쿠로스학파가 역설하는 아타락시아(ἀταραξία), 즉 '부동심'으로서의 행복과 단적으로 충돌하는 정념이라 말할 수 있다. 그렇기 때문에 이들 철학자들에게 분노는 일종의 "영혼의 질병"(aegritudo animi)으로서 극단적인 비이성적인 광기적 야만성을 보여주기 때문에 제거되거나 순화되어야 할 것으로 강조된다. 요컨대 이들 철학자들에게 인간의 행복은 곧 분노의 제거를 통한 "영혼의 건강"(τὸ κατὰ ψυχὴν ὑγιαῖνον)[6]을 의미하는 것이다.

연구 목표와 연구 내용

최근 국내에서의 감정이나 욕망에 관한 다소 적극적인 관심에도 불구하고, 아직까지 감정의 전체 지형도에 관한 연구와 이해는 일천한 것으로 판단된다. 무엇보다 감정의 실질적인 이해를 위해서는 일반적인 의미에서의 감정에 관한 총체적인 접근이 중요시되어야 하겠지만 그에 못지않게 '어떤 감정'인가의 문제 역시 중요하게 고려되어야 한다고 생각한다. 다양한 감정의 종류들이 있고, 각각의 감정은 다시 자기 준거(self-reference)적인 그 자체의 고유한 인식론적 틀 내지 자율적인 심리적 과정을 갖고 있는 것으로 볼 수 있기 때문이다. 이런 점에서 본 연

---

6) *DL*, 10, 122.

구는 "분노"(όργη, ira)라는 특정한 하나의 감정에 천착함으로써 감정의 고유한 정서와 문법을 학문적으로 한층 객관적이면서도 심도 있게 접근하여 인간의 감정을 보다 분명하게 드러내어 이해하는 것을 목표로 한다.

본 저술은 어디까지나 철학적 방법론에 근거해서 분노와 관련된 고대 원전 텍스트에 대한 충실한 분석과 내용 이해를 토대로 분노의 고유한 논리와 그것의 사회·정치적 연관성을 압축적이면서도 심도 있게 논의할 것이다.[7] 동시에 고전 학자들의 다양한 해석적 견해도 비판적으로 검토함으로써 분노의 지형도를 보다 객관적이면서도 체계적으로 구성해낼 것이다. 이러한 본 저술의 목적은 아래의 몇 가지 구체적인 지표와 개념적 수단을 갖고 연구가 진행된다.

먼저 본 저술의 제1부에서는 분노를 사회·정치적 관점에서 접근할 것이다. 분노는 무엇보다 감정의 여러 종류 중에서도 '사회적 구성 개념'임이 중요하다. 이것은 분노가 단순히 내적인 심리적 내지 생리적

---

7) 물론 분노에 관한 역사적 접근 방식에 의거한 연구가 William V. Harris, *Restraining Rage: The Ideology of Anger Control in Classical Antiquity*, Cambridge, 2001 또는 Braund and Most(eds.), Ancient Anger, Cambridge Univ. Press, 2003에 의해 이루어진 것은 사실이다. 그리고 본 저술은 특히 해리스(Harris)의 저술에 소개되어 있는 분노에 관한 다양한 문헌학적 자료의 도움과 일정 정도의 문제의식을 공유할 것이다. 그러나 본 저술은 해리스의 '분노의 억제'라는 기본적인 관점에는 동의하지 않는다. 결론 부분에서 다시 강조하겠지만 나는 고대 희랍인의 분노는 단순히 억제의 측면만이 아닌 '이성과의 조화'나 '적합한 표출'의 관점에서 이해될 필요가 있다고 생각하기 때문이다. 이런 점에서 해리스는 지나치게 스토아적 관점을 취하고 있는 것으로 보인다. 또한 그의 책에 관한 서평들에서 알 수 있듯이, 해리스의 저술은 역사적인 사료의 단순한 소개나 나열에 끝치고 만다는 문제가 있다. 다시 말해 분노에 관한 이론적 천착이 결여되어 있어서 정작 분노에 관한 실질적인 내용을 알고자 하는 독자로서는 마치 도마뱀의 꼬리만을 붙잡을 수밖에 없는 아쉬움을 강하게 가질 수밖에 없다.

현상에 국한되는 것이 아니라 외부 행위로 표출될 수 있는 경향성을 가질 수 있음을 의미한다. 아드킨스(Adkins)가 말하는 것[8]처럼 고대 희랍의 폴리스(polis) 사회는 분노의 감정과 밀접한 관계를 맺은 고도의 경쟁(ἀγών) 사회였다. 특히 정치적인 삶을 통한 폴리스의 형성 내지 발전은 분노의 역할과 밀접한 관계를 갖고 진행되어왔다고 말할 수 있다. 다시 말해 호메로스의 신화적 세계에서부터 아리스토텔레스의 폴리스 중심주의적 사회까지 분노는 직·간접으로 희랍인들의 공적인 삶에 지대한 영향을 끼쳤다. 즉, 분노의 감정을 주어진 상황에서 억제할 것인가, 아니면 표출하는가는 분노하는 인간이 소속된 군대의 승·패 또는 한 공동체의 흥망이 결정될 수 있는 중요한 변수로 작용했다. 분노의 이러한 결정성 내지 영향력은 역설적으로 고대 희랍의 폴리스 사회에서 정체의 법률이나 처벌 제도와 같은 공적 장치(public setting)를 강화시키는 것으로 작용했다고 말할 수 있다.[9] 세련되면서도 체계적으로 조직화된 정치적 제도나 구조는 바로 분노의 파괴적인 속성을 완화하거나 재조정하기 위한 수단적 기제로 등장했다는 사회·정치적 요인이 전제되어 있기 때문이다. 요컨대 희랍과 로마의 철학자들이 분노의 적합한 표출이나 이성과의 조화를 왜 그렇게 강조했는가는 바로 분노의 정치적 격정으로의 표출의 위험성에 대한 통찰과 인식이 반영되어 있기 때문이라는 것이다. 본 저술은 이러한 분노의 사회·정치적 관련성을 분노의 몇 가지 유형을 통해 접근할 것이다.

---

8) A. W. H. Adkins, *Merit and Responsibility: a Study in Greek Values*, Oxford, the Clarendon Press, 1960, p. 30 이하 참조.

9) 이와 관련해선 D. S. Allen, *The World of Prometheus*, Princeton Univ. Press, 2000 참조.

첫째는 신화시대의 초기 폴리스 형성 과정에 나타난 영웅과 왕들의 분노의 유형을 살펴볼 것이다. 이와 관련해선 호메로스와 비극작가들의 문학작품이 검토될 것이다. 이들 작가들의 작품들은 비록 철학적인 텍스트는 아니지만 분노와 관련된 은유(metaphor)와 상징(symbol) 또는 인간적인 내면의 분노의 심리와 흐름 그리고 정서들을 통해 의미 있는 철학적 통찰력을 담고 있기 때문이다. 물론 이들 작품들에 대한 서술은 텍스트 전체에 대한 면밀한 분석보다는 분노의 유형에 적합한 몇 가지 구체적인 예들에 초점이 맞추어진 선택적 분석의 방법을 따를 것이다. 특히 본격적인 폴리스 중심 사회로 진입하기 이전의 명예 중시적인(φιλότιμος) 사회에서 나타나는 아킬레우스의 명예(τιμή) 상실로 인한 분노나 오뒤세우스의 복수의 분노가 어떤 사회적 의미를 함의하고 있는지를 호메로스의『일리아스』(Ilias)와『오뒤세이아』(Odysseia) 작품을 통해 밝힐 것이다. 이 두 작품에서 우리가 주목해야 할 점은 분노와 복수가 호메로스의 영웅시대에서는 좀 더 특별한 목적과 의미를 함의하고 있다는 점이다. 그것은 달리 말해 분노의 감정이 단순히 인간의 동물적인 생리적 본능과 야만성을 표출하는 것으로만 이해해서는 곤란하다는 것이다. 즉 작품 속의 아킬레우스와 오뒤세우스의 분노나 복수 행위는 단순히 동물적 본능의 결과로서의 공격성 내지 폭력성을 보여주는 것이라기보다는, 수치문화(shame culture)가 지배적인[10] 당시의

10) 호메로스 시기의 수치문화의 중요성에 대한 대표적인 연구는 Bernard Williams, *Shame and Necessity*, Berkeley, University of California Press, 1993, 4장 참조. Williams와는 다른 관점에서 수치문화를 논하는 학자로는 E. R. Dodds, *The Greeks and the Irrational*, University of California Press, 1951, 2장 참조.

사회·정치적인 상황이 고려되어 이해될 필요가 있다는 점이다. 그렇기 때문에 호메로스 시대의 영웅들의 분노를 단순히 원시적인 사회에서의 덜 문명화된 야만적인 감정의 형태로 규정하면 피상적인 이해가 될 수 있다. 호메로스의 작품 속에 등장하는 다양한 인물들의 분노와 그 폭력성이 얼마만큼 인간의 악함을 보여주는 것인가를 말하기보다, 한 공동체 내에서 분노가 얼마만큼 그 사회의 문화나 도덕 또는 영혼상태를 보여주는 현상인가를 물어야만 하는 이유가 여기에 있다.

비극작품과 관련해선 아이스퀼로스의 『오레스테이아』(Oresteia) 3부작과 『결박된 프로메테우스』(Promētheus desmōtēs)에 나타난 신과 인간의 분노를 정의(δίκη)의 관점에서 그 정당성을 평가할 것이다. 마찬가지로 소포클레스의 『오이디푸스 왕』(Oidipous tyrannos)과 『안티고네』(Antigonē)도 왕과 그 대항자들의 분노의 성격을 파악하기 위한 텍스트로 활용될 것이다. 상기한 비극작품들에 대한 분석 역시 작품 각각에 대한 미시적 접근이 이루어지기보다는 분노의 스펙트럼에 들어오는 한에서의 작품 전체에 대한 총체적 접근이 이루어질 것이다. 본 연구는 이들 작품들에 대한 분노의 구체적 사례 중심의 분석을 통해 폴리스 중심 사회에서 신과 영웅 그리고 왕의 분노 제어나 통제, 다시 말해 '분노의 내재화'가 한편으론 어떻게 야만사회에서 문명사회로의 이행과 발전의 중요한 수단이 되었는지, 다른 한편으론 어떤 점에서 그것이 정치적 이익과 공동체의 통합에 주요한 내적 요소로 작용했는지를 밝힐 것이다.

본 저술의 제2부에서는 공적 영역에서 발견되는 정치적 분노(political anger)와 설득(peithō)의 관계를 다룰 것이다. 이와 관련해서 첫 번째로 다루게 될 구체적인 역사적 사례는 소크라테스의 재판이다. 즉 소크라테스의 재판과 관련된 아테네 시민들의 정치적 분노와 이에 대응하는 소크라테스의 정치적 설득의 실패가 검토될 것이다. 특히 플라톤의 『변론』(Apologia) 편에 나타난 재판 과정에서의 소크라테스의 대중 연설을 분석하고, 그 속에 나타난 소크라테스의 설득의 시도와 아테네 시민단의 정치적 분노와의 상관관계를 검토할 것이다. 이러한 작업을 통해 정치적인 영역에서 정치적 설득의 성공이 왜 분노라는 인간학적 감정에 관한 심층적인 이해와 통찰에 상당 부분 의존하게 되는지를 밝힐 것이다.

둘째로, 플라톤의 분노를 이상국가와 명예정에 나타난 전사계급의 튀모스(θυμός)적 분노를 중심으로 살필 것이다. 먼저 『국가』(Politeia) 편을 중심으로 플라톤의 소위 영혼 삼분설에서 "기개적인 부분" (θυμοειδές)이 어떻게 이해되어야 할지를 밝힐 것이다. 실상 플라톤의 영혼론에서 '이성적인 부분'과 '욕구적인 부분'에 비해 기개적인 영혼의 부분이 상대적으로 덜 주목을 받아온 것은 사실이다. 따라서 기개적인 부분이 별도로 영혼의 한 부분으로 굳이 인정되어야 하는지, 그리고 그것의 독립성의 근거가 어떻게 확보될 수 있는지가 불분명하다는 논란이 있어왔다. 이러한 문제와 관련하여 본 저술은, 첫째로, 플라톤에게서 튀모스가 비이성적인 영혼의 부분으로 규정됨에도 불구하고, 그것이 선(to agathon)과 숭고함(to kalon)을 지향할 수 있는 고상한 튀모스로 전향될 수 있는 영혼의 부분임에 주목할 것이다. 둘째, 사회·정치적 차원에서 튀모스적 분노가 숭고함을 실현하기 위한 덕으로 나타난 것이 용기(andreia)이고, 이것을 담보하고 있는 인간이 바로 폴리스의 수호자로 말해지는 전사계급임을 밝힐 것이다. 마지막으로 철학자-왕 교육에서 왜 기개적 분노(thymos anger)의 통제 교육이 중요한지를 이 상국가 건설과 관련시켜 조명할 것이다. 이러한 연구는『국가』편 2권부터 4권에서 기술되고 있는 플라톤의 기개적인 부분에 관한 설명, 그리고 그것의 교육의 중요성 그리고 동서(同書) 8권에서 기술되고 있는 명예정(timokratia)과 명예 지향적인 인간 유형의 기개와 용기의 관계에 대한 분석을 통해 진행될 것이다.

'정치적 분노와 설득의 관계'에서 본 저술이 또한 관심을 갖는 분노의 유형은 여성(γυνή)의 분노다. 먼저 희랍과 로마의 여성들은 자신의 분노를 합법적으로 표출할 권리를 인정받지 못했다는 점에서 주목할 필요가 있다. 여성이 화를 내면, 그것은 자제력의 결여로, 격정적인 감정주의(emotionism)이며, 그것은 여성들을 공적인 일에서 배제하는 기제로 이용되었다. 분노는 남성의 권리이자 전유물이지, 여성의 권리나 몫이 될 수 없었다는 것이다. 이것은 이 당시의 남성과 여성의 분노에 대한 사회·정치적 평가가 권력과 지배의 관계를 반영하여 내려졌음을 의미한다. 이런 이유로 남성의 권력화된 분노는 정치적 영역과 같은 공적 영역에서 남성에게는 유용한 지배의 수단으로 간주되지만, 여성에게는 비(非) 여성적인 것으로 거부된다. 이렇듯 희랍과 로마의 가족 내에서 여성의 분노는 여성을 비합리적 존재로 규정하는 근거이자 증표로 작용했고, 이것은 결국 남성의 지배를 강화하기 위한 이데올로기로 이용된 측면이 있다. 본 저술은 이러한 여성의 분노를 규명하기 위해 에우리피데스의『메데이아』(Medeia)와 희극작가 아리스토파네스의『뤼시스트라테』(Lysistrate)를 분석할 것이다. 메데이아의 분노는 두 아들을 죽이는 살인 행위의 형태로 나타난다는 점에서, 뤼시스트라테의 분노는 섹스 스트라이크와 같은 성(sex)을 이용해 정치적인 주도권을 장악하는 급진적인 행동을 보여준다는 점에서 흥미로운 고찰이 될 것이다.

본 저술의 제3부에서 다룰 주제는 '분노 치료(anger therapy)와 행복'의 관계이다. 희랍과 로마의 주요 철학자들이 분노에 관해 관심을 가진 주된 이유 중 하나는 분노의 처리 방식이, 그것이 순화든 제거든, 개인의 행복과 밀접한 관련을 갖기 때문이다.

분노와 행복의 상관관계에 대한 첫 번째 논의는 아리스토텔레스의 분노론을 통해 접근된다. 아리스토텔레스의 견해에 주목하는 이유는 무엇보다 아리스토텔레스가 선대 다른 철학자들보다 개인차원에서뿐만 아니라 사회·정치적 영역에서 분노의 중요성을 간파하고, 그것이 개인의 행복과 공동체의 공동선과 맺는 관계에 주목하고 있기 때문이다. 특히 분노에 관한 아리스토텔레스의 견해가 다른 철학자들과 달리 긍정적인 평가가 내려진다는 점에 주목할 필요가 있다. 아리스토텔레스는 분노의 감정이 개인적인 덕의 행위를 방해하거나 또는 공동체의 공동선의 실현을 방해하는 위험한 요소가 될 수 있음을 인정하면서도, 분노의 순기능을 긍정적으로 평가하고 있기 때문이다. 즉 개인적인 차원에서 부당한 악행을 당한 경우에 그러한 부정의를 시정하고자 하는 인간의 감정이 분노라고 보는 것이다. 본 저술은 스토아 철학자들의 철저한 분노의 감정의 제거와는 다른 각도에서 중용적인 의미의 분노의 표출을 긍정적으로 평가하는 아리스토텔레스의 견해에 주목하여, 분노의 규범적 정당성의 근거가 어디에 있고, 그러한 아리스토텔레스의 긍정적인 평가가 행복과 관련하여 함의하는 바를 살펴볼 것이다.

다음으로 분노와 행복의 상관관계에 대한 검토를 헬레니즘 시기의 철학을 통해 조명할 것이다. 분노와 행복의 관련성은 특히 이 시기 철학에 강하게 나타나고 있는데, 이것은 분노에 대한 대응 방식이 이 시기에는 사회·정치적 차원보다 개인적인 차원에서의 건강과 행복의 문제로 그 방점이 바뀐 것과 밀접하게 관련되기 때문이다. 헬레니즘 철학에서 분노는 일종의 "영혼의 질병"(aegritudo animi)으로서 분노는 인간의 행복과 정신적인 건강함을 위해 필히 제거되거나 통제되어야 함을 의미한다. 이제 코스포폴리스(kosmopolis)라는 새로운 세계에서 헬레니즘 철학자들은 영혼의 분노 치료를 사회·정치적인 요인이 아닌 인간영혼의 문제로 보면서 인간영혼에 대한 철저한 분석을 시도하게 되는 것이다. 본 저술은 헬레니즘 철학의 양대 축을 이루는 스토아학파(hoi Stoikoi)와 에피쿠로스학파(hoi epikuroi)의 철학을 통해 분노의 생리적 근원을 파악하기 위한 그들의 인간영혼에 관한 해부와 진단을 행복에 관한 견해와 관련시켜 살펴볼 것이다. 스토아학파의 분노론은 분노에 관한 중요한 저서를 남기고 있는 후기 스토아 철학자인 세네카의 『분노론』(de ira)을 통해 접근할 것이다. 에피쿠로스학파의 분노론과 관련해서는 필로데모스의 분노론을 검토할 것이다. 특히 18세기에 발견된 『헤르쿨라네움 파피루스』(Herculaneum Papyri) 본에 나타난 필로데모스의 분노론은 에피쿠로스학파의 고유한 분노론의 특성을 알 수 있게 해준다는 점에서 가치 있는 연구가 될 것이다.

제1부

사회·정치적 맥락에서 본 분노

분노는 무엇보다 감정의 여러 종류 중에서도 '사회적 구성 개념'임이 중요하다. 이것은 분노가 단순히 내적인 심리적 현상 내지 생리적 현상에 국한되는 것이 아니라 외부 행위로 표출될 수 있는 경향성을 가질 수 있음을 의미한다. 호메로스 시기의 희랍 사회는 타인과의 경쟁(ἀγών)을 통해 자신의 명예를 인정받고자 하는 문화적 구조를 갖고 있었다. 그렇기 때문에 호메로스 시기의 영웅들은 전투에서 공적을 세웠을 경우 응당 자신의 공적에 따른 명예가 주어지는 것을 정의라고 생각하였다. 호메로스 사회는 이렇듯 명예를 중시하는 사회였으며, 이러한 명예가 합당하게 주어지지 않을 경우 강한 모멸감을 느끼는 수치문화(shame culture)라는 특성을 보인다. 제1부에서는 호메로스의 시기의 영웅들의 분노가 사회·정치적인 상황과 맺는 밀접한 관계성을 조명할 것이다. 분노는 단순히 인간 본성의 자연적 산물이라기보다는 주어진 사회·문화적 상황과의 역동적 작용을 통해 형성되거나 구성될 수 있는 감정일 수 있다는 점에 초점을 맞출 것이다.

제1장
호메로스의 『일리아스』와 『오뒤세이아』에 나타난 신과 영웅들의 분노론

이 장에서는 신화($\mu\hat{\upsilon}\theta o\varsigma$)시대부터 초기 폴리스 형성 과정에 나타난 영웅이나 왕의 분노의 유형을 살펴보고자 한다. 특히 호메로스(Homeros)의 작품 『일리아스』(Ilias)와 『오뒤세이아』(Odysseia)를 통해 살펴볼 것이다. 이 작품들은 비록 철학적인 텍스트는 아니지만 분노와 관련된 은유와 상징 또는 인간 내면의 분노의 심리와 그 흐름, 그리고 정서들을 통해 의미 있는 철학적 통찰력을 보여주고 있다는 점에서 분석될 가치가 있다. 이러한 분석은 텍스트 전체를 대상으로 하는 접근 방식이 아니라 분노의 유형에 적합한 인물들을 중심으로 진행될 것이다. 먼저 『일리아스』 작품에서, 필자가 특히 관심을 갖는 인물은 아킬레우스와 테르시테스이다. 아킬레우스는 명예 중심적인($\phi\iota\lambda\acuteo\tau\iota\mu o\varsigma$) 사회에서 명예($\tau\iota\mu\acute{\eta}$)를 상실한 영웅의 전형적인 분노를 보여주고 있다는 점에서, 그 반대로 테르시테스는 일개 병사의 분노가 함의하는 사회·정치적 의미를 엿볼 수 있게 해준다는 점에서 흥미로운 분석대상이 되

기 때문이다. 다음으로 『오뒤세이아』 작품에서는 22권을 중심으로 오
뒤세우스가 귀환 후 구혼자들을 살육하는 행위에서 드러나는 그의 분
노와 복수 행위의 정당성 여부의 평가에 초점이 맞추어져 논의가 이루
어질 것이다.

1. 아킬레우스의 분노

호메로스의 작품 『일리아스』를 끌고 가는 중심 개념은 무엇보다 아
킬레우스의 "분노"(μῆνις)[1]라고 말할 수 있다. 그것은 『일리아스』가 다
음과 같이 시작된다는 점에서 알 수 있다.

여신이여, 분노를 노래하소서. 펠레우스의 아들 아킬레우스의 분노를, 이
것은 아카이아인들에게 헤아릴 수 없는 고통을 주었고, 수많은 영웅들의
굳센 영혼들을 하데스에게 보내고 그들 자신들을 개들과 온갖 새들의 먹
이가 되게 한 그 잔혹한 분노를. 인간들의 왕인 아트레우스의 아들과 고
귀한 아킬레우스가 처음에 서로 다투고 갈라선 그날부터 이렇듯 제우스
의 뜻은 이루어졌도다.[2]

---

1) 희랍 서사시(Greek epic)에서 신들과 영웅들의 μῆνις에 관한 상세한 문헌학적 연구는 L.
Muellner, *The Anger of Achilles*, Cornell Univ. Press, 1996 참조. 또한 호메로스에게서 분노라
는 말은 μῆνις 이외에 χόλος 또는 θυμός와 같은 다른 말을 통해서도 표현되고 있다.
2) Homeros, *Ilias*, I. 1~5. 호메로스의 『일리아스』와 『아이스퀼로스』 작품의 번역은 기본적으
로 천병희 역을 따른다. 그러나 의미가 잘 전달되지 않거나 표현이 어색하다고 생각되는 경
우 직접 번역하여 실었다.

위 인용문에 나타난 것처럼 지금까지 인류에게 전승되고 있는 서양의 최고(最古) 문헌학적 자료 중 하나인 호메로스의 『일리아스』 작품이 한 영웅의 분노에 관한 언급을 통해 시작되고 있다는 점은 흥미로운 일이다. 실상 인간을 규정하는 다양한 감정은 분노보다 오히려 사랑이나 슬픔 또는 공포가 될 수도 있기 때문이다. 그러면 서양의 고전 작품 중 백미(白眉)라 칭할 수 있는 『일리아스』의 시작이 어떤 이유에서 아킬레우스라는 한 영웅의 분노로 시작되어야만 했을까? 익히 신화를 통해 잘 알려진 것처럼 희랍군과 트로이아군 사이의 전쟁은 희랍의 최고 미인인 헬레네(Helenē)를 트로이의 왕자 파리스가 데려간 데 그 원인이 있다. 그렇게 전쟁은 시작되었고, 그리고 그 전쟁은 9년에 걸쳐 진행되고 있는 상황이었다. 그러면 무엇이 희랍군의 최고의 영웅(ἥρως) 아킬레우스를 분노케 했는가?

위 인용문을 통해 알 수 있는 것처럼 아킬레우스의 분노는 아트레우스의 아들이자 희랍군의 총 대장군인 아가멤논(Agamemnōn)에 의해 야기된 것이다. 다시 말해 아가멤논이 아킬레우스의 사랑을 받고 있었던[3] 브리세우스(Briseus)라는 노예 소녀를 빼앗아 갔기 때문이다. 그런데 흥미로운 점은 아킬레우스의 분노를 일으킨 아가멤논의 행위는 마찬가지로 아가멤논의 분노가 그 원인이 되었다는 점이다. 다시 말해 아가멤논이 분노한 까닭은 자신의 소유물인 크뤼세이스(Chrysēis)를 부득이 트로이 진영의 아폴론 사제인 크리세스에게 돌려주어야 했기 때문이다. 그래서 아가멤논은 분노하게 되었고, 이것을 아킬레우스의 노

---

3) Homeros, *Ilias*, IX. 343.

예소녀를 차지함으로써 보상받고자 했던 것이다.[4] 결국 『일리아스』작품을 이끌어가는 핵심적인 코드(code)는 분노라고 말할 수 있다. 그것은 이 작품이 분노의 연속적 관계를 통해 전개됨을 의미한다. 아킬레우스의 분노는 아가멤논의 분노에 의해, 다시 아가멤논의 분노는 딸을 빼앗긴 사제 크리세스의 분노에 의해 야기된 것이다. 그리고 크리세스의 분노의 기도에 아폴론 신이 분노의 화살을 희랍군에게 퍼붓게 되고, 이러한 아폴론 신의 분노를 잠재우기 위해 아가멤논은 자신의 몫인 크뤼세이스를 돌려보낼 수밖에 없었던 것이다. 그리고 아가멤논의 분노는 고스란히 아킬레우스에게 전가된 것이다. 이렇듯 『일리아스』작품은 신과 영웅들의 일련의 분노의 연쇄적 흐름을 통해 전개된다고 말할 수 있다.[5]

그러면 모름지기 서양 고전 중 고전으로 간주되는 『일리아스』라는 작품이 아킬레우스가 아가멤논으로부터 브리세우스라는 아름다운 한 소녀를 빼앗긴 것에 분노한 이야기를 다룬 것으로만 볼 수 있을까? 여기서 우리는 호메로스의 영웅시대가 기본적으로 티메(τιμή), 즉 '명예'를 중시하는 '필로티모스'(φιλότιμος) 사회였음에 주목할 필요가 있다. 그런 관점에서 본다면, 아킬레우스와 아가멤논의 분노는 왕과 귀족이 공동체의 주도적 계급으로 활동하는 시기의 명예를 둘러싼 싸움이라 말할 수 있다. 저 두 영웅의 각각의 분노는 자신들의 명예를 상징하는 노예 소녀 크뤼세이스와 브리세우스를 잃고, 빼앗긴 것에 기인한 분노

---

4) Homeros, *Ilias*, I. pp. 103~139 참조. B. Koziak, "Homeric Thumos: The Early History of Gender, Emotion, and Politics", *The Journal of Politics*, vol. 61/4, 1999, pp. 1072~1073 참조.
5) Homeros, *Ilias*, I. 1~244 참조.

이다. 문제는 '아가멤논과 아킬레우스의 티메를 둘러싼 싸움에서 누가 명예에 대한 우선적인 권리를 정당하게 확보할 수 있는가' 하는 것이다. 이와 관련하여 아킬레우스와 아가멤논의 생각은 정반대이다. 아가멤논은 자신이 희랍군의 총대장군으로서 제우스 신의 사랑을 받고 있기 때문에 자신에게 티메가 우선적으로 주어져야 함을 다음과 같이 주장한다.

그대의 생각이 정 그렇다면 제발 도망가시오. 나도 굳이 나를 위하여 여기 머물러 달라고 간청하지 않겠소. 내 곁에는 그대가 아니더라도 명예를 높여줄 사람들이 얼마든지 있고 특히 조언자 제우스께서 계시오. 나로서는 제우스께서 양육하신 여러 왕들 중에서 그대가 제일 밉소. 그대는 밤낮 말다툼과 전쟁과 싸움질만 좋아하니 말이오. 그대가 매우 강력하기로 그것도 역시 신이 주신 것이 아니겠소. 그대의 함선들과 전우들을 이끌고 고향으로 돌아가서 뮈르미돈인들이나 잘 다스리시오. 나는 그대 일에 아랑곳하지 않을 것이며 그대가 분개하더라도 개의치 않을 것이오. 이것만은 일러두겠소. 포이보스 아폴론께서 나에게서 크뤼세이스를 빼앗아 가시니 그녀를 나는 내 배에 태워 나의 전우들과 함께 보낼 것이오. 그러고는 내 몸소 그대의 막사에 가서 그대의 명예의 선물인 볼이 예쁜 브리세우스를 데리고 갈 것이오. 그러면 그대는 내가 그대보다 얼마나 더 위대한지 잘 알게 될 것이며, 다른 사람도 앞으로 감히 내게 대등한 언사를 쓰거나 맞설 마음이 내키지 않을 것이오.[6]

6) Homeros, *Ilias*, I. 172~187.

위의 인용문에서 아가멤논은 브리세우스가 자신의 손상된 티메의 대용물임을 역설한다. 아가멤논은 이로 인해 아킬레우스가 분노하여 희랍군을 위한 전쟁에 참여하지 않더라도 희랍군이 능히 트로이를 정복할 수 있음을 호언장담한다. 이러한 아가멤논의 주장에 아킬레우스의 분노는 극에 이른다. 아킬레우스의 입장에서 브리세우스를 빼앗기는 것은 곧 자신의 티메를 부당하게 상실하는 것이 되기 때문이다. 더욱이 브리세우스에 대한 아킬레우스의 마음이 각별한 것도 그의 분노를 북돋우는 원인으로 작용하는 것으로 보인다. 이는 비록 그가 명예의 선물인 브리세우스를 창을 갖고 노획했지만, 진심으로 자신의 "마음으로 그녀를 사랑했다"(ἐκ θυμοῦ φίλεον)[7]고 말하는 것을 통해 엿볼 수 있다. 사랑하는 소녀 브리세우스를 빼앗긴 것에 대한 아킬레우스의 강한 분노는 다음과 같이 표현된다.

그렇게 말하자, 펠레우스 아들에겐 슬픔(ἄχος)이 일었고, 그의 털북숭이 가슴속에 있는 심장이 주춤했다. 넓적다리에서 날카로운 칼을 빼어 다른 사람들을 모두 쫓아버리고 아트레우스의 아들을 죽일 것인가, 아니면 분노(χόλος)를 삭이고 마음(θυμός)을 억제할 것인가 하고, 그가 마음속으로 이런 일들을 곰곰이 생각하며 칼집에서 큰 칼을 빼고 있는 동안 하늘에서 아테나 여신이 내려왔다.[8]

용맹함에 있어 아가멤논을 훨씬 능가하는 아킬레우스의 입장에서

7) Homeros, *Ilias*, IX. 343.
8) Homeros, *Ilias*, I. 188~194.

볼 때, 아가멤논의 행위는 오만한 것이며, 따라서 결코 용서할 수 없는 것이다. 그래서 그는 칼을 꺼내서 아가멤논을 순식간에 제거하고 싶은 강한 충동을 느꼈고, 만약에 이성을 상징하는 아테나 여신이 아킬레우스의 분노를 억누르지 않았다면, 그는 아가멤논을 공격했을 것이다. 『일리아스』의 내용을 완전히 다른 방향으로 전개시킬 수도 있는 아킬레우스의 격정(θυμός)에 의해 야기된 분노(χόλος)를 아테나 여신이 제어한 것이다.[9] 잘 알려진 것처럼 아킬레우스의 분노 이후의 『일리아스』의 전개는 그의 전쟁 참여 포기 선언과 그에 협조한 신들의 중립적인 관망으로 인해 희랍군에 불리한 방향으로 이루어진다. 아킬레우스의 분노는 결국 희랍군 진영의 수많은 병사들을 하데스의 망자들로 보내는 비극적 결과를 발생시키는 것이다. 아킬레우스의 명예 상실로 인한 전쟁 참여 포기 선언은 단순히 한 개인의 명예 상실의 문제가 아닌 희랍 진영 전체의 엄청난 고통과 죽음을 가져다준 것이다. 『일리아스』의 처음을 여는 아킬레우스의 분노는 이와 같은 사건의 배경과 함축적인 귀결을 가지고 있다.

그러면 호메로스는 왜 아킬레우스나 아가멤논과 같은 영웅들의 분노를 통해 작품 『일리아스』의 이야기를 전개시키는 것일까? 여기서 우리는 분노라는 감정이 단순히 한 개인의 내적인 심리상태에만 한정되지 않는다는 점에 주목할 필요가 있다. 위에서 잠깐 언급한 것처럼 아킬레우스의 분노는 명예 박탈로 인한 한 개인의 손상된 자존심으로

---

9) 아킬레우스의 분노는 mēnis나 thymos 또는 cholos와 같은 다양한 개념을 통해 표현된다. 이와 관련된 다른 언급들은 Homeros, *Ilias*, XX. 174와 XXII. 346~347 참조. 또한 이태수, 「호메로스의 인간관」, 『희랍 라틴문학연구』, 성균관대 인문과학연구소, 1993, pp. 147~178 참조.

만 끝나지 않는다. 그것은 그의 또 다른 자아로 간주되는 호모필로스(homophilos), 즉 동성애관계에 있던 파트로클로스의 죽음뿐만 아니라, 더 나아가 수많은 희랍군 병사들의 참혹한 죽음까지 야기하는 원인이 되기 때문이다. 아킬레우스는 자신의 분노가 얼마만큼 한 인간의 행위와 삶 그리고 공동체 전체의 비극을 야기할 수 있는 중요한 동인(動因)이 될 수 있는지를 아래와 같이 말한다.

> 그러니 불화는 신들과 인간들 사이에서 사라지기를! 그리고 현명한 사람도 화나게 하는 분노도 사라지기를! 분노란 똑똑 떨어지는 꿀보다 더 달콤해서 인간들의 가슴속에서 연기처럼 커지는 법이지요. 꼭 그처럼 나는 지금 인간들의 왕 아가멤논에게 분노했던 것입니다. 그러나 아무리 괴롭더라도 지난 일은 잊어버리고, 필요에 따라 가슴속 분노(θυμός)를 억제하도록 합시다.[10]

위 인용문에서 특히 인상적인 말은 아킬레우스가 분노를 "똑똑 떨어지는 꿀보다 더 많이 달콤한 것"(πολύ γλυκίων μέλιτος καταλειβομένοιο)으로 말하고 있다는 점이다. 분노는, 그렇기 때문에, 인간들의 가슴속에서 연기처럼 크고 빠르게 발생한다는 것이다. 아킬레우스는 자신도 이러한 분노의 화신이었음을 인정한다. 그리고 자신의 분노로 인해 수많은 전우들을 파멸로부터 구해내지 못했음을 고통스러워한다.[11] 그래서 아킬레우스는 지금까지의 아가멤논에 대한 자신의 분노

---

10) Homeros, *Ilias*, XVIII. 107~113.
11) Homeros, *Ilias*, XVIII. 95~105 참조.

심을 이제 접고, 전쟁에 다시 참여할 것을 공언한다. 그러나 아킬레우스가 전쟁에 참전한다는 것이 곧 아킬레우스의 분노가 완전히 사라졌다는 것을 의미한다고 보기는 어렵다. 그것은 아킬레우스의 분노의 대상이 아가멤논에서 이제 자신의 친구 파트로클로스를 죽인 트로이아의 헥토르(Hektōr)에게로 바뀌었을 뿐이기 때문이다. 그리고 이러한 헥토르에 대한 아킬레우스의 분노는 아가멤논에 대한 것보다 더 강하게 표출되기 시작한다. 이것은 특히 아킬레우스가 트로이아의 용맹한 열두 명의 자제들의 목을 베어 파트로클로스를 화장할 장작더미 앞에 바칠 것을 맹세하는 말에서 분명하게 알 수 있다.

파트로클로스여, 내 이제 그대를 따라 지하로 갈 것이오. 허나 기상이 늠름한 그대를 죽인 헥토르의 무구들과 머리를 이리 가져오기 전에는 내 그대의 장례를 치르지 않을 것이오. 그리고 그대를 화장할 장작더미 앞에서 트로이아인들의 빼어난 자제 열두 명의 목을 벨 것이오. 그대의 죽음이 나를 크게 분노하게 만들었기 때문이오.[12]

인용문을 통해 알 수 있는 것처럼 아킬레우스는 자신의 재출전의 이유가 친구 파트로클로스의 원수를 갚기 위한 강한 분노심에 있음을 분명하게 밝힌다. 그리고 그의 분노심은 살인자 헥토르의 목과 트로이아의 자제 열두 명의 목을 희생 제물로 바칠 것을 맹세하는 것으로 표현된다. 파트로클로스의 죽음이 아킬레우스를 "크게 분노하게"

---

12) Homeros, *Ilias*, XVIII. 335~338.

(μεγάθυμος)[13] 만들었기 때문이다. 이러한 아킬레우스의 분노는 그의 어머니 테티스(Thetis)가 눈물을 흘리면서 아들이 전쟁에 참여하지 말 것을 종용하자,[14] 이에 응답하는 아킬레우스의 결연한 의지에서도 엿볼 수 있다.

이제 어머니께서는 아들의 죽음으로 말미암아 마음속으로 말할 수 없는 고통을 당하시게 될 것이며, 아들이 귀향하는 것을 다시는 반기지 못하실 것입니다. 또한 제 마음도 제가 살아서 사람들과 함께하는 것을 허락지 않습니다. 만약 헥토르가 먼저 제 창에 맞아 목숨을 잃고 메노이티오스의 아들 파트로클로스의 죽음에 대하여 대가를 지불하지 않는다면 말입니다.[15]

위 인용문에서 아킬레우스는 친구 파트로클로스(Patroklos)의 죽음에 대한 "대가"(ἀπότισις)을 헥토르의 죽음을 통해 받기를 열망한다. 즉 친구를 잃은 피 값(blood-price)으로 아킬레우스는 헥토르와 트로이아 진영의 열두 명의 전사들의 생명을 빼앗기를 원하는 것이다. 그렇기 때문에 전쟁에 참여하지 말라는 어머니 테티스의 만류에도 불구하고, 아킬레우스는 전쟁에 참여하지 않고 영원한 생명을 누리느니 차라리 전쟁

---

13) Homeros, *Ilias*, XVIII. 335.

14) 아킬레우스의 분노가 그의 어머니 테티스 여신의 우주적 차원에서의 막강한 힘을 통해 제우스 신을 움직여 아가멤논에게 성공적인 복수를 달성한 것으로 보는 해석과 관련해서는 L. M. Slatkin, "The Wrath of Thetis", *Oxford Readings in Homer's Iliad*, D. L. Cairns(ed.), Oxford Univ. Press, 2001, pp. 409~434 참조.

15) Homeros, *Ilias*, XVIII. 88~93.

에 참여해서 훌륭한 명성을 얻고 단명(短命)하는 길을 택하겠다고 말하는 것이다.

그러면 지금까지 언급한 아킬레우스의 분노는 어떻게 평가될 수 있을까? 아가멤논과 친구를 죽인 헥토르에 대한 아킬레우스의 분노는 과연 정당한 분노로 볼 수 있을까? 일단은 아가멤논에 대한 아킬레우스의 분노는 정당한 측면이 있는 것으로 생각된다. 『일리아스』 1권에서 아킬레우스가 주장하는 것처럼 실상 트로이아와의 전쟁에서 최고의 공적을 세운 자는 아가멤논이 아닌 아킬레우스로 볼 수 있기 때문이다. 아킬레우스가 밤낮을 가리지 않고 쉴 새 없이 트로이아 군과 싸우면서 공적(功績)을 올리는 동안 아가멤논은 배 옆에 머물러 있다가 아킬레우스와 다른 전사들이 노획한 값진 보물들을 자신이 차지하고만 있었던 것이 사실이다.[16] 정의로운 분배가 공적과 가치의 원리에 따라 이루어져야 하는 것으로 생각하는 아킬레우스에게[17] 분명 아가멤논은 부정의한 분배를 하고 있었던 것이다. 그렇기 때문에 아킬레우스는 "아카이안 중에서 최고"(ἄριστον Ἀχαιῶν)[18]의 전사인 자신에게 응분의 몫으로 주어진 브리세우스를 빼앗아 간 아가멤논에 대한 자신의 분노가 정당함을 주장하는 것이다. 아킬레우스가 아가멤논을 "백성을 잡아먹는

---

16) Homeros, *Ilias*, I. 223~231 참조.

17) Homeros, *Ilias*, I. 231~244, XVI. 271~274 참조. 또한 M. J. Lutz, "Wrath and Justice in Homer's Achilles", *Interpretation*, 33/2, 2006, p. 113. A. W. Saxonhouse, "Thymos, Justice, and Moderation of anger in the story of Achilles", *Understanding the political spirit: Philosophical investigations from Socrates to Nietzsche*, Yale Univ. Press, 1988. p. 32 참조.

18) Homeros, *Ilias*, I. 244.

왕"(δημοβόρος βασιλεύς)[19]으로 비난하는 것도 이러한 이유에서다. 그렇다면 호메로스의 영웅시대를 규정짓는 중요한 가치인 티메의 관점에서 볼 때 아킬레우스의 분노는 아가멤논의 분노보다 더 정당한 것으로 인정받을 여지가 있다. 올바른 의미의 분배란 공동체에 기여한 공적에 비례해서 이루어져야 하는데, 아킬레우스의 기여도가 아가멤논의 것보다 더 큰 것으로 볼 수 있기 때문이다.

그러면 아킬레우스가 이렇게 티메를 중요하게 여긴 이유는 무엇일까? 다양한 이유가 고려될 수 있을 것 같다. 일단은 아킬레우스의 아버지 펠레우스가 늘 아들에게 "전장에서 최고가 되고 다른 사람들보다 뛰어난 인물이 되도록 당부했다"[20]는 것도 아킬레우스가 명예를 중요시한 이유로 작용했을 것이다. 호메로스의 영웅사회에서 티메는 영웅에게 주어지는 지위와 평판의 근원이 되기 때문이다. 아킬레우스는 전쟁에 참여하게 되면 필히 단명할 수밖에 없는 운명이 기다리고 있다는 점과 그럼에도 그러한 단명의 대가로서 영광스런 티메가 주어지는 것을 잘 알고 있었다.[21] 요컨대 티메는 아킬레우스가 자신의 생명을 바치는 보상으로 주어지는 일종의 삶의 위안자인 것이다. 그러면 티메는 아킬레우스에게 단순히 자신의 영웅적인 공명심을 드높이기 위한 일종의 외적인 좋음 중 하나로만 간주될 수 있을까? 여기서 우리는 호메로스가 아킬레우스의 티메를 단순히 유한한 인간에게 주어지는 외적인 선만으로 간주하지 않는다는 점에 주목할 필요가 있다. 호메로스의

---

19) Homeros, *Ilias*, I. 231.

20) Homeros, *Ilias*, XI. 783~784.

21) Homeros, *Ilias*, IX. 410~416.

영웅시대에서 티메는 그것을 담보한 자가 "제우스신에 의해 사랑받고" (Διῒ φίλε)[22] "신에 의해 영광을 받는 것"(Ζεὺς κῦδος ἔδοκεν)[23]을 의미하고 있기 때문이다. 따라서 명예롭게 된다는 것은 신이 영웅을 인정하고, 보살펴주고, 그에 응하는 좋은 것을 제공한다는 것을 의미한다. 이런 이유로 아킬레우스에게 티메는 신들의 사랑을 받는 증표가 되는, 양도할 수 없는 가치를 지니는 것이다.[24] 이런 관점에서 볼 때 아가멤논이 아킬레우스로부터 브리세우스를 빼앗은 것은 곧 아킬레우스의 명예를 박탈한 것으로서 아킬레우스와 신들(θεοί) 사이의 중요한 연대성을 분리시키는 오만한 행위가 되는 것이다.

그런데 아킬레우스가 보기에 더 큰 문제는 이러한 아가멤논의 부당한 행위를 제우스가 그대로 방관하고 있다는 점이다. 제우스는 아가멤논의 명예 찬탈 행위를 눈감아주고, 별다른 시정의 노력을 보여주지 않고 있는 것이다. 티메를 자신의 생명을 건 전쟁에의 보상일 뿐만 아니라, 신의 사랑의 증표로서 그래서 자신의 행복을 담보하는 덕으로 간주하는 아킬레우스에게 제우스의 이러한 묵과 행위는 이해하기 어려웠음이 분명하다. 이것은 『일리아스』9권에서 오뒤세우스와 포이닉스 (Phoinix) 그리고 아이아스(Aias)로 이루어진 중재사절단을 영접하는

---

22) Homeros, *Ilias*, I. 74, II. 628, XI. 419, 611, XIII. 674, XVI. 169, XXIV. 472.

23) Homeros, *Ilias*, I. 279, V. 225, VIII. 216, XI. 300, XV. 596.

24) 호메로스 시기도 그렇고 이후의 비극시대의 영웅들의 전형은 무엇보다 인간들이 죽을 수밖에 없다는 한계에 봉착하면서도 그것을 거부하지 않고 맞닥뜨린다는 것이다. 즉 영웅은 죽음으로써 비로소 영웅의 자격을 획득할 수 있는 것이다. 살았을 때의 행복보다는 사후의 행복이 영웅의 궁극적인 목표라고 볼 수 있기 때문이다. 이런 점에서 신과 인간의 경계는 가사자인 영웅이 죽음이라는 과정을 통과의례로 거쳐야만 사라질 수 있는 것으로 볼 수 있다.

아킬레우스의 태도에서 알 수 있다. 이들 세 명의 중재단은 아가멤논의 부탁을 받고 아킬레우스의 노여움을 가라앉혀 다시 희랍군을 위해 그가 전쟁에 참여하도록 설득하기 위해 파견된 것이다. 그러나 아킬레우스는 아가멤논이 제공하기로 약속한 많은 보물과 브리세우스를 포함한 일곱 명의 여인들 그리고 아가멤논의 딸과의 결혼 약속 모두를 의미 없는 것으로 거부한다. 그래서 계속되는 오뒤세우스를 비롯한 중재사절단의 전쟁참여의 간곡한 설득에도 불구하고, 아킬레우스는 끝내 전장(戰場)에 참여하지 않겠다고 한다. 그런데 아킬레우스가 이들 중재단의 설득에 따르지 않는 주된 이유는 무엇보다 제우스에 의해 명예의 가치가 정확하게 계산되지 않고 있다는 점에 있다.

> 아트레우스의 아들 아가멤논은 나를 결코 설득하지 못할 것이오. 다른 다나오스인들도 마찬가지요. 쉬지 않고 계속해서 적군과 싸워보았자 고맙게 여기지 않을 것이 뻔하니 말이오. 뒷전에 쳐져 있는 자나 열심히 싸우는 자나 똑같은 몫을 받고, 비겁한 자나 용감한 자나 똑같은 명예를 누리고 있소. 일하지 않는 자나 열심히 일하는 자나 죽기는 매일반이오. 나는 언제나 목숨을 걸어놓고 싸우느라 마음속으로 고통을 당했지만, 그것이 내게 무슨 소용이 있었더란 말이오.[25]

위 인용문에서 아킬레우스는 티메의 실체에 대해 강한 회의주의적 견해를 피력한다. 다시 말해 아킬레우스가 보기에 가치가 큰 명예와 가

___

25) Homeros, *Ilias*, IX. 315~322.

치가 작은 명예가 구분되지 않고 동일한 것으로 간주되고 있다. 이것은 제우스가 각자에게 합당한 명예를 정의롭게 분배해주지 않는 것에 대한 아킬레우스의 불만이 반영된 것이다. 아킬레우스는 마치 어미 새가 고생을 하면서 깃털도 나지 않은 새끼를 살리기 위해 모든 먹이를 갖다주는 것처럼,[26] 피비린내 나는 전장에서 적군과 싸워 얻은 노획물을 아가멤논에게 갖다 바쳤지만, 정작 그에게 돌아온 것은 자신이 사랑하는 여인을 빼앗겨야만 했던 고통의 분노가 전부이다. 그리고 그는 이러한 아가멤논의 부정의에 대해 정의의 신이라 불리는 제우스가 이를 묵과하고 있다는 것에 더욱 분노하게 되는 것이다. 그는 명예로운 삶을 살기 위해 감당했던 지금까지의 모든 고통과 수고가 정당하게 평가되지 않고 있으며, 그렇기 때문에 지금까지 추구해왔던 명예는 생각과 달리 삶의 본질 내지 실체성을 담보하지 못하는 것으로 본다. 강한 인내의 한계를 넘어 감당해왔던 영웅주의의 허상을 파악하게 된 것이다. 그렇기 때문에 그는 모든 명예는 같다고 말하고, 자신의 두 개의 운명, 즉 단명하지만 명예로운 삶과 천수를 누리지만 무명의 삶 중 후자의 편안한 범부의 삶을 취해 "귀환"(νόστος) 하겠다고 말한다.[27] 자신의 영웅적인 삶이 정당하게 신의 관심과 배려의 대상이 되고 있지 않기 때문이다. 아킬레우스가 보기에 자신을 포함한 희랍군의 모든 병사들은 부정의한 아가멤논의 명령에 복종해서 살아야만 하는, 그래서 명예를 얻거나 또는 그것을 보존할 수 없는 삶을 살 수밖에 없는 것이다.[28] 이

---

26) Homeros, *Ilias*, IX. 323~324.

27) Homeros, *Ilias*, IX. 410~416 참조.

28) Homeros, *Ilias*, IX. 318~319, I. 225~228 참조.

러한 제우스의 공평하지 못한 티메의 분배에 대한 아킬레우스의 분노의 연설은, 그렇기 때문에 중재단의 일원으로 온 노인 포이닉스에 의해서도 공감을 얻고 있다는 점에서 그 정당성이 뒷받침되고 있다.[29] 결과적으로 설득을 시도한 중재단의 말(λόγος)의 힘은 아직까지 아킬레우스의 명예 상실에 대한 분노를 누그러뜨리기에는 역부족인 것으로 드러난다.

아킬레우스의 분노는 또한 파트로클로스의 복수를 갚는 행위에서도 인정될 수 있을 것 같다. '친구를 돕고 적을 해하는 것'은 정의로운 행위이며, 이러한 복수는 호메로스 시대 희랍인들의 정신(mentality)에도 부합하기 때문이다.[30] 달리 말해 아킬레우스의 헥토르에 대한 복수는 호메로스 시기엔 당연히 친구가 행해야 될 적합한 행위일 뿐 아니라, 의무의 성격을 갖는 것으로 볼 수 있다. 이것은 또한 플라톤의 『변론』(Apologia) 편에서 소크라테스가 자신을 아킬레우스에 비유하는 것에서도 엿볼 수 있다. 소크라테스는 '자신의 철학함의 활동으로 인해 죽을 위험에 처한 것이 결코 수치스럽지 않음을, 아킬레우스가 단명하더라도 파트로클로스의 복수를 갚는 것이 수치스럽게 되지 않을 수 있는 선택의 경우와 같은 입장이 된다고 말하는 것이 그것이다.[31] 물론 『국가』(Politeia) 편에서 소크라테스가 기본적으로 아킬레우스의 과도한 분

---

29) Homeros, *Ilias*, IX. 523~525.

30) 단적인 예로 플라톤 『국가』 편 1권에 등장하는 폴레마르코스의 입장이 여기에 해당된다 (Platon, *Pol*, I. 332d 이하 참조). '친구는 돕고 적은 해롭게 하는 것'이 정의라는 전통적인 희랍인의 생각에 관한 상세한 논의는 M. W. Blundell, *Helping Friends and Harming Enemies: A Study in Sophokles and Greek Ethics*, Cambridge, 1989 참조.

31) Platon, *Ap*, 28c~28d.

노와 슬픔에 비판적인 것은 사실이다.[32] 그러나 소크라테스가 친구의 복수를 갚기 위한 아킬레우스의 행위를 부정적으로 평가하지 않은 것 역시 간과할 수 없다. 소크라테스가 보기에 아킬레우스의 복수의 분노는 아킬레우스를 불명예스럽거나 조롱의 대상이 되게 만드는 것이 아니라, 그 반대로 명예롭고 정의로운 사람이 되게 하기 때문이다.[33] 하지만 이러한 몇 가지 이유에도 불구하고 우리는 아가멤논과 헥토르에 대한 아킬레우스의 분노를 긍정적으로만 보기 어려운 몇 가지 이유를 발견하게 된다.

그 첫 번째 근거는 『일리아스』 9권에서의 중재사절단의 전쟁참여 설득에 대한 아킬레우스의 거부에서 발견된다. 이곳에서 아킬레우스를 키워주었다고 하는 중재단의 일원인 포이닉스는 과거부터 분노가 관행적으로 인정되어왔고, 또 그런 관점에서 아킬레우스의 분노를 이해하지 못하는 것이 아니라고 말한다. 그러나 덕(ἀρετή)과 명예(τιμή) 그리고 힘(βία)에 있어 인간보다 위대한 신들 역시 마음을 돌릴 수 있는 것처럼,[34] 자신들의 설득의 "말"(ἔπος)과 아가멤논의 "선물을 받아들여"(δωρητός)[35] 분노를 풀고 전쟁에 참여하기를 간청한다. 포이닉스의 주장에 따르면, 만약에 아킬레우스가 분노를 계속해서 풀지 않는 것은 더 이상 인간적인 행동을 보여주는 것이 아니기 때문이다.[36] 그러나 아킬레우스는 자신에게 명예는 더 이상 필요 없다고 말하면서 오뒤

---

32) Platon, *Pol*, 390a~391c 참조.

33) M. J. Lutz, 2006, p. 112 참조.

34) Homeros, *Ilias*, IX. 496~498.

35) Homeros, *Ilias*, IX. 526.

36) Homeros, *Ilias*, IX. 523~605 참조.

세우스를 비롯한 중재단의 제의를 끝내 수용하지 않는다. 결국 중재단 원인 아이아스(Aias)가 아킬레우스의 설득 거부를 오만하면서도 친구의 우정(φιλότης)을 저버리는 무자비한 행위로 비난하는 것도 이러한 맥락에서 이해할 수 있다.[37] 실제로 우리는 『일리아스』 9권에서 전개되는 아킬레우스와 중재단원들의 대화에서, 아킬레우스의 희랍군에 대한 연민과 동정심은 좀처럼 찾아보기 힘들다. 전체적으로 그는 자신의 분노로 인해 아가멤논과의 논전에서 자신의 편에 서지 않았던 동료 희랍군들에 대한 강한 미움을 표출하고, 그들의 죽음을 열망한다. 그리고 그가 원하는 대로 결국 희랍군의 엄청난 희생과 죽음이 야기되는 것이 사실이다. 이렇듯 아킬레우스의 분노의 지속성은 『일리아스』 19권에서 친구 파트로클로스의 복수를 갚기 위한 출전이 이루어질 때까지 계속되며, 이것은 자신의 명예 회복뿐만 아니라 희랍군 전체의 이익에도 부합하지 않는 결과를 낳는 것이다.

다음으로 아킬레우스의 분노를 부정적으로 평가할 수 있는 가능성은 헥토르의 시신 처리에서 나타난 분노의 과도함이다.[38] 아킬레우스가 죽은 헥토르를 모욕하기 위해 그의 시체를 말 뒤에 묶어 열흘 넘게 끌고 다님으로써 죽은 시체에 대한 최소한의 온당한 대우를 하지 않고 있다. 이러한 헥토르에 대한 아킬레우스의 분노는, 이미 앞에서 살펴보았듯이, 『일리아스』 23권 시작 부분에서 파트로클로스에게 적합한 장례식을 치르기 전까진 자신의 머리를 물로 씻지 않을 것임을 맹세하는

---

37) Homeros, *Ilias*, IX. 628~632.
38) Homeros, *Ilias*, XXII. 395~405, XXIV. 113~115 참조.

데서도 확인된다.[39] 아킬레우스의 이러한 과도한 분노는 결국 아폴론 신의 노여움을 가져온다. 아폴론 신은 아킬레우스의 과도한 분노로 인한 헥토르의 시체에 대한 온당치 못한 행위를 다음과 같이 비난한다.

신들이여, 그대들은 잔혹한 아킬레우스를 돕고자 하나, 그자는 마음이 바르지 못하여 그의 심중의 생각은 비뚤어져 있습니다. 그의 마음은 사납기가 사자 같습니다. 자신의 큰 힘과 거만한 용기에 복종하여 사람들의 작은 가축 떼 속으로 뛰어들어 끼니를 마련하는 사자 같단 말입니다. 이처럼 아킬레우스는 동정심도 수치심도 없는 자입니다. 하나 수치심은 사람들에게 손해가 되기도 하나 큰 이익이 되기도 합니다. 생각건대, 많은 사람들이 그보다 더 소중한 사람을, 이를테면 동복형제 또는 아들을 잃었습니다. 하나 그들의 눈물과 슬픔에도 한계가 있었습니다. 한데 이 자는 고귀한 헥토르의 목숨을 빼앗고도 전차 뒤에 그를 매달아 사랑하는 전우의 무덤 주위로 끌고 다닙니다. 이는 분명히 그를 위하여 더 명예롭거나 더 유익하지 않을 것입니다. 그가 용감하기로 우리의 노여움을 사지 않도록 조심해야 할 것입니다. 그는 분을 이기지 못해 무심한 대지를 욕보이고 있으니 말입니다.[40]

인용문을 통해 알 수 있는 것처럼 아폴론 신은 아킬레우스의 헥토르

<hr>

39) Homeros, *Ilias*, XXIII. 43~45: "아니오, 신들 중에 지고지선하신 제우스께 맹세코, 내가 파트로클로스를 불 위에 뉘고 그를 위하여 무덤을 짓고 내 머리털을 깎기도 전에 머리에 물을 가까이 한다면, 그것은 도리가 아닐 것이오."
40) Homeros, *Ilias*, XXIV. 40~54.

에 대한 온당치 않은 대우가 아킬레우스에게 이익이 되거나 더 명예를 주는 것이 아님을 지적한다. 그래서 아폴론신은 아킬레우스의 전장에서의 행위가 용감한 것으로 인정될 수 있을지 모르나,[41] 헥토르의 사체에 대한 처리 방식은 수치스런 행위로 볼 수밖에 없으며, 이것은 신들의 분노를 가져올 수 있음을 경고한다. 제우스 신 역시 아폴론 신처럼 아킬레우스의 분노에 의한 행위가 정도를 지나친 것으로 생각한다.[42]

지금까지의 분석을 통해 알 수 있는 것처럼 호메로스의 『일리아스』 편을 이끌어가는 중심 개념 중 하나는 분노의 감정이다. 이것은 딸을 되찾아오지 못한 사제 크리세스의 분노의 기도에 응답한 아폴론 신의 분노, 이에 따른 아가멤논의 티메(τιμή) 상실로 인한 분노와 그 보상을 위한 아킬레우스의 명예 박탈과 그로 인한 아킬레우스의 분노, 그리고 파트로클로스의 죽음으로 인한 아킬레우스의 헥토르에 대한 복수 등, 이렇게 『일리아스』 편은 분노의 연속적 이행으로 이루어진 분노의 대(大) 서사시(epic)라 말해도 과언이 아니다. 특히 아킬레우스는 호메로스 시대의 영웅의 한 전형(ἀρχέτυπος)이 되는 모습을 보여준다. 그리고 아킬레우스의 분노는 기본적으로 티메와 관련된 것이며, 이러한 명예는 전쟁터에서 획득될 수 있는 것임을 알 수 있다. 전장에서 요구되는 영웅의 기질은 호전적이어야 하고, 이것은 무엇보다 분노나 성냄에 의해 보다 효율적으로 성취해낼 수 있는 가능성을 보여준다. 요컨대 영

---

41) 전쟁터에서 헥토르나 아이네이아스와 싸우는 아킬레우스의 모습은 마치 일군의 사냥꾼과 싸우는 사자의 모습으로 묘사된다(Homeros, *Illias*, XX. 163~67, XX. 490~502 참조).

42) Homeros, *Illias*, XXIV. 64~71 참조. 제우스 신이 이후의 헥토르의 아버지 프리아모스(Priamos)가 아킬레우스를 만나 헥토르의 시신을 돌려받도록 도움을 주는 것 역시 이를 방증하는 것으로 볼 수 있다.

웅은 전사이어야 하며, 이것은 전쟁에서 용맹하게 싸울 수 있는 심리적 동력으로서의 분노의 감정을 필요로 하였다는 점이다. 특히 개인들 사이의 분쟁과 다툼을 해결하고자 하는 형법 제도의 발달이 미약했던 호메로스 시기의 사회에서 분노의 표출은 분쟁을 해결하는 일정 정도의 순기능을 담보한 유용한 수단이 된 것으로 이해할 수 있다. 이 시기에 분노는 일종의 상대방에 의한 부당함이나 부정의에 의해 자신의 명예의 훼손이 있을 경우에 응당 표출해야 될 인간의 자연스런 감정적 반응이라는 사회적 공감대가 존재했었던 것으로 볼 수 있기 때문이다. 이런 측면에서 아가멤논에 의해 자신의 티메가 상실된 것에 분노하여 전투에 참여하지 않음으로 인해서 결과적으로 자신의 또 다른 자아(alter ego)인 친구 파트로클로스를 잃게 된 아킬레우스의 분노는 적합한 감정일 뿐 아니라 당시의 사회적 규범에도 부합하는 측면이 있다. 이처럼 『일리아스』에 나타난 아킬레우스의 경우를 통해 알 수 있는 것처럼, 호메로스 시대의 분노는 티메를 되찾기 위한 자력구제(自力救濟, self-help)의 표현양태일 뿐만 아니라, 전장에서의 승리를 유리하게 이끌 수 있는 동력으로 작용했다고 말할 수 있다.

그러나 동시에 분노는 그것이 갖고 있는 복수의 잔인성과 폭력성으로 인해 공동체의 안정과 유대에 반(反)하는 역기능으로 작용할 가능성 역시 간과될 수 없다. 아가멤논의 화해의 제스처와 중재단의 설득에 더 큰 분노심으로 반응하는 것이나, 친구의 원수를 갚기 위한 전장에서의 무자비하면서도 비인간적인 헥토르의 시신 처리 방식은 분명 신과 인간이 이해할 수 있는 정도를 넘어선 오만(ὕβρις)한 행위로 평가할 수밖에 없기 때문이다. 한 영웅의 제어되지 않는 분노나 미움은 수많은

사람의 희생과 공동체의 파멸을 야기할 수 있는 파괴적 힘으로 작용하기 때문이다.[43]

2. 병사 테르시테스의 분노

호메로스의 『일리아스』 작품에서 필자가 관심을 갖는 또 다른 주인 공은 테르시테스(Thersites)이다. 그동안 학자들의 『일리아스』 작품 속의 주된 관심 대상은 아킬레우스나 아가멤논 또는 오뒤세우스와 같은 호메로스의 쟁쟁한 영웅들이었던 것이 사실이다. 따라서 호메로스의 귀족주의적인 사상 속에서 무명의 보통 병사들은 영웅들의 명예와 전 공을 빛내기 위한 수단에 불과한 것으로 묘사되었다고 말할 수 있다. 지금부터 살펴보게 될 테르시테스라는 희랍군의 일개 병졸은, 그런 점 에서 호메로스가 예외적으로 『일리아스』에 등장시키는 비(非)영웅적인 인물이라 말할 수 있다. 특히 테르시테스의 분노는 기존의 왕이나 귀족 이 아닌 일개 병사의 분노라는 점에서 주목할 가치가 있다.[44]

---

43) 『일리아스』 편에서 주목해야 할 중요한 다른 하나는 작품의 24권 끝나는 부분에서 묘사되고 있는 트로이아의 왕 프리아모스와 아킬레우스가 만나는 장면이다. 헥토르의 아버지 프리아모스는 아들을 죽인 아킬레우스에게 분노로 다가가는 것이 아니라, 자식을 사랑하는 부모로서 만난다. 자식의 시체를 가져오기 위해서 분노가 아니라 적에게 무릎을 꿇고 눈물로 호소하는 모습을 보여주는 것이다. 이로써 분노의 화신인 아킬레우스의 마음은 분노심에서 측은지심 내지 연민의 감정으로 변한다. 『일리아스』가 끝나가는 즈음에서 아킬레우스는 분노의 인간형에서 새로운 인간적인 연민을 느끼는 영웅으로 변화하는 모습을 보여주는 것이다.

44) 테르시테스와 오뒤세우스의 대립을 하급 병졸과 영웅 간의 계급갈등(class conflicts) 관점에서뿐만 아니라 동등한 엘리트 사이의 경쟁으로 보려는 해석도 있었다. 이에 관한 자세

테르시테스의 연설을 살펴보기 전에 간단하게 사건의 배경을 언급하는 것이 좋을 것 같다. 이미 아킬레우스의 분노를 다룰 때 언급한 것처럼 희랍군은 아킬레우스의 전쟁 불참으로 트로이아와의 전쟁에서 연패하게 되고, 이로 인한 희랍군의 많은 희생으로 그 사기는 땅에 떨어지게 된다. 이에 아가멤논은 트로이와의 전투를 다시 시작하기 전에 희랍군의 전의(戰意)가 어느 정도 되는지를 시험해보기를 원한다. 그래서 오뒤세우스를 통해 희랍군들에게 고국으로 돌아갈 것을 명한다.[45] 아가멤논이 생각하기에 만약 희랍군의 전의가 높다면, 병사들이 고국으로 돌아가자는 명령을 거부하고 계속 싸우고자 할 것이지만, 그렇지 않은 경우 귀환하기를 원할 것이기 때문이다. 결과는 싸움에 지친 희랍 병사들이 일시에 귀환하고자 하는 집단행동으로 나타난다. 이에 여신 아테네의 제지하라는 명령에 따라 오뒤세우스가 아가멤논으로부터 홀을 받아 병사들을 제지하게 되는 상황이 발생한다. 결국 모든 병사들이 함선과 막사로부터 회의장으로 되몰려가지만 이에 굴복하지 않는 한 병사가 있었는데, 그가 테르시테스이다. 『일리아스』 2권 211행부터 240행에 걸쳐 소개되고 있는 테르시테스의 연설은 영웅들의 분노와는 대척점에 서 있는 분노의 또 다른 유형을 보여준다. 그런 점에서 테르시테스의 연설과 관련된 전문은 모두 소개할 만한 가치가 있다.

다른 사람들은 모두 앉아 자리를 지키고 있었으나, 수다쟁이 테르시테스

한 논의는 J. Marks, "The Ongoing Neikos: Thersites, Odysseus, and Achilieus", *American Journal of Philology*, vol. 126/1, 2005, pp. 1~31 참조.
45) Homeros, *Illias*, II. 48~141 참조.

만은 여전히 지껄이고 있었다. 그는 마음속에 무질서한 말들을 잔뜩 품고 있었고, 무엇이든 아르고스인들을 웃길 수만 있다고 생각되면 질서를 무시하고 공연히 왕들과 시비하려 들었다. 그는 일리오스(Ἴλιος)에 온 사람들 중에서 가장 못생긴 자로 안짱다리에다 한쪽 발을 절었고, 두 어깨는 굽어 가슴 쪽으로 오므라져 있었다. 그리고 어깨 위에는 원뿔 모양의 머리가 얹혀 있었고, 거기에 가는 머리털이 드문드문 나 있었다. 그는 누구보다도 아킬레우스와 오뒤세우스의 미움을 받았는데 그가 이 두 사람을 늘 비난했기 때문이다. 그런데 이번에도 그가 꽥꽥거리며 고귀한 아가멤논에게 욕설을 퍼부어댔으므로 아카이아인들은 그에 대해 몹시 분개했고, 마음속으로 괘씸하게 여기고 있었다. 그는 큰 소리로 아가멤논을 비난했다. '아트레우스의 아들이여, 무엇이 모자라서 불만이시오? 그대의 막사들은 청동으로 가득 차 있고, 그대의 막사들에는 우리 아카이아인들이 도시를 함락할 적마다 고르고 골라 맨 먼저 그대에게 바친 여인들이 많이 있지 않소! 그대는 혹시 말을 길들이는 트로이아인들 중에 누군가가 나나 다른 아카이아인이 사로잡아온 아들의 몸값으로 일리오스에서 황금을 가져오기를 바라는 것이오? 아니면 그대 혼자서 붙들어놓고 사랑을 즐기기 위하여 젊은 여인을 원하는 것이오? 하나 아카이아인들의 아들들을 불행으로 인도한다는 것은 그들의 지휘자가 된 자에게는 어울리지 않는 일이오.

이 겁쟁이들이여, 못나고 수치스런 자들이여, 그대들은 아카이아의 계집들이지 이미 아카이아의 사나이들이 아니오. 자, 우리도 그에게 도움이 되는지 안 되는지 알도록, 저 양반은 이곳 트로이아 땅에서 명예의 선물들이나 실컷 탐식하도록 내버려두고 우리는 함선들을 타고 고향으로 떠

나도록 합시다.[46]

　위 인용문 전반부에서 호메로스는 테르시테스의 외모를 상당히 부정적으로 묘사하고 있다. 못생긴 외모를 가졌을 뿐만 아니라 전투에서 용감하게 잘 싸울 수 있는 신체적인 조건을 전혀 갖추고 있지 못한 무능한 병사로 기술하고 있다. 그는 왕들이나 지휘관들을 비난하고 불평불만을 늘어놓는 병사라고 볼 수 있다. 그래서인지 희랍군의 동료 병사들 역시 이런 테르시테스에 호의적인 마음을 갖고 있지 않다. 그러나 위의 인용문 중반 이후의 내용을 보면, 테르시테스의 말이 결코 단순한 객기에 찬 비판이 아님을 알 수 있다.

　테르시테스의 비판은 두 부분으로 나눌 수 있다. 첫 번째 부분은 아가멤논에 대한 비난이다. 그것은 무엇보다 '아가멤논이 희랍군의 훌륭한 지도자의 자격을 가지고 있지 않다'는 항변이다. 테르시테스는 아가멤논이 아킬레우스와의 불화로 인해 희랍군의 엄청난 희생과 피해가 있었음을 지적한다. 그리고 이러한 트로이와의 9년간의 전쟁은 자신과 같은 보통의 희랍 병사들을 위한 전쟁이 아님을 역설한다. 사실상 트로이아와의 전쟁은 메넬라오스와 그 형인 아가멤논의 체면, 달리 표현해 '얼굴 세워주기' 전쟁이라고 말할 수 있다. 헬레네의 남편이자 아가멤논의 동생인 메넬라오스와 트로이아의 왕자 파리스는 각기 헬레네의 존재를 자신들의 위신 세우기 내지 명예 회복의 문제로 간주한다. 파리스는 헬레네를 취함으로써 희랍 전체에 자신의 영웅적인 용맹함을 알

---

46) Homeros, *Illias*, II. 211~240.

리게 되는 명예를 얻게 되고, 반대로 헬레네를 빼앗긴 메넬라오스와 그 형제는 명예를 잃게 되는 것이다. 한쪽은 얼굴을 들 수 있지만 다른 쪽은 얼굴을 아예 들 수가 없게 되고 마는 것이다. 그렇기 때문에 아가멤논이 지금의 전쟁을 헬레네를 부정의하게 빼앗아간 트로이아에 대한 응전이라는 면에서 정의로운 전쟁임을 주장하지만, 테르시아테스와 같은 일개 병사에겐 그것은 어디까지나 트로이아로부터 "아트레우스의 아들 아가멤논과 메넬라오스의 명예를 찾아주고자"(τιμὴν Ἀρτειδης Ἀγαμέμνονι καὶ Μελελάῳ ἀρνυμένῳ)[47] 하는 전쟁에 불과한 것이다. 테르시테스가 트로이와의 전쟁이 왕과 귀족들을 위한 전쟁이지, 자신과 같은 평범한 병사의 권리와 이익을 위한 전쟁이 아니라고 항변하는 이유가 여기에 있다. 목숨을 내걸고 피 흘리며 싸운 전쟁에서의 성과물 내지 노획물은 모두 왕과 귀족들의 독차지가 되었기 때문이다.

두 번째 비판의 대상은 동료병사들에게로 향해 있다. 그것은 희랍군의 병사들이 전쟁에 공헌하고 있음에도 불구하고 아무런 보상도 요구하지 않는 것에 대한 자각과 분노를 환기시키는 연설이다. 테르시테스가 보기에 동료병사들은 전쟁에서 어떠한 보상도 주어지지 않음에도 목숨을 내걸고 싸우고만 있다. 고래싸움에 새우등 터지는 격으로 한편으론 아가멤논과 아킬레우스 사이에서, 다른 한편으론 트로이아와의 싸움에서 희생물이 되고 있는 것이다. 그래서 테르시테스는 동료병사들이 노예처럼 복종만 하는 것을 질책하면서 그러한 태도를 "계집"

---

47) Homeros, *Ilias*, V. 552~553, I. 159~160.

(γυνή)에 비유한다. 사내라면 아가멤논과 같은 몇몇 왕들의 전리품 차지를 위한 전쟁에 창을 내려놓고 정당한 몫을 받기 위한 요구를 하든지, 그렇지 않으면 고향으로 돌아가든지 해야 한다는 것이다. 이러한 이유로 테르시테스는 자신과 같은 병사들이 전쟁에 기여하는지 안 하는지를 확인하기 위해서라도 당장 전투를 중지하고 각자의 조국으로 귀환할 것을 역설한다. 이러한 테르시테스의 분노에 찬 연설은 당시의 사회 · 정치적 환경 속에서 어떤 의미를 갖는 것으로 볼 수 있을까? 작품 속에서 귀족주의적인 취향을 강하게 보이는 호메로스가 테르시테스의 분노를 소개하는 것을 어떻게 이해할 수 있을까?

첫째는 테르시테스의 분노의 연설은 처음으로 인류 역사상 평등에 관한 관념(idea of equality)을 보여준다는 것이다.[48] 다시 말해 테르시테스의 연설은 전쟁에서 소외받은 보통 병사들의 '불평등'에 대한 울분과 분노가 반영된 주장이라 말할 수 있다. 그의 분노는 트로이와의 전쟁에서 자신과 같은 병사가 왕과 귀족 못지않게 기여를 함에도 불구하고 노획물의 분배에 있어서 정당한 대우를 받지 못한 것에 대한 항변이다. 『일리아스』작품 전체를 통해 알 수 있는 것처럼 실상 트로이와의 전쟁은 몇몇 영웅들의 무용담만으로 이루어진 것은 아니다. 작품을 이끌어가는 주체로 전면에 부각되지는 않지만, 실상 영웅들의 활약은 그들과 함께 전쟁에 참여한 수십, 수만 명의 병사들의 용맹스런 전투에 의해 뒷받침되는 것이다. 전쟁은 왕과 귀족들뿐만 아니라 희랍병사들 모두

---

48) 이런 점에서 Stuurman의 논문은 테르시테스의 평등론에 주목한 논문이라는 점에서 의의가 있다(S. Stuurman, "The Voice of Thersites: Reflections on the Origins of the Idea of Equality", *Journal of the History of Ideas*, 65/2, 2004, pp. 171~189 참조).

에 의해 수행되는 생사를 건 전투이기 때문이다. 테르시테스는 이것을 처음으로 자유언론을 통해 자신과 같은 일개 병졸에게도 전쟁에서의 공적에 따른 '분배적 정의'의 실현을 요구하는 것이다. 앞서 언급한 것처럼 아킬레우스가 아가멤논을 향해 가치에 따른 공정한 분배가 이루어져야 함을 역설하듯이, 테르시테스는 마찬가지 논리를 왕과 귀족들을 향해 주장하는 셈이다. 이는 후에 아리스토텔레스가 주장하게 되는 "가치에 따른"(κατ' ἀξίαν) 분배적 정의의 원리[49]가 자신과 같은 하층 병사들에게도 적용되어야 함을 역설하는 것으로 볼 수 있다. 테르시테스는 병사들이 왕이나 귀족의 지휘에 의해 보다 효율적으로 전투를 수행할 수 있지만, 마찬가지로 그들 역시 전쟁에서 부하 병사들의 집단적 전투력에 의존하고 있기 때문에 그에 상응한 몫이 주어져야 함을 주장하는 것이다. 지휘관이 없는 군대가 오합지졸이 될 수 있지만, 반대로 군대가 없는 지휘관 역시 존재의미가 없기 때문이다.[50] 이런 점에서 테르시테스는 영웅시대의 소위 자유언론에 기초한 평등을 주창한 선구자라 말할 수 있다.[51]

앞의 인용문에서 알 수 있듯 호메로스가 테르시테스의 외모를 포함한 전체적인 면을 부정적으로 묘사함에도 불구하고, 테르시테스의 분노의 연설을 소개하고 있다는 점은 주목할 만하다. 이것은 호메로스가

---

49) Aristoteles, *NE*, V₃, 1131a10 이하 참조.

50) 보통의 병사들이 전쟁에서 대부분의 중요한 역할을 담당하고 있는 것과 관련해선 Hans van Wees, "The Homeric Way of War: The Iliad and the Hoplite Phalanx", *Greece and Rome* 41/1, 1994, pp. 1~18과 41/2, 1994, pp. 131~155 참조.

51) 이것은 오뒤세우스가 테르시테스를 "분명하게 말하는 자"(λιγὺς ἀγορητής)로 규정하는 것을 통해서도 엿볼 수 있다(Homeros, *Illias*, II. 246).

진리를 추구하는 시인이자 철학자로서 테르시테스에 의해 대변되는 일반 병사들의 평등추구 관념을 어떤 식으로든 간과하기 어려웠을 것이라는 추정이 가능하다. 그래서 호메로스는 테르시테스를 통해 왕과 귀족, 그리고 사제들의 목소리가 아닌, 병사들의 소리를 전달할 시인으로서의 도덕적 의무를 다하고자 했을 수 있다. 이런 점을 고려한다면 호메로스는 테르시테스를 단지 희화적(戲畵的) 인물로만 등장시킨 것이 아니다. 이점에서 호메로스는 자신의 귀족주의적인 세계관에도 불구하고, 보편성을 추구하는 시인으로서 귀족주의적인 통치의 불안정성 속에서 서서히 움트기 시작하는 평등의 공동체인 폴리스의 도래를 인지하고 있었던 것으로 보인다.[52]

둘째는 테르시테스의 분노가 호메로스 영웅시대의 분노의 위계질서를 보여준다는 것이다. 테르시테스의 분노의 연설은 사실상 큰 틀에서 보면 로고스(λόγος)와 뮈토스(μῦθος)의 대립을 의미한다. 왕과 귀족들이 자신들의 통치의 정당화의 근거를 제우스와 같은 신들의 신화적 논리에 두고 있다면, 테르시테스의 주장은 뮈토스의 허구성을 로고스적 합리성에 근거해 공격을 하고 있는 것이다.[53] 그러나 이러한 테르시테스의 합리적 주장은 아직까지 신화적 세계를 대항할 만큼의 힘을

---

52) B. Koziak, 1999, pp. 1084~1085 참조. 『오뒤세이아』 작품 9권에서 호메로스가 키클롭스 족속을 법과 규범(θέμις)이 없고 공공의 장소(ἀγορά)가 없기 때문에 야만인으로 묘사하는 것도 호메로스가 생각하는 문명사회의 정체성 내지 원리가 무엇인지 알 수 있게 해준다. 문명인의 사회는 법과 같은 사회적 규범과 대화를 통해 갈등을 해결할 수 있는 아고라와 같은 공동의 장소가 있어야만 하는 것으로 볼 수 있기 때문이다(Homeros, *Ody*, IX. 112~115).
53) Mythos와 logos의 정치 현실적 의미와 관련해선 손병석, 「희랍 철학 속에 나타난 Mythos 와 Logos의 이분법적 구분에 대한 재성찰」, 『철학연구』 56집, 2002, pp. 185~187 참조.

갖지 못한다. 이것은 테르시테스의 분노의 연설이 그 정당성에도 불구하고 오뒤세우스에 의해 여지없이 제압되는 것을 통해 알 수 있다. 다시 말해 전투에서의 공적과 가치에 따른 분배를 주장하는 테르시테스의 정당한 항변에도 불구하고, 그의 주장은 오뒤세우스의 폭행과 폭언에 의해 제압된다. 그리고 오뒤세우스의 홀에 의해 등과 어깨를 얻어맞은 테르시테스는 눈물을 흘리면서 더 이상 저항하지 못 한다.[54] 테르시테스의 분노는 오뒤세우스로 대변되는 왕과 귀족사회에서 아직까지 그 정당성을 인정받기 어려운 형태의 분노임을 방증한다. 아가멤논이나 아킬레우스 또는 오뒤세우스와 같은 왕과 귀족의 분노는 영웅시대의 공동체에서 공적 권위를 갖는 것으로 승인되고 그 영향력이 인정될 수 있음에 반해, 테르시테스와 같은 하층 계급의 분노는 아직까지 공동체에서 승인되기 어려운 형태의 감정인 것이다. 오뒤세우스가 말하는 것처럼 인간 중 한 명인 왕에게만 제우스가 통치할 수 있는 홀을 부여한[55] 사회였기 때문이다.

테르시테스의 분노가 공적인 힘을 발휘하지 못하는 데는 같은 동료 병사들의 호응을 적극적으로 얻지 못하는 데서도 엿볼 수 있다. 테르시테스는 자신들의 동료들을 여자들로 비난하면서 진짜 남자라면 지금까지와는 다른 방식으로 행동을 표출해야 된다고 나무라지만, 동료병사들은 이에 적극적으로 호응하지 않는다.[56] 오히려 동료병사들은 오뒤세우스에 의해 테르시테스가 흠씬 두들겨 맞을 때도 그를 비웃고 있

---

54) Homeros, *Illias*, II. 244~278 참조.

55) Homeros, *Illias*, II. 203~206.

56) Homeros, *Illias*, II. 270~277 참조.

다. 그러나 호메로스는 아직까지 자신들의 권리를 자각하지는 못하지만 열린 폴리스 사회로의 진입이 머지않았음을 암시해준다. 그것은 동료병사들이 테르시테스가 오뒤세우스에 의해 얻어맞고 눈물을 흘리는 것을 보면서 "괴로워하는"(ἀχνυμενοί)[57] 것으로 기술하고 있다는 데서 알 수 있다. 동료병사들이 테르시테스에 대한 적극적인 지지를 표명하지 않은 것은, 한편으론 테르시테스의 잘난 듯한 언행에 불쾌감이 든 것도 사실이다. 그러나 다른 한편으론 오뒤세우스의 말을 따르지 않았을 경우에 자신들 역시 테르시테스처럼 오뒤세우스의 강한 분노로 인한 처벌의 대상이 될 수 있을 것이라는 두려움 역시 작용한 것으로 볼 수 있다. 그런 관점에서 본다면, 동료병사들이 왕과 귀족들만을 위한 전쟁을 하느니 귀향하자는 테르시테스의 주장에 공감하지 않은 것은 아니다. 왜냐하면 그들은 끝내 테르시테스가 오뒤세우스에게 얻어맞고 몸을 웅크리면서 눈물을 흘리는 것을 보면서 즐거워하고 조롱하지만, 동시에 그들의 마음 한구석에는 테르시테스에 대한 처벌이 부당하다고 느끼고 그것에 분노하고 있기 때문이다. 희랍 병사들은 자신들이 왕과 귀족도 아니지만 그렇다고 노예도 아님을 점차 자각하기 시작한 것이다. 그리고 이러한 계몽의 가능성에 대한 영웅시대의 두려움은 호메로스의 스타 웅변가인 네스토르(Nestor)까지 오뒤세우스에 합세해서 전쟁을 계속 하도록 설득하고서야[58] 비로소 제지될 수 있었다는 것을 통해서도 가늠할 수 있다. 테르시테스에 관한 언급이 『일리아스』 작품에서 이후에 더 이상 발견되고 있지는 않지만, 테르시테스의 분노의

---

57) Homeros, *Ilias*, II. 270.

58) Homeros, *Ilias*, II. 336 이하 참조.

연설이 함의하는 사회·정치적인 의미는 결코 가볍지 않다.

3. 오뒤세우스의 분노와 복수

영웅 시기의 분노의 유형을 알 수 있는 또 다른 중요한 인물은 호메로스의 작품『오뒤세이아』(Odysseia)의 주인공 오뒤세우스(Odysseus)이다. 특히『오뒤세이아』22권에서 묘사되고 있는 오뒤세우스의 구혼자들에 대한 복수는 앞으로 살펴보게 될 비극작품의 주인공 오레스테스나 메데이아처럼 복수의 시점에 주저하는 인물들과는 다른 단호한 태도를 보여준다.[59] 오뒤세우스는 소위 햄릿형의 우유부단한 인물은 아니라는 것이다. 이것은 오뒤세우스가 백 명이 넘는 구혼자와 열 명의 하녀들, 그리고 염소치기 멜란티오스에 대한 살인 행위에서 전혀 흔들림 없이 잔인한 복수의 잔치를 즐기는 데서 알 수 있다. 그는 분노에 찬 살인 행위를 진행하면서 이후에 구혼자 진영에서의 응전에 대한 영혼의 두려움을 전혀 갖지 않는다. 그리고 우리가 작품의 결론 부분에서 확인할 수 있는 것처럼 그의 집단 살인 행위는 처벌받지 않으며, 정화의 작업을 요구받지도 않는다. 오뒤세우스는 자신의 손을 피로 물들여 그의 집을 정화시키지만,[60] 자신의 피 묻은 손은 결코 씻지 않는다.

---

59) A. P. Burnett, *Revenge in Attic and Later Tragedy*, Univ. of California Press, 1998, pp. 34~42. 특히 p. 34.

60) Homeros, *Ody*, XXII. 481~494 참조.

오뒤세우스의 이러한 단호한 복수 행위를 근거 짓는 그의 분노[61]에 관한 설명과 이해가 필요한 이유가 여기에 있다. 그리고 이러한 오뒤세 우스의 분노가 절정에 이르러 표출되는 부분은 아무래도 구혼자들과 그들에 협력한 종복들에 대한 오뒤세우스의 복수 장면이 기술되고 있 는『오뒤세이아』22권에서 찾을 수 있다.[62] 이제 나는 이 부분에 나타 난 오뒤세우스의 구혼자들에 대한 살인 행위의 정당성 여부를 그의 분 노에 초점을 맞추어 분석할 것이다. 그래서 그의 분노의 복수 행위가 과연 올바른 의미의 응징적 정의의 실현으로 평가될 수 있는지를 밝히 도록 하겠다. 먼저『오뒤세이아』22권 초반 부분에서 오뒤세우스가 구 혼자들에 대한 본격적인 살인 행위를 시작하면서 복수에의 결연한 의 지를 천명하는 다음의 언급을 살펴보도록 하자.

그러자 많은 계략을 가진 오뒤세우스가 분노의 표정을 지으면서 말했다. 에우뤼마코스여, 당신들의 아버지가 당신들에게 남긴 유산을 보상으로 나에게 다 준다 해도, 심지어 그대들이 지금 갖고 있는 모든 것을 다 준다 해도, 거기에다 당신들이 어딘가에 숨겨두었을 부를 덧붙인다 해도, 구혼 자들이 위반한 모든 것이 보상되기 전까진 살육에서 내손을 쉽게 하지 않

---

61) 오뒤세우스(Odysseus)의 어원은 "분노하는 자"(ὠδύσαο)이다(Homeros, *Ilias*, XIX. 409, Homer, Odyssey, Loeb Classical Libr., p. 7, 각주 2 참조).

62) 오뒤세이아 작품의 주된 테마는 오뒤세우스의 방랑, 그의 이타카에로의 귀환, 구혼자들 의 오만한 악행 그리고 그들에 대한 오뒤세우스의 복수로 구성되어 있다고 말할 수 있다. 특 히 오뒤세우스의 노스토스(νόστος), 즉 귀환과 구혼자들의 휘브리스(ὕβρις), 즉 오만함의 주 제가 결국 오뒤세우스의 복수와 관련된 주된 모티브로 작용한다. 이와 관련해선 F. W. Jones, "The Formulation of the Revenge Motif in the Odyssey", *Transactions and Proceedings of the American Philological Association*, vol. 72, 1941, pp. 195~202 참조.

을 것이다. 이제 누군가가 죽음과 운명을 피할 수 있기 원한다면, 이제 나에 맞서 싸우든가, 아니면 도망치든가 하는 것만이 남아 있다. 그러나 내가 생각하건대 더러 몇 명은 극한의 파멸로부터 벗어나지 못할 것이다.[63]

위의 인용문은 구혼자들 중 다른 한 명인 에우뤼마코스가 지금까지 자신들이 한 행위에 대해 모두 보상을 할 테니 자신들을 살려줄 것을 요청한 것에 대한 응답으로 한 오뒤세우스의 연설이라 말할 수 있다. 오뒤세우스의 에우뤼마코스에 대한 응답은 분노에 찬 복수 의지의 천명이다. 오뒤세우스는 구혼자들 중 대표자인 안티노오스를 죽인 후, 자신이 트로이아에서 돌아온 이타카의 주인 오뒤세우스임을 밝히고 구혼자들과 그들에 협조한 하녀들을 모두 파멸로 몰고 갈 것임을 공언한다. 그것은 오뒤세우스가 구혼자들에게 제시한 두 가지 선택지 중 어떤 것을 선택하든, 즉 구혼자들이 자신에게 대항해 싸우든, 아니면 도망치든 모두 죽이겠다는 것이다. 문제는 도망치는 경우와 맞서 싸우는 경우, 어느 것이 보다 구혼자들의 생존의 가능성을 높일 수 있는가 하는 것이다. 수적인 것을 고려할 경우 구혼자들이 결코 불리하지 않음은 분명하다. 그러나 중요한 것은 오뒤세우스의 분노의 정도가 수적인 열악함을 감수하고서라도 복수를 실행할 만큼 강하다는 데 있다.

실상 오뒤세우스의 강한 분노심은 그가 이타카로 돌아오기 이전에 나타난 노스토스(νόστος), 즉 귀환을 향한 그의 열망을 고려할 때 충분히 이해될 수 있다. 귀환을 향한 인간의 욕망이 어느 정도 강한 것인

---

63) Homeros, *Ody*, XXII. 60~67.

가는, 귀환을 포기한다면 영원한 불멸의 삶을 살 수도 있다는 요정 칼립소(Kalypsō)의 제안을 오뒤세우스가 거절한 데서도 알 수 있다. 요컨대 오뒤세우스는 신과 같은 불멸의 삶 대신에 처자식이 기다리고 있는 이타카로의 귀환을 더 우선시 한 것이다.[64] 사실상 『오뒤세이아』 작품의 절반은 오뒤세우스가 귀환하기 전까지의 스토리로서 귀환의 대가가 얼마만큼 혹독한가를 여실히 보여주는 것으로 이해해도 무방하다.[65] 이러한 수많은 고통과 시련 뒤에 돌아온 이타카에서 그를 기다린 것은 구혼자들과 이러한 구혼자들과 잠자리를 함께하면서 쾌락을 공유하는 하녀들 그리고 그들에 빌붙은 염소치기 멜란티오스(Melanthios)였던 것이다. 이것은 특히 오뒤세우스가 아들 텔레마코스와 그의 두 명의 충복인 필로에티오스와 에우마이오스를 시켜 하녀들을 줄에 걸어 죽이고, 염소치기 멜란티오스의 신체부위를 자르도록 명령하는 것에서도 그의 불타는 분노를 짐작할 수 있다. 아버지의 뜻을 받들어 하녀들과 멜란티오스를 죽이고자 하는 시점에 행하는 아들 텔레마코스의 다음의 말이 이를 확인시켜준다.

나는 내 머리와 내 어머니에게 치욕을 쏟아 붓고, 구혼자들과 항상 잠을 잔 이 여자들의 생명을 결코 깨끗한 죽음으로(καθαρὸς θάνατος) 빼앗고 싶지 않다. 그렇게 말을 하고 그는 검은 배의 뱃머리 밧줄을 주랑의 큰 기둥에 단단히 묶고, 그것을 원형기둥의 지붕에 던져서, 그것을 어떤 하녀의 발도 땅에 닿지 않도록, 그 밧줄을 팽팽히 잡아 당겼다. 그것은 마치 날

---

64) Homeros, *Ody*, V. 1~224. 특히 209~224 참조.

65) Homeros, *Ody*, V. 203~224 참조.

개가 긴 지빠귀나 비둘기들이, 그들의 보금자리로 돌아가고자 할 때, 덤불 속에 쳐놓은 그물에 걸려, 원하지 않은 잠자리가 그들을 맞이하는 것과 같다. 그런 것처럼 하녀들은 모두 목을 들고 있었고, 그들이 가장 비참하게 죽도록, 그들 목에 올가미가 감겨져 있었다. 그리고 그들은 발을 가지고 잠시 버둥거렸으나 오래가지 못했다. 그 다음에 그들은 문과 안마당을 지나 멜란티오스를 데리고 와서 무자비한 청동으로 그 자의 코와 두 귀를 자르고, 그 자의 생식기를 뽑아내서 그것을 개가 날로 먹도록 했으며, 그리고 분노에 의해 그 자의 손과 발을 잘라버렸다.[66]

위 인용문에서 우리는 오뒤세우스의 명령에 의해 이루어지는 복수 행위를 문명인이 행하는 것으로 보기 어려운 정도의 잔인한 살인 행위를 보게 된다.[67] 구혼자들의 살육에 의한 피로 얼룩진 복수의 파티를 성공적으로 마치고, 오뒤세우스는 뒤이어 이들 구혼자들에게 협조한 집안의 하녀들을 줄에 매어 죽도록 하고, 더 나아가 멜란티오스의 신체 기관을 부위별로 잘라서 죽이는[68] 비인간적인 잔인한 살인을 거침없이

---

66) Homeros, *Ody*, XXII, 462~477.

67) 여기서 멜란티오스를 직접적으로 죽인 것은 오뒤세우스의 충복인 필로에티오스와 에우마이오스 그리고 아들 텔레마코스이기 때문에 오뒤세우스를 잔인한 복수의 주체가 아닌 것으로 보려는 시도가 있다. 그러나 『오뒤세이아』 435행부터 445행에서 오뒤세우스가 텔레마코스와 그의 소치기와 돼지치기 부하들을 불러 하녀들과 멜란티오스를 잔인하게 죽이라고 지시하는 것을 고려할 때 이러한 해석은 받아들이기 어려운 것으로 판단된다. 이와 관련해선 Rick M. Newton, "Odysseus and Melanthius", *Greek, Roman and Byzantine Studies*, vol. 38/1, 1997, pp. 6~7 참조.

68) 멜란티오스가 결과적으로 죽었는지의 여부는 불분명하게 남아 있다. 손과 발뿐만 아니라 생식기를 잘리고도 살아남을 수 있는 가능성은 있다. 그러나 그렇게 절단당하고 살아남았

행하고 있기 때문이다. 멜란티오스는 단순한 죽음이 아닌 신체부위들이 절단되는 극도의 고통 속에서 비참한 죽음을 맞이한다. 우리는 이러한 오뒤세우스의 불타는 분노와 그로 인한 복수 행위를 어떻게 평가할 수 있을까?

일단 우리는 오뒤세우스의 구혼자들에 대한 잔인한 집단 복수 행위는 이들 구혼자들의 부모나 친척의 분노를 발생시킬 것이고, 그래서 오뒤세우스를 향한 이들의 반격에 의한 복수를 예상할 수 있다.[69] 더군다나 구혼자들에 대한 오뒤세우스의 복수가 공인되기 어려운 정도를 벗어난 야만적인 복수(vendetta)로 간주된다면, 폭력의 악순환이 이타카를 위협할 것은 자명하다. 앞에서도 언급한 것처럼 구혼자들 중 한 명인 에우뤼마코스가 모든 악행에 대한 보상을 약속한 것도 오뒤세우스의 복수를 응징적 정의의 실현으로 보기 어렵게 한다. 그렇다면 이타카의 평화와 질서는 또 다른 복수의 악순환에 의해 회복될 수 없는 파국으로 향해갈 것이며, 결국 오뒤세우스의 분노는 응징적 정의의 실현으로 간주되기보다는 공동체의 재앙의 원인으로 간주될 수 있다. 피비린내 나는 오뒤세우스와 구혼자 가족의 복수가 이타카를 피바다로 만들 수 있다는 점에서 오뒤세우스의 분노를 긍정적으로만 평가할 수는 없

다 하더라도 그것은 더 이상 인간으로서의 실질적인 삶을 사는 것으로 보기는 어려울 것이다. 이에 관한 다른 의견은 M. Davies, "Odyssey 22. 474~477: Murder or Mutilation?", *The Classical Quarterly*, New Series, Vol. 44/2, 1994, pp. 534~536 참조.

69) Homeros, *Ody*, XXIII. 111~140 참조. 친구나 친척의 죽음을 복수하기 위해 관련된 살인자나 그에 상응하는 역할을 행한 적대자를 죽이는 일은 호메로스 시기의 관습에 비추어봤을 때 일반적인 일이었다. 이와 관련해선 A. P. Burnett, *Revenge in Attic and Later Tragedy*, Univ. of California Press, 1998, p. 34.

다. 또 다른 이유는 앞서 살펴본 것처럼 오뒤세우스의 분노의 표출 방식과 관련하여 그의 종복들에 대한 처벌은 그 정도와 방식에 있어 정상적인 복수의 범위를 벗어난 측면이 있어 보인다는 것이다. 오뒤세우스의 분노가 악행에 대한 정당한 처벌을 향하기보다는 사적(私的) 복수의 감정에 치우친 측면이 있어 보이기 때문이다.

오뒤세우스의 처벌 행위의 정당성에 관한 회의적인 평가는 구혼자들의 살인 행위에 관한 소문이 도시 전체에 퍼졌을 때, 이것을 들은 이타카 시민들의 의견이 양분되고 있다는 점도 중요하게 고려될 수 있다.[70] 일군의 시민들은 구혼자인 안티노오스의 아버지 에우페이테스의 복수의 의지에 뜻을 같이하여 싸우고자 하고 있기 때문이다. 물론 일군의 다른 시민들은 살아남은 가인(歌人) 메돈의 말을 전해 듣고, 오뒤세우스의 행위가 구혼자들의 대규모의 범죄에 대한 분노로 촉발되었고, 그의 행위가 신에 의해 권장되었다는 점에서 오뒤세우스의 분노를 정당한 것으로 평가한다.[71] 그러나 시민들의 이러한 양분된 입장에서 주목해야 되는 것은, 그들 중 "반 이상의 다수"(ἡμίσεων πλείους)[72]가 구혼자인 안티노오스의 아버지의 분노에 찬 전쟁의지에 동참하여 무구를 가지러 서둘러 갔다는 사실이다. 이런 점들을 고려할 때 일단 오뒤세우스의 복수 행위가 응징적 정의의 관점에서 정당화될 수 있는 분노의 표출로 간주되기는 어려운 점이 있다.

그렇다면 오뒤세우스의 분노에 대한 호메로스의 최종적인 평가는

---

70) Homeros, *Ody.* XXIV. 463~465 참조.
71) Homeros, *Ody.* XXIV. 443~463 참조.
72) Homeros, *Ody.* XXIV. 464.

어떤 것으로 볼 수 있을까? 호메로스는 자신의 여러 영웅들 중에서 오 뒤세우스를 가장 지적인 영웅으로 내내 묘사하고 있는데, 정작 자신의 고향으로 돌아와서는 가장 비합리적인 피의 복수를 행하는 살인마로 결론을 내리는 것일까? 상술한 구혼자들과 하녀들에 대한 오뒤세우스 의 살인 행위의 정당성 문제에 관한 회의적인 물음들은 오뒤세우스의 분노에 대한 정당성의 근거를 제시할 것을 요구한다. 그렇다면 호메로 스는 과연 오뒤세우스의 분노와 복수 행위가 악행에 대한 또 다른 악 행을 촉발시키는, 그래서 분노의 새로운 도화선이 아닌, 악행을 종식시 키는 최종적인 권위의 행사로 볼 수 있는 근거를 제시하고 있는가? 호 메로스가 『오뒤세이아』 24권 전체에 걸쳐 복수 행위 이후에 발생하는 사건들을 기술하고 있는 것도 바로 이러한 오뒤세우스의 복수 행위의 정당성에 관한 입증의 부담을 염두에 두고 있는 것으로 생각된다. 이제 나는 아래에서 몇 가지 논거를 통해 그 가능한 답을 찾도록 하겠다.

첫째는 오뒤세우스가 구혼자들의 행위를 정의(δίκη)에 맞지 않는 오 만(ὕβρις)하면서도 사악한 행위로 간주한다는 것이다. 이것은 『오뒤세 이아』 20권에서 돼지치기 하인 에우마이오스가 오뒤세우스에게 구혼 자들이 그를 잘 대접해주었느냐고 묻는 것에 답하는 오뒤세우스의 다 음과 같은 말에서 알 수 있다.

에우마이오스여, 신들께서 제발 오만무례한 모욕에 대하여 저들을 벌주 시기를! 저들은 남의 집에서 오만함을 저지르고서도, 당연한 몫의 염치를 전혀 갖고 있지 않으니 말이오.[73]

오뒤세우스가 보기에 구혼자들은 남의 집을 차지하고 남의 재산을 축내면서도 전혀 염치(αἰδως)가 없다. 그들은 또한 오뒤세우스의 아내 페넬로페와 그의 아들 텔레마코스를 위협하는 오만한 행위를 서슴없이 행한다. 이것은 신이 사랑하고 인간이 따라야 할 정의(δίκη)를 무시하는 것이다. 구혼자들은 야만인이 아닌 문명인으로서 따라야 할 행위의 적절성으로서의 관례와 규범을 어기는 오만한 행위를 보이는 것이다. 이것은 오뒤세우스가 없는 동안 구혼자들이 범한 행위를 보고하는 돼지치기 하인 에우마이오스의 말에서도 알 수 있다.

구혼자들은 살찐 돼지를 잡아먹고 신의 분노에 대해 분별이 없고 어떤 동정심도 가지고 있지 않습니다. 신들은 사악하지 않은 행위를 사랑하나니 신들이 존중하는 것은 실로 신들의 정의와 올바른 행위일 것입니다.[74]

위의 인용문들을 고려할 때 염치를 결하고 오만한 행위를 범한 구혼자들에 대한 오뒤세우스의 보복 행위는 응징적 정의의 측면이 보다 강한 것으로 볼 수 있다. 타인과 그 재산에 대한 존경을 보이지 않은 몰염치와 오만함의 행위는 호메로스의 사회에서 넘어서는 안 될 행위의 적절성의 몫을 넘어선 것이며, 이로부터 정의의 회복은 응징을 통해 가능할 수 있기 때문이다. 오뒤세우스의 분노의 복수 행위는, 그렇기 때문에, 구혼자들에 의해 빼앗긴 정당한 몫으로서의 명예를 되찾기 위한 올바른 행위로 볼 수 있다.

---

73) Homeros, *Ody*, XX. 169~171.

74) Homeros, *Ody*, XIV. 81~84.

이것은 또한 『오뒤세이아』 24권에서 하데스의 망자가 된 아가멤논이 오뒤세우스에게 죽임을 당한 구혼자들 중 한 명인 암피메돈과 나누는 이야기에 의해서도 뒷받침된다.[75] 이 부분에서 아가멤논은 암피메돈을 포함한 구혼자들의 오뒤세우스에 대한 불만을 부정적으로 평가한다. 이것은 무엇보다 아가멤논이 자신의 부인 클뤼타이메스트라(Klytaimēstra)와 비교하여 페넬로페를 지혜롭고 정숙한 아내로 찬양하면서, 그녀에 대한 구혼자들의 행위를 올바른 것으로 간주하지 않기 때문이다.[76] 그렇기 때문에 아가멤논은 오뒤세우스의 구혼자들에 대한 살인 행위는 페넬로페의 남편으로서 정당한 처벌로 간주한다.

오뒤세우스의 분노와 그에 따른 복수를 긍정적으로 평가할 수 있는 또 다른 중요한 논거는 아테나 여신과 제우스 신의 오뒤세우스에 대한 지지이다. 우리가 알 수 있는 것처럼 작품 속에서 오뒤세우스의 구혼자들에 대한 살인 행위는 처음부터 끝까지 아테나 여신과 제우스신의 협력과 동참 속에 이루어진다.[77] 제우스는 아테나 여신에게 다음과 같이 말한다.

나는 너에게 어떻게 하는 것이 옳은지 말하겠다. 고귀한 오뒤세우스가 구혼자들에게 복수한 다음에는, 그들로 하여금 제물을 바쳐 굳은 맹약을 맺게 하고, 그가 언제까지나 왕이 되게 하여라. 그리고 우리는 아들들과 형

---

75) Homeros, *Ody*, XXIV. 105~204 참조.
76) Homeros, *Ody*, XXIV. 194~202 참조. 물론 아가멤논이 오뒤세우스의 행위를 긍정적으로 평가하는 근저에는 아가멤논이 자신의 부인 클뤼타이메스트라와 대비되는 페넬로페의 정숙함의 관점을 통해 구혼자들의 주장을 부정의한 것으로 평가하는 측면도 있다.
77) A. P. Burnett, 1998, pp. 41~42 참조.

제들에 대한 살육이 잊히도록 해주자꾸나. 그리하여 그들이 이전처럼 서로 사랑하게 되고, 그들에게 부와 평화가 충만할 지어다.[78]

아테나 여신뿐만 아니라 제우스 신까지 오뒤세우스를 구혼자 가족들의 공격으로부터 지켜주고자 한다는 점은 오뒤세우스의 분노와 복수가 신들에 의해 암묵적인 동의를 받고 있다는 점에서 의미가 있다. 특히 아테나 여신은 "구혼자들의 피와 뇌가 땅을 적실 것이다"[79]라고 예언하면서, 오뒤세우스의 복수 계획 전체(masterplan)의 구체적인 실행 하나하나에 개입해서 멘토(mentor)로서의 역할을 충실히 해준다. 예를 들어 구혼자들이나 아는 지인들 누구도 오뒤세우스를 알지 못하도록 변장을 시켜주는 신중함을 보여주는 것이 그 단적인 예이다.[80] 그리고 복수의 성공적인 실행을 위해 가장 필요한 때에 홀로부터 구혼자들의 무기를 회수케 해준다.[81] 구혼자들에 대한 살육의 시작을 위하여 페넬로페로 하여금 홀에다 활과 무쇠를 갖다놓을 생각을 하도록 만든 것도 아테나 여신이다.[82] "나는 여신이고, 모든 어려움이 닥칠 때마다 철저히 너를 지켜주겠다"(αὐτὰρ ἐγὼ Θεὸς εἰμι, διαμπερὲς ἥ σε φυλάσσω ἐν πάντεσσι πόνοις)[83]라는 말을 아테나 여신은 사건이 진행되면서 일관성 있게 충실히 지킨다. 이처럼 아테나 여신은 오뒤세우스에 대한 자신

---

78) Homeros, *Ody*, XXIV. 481~486.

79) Homeros, *Ody*, XIII. 395.

80) Homeros, *Ody*, XIII. 392~440 참조.

81) Homeros, *Ody*, XXII. 241 이하 참조.

82) Homeros, *Ody*, XXI. 1~4.

83) Homeros, *Ody*, XX. 47~48.

의 지지를 끝까지 견지하며, 제우스로 하여금 오뒤세우스에 대한 구혼자 가족들의 복수와 처벌을 허용하지 말 것을 주장한다.

제우스 신 역시 오뒤세우스의 이타카로의 귀환의 여정을 통해, 그가 트로이아에서 행한 잔인한 살상 행위와 파괴에 대한 응보적인 차원에서 극도의 고통을 당하게 함으로써 오뒤세우스를 정화시킨다. 그리고 이러한 고통을 통한 정화를 통해 제우스 신은 오뒤세우스가 이타카로 귀환하여 정의의 질서를 회복시키려는 계획을 가진 것으로 보인다.[84] 그래서 중요한 순간에 제우스 신은 오뒤세우스와 구혼자 진영 사이에 전쟁이 아닌 상호 평화의 맹약이 지켜지도록 한다.[85] 이렇듯 오뒤세우스는 아테나 여신의 전폭적인 지지와 도움 그리고 제우스 신의 조력으로 자신의 복수의 향연을 담담하게 두려움 없이 수행할 수 있었던 것이다.

이러한 올림포스 신들의 오뒤세우스에 대한 지지는 구혼자들을 죽인 이후의 위험한 상황에서도 계속된다. 즉 아테나 여신은 구혼자들 가족들의 오뒤세우스에 대한 복수의 공격이 일어날 것을 예견하고, 제우스로 하여금 더 이상의 전쟁이 계속되지 않도록 막아줄 것을 요청한다.[86] 중요한 것은, 위에서 인용한 대로, 제우스 신이 아테나 여신의 요청을 수용하여 평화선언을 내릴 것을 약속한다는 것이다. 이러한 오뒤세우스에 대한 신들의 지지는 아들의 원수를 갚기 위해 다수의 시민들과 함께 오뒤세우스를 공격해온 에우페이테스가 오이디푸스의 창

---

84) 이와 관련해선 Rick M. Newton, 1997, pp. 15~16 참조.

85) Homeros, *Ody*, XXIV. 472~486 참조.

86) Homeros, *Ody*, XXI. 404~415, XXIV. 543~544.

에 찔려 제대로 싸워보지도 못하고 죽는 것을 통해 확인된다. 그리고 뒤이어 아테나 여신은 이타카인들이 오뒤세우스를 향한 전투를 중지하도록 명령한다. 제우스 신 역시 오뒤세우스로 하여금 더 이상의 전투를 진행시키지 않도록 번개를 땅으로 내던져 자신이 공언한 평화선언을 양진영이 따르도록 분명히 한다. 복수의 연속적 관행이 신들의 개입에 의해 종식되는 것으로 볼 수 있다. 이렇게 해서 아테나 여신은 평화의 맹약이 폴리스의 상호 친애와 부 그리고 평화를 산출하고, 그래서 도시의 질서가 확립될 수 있을 것이라고 말한다.[87] 결국 아테나 여신과 제우스 신의 개입에 의해 이득을 본 것은 구혼자 진영이 아닌 오뒤세우스라고 말할 수 있다. 그리고 이러한 신들의 오뒤세우스에 대한 지지는 이미 오뒤세우스가 구혼자들에 대한 살인 행위를 하기 이전에 예정된 것으로 볼 수 있다. 아테나 여신은 신들의 도움을 받은 오뒤세우스의 복수가 이타카에 영구적인 정치적 질서를 줄 것임을 말하고, 그것을 끝까지 충실하게 이행하였던 것이다.[88]

상술한 것을 종합할 때 신들의 오뒤세우스에 대한 지지와 동참은 오뒤세우스의 분노에 찬 복수 행위가 단순한 살인 행위가 아닌 응징적 정의의 실현으로 볼 수 있게 해주는 근거로 볼 수 있다. 인간과 신들의 아버지로 대변되는 제우스 신과 그 딸인 아테나 여신이 『일리아스』와 『오뒤세이아』에서 사건과 정황에 따라 정의의 추를 자의적으로 조정하는 것처럼 묘사하지만, 실상 호메로스는 정의에 관한 최종적인 심판과 권위를 제우스 신과 아테나 여신에게 귀속시키는 것으로 볼 수 있

---

87) Homeros, *Ody*, XXIV. 479~486 참조.
88) Homeros, *Ody*, XXIV. 531~548 참조.

기 때문이다.[89] 그리고 호메로스는 오뒤세우스의 구혼자들에 대한 처벌 행위에서 제우스 신이 인간들에 대한 정의의 심판자의 역할을 방기하지 않고 있음을 확인시켜주는 것으로 보인다. 이런 관점에서 볼 때 제우스 신의 뜻과 아테네 여신의 지침에 따른 오뒤세우스의 분노에 의한 살인 행위는 야만적인 복수의 측면보다는 일종의 응징적 정의의 행사로 평가할 수 있는 가능성이 있다. 그리고 이것이 호메로스가 올림포스의 신들을 오뒤세우스의 분노와 복수의 대서사시에 참여케 한 이유일 것이다.

오뒤세우스의 분노의 복수를 긍정적으로 해석할 수 있게 해주는 또다른 중요한 이유는 그의 분노가 이성적인 숙고와 조화된 감정으로 나타난다는 것이다. 무엇보다 오뒤세우스는 구혼자들의 수에 비해 열등한 상황에서 싸울 수밖에 없었고, 이것은 그로 하여금 극단적인 감정보다는 이성에 근거한 보다 신중한 작전을 세우게 하는 동기로 작용한다. 달리 말해 오뒤세우스는 자신의 복수를 성공적으로 추진하기 위해 자신의 분노를 통제할 줄 아는 인물이다. 이점에서 오뒤세우스의 분노는 앞서 살펴본 아킬레우스의 분노와는 다른 양상을 보여준다. 오뒤세우스의 분노의 통제능력은 특히 그가 자신의 집의 하녀들이 구혼자들과 동침을 하게 되는 것을 알게 되고, 그로인해 분노해서 그의 심장이 울부짖을 때에도 발휘된다.

참아라, 마음이여, 그대는 전에 그 힘을 제어할 수 없는 키클롭스가 나의

---

89) 헤시오도스(Hesiodos)의 『일과 날들』(ἔργα καὶ ἡμέραι, 706~711)에서 제우스는 신들의 권위와 명령에 따르지 않으면 두 배의 벌을 준다.

강력한 전우들을 먹어치울 때, 이보다 더 험한 꼴도 참지 않았던가! 그 때
도 이미 죽음을 각오한 그대를 계략이 동굴 밖으로 끌어낼 때까지, 그대
는 참고 견디지 않았던가! 이런 말로 그가 가슴속 마음을 타이르자, 그의
마음도 그의 말에 복종하고, 계속해서 꾹 참고 견디었다.[90]

오뒤세우스는 하녀들을 당장 죽이는 대신에 훗날의 복수를 위해 참는
다. 그는 자신의 분노를 통제할 줄 아는 능력을 갖추고 있는 인물이다.
그는 복수의 순간까지 자신의 정체를 숨기기 위해 노력한다. 그는 구혼
자들의 협력자인 염소치기 멜란티오스에 걸어차였을 때도, 그를 죽도록
패주고 그의 머리를 땅에 짓이기고 싶었지만 자신을 통제한다.[91] 보다
정확히 말한다면 오뒤세우스는 복수에의 분노를 제거 내지 억제하는
것이 아니라, 통제하면서 훗날을 위해 간직하는 것이다.[92] 물론 이때의
감정을 통제하는 오뒤세우스의 이성이 잔인한 복수라는 목적을 이루
기 위한 수단적 이성으로 볼 수 있다는 점에서 단적으로 긍정적인 의
미만을 갖는 것으로 보기 어려운 점이 있다. 분명 오뒤세우스의 분노는
정당성이 부여될 수 있으나 복수 행위에서의 과도한 잔인함이 부정될
수만은 없기 때문이다. 그러나 앞의 첫 번째 이유에서 말한 것처럼 오
뒤세우스의 복수 행위가 구혼자들의 원초적인 악행에 대한 되갚음의
성격을 갖는다고 할 때 이때의 이성을 악한 목적을 최대한 효율적으로

---

90) Homeros, *Ody*, XX. 18~23.

91) Homeros, *Ody*, XVII. 233~238.

92) 이것은 또한 오뒤세우스가 키클롭스에게 죽임을 당한 부하들의 복수를 행하는 과정에서
보여준 신중한 행위에서도 알 수 있다(Homeros, *Ody*, IX. 299~305).

이루기 위한 소위 도구적 이성으로 간주하는 것은 무리가 있어 보인다.

마지막으로 호메로스의 작품 설정에서의 전체적인 플롯 역시 오뒤세우스의 분노에 대한 긍정적인 해석을 가능케 해주는 것으로 생각된다. 즉 호메로스는 오뒤세우스의 구혼자들에 대한 복수 행위를 상당히 아이러니(irony)하게 진행되도록 묘사하고 있다는 점이다. 좀 더 설명하면 호메로스는 구혼자들에 대한 본격적인 살인 행위가 벌어지기 전에 연출의 효과를 극대화하기 위한 일련의 장치들을 만들고 있다. 예를 들어 오뒤세우스와 이로스(Iros)와의 권투시합이 그것이다. 한껏 포식의 잔치를 즐긴 후에 뭔가 재미있는 에피소드를 찾고 있던 구혼자들에게 배고픈 겁쟁이 거지 이로스와 갑자기 찾아온 이방인 오뒤세우스와의 먹을 것을 둘러싼 싸움은 연출의 효과를 점차 증가시키는 쏠쏠한 재미를 준다. 이보다 더 주목해야 할 것은 이 두 사람의 싸움을 보면서 통쾌하게 웃는 구혼자들의 장면이 작품의 반전이 이루어질 클라이맥스 바로 전 단계에 삽입되고 있다는 점이다.[93] 구혼자들이 "웃음과 함께 죽어갈"($\gamma \acute{\epsilon} \lambda \omega$ $\acute{\epsilon} \kappa \theta \alpha \nu o \nu$)[94] 운명의 순간이 다가오는 것이다.

여기서 우리는 오뒤세우스의 분노의 화살이 조만간 구혼자들 자신들의 목에 꽂힐 것을 모르고 웃게끔 설정하는 호메로스의 사건 전개 묘사가 오뒤세우스의 복수를 극적인 통쾌함을 주게 하는 것뿐만 아니라, 도덕적인 차원에서의 오뒤세우스의 분노의 정당성에 힘을 실어주는 것으로 생각할 수 있다. 호메로스는 오뒤세우스의 화살 하나하나에 의해 구혼자들이 계속해서 웃다가, 목이 관통당하여 고통스럽게 죽는

---

93) Homeros, *Ody*, XVIII. 99~100.

94) Homeros, *Ody*, XVIII. 100.

것으로 묘사한다. 그들의 계속적인 웃음은 그들의 계속적인 비명과 함께 울려 퍼진다는 점에서 아이러니하다.[95] 복수의 클라이맥스 이전에, 중과부적(衆寡不敵)인 수적인 열세와 과연 오뒤세우스가 복수의 전쟁을 얼마만큼 빨리 손쉽게 성공적으로 끝낼 수 있을지 모르는 상황에서 시작된 긴장과 두려움은 이제 구혼자들의 웃음이 죽음의 비명으로 반전되면서 '악한 자는 벌 받고 선한 자는 보상을 받는다'는 권선징악의 도덕적 교훈을 확인케 해준다. 오뒤세우스의 목적은 분명 "구혼자들이 자신들의 악행을 되갚기 전까지는"(πρὶν πᾶσαν μνηστῆρας ὑπερβασίην ἀποτῖσαι)[96] 자신의 분노의 활을 거두지 않는 것이다. 그리고 그것은 앞서 살펴본 것처럼 분노를 돌려주는 것, 즉 구혼자들을 살육하는 것이다.[97] 지금까지 언급한 것을 종합할 때 호메로스는 오뒤세우스가 자신과 아내 페넬로페 그리고 자신의 가족에 대한 구혼자들의 모욕과 오만에 강한 분노를 느꼈고, 그래서 그들을 응징하기 위한 분노의 화살을 쏨으로써 구혼자들의 악행에 대한 응분의 고통의 대가를 지불하게 만드는 것으로 보았다고 말할 수 있다.

나오며

지금까지 신화시대의 초기 폴리스 형성 과정에 나타난 영웅과 왕의

---

95) Homeros, *Ody*, XVIII. 99~100, XXXI. 376.

96) Homeros, *Ody*, XIII. 193.

97) Homeros, *Ody*, XXII. 61~67 참조.

분노의 유형을 호메로스의 작품 『일리아스』와 『오뒤세이아』를 통해 살펴보았다. 지금까지의 분석을 통해 얻은 결론은 첫째, 『일리아스』 편을 통해 알 수 있는 것처럼 호메로스의 필로티모스(philotimos) 사회에선 분노가 기본적으로 명예의 분배와 밀접한 관계를 갖는다는 점이다. 아킬레우스의 분노는 응당 자신에게 귀속되어야 할 티메의 상실에서 비롯한 것으로, 또 테르시테스의 분노는 마찬가지로 전투에서의 공적에 따른 보상이 이루어지지 않은 것에서 발생한 것으로 볼 수 있기 때문이다. 이렇듯 티메의 합당한 분배가 아직까지 법과 같은 합리적인 제도적 절차를 통해 이루어지지 않은 호메로스 사회에서, 분노는 일종의 합당한 분배적 정의를 요구하는 사회·정치적인 감정적 표현 내지 반응으로 볼 수 있다.

둘째는 호메로스 시기의 영웅들의 분노는 적합한 행위일 뿐 아니라 더 나아가 부분적으로는 의무에 해당되는 사회적 규범의 일종으로 간주된 측면이 있다는 것이다. 『일리아스』에서의 영웅들의 분노는 티메와 관련된 것이며, 이러한 명예는 전쟁터에서 획득될 수 있는 것으로 볼 수 있다. 그렇기 때문에 전장에서 요구되는 영웅의 기질은 호전적이어야 하고, 이것은 무엇보다 분노나 성냄에 의해 보다 효율적으로 성취해낼 수 있는 가능성을 보여준다. 요컨대 영웅은 용감한 전사이어야 하며, 따라서 전장에서의 용맹성이 요구되며 분노의 감정이 이것을 가능케 할 수 있는 심리적 동력으로 사용될 수 있었다는 것이다. 오뒤세우스의 복수의 분노는 아킬레우스의 분노에 대한 평가보다는 복잡한 특성을 보여준다. 그것은 한편으론 구혼자들에 대한 집단 살상이나 멜란티오스나 하녀들을 잔인하게 죽이는 행위처럼 과도한 복수의 분노를 표출하는 것으로 볼 수 있는 여지가 있다. 그러나 다른 한편으론 오뒤세우스의 살인 행위는 무엇보다 구혼자들이 따라야 할 당시의 적절함의 관례를 어긴 오만무례함의 원초적 악행에 대한 되갚음이라는 응징적 정의의 성격을 보여준다는 점에서 그의 분노의 정당함이 인정될 수 있다.

셋째로 호메로스 시기의 영웅이나 신의 분노는 일종의 사회적 특권으로서 일반 시민들에게서는 쉽게 찾아볼 수 없는 감정의 유형이라 말할 수 있다. 『일리아스』2권 203행부터 265행까지에서 기술되고 있는 희랍군의 일개병사인 테르시테스의 분노는, 그렇기 때문에 영웅 오뒤세우스에 의해 철저하게 무시되고 억압된다. 테르시테스의 전쟁의 존재 목적에 관한 의문과 병사들의 전리품 분배로부터의 소외에 대한 항변은 그 정당성에도 불구하고 분노의 주체로 인정받을 수 없다는 한계를 보여주고 있기 때문이다. 이것은 호메로스 시기의 공동체는 아직까지 온전한 의미의 시민을 위한 폴리스(polis) 사회 형태로 진입하지 못한 과도기적 시기에 해당되는 것으로 생각된다. 공동체 내의 인간적인 갈등과 분쟁이 사회적 법과 같은 제도적 요소에 의해 해결되기보다는 일종의 영웅들의 분노의 경쟁(ἀγών)을 통해 실현되는 공동체 형태에 위치한 것으로 볼 수 있다.

제2장

비극작품에 나타난 신과 왕의 분노론

비극작품 속에 등장하는 신과 왕들의 분노론과 관련해선 다양한 작품들이 분석 대상이 될 수 있다. 본 저술에서는 특히 아이스퀼로스의 두 작품 『결박된 프로메테우스』(Promētheus desmōtēs)와 『오레스테이아』(Oresteia) 3부작 그리고 소포클레스의 『오이디푸스 왕』(Oidipous tyrannos)과 『안티고네』(Antigonē)를 검토할 것이다. 이 작품들을 선택한 이유는 신들과 왕의 분노의 전형적인 특성과 유형을 보여주고 있기 때문이다. 아이스퀼로스의 두 작품에선 프로메테우스 신과 에리뉘에스(Erinyes), 즉 복수의 여신들의 분노의 성격을, 그리고 소포클레스의 두 작품에선 오이디푸스 왕과 크레온(Kreon) 왕의 분노가 각각 검토될 것이다.

먼저 『결박된 프로메테우스』에선 '프로메테우스와 제우스'의 대립된 분노론을 한 축으로, 그리고 '프로메테우스와 오케아노스'의 각각의 견해 차이를 다른 한 축으로 해서 프로메테우스의 분노의 특성과 그 의미를 살펴볼 것이다. 나는 특히 이 작품에서 제우스와 프로메테우스의 화해의 중재자임을 자처하는 오케아노스(Okeanos) 신에 주목할 것이다. 아래에서 상론되겠지만 오케아노스 신의 행위는 사실상 사이비(pseudo) 중용론으로서 프로메테우스의 분노를 왜곡하고 있다는 점에서 새로운 조명이 필요하다. 오케아노스가 자처하는 중재자의 논리는 양비양시론(兩非兩是論)적 중용론으로서 본질적으로 참된 중용론으로 볼 수 없기 때문이다.

아이스퀼로스의 다른 작품 『오레스테이아』 3부작(trilogy)에선 복수의 여신들인 에리뉘에스의 분노에 주목할 것이다. 기존의 이 작품에 대한 연구는 주로 아가멤논의 아들 오레스테스와 그의 어머니 클뤼타이메스트라의 대립 그리고 이 두 인물 각각의 행위의 정당성 주장에 관심이 두어졌던 것으로 보인다. 그러나 아테나 여신의 중재에 의한 재판 결과에 의해 오레스테스가 무죄로 석방된 이후에도 작품의 갈등이 끝난 것이 아니라는 점에 주목할 필요가 있다. 에리뉘에스 여신들의 강한 분노에 의한 재판 불복종 행위가 발생하기 때문이다. 작가 아이스퀼로스는 3부작 마지막 작품인 『에우메니데스』편에서 이들 복수의 여신들의 분노에 상당한 비중을 두어 기술하고 있다. 한 가족의 정의의 충돌로 인한 비극이 공적인 재판에 의한 정의의 실현으로 평가되는 과정에서 구시대와 새로운 시대 사이의 도덕적·사회적 규범간의 갈등이 존재하기 때문이다. 구시대를 대변하는 에리뉘에스 신들의 분노가 아이스퀼로스에 의해 어떻게 묘사되고, 그 해결책이 어떻게 제시되고 있는지의 고찰이 필요한 이유이다.

소포클레스의 작품 『오이디푸스 왕』을 통해서는 오이디푸스의 하마르티아(ἁμαρτία), 즉 과실(過失)과 그의 분노의 상관관계를 고찰할 것이다. 기존의 전통적인 해석은 오이디푸스 왕의 비극적인 운명을 하마르티아에 원인이 있는 것으로 이해해왔다. 그리고 이러한 실수는 오이디푸스 왕의 불가항력적인 운명에 의해 이미 예정된 것으로 이해되어 왔다. 그러나 오이디푸스 왕을 이끈 운명이 과연 어떤 종류의 운명이고, 그것의 원인으로 지목되는 하마르티아의 근본적 원인이 그의 무지인지, 아니면 그의 에토스(ēthos), 즉 성격적 결함인지에 관해선 학자들 사이의 이견(異見)이 있어왔다. 이 문제에 대한 나의 해결 방식은 당연히 오이디푸스 왕의 지나친 분노의 감정을 통해 이루어질 것이다. 특히 작품 속의 등장인물인 눈먼 예언자 테이레시아스(Teiresias)와 오이디푸스 왕 사이의 대화 부분을 분석하여 오이디푸스의 하마르티아와 분노의 연관성을 검토할 것이다.

소포클레스의 또 다른 작품인 『안티고네』 역시 왕의 분노의 전형을 보여준다는 점에서 분석할 가치가 있다. 특히 크레온 왕의 하마르티아에 의해 결과적으로 야기되는 안티고네와 하이몬 그리고 부인 에우뤼디케의 비극적인 죽음의 원인이 그의 제어되지 않은 분노의 감정에서 찾아질 수 있기 때문이다. 나는 오이디푸스 왕과 크레온 왕의 분노에 관한 검토를 통해 폴리스의 통치자로서의 왕의 분노는 사적인 영역에서의 개인의 분노와는 다른 의미를 가지고 있음을 강조할 것이다. 그것은 무엇보다 한 나라의 왕의 분노는 단순히 개인에게 불이익을 주는 사적인 감정으로 작용할 뿐만 아니라 폴리스의 공동선을 침해하고 더 나아가 폴리스 전체를 파멸로 이끌 수 있는 중요한 사회적 감정으로 볼 수 있기 때문이다.

1. 『결박된 프로메테우스』에 나타난 프로메테우스의 분노론

아이스퀼로스(Aischylos)의 『결박된 프로메테우스』(Promētheus desmōtēs)는 프로메테우스의 분노(ὀργή)와 정의(δίκη)를 다룬 작품으로 잘 알려져 있다. 그러나 프로메테우스의 제우스에 대한 분노가 정의의 관점에서 어떻게 정당화될 수 있는지에 관한 논의는 생각한 것보다 그리 간단치 않다. 비극작품 속의 주인공들이 그런 것처럼 어떤 면에서 프로메테우스 역시 하마르티아(ἁμαρτία), 즉 과실을 범한 신이기 때문이다. 작가 아이스퀼로스가 과연 프로메테우스의 분노를 정당한 것으로 평가했는지에 관한 심도 있는 텍스트적 분석이 필요한 이유가 여기에서 찾아진다. 이것의 해명을 위해 이 글은 『결박된 프로메테우스』에 등장하는 인물들의 견해를 분석한다. 특히 필자가 관심을 갖고 다루고자 하는 인물은 오케아노스(Ōkeanos) 신이다. 오케아노스는 자신의 중재적 입장을 통해 프로메테우스와 제우스의 대립과 갈등을 화해시키려고 시도하는 신이다. 그러나 이러한 오케아노스의 중재적 역할이 과연 참된 의미의 중용적인 행위가 될 수 있는지에 관해 필자는 회의적이다. 이 글은 아리스토텔레스의 중용 개념을 통해 오케아노스의 견해가 사이비(pseudo) 중용론임을 비판적으로 평가한다.

들어가며

『결박된 프로메테우스』는 작가 아이스퀼로스(Aischylos)의 대표적인 작품으로 잘 알려져 있다.[1] 이 작품의 주인공 프로메테우스(Prometheus)는 한편으론 인간에 대한 무한한 사랑을 준(φιλανθρωπία) 신이자[2] 인간을 계몽시킨 문화영웅으로 평가되기도 한다.[3] 그러나 다른 한편으론 프로메테우스는 신들로부터 불을 훔친 교활하면서도 오만한 신이며, 그래서 그에 대한 제우스의 벌은 정당한 것으로 해석되기도 한다.[4] 아래의 논의를 통해 보다 분명해지겠지만 프로메테우스에 대한

---

1) 이 작품은 전승되고 있지 않은 『불의 운반자 프로메테우스』와 『풀려난 프로메테우스』와 더불어 *Prometheia* 3부작을 이루는 것으로 말해진다. 어느 작품이 첫 번째 작품이고, 또 마지막 작품인지에 관해서는 학자들 사이에 이견이 있다. 이와 관련해선 임철규, 『그리스 비극』, 한길사, 2007, pp. 177~178 참조. 한 가지 밝혀둘 것은 필자의 이글에서의 분석대상 작품은 어디까지나 『결박된 프로메테우스』에 국한된다는 점이다. 그렇기 때문에 이후의 『풀려난 프로메테우스』 편까지 고려하여 프로메테우스와 제우스의 화해 여부의 문제성은 기본적으로 이 글의 논의에 반영하지 않았다.

2) 프로메테우스를 인간에 대한 지나친 연민과 동정심을 보인 신으로 보는 학자로 A. C. Yu를 들 수 있다. Yu에 따르면 프로메테우스를 규정짓는 주된 특성은 그가 인간에게 생존과 진보의 기술을 주었기 때문이 아니라 바로 인간을 위해 고통을 받은 진정한 인류애자라는 것이다. A. C. Yu, "New Gods and Old order", *Journal of the American Academy of religion* 39, 1971, pp. 19~42. 특히 p. 34.

3) 프로메테우스를 인간을 계몽시키고 인간문명을 발전시킨 문화영웅으로 보는 학자는 Havelock과 Jaeger를 들 수 있다. 이들에 따르면 프로메테우스는 불을 인간에게 준 위대한 스승이자 사상가이다. 그렇기 때문에 이들 학자들에 따르면 프로메테우스는 불을 훔친 도둑이 아니라 인간 역사를 발전시킨, 그로인해 고통을 받는 순교자이며 우리의 공감을 받을 만한 신이다. E. A. Havelock, *The Crucifixion of Intellectual Man*, Boston, Beacon Press, 1951, pp. 15, 52, 56, 86~87, 104~109. W. Jaeger, *Paideia*, Vol. 1, Oxford Univ. Press, 1945, pp. 262~267.

4) 이러한 입장은 Sikes와 Willson 그리고 P. A. Vander Waerdt의 주장에서 나타난다. 이들에 따르면 프로메테우스의 벌은 프로메테우스의 절제의 결여나 지나친 지적 오만함에서 연유한 급진적인 불경건함이 그 원인이다. 아이스퀼로스는 프로메테우스를 문명이나 지식의 옹호자가 아니라 도덕적 성격이나 종교적 정통성의 관점에서 이해하기를 원했다는 것이다. 이들 학자들에 관한 소개는 J. A. Swanson, "The Political Philosophy of Aeschylus's Prometheus Bound, *Interpretation*, vol. 22/2, 1994~1995, pp. 218~219 참조. 헤시오도스 역시 프로메테우스를 제우스를 속인 그래서 인간의 행복을 상실하게 한 교활한 책략가로 본다고 말할 수

이러한 다양한 해석은 작품 속에서 각기 필요한 텍스트적 근거를 확보할 수 있는 것으로 보인다. 필자가 생각하기에 이러한 해석의 차이는 결국 프로메테우스의 분노와 그것의 정당성을 정의의 관점에서 어떻게 평가할 것인가의 문제에 수렴될 수 있다. 『결박된 프로메테우스』의 시작부터 끝나는 부분까지 이 작품을 이끌어가는 핵심적인 개념 중 하나가 바로 프로메테우스의 "분노"(ὀργή)이기 때문이다. 문제는 '프로메테우스의 제우스에 대한 분노가 작품 속에서 어느 정도의 텍스트적 근거를 통해 그 정당성을 확보할 수 있는가' 하는 것이다.

필자가 이 문제의 해명을 위해 주목하는 것이 『결박된 프로메테우스』 속에 등장하는 인물들의 견해와 입장이다. 작품 속의 등장인물들은 어떤 식으로든 프로메테우스나 제우스에 대한 자신의 입장을 피력하고 있기 때문이다. 필자가 특히 관심을 갖고 논의하려고 하는 인물은 두 번째 방문자인 오케아노스(Okeanos) 신이다. 오케아노스는 등장인물 중 가장 공평하게 또는 객관적으로 사태를 보려고 하면서 제우스와 프로메테우스의 갈등을 풀려고 시도한다는 점에서 중용지도(中庸之道)의 입장을 보여주는 신으로 보이기 때문이다. 그러나 중재자임을 자처하는 오케아노스의 언행을 참된 의미의 중용론으로 볼 수 있는지는 신중한 검토가 필요하다.

이러한 오케아노스의 입장을 평가하기 위해 필자는 아리스토텔레스의 중용론에 주목했다. 문제는 아리스토텔레스의 철학적이며 윤리적인 중용 개념을 아이스퀼로스의 문학 장르에 적용하는 것이 가능한

있다(*Theogony*, 506~616 참조).

가 하는 것이다. 문학작품 속의 다양한 인물들의 내면적인 심리적 흐름과 사고의 다층성은 철학적인 보편적 원리나 개념으로 포착될 수 없는 고유한 특성과 아우라가 존재하기 때문이다. 그렇기 때문에 자칫 아리스토텔레스의 철학을 통해 『결박된 프로메테우스』를 프로크루스테스(Prokroustes)적으로 재단하여 해석할 수 있는 위험성이 있다는 비판이 제기될 수 있다. 그러나 장르의 차이가 해석의 소통을 부정하는 절대적 이유는 될 수 없다. 보다 중요한 것은 아이스퀼로스가 작품 속의 두 인물, 프로메테우스와 오케아노스를 통해 무엇을 말하고자 했는가를 읽어내는 것이기 때문이다. 그런 점에서 아리스토텔레스의 중용론이 오케아노스의 실체를 밝힐 수 있는 하나의 유용한 통로가 되지 못할 이유는 없는 것으로 생각되며,[5] 또 바로 이런 이유로 이 글은 하나의 실험적이며 도전적인 글의 성격을 갖는다.

이러한 작업을 위해 이 글은 먼저 프로메테우스와 제우스의 분노의 원인이 무엇인지를 살펴볼 것이다. 다음으로 작품에 등장하는 인물들

---

5) 필자가 아는 한에서 기존의 『결박된 프로메테우스』 연구에서 오케아노스에 주목한 국내외의 연구논문은 발견되지 않았다. 이것은 한편으론 오케아노스의 입장과 태도에 대한 암묵적인 공감과 동의가 공유되어 왔다는 점이 작용한 것으로 보인다. 그러나 다른 한편으론 오케아노스의 중용적 입장에 대한 비판적 해석을 시도하기 위한 문제의식이 결여된 측면 역시 있어 보인다. 그리고 이것은 텍스트의 내재적 해석만이 아닌 외재적 해석 방식을 통해서 가능할 수 있다는 것이 필자의 생각이다. 근친관계에 있는 철학적 관점을 통한 비극작품에 대한 외재적 접근 역시 유적으로 다른 두 학문의 가치를 높일 수 있는 이점이 분명 있는 것으로 생각되기 때문이다. 철학과 문학의 조우는 지성사를 보더라도 인문학의 발전에 기여해왔으며, 그런 점에서 철학과 문학 또는 역사와의 학제적인 학문적 소통 역시 권장될 필요가 있는 것으로 생각된다. 특히 아리스토텔레스의 중용론은 그의 덕론을 근거 짓는 중요한 윤리론으로서 오케아노스의 행위에 대한 적절성의 평가를 위한 유용한 기준이 될 수 있을 것이라는 것이 필자의 생각이다.

각각의 프로메테우스의 결박과 그의 분노에 대한 입장을 살펴보고, 마지막으로 중재자임을 자처하는 오케아노스 신의 논리가 무엇이고, 그것이 올바른 의미의 중용론적 입장이 될 수 있는지를 아리스토텔레스의 중용론을 통해 비판적으로 검토할 것이다.

1) 프로메테우스와 제우스의 분노

이 작품의 제목이 말해주듯 프로메테우스는 제우스의 분노를 사서 카우카소스 산정의 암벽에 결박된 신이다. 먼저 프로메테우스가 어떤 이유로 제우스의 처벌을 받게 되었는지를 알 필요가 있을 것 같다. 이와 관련하여 『결박된 프로메테우스』 226행부터 241행에서 프로메테우스는 다음과 같이 말하고 있다.

그건 그렇고 그대들은(코로스) 내가 무슨 죄를 지었기에 그가(제우스) 나에게 고문을 하느냐고 물었는데, 내 이제 그것을 밝히겠소. 그는 아버지의 왕좌에 앉자마자 즉시 신들에게 저마다 다른 명예와 직위를 나누어주며 자신의 통치권을 분배했으나 불쌍한 인간들은 거들떠보지도 않았소. 아니 그는 인간들의 종족을 모조리 없애버리고 다른 종족을 새로 만들려 했소. 이에 반대한 자는 나 외에는 아무도 없었소. 그러나 나는 감히 반대했소. 그리하여 나는 그들이 박살나서 하데스의 집으로 가지 않도록 그들을 구해주었소. 그 때문에 나는 참기에 괴롭고 보기에 민망한 이런 고통에 휘어지고 말았던 것이오. 나는 인간들을 동정하다가 나 자신은 동정받을 가치가 있다고 인정받지 못하고 무자비하게도 이런 징벌을 받고 있는 것

이오.[6]

위 인용문을 통해 알 수 있듯이 제우스의 처벌은 프로메테우스가 제우스에 반대하여 인간에 대한 사랑 즉 '인류애'($\phi\iota\lambda\alpha\nu\theta\rho\omega\pi\acute{\iota}\alpha$)를 발휘한 것이 원인이 된다. 그런데 프로메테우스가 인간들을 어떤 이유로 구원하고자 했는지는 명확하지 않다. 인용문에서 그 답을 찾아보자면 제우스가 인간들을 전혀 배려하지 않았고, 더 나아가 그들을 모두 멸족시키려고 했기 때문에 인간들이 "가엾게"($o\hat{\iota}\kappa\tau o\varsigma$) 느껴졌다는 것이다.[7] 이 단순한 이유를 좀 더 살펴보면 불멸하는 신들과 비교할 때 죽을 수밖에 없는 하루살이 피조물인 인간들이 프로메테우스에게 측은지심을 불러일으켰다는 것이다. 프로메테우스가 이러한 가사적인 인간들을 어떻게 구원했는가는, 동서(同書) 435행부터 506행 사이에서 알 수 있는 것처럼 인간이 생존하기 위해 필요한 측정술과 항해술, 산술이나 건축술 그리고 의술과 같은 많은 종류의 기술과 지식을 가르쳐주었다는 것을 통해 알 수 있다.[8] 특히 프로메테우스는 제우스가 금지한 불($\pi\hat{\upsilon}\rho$)을 인간에게 가져다주었다고 말한다.[9] 문제는 제우스가 인간에게 금지된 불을 가져다준 것에 크게 분노하였고, 그로 인해 프로메테우스를 결박

---

6) Aischylos, *PD*, 229~244. 인용문의 번역은 기본적으로 천병희 역을 따랐다(『아이스퀼로스 비극』, 단국대출판부, 1998). 그러나 다른 표현이 좋다고 생각되는 경우—예를 들어 '화' 대신 '분노'—에는 직접 번역하여 실었다

7) Aischylos, *PD*, 241.

8) Aischylos, *PD*, 435~506. 이와 관련해선 Aischylos, *PD*, 199~238도 참조.

9) Aischylos, *PD*, 254.

하도록 벌을 내렸다는 것이다.[10] 물론 프로메테우스는 신들의 새 지도자가 자신을 결박하라는 처벌을 자신을 모욕하기 위한 것으로 보면서 그것에 대한 분노를 강하게 표출한다.[11] 그래서 그는 제우스 신에 결코 굴복하지 않겠다는 결연한 분노의 의지를 다음과 같이 피력한다.

> 내 비록 족쇄에 꼭꼭 묶여 수모를 당하고 있지만, 축복받은 신들의 우두머리가 나를 필요로 하는 날이 반드시 올 것이요. 그의 왕홀과 왕위를 빼앗게 될 새 음모를 내가 그에게 밝혀주도록 말이오. 그때는 꿀처럼 달콤한 설득의 말로도 그는 나를 호리지 못할 것이며, 나도 결코 그의 무서운 위협에 굴복하여 그것을 그에게 알려주지 않을 것이오, 그가 가혹한 사슬에서 나를 풀어주고 이런 모욕에 대하여 대가를 지불하려 하기 전에는.[12]

인용문을 통해 알 수 있는 것처럼 프로메테우스는 제우스의 분노에 의한 벌을 정당한 처벌로 간주하지 않는다. 그 반대로 프로메테우스는 제우스의 처벌을 부정의한 악행(ἀδικεῖν)으로 평가한다. 그리고 이러한 제우스의 부당한 벌에 대항하여 프로메테우스는 제우스의 미래의 비극적인 운명에 관한 비밀을 말해주지 않음으로써 자신의 분노의 응징이 이루어질 것임을 공언한다. 뒤에서 다시 언급되겠지만 프로메테우스는 제우스의 통치를 전복시킬 존재의 출생비밀을 누설하지 않음으로써 자신을 복종시키고자 하는 제우스의 의지에 굴복하지 않을 것

---

10) Aischylos, *PD*, 109~110.

11) Aischylos, *PD*, 87~92 참조.

12) Aischylos, *PD*, 168~179.

임을 주장하는 것이다.[13] 이러한 프로메테우스 신의 반항은 이제 막 티탄들을 물리치고 권력을 차지한 제우스의 정치적 권력을 불안정하게 하는 요소로 작용할 것임이 분명하다. 제우스의 입장에선 새로운 권력을 정착시키고 자신의 새 왕국을 공고히 하기 위해 프로메테우스의 저항을 제압하는 일이 시급한 것으로 생각되었을 것이기 때문이다.[14] 이렇듯 제우스와 프로메테우스의 분노는 각자의 상반된 판단에 근거해 나타난다. 프로메테우스의 분노는 제우스의 벌을 부정의한 것으로 보는 것에서, 반면에 제우스의 분노는 프로메테우스가 자신의 명령에 불복종함으로써 자신의 통치권을 위협한다고 생각하는 데서 기인하는 것으로 볼 수 있다.

그렇다면 아이스퀼로스는 프로메테우스와 제우스 중 누구의 분노를 보다 정당한 것으로 보는 것일까? 이 질문에 가능한 답을 찾기 위해서는 『결박된 프로메테우스』 작품 속에 등장하는 여러 인물들의 견해를 분석하는 것이 필요하다. 먼저 필자가 관심을 갖고 다루려고 하는 오케아노스에 대한 본격적인 논의에 들어가기 전에, 작품의 내용도 함께 이해하는 차원에서 다른 등장인물들의 견해를 간단하게 살펴보도록 하겠다.

2) 등장인물들의 프로메테우스에 대한 입장 분석

크라토스, 비아, 헤파이스토스 그리고 헤르메스

작품 속에서 프로메테우스와 함께 등장하는 첫 번째 인물들은 힘을

---

13) Aischylos, *PD*, 990 이하 참조.
14) D. S. Allen, 2000, pp. 26 참조.

상징하는 크라토스(Kratos)와 폭력의 신 비아(Bia), 그리고 대장장이 신 헤파이스토스(Hephaistos)다. 크라토스와 비아, 이 두 신은 말 그대로 제우스 신의 명을 충실하게 따르는 종복으로 볼 수 있다. 이들은 제우스의 심복들로서 제우스의 힘과 권력행사를 위한 물리적 수단을 상징한다. 이들은 기본적으로 제우스의 뜻을 받들기 때문에, 이들에게 프로메테우스는 단지 불을 훔친 나쁜 도둑이며 그렇기 때문에 제우스에 의한 벌은 당연한 것으로 생각된다.[15] 이것은 이들이 프로메테우스를 결박하는 데 전혀 동요하지 않고 신속하게 제우스의 뜻을 집행하고자 서두르는 데서 알 수 있다.[16]

이들과 함께 등장하는 헤파이스토스 신은 제우스의 프로메테우스에 대한 처벌에 회의적인 태도를 보인다.[17] 이것은 헤파이스토스 신이 프로메테우스의 결박을 재촉하는 크라토스와 비아에 비협조적인 행위를 통해 알 수 있다. 특히 헤파이스토스 신이 제우스를 "가혹하게 통치하는 새 통치자"($\tau\alpha\chi\grave{\upsilon}\varsigma$ $\H{o}\sigma\tau\iota\varsigma$ $\H{\alpha}\nu$ $\nu\acute{\epsilon}o\nu$ $\kappa\rho\alpha\tau\hat{\eta}$)[18]로 규정한다는 점에서 그의 제우스의 처벌에 대한 부정적인 견해를 엿볼 수 있다. '가혹하게'($\tau\alpha\chi\grave{\upsilon}\varsigma$)라는 말을 사용하면서 헤파이스토스는 제우스의 프로메테우스에 대한 처벌이 너무 과하다고 보는 것이다. 그는 프로메테우스의 친족이자 동료로서 프로메테우스를 결박하라는 제우스의 의지에 복종하고 싶은 생각이 없다. 헤파이스토스 신은 프로메테우스를 결박한 것

---

15) Aischylos, *PD*, 70~71.

16) Aischylos, *PD*, 1~87 참조.

17) D. S. Allen, 2000, pp. 27~28 참조.

18) Aischylos, *PD*, 35.

을 "차마 눈뜨고 볼 수 없는 광경을 보고 있는 것"[19]이라고 탄식하면서 프로메테우스의 불행에 가슴 아파한다. 그러나 헤파이스토스는 제우스 신의 명령을 따르지 않을 정도의 용기는 갖고 있지 않다. 그렇기 때문에 그는 한편으로 프로메테우스의 분노와 불행에 깊이 신음하면서도 다른 한편으론 제우스에 대한 두려움으로 프로메테우스를 결박한다.

작품의 말미에 등장하는 헤르메스(Hermes) 신 역시 제우스의 뜻을 전하는 충실한 전달자로서 기본적으로 앞의 크라토스나 비아와 같은 입장을 공유한다고 말할 수 있다. 즉 헤르메스는 프로메테우스를 "하루살이 같은 인간들"(ἐφήμεροι)에게 과도한 명예(τιμή)를 주고 또 불을 훔쳐준 오만한 도둑으로 간주한다.[20] 제우스의 메시지를 전하러 서둘러 등장하는 헤르메스는, 만약에 프로메테우스가 계속해서 제우스의 결혼과 관련된 비밀을 알려주지 않고 저항을 하게 될 경우 그를 타르타르 속에 가두고, 그런데도 비밀을 끝까지 밝히지 않으면 다시 끌어올려 독수리에게 간을 먹힐 것이라고 경고한다.[21] 그런데 헤르메스가 프로메테우스를 대하는 방식은 크라토스와 비아의 방식과는 다르다. 그는 설득의 방식을 통해 프로메테우스의 제우스에 대한 반항을 중지하도록 유도하기 때문이다. 다시 말해 헤르메스는 프로메테우스를 마치 멍에를 멘 망아지가 고삐에 대항하여 쓸데없는 싸움을 하는 것처럼 더 이상의 무익한 싸움을 하지 말 것을 충고한다. 헤르메스의 주장에 따르면 고집이 지혜와 함께하지 않으면, 그것은 결코 이롭지 않기 때

---

19) Aischylos, *PD*, 69, 66.

20) Aischylos, *PD*, 941~946.

21) Aischylos, *PD*, 1007~1035 참조.

문이다.[22] 물론 이러한 헤르메스의 설득에 프로메테우스가 긍정적으로 응답할 리는 없다. 프로메테우스는 헤르메스를 제우스에게 종속된 노예와 같은 존재이며, 또한 아이처럼 어리석고 오만한 심부름꾼에 불과하다고 비난한다.[23]

위에서 살펴본 것처럼 제우스의 명을 충실하게 받드는 크라토스와 비아는 프로메테우스의 분노의 정당성을 인정하지 않는다고 말할 수 있다. 제우스 신의 전달자 헤르메스 역시 프로메테우스를 가사적인 인간들에게 무익한 사랑을 베푼 어리석은 티탄으로 간주한다. 그러나 프로메테우스를 결박한 헤파이스토스는 제우스의 명을 어기지는 못하지만 프로메테우스에 대한 제우스의 처벌이 지나친 것으로 본다는 점에서 프로메테우스의 고통을 공감하는 신으로 볼 수 있다.

오케아니데스(Ōkeanides)와 이오(Io)

상술한 제우스의 종복들과 상반된 관점에서 프로메테우스를 평가하는 인물은 오케아니데스와 이오라고 말할 수 있다. 먼저 첫 번째 방문자인 오케아니데스(Ōkeanides)는 결박당한 프로메테우스의 고통의 소리를 듣고 등장한다. 코로스(choros)를 구성하는 오케아노스의 딸들[24]인 이들 강의 님프들은 자신들이 프로메테우스의 친구로서 그의 결박

---

22) 이런 이유로 헤르메스는 자신이 프로메테우스를 위협하는 자가 아니라 어디까지나 프로메테우스에게 조언을 하는 것이라고 말한다. 그리고 이러한 헤르메스의 말은 코러스의 역할을 맡고 있는 오케아니데스 님프들에 의해 지지를 받는다. 그녀들은 헤르메스의 말이 적합하고 지혜롭다고 평가하고 있기 때문이다(Aischylos, *PD*, 1033~1034. 1036~1039 참조).

23) Aischylos, *PD*, 987~988.

24) Aischylos, *PD*, 139~140.

당한 고통을 보게 되어 눈물이 날 정도로 슬프다고 말한다. 그리고 이들 오케아니데스는 제우스의 프로메테우스에 대한 벌이 정당한 권위에 근거한 것인지에 의문을 품는다. 이것은 오케아니데스들이 "제우스는 새로 만든 법에 따라 무규범적으로 통치하고 있는 것"(νεοχμοῖς δὲ δὴ νόμοις Ζεὺς ἀθέτως κρατύνει)[25]으로 말하는 것에서 알 수 있다. 제우스는 "냉혹한 성격"(ἀκίχη γὰρ ἤθεα)[26]의 소유자이며, 그의 가슴은 어떤 간청에도 설득당하지 않는 "무정한"(ἀπαράμυθος)[27] 신이라는 것이다. 제우스는 자신이 축출한 이전의 전제적인 폭정을 행했던 크로노스와 별반 다르지 않은 것이다. 그래서 오케아니데스들은 헤파이스토스 신이 그렇듯이 프로메테우스에 대한 우호적인 입장을 다음과 같이 밝힌다.

신들 가운데 누가 이런 일을 보고 기뻐할 만큼 마음이 가혹하겠어요? 누가 그대의 불행에 함께 분개하지 않겠어요? 제우스만 빼고. 그는 악의에 차 언제나 굽힐 줄 모르는 마음을 품고 우라노스의 자식들을 제압하고 있지요.[28]

그러나 오케아니데스들은 그녀들의 최종적인 판단을 내리기 전에 프로메테우스가 왜 가혹한 처벌을 받게 되었는지, 그래서 그러한 벌이

---

25) Aischylos, *PD*, 149~150.

26) Aischylos, *PD*, 187.

27) Aischylos, *PD*, 188.

28) Aischylos, *PD*, 160~166.

정당한 것인지를 더 알고자 한다.[29] 크라토스나 비아와는 달리 오케아니데스는 결박에 대한 이유들(αἰτιάματα)을 알고자 하는 것이다. 이에 대해 프로메테우스는 우리가 익히 알고 있는 결박의 원인에 관해 이야기한다. 그것은 제우스가 티탄과의 전쟁에서 승리한 후 자기를 도운 신들에게 명예와 직위를 나누어주었지만, 불쌍한 인간들을 거들떠보지도 않았고, 더 나아가 그들을 모두 멸족시키려고 했다는 것이다. 그러나 프로메테우스 자신은 이들 인간을 동정하여 그들이 하데스의 망자들이 되지 않도록 구해주었다. 이러한 프로메테우스의 답변을 들은 오케아니데스는 다음과 같이 말한다.

> 프로메테우스여, 누구든지 그대의 고통을 보고도 동정하지 않는 자는 무쇠의 심장을 갖고 있고 돌로 만들어졌음에 틀림없어요. 나는 이런 광경을 보지 말았어야 하는 건데. 막상 보고나니까 가슴이 아파요.[30]

위 인용문을 통해 알 수 있는 것처럼 오케아니데스는 프로메테우스가 인간에 대한 사랑을 갖고 그들을 구원한 것에 대해 이의를 제기하지 않는다. 앞에서 언급한 것처럼 오케아니데스는 제우스만 제외하곤 어떤 신도 프로메테우스의 현재의 불행과 고통에 함께 분노하지 않을 수 없음을 말한다. 그리고 제우스가 크로노스(Chronos)를 제압하기 위한 시도에서 강한 분노를 표출하고, 다시 누군가가 그의 훔친 권력을 강탈할지 모른다는 두려움을 갖고 있다고 말한다. 제우스 자신이 아버

---

29) Aischylos, *PD*, 193~196.
30) Aischylos, *PD*, 244~247.

지 크로노스의 권력을 훔쳤다는 것은 자신에 대한 또 다른 도전과 공격의 가능성을 항상 열어두고 있기 때문이다. 그런데 제우스는 자신의 새로운 권력기반이 공고히 되기도 전에 프로메테우스가 저항의 태도를 보이자 이에 "분노하게"(ἐπικότως)되었다는 것이다. 그렇기 때문에 오케아니데스들이 보기에 제우스의 "완고하면서도"(ἀγναμπτος) "차가운"(τλησικάδιος) 분노는 프로메테우스가 굴복할 때까지, 달리 말해 "그의 심장이 만족할 수 있을 때까지"(πρὶν ἂν ἢ κορέσῃ κέαρ)[31] 계속될 것이다.

이러한 관점에서 오케아니데스는 제우스의 분노를 긍정적으로 평가하지 않는다. 그것은 제우스가 정당화되기 어려운 불법적인 새로운 법을 갖고 통치하고 있기 때문이다. 제우스는 자신의 "자의적이며"(ἀθετως)[32] "사적인 법"(ἰδίος νόμος)[33]에 따라 아무런 제약 없이 통치하고 다른 신들에게 오만한 창끝을 드러낸다는 것이다. 또 다른 중요한 이유는 제우스의 분노는 '상호성'(reciprocity)의 원리에 따를 때 부당한 고통을 프로메테우스에게 주고 있다는 점이다. 다시 말해 프로메테우스는 제우스와 싸운 티탄 족이지만 제우스 편에서 형제들인 티탄과 대항해 싸웠다.[34] 즉 제우스는 프로메테우스에게 큰 빚을 진 것이다. 그렇기 때문에 오케아니데스가 보기에 프로메테우스가 제우스를 속이긴 했지만 그에 대한 처벌은 상호성의 관점에서 합당하지 않다.[35] 왜냐하면

31) 상기 부분은 순서대로 Aischylos, *PD*. 163, 164, 160, 166.

32) Aischylos, *PD*, 150.

33) Aischylos, *PD*, 404.

34) Aischylos, *PD*, 216~221.

35) D. S. Allen, 2000, pp. 30.

제우스가 패권을 차지하는 데 기여한 프로메테우스의 공적과 그에 따른 가치가 고려되어 내려진 벌이 아니기 때문이다. 요컨대 결박이라는 처벌은 "은혜를 받은 것을 악으로 되갚은 격"(ὠφελημένος κακαῖσι ποιναῖς)[36]이 되기 때문이다. 결국 오케아니데스는 법과 상호성의 원리에 비추어봤을 때 제우스의 프로메테우스에 대한 분노와 그 처벌은 그 정당성과 권위가 인정되기 어려운 것으로 본다고 말할 수 있다.

그러나 간과해선 안 될 점이 있는데 그것은 오케아니데스가 프로메테우스의 분노를 전적으로 옳은 것으로 평가하지는 않는다는 사실이다. 이것은 그녀들이 프로메테우스가 인간들을 제우스의 말살 시도로부터 구해주기 위한 행동만 한 것인지, 아니면 그 밖의 다른 어떤 것을 더 어긴 것이 아닌지를 계속해서 묻는 가운데서 알 수 있다. 프로메테우스는 이에 가사적인 인간들에게 살아갈 수 있는 "맹목적인 희망"(τυφλὴ ἐλπίς)[37]과 더 나아가 생존의 기술을 익히기 위한 불도 가져다주었다고 답한다. 이러한 답변에 오케아니데스는 충격을 받은 듯이 "어떻게 사태가 당신이 말하는 것처럼 될 수 있는가? …… 프로메테우스, 당신이 실수(ὅτι ἥμαρτες) 한 것을 보지 못하느냐"[38]라고 반문한다. 오케아니데스는 프로메테우스가 제우스의 명령을 어기고 인간들에게 불을 준 것을 명확한 실수로 규정하는 것이다. 그래서 그녀들은 프로메테우스로 하여금 현재의 고통으로부터 벗어날 방도를 강구할 것을 충

---

36) Aischylos, *PD*, 222~223.

37) Aischylos, *PD*, 250.

38) Aischylos, *PD*, 259~261.

고한다.[39] 그렇다면 오케아니데스는 이전의 프로메테우스에 대한 연민과 사랑을 더 이상 갖지 않는 것일까? 그녀들은 이제 프로메테우스의 분노보다는 제우스의 분노를 더 정의에 합당한 감정으로 보는 것일까?

앞에서 오케아니데스는 제우스를 부정의한 신으로, 그리고 그에 맞서다 고통받는 프로메테우스를 정의를 대변하는 신으로 평가하였다. 그러나 지금의 오케아니데스는 프로메테우스를 잘못을 범한 신으로 본다는 점에서 이들의 입장을 이해하는 데 혼란을 준다. 오케아니데스는 처음의 입장과 달리 프로메테우스의 인간들에 대한 동정의 행위를 정도를 넘은 잘못된 행위로 간주하고 있기 때문이다. 여기서 오케아니데스는 제우스의 분노와 그에 대한 프로메테우스의 분노의 정당성 주장 사이에서 갈등하는 것으로 보인다. 한편으론 제우스의 프로메테우스에 대한 처벌이 지나친 점이 있기 때문이다. 그러나 다른 한편으론 프로메테우스 역시 인간에게 불을 주지 말라는 제우스의 금지명령을 무시하고 인간에 대한 과도한 사랑을 베풀었다는 점에서 잘못한 점이 간과되기 어렵다. 프로메테우스 역시 자신이 "의도적으로 잘못을 범했음을"(ἑκὼν ἥμαρτον)[40] 부인하지 않는다는 점 역시 이러한 해석을 뒷받침한다. 결국 오케아니데스와 프로메테우스 사이에도 의견의 차이가 없는 것은 아니다. 그러나 중요한 것은 프로메테우스가 오케아니데스에게 자신의 고통을 함께할 것을 부탁했을 때 그녀들이 흔쾌히 프로메테우스에게 동의할 것을 표명한다는 점이다. 오케아니데스는 제우스의

---

39) 코러스의 역할을 맡은 오케아니데스의 프로메데테우스에 대한 조언은 이후에도 계속된다(936 이하 참조).

40) Aischylos, *PD*, 266.

정의보다는 자신들의 프로메테우스와의 친애에 근거해서 프로메테우스의 정의를 지지하는 것이다.

> 나는 이분과 함께 어떤 고통도 참고 견디겠어요, 나는 배신자들을 미워하도록 배웠으니까요. 내게는 배신보다 더 경멸스런 병은 없으니까요.[41]

위의 인용문을 통해 알 수 있는 것처럼 결론적으로 오케아니데스는 프로메테우스에 대한 친애(φιλία)와 사랑을 더 우선시한다. "나는 배신자들을 미워하도록 배워왔다"(τοὺς προδότας γὰρ μισεῖν ἐμαθον)[42]는 오케아니데스의 말은 제우스가 프로메테우스의 은혜를 악으로 갚은 셈이기 때문에 그녀들의 최종적인 판단이 프로메테우스에게 기울어진 것으로 볼 수 있다.

두 번째 방문자인 오케아노스는 보다 자세한 논의를 위해 다음 장에서 살펴보도록 하고, 세 번째 방문자로 등장하는 이오(Io)를 먼저 살펴보도록 하겠다. 무엇보다 이오는 『결박된 프로메테우스』에 등장하는 인물들 중에서 프로메테우스의 제우스에 대한 반항과 분노를 정당화시켜줄 수 있는 가장 효과적인 증인으로 생각된다. 앞서 언급한 코러스로 등장하는 오케아니데스가 프로메테우스에 대한 분명한 태도를 결정하지 못한 상황에서 최종적으로 프로메테우스 편에 설 수 있었던 데는 이오의 고통과 불행이 바로 제우스에 의해 발생한 것이라는 인식과 더불어 이오에 대한 연민이 함께 작용한 것으로 보인다.

---

41) Aischylos, *PD*, 1067~1070
42) Aischylos, *PD*, 106~108.

작품에 등장하면서부터 이오의 모습은 쇠파리에 쫓기는 암소로 '변화'(metamorphosis)된 상태로 등장한다. 그리고 이오는 다른 어떤 인물보다 더 많은 질문을 프로메테우스에게 한다.[43] 무엇보다 이오는 자신이 어떤 이유로 제우스 신의 벌을 받아 암소가 되어 아르고스(Argos)와 "쇠파리"(οἶστρος)에[44] 쫓기게 되었는지, 그리고 이러한 엄청난 고통과 시련이 도대체 언제까지 지속될 것인지, 또한 자신에게 미래의 구원의 희망은 있는 것인지를 묻는다.[45] 이것은 이오가 극단적이며 절박한 상황에 처해 있음을 방증한다. 그녀는 프로메테우스처럼 가혹한 육체적인 고통과 정신적인 일종의 분열상태에서 타인의 도움이 절대적으로 필요한 가련한 소녀인 것이다. 이오는 신이 보낸 병인 쇠파리가 막대기처럼 자신을 계속해서 찌르는 바람에 거의 말라 죽기 직전의 극심한 고통을 당하고 있기 때문이다.[46] 그러면 이오가 이처럼 극심한 고통을 당하게 된 이유는 무엇일까? 이오는 누구에 의해 암소로 바뀌어 쇠파리에 쫓기는 처지가 되었을까? 그것은 이오에 대한 성적인 욕망을 강하게 느낀 제우스 신의 비이성적이며 야만적인 열정(πάθος) 때문이다.[47] 이오는 그러한 제우스의 청을 들어주지 않았기 때문에 제우스에 의해 유린당하고, 아버지 이나코스(Inachos)로부터 내쫓기게 된 것

---

43) Swanson에 따르면 헤르메스가 2번, 오케아노스가 4번, 크라토스가 8번, 그리고 오케아니데스가 18번 프로메테우스에게 질문을 한 반면에 이오는 25번 질문을 한다. J. A. Swanson, 1994~1995, p. 230.

44) Aischylos, *PD*, 566.

45) Aischylos, *PD*, 606~607. 622~623.

46) Aischylos, *PD*, 595~598.

47) G. Thomson, *Aeschylus and Athens*, London, 1980, pp. 302~303 참조.

이다. 물론 아버지 이나코스는 제우스의 요구를 들어주지 않을 경우 집안과 종족 전체에 큰 화가 닥칠 것이라는 위협 때문에 어쩔 수 없이 이오를 추방한 것이다. 이런 점에서 이오는 성욕에 눈먼 제우스와 그의 부인 헤라의 질투의 희생양이 된 완전히 순수하고 연약한 처녀(παρθένος)라고 말할 수 있다.[48] 이오는 아무런 이유 없이 제우스의 성적인 욕구의 대상이 되었다가 헤라의 미움을 사 암소로 변하여 고난의 방랑을 시작하게 된 것이다. 그리고 이오의 방랑과 도피는 유럽을 넘어 소아시아까지 계속될 운명이며, 이로 인해 이오는 자신의 끝없는 예정된 도피에 절망하여 자살하는 것이 낫다고 절규하는 것이다. 그녀는 이렇듯 철저하게 자신의 의지와는 무관하게 제우스의 희생양이 되고 말았다. 그녀의 영혼은 일그러져 미친, 자기 분열의 상태이며, 그녀의 육체적 아름다움은 철저하게 망가진 것이다.[49]

그래서 프로메테우스는 신들의 통치자인 제우스가 어디서나 똑같이 잔인하다고 말한다.[50] 결국 프로메테우스와 이오는 제우스에 의한 공통의 희생자라는 점에서 동병상련을 느낀다. 이오는 딸인 자신보다 부족을 선택하라는 아버지 이나코스에 의해 고통받는 인간이라는 점에서, 그리고 프로메테우스는 인류를 구원하는 대신에 자신이 결박당하는 고통받는 신이라는 점에서 모두 제우스의 희생양이기 때문이다. 그래서 이오와 프로메테우스의 제우스에 대한 표현들은 한결같이 "독재

---

48) Aischylos, *PD*, 597~598. J. A. Swanson, 1994~1995, p. 232.

49) Aischylos, *PD*, 673. 이오에 관한 보다 상세한 논의는 임철규, 2007, pp. 197~207 참조.

50) Aischylos, *PD*, 735.

자"(τύραννος)[51]나 "폭력적인"(βίαιος)[52]과 같은 부정적인 명사나 형용사를 통해 기술되고 있다. 반면에 이오는 프로메테우스를 모든 "가사자들의 공통의 구원자"(κοινὸν ὠφέλημα θνητοῖσιν)[53]로 말하면서, 힘없는 인간들에게 많은 선물(δῶρον)과 사랑을 준 프로메테우스를 벌준 제우스의 정의는 정당화되기 어려운 것으로 간주한다.[54] 상술한 것들을 고려할 때 작가 아이스퀼로스가 이오를 등장시킨 의도는 어렵지 않게 추측할 수 있다. 그것은 이오의 등장이 프로메테우스의 정의와 제우스의 부정의, 전자의 선한 에토스(ēthos)와 후자의 잔인한 성격을 대비시키는 데 좋은 역할을 수행한다는 것이다.

그런데 아직까지 살펴보지 않은 두 번째 방문자가 있는데 오케아노스(Okeanos) 신이다. 필자가 생각하기에 오케아노스 신은 프로메테우스의 분노의 정당성 평가 문제에서 특히 주목할 필요가 있다. 그것은 오케아노스 신이 다른 등장인물과 달리 제우스와 프로메테우스사이의 갈등과 대립을 화해시키기를 원하는 중재자로 등장하기 때문이다. 이제 아래에서 필자는 오케아노스의 견해를 살펴보고, 그의 입장이 과연 불편부당한 중용지도에 맞는 행위인가를 비판적 관점에서 평가해볼 것이다.

---

51) Aischylos, *PD*, 222, 736, 310, 942, 756, 761, 756, 909~910.

52) Aischylos, *PD*, 737, 672, 592, 915~917.

53) Aischylos, *PD*, 613.

54) Aischylos, *PD*, 700~735.

3) 오케아노스는 중용지도(中庸之道)의 중재자인가?

오케아노스의 설득의 논리

오케아노스 신은 첫 번째 방문자였던 코러스의 역할을 행하는 오케아니데스가 잠시 퇴장한 사이에 등장하는 두 번째 방문자이다. 오케아노스는 자신을 제우스와 프로메테우스 사이의 갈등을 해결할 수 있는 중재자의 역할을 하기위해 온 것으로 말한다. 이러한 일을 하고자 하는 그의 동기는 그 자신이 티탄족의 친척으로서 프로메테우스의 현재의 불행을 함께 괴로워하기 때문이다. 친척이란 점 말고도 오케아노스가 온 또 다른 이유는 프로메테우스가 자신의 존경을 받는 현명한 신이기 때문이다. 그래서 그는 친구로서 최선을 다해 도와주고자 왔다고 말한다.[55] 이에 대해 프로메테우스는 오케아노스가 진정으로 자신의 불행한 운명을 동정하기 위해 왔는지를 반문한다. 그러면서 자신의 고난이 제우스의 독재권력에 의해 부당하게 이루어지고 있음을 직시할 것을 강조한다. 이에 대해 오케아노스는 자신의 견해를 다음과 같이 역설한다.

보고 있소, 프로메테우스여! 그대 비록 영리하지만, 내 그대에게 가장 유익한 충고를 해주고 싶소. 그대 자신을 알고, 그대의 생각을 새롭게 바꾸도록 하시오. 신들의 독재자(τύραννος)도 새로 바뀌었기 때문이요. 그대가 그렇게 거칠고 예리하게 간 말들을 내뱉는다면, 제우스가 비록 저 위

---

55) Aischylos, *PD*, 283 이하 참조.

먼 곳에 앉아 있기는 하지만 곧 그대의 말을 듣게 될 것이고, 그렇게 되면 그대가 지금 현재 지고 있는 고난의 짐도 그대에게는 어린애 장난처럼 보일 것이오. 자, 가련한 자여, 그대가 품고 있는 분노(ὀργή)를 버리고 지금의 고난에서 벗어날 방도를 찾도록 하시오. 그대에게는 나의 이런 말이 아마도 고리타분하게 들리겠지요. 그러나 그대는 오만불손하게 큰소리쳤다가 이런 대가를 치르고 있지 않소, 프로메테우스여! 그대는 아직도 고분고분하지 않고, 불행 앞에 물러서기는커녕 현재의 불행에 다른 불행을 덧붙이려 하는구려. 그대가 내 충고를 따른다면 가시막대기를 차는 일은 더 이상 하지 않게 될 것이오. 그대도 보다시피, 가혹한 독재자(τραχὺς μόναρχος)가 누구에게도 책임을 지지 않고, 통치하고 있으니 말이요. 그래서 내 지금 가서, 혹시 할 수 있을는지, 그대를 이 고난에서 구해주도록 노력해볼 참이오. 그대는 얌전히 있고, 말을 너무 함부로 하지 마시오. 누구보다도 영리한 그대가 허튼소리를 하면 벌을 받는다는 것도 확실히 모르신단 말이오?[56]

앞에서 언급한 것처럼 오케아노스가 온 이유는 프로메테우스의 고통에 찬 불행에 대한 연민과 동정심이 작용했기 때문이다. 그러나 위 인용문의 논조에서 엿볼 수 있듯이 그의 연민은 곧바로 프로메테우스에 대한 일종의 꾸짖음의 수사술(rhetoric)로 바뀐다.[57] 오케아노스는 마치 스승이 제자에게 말하는 것처럼 프로메테우스가 현재의 결박된

---

56) Aischylos, *PD*, 309~331.

57) D. Konstan, "The Ocean Episode in the 'Prometheus Bound'", *History of Religions*, vol. 17/1, 1977, p.64.

고통 상황에서 벗어날 수 있기 위해선 자신의 충고를 따라야만 함을 역설한다. 그리고 그의 충고는 간단하다. 프로메테우스가 "자신을 알고, 그의 방식을 새롭게 바꾸기를 원하는 것"[58]이다. "방식"(tropos)을 새롭게 바꾼다는 것은 곧 프로메테우스가 현재의 제우스에 대한 분노와 반항을 중지하고 제우스와 화해하는 것이다. 이제 오케아노스의 앞에서의 프로메테우스에 대한 동정심은 비판적 평가로 바뀌고 있다. 그것은 현재의 프로메테우스의 불행이 제우스에 의해 초래된 것이 아니라 프로메테우스의 오만하면서도 불경한 언행에서 발생했다는 것이다. 오케아노스가 보기에 더 큰 문제는 프로메테우스가 제우스를 비난하는 분노에 찬 공격적인 말들을 계속해서 떠들고 있는 것이다. 이것은 결국 프로메테우스가 현재의 불행을 더욱 큰 불행으로 이끄는 어리석은 짓이라는 것이 오케아노스의 진단이다. 그래서 오케아노스는 프로메테우스가 현재의 고난을 벗어나기 위해선 자중자애(自重自愛)하면서 침묵할 것을 충고하는 것이다.

오케아노스의 이러한 입장은 그의 딸들인 오케아니데스처럼 불을 훔친 프로메테우스의 과거의 행위를 질책하는 데 목적이 있는 것은 아닌 것으로 생각된다. 오케아노스는 프로메테우스가 인간의 구원자의 역할을 했던 것을 크게 문제 삼지 않는 것으로 보이기 때문이다. 이것은 위 인용문에서 오케아노스 역시 제우스를 "가혹한 독재자"(τραχὺς μόναρχος)로 표현하면서 제우스의 전제적 통치 방식을 긍정적으로 간주하지 않는다는 점과 무관치 않다. 그러나 오케아노스가 프로메테

---

58) Aischylos, *PD*, 311.

우스에게 정작 말하고자 하는 핵심은 프로메테우스가 더 이상 제우스에 대한 비난과 분노를 공공연히 표출하지 말고 조용히 있으라는 것이다. 그렇게 하면 오케아노스 자신이 제우스에게 가서 프로메테우스를 용서하도록 설득(πείθω)하겠다는 것이다. 이런 점에서 오케아노스는 앞의 헤파이스토스나 오케아니데스처럼 실상 프로메테우스와 제우스, 양자 중 누구의 주장이 보다 정의로운지에 관해 크게 갈등하지 않는 신으로 보인다.

프로메테우스는 이에 대해 오케아노스의 호의는 고맙지만 그가 제우스를 설득하려는 시도가 별 효과가 없을 것이라고 응답한다.[59] 프로메테우스는 제우스의 완고하면서도 독단적인 생각과 분노가 오케아노스의 설득에 의해 바뀌거나 누그러지지 않을 것이라는 것을 알고 있기 때문이다. 그래서 제우스의 "분노"(χόλος)를 오히려 자극하여 오케아노스가 다칠 수 있음을 조언한다. 그러나 이에 대해 오케아노스는 자신만만하게 제우스가 자신의 설득의 열정에 의해 프로메테우스를 풀어줄 것이라고 확신한다. 오케아노스는 제우스의 "분노에 병든 마음에는 말이 의사라고"(ὅτι ὀργῆς νοσούσης ἐστίν ἰατροὶ λόγοι)[60] 생각하는 것이다. 그러나 프로메테우스는 그것을 행동으로 옮길 열성과 용기를 가지면, 결국 헛수고와 경솔한 선의를 보게 된다고 말한다. 이제 대화의 성격은 처음과는 달리 프로메테우스가 충고하는 입장에서, 오케아노스는 배우는 입장에 서 있는 것으로 보인다. 더욱이 프로메테우스가 아틀라스(Atlas)와 튀폰(Thypōn)의 불행한 운명에 가슴 아파하면

---

59) Aischylos, *PD*, 330 이하 참조.
60) Aischylos, *PD*, 380.

서 오케아노스가 화를 당하지 않도록 충고하자, 오케아노스는 처음의 자신만만했던 입장을 더 이상 견지하지 않는다. 결국 오케아노스는 프로메테우스의 말이 끝나기가 무섭게 프로메테우스의 불행을 교훈삼아 살아가겠다고 말하고 서둘러 돌아간다.[61)]

자, 그러면 우리는 위에서 언급한 오케아노스의 중재자로서의 역할을 어떻게 평가할 수 있을까? 중재자임을 자처하는 오케아노스의 태도는 중용지도의 모습을 보여주는 것으로 생각할 수 있을까? 일견 오케아노스의 행위는 중용지도의 태도를 보여주는 것으로 간주할 수도 있을 것 같다. 프로메테우스와 제우스의 입장의 부분적인 타당성을 인정하면서도 문제점을 지적한다는 점에서 평가의 객관성을 유지하려는 모습을 보이기 때문이다. 다시 말해 오케아노스는 한편으론 제우스의 현재의 전제적인 통치 방식과 과도한 프로메테우스에 대한 처벌을 부정적으로 간주하면서 이에 저항하는 프로메테우스의 분노와 고통에 공감하는 것으로 생각된다. 그러나 다른 한편으론 오케아노스는 프로메테우스의 계속적인 분노와 저항은 그에게 이익이 되지 않는, 현명하지 않은 방식임을 지적한다. 이처럼 오케아노스는 프로메테우스의 행위에 공감하면서 비판한다. 그러나 위의 인용문을 통해 알 수 있는 것처럼 오케아노스의 최종적인 입장은 프로메테우스가 제우스의 현실통치를 인정할 것을 촉구하는 것이다. 즉 오케아노스는 프로메테우스가 제일 현명한 신이긴 하지만, 새로운 통치자가 나타났으니 제우스의 새

---

61) 프로메테우스의 말이 채 다 끝나기도 전에 떠나가는 오케아노스의 모습은 등장할 때와는 전혀 다른 모습을 보여준다. 중재자로서의 수사술을 통한 설득에 자신만만했던 오케아노스의 진정성을 의심할 수밖에 없는 장면이다.

로운 통치에 복종하여 살아야 한다는 현실논리를 주장하는 것이다. 그것은 지금의 무소불위의 권력을 가진 신이 제우스이므로 그에게 정면으로 저항하는 것은 어리석기 때문이다. 오케아노스가 생각하기에 부정의한 신에 대한 저항은 그것이 정의의 분노를 갖게 하지만 그 결과는 결박의 고통밖에 없다. 요컨대 프로메테우스의 불타는 정의감은 좋지만 그것은 어디까지나 이상이지 현실에 적용되기가 어렵다는 것이다. 따라서 오케아노스의 충고는 현실을 인정하고 적당하게 타협하며 순리에 맞게 살아가는 것이 삶의 지혜이자 처세술이 될 수 있다는 것이다. 그리고 바로 이런 이유로 프로메테우스에게 침묵할 것을 권한다고 이해할 수 있다.

오케아노스가 이렇게 생각하는 데는 다른 모든 동료 신들이 프로메테우스의 분노의 저항을 지지하지 않는다는 것도 고려됐을 것이다.[62] 작품 속에 등장하는 헤르메스나 크라토스와 같은 신들을 통해 이미 알 수 있는 것처럼 대부분의 모든 신들이 프로메테우스의 행위를 일어탁수(一漁濁水), 즉 연못 속에서 물을 흐리는 한 마리 물고기, 미꾸라지로 간주하는 것이다. 제우스를 새로운 통치자로 현실적으로 인정하고, 거기에 안주하여 살아가고자 하는 모든 신들의 눈에 프로메테우스가 곱게 보일 리 없기 때문이다. 달리 말해 오케아노스를 포함한 대다수의 신들에게 프로메테우스는 오직 자신만이 부정의에 대항하는 그래서 마치 정의의 화신인 것처럼 행동하는 오만한 신으로 비추어졌다는 것이다. 그러면 오케아노스가 보는 것처럼 우리는 프로메테우스의 행위

---

62) Aischylos, *PD*, 9, 37 참조.

를 연못을 흐리는 한 마리 물고기로 보아야 하는가? 과연 중용지도는 A도 맞고 B도 맞는다는 양비양시론(兩非兩是論)적 의미로 이해되어야 할까? 이러한 물음들에 대한 가능한 답을 찾기 위해 필자가 관심을 갖는 것이 아리스토텔레스의 "중용"(τὸ μέσον, μεσότης) 개념이다. 물론 앞에서도 언급한 것처럼 여기서『결박된 프로메테우스』라는 문학작품과 그 속의 등장인물인 오케아노스를 중용이라는 철학적 개념을 통해 이해하는 것이 정당화될 수 있는가의 문제가 제기될 수 있다. 그러나 중요한 것은 작가 아이스퀼로스가 작품『결박된 프로메테우스』를 통해 말하고자 하는 메시지가 무엇인가하는 것이고, 그러한 관점에서 볼 때 아리스토텔레스의 중용 개념은 오케아노스의 행위를 이해하기 위한 하나의 유용한 기준이 될 수 있다는 것이 필자의 생각이다. 그리고 아직까지 오케아노스 신에 주목하여 그 행위의 정당성 여부에 관한 학자들의 연구가 거의 이루어지지 않은 점 또한 이러한 실험적 시도를 촉발하는 요인이 되었다. 이제 필자는 아리스토텔레스의 중용 개념의 핵심적 의미를 살펴보고, 그것이 오케아노스의 견해에 어떻게 적용될 수 있는지를 모색해보겠다.

아리스토텔레스의 중용(to meson)론을 통해

아리스토텔레스에 따르면 덕은 기본적으로 "합리적 선택과 결부된 품성상태(ἕξις)로 우리와의 관계에서 성립하는 중용(μεσότης)에 의존한다."[63] 그리고 이러한 중용에 따른 행위는 "과다"(ὑπερβολή)와 "과

---

63) Aristoteles, *NE*, II$_6$, 1106b36~1107a2.

소"(ἔλλειψις)를 피한 가운데를 잡아 행위하는 것이다. 즉 양 극단을 피해 행위하는 것이다. 그런데 아리스토텔레스에 따르면 이때의 중간은 마치 2와 10사이의 중간인 6을 의미하지 않는다. 다시 말해 아리스토텔레스의 중용은 산술적인 중간이 아니라 "우리와 관련해서"(πρὸς ἡμᾶς)[64] 중간을 잡는 것이다. 그렇기 때문에 중용은 밀론(Milon)과 같은 레슬링 선수에겐 8이 중용이 될 수도, 그렇지 않고 아마추어 선수에겐 그보다 적은 양이 중용이 될 수 있다.[65] 그러면 우리와 관련된 중용의 실현은 어떻게 가능한가? 이 물음에 대한 아리스토텔레스의 체계적이면서도 분명한 답을 찾기는 그리 녹록치 않아 보인다. 이와 관련하여 필자는 아리스토텔레스가 자신의 중용론을 근거 짓는 것으로 생각하는 두 가지 핵심적인 원리를 살펴보고, 그러한 두 원리가 오케아노스와 프로메테우스의 행위에 어떻게 적용되어 해석될 수 있는지를 모색해 보도록 하겠다.

첫 번째는 중용을 적중시키기 위한 '마땅해야 됨'(δεῖ)의 기준들이다. 아리스토텔레스에 따르면 중용에 따른 행위는 "마땅한 때에, 마땅한 일로, 마땅한 대상에게, 마땅한 목적을 위해, 마땅한 방식으로"[66] 이루어져야 한다. 이러한 마땅함의 어느 한 가지가 올바르게 적용되지 않을 경우 중용에 따른 행위, 즉 덕행이 어렵다는 것이다. 다시 말해 마

---

64) Aristoteles, *NE*, II$_6$, 1107a1.

65) Aristoteles, *NE*, II$_5$, 1106b1~1106b4.

66) Aristoteles, *NE*, II$_5$, 1106b21~1106b22. 아리스토텔레스는 이러한 마땅함의 원리에 따른 중용의 실현이 성공적으로 이루어지기 위해선 올바른 이성(orthos logos)이 주된 역할을 해야 되는 것으로 말한다. 이때의 올바른 이성은 지적인 덕에 속하는 프로네시스(phronēsis), 즉 실천지에 의해 이루어진다고 말할 수 있다.

땅함의 구성 원리인 사안이나 때 또는 대상이나 목적, 그리고 방식 중 어느 하나가 마땅하게 이루어지지 않을 경우 중용의 실현은 어렵게 된다. 예를 들어 분노와 관련해서 그것이 적합한 일로 올바른 대상과 방식으로 적합한 때에 이루어졌더라도 그 목적이 올바르지 않으면 중용에 맞는 분노의 표출로 보기 어렵다.[67]

아리스토텔레스가 드는 궁수의 비유가 이것을 이해하는 데 도움을 준다.[68] 아리스토텔레스에 따르면 "과녁을 빗맞히기는 쉽고 맞히기는 어렵듯이"[69] 잘못은 여러 가지 방식으로 범할 수 있는 반면, 올바르게 성공하는 것은 한 가지 방식으로만 가능하다.[70] 그렇기 때문에 궁수가 과녁을 명중시키기 위해선 다양한 변수들을 고려해야만 한다. 다시 말해 궁수의 안정된 자세뿐만 아니라 바람의 방향이나 강도 그리고 거리 등과 같은 다양한 변수들이 종합적으로 고려되어 그에 적합하면서도 필요한 대응조치가 취해져야 과녁을 맞힐 수 있게 되는 것이다.[71] 그러면 아리스토텔레스의 궁수의 비유는 마치 과녁의 특정한 목표점이 있는 것처럼 우리의 실천과 관련해서도 특정한 하나의 중용적 행위가 가능하다는 것으로 이해될 수 있을까?

앞서 언급한 것처럼 '산술적인 비례에 따른 중용'의 의미에서는 특정하게 규정되고 정해진 점이 찾아질 수 있다. 그러나 '우리와 관련된 중

---

67) Aristoteles, *NE*, II₉, 1109b15 이하 참조.

68) Aristoteles, *NE*, I₁, 1094a23~1094a24.

69) Aristoteles, *NE*, II₅, 1106b32~1106b33.

70) Aristoteles, *NE*, II₅, 1106b29~1106b33.

71) P. Losin, "Aristotle's Doctrine of the Mean", *History of Philosophy Quarterly*, vol. 4/3, 1987, pp. 336~337 참조.

용'은 산술적 중용에서처럼 양 극단의 정확한 중간으로 보기 어렵다. 우리와 관련된 중용은 어디까지나 인간의 "실천"(praxis)과 관련된 비대칭적인 의미의 중간으로, 그것은 기본적으로 도덕적인 마땅함이라는 가치평가 개념으로 이해되어야 하기 때문이다. 그렇기 때문에 "올바르게 성공하는 것은 한 가지 방식으로만 가능하다"는 아리스토텔레스의 말이 중용에 따른 행위는 과다와 과소 사이의 특정한 한 점에서만 이루어지는 것으로 이해되는 것은 곤란하다. "같은 것이 모두에게 두려운 것은 아닌 것이다"[72]라는 아리스토텔레스의 말은 이것을 염두에 두고 하는 말로 이해될 수 있다. 예를 들어 "용기"(ἀνδρεία)는 과다로서의 만용과 과소로서의 비겁함의 중용인데, 이것은 보는 사람에 따라 용기가 아닌 만용이나 비겁함의 행위로 평가될 수 있다. 다시 말해 선천적으로 두려움을 많이 느끼는 성향을 가진 사람에게 용기 있는 행위는 만용으로 보일 수 있고, 그 반대로 두려움을 잘 느끼지 않는 기질을 가진 사람에게 그것은 비겁한 행위로 판단될 수 있는 것이다. 따라서 우리가 마땅함의 요소들을 모두 고려하여 행동하더라도 그것이 마치 산술적인 의미의 하나의 정답을 맞힌 행위로 이해할 필요는 없다. 다만 우리의 중용적인 행위가 궁수가 과녁을 명중시키기 위해 필요한 변수들을 고려하여 화살을 쏘아야 하는 것처럼, 아리스토텔레스는 우리의 행위에서 중용을 적중시키기 위한 원론적인 차원에서의 하나의 필요조건으로 양 극단을 피해야 함을 제시하는 것으로 볼 수 있다. 그리고 이러한 과다와 과소의 양극단을 피해 중용을 찾기 위한 세부 기준이

---

72) Aristoteles, *NE*, III₁₀, 1115b7.

바로 다섯 가지 '마땅함'의 기준인 것으로 이해할 수 있겠다. 결국 아리스토텔레스가 중용을 과다와 과소의 중간으로 말한 것은 중용을 이루기 위한 하나의 필요조건이지 충분조건이 되는 것으로 보기는 어렵다.[73] 아리스토텔레스는 양극단을 피해야 한다는 하나의 원칙을 중용을 실현하기 위한 일종의 가이드라인으로 설정하고, 그것을 가능케 할 수 있는 일종의 보다 구체화된 각론에 해당되는 마땅함의 기준들을 제시하는 것으로 생각된다.

그런데 필자가 생각하기에 아리스토텔레스가 중용의 적중을 높이기 위해 제시하는 두 번째 원리가 있는데, 그것이 두 극단 중에서 중용에 더 극단이 되는 것이 있다는 언급이다. 이와 관련하여 아리스토텔레스는 다음과 같이 말하고 있다.

그런데 어떤 경우에는 모자람이 지나침보다 중간의 것에 더 많이 대립하고, 또 다른 경우에는 지나침이 모자람보다 중간의 것에 더 많이 대립하기도 한다. 예를 들어 용기에 더 많이 대립하는 것은 지나침인 무모함이 아니라 모자람인 비겁이며, 절제에 더 많이 대립하는 것은 모자람인 무감

---

73) 아리스토텔레스가 과다와 과소처럼 양적 개념을 통해 중용 개념을 설명하는 것이 오히려 중용론의 정합성을 해치는 해석으로 보는 대표적인 학자는 R. Hursthouse이다("A False Doctrine of the Mean", *Proceedings of the Aristotelian Society*, vol. 81, 1980~1981, pp. 57~72. 특히 67 참조). 반면에 양적 해석을 지지하는 학자로 J. O. Urmson과 Curzer를 들 수 있다(J. O. Urmson, "Aristotle's Doctrine of the Mean", A. Rorty(ed.), *Essays on Aristotle's Ethics* Univ. of California Press, 1980, pp. 157~170. H. Curzer, "A Defense of Aristotle's Doctrine of the Mean", *Ancient Philosophy*, vol. 16, 1996, pp. 129~138 참조). 이와 관련한 필자의 생각을 자세히 밝힐 수는 없으나, 기본적으로 후자의 입장을 공유한다. Hursthouse처럼 볼 경우 아이를 물과 함께 버리는 우를 범할 수 있기 때문이다.

각함이 아니라 지나침인 무절제이다.[74]

위 인용문에서 아리스토텔레스는 양 극단 중 어느 하나가 중간에 더 대립적인 것이라고 말한다. 그렇기 때문에 중간에 더 대립적인 것의 반대 방향으로 가는 것이 중용의 적중 가능성을 높일 수 있게 된다. 인용문의 예처럼 용기와 관련해선 비겁함이 만용보다 중용에 더 대립되므로 만용 쪽으로 이끄는 것이, 절제와 관련해선 무절제가 무감각함보다 절제에 더 대립되기 때문에 무감각 쪽으로 이끄는 것이 중용의 성공가능성을 높일 수 있는 것과 같다.[75] 아리스토텔레스에 따르면 "악덕들 가운데 가장 작은 것을 취하는 것"[76]이 중용의 적중을 위한 일종의 "차선책"(δεύτερος πλοῦς)[77]이 될 수 있는 것이다. 그래서 아리스토텔레스는 "중간을 겨냥하는 사람은 먼저 그것에 더 대립적인 것으로부터 멀어져야 한다고"[78] 말한다. 이것은 "두 극단 가운데 하나는 더 잘못된 것이며, 다른 하나는 덜 잘못된 것이기 때문이다".[79]

상술한 아리스토텔레스의 중용론의 핵심적인 두 원리, 즉 마땅함과

---

74) Aristoteles, *NE*, III₈, 1108b35~1109a5.
75) 아리스토텔레스에 따르면 이것은 두려움이라는 대상 자체가 우리를 비겁하게 만들기 때문에 그 반대의 만용으로 가게 하는 것이 용기를 발휘할 수 있게 해준다는 것이다. 절제는 대상 자체의 문제라기보다는 우리의 본성과 관련된 것으로서 인간은 본성적으로 쾌락을 추구하기 때문에 중용의 적중가능성을 높이기 위해서는 무절제가 아닌 무감각으로 향하게 해주어야 한다.
76) Aristoteles, *NE*, II₉, 1109a35.
77) Aristoteles, *NE*, II₉, 1109a34~1109a35.
78) Aristoteles, *NE*, II₉, 1109a30~1109a31.
79) Aristoteles, *NE*, II₉, 1109a33.

중간에 더 대립되는 것의 반대방향으로의 지향성의 기준들을—비록 『결박된 프로메테우스』에서 중용이란 말이 발견되고 있지는 않지만— 오케아노스와 프로메테우스에게 적용하면 어떤 결론을 얻을 수 있을 까? 만약에 중용을 앞서 언급한 양극단을 지양해야 함의 관점에서 본 다면 오케아노스는 중용지도를 따른 현명한 멘토의 신이고, 오히려 프 로메테우스는 중용에 맞지 않은 완고하면서도 오만한 그리고 어리석 은 신으로 볼 수 있을 것 같다. 오케아노스의 관점에서 생각할 때 프로 메테우스의 행위는 마땅한 일로, 마땅한 대상을 향해, 마땅한 목적을 위해, 그리고 마땅한 방식으로 행위한 것이 아니기 때문이다. 무엇보다 제우스가 권력을 차지하는데 인간은 전혀 기여한 바가 없고, 그런 인간 을 구원하기 위해 불을 훔친 프로메테우스의 행위는 마땅한 일로, 마땅 한 대상을 위해, 마땅한 방식에 따른 것으로 보기 어렵기 때문이다. 그 러나 아리스토텔레스적인 중용의 관점에서 볼 때 프로메테우스의 인 간애는 목적과 관련하여 마땅함의 기준에 부합하는 것으로 볼 수 있 다. 아리스토텔레스에게서 덕행의 목적은 무엇보다 그것이 "숭고함"(τò καλόν)을 위한 행위여야 한다.[80] 그리고 이때의 숭고함은 자기 자신의 이익을 위한 것이 아니라 타인이나 공동체 전체를 위한 이타적 행위를 의미한다. 그렇다면 프로메테우스의 행위는 약자인 인간을 위한 행위 라는 점에서 숭고함의 성격을 띠는 것으로 보인다. 문제는 목적의 숭고 함이 담보되더라도 그것을 실현하고자 하는 방식의 적절성 여부이다.

---

80) 아리스토텔레스에게서 덕행의 궁극적 목적이 kalon이 됨에 관한 상세한 논의는 J. Owens, "The KALON in Aristotelian Ethics", *Studies in Aristotle*, J. O'Meara, The Catholic Univ. of America press, 1981, pp. 261~277. 특히 p. 272 참조.

즉 프로메테우스의 제우스에 대한 분노와 저항이 적절한 대응 방식인가 하는 것이다. 오케아노스의 견해는 현재의 계속적인 프로메테우스의 저항의 방식이 오만하면서도 불경한 태도이기 때문에 올바른 방식이 아니라는 것이다. 오케아노스가 생각하기에 중용은 프로메테우스가 조신하게 침묵하면서 제우스와의 화해를 모색하는 태도를 보여야 하는 것이기 때문이다.

그러나 프로메테우스의 생각은 다르다. 이미 오케아니데스가 인정하는 것처럼 프로메테우스는 자신이 제우스를 도와 새로운 세계를 건설하는 데 큰 기여를 했기 때문에 제우스의 자신에 대한 처벌은 상호성의 관점에서 합당한 대우가 아니라는 것이다. 그래서 프로메테우스는 "나의 선을 부당하게도 악으로 갚는 모든 신들을 증오한다"[81]고 역설한다. 설사 인간을 도와주기 위해 제우스가 금한 명령을 어기고 불과 희망을 준 것이 제우스의 정의 원리에 일치하지 않더라도 제우스의 그러한 처벌은 정도를 벗어나 과도하게 내려졌다는 것이다. 그렇기 때문에 프로메테우스는 자신이 제우스에 의해 '부당하게(ἐκδίκως) 고통을 받고 있다고 생각한다. 그리고 이러한 고통은 프로메테우스에게 단순히 육체적인 결박의 고통만을 의미하는 것이 아니다. 그것은 또한 다른 많은 신들로부터 자신이 오만한 행위를 한 것으로 부당하게 평가받고 있다는 정신적 고통까지 포함된 것으로 생각된다. 그래서 프로메테우스는 "치욕적인 사슬들이 풀리기 전에는"[82] 제우스에게 복종하지 않을 것임을 주장한다. 그러면 우리는 이러한 프로메테우스의 분노에 찬 저항

---

81) Aischylos, *PD*, 974~975.

82) Aischylos, *PD*, 991.

의 투쟁 방식을 오케아노스가 주장하는 타협이나 화해의 방식보다, 중용의 원리에 적합한 대응 방식으로 볼 수 있을까?

일단은 프로메테우스가 제우스와의 화해를 극단적으로 부정하는 것은 아닌 것으로 볼 수 있다. 이오와의 대화를 통해 알 수 있는 것처럼 프로메테우스는 제우스의 미래에 관한 비밀을 알고 있고, 그래서 때가 되면 제우스의 동의나 묵인 하에 이오의 후손인 헤라클레스에 의해 자신이 결박으로부터 풀려날 것을 예언하고 있기 때문이다. 그러나 프로메테우스가 보기에 현재의 상황에서 현명한 방식은, 오케아노스가 충고하는 것처럼, 제우스와의 화해가 아니라는 것이다. 아직까지 제우스와 화해할 때가 아닌 이유도 있겠지만, 무엇보다 프로메테우스가 화해의 제스처를 보내는 것은 자신의 "인간의 구원자"라는 숭고한 목적이 옳지 않았음을 공포(公布)하는 것이기 때문이다. 그것은 '인간의 친구'로서 그 어떤 대가도 기대하지 않고 순수하게 이루어진 사랑 그 자체를 부정하는 것이자 곧 자신의 존재성을 부정하는 것이 되기 때문이다.[83] 그렇기 때문에 프로메테우스의 입장에서 제우스의 분노에 대한 마땅한 대응 방식은 타협이 아니라, 그것에 맞서는 것이 중용에 가까운 행위가 될 수 있다. 이러한 프로메테우스의 저항의 방식을 올바른 대응 방식으로 볼 수 있는지에 관해 필자는 아리스토텔레스가 『니코마코스 윤리학』 2권 6장에서 언급하는 아래의 말이 중요한 시사점을 줄 수 있다고 생각한다.

---

83) 임철규, 2007, p. 194.

그런데 모든 행위와 모든 감정이 모두 중용을 받아들이는 것은 아니다. 어떤 것들의 경우는 애초부터 나쁨과 묶여져서 이름을 받았기 때문이다. 예를 들어 심술, 파렴치, 시기와 같은 감정들, 그리고 행위의 경우 간통, 절도, 살인과 같은 것들이 그런 것이다. 이 모든 것들이나 그와 같은 것들은 그것들의 지나침이나 모자람이 나쁘다고 이야기되는 것이 아니라 그것들 자체 때문에 나쁘다고 이야기된다. 그러므로 이런 것들과 관련해서는 결코 올곧게 해낼 수가 없으며, 언제나 잘못을 저지를 뿐이다. 말하자면 이런 것들과 관련해서는, 가령 마땅히 해야 할 여자와 간통하는지, 마땅히 해야 할 때에 혹은 마땅히 해야 할 방식으로 간통하는지에 있어서는 잘하는 것도 잘하지 못하는 것도 없다. 이런 것들 중 하나라도 행하는 것은 단적으로 잘못을 범하는 것이다.[84]

위 인용문에서 아리스토텔레스는 간음이나 강도 또는 살인과 같은 파렴치하면서도 비인간적인 부정의한 악행들은 그 자체가 언제나 나쁜 것들이므로 이런 것들에서 중용이 존재할 수 없다고 말한다. 이것은 이웃집 부인 여자와 간통하는 것에서 마땅함의 기준들을 적용하는 것 자체가 성립될 수 없는 것과 같다. 마찬가지로 인간의 존엄성을 유린한 범법자에게는 용서와 관용이[85] 아니라 응징 내지 처벌을 하는 것이 중용이 되는 것이다. 간통이나 살인의 경우들은 그 자체가 악이기 때문에

---

84) Aristoteles, *NE*, II$_6$, 1107a8~1107a17.
85) 아리스토텔레스 역시 용서와 관용의 정신이 우리의 윤리적 삶에서 중요한 가치를 지님을 결코 부정하지 않는다. 이것은 praotes, 즉 관엄한 자나 syngnomonikos, 즉 타인에 대한 공감을 통한 용서하는 자에 관한 논의를 통해 알 수 있다. 이와 관련해선 Aristoteles, *NE*, IV$_{11}$, 1126a23~1126a25, VI$_{11}$, 1143a21~1143a24. Aristoteles, *Rhet*, 1380b13~1380b14 참조.

여기서 과다와 과소의 중간을 잡는다는 것은 어불성설이 되기 때문이다. 정의는 그 자체가 좋음을 지향하는 것으로서 악과 조화될 수 없기 때문이다. 이것은 달리 말하면 악에 대해선 응징이 중용이 될 수 있고, 그 반대로 좋음과 관련해선 최선을 선택하는 것이 중용이 될 수 있다는 것이다. 요컨대 아리스토텔레스에 따르면 중용은 "최선의 것과 잘해냄의 관점을 따르자면 극단인 것이다"(κατὰ δὲ τὸ ἄριστον καὶ τὸ εὖ ἀκρότης).[86]

그렇다면 제우스의 가혹한 통치와 과도한 처벌에 대한 프로메테우스의 대응 방식은 그것이 주어진 상황에 대한 객관적 평가를 통해 선택된 경우 분노와 저항이 정의를 실현하기 위한 "최선"(to ariston)의 방책이 될 수 있는 것으로 볼 수 있다. 비록 그러한 프로메테우스의 태도가 오케아노스를 비롯한 다른 많은 신들에게 불경건하고 영웅심에 사로잡힌 오만한 행위로 보일지라도 그것이 적합한 행위가 될 수 있다는 것이다. 앞서 언급한 것처럼 프로메테우스가 자신의 이익을 위해서가 아니라 하루살이 같은 삶을 살아가는 가사적인 인간에 대한 동정심과 사랑이라는 숭고한 목적을 위해 행위한 것이라면, 비록 오케아노스적 관점에서 그것이 지나친 것으로 생각되어도 그것은 중용에 가까운 행위로 간주될 수 있기 때문이다.

이러한 관점에서 볼 때 프로메테우스의 제우스에 대한 저항의 방식이 중용에 벗어난 행위로 보기는 어려워 보인다. 그 반대로 오케아노스의 화해의 논리가 오히려 부정의한 현실을 그대로 인정하고, 불의와 타

---

86) Aristoteles, *NE*, II₆, 1107a7~1107a8.

협하도록 이끄는 사이비 중용론이라고 말할 수 있다. 결국 중용의 길을 걷고자 하는 인물은 프로메테우스이지 오케아노스가 아니다. 그리고 이러한 이유로 프로메테우스는 오케아노스의 중재자로서의 논리를 신뢰하지 않는다고 말할 수 있다. 오케아노스는 프로메테우스를 위해 왔다고 주장하나 결과적으로 그의 행위는 제우스와 자신의 이익을 우선시 하는 거짓된 중용론으로 평가될 수 있기 때문이다. 그리고 이러한 오케아노스에 대한 불신이 프로메테우스가 오케아노스를 서둘러 돌려보내는 이유로 보인다. 프로메테우스는 오케아노스의 자신에 대한 "친애"(φιλία)를 진정성이 담보된 덕에 근거한 친애로 간주하지 않는 것이다.

나오며

지금까지 논의한 것을 통해 필자가 얻은 결론은 다음과 같다. 첫째는 프로메테우스의 분노가 함의하는 이타적 측면이다. 앞에서 살펴본 것처럼 크라토스와 비아, 헤르메스 그리고 오케아노스와 같은 소위 반(反)프로메테우스적인 주장에 따르면, 프로메테우스는 제우스를 속이고, 과도한 사랑을 인간들에게 주었기 때문에 오만하면서도 불경한 태도를 보인 신이다. 그러나 프로메테우스의 지나친 인간애는 결코 제우스가 자신의 권력과 성적 욕망을 유지하고 충족시키기 위한 사적 이익과는 다른 행동이라는 점이 간과되어서는 안된다. 프로메테우스의 행위는 마치 동굴 속에서 "떼 지어 사는 개미 같은" 존재 내지 "하루살이 피조물"인 약자인 인간에 대한 순수한 이타적 사랑에서 비롯한 것이기 때문이다. 그렇기 때문에 프로메테우스가 그의 실수를 인정함에도 불구하고 우리는 인간을 대신해 고통받는 불을 가져다준 신의 이타적 행위의 숭고함을 평가절하하는 것은 온당치 않은 것으로 생각할 수 있다. 작가 아이스퀼로스가 헤파이스토스처럼 절름발이 신과 오케아니데스와 이오처럼 남자가 아닌 여자들을 프로메테우스의 분노에 공감하고 그의 고통에 동정심을 갖게 하는 것도 바로 프로메테우스가 약자와 함께하는 신이라는 숭고한 측면을 부각시키기 위한 의도가 반영된 것으로 볼 수 있다. 어떤 면에서 프로메테우스는 도덕적인 이타적 사랑이 정의보다 우선하거나 또는 그것이 정의가 될 수 있음이 아직까지 인정받지 못한 시대에 그것의 중요성을 선취하고, 직접 실천한 그래서 외롭게 고통을 감내하면서 저항했던 신이다.

둘째는 분노가 정의와 갖는 함수관계이다. 작품 『결박된 프로메테우스』의 중심 개념 중 하나는 프로메테우스의 분노와 그의 불복종의 정신이다. 그래서 프로메테우스의 저항의 분노가 계속해서 제우스의 더 큰 분노를 일으키고, 그래서 더 큰 처벌이 프로메테우스에게 예견되어 있었다고 볼 수 있다. 특히 헤르메스가 전하는 제우스의 세 번째 벌은 그 의미가 앞선 벌과는 다른 것으로 보인다. 그 벌은 불의 신인 프로메테우스가 타르타로로부터 다시 지상으로 결박된 채 끌어 올려져 독수리에게 간을 쪼아 먹히는 것인데, 이때 독수리가 프로메테우스의 간을 쪼아 먹는다는 것의 메타포(metaphor)적 의미가 이해될 필요가 있다. 제우스가 독수리로 하여금 결박된 프로메테우스의 간을 쉼 없이 쪼아 먹게 한 이유는 바로 프로메테우스의 분노를 제거하기 위한 목적이 크기 때문이다. 전통적으로 고대 희랍 사회에서 "간"($\acute{\eta}\pi\alpha\rho$)은 분노와 탐욕이 거처하는 기관으로 간주된다는 점 역시 이를 뒷받침한다.[87) 그렇다면 분노는 프로메테우스로 하여금 제우스의 통치와 그 권위를 거부하게 하는 심리적 동력이 된다고 말할 수 있다. 그리고 이런 이유로 제우스는 프로메테우스의 저항의 의지를 제거하기 위해서 분노의 거처(居處)인 간을 독수리로 하여금 쪼아 먹게 한 것이다. 결국 인류애와 정의의 화신으로 평가되는 프로메테우스의 보이지 않는 내재적 힘은 분노에 의해 가능했던 것으로 볼 수 있다.

마지막으로 오케아노스의 중용론의 현실적 의미이다. 앞에서 우리는 오케아노스적 관점에서 볼 때 프로메테우스는 소위 연못을 흐리는 한 마리 못된 물고기일 수 있음을 지적하였다. 그러나 필자가 생각하기에 이때의 물고기가 함의하는 현실적 의미는 부정적으로만 해석될 이유가 없다. 아리스토텔레스의 중용론의 관점에서 이때의 물고기는 어떤 면에서 연못을 썩지 않게 해주는 연못의 생명의 지킴이의 역할을 하는 중용의 물고기로 볼 수 있기 때문이다. 그리고 역설적으로 한 마리 물고기에 의해 연못 전체가 부양물로 더렵혀질 정도면, 그것은 물을 흐린 물고기를 탓하기 이전에 연못에 쌓인 침전물이 얼마큼 더러운가를 생각해볼 필요가 있다. 오케아노스의 일견 양비양시론적 사이비 중용론을 윤리 공동체에 적용시켜 생각해보면 그것이 함의하는 사회·정치적 의미는 결코 작지 않다.

---

87) D. Allen, 2000, p. 33.

2. 『에우메니데스』에 나타난 에리뉘에스의 분노

아이스퀼로스의 『에우메니데스』(Eumenides)는 『아가멤논』
(Agamemnōn)과 『코에포로이』(Choephoroi)와 함께 그의 유명한 비극
작품 『오레스테이아』(Oresteia) 3부작(trilogy)을 이룬다. 일반적으로 『오
레스테이아』 3부작은 아이스퀼로스의 비극작품 중, 특히 고대 희랍인
의 정의관을 이해할 수 있게 해주는 중요한 작품으로 평가된다.[88] 앞에
서 살펴본 것처럼 우리는 호메로스의 『일리아스』와 『오뒤세이아』에서
말(λόγος)을 통해 분쟁과 갈등을 해결할 수 있는 공적인 재판 제도를
발견할 수 없었다. 아킬레우스와 오뒤세우스의 분노는 평화적 수단을
통해 해결되기보다는 수많은 전투와 피비린내 나는 살인과 같은 폭력
적 방식을 통해 이루어졌기 때문이다.[89] 반면에 아이스퀼로스의 『오레

88) 정재원, 「Orestes의 석방과 (釋放) Zeus의 법(Dike)」, 『서양고전학 연구』, 1990, pp. 27~50
참조.

89) 물론 『일리아스』 18권 490행부터 508행까지에서 우리는 역사상의 최초의 재판 형태에
관한 기록을 발견할 수 있다. 아킬레우스가 새롭게 전투에 참전하기로 결심했을 때, 그의 어
머니 테티스는 대장장이 신 헤파이스토스에게 아킬레우스가 입고 나갈 투구와 갑옷 그리고
방패를 만들어줄 것을 부탁한다. 이에 헤파이스토스는 자신의 테크네(technē) 기술을 통해
아킬레우스의 방패를 주조하게 되는데, 이 방패에 그려진 장면 중 하나가 재판 과정을 그린
것이다. 그것은 피해를 당한 측이 자신의 피해에 대한 보상이 만족스럽지 않음을 주장하고,
이에 맞서 가해자는 보상이 충분하게 이루어졌음을 주장한다. 이에 원로원들과 시민배심원
단이 기소자와 변호자의 각각의 주장을 청취하고 이에 관한 현명한 정의의 재판이 이루어지
는 내용에 관한 언급이다(E. Cantarella, "Private revenge and public justice", *Punishment and
Society*, vol. 3/4, pp. 473~483 참조). 학자들에 따르면 처벌과 복수는 구별되어야 하는데, 복
수는 분노라는 극도의 열정적 감정에 따른 것이고, 처벌은 그와 달리 법에 따른 행위로서 개
인적인 분노와 관련되지 않은 불편부당한 사법적 행위라고 말해진다. 달리 말해 차가운 이
성에 의한 것이 처벌이고 분노와 같은 정념에 따른 것이 복수라는 것이다(이와 관련해선 D.

스테이아』 3부작은 분노의 해소가 폭력적인 수단이 아닌 설득과 대화를 통한 이성적인 힘에 의해, 그것도 특히 공적인 영역에서의 재판 과정을 통해 해결되고 승화되는 방식을 보여준다는 점에서 작품의 의의가 있다. 사적(私的)인 분노가 이성적인 사법적 기제를 통해 통제되는 가능성을 보여주고 있기 때문이다.[90]

그런데 필자가 이 작품에서 특히 관심을 갖는 작품은 세 번째 작품 『에우메니데스』의 주인공이라 말할 수 있는 에리뉘에스(Erinyes), 즉 복수의 여신들의 분노이다. 이 작품에서 에리뉘에스 여신들은 아테나 여신이 중재한 재판에서 오레스테스가 무죄로 석방되는 것에 대해 강한 분노를 표출하면서 재판결과에 승복하지 않기 때문이다. 그렇기 때문에 재판결과에 불만을 보인 복수의 여신들이 어떻게 자비를 베푸는 여신, 즉 에우메니데스로 탈바꿈하게 되는지는 필히 해명될 필요가 있다. 이제 아래에서 작품의 전체적인 이해를 위해 먼저 『아가멤논』과 『코에포로이』를 간략하게 살펴보고, 계속해서 에리뉘에스의 분노를 본격적으로 살펴보도록 하겠다.

먼저 3부작 중 첫 번째 작품인 『아가멤논』은 아르고스의 왕인 아가멤논이 트로이아와의 전쟁으로부터 귀환 후, 곧바로 부인 클뤼타이메스트라와 정부 아이기스토스에 의해 죽임을 당하는 내용이다. 아가멤논의 살인을 정의의 이름으로 정당화하는 클뤼타이메스트라의 주장

S. Allen, 2000, pp. 17~23 참조). 이러한 구별에 따를 때 오레스테이아에 관한 재판은 처음으로 사적인 분노가 공적인 재판에 의해 처벌이 내려지는 문학적 전거를 보여주는 중요한 작품이다.

90) 이와 관련해선 정재원, 1990, pp. 27~50 참조.

이 작품을 이끌어가는 핵심 내용이 된다. 두 번째 작품인 『코에포로이』 즉, '제주를 바치는 자들'에선 아가멤논의 딸 엘렉트라와 성년이 되어 돌아온 오레스테스(Orestēs)가 아버지의 원수를 갚기 위해 어머니 클뤼타이메스트라와 아이기스토스를 죽이는 내용이다. 오레스테스가 어머니를 죽이는 행위 역시 정의(δίκη)의 이름으로 행해진다. 결국 두 작품은 아가멤논의 부인 클뤼타이메스트라와 그의 아들 오레스테스 각각의 정의간의 충돌이 작품의 주된 모티브가 된다고 말할 수 있다. 문제는 '오레스테스의 모친 살해죄를 어떻게 평가할 것인가' 하는 것이다. 모친 살해죄와 같은 자식의 부모 살해죄를 담당하는 에리뉘에스 여신이 오레스테스를 벌주기 위해 곧바로 그를 뒤쫓기 시작하기 때문이다.

복수의 여신들의 분노가 주된 주제로 등장하는 작품은 『에우메니데스』이다. 이 작품에서 에리뉘에스 여신들은 아폴론의 도움으로 아테나 여신에게 도움을 청하러 아테네로 피신한 오레스테스를 뒤쫓아 간다. 그리고 복수의 여신들은 오레스테스를 보호하고 있는 아테나 여신에게 오레스테스의 모친 살해에 관한 공정한 재판을 요청한다. 여기서 공정한 재판을 요구한 측이 오레스테스가 아닌 에리뉘에스라는 점은 그 만큼 복수의 여신들이 자신들의 승소에 자신감을 갖고 있었음을 방증하는 것으로 볼 수 있다. 이것은 아마도 복수의 여신들이 공동체에서 맡은 자신들의 중요한 역할에 대해 강한 신념을 갖고 있는 것에서 비롯한 것으로 보인다. 그리고 그 역할은 바로 오레스테스처럼 "모친 살해죄에 대하여 고통으로 대가를 치르도록"[91] 하는 것이다. 즉 "부모에

---

91) Aischylos, *Eum*, 268.

게 불경한 죄를 짓는 자는 누구든지 그 죄에 상응하는 고통을 당하도록 하는 것"[92]이 바로 복수의 여신들이 공동체에서 맡고 있는 책무인 것이다. 그렇기 때문에 복수의 여신들은 "유혈의 복수자"(πράκτωρ αἵματος)[93]로서 클뤼타이메스트라의 정당한 피값을 "올바른 재판"(εὐθεῖα δίκη)[94]을 통해 받기를 아테나 여신에게 요구한다.

이에 아테나 여신은 심판의 중대성을 인지하고 자신은 복수의 여신들을 분노케 한 오레스테스의 모친 살해 사건을 결정할 권한이 없다고 말한다. 그러나 아테나 여신은 자신이 아무런 조치를 취하지 않는 것 역시 문제해결을 위한 적절한 태도가 아님을 인식한다. 아테나 여신이 어떤 식으로든 오레스테스를 복수의 여신들에 의해 정화되도록 하지 않는다면, 에리뉘에스들은 자신들이 공동체에서 차지하는 정당한 모이라(μοῖρα), 즉 몫의 존재가치가 훼손되는 것으로 생각할 것이기 때문이다. 이로 인해 에리뉘에스들의 분노심이 증폭될 것이고, 결국 그녀들의 분노의 독즙이 땅 위로 뚝뚝 떨어져 끔찍한 역병이 나라를 덮칠 것이 분명해지기 때문이다. 이러한 난처한 입장에서 아테나 여신이 제안하는 것이 공정한 판결을 내릴 수 있는 재판관들을 아테네 시민들로부터 뽑아 재판의 정당성과 권위를 확보하고자 하는 시도이다. 이렇게 해서 11명의 시민배심원들과 다른 많은 시민들이 참석한 가운데 아레이오스 파고스(Ἄρειος πάγος)에서의 첫 재판이 열리게 된다.[95] 흥미로

---

92) Aischylos, *Eum*, 271~272.

93) Aischylos, *Eum*, 319.

94) Aischylos, *Eum*, 433.

95) Aischylos, *Eum*, 565 이하 참조.

운 점은 재판이 본격적으로 시작되기 전 에리뉘에스들이 이 새로운 재판에서 오레스테스가 승소하게 된다면, 앞으로 닥치게 될 인간세상의 문제들을 다음과 같이 경고하고 있다는 것이다.

이제 새로운 법규에 의하여 모든 것이 전복하게 되리라. 만약 저 모친 살해범의 유해한 탄원이 이기게 된다면! 그렇게 되면 인간들은 모두 남이 싫어하는 일을 거리낌 없이 해치우게 되리라. 부모들은 앞으로는 줄곧 자식의 손에서 여러 가지 모진 고통을 각오해야 하리라. 인간들의 모든 행동을 지켜보는 우리들 사나운 존재들의 분노도 그러한 나쁜 짓들을 뒤쫓지 않게 되리라. 나는 온갖 종류의 살인을 풀어 놓겠노라. …… 앞으로는 어느 누구도 불상사를 당하고 나서 이런 말로 슬피 울부짖지 말지어다. 오오 정의여, 복수의 여신들의 존엄하신 힘이여! 멀지 않아 어떤 아버지가, 어떤 어머니가 고통에 사로잡혀 그렇게 비탄하게 되리라, 정의의 집이 무너져 내릴 테니까.[96]

위 인용문에서 복수의 여신들은 모친 살해범이 무죄를 받게 되면, 공동체에서 이러한 살인 행위가 발생해도 그것을 방치할 것임을 강하게 경고한다. 그러나 복수의 여신들의 경고에도 불구하고 재판은 아테네 여신이 오레스테스에게 표를 던짐으로써[97] 가부동수(可否同數)가 되고, 결국 오레스테스는 무죄로 풀려나게 된다. 무엇보다 오레스테스가 표를 얻을 수 있었던 중요한 논변은 오레스테스의 증인으로 참석한 아폴

---

96) Aischylos, *Eum*, 490~515.
97) Aischylos, *Eum*, 735.

론 신이 오레스테스에게 어머니 클뤼타이메스트라는 아들의 생산자가 아니라 아이의 "양육자"($\tau\rho o\phi\acute{o}\varsigma$)[98]에 불과한 것으로 주장한다는 점이다. 수태시키는 자가 진정한 생산자이고, 어머니는 주인이 손님에게 하듯 지켜주는 역할을 하는 것으로 간주되는 것이다.[99] 그런데 문제는 아폴론과 오레스테스가 재판 결과에 만족하고 퇴장하지만, 에리뉘에스들은 여전히 재판정에서 퇴장하지 않고 강한 분노를 보인다는 점이다. 이것은 우리에게 전승되고 있는 문헌상의 최초의 공적인 재판이 여전히 기소자인 에리뉘에스까지 만족할 수 있는 공정한 판단을 내려주지 않았음을 의미한다. 그러나 복수의 여신들이 끝내 재판 결과에 승복하지 않게 되면 아테나 여신이 중재한 아레이오스 파고스 재판은 절반의 성공에 불과한 것이 된다. 이에 아테나 여신은 재판 결과에 불만을 품고 강한 분노심을 표출하는 에리뉘에스 여신들을 설득하고자 한다.

그러나 아테나 여신이 중재한 재판에서 패한 복수의 여신들은 좀처럼 자신들의 "분노"($\acute{o}\rho\gamma\acute{\eta}$)를 가라앉히지 않는다. 그녀들은 아테나 여신과 아폴론 신 그리고 오레스테스가 '옛 법들을 짓밟고, 자신들을 시민들의 조롱거리로 만들어 크게 모욕($\acute{\alpha}\tau\iota\mu o\varsigma$)을 주었다'[100]고 고통스러워한다. 그래서 에리뉘에스는 공동체에서 부모 살해범이 면죄되면, 공동체의 윤리가 무너지고 결국 공동체 자체가 와해될 수 있다는 경고를 한다. 인간들이 부모를 살해하고도 그 죄로 인한 처벌의 공포를 더 이상 갖지 않게 되기 때문이다. 그렇게 되면 오레스테스처럼 친모를 살해

---

98) Aischylos, *Eum*, 659.

99) Aischylos, *Eum*, 660 이하 참조.

100) Aischylos, *Eum*, 778~790.

하고도 마음속으로 두려움을 느끼지 않게 될 것이며, 결국 공동체에서 정의는 더 이상 존중받을 수 없게 된다. 이것은 복수의 여신들이 피력하는 다음의 신념에서 분명하게 알 수 있다.

나의 시민들이 존중하고 지켜야 할 것은 무질서나 독재여서는 안 된다. 폴리스 밖으로 공포를 내몰지 않도록 해야 한다. 마음속에서 아무것도 두려워하지 않는 어느 누가 정의롭다고 할 수 있겠는가?[101]

복수의 여신들이 생각하기에 오레스테스처럼 친모를 살해하고도 두려움을 갖지 않는 인간은 결코 정의로운(ἔνδικος) 인간이 될 수 없다. 그렇기 때문에 그에 대한 고통이 철저하게 가해져야 한다는 것이 에리뉘에스의 주장이다. 복수의 여신들이 생각하기에 고통을 받을 수 있다는 두려운 마음, 즉 공포심(τὸ δεινόν)은 인간이 무질서나 압제 하에서 살지 않도록 해주는 공동체를 위한 순기능을 담당하기 때문이다. 이런 이유로 에리뉘에스의 주장에 따르면 존경(σέβειν)은 공포와 한 뿌리이다. 인간은 이러한 고통을 당함으로써만 비로소 현명해질 수 있기 때문이다.[102] 요컨대 인간은 '파테이 마토스'(πάθει μάθος), 즉 '고통을 당하면서 배울 수 있다'는 것이다.

중요한 것은 아테나 여신 역시 에리뉘에스의 공동체에서의 역할과 의미를 결코 평가절하하지 않는다는 점이다. 이것은 『에우메니데스』 794행부터 890행에 걸쳐 시도되고 있는 아테나 여신의 설득 과정에서

---

101) Aischylos, *Eum*, 696~699.
102) Aischylos, *Eum*, 520~521.

알 수 있다. 첫째는 아테나 여신이 에리뉘에스 여신들이 재판에서 실질적으로 진 것이 아니라고 말한다는 점이다. 판결은 가부동수(可否同數)였고, 그것은 그렇게 치욕적인 결과가 아니라는 것이다. 두 번째로 오레스테스는 모친 살해 행위로 해를 입지 않을 것이라는 제우스에 의한 사전의 명백한 증언이 있었다는 것이다. 마지막으로 아테나 여신은 자신의 제단 바로 옆에 에리뉘에스들을 위한 신성한 거처를 마련해 아테네 시민들로부터 존경을 받을 수 있도록 해줄 것이라고 설득한다는 점이다. 그러나 이러한 아테나 여신의 설득에도 불구하고 에리뉘에스들은 계속해서 그녀들이 시민들의 조롱의 대상이 되었음을 탄식하고 그녀들이 모욕당한 것에 분노하여 아테네에 부정의가 퍼지게 될 것임을 예언한다.[103]

이에 아테나 여신은 이들 복수의 여신들의 "격렬한 분노"(πικρὸν μένος)[104]의 검은 물결을 진정시키기 위한 끈질긴 시도를 계속 시도한다. 그러나 이번에는 보다 분명한 대안을 제시하는데 하나는 호의를 통해, 다른 하나는 위협을 통해 설득한다. 호의는 아테네와 같은 강하고 훌륭한 폴리스에서 에리뉘에스들이 출산과 성혼 전에 만물의 제물을 받으면서 존경을 받게 될 것이라는 약속이다. 이를 위해 아테네 여신은 신전 근처에 에리뉘에스를 위한 명예로운 처소를 마련해주기로 한다. 다른 하나는 복수의 여신들이 이러한 제의를 거절하고 계속해서 소란을 피우게 되면, 제우스의 분노의 번개가 가만히 있지 않을 것이라는 위협

---

103) Aischylos, *Eum*, 808~822 참조.
104) Aischylos, *Eum*, 832.

이다.[105) 복수의 여신들의 반응은 어떤 것으로 나타났을까? 전자의 호의의 선물과 후자의 제우스의 위협적인 처벌을 통한 아테나 여신의 제안은 과연 복수의 여신들의 분노를 잠재울 수 있는 설득력 있는 대안으로 인정되었을까? 나는 아테나 여신의 소위 '당근과 채찍'을 통한 설득은 복수의 여신들을 자비의 여신들로 변화시키는 결정적인 힘을 갖지 못한 것으로 생각한다. 이것은 아테나 여신의 제안에 대해 곧바로 나타나는 에리뉘에스들의 다음과 같은 반응을 통해 알 수 있다.

아아, 젊은 세대의 신들이여, 그대들은 옛 법들을 짓밟고, 그것을 내 손에서 빼앗아 가는 구려! 불행한 나는 모욕당하여 심한 원한을 품고 여기 이 나라에, 아아, 독을, 복수의 독을 심장에서 내뱉노라. 대지를 불모로 만드는 이 방울들로부터는 잎사귀도 열매도 모조리 없애 버리는 이끼가 생겨나, 오오 정의여, 들판을 휩쓸며, 사람을 죽이는 오염을 이 나라에 퍼뜨리게 되리라. 한숨이 나오는구나. 이제 어떻게 해야 하나? 시민들의 조롱거리가 되었으니. 이 견딜 수 없는 고통. 아아, 모욕당하여 고통받는 밤의 딸들에게 큰 재앙이 닥쳤구나![106)

위 인용문에 나타난 것처럼 에리뉘에스들은 아테네의 여러 제안을 수용하지 않고, 오히려 더 큰 재앙이 온 나라에 퍼질 것이라고 저주한다. 복수의 여신들의 분노는 아테네가 출산과 성혼 전에 만물의 제물을 받게 될 것이며, 더 나아가 아테네 신전에 명예로운 처소를 갖게 될 것

---

105) Aischylos, *Eum*, 825 이하 참조.
106) Aischylos, *Eum*, 808~822.

을 약속하는 것에도 수그러들지 않는 것이다. 그러나 아테나 여신은 지혜의 여신답게 페이토(Πειθώ), 즉 설득의 신에 대한 경외감을 갖고 에리뉘에스들의 분노를 진정시키는 시도를 계속한다.[107] 아테네 여신은 분노와 원한으로 시민들에게 피해를 가져다주는 것은 옳지 못한 일임을 분명하게 말하면서[108] 에리뉘에스가 원하는 바를 제시한다. 그것은 앞으로 에리뉘에스의 도움이 없이는 어떤 집도 "번성"(εὐθενεῖν)[109]하지 못할 것임을 약속하는 것이다. 그런데 여기서 간과되지 말아야 할 중요한 점은 아테나 여신이 "그러나 불경한 자들은 그 만큼 더 단호히 뿌리 뽑아주시오"[110]라고 말하면서, 기존의 에리뉘에스들이 해왔던 공동체에서의 역할, 즉 자식이 부모나 친족을 살인과 같은 불경한 행위를 저질렀을 경우 이에 대한 응징과 처벌을 계속해서 해줄 것을 부탁하고 있다는 점이다. 그리고 이러한 에리뉘에스들의 역할이 수용되고서야 비로소 복수의 여신들이 아테네 여신과의 동거를 수용함을 천명하게 된다는 것이다. 이것은 에리뉘에스가 아테나 여신의 설득을 수용하여 오레스테스에 대한 그들의 분노를 접고(μεθίσταμαι κότου), 자비를 베푸는 여신들로(σεμναὶ θεαί) 변모함에도 불구하고[111] 여전히 전통적으로 맡아왔던 자신들의 역할을 포기하지 않음을 의미한다. 다시 말해 새로운 사회에서도 여전히 에리뉘에스는 친부모 살해와 같은 부정의를 저지른 악행자들에 대한 자신들의 분노의 복수를 계속해서 수행

---

107) Aischylos, *Eum*, 881 이하 참조.

108) Aischylos, *Eum*, 888~889.

109) Aischylos, *Eum*, 895.

110) Aischylos, *Eum*, 910.

111) Aischylos, *Eum*, 938~955.

할 것이라는 점이 간과되서는 안 된다는 것이다.[112] 아테나 여신은 자비로운 여신들의 역할을 다음과 같이 분명하게 밝힌다.

이 일을 나는 시민들에 대한 호의로 해냈노라. 위대하지만 달래기 힘든 여신들을 나는 이곳에 살도록 하였노라. 그들은 인간의 전 영역을 관장할 자격이 있기 때문이라. 그들의 적의를 겪어보지 않은 자는 자신의 인생에 대한 타격들이 어디서 오는지 알지 못하노라. 선조들로부터 물려받은 과오가 그를 그들의 수중으로 끌고 가기 때문이라. 큰소리치던 그를 파멸이 끔찍한 노여움으로 말없이 으스러트리노라.[113]

이것은 또한 아이스퀼로스의 오레스테이아 3부작의 대단원의 마지막이 공동체의 평화와 질서가 우정뿐만이 아닌 "증오"(στυγεῖν)에 있어서도 한마음 한뜻이 될 때 가능하다는 코로스의 다음과 같은 말을 통해서도 확인된다.

코로스 원컨대, 재앙에 물리지 않는 내전이 결코 이 도시에서 미쳐 날뛰는 일이 없기를! 그리고 이 도시의 먼지가 시민들의 검은 피를 마시고는 복수심에서 보복살인에 의한 재앙을 반기를 일이 없기를! 그들은 선을 선으로 갚고, 우정에 있어서도 결연히 뭉치되 증오에 있어서도 한마음 한뜻이 되기를! 인간들의 많은 불행이 그것에 의하여 치유

112) Aischylos, *Eum*, 984~986.
113) Aischylos, *Eum*, 926~936.

됨이라.[114]

　상술한 것을 종합할 때 아이스퀼로스의『오레스테이아』3부작은 분
노의 통제가 아레이오스 파고스에서의 재판과 같은 공적 기제에 의해
가능한 시대로 접어들었음을 알 수 있게 해준다. 아가멤논 집안의 사적
인 분노에 의한 살인과 그로 인한 복수의 악순환이 이성적인 권위체인
공적인 재판에서의 최종 판결에 의해 해결될 수 있는 가능성이 마련된
것이다. 달리 말해 분노에 찬 복수(vendetta)가 대화와 설득을 통한 민
주적인 공적 절차에 의해 무력화되고 대체되는 것이다. 그러나 이러한
새로운 사회로 진입하면서도 에리뉘에스의 분노가 갖는 정당성 역시
새로운 사회에 그대로 편입되고 있다는 점이 간과되지 말아야 한다. 새
로운 문명사회를 정착시키는 데 있어서 가족 내에서의 윤리적이며 규
범적인 원리가 지켜지지 않을 경우 에리뉘에스 여신의 분노가 여전히
필요한 것으로 인정되고 있기 때문이다. 이런 점에서 복수의 여신들이
차지하는 사회적 의미는 결코 가볍지 않다.

　다른 중요한 점은 작품의 후반부에서 에리뉘에스 여신들이 단순히
복수의 여신들이 아닌 올바른 일에 대한 호혜와 자비의 여신으로 탈바
꿈한다는 점이다. 복수의 여신들은 단순히 복수의 피맛을 보고자 하는
공포의 신에서 이제 상벌 모두에 관여하여 몫을 바르게 돌려주는 폴리
스(Polis)의 신상필벌(信賞必罰)의 정의의 여신으로 자리매김 되는 것이
다. 그러나 여기서 에리뉘에스 여신들이 복수의 여신들에서 자비로운

---

114) Aischylos, *Eum*, 976~986.

여신들로 변모하였다는 것이 더 이상 분노하지 않음을 의미하는 것은 아니다. 그것은 여신들의 분노가 악에 대해선 여전히 올바른 처벌의 방식으로, 또 선에 대해선 그에 합당한 상을 주는 좀 더 이성적인 분노로 진화되었음을 의미하기 때문이다.

3. 왕들의 분노론

희랍 비극작품들에서 신과 영웅들 외에 분노의 전형을 보여주는 인물들로 폴리스(polis)의 왕(basileus)들을 들 수 있다. 그 중에서 필자가 관심을 갖고 다루려고 하는 왕은 비극작가 소포클레스의 두 주인공인 오이디푸스(Oidipous) 왕과 크레온 왕이다. 잘 알려진 것처럼 오이디푸스와 크레온 왕은 각각 『오이디푸스 왕』과 『안티고네』 작품에 등장하는 인물이다. 작품 속에서 오이디푸스 왕은 자신의 하마르티아(ὁμαρτία), 즉 실수에 의해 결국 자신의 눈을 파버리고 고국을 떠나야 하는 비극적인 운명을 맞는 왕으로 그려진다. 크레온 왕 역시 안티고네와의 갈등으로 인해 결국 아들과 아내 모두를 잃게 되는 비극적 결말을 맞는 왕으로 묘사된다. 나는 이 두 왕의 비극적 운명을 분노의 관점에서 접근할 것이다. 분노를 통한 접근은 오이디푸스 왕과 크레온 왕의 하마르티아와 비극적 운명에 대한 심층적인 이해를 가능케 할 수 있는 통로가 될 수 있기 때문이다. 먼저 오이디푸스 왕과 크레온 왕의 분노를 각각의 해당 작품을 통해 분석할 것이다. 이러한 분석을 통해 두 왕이 보여주는 분노의 공통점과 차이점을 비교 분석할 것이다. 더

나아가 이들 두 왕의 분노가 공동체에서 함의하는 사회·정치적 의미
도 평가할 것이다.

1) 『오이디푸스 왕』에 나타난 오이디푸스 왕의 분노

소포클레스의 『오이디푸스 왕』(Oidipous tyrannos)은 희랍 비극작품
중에서 가장 많이 알려진 작품 중 하나라고 말할 수 있다. 희랍 비극을
굳이 전공하지 않은 많은 사람들에게도 이 작품의 주인공 오이디푸스
왕은 프로이드의 '오이디푸스 콤플렉스'(Oedipus complex)라는 말을 통
해 익히 알려진 비극의 주인공이다. 물론 이 작품은 고대 철학 전공 연
구자들에게도 관심의 대상이 되지 않을 수 없다. 특히 철학자 아리스토
텔레스가 자신의 작품 『시학』(Poetica) 13장에서 비극의 전형성을 보여
주는 작품으로 오이디푸스 왕을 인용하고 있기 때문에 이 작품에 대한
관심은 증폭되는 것으로 보인다.[115] 익히 잘 알려진 것처럼 아리스토텔
레스는 비극작품의 목적을 "공포"(φόβος)와 "연민"(ἔλεος)을 통한 카
타르시스(κάταρσις)를 관객에게 주는 것으로 말하는데,[116] 이러한 목
적에 부합하는 작품을 바로 소포클레스의 『오이디푸스 왕』으로 말하고
있기 때문이다. 아리스토텔레스에 따르면 오이디푸스 왕은 자신의 하
마르티아(ἁμαρτία), 즉 과실(過失)로 인해 비극적 운명을 맞이하는 인
물이다. 물론 이때의 과실이란 잘 알려진 것처럼 오이디푸스 왕이 라이
오스(Laios) 왕을 아버지인줄 모르고 죽이고, 여왕 이오카스테(Iokaste)

---

115) Aristoteles, *Poetica*, 13, 1453a11.

116) Aristoteles, *Poetica*, 13, 1452b32~1452b33.

를 어머니인 줄 모르고 결혼하여 자식까지 둔 것을 말한다. 문제는 이러한 오이디푸스 왕의 하마르티아를 어떻게 평가해야 하는가이다. 오이디푸스 왕이 그러한 하마르티아를 범한 것은 어디까지나 모르고 한 일이기 때문에 그는 운명의 희생자이고, 따라서 그는 도덕적 책임이 없는 것으로 보아야 하는가? 아니면 오이디푸스 왕의 과실은 그의 성격적 결함에서 비롯한 것이기 때문에 설사 그가 알고 있었다 하더라도 그의 실수는 피할 수 없는 것이었고, 그렇기 때문에 그에 대한 가혹한 벌은 당연한 것으로 보아야 하는가?

아리스토텔레스는 분명하게 말하고 있지 않으나 아무래도 오이디푸스 왕의 성격적 결함을 어느 정도 염두에 두는 것으로 생각된다.[117] 『시학』 13장에서 아리스토텔레스는 비극의 주인공은 완벽하게 덕인이거나 정의로운 자도 아니지만, 그렇다고 사악한 성격의 소유자도 아닌 것으로 말하면서 오이디푸스 왕을 예로 들고 있다. 이것은 오이디푸스 왕이 도덕적으로 완벽하지도 않지만 그렇다고 악인도 아님을 의미한다. 그렇다면, 뒤에서 보다 상론되겠지만, 오이디푸스 왕의 하마르티아는 그의 에토스(ethos), 즉 성격의 불완전함과 무관한 것으로 보기 어렵다. 실상 작품 『오이디푸스 왕』의 전체적인 내용에서 알 수 있듯, 길거리에서 만난 낯선 노인이 자신의 머리를 내리친다고 모든 사람이 화가 나서 노인을 살해하지는 않기 때문이다. 적어도 코린토스라는 일국(一國)

---

117) 아리스토텔레스에 따르면 오이디푸스의 무지는 물론 보편지에 대한 무지는 아니다. 이 경우는 구체적인 상황에서 대상에 대한 모름에 해당되는 개별지에 해당된다. 이와 관련한 논의는 이상인, 「연민과 비극의 도덕-아리스토텔레스 『시학』 '13장 비극적 죄'를 중심으로」, 『철학』, 64권, 2000, pp. 83~111 참조.

의 왕자였고, 또 스핑크스의 수수께끼를 풀 정도의 지적인 탁월함을 소유한 인물이라면 아무리 상황이 오이디푸스의 성질을 돋운다 할지라도 주어진 상황을 고려하여 어느 정도의 자제력을 보여주었어야 했다. 더군다나 라이오스 왕을 호위하는 다른 일행이 있는 상황에서 자칫 잘못하면 자신이 해를 입을 수도 있는 상황에서 말이다. 오이디푸스 왕의 하마르티아의 원인이 그의 성격적 결함과 연관되는 것으로 해석할 수 있는 이유가 여기에 있어 보인다.

그러나 오이디푸스의 하마르티아는 분명 라이오스 왕을 아버지인 줄 모르고 죽인 데서, 또 이오카스테를 친모인지 모르고 결혼한 데서 그 원인을 찾을 수도 있다. 오이디푸스가 아무리 노인에게 머리를 얻어맞아 감정이 격해졌어도 자신의 눈앞에서 지팡이를 휘두르는 성난 노인이 바로 자신의 친부임을 알게 되었을 경우 자신의 아버지를 죽이지는 않았을 것이기 때문이다. 또한 스핑크스 문제를 푼 자가 테바이의 여왕과 결혼하여 왕위를 차지할 수 있다는 테바이의 법령이 공포됐을지라도 과부 이오카스테가 자신의 친모라면 오이디푸스가 그녀와 결혼하여 자식까지 낳는 천륜을 어기는 패륜아로 낙인찍히는 일은 애초 가능하지 않았을 것이다. 그것이 그 당시에도 도덕적 직관에 맞는 판단이기 때문이다. 이런 점에서 오이디푸스의 하마르티아의 원인을 그의 성격적 결함이 아닌, 지적(知的)인 불완전함에서 찾아질 수 있는 가능성도 부정될 수 없다.[118]

그렇다면 오이디푸스 왕의 하마르티아는 성격적 결함과 그의 불충

---

118) 하마르티아에 대한 다양한 해석과 관련해선 E. R. Dodds, "On Misunderstanding the 'Oedipus Rex'", *Greece & Rome*, Vol. 13/1, 1966, pp. 37~49 참조.

분한 앎, 두 가지 모두가 원인이 되는 것으로 볼 수 있다. 그러나 오이디푸스 왕에게 이와 같은 도덕적 차원과 지적인 차원에서 완벽함을 요구하는 것은 과도하다는 비판이 제기될 수 있다. 오히려 오이디푸스 왕은 거역할 수 없는 운명의 희생자라는 점에서 피해자라는 변호도 가능하다. 아버지 라이오스 왕에 의해 저질러진 잘못으로 인해[119] 이미 운명적으로 친부모를 죽이게끔 되어있는 오이디푸스에게 진리를 볼 수 있는 통찰력을 요구하는 것은 적절치 않다는 것이다. 오이디푸스는 이미 운명의 판이 짜인 무지 속에서 어쩔 수 없이 라이오스 왕과 이오카스테에 대한 하마르티아를 범할 수밖에 없었다는 것이다. 이것은 신탁의 예언이 가정적인 것이 아니라 절대적으로 제시되고 있다는 점에서도 알 수 있다. 아폴론 신은 오이디푸스가 이러저러한 행위를 한다면, 아버지를 죽일 것이라고 예언하지 않는다. 신탁은 오이디푸스가 "어머니와 살을 섞을 것이고"[120] 또한 "그를 낳아준 아버지를 죽이게끔"[121] 운명(χρέος)이 결정되어 있다고 단언하고 있기 때문이다.

결국 이러한 점들을 모두 고려하면 오이디푸스 왕의 비극적 파멸을 불러일으키는 원인은 한편으론 그가 통제할 수 없는 운명과 다른 한편으론 그의 신중하지 못한 성급함과 같은 성격적 결함에서 찾을 수 있

---

119) 사건의 전말은 오이디푸스의 아버지 라이오스 왕이 피리기아 왕 펠롭스의 아들 크뤼십포스의 아름다움에 마음이 빼앗긴 데서 비롯한다. 그래서 그는 크뤼십포스에게 사두마차를 모는 방법을 가르쳐준다는 명목으로 그를 테바이로 데려온 후 그를 강간한다. 크뤼십포스는 자살하고 그의 아버지 펠롭스는 라이오스 왕을 저주하게 된다. 아폴론 신은 그 벌로 라이오스 왕이 자식을 낳으면 그 자식의 손에 의해 죽게 될 것이라고 예언했다(임철규, 2007, pp. 360~361 참조).

120) Sophokles, *Oid*, 791.

121) Sophokles, *Oid*, 793.

다. 다시 말해 신에 의한 운명의 실타래는 오이디푸스 왕이 풀 수 없는 외적인 원인으로, 그리고 주어진 상황에서 자제력을 보여주지 못한 성격적 불완전함이라는 내적인 원인이 그의 비극적 결말을 가져온 원인들이라고 볼 수 있다. 그런데 나는 이러한 외적 또는 내적인 원인보다 오이디푸스 왕을 파멸로 이끈 더 근본적인 원인이 있다고 생각한다. 그것은 테바이의 왕을 죽인 살인범을 찾고자 하는 오이디푸스 왕의 진실을 향한 의지이다. 다시 말해 라이오스 왕의 살인범을 찾고자 하는 오이디푸스 왕의 자발적 선택이 그의 비극적 운명을 이끌었다는 것이다. 이런 점에서 오이디푸스 왕은 그의 비극적 결과의 원인에서 결코 자유로울 수 없다. 그런데 여기서 주목할 점은 이러한 진리에의 추구로 인한 오이디푸스 왕의 몰락은 역설적이게도 그가 운명의 희생자가 아니라 자유로운 영혼을 가진 영웅으로 재탄생할 수 있는 원동력이 되기도 한다는 점이다. 결론에서 이에 관한 나의 생각을 정리하기로 하고 일단은 오이디푸스 왕이 어떻게 자신의 파멸을 주도하는 인물이 되는지를 살펴보자.

이와 관련하여 나는 오이디푸스 왕의 하마르티아가 분노와 맺는 관계에 주목하고자 한다. 그리고 그 중요한 단서가 『오이디푸스 왕』 300행부터 461행까지 이어지는 예언자 테이레시아스와의 대화에서 나타나는 오이디푸스 왕의 분노의 변화 과정에서 찾아질 수 있다. 눈먼 예언자 테이레시아스와 눈이 멀지 않은 오이디푸스 왕의 대화는 오이디푸스 왕의 하마르티아와 운명 그리고 비극적 결말을 이해할 수 있는 중요한 단서들을 포함하고 있기 때문이다. 먼저 이 부분에서 오이디푸스 왕은 크레온의 권고에 따라 가장 유능한 예언자 테이레시아스를 불러 라이오스 왕의 살해자를 알고자 한다. 오이디푸스 왕은 테바이의 운명이 예언자 테이레시아스의 손에 달렸음을 강조하고, 아폴론 신의 답을 알려줄 것을 간청한다. 그러나 테이레시아스는 자신이 알고 있다는 것이 얼마나 괴로운 것인가를 말하고 오이디푸스 왕의 부름에 응하지 말았어야 함을 말한다. 테이레시아스는 자신이 알고 있는 비밀을 말하기를 원치 않는 것이다. 이에 오이디푸스 왕은 알고 있으면서도 말하지 않는 것은 자신과 나라를 멸망케 하는 배은망덕한 행위라고 분노한다. 이어지는 두 인물간의 대화는 다음과 같이 계속된다.

오이디푸스 나쁜 놈 중에 가장 사악한 놈아, 너는 돌에도 마음이 있다면 화나게 만들고 있다. 그래도 말을 하지 않고, 그렇게 고집스럽게 뜻을 굽히지 않을 셈이냐?

테이레시아스 제 성질을 비난하시지만, 당신은 당신과 함께 있는 당신의 것은 보지는 못 하시는군요. 그리고 그저 저만 꾸짖으시는군요.

오이디푸스 이 나라를 모욕하는 그런 말을 듣고 누군들 화가 나지 않겠는가?

테이레시아스 제가 말하지 않고 그것을 가리더라도, 올 것은 스스로 옵니다.

오이디푸스 와야 할 것이 온다면, 그것을 말해야만 하는 것이 그대의 의무가 아닌가?

테이레시아스 더 이상 말하지 않으렵니다. 그것에 관해서, 당신이 원한다면, 마음대로 화를 낼만큼 화를 내십시오.

오이디푸스 암, 나는 내가 알고 있는 어떤 것도 말하지 않고 그냥 두지 않을 정도로 화가 난다. 너는 네 손으로 그를 직접 죽이지 않았을 뿐, 그러한 행위를 하고 그러한 시도를 계획하는 데 참여한 것으로 내가 믿고 있음을 알고 있어라. 네가 앞을 보게 되었다면, 나는 네가 네 손으로 혼자서 그 일을 다 저질렀을 것이라고 말할 수 있다.

테이레시아스 그게 정말입니까? 그렇다면 당신은 이전에 자기 입으로 말한 공포를 지킬 것을 바랍니다. 오늘부터는 이들에게나 제게 아무 말도 마십시오. 왜냐하면 바로 당신 때문에 이 나라가 불경하게 오염되고 있기 때문입니다.

오이디푸스 너는 염치없게도 그런 말을 시작하는구나. 네가 그로인한 결과를 어떻게 벗어날 수 있겠느냐?

테이레시아스 나는 면할 수 있습니다. 내가 가르친 진실이 곧 힘이기 때문입니다…….

오이디푸스 무슨 소리냐? 내가 이해할 수 있도록 다시 말해라.

테이레시아스 앞서 말한 것을 이해하지 못하셨습니까? 나를 실험하고 있나요?

오이디푸스 내가 알고 있다고 말할 수 없다. 다시 그것을 말해보아라.

테이레시아스 당신이 찾는 그 살인자가 바로 당신이란 말입니다.

오이디푸스 두 번씩이나 그런 말을 하다니 후회하게 될 것이다.[122]

위 인용문의 처음 대화 부분에서 나타나는 오이디푸스의 테이레시아스에 대한 분노는 정당화될 수 있는 반응으로 생각된다. 이것은 무엇

---

122) Sophokles, *Oid*, 335~363.

보다 오이디푸스 왕을 그가 통치하는 테바이에 대한 충성과 그 시민들에 대한 강한 사랑의 정신을 가진 통치자로 볼 수 있기 때문이다. 이것은 작품 초반에 오이디푸스 왕이 테바이에 불어 닥친 재앙, 즉 흉년과 전염병으로 고통받고 있는 테바이인들에 대한 강한 연민을 느끼고, 테바이의 왕으로서 이러한 재앙을 적극적으로 해결하고자 하는 의지를 다음과 같이 천명하는 데서 알 수 있다.

내 가엾은 백성들아, 너희들의 소원도 괴로움도 나는 잘 알고 있다. 하지만 너희들이 괴로움을 당하고는 있어도 내 괴로움보다 더한 사람은 없느니라. 너희들의 서러운 사정은 제 한 몸을 괴롭힐 뿐 남에게까지 미치는 것은 아니지만, 나는 이 나라 전체의, 내 자신의, 그리고 너희들의 슬픔을 내 한 몸으로 당하고 있구나. 그러니까 너희들이 내 잠을 깨워준 것은 아니다. 너희들을 위해 많은 눈물을 흘렸고 궁리하기에 편한 날이 없었다.[123]

오이디푸스 왕은 과거 스핑크스의 수수께끼를 풀어 테바이를 구했듯이 이번에도 테바이의 왕으로서 시민들의 고통과 불행을 해결해야 된다는 왕으로서의 막중한 책임감을 느끼는 것이다. 테바이인들에 대한 오이디푸스 왕의 이러한 사랑과 헌신은 분명 자신의 개인적인 이익보다 공동선을 우선시하고 시민들에 대한 동포애를 중요시했다는 점에서 훌륭한 왕의 면모를 보여준다. 그리고 이러한 이유로 신탁의 말을 이해할 수 있는 능력을 가진 눈먼 예언자(μάντις) 테이레시아스를 신

---

123) Sophokles, *Oid*, 58~67.

속하게 왕궁으로 초대한 것이다. 그러나 테이레시아스는 정작 오이디푸스 왕의 문제해결을 위한 절실한 물음을 회피하는 듯한 소극적 태도를 보이는 것이 사실이다. 오이디푸스 왕의 분노는 테이레시아스의 이러한 미온적인 반응에서 야기된 것으로 볼 수 있다. 그렇다면 오이디푸스 왕의 분노는 적어도 테바이에 불어 닥친 재앙을 신속하게 해결하고자 하는 열망이 강하게 반영된 정당한 분노의 성격을 보인다. 요컨대 오이디푸스 왕의 진실을 알고자 하는 열망이 거절된 것에 대한 분노인 것이다.

그러나 문제는 이러한 오이디푸스 왕의 진실을 향한 분노가 이후에도 정당화될 수 있는가 하는 것이다. 위 인용문을 통해 알 수 있듯이 대화가 진행되면서 오이디푸스 왕의 분노는 그 성격이 바뀌는 것으로 보인다. 그것은 테이레시아스가 첫 번째는 간접적으로, 두 번째는 직설적으로 오이디푸스 왕이 재앙의 원인임을 말함에도 불구하고 진실의 말에 귀를 기울이지 않고, 그 반대로 분노의 말로 대응하는 데서 알 수 있다. 위 인용문에서 테이레시아스는 "바로 당신 때문에 이 나라가 부정을 타고 있다" 또는 "오이디푸스 왕이여, 당신이 찾는 그 살인자가 바로 오이디푸스, 당신이란 말입니다"라고 분명하게 말하고 있다. 그러나 우리가 알 수 있는 것처럼 오이디푸스 왕은 이러한 테이레시아스의 말에 전혀 귀를 기울이고자 하지 않는다.

이런 상황은 테이레시아스가 계속해서 오이디푸스 왕과 친모의 잘못된 인연에 관해 언급할 때도 마찬가지다. 가장 가까운 핏줄과 인연을 맺고 살고 있다고 말하는 테이레시아스를 향해[124] 오이디푸스 왕은 테이레시아스를 이욕(利慾)만 밝히고 빛을 보지 못하는 어둠속에 사는, 그래서 예언능력이 형편없는 사기꾼으로 비난한다. 더 나아가 이러한 테이레시아스의 언급이 모두 자신의 왕권을 빼앗기 위한 크레온의 사주와 선동에 의해 이루어진 것으로 매도한다.[125] 이렇듯 소포클레스는 테이레시아스를 통해 많은 정보를 오이디푸스 왕에게 분명하게 전해주고 있다. 그렇기 때문에 오이디푸스 왕의 비극적 결말은 실상 이미 테이레시아스와의 대화에서 예견된 것으로 볼 수 있다. 왜냐하면 테이레시아스는 이미 테바이에 불어 닥친 재앙의 원인이 라이오스 왕을 죽인 살해범 때문이고, 그 주범이 바로 지금의 테바이의 왕, 즉 오이디푸스라는 것을 분명하게 말해주었기 때문이다.

"왕께서는 내가 눈이 먼 것을 조롱하였기 때문에 하는 말씀입니다만, 왕께서는 눈은 뜨고 계시면서도 얼마나 처참한 일에 빠지고 계신지 그리고 어디서 사시고, 누구와 함께 지내고 계신지 모르십니다. …… 지금은 밝은 그 눈도 그때부터는 끝없는 어둠이 되고 말 것입니다.[126]

그렇다면 작가 소포클레스는 왜 오이디푸스 왕을 진실에 눈먼 자로 묘사하고 있을까? 오이디푸스 왕은 왜 테이레시아스의 진실의 말에 분노로 일관하여 응답하는 것일까? 이 물음들에 우리는 우선 오이디푸스 왕의 성격적 결함을 지적할 수 있다. 오이디푸스 왕의 에토스가 먼저 고려되어야 하는 이유는, 오이디푸스가 델포이 신탁의 말이 실현되지

---

124) Sophokles, *Oid*, 366~367.
125) Sophokles, *Oid*, 370~389 참조.
126) Sophokles, *Oid*, 412~419.

않도록 코린토스로 향하지 않고, 그 반대인 테바이로 오는 길에 라이오스 왕을 만나 처신한 것을 고려할 때 그렇다. 다시 말해 삼거리에서 라이오스 왕 일행을 만났을 때 오이디푸스는 길을 비켜주지 않고, 화가 나서($\delta\iota'\ \acute{o}\rho\gamma\hat{\eta}\varsigma$) 마차꾼을 때리고, 그 다음에 자신의 머리를 친 라이오스 왕을 죽였다. 이 사건은 오이디푸스가 스핑크스의 수수께끼를 풀기 전에 일어났으며, 이것은 오이디푸스 왕의 성격이 어떠한가를 말해준다. 그것은 오이디푸스 왕이 이성보다는 기본적으로 강한 분노의 감정을 가진 소유자임을 알 수 있게 해준다. 그는 그러한 상황 속에서 자신의 분노를 자제할 수 있는 덕을 가진 소유자가 아닌 것이다.

또한 오이디푸스 왕의 하마르티아는 그의 지적인 오만함에도 원인이 있는 것으로 볼 수 있다. 다시 말해 오이디푸스는 자신을 당대 인간 중 최고의 지자(知者)로 생각하며, 그렇기 때문에 진실을 말하는 테이레시아스의 예언능력에 충분한 신뢰를 두지 않는다. 이것은 『오이디푸스 왕』 390행부터 403행 사이에서 오이디푸스가 스핑크스의 수수께끼를 풀어 테바이를 구한 것은 자신이지 테이레시아스가 아니라는 언급에서 알 수 있다. 그렇기 때문에 오이디푸스 왕은 아폴론 신의 지식을 공유하면서 진리의 대변자를 자처하는 테이레시아스를 수수께끼 같은 묘한 말만 하는 이상한 노인이라고 공격한다. 그것은 테이레시아스를 아폴론 신의 대리자로 인정하지 않음을 의미한다. 오이디푸스 왕은 테이레시아스를 진리를 보는 현자가 아니라, 단지 눈먼 노인에 불과하다고 비난하는 것이다. 이러한 오이디푸스 왕의 지적 자만심은 그가 오랜 기간 테바이를 통치하면서 많은 시민들에 의해 존경을 받아오면서 더욱더 확고해진 것으로 보인다. 그래서 오이디푸스 왕은 테바이에 불어 닥친 현재의 재앙 역시 자신이 해결할 수 있다는 지적 자신감으로 가득 차 있다. 이러한 왕에게 아폴론 신의 대리자임을 자처하면서 진실을 말한다고 역설하는 테이레시아스의 말은 들릴 수가 없는 것이다. 상술한 것을 고려할 때 오이디푸스 왕의 하마르티아는 한편으론 그의 분노와 같은 성격적 불완전함과 다른 한편으론 지적인 휘브리스(ὕβρις), 즉 오만함 내지 자만심과 밀접한 관계가 있다. 그리고 이러한 오이디푸스 왕의 인간적인 불완전함이 극대화되어 단적으로 나타나는 장면이 바로 테이레시아스와의 대화에서라고 볼 수 있다.

이런 점에서 오이디푸스 왕은 자신이 생각하는 것보다 현명한 자가 아니다. 스핑크스의 수수께끼를 푼 당대의 최고 지자라면 당연히 테이레시아스의 말에 의문을 갖고 그 이유를 물었어야 하는 것이 이치에 맞다. 테이레시아스의 말을 현명하지 못한 눈먼 예언자가 돈에 매수되거나 권력과 공모하여 말하는 것으로 생각하는 것은 전혀 지혜로운 왕의 면모가 아니다. 우리가 기대하는 것과 달리 오이디푸스 왕은 테이레시아스와의 대화에서 스핑크스의 수수께끼를 푼, 그래서 테바이를 구한 가장 현명한 왕이 취해야 할 태도를 전혀 보여주지 못한다. 오이디푸스 왕은 왜 테이레시아스가 자신을 살인의 주범으로 말하는 지를 따져 물어 보다 많은 정보를 얻으려고 했어야 하지만, 그러한 현명한 통치자의 면모를 전혀 보여주지 않는다. 우리는 대화 속에서 그의 분노만이 강도가 더해가는 것을 찾을 수 있을 뿐, 문제 규명을 위한 이성적이며 숙고적인 태도는 찾아보기 힘들다. 그래서 테이레시아스는 자신의 말이 수수께끼 같고 아주 애매하다는 오이디푸스 왕의 비난에 대해 "당신은 그런 수수께끼 같은 말에 답하는 데 탁월하지 않느냐?"[127]라고 빗대어 반문한다. 이에 대해 오이디푸스 왕은 자신의 큰 재능을 비웃는다고 화를 낸다. 다시 테이레시아스는 "바로 그것으로 인해 당신이 몰락하게 되는 것입니다"[128]라고 말한다. 테이레시아스는 오이디푸스 왕의 지적인 오만함이 비극적 결과의 원인이 됨을 지적하고 있는 것이다. 대화가 끝날 때 쯤 궁을 떠나기 바로 전에 테이레시아스는 다음과 같이 오이디푸스에게 자신이 한 말을 다시 한 번 차분히 생각해볼 것을 당부한다.

당신이 찾아내려는 사람, 라이오스 왕을 살해한 자를 밝혀내겠다고 위협하고 외치고 있는 사람, 그 사람은 바로 여기 있습니다. 여기서는 그가 딴 나라 사람으로 통하고 있지만, 그가 테바이 태생임이 머지않아 드러날 것입니다. 그러나 그가 그런 운명을 달가워하지는 않을 것입니다. 그리고 자기 자식들의 형제이자 아비, 자기 어미의 아들이자 남편, 아비의 잠자리를 뺏은 자, 그리고 아비를 살해한 자임이 밝혀질 것입니다. 안으로 들어가셔서 잘 생각해 보십시오. 그러고서 내 말이 잘못되었거든 앞으로는 내 예언이 아무것도 아니라고 말씀해도 좋습니다.[129]

위에 인용한 것처럼 수수께끼를 가장 잘 푸는 오이디푸스라면 당연히 애매모호한 테이레시아스의 말에 의문을 제기하고, 그것의 답을 찾기 위한 대화가 이루어졌어야 한다. 그러나 오이디푸스 왕은 이러한 이

---

127) Sophokles, *Oid*, 440.
128) Sophokles, *Oid*, 442.
129) Sophokles, *Oid*, 450~462.

성적인 원인 규명을 위한 지적인 소유자로서의 면모를 보여주지 못했다. 오이디푸스 왕 자신이 말하는 것처럼, 스핑크스의 문제를 푼 유일한 인간이 자신이라면 당연히 제기해야 할 아포리아들(ἀπορίαι)이 있었다. 자신의 발은 왜 그렇게 흉측하게 부풀어 올라 있고, 신탁에 의해 주어진 정보에 따라 자신이 죽인 이방인이 혹시 자신의 친부는 아닐지, 또는 두 번 결혼하게 되는 여왕 이오카스테가 혹시 자신의 친모는 아닐지에 관한 많은 물음들을 테이레시아스의 말과 연결시켜 이해해보고자 하는 지적이며 신중한 태도를 보여주었어야 할 것이다. 물론 라이오스 왕의 수행원 중에서 살아 돌아온 자가 도둑이 한 명이 아니라 여럿 명이라고 보고한 크레온과 이 말을 그대로 믿고 전한 이오카스테의 말이 오이디푸스의 판단을 어지럽힌 측면이 있는 것은 사실이다.[130] 또한 오이디푸스를 갖다 버렸던 목동(θεράπων)의 뒤늦은 증언 역시 오이디푸스 왕이 문제를 빨리 밝힐 수 없게 만든 장애요인으로 작용한 측면이 있다.[131] 그러나 전체적으로 오이디푸스 왕의 원인 구명을 위한 접근 태도는 시종일관 격앙된 분노의 흐름을 통해 진행된다. 처음의 진실을 알고자 하는 자연스런 분노는 이제 진리를 보지 못하게 하는 지나친 분노로 바꿨고, 결국 오이디푸스 왕의 파멸을 앞당기는 요소로 작용하였다. 이런 점에서 오이디푸스 왕은 이성을 통해 자신의 분노를 다스리지 못하는 성격적 결함을 가진 존재다. 그는 자제심을 통해 테바이에 닥친 문제를 지혜롭게 풀어나가는 덕 있는 왕의 모습을 보여주지 못하는 것이다. 또한 오이디푸스 왕의 분노의 근저에는 자신이 가장 현

---

130) Sophokles, *Oid*, 122~123, 707 이하 참조.
131) Sophokles, *Oid*, 1123 이하 참조.

명하다는 지적인 오만함이 작용하고 있다. 그렇기 때문에 그는 신탁의 말을 전하는 테이레시아스의 말을 신뢰하지 않는다. 오이디푸스 왕의 오만함이 테이레시아스의 진실의 말에 분노로 응답하게 만든 것이다. 그의 분노는 결과적으로 그를 진실에 눈먼 자로 만들고, 아리스토텔레스가 말하는 것처럼, 결과적으로 그를 비극의 전형에 속하는 인물이 되게 한 것이다. 이것은 모든 진실이 밝혀지고 그로인해 이오카스테가 자신의 비녀로 자살을 하자 그 앞에서 울부짖으며 하는 오이디푸스 왕의 다음의 말에서 잘 나타난다.

너희들은 이제 다시는 내게 덮친 수많은 재앙도, 내가 스스로 저지른 수많은 죄업도 보지마라! 이제부터 너희들은 어둠 속에 있거라! 보아선 안 될 사람을 보고, 알고 싶었던 사람을 알아채지 못했던 너희들은 누구의 모습도 보아서는 안 된다.[132]

위 인용문에서 오이디푸스 왕은 눈을 뜨고 있었으면서도 진실을 보지 못한 자신의 눈에 분노한다. 이것은 특히 예언자 테이레시아스가 말해준 진실을 받아들이지 않은 자신의 과실에 대한 자책과 후회가 분명 반영된 것으로 볼 수 있다. 오이디푸스 왕은 자신의 운명을 분노의 파도에 실었기 때문이다. 그러나 내가 생각하기에 위 인용문에 나타난 오이디푸스 왕의 분노는 앞의 테이레시아스와의 대화에서 보여준 분노와는 다른 성격의 분노라는 점을 강조해야 할 필요가 있다. 그것은 자

---

132) Sophokles, *Oid*, 1271~1274.

신의 눈을 향해 표출되는 오이디푸스 왕의 분노는 자신의 지적인 오만함과 자제할 줄 몰랐던 자신의 과실에 대한 원망과 후회가 반영된 것이기 때문이다. 중요한 것은 이러한 자신의 하마르티아에 대한 수치심의 양태로 나타나는 분노는 오이디푸스 왕을 운명의 노예가 아닌 도덕적 주체로 설 수 있는 의미를 갖게 해준다는 것이다. 다시 말해 이때의 분노는 오이디푸스 왕으로 하여금 자신의 하마르티아의 결과를 담담하게 인정하고 그에 대한 책임을 지게 하는 적극적 의미를 갖는다는 것이다.

좀 더 풀어 설명하면 어떤 면에서 오이디푸스 왕의 하마르티아는 그의 자제력 결여도 또는 지적인 오만함도 아니다. 오이디푸스 왕을 파멸로 이끈 것은 진리를 찾고자 하는 그의 불굴의 의지와 용기이기 때문이다. 그것은 살인자의 피로 인해 오염된 테바이 국가와 그 시민들을 구하고자 하는 그의 충성심과 사랑이 그 원인이 됨을 의미한다. 살인자를 찾기 위한 진리에의 열정이 그를 파멸시킨 것이다. 그리고 중요한 것은 이것이 어디까지나 오이디푸스 왕 그 자신의 자유스런 선택을 통해 이루어졌다는 점이다. 스핑크스를 푼 영리한 오이디푸스 왕은 살인자가 자신일 것으로 점차 윤곽이 잡히는 상황에서 마음만 먹으면 자신의 권력과 행복을 유지하기 위해 수사를 중단할 수도 있었을 것이다. 결과적으로 자신이 살인자로 밝혀졌다 할지라도, 그가 진정 악한 인간이었다면 법정에서 자신의 행위가 무지에 의한 것임을 강조하면서, 자신이 어디까지나 신의 운명의 희생자임을 통해 무죄를 받을 수 있는 가능성도 배제할 수 없다.

그러나 오이디푸스 왕은 자신이 아버지를 죽인 도덕적 죄가 테바이를 오염시켰기 때문에 이것을 자신의 손으로 정화시켜야 한다고 생각한다. 오이디푸스 왕은 이러한 미아즈마(miasma), 즉 도덕적 오염은 인간 법정에서의 무죄판결에 의해서도 신의 관용에 의해서도 제거될 수 없는 것으로 믿기 때문이다. 앞에서 살펴본 아이스퀼로스의 『에우메니데스』편의 복수의 여신들이 분노하는 것처럼, 친부를 죽인 죄는 외적인 도움에 의해 정화될 수 없는 도덕적 죄이기 때문이다. 그렇기 때문에 오이디푸스 왕은 설사 자신에게 닥친 비극적 결과가 예정된 운명에 의해 정해졌을지라도 그것을 운명의 탓으로 돌리지 않고 있는 것이다. 그래서 오이디푸스 왕은 외친다. "내 고통을 감당할 사람은 세상에 나 말고는 아무도 없다"(τὰμά γάρ κακά οὐδεὶς οἱός τε πλὴν ἐμοῦ φέρειν βροτῶν).[133] 이런 점에서 오이디푸스 왕은 자유로운 영혼을 가진 도덕적 주체(moral agent)로 다시 등장한다. 그의 눈을 찌른 행위나 테바이의 왕위를 버리고 자신이 유형의 길을 자청한 것 역시 그의 자발적인 선택에 의한 행위이기 때문이다.

이처럼 오이디푸스 왕이 우리로 하여금 영혼의 카타르시스를 느끼게 하는 숭고미를 보여주는 것은 그가 단순히 몰락한 비극의 주인공이기 때문이 아니다. 그것은 파멸의 극한 고통 속에서 오이디푸스 왕이 자신의 하마르티아를 받아들이는 태도에 달려 있는 것이다. 즉 오이디푸스 왕이 비극을 당한 순간 자신의 하마르티아의 원인을 운명의 탓으로 돌리지 않고, 그것을 담담하게 끌어안고 책임지고자 하는 용기를 보여주는 데서 관객들은 카타르시스를 강하게 느끼게 되는 것이다.

---

133) Sophokles, *Oid*, 1414~1415.

이런 점에서 오이디푸스 왕은 운명에 묶여 있으면서도 자유로운 인간이다. 그는 자신의 운명을 거부하지 않고 적극적으로 받아들이면서 운명을 극복하고 있기 때문이다. 그래서 테이레시아스가 신의 도움을 받아 진실을 보는 눈먼 예언자라면, 오이디푸스 왕은 신의 도움 없이 스스로 진실을 볼 수 있는 눈먼 현자가 된 것이다. 오이디푸스 왕의 이러한 적극적인 운명애(amor fati)가 우리에게 시사하는 바가 결코 가볍지 않은 이유가 여기에 있다. 우리 모두는 오이디푸스 왕이 될 수 있으면서, 될 수 없다는 점에서 그렇다. 다시 말해 오이디푸스 왕처럼 과도한 분노를 표출하여 과실을 범할 수 있다는 점에서 우리 모두는 오이디푸스 왕과 같은 비극의 주인공이 될 수 있다. 그러나 오이디푸스 왕처럼 파멸의 순간에 그 원인을 외적인 운명이 아닌 자신의 책임으로 겸허히 받아들이면서 운명에 휘둘리지 않는 숭고함을 보여줄 수 있는 것은 아니라는 점에서 우리 모두는 오이디푸스 왕과 같이 될 수 없다. 실수할 수 있지만 그 실수를 자신의 책임으로 인정할 수 있는 용기를 보여줄 수 있는가에 따라 우리 모두는 운명의 노예가 될 수도, 그 반대로 영웅이 될 수도 있는 것이다. 비극이 주는 카타르시스는 단순히 주인공의 파멸과 추락에 비례하는 것이 아니라 그의 영혼의 숭고함과 용기에 비례하기 때문이다.

2) 『안티고네』에서의 크레온 왕의 분노

소포클레스의 비극작품에서 오이디푸스 왕 다음으로 관심을 끄는 인물은 크레온(Kreon) 왕이다. 크레온 왕은 소포클레스의 작품에서 자주 등장하는 인물인데, 앞에서 살펴본 『오이디푸스 왕』에선 오이디푸스 왕 다음의 2인자로, 그리고 여기서 살펴보게 될 『안티고네』(Antigonē)에선 테바이의 왕으로 등장한다. 내가 특히 『안티고네』의 크레온 왕에 관심을 갖는 것은 이 작품에서 크레온 왕의 비극적 운명이 그의 분노를 통해 잘 드러나고 있기 때문이다. 이 작품에서 오이디푸스 왕의 두 아들 폴리네이케스와 에테오클레스는 왕권을 차지하기 위한 싸움을 시작했고, 두 형제는 결국 서로간의 싸움으로 죽게 된다. 이 작품에서 테바이의 왕이 된 크레온은 이 두 형제 중 테바이를 지키기 위해 싸운 에테오클레스는 성대하게 장사를 치러준 반면에 테바이를 공격한 폴리네이케스에게는 반역죄를 물어 그의 사체를 매장하지 말 것을 "엄명"(κήρυγμα)한다.[134]

그러나 우리가 알고 있는 것처럼 폴리네이케스의 동생 안티고네는 크레온 왕의 사체매장 금지령을 따르지 않고 오빠 폴리네이케스를 묻어준다. 안티고네에게 오빠를 묻어주는 것은 크레온 왕의 국법보다 상위에 있는 신법(神法)에 따른 것이기 때문이다.[135] 이에 격분한 크레온 왕은 안티고네를 가두게 되고, 결과적으로 안티고네의 자살, 그리고 안티고네의 약혼자이자 크레온의 아들인 하이몬과 부인 에우뤼디케의 자살이라는 비극적 결말을 맞이하게 된다. 크레온 왕 역시 오이디푸스 왕과 같이 비극적 운명을 맞이한 비극의 주인공인 것이다. 나의 관심은 크레온 왕을 비극적 인물로 만든 하마르티아의 원인(αἰτία)을 분노의 관점에서 규명하는 것이다. 특히 크레온 왕과 테이레시아스와의 대화

---

134) Sophokles, *Anti*, 21 이하, 191 이하 참조.
135) Sophokles, *Anti*, 450 이하 참조.

속에 나타난 크레온 왕의 분노에 초점이 맞추어져 분석이 이루어질 것이다.

먼저 크레온 왕이 테바이라는 폴리스를 배에 비유하면서 다음과 같이 말하는 것을 검토하도록 하자.

모든 것을 보살피시는 제우스 신이여, 증거하시옵소서. 왜냐하면 시민에게 안전이 아니라 파멸이 닥쳐오는 것을 보고서 나는 결코 가만히 있지 않을 작정이며, 또한 국가에 적대하는 사람을 친구라고 생각하지 않을 것이기 때문이요. 그것은 우리나라가 우리의 안전을 지켜주는 배이며, 그 배가 편히 항해할 때 우리는 진정한 친구를 만들 수 있다는 것을 알고 있기 때문이오.[136]

위 인용문을 통해 알 수 있는 것처럼 크레온 왕은 테바이의 통치자로서 나라를 구할 책임이 있다. 그렇기 때문에 크레온 왕은 테바이를 공격한 폴리네이케스를 나라의 적으로서 그의 시체를 새와 개의 먹이가 되도록 방치해 일종의 수치심이라는 벌을 내리는 것이 합당하다고 생각한다. 그런 방식으로 상벌질서를 세움으로써 테바이를 안정되게 통치할 수 있다고 생각하기 때문이다. 그래서 크레온 왕은 "적은 항상 적이다, 심지어 죽어서도"(οὔτοι ποθ᾽ οὑχθρὸς, οὐδ᾽ ὅτανό θάνη)[137] 라고 말한다. 요컨대 크레온 왕은 테바이에 부정의하고 불충실한 행위를 한 폴리네이케스를 벌줌으로써 시민들에게 자신의 올바름과 명예

---

136) Sophokles, *Anti*, 184~190.
137) Sophokles, *Anti*, 522.

를 드높일 수 있는 것으로 생각하는 것이다. 안티고네가 이러한 정치적 질서 유지를 위한 크레온 왕의 의도를 인지하지 못한 것으로 생각되지는 않는다. 이것은 『안티고네』 35~36행에서 "그는 이 일을 가볍게 여기시지 않기 때문에 조금이라도 이것을 어긴 자가 있으면 사람들 앞에서 돌려 때려죽인 다더라"라고 말하는 것을 통해 알 수 있다. 그렇다면 크레온 왕의 행위를 굳이 악한 것으로 볼 이유는 없어 보인다. 그런데 안티고네는 왜 크레온 왕의 금지령을 어기고 오빠를 묻어주는 것일까?

안티고네가 보기에 크레온 왕의 금지령은 그 정도가 지나친 불경건한 행위라는 것이다. 다시 말해 안티고네가 보기에 오빠 폴리네이케스의 시체를 묻어주지 않고 개나 새의 밥이 되게 하는 것은 신법에 맞지 않는 불경건한 행위인 것이다. 이런 이유로 파수꾼에게 잡혀서 크레온 왕 앞에 끌려온 안티고네는 '제우스 신의 법과 뜻이 크레온의 법보다 우위이고 더 강하다'고 주장하면서[138] 전혀 두려움을 보이지 않는다. 그녀는 신법이 인간법보다, 불문법이 실정법보다 더 위대하다고 생각하는 것이다. 그리고 이러한 신법의 관점에서 볼 때 죽은 자를 매장해주는 것이 적합한 행위이다. 크레온 왕의 매장 금지령은 그 정도와 방식에서 정의롭고 경건한 행위가 아니라는 것이 안티고네의 입장이다.

안티고네의 이러한 불복종 행위에 크레온 왕은 분노로 대응한다. 크레온 왕은 안티고네를 희생양(φάρμακος)으로 삼아 테바이에 그러한 반역의 미아즈마(μίασμα), 즉 '오염'이 더 이상 퍼지지 않도록 가둘 것을 명한다.[139] 크레온 왕의 안티고네에 대한 분노의 강도는 특히

---

138) Sophokles, *Anti*, 450~460 참조.
139) Sophokles, *Anti*, 773~780.

자신의 엄명을 어긴 자가 안티고네와 같은 여자라는 데서 더 큰 자존심을 상한 것으로 보인다. 그래서 그는 "만일 그 계집이 벌을 받지 않은 채 나의 권위를 훼손한다면, 나는 더 이상 사내가 아니고 그 계집이 사내다"[140]라고 말한다. 이처럼 크레온 왕과 안티고네의 입장은 상반된다. 크레온 왕에게 조국보다 더 소중한 친구는 없으며,[141] 그렇기 때문에 테바이를 공격한 '악인이 선인과 같은 대접을 받을 수는 없다'[142]는 것이 크레온 왕의 확고한 신념이다. 반면에 안티고네는 "미워하는 것이 아니라 사랑하는 것이 나의 본성이다."(οὔτοι συνέχθειν, ἀλλὰ συμφιλεῖν ἔφυν)[143]라고 응답하면서 자신의 행위를 올바른 것으로 주장한다.

크레온 왕의 분노가 점차 비극적 결말을 향해 치닫는 장면은 아들 하이몬(Haimon)과의 대화 장면이다. 하이몬은 안티고네의 약혼자이자 크레온 왕의 아들로서 먼저 아버지의 뜻을 존중하고자 한다. 그리고 아들로서의 예의를 갖춰 아버지 크레온 왕의 지나친 행위와 그로 인한 실수를 바로잡기 위해 설득을 시도한다.[144] 그는 다음과 같이 크레온 왕이 분노를 풀고 생각을 바꿀 것을 탄원한다.

그러니 마음속에 한 가지 생각만 품지 마십시오. 아버지 말씀만 옳고 다른 것은 옳지 않다고 생각하지 마십시오. 누가 자기만이 현명하고, 말과

---

140) Sophokles, *Anti*, 484~485.

141) Sophokles, *Anti*, 182~183.

142) Sophokles, *Anti*, 207~208.

143) Sophokles, *Anti*, 523.

144) Sophokles, *Anti*, 683 이하 참조.

정신에 있어 자기만 한 사람이 없다고 여긴다면, 그런 사람이야말로 막상 알고 보면 공허하다는 것이 드러나지요. 현명한 사람이라 하더라도 많은 것을 배우고 때로는 양보할 줄 아는 것은 수치(αἰσχρὸν)가 아니에요. ……… 그러니 분노(θύμος)를 푸시고 생각을 바꿔보세요. ……… 다 알고 태어나는 것이 단연코 최선이라고 저는 말씀드릴 수 있지만, 그렇게 되기란 쉬운 일이 아니지요. 좋은 말을 하는 사람들에게서 배우는 것도 좋은 일이지요.[145)

위 인용문에서 하이몬은 어느 누구도 신과 같이 전지(全知)할 수 없기 때문에, 자신만이 모든 것을 알고 있다고 생각하고, 자신의 의견을 주장하는 것은 현명한 태도가 아님을 지적한다. 하이몬이 생각하기에 사람들 역시 이성을 갖고 있고, 남도 쓸 만한 생각을 갖고 있기 때문이다.[146) 그래서 하이몬은 크레온 왕이 안티고네의 매장 행위를 용서하는 것이 수치가 아님을 강조하면서 그의 분노를 거둘 것을 조언한다. 하이몬이 보기에 안티고네의 매장 행위는 테바이 시민들 사이에서 공감을 받는 행위로 평가되고 있기 때문이다. 크레온 왕이 말하는 것과 달리 시민들은 안티고네가 이상한 병에 걸려 오빠를 묻어주었다고 생각하지 않는 것이다. 그렇기 때문에 하이몬은 크레온 왕이 계속해 고집을 세워서는 안 되며, 분노를 풀고 생각을 바꿀 것을 간청한다. 그는 자신의 아버지 크레온 왕이 과도한 분노로 인해 사태를 정확하게 파악하지 못함을 지적하는 것이다. 그러나 크레온 왕은 자신의 잘못된 고집

---

145) Sophokles, *Anti*, 705~723.
146) Sophokles, *Anti*, 683~687.

을 꺾을 의지가 없어 보인다. 무엇보다 크레온 왕은 하이몬에게 자신이 입장을 바꾸게 되면 거짓말쟁이가 되는 것으로 생각한다. 그래서 그는 "내 자신을 폴리스 시민들에게 거짓말쟁이로 만들고 싶지 않다. 나는 그녀를 죽일 것이다"(ψευδῆ γ᾽ ἐμαυτὸν οὐ καταστήσω πόλει, ἀλλὰ κτενῶ)[147]라고 자신의 의지를 보다 분명하게 피력한다. 더 나아가 크레온 왕은 국민이 왕에게 지시하는 것은 가당치도 않으며, 그래서 통치는 어디까지나 남이 아닌 자신의 뜻에 따라야 함을 역설한다.[148] 이에 대해 하이몬은 다시 한 번 힘주어 말한다. "한 사람만의 나라는 나라가 아니지요."[149] 그리고 하이몬은 "아버지의 행동이 잘못되고 부정의한 것"[150]이라고 비판한다. 요컨대 하이몬의 주장에 따르면 크레온 왕의 행위는 적합한 행위로 간주될 수 없다. 그가 보기에 아버지 크레온 왕은 정의를 어기고,[151] 신들의 명예(τιμαὶ θεῶν)[152]를 존중하지 않고, 자신의 고집을 포기하지 않으며,[153] 그리고 다른 사람들의 이성의 소리에 귀를 기울이지 않기 때문이다.[154] 크레온 왕은 끝내 아들 하이몬의 사랑에 근거한 올바른 소리에 분노의 태도로 일관하는 것이다.

　지금까지 살펴본 것을 고려할 때 크레온 왕의 분노는 일면 긍정적인 측면이 없는 것이 아니다. 일국의 통치자로서 적으로부터 테바이와 그

---

147) Sophokles, *Anti*, 657~658.
148) Sophokles, *Anti*, 734~736.
149) Sophokles, *Anti*, 737.
150) Sophokles, *Anti*, 743.
151) Sophokles, *Anti*, 743.
152) Sophokles, *Anti*, 745.
153) Sophokles, *Anti*, 710~719.
154) Sophokles, *Anti*, 705~709, 720~723.

시민들을 안전하게 지켜야 하는 왕의 행위는 비록 그 대상이 전(前) 왕인 오이디푸스의 자식들이라 할지라도 예외가 될 수 없기 때문이다. 그러나 다른 한편으론 크레온 왕의 처벌은 그 정도의 지나침과 방식의 적합성에서 문제가 있어 보인다. 이것은 아들 하이몬이 지적하는 것처럼 테바이의 많은 시민들의 호응을 얻지 못하는 것으로 나타난다. 크레온 왕이 현명한 왕이었다면 아들 하이몬의 말에 귀를 기울여 자신의 생각을 바꾸고자 하는 진지한 숙고를 했어야 할 것이다. 그러나 크레온 왕은 아들 하이몬에 더 큰 분노로 반응한다. 크레온 왕의 완고함은 그의 하마르티아를 이해할 수 있게 하는 근거가 된다. 그리고 이것을 우리는 작품의 후반부에 등장하는 예언자 테이레시아스와 크레온 왕의 대화를 통해 보다 분명하게 확인할 수 있을 것이다. 이제 크레온 왕과 테이레시아스와의 대화를 분석하면서 크레온 왕의 하마르티아를 어디에서 찾을 수 있는지 살펴보자.

테이레시아스는 『오이디푸스 왕』에선 오이디푸스 왕이 두 번이나 사신을 보내 궁정으로 오도록 한 것에 반해, 『안티고네』에선 스스로 크레온 왕을 찾아온다.[155] 두 사람의 처음 대화는 상호신뢰의 관계를 보여주는 우호적인 대화로 시작된다. 테이레시아스는 크레온 왕에게 충고를 하기 위해왔고, 그 말에 복종해야 된다고 말한다. 크레온 왕은 지금까지 그 충고를 가볍게 여긴 적이 없다고 말한다. 테이레시아스는 그렇게 해서 크레온 왕이 나라를 올바르게 통치해왔음을 지적하고, 크레온 왕 역시 그러한 충고를 고맙게 생각한다고 응답한다. 그런데 테이레시

---

155) Sophokles, *Anti*, 989 이하 참조.

아스는 또 다시 불길한 운명이 테바이에 도래하고 있음을 경고하기 위해 왔다고 말한다. 그에 따르면 불길한 징조가 보이는데, 하나는 새들이 괴상한 소리를 지르면서 서로 발톱으로 할퀴는 현상을 목격하였다는 점과 다른 하나는 제단에 제물을 바치고 의식을 치르고자 하였으나 제물의 다리에서 기름이 떨어져 헤파이스토스의 불을 볼 수가 없었다고 말한다. 테이레시아스의 해석에 따르면 새의 이상한 행위와 의식의 실패는 크레온 왕이 신과 인간의 소통을 방해했기 때문이고, 이것은 폴리네이케스를 죽임으로써 제단을 오염시켰기 때문이다. 다시 말해 새나 개가 오이디푸스 왕의 아들의 시체에서 뜯어낸 먹이에 의해 제단과 화덕이 모두 더럽혀졌기 때문에 신이 분명한 예언을 해주고 있지 않다는 것이다. 그래서 테이레시아스는 크레온 왕의 잘못된 판단으로 "폴리스가 병들고 있다"($\nu o \sigma \epsilon \hat{\imath} \ \pi \acute{o} \lambda \iota \varsigma$)[156]고 진단한다. 그래서 테이레시아스는 세속적인 의미의 정치적 조언자로서 크레온 왕에게 다음과 같이 충고한다.

그러니 여보세요, 이런 일들을 잘 생각하십시오. 모든 사람이 잘못을 저지를 수 있기는 합니다만, 잘못됐다 하더라도 그 잘못의 죄를 고치고, 고집을 부리지 않는 사람은 이미 어리석지도 않고 불행하지도 않습니다. 우리는 고집이 반드시 바보라는 비난을 면치 못하는 것을 압니다. 죽은 사람의 요구를 들어주십시오. 쓰러진 자를 찌르지 마세요. 죽은 자를 또 죽여봤자 무슨 자랑이 됩니까? 저는 당신을 생각해서 좋은 말씀을 드리는 것입니

---

156) Sophokles, *Anti*, 1015.

다. 생각해서 말씀드리는 충언에서 배우는 것은 유쾌한 일이올시다.[157]

테이레시아스는 소포클레스의 다른 작품에서도 그렇지만 신의 세계와 인간의 세계를 연결시켜주는 일종의 중재자이다. 그는 신의 뜻을 정확하게 이해하고 그 진리를 인간에게 알려주고자 한다. 위의 인용문에서 테이레시아스는 크레온 왕을 "아들"(τέκνον)로 부르면서 "현명하게 생각할 것"(φρόνησον)을 조언한다. 다시 말해 신이 무엇을 말하고, 원하는지를 크레온 왕에게 이성적으로 전달하고, 또 경고하고자 하는 것이다. 그러나 테이레시아스의 이러한 충언에 크레온 왕은 다음과 같이 응답한다.

노인장, 당신은 마치 활 쏘는 이가 과녁을 쏘듯이 화살을 내게 돌리고 있소. 예언술로 나를 빠뜨리려는 것이오. 대체 당신은 그전부터 나를 물건 다루듯 하고 짐짝처럼 흥정해왔소. …… 원한다면 이득을 얻고 거래를 흥정하오. 그러나 그자를 무덤에 묻어주어서는 안 돼. 아니 설사 제우스의 독수리가 그를 찢어 발겨서 그 신의 성좌에 가져간다 하더라도 그 깨끗하지 못함이 두려워서 매장을 허락하지는 않을 것이오. 어떤 사람이건 신들을 더럽힐 수 없다는 것을 나는 잘 알고 있기 때문이오. 그러나 테이레시아스 노인장, 아무리 현명한 사람이라도 탐욕 때문에 창피스런 아름다운 말로 덮어씌울 때, 창피하게 망하고 마는 것이오.[158]

---

157) Sophokles, *Anti*, 1023~1032.
158) Sophokles, *Anti*, 1033~1047.

위 인용문에서 크레온 왕은 테이레시아스가 이득을 위해 예언을 하는 것으로 매도한다. 크레온 왕은 "당신은 영리한 예언자이지만 악행을 좋아하는 자이다"(σοφὸς σὺ μάντις, ἀλλὰ τἀδικεῖν φιλῶν)[159]라고 말하면서, 돈을 위해 거짓 예언을 하는 것으로 비난한다.[160] 크레온 왕은 누가 매장되어야 하고 매장되지 말아야 하는지에 관한 그의 견해를 신이 동의하는 것으로 잘못 생각한다. 그는 자신이 신들의 뜻에 어긋나게 오만한 행위를 범하고 있음을 인지하지 못하는 것이다. 이것은 테이레시아스가 크레온 왕의 행위를 "과실"(ἁμαρτία)[161]이나 "성급한"(ἄβουλος) 또는 "불행한"(ἄνολβος)과 같은 말을 사용하여[162] 경고하고 있는 것을 통해서도 알 수 있다. 테이레시아스는 그의 첫 번째 연설을 마치면서 자신의 말은 어디까지나 호의에서 충고하는 것이고, 그것이 이익이 된다면 좋은 충고를 따르는 것이 불행해지지 않을 수 있는 길임을 강조한다.[163] 그러나 이에 대해 크레온 왕은 그것이 이익이 된다고 해서 수치스런 생각들을 번지르르한 말로 늘어놓아서는 안 된다고 응수한다.[164] 더 나아가 크레온 왕은 테이레시아스가 불의를 좋아하고, 그의 말은 거짓말이라고 비난한다.[165] 이러한 크레온 왕의 말은 결국 테이레시아스를 분노하게 만든다. 그래서 테이레시아스는 세속적이

---

159) Sophokles, *Anti*, 1059.

160) Sophokles, *Anti*, 1061.

161) Sophokles, *Anti*, 1025.

162) Sophokles, *Anti*, 1026.

163) Sophokles, *Anti*, 1031~1032.

164) Sophokles, *Anti*, 1045~1047.

165) Sophokles, *Anti*, 1054, 1059.

며 정치적인 조언가로서가 아닌 신의 예언자(μάντις)로서 크레온 왕의 비극적인 미래의 운명에 대한 본격적인 예언을 다음과 같이 한다.[166]

그렇다면 잘 들어두십시오. 지금부터 태양의 빠른 바퀴가 많이 돌기 전에, 당신은 당신 자신의 혈육 가운데 한명을 시신으로 바치게 될 것이오. 왜냐하면 그대는 지상에 속하는 자들 가운데 한 명을 아래로 밀어내고, 살아있는 자를 무자비하게도 무덤 속에서 살게 하는가 하면, 하계의 신들에게 속하는 시신을 장례도 치르지 않고, 매장도 하지 않은 채 욕보이며 지상에 붙들어두고 있기 때문이오. 시신들에 대해서는 그대에게도, 상계의 신들께도 권한이 없으며, 그대가 그렇게 하는 것은 신들께 폭행을 가하는 것이오. 그래서 나중에 복수하는 파괴자들인 하데스와 복수의 에리뉘에스 여신들이 그대를 노리고 있으며, 그대를 똑같은 재앙으로 엄습할 것이오.[167]

위에서 테이레시아스는 크레온 왕이 두 가지 정의를 위반했기 때문에 그의 아들이 죽을 것이라고 예언한다. 하나는 폴리네이케스를 대지의 어두운 자궁에 묻는 것을 거부함으로써 땅 아래의 신들의 정의를 유린했다는 것이다. 두 번째는 안티고네를 산채로 동굴 속에 감금하여 산자로 하여금 태양의 빛을 보지 못하게 함으로써 땅위의 신들의 정의도 유린했다는 것이다. 그리고 머지않아 집안에 사람들의 탄식소리가 들릴 것이고, 나라 전체에 크레온 왕에 대한 증오로 폭동이 일어날 것임을 경고한다. 테이레시아스는 자신을 활 쏘는 사람으로 비유하면서

---

166) Sophokles, *Anti*, 1060 이하 참조.
167) Sophokles, *Anti*, 1064~1076.

자신의 이러한 예언이 빗나가지 않고 정확하게 크레온 왕의 가슴을 관통할 것이라고 예언하고 떠난다. 크레온 왕이 아폴론 신의 예언자인 테이레시아스를 화나게 한 것은 곧 신을 노하게 한 것을 의미한다. 이것은 아폴론 신의 응징의 화살이 정확하게 크레온 왕을 향해 쏘아질 것임을 뜻한다. 결국 테이레시아스의 충언도 크레온 왕의 비극적 운명을 바꾸는 데 성공하지 못한 것으로 끝난다.

크레온 왕의 이후의 선택은 둘 중에 하나가 되는 것으로 생각할 수 있다. 테이레시아스의 충언에 따라 자신의 마음을 바꿔 폴리네이케스를 묻어주고, 또한 안티고네를 석방시켜 자신의 파멸을 벗어나든지, 아니면 계속해서 테이레시아스의 조언을 무시하고 자신의 고집과 체면을 세워 결과적으로 파멸하는 것이다. 여기서 크레온 왕은 코러스의 조언을 받아들여 자신의 자존심을 접고 테이레시아스의 조언을 따르고자 한다. 그러나 크레온 왕은 자신이 운명과 싸워서는 안 됨을 너무 늦게 깨달았다. 안티고네는 이미 자살했고, 그 뒤를 이어 아들 하이몬이 자살하였기 때문이다. 자결한 아들 하이몬의 시신을 안고 크레온 왕은 자신이 아들을 죽인 살해자라며 고통스러워한다. 그는 자신의 현명하지 못한 완고함이 아들 하이몬을 죽게 한 것임을 뒤늦게 깨달은 것이다.[168]

크레온 왕은 어떤 면에서 테이레시아스가 신의 예정된 운명에 관한 저주를 말하기 전에 자신의 운명을 책임질 수 있는 기회가 있었던 것으로 생각된다. 그는 사려 깊게 생각하여 국가의 실정법뿐만 아니라 신들의 법도 고려해서 폴리네이케스의 매장 방식에 관한 안티고네의 주

---

168) Sophokles, *Anti*, 1261~1269.

장을 보다 유연하게 수용할 수도 있었을 것이다. 그러나 그는 주어진 사태를 직시하고 문제를 현명하게 해결할 수 있는 기회를 갖고 있었으나 끝내 그것을 자기 것으로 만들지 못했다. 크레온 왕의 비극적 운명의 책임이 운명 자체가 아닌 크레온 왕 그 자신에게 돌려야 하는 이유가 여기에 있다. 이것은 크레온 왕의 파멸은 "다른 데서 온 것이 아니라 그 자신의 과실에서 온 것"(οὐκ ἀλλοτρίαν ἄτην, ἀλλ᾿ αὐτος ἁμαρτών)[169]이라고 말하는 코러스의 지적에서 분명하게 알 수 있다. 그러면 크레온 왕의 하마르티아는 구체적으로 어디에 그 원인이 있을까? 나는 크레온 왕의 성급하면서도 과도한 분노가 그 원인이라고 생각한다. 크레온 왕은 자신이 금한 폴리네이케스의 매장 금지를 안티고네가 어긴 것에 적합한 정도 이상의 과도한 분노를 표출한 것이다. 물론 크레온 왕의 매장 금지 명령이 정당하지 않은 것은 아니다. 크레온은 일국의 왕으로서 테바이를 공격한 폴리네이케스를 반역자로 규정하고 그에 상응하는 처벌을 내릴 왕으로서의 의무가 있었기 때문이다. 그러나 문제는 테이레시아스가 지적하는 것처럼 크레온 왕의 분노의 지속적인 완고함(αὐθαδία)이다.[170] 분노의 감정에 휘둘려 자신의 하마르티아를 고치고자 하지 않는 고집이 크레온 왕으로 하여금 이성적으로 테이레시아스의 충언을 인지하지 못하게 한 것이다.

크레온 왕은 "정의를 너무 늦게 보았고"(ὀψὲ τὴν δίκην ἰδεῖν),[171] 결국 아들이 죽은 이후의 고통과 불행을 통해 자신의 "과실"(ἁμάρτημα)

---

169) Sophokles, *Anti*, 1259~1260.
170) Sophokles, *Anti*, 1025~1028.
171) Sophokles, *Anti*, 1270.

을 "깨닫게"(μαθών) 된 것이다.[172] 그러나 크레온 왕의 불행은 이것으로 끝난 것이 아니다. 하이몬의 죽음에 관한 소식을 들은 에우뤼디케 역시 자살하였기 때문이다. 크레온 왕은 아내가 가슴을 찌르고 죽었다는 소식을 듣고 자신의 죄가 아내에게 전염된 것이라고 괴로워한다.[173] 이렇듯 크레온 왕은 분노에 눈이 멀어 자신의 파멸을 피할 수가 없었던 것이다. 그의 분노가 결과적으로 사랑하는 아내 에우뤼디케와 아들 하이몬의 죽음을 초래한 것이다. 크레온 왕은 뒤늦게 자신의 어리석음을 자책하면서, 더 이상 내일의 빛을 보지 말게 해줄 것을 요구하면서 다음과 같이 울부짖는다.

나를 길 밖으로 데리고 나가거라, 이 어리석은 인간을! 나는 본의 아니게, 내 아들아, 너를 죽였구나. 그리고 그대까지도, 내 아내여! 아아 나야말로 비참하구나. 나는 어디로 시선을 돌려야 하고, 어디로 향해야 할지 모르겠구나. 내 손에 있던 모든 것이 잘못되고, 내 머리위로 참을 수 없는 운명이 뛰어올랐음이라.[174]

작가 소포클레스는 『안티고네』의 마지막 부분에서 자신이 말하고자 한 바를 코러스의 다음과 같은 말을 통해 전달하고 있다.

지혜야 말로 으뜸가는 행복이라네. 그리고 신들을 향한 경의는 침범되어

---

172) Sophokles, *Anti*, 1271~1272.
173) Sophokles, *Anti*, 1317~1325.
174) Sophokles, *Anti*, 1339~1346.

서는 안 되는 법, 오만한 자들의 큰 소리는, 그 벌로 큰 천벌을 받게 되어, 늙어서 지혜를 가르쳐준다네.[175]

상술한 소포클레스의 두 작품 『오이디푸스 왕』과 『안티고네』에 대한 분석을 통해 우리는 한 나라의 왕의 분노가 공동체 전체의 운명을 결정할 수 있는 요인으로 작용함을 알 수 있다. 오이디푸스 왕은 통제되지 않은 분노 때문에 그의 아버지를 죽이고, 이러한 그의 폭력적인 분노는 결국 테바이라는 한 나라의 비극을 야기하는 원인이 된다. 마찬가지로 크레온 왕은 왕으로서의 역할에 충실하고자 하나, 그의 지나친 분노가 사태를 제대로 보지 못하게 함으로써 자신의 가족과 한 나라를 위기로 몰아넣는다. 이런 점에서 두 왕의 하마르티아가 분노와 밀접한 관련을 갖고 있음을 알 수 있다. 오이디푸스 왕과 크레온 왕의 비극적 운명과 그들이 통치했던 폴리스의 위기는 분노라는 감정이 이성적인 판단을 방해함으로써 야기되고 가속화된 경향이 있기 때문이다. 그러나 두 왕의 분노가 동일한 성격을 보여주는 것은 아니다. 오이디푸스 왕은 사건의 결말에 이르러 자신의 과실을 인정하고 그 비극적 결과를 수용하고자 하는 적극적 태도를 보이지만, 크레온 왕은 자신의 책임을 수용하는 데 소극적이다. 오이디푸스 왕이 자신의 선택에 의한 비극적 결과를 책임지고자 하는 도덕적 주체의 모습을 보여준다면, 크레온 왕은 자신의 비극적 운명 앞에서 절망하는 무력한 인간의 모습을 보여주기 때문이다. 오이디푸스 왕의 분노가 자신을 다시 탄생시키는 상승의

---

175) Sophokles, *Anti*, 1347~1353.

감정으로 변모한다면, 크레온 왕의 분노는 끝내 자신을 극복하지 못하는 절망과 후회의 감정으로 끝나는 것이다.

제2부

정치적 분노와
설득

고대 아테네에서 민회(ἐκκλησία)나 법정(δικαστήριον)과 같은 공적 영역에서의 결정은 주로 다수 시민에 의해 이루어졌다. 그렇기 때문에 다수 시민을 설득하기 위한 수사술이 중요한 위상을 차지한 것은 당연한 현상으로 볼 수 있다. 플라톤의 부정적 평가와 달리 수사술의 중요성을 간파한 아리스토텔레스에 따르면 설득(πειθώ)의 성공 요소는 "이성적 논증"(λόγος)과 "감정"(πάθος) 그리고 "성품"(ἦθος)이다. 설득을 성공적으로 담보해내고자 하는 연설가 내지 웅변가는 무엇보다 자신의 연설을 합리적인 추론을 통해 주장할 수 있어야 한다. 또한 연설자는 청중의 심리적 상태, 즉 감정을 고려하여 설득을 시도해야 한다. 청중의 감정 상태가 어떤 것인가에 따라 청중의 판단이 영향을 받아 달라질 수 있기 때문이다. 마지막으로 설득의 성공 요소로서, 말하는 자의 에토스가 중요하다. 청중들은 연설자의 "선의"(εὔνοια)나 호의, 그리고 그의 겸손한 연설 태도에 보다 더 설득될 수 있기 때문이다.[1] 아리스토텔레스가 제시하는 이러한 설득의 세 가지 요소들은 그것이 한 개인의 생·사가 걸린 법정 연설이나 한 국가의 정책결정이 이루어지는 민회에서의 연설일 경우 그 중요성은 불문가지(不問可知)라고 말할 수 있다. 상술한 설득의

---

1) Aristoteles, Rhet, I.2, 1356a 이하 참조. 아리스토텔레스에 따르면 법정에서의 성공적인 설득은 적절성(τὸ πρέπον)이 담보되어야 하는데, 이것은 특히 말하는 자의 성품과 청중의 파토스, 즉 감정이 중요하다(Aristoteles, Rhet, 3.7.1). 적절성은 소크라테스 시기에 중요한 주제였으며, 그래서 소크라테스는 이와 관련하여 연설이 상황이나 문제에 맞게 적절성을 담보하지 않으면 성공적일 수 없다고 말한다(Isokrates, against the Sophists, 13, 16~17 참조).

세 가지 요소 중 감정은 특히 분노와 밀접한 관련을 갖는다. 청중이 분노의 상태에 있을 경우 연설자의 주장은 합리적 논증 못지않게 청중의 감정에 의존하여 그 설득의 성공 여부가 판가름될 수 있기 때문이다. 이런 이유로 아리스토텔레스는 특히 청중의 분노를 자극하고 청중의 분노에 호소함으로써 연설의 목적을 성공적으로 달성할 수 있다고 본다.[2] 물론 이때 아리스토텔레스가 말하는 감정에 호소한 연설은 다중(多衆)의 분노와 같은 감정을 폴리스의 "공동선"(τὸ κοινὸν σύμφερον)과 "정의"(τὸ δίκαιον)로 정향시킬 수 있는 올바른 판단을 심어주기 위한 것이라고 말할 수 있다. 여기서 나는 정치적 영역과 같은 공적 영역에서 분노가 설득을 목적으로 하는 수사술(ῥητορική)과 맺는 상관관계에 주목하여 이에 관한 논의를 진행하고자 한다. 이것을 특히 기원전 4세기 고대 희랍에서 역사적인 재판으로 기록되고 있는 소크라테스의 아테네 법정 변론(Apologia)을 통해 접근하고자 한다. 소크라테스에 대한 재판은 정치적인 영역에서 정치적 설득의 성공이 왜 분노라는 인간학적 감정에 관한 심층적인 이해와 통찰에 상당 부분 의존하게 되는지를 단적으로 보여주는 역사적 사건이 되기 때문이다.

---

2) 예를 들어 아리스토텔레스는 다음과 같이 말한다. "개인의 판단은 그의 분노나 또는 어떤 다른 감정에 의해 압도될 때 타락하기 쉽다"(*Politica*, III$_{15}$, 1266a33~1266a36).

제3장

『소크라테스의 변론』편에 나타난
소크라테스의 법정 변론술과
아테네 법정 시민단의 분노

일반적으로 소크라테스는 예수 그리스도, 공자 그리고 붓다와 더불어 4대 성인 중 한사람으로 간주된다. 이런 이유로 소크라테스는 서양 철학사에서 일종의 신성한 소(sacred cow)로 비유되곤 한다.[3] 그런데 이러한 대(大) 철학자이자 현인으로 일컬어지는 소크라테스가 아테네 법정에서 사형을 구형받고, 독약을 마시고 그의 철학적 삶을 마치게 되었다는 사실은 상당히 비극적인 일이라고 말하지 않을 수 없다. 더군다나 다른 정체(政體)도 아닌, 우리가 현대 민주주의의 원류라고 말할 수 있는, 그래서 좋은 정체로 평가받는 아테네 민주정의 법정판결에 의해 죽임을 당했다는 사실은 상당히 아이러니하면서도, 의아한 사건으로 받아들여진다. 그러면 아테네 시민의 영혼을 선($\tau\grave{o}$ $\mathring{\alpha}\gamma\alpha\theta\acute{o}\nu$)과 정의($\delta\acute{\iota}\kappa\eta$)와 같은 덕($\mathring{\alpha}\rho\acute{\epsilon}\tau\eta$)의 길로 인도하고자 자신의 전 생애

---

3) 소크라테스의 죽음이 서양문화에 준 영향과 평가와 관련해선 Wilson, Emily, *The Death of Socrates*, Harvard University Press, 2007 참조.

를 바쳤다고 강변하는 철학자 소크라테스는 어떤 이유로 독약이 든 잔을 마실 수밖에 없었을까? '좋은 정체'(ἀγαθὴ πολιτεία)가 '성인'이라고 불리는 한 '선인'(ἀγαθὸς ἀνηρ)을 죽이는 것은 모순이라 생각되기 때문이다. 이것은 또한 소크라테스의 변론과 관련하여 다음과 같은 물음들을 잇달아 제기하게 한다. 그것은 '어떻게 소크라테스처럼 대화술(διαλεκτική)이 뛰어난 사람이 아테네 법정에서 자신의 변론을 성공적으로 이루어내지 못했을까' 하는 것이다. 또한 이세고리아(ἰσηγορία)나 또는 파레시아(παρρησία)[4]와 같은 '언론의 자유'를 민주주의의 기본적인 정신으로 표방한 아테네 민주정하에서 어떻게 '바른 말'을 열정적으로 실천한 한 철학자가 재판에 기소되어야만 했을까 하는 점이다.

상술한 아포리아(ἀπορία)들에 대한 가능한 답을 찾기 위해 플라톤의 『소크라테스의 변론』(Apologia Socratis) 편을 분석할 것이다. 특히 이 작품에 나타난 1차 재판과 2차 재판 그리고 최후진술에서의 소크라테스의 고유한 수사술로서의 에이로네이아(εἰρωνεία)와 메갈레고레이아(μεγαληγορία)적 변론 방식에 주목할 것이다. 이 두 연설 방식에 주목하는 이유는 그러한 수사술적 방식이 아테네 법정 시민단의 정치

---

4) 이세고리아(ἰσηγορία)는 민회와 같은 공적 영역에서 '동등하게 말할 수 있는 권리'로, 파레시아(παρρησία)는 어떠한 주제이든 비판적으로 올바른 말을 할 수 있는 정신을 의미하는 것으로 양자 모두 아테네 민주주의가 표방했던 이소노미아(ἰσονομία), 즉 법 앞의 말의 자유평등 사상을 구현하기 위한 모토라고 말할 수 있다. 이와 관련해선 Platon, *Pol*, VIII, 557b. Demosthenes, *Third Philippic*, 3. Thucydides, *Pericles: Funeral Oration*, 2. 35~46. Herodotus, *Historia*, V. 78. Isocrates, *Areopagiticos*, 20. 이와 관련된 보다 상세한 논의는 손병석, 「전자 민주주의와 참여민주주의: 몸의 확장을 넘어서 덕의 고양으로」, 『철학연구』, 36집, 2008, pp. 123~132 참조.

적 분노를 야기하여 결과적으로 그를 죽음에 이르게 한 주요한 원인들 중 하나로 작용한 측면이 있기 때문이다. 이러한 작업이후에 아테네 시민들(δῆμος)의 분노를 염두에 두면서 소크라테스가 왜 죽어야만 했는지에 대한 원인 규명을 시도할 것이다. 이러한 작업은 그의 기소명으로 제시되는 '불경건죄'와 '아테네 청년 타락죄'의 진위성에 관한 비판적 검토를 통해 진행될 것이다.

1. 소크라테스의 변론술로서의 에이로네이아와 메갈레고리아

소크라테스의 재판에 관한 보고를 하고 있는 중요한 두 작품으로 플라톤과 크세노폰(Xenophon)의 『소크라테스의 변론』 편을 들 수 있다.[5] 이중 플라톤의 『소크라테스의 변론』에 나타난 법정변론술을 주된 분석 대상으로 삼을 것이다. 이 작품에서 나는 소크라테스의 법정 수사술이 왜 아테네 시민 배심원단의 지지와 공감을 이끌어내는 성공의 설득술이 아닌 실패의 설득술이 될 수밖에 없었는지에 주목하여 분석을 시도할 것이다. 특히 소크라테스의 에이로네이아(εἰρωνεία)와 메갈레고

---

5) 크세노폰의 메모라빌리아(Memorabilia)나 디오게네스 라에르티우스의 작품 『철학자들의 삶』에서도 소크라테스에 관한 정보를 얻을 수 있다. 이들 작품들은 '소크라테스의 재판'에서의 기소명과 관련된 논의를 할 때 보다 자세히 다룰 것이다. 소크라테스에 관한 여러 작가들의 보고의 신뢰성에 관한 논의는 G. Mueller, "Another Approach to Socrates", *International Journal of Ethics*, vol. 43/4, 1933, pp. 429~439 참조. 특히 크세노폰에 대한 상반된 평가에 대해선 Luis E. Navia, "A Reappraisal of Xenophon's Apology", *New Essays on Socrates*, E. Kelly(edit), University Press of America, 1984, pp. 47~62 참조.

리아(μεγαληγορία)적 말하기 방식에 초점을 맞추어 논의가 이루어질 것이다. 이 두 변론 방식은 기존의 법정 변론 수사술에서는 찾기 힘든 소크라테스만의 고유한 법정 변론술로, 아테네 법정 배심원의 판결에 일정 정도 영향을 준 것으로 생각되기 때문이다.

먼저 소크라테스의 법정 변론술로서의 '에이로네이아'와 '메갈레고레이아'는 당시의 고대 희랍에서 사용되던 설득술과는 다른 유형의 수사술임이 강조될 필요가 있다. 일반적으로 에이로네이아는 소크라테스가 아테네 폴리스의 시민들과 대화하기 위한 일종의 대화 유인술이다. '덕이 무엇인가'를 알기 위한 소크라테스적 대화술(διαλετική)의 첫 번째 단계에서 사용되는 방식이 바로 에이로네이아이다. 소위 기만이나 속임수라는 부정적 의미가 함축된 말로 이해할 수 있다. 소크라테스는 아무것도 알지 못하는 척 가장하고 대화 상대자를 대화로 끌어들인다. 예를 들어 용기란 무엇인가를 논의하는 『라케스』(Laches) 편에서 소크라테스는 여러 차례의 전투에서 장군으로 참전했던 라케스를 대화로 끌어들인다. 그래서 그로부터 '용기란 두려움을 향해 앞으로 전진하는 것이다'라는 교훈을 얻어낸다. 그러면 소크라테스는 '용기란 때로 일보 전진을 위해 이보 후퇴할 때도 있지 않은가' 하는 반례를 제시하여, 다시 대화 상대자로 하여금 보다 보편적인 정의를 제시하도록 유도한다.[6] 이런 방식으로 소크라테스는 용기에 관한 앎을 갖지 않은 척하는 에이로니코스(εἰρωνικός)로서의 역할을 하면서 자신의 문답법적 철학을 계속 전개하는 것이다.

---

6) Platon, *Laches*, 190e, 193a~193b, 194c~195b, 197b 이하 참조.

그런데 이러한 에이로네이아적 대화술은 『변론』 편에서 소크라테스가 자신의 변론을 시도하는 가운데서도 나타난다. 중요한 것은 소크라테스가 이러한 에이로네이아적 변론술을 기소자들의 주장을 논박하기 위한 진지한 수사술로 사용하고 있다는 점이다. 즉 기만이나 속임수의 수사술이 아닌 정의(正義)를 밝히기 위한 수사술로 채택하고 있다. 문제는 '소크라테스적 의미의 진지한 에이로네이아적 변론술이 아테네 배심원단의 분노를 자극하는 역기능의 수사술로 작용하지는 않는가' 하는 점이다. 플라톤의 여러 작품들 속에서 대화 상대자들의 미움과 분노를 발생시킨 것처럼,[7] 아테네 폴리스(polis)의 시민들의 영혼을 선과 정의로 계몽시키고자 한 소크라테스의 에이로네이아가 재판 과정에서도 마찬가지로 아테네 배심원단의 분노를 야기하는 실패한 설득술로 나타난다는 것이다.[8]

---

7) 대표적으로 『메논』 편에서 아니토스(Anytos)의 소크라테스에 대한 분노와 경고를 들 수 있다(Platon, *Menon*, 94e~95a 참조).

8) Vasiliou에 따르면 소크라테스는 『변론』 편에서 일반적인 의미의 에이로네이아가 아닌 역(逆)에이로네이아(reverse eironeia)를 사용한다고 주장한다. 일반적인 의미의 에이로네이아는 '조건적 아이러니'(conditional irony)로서 이것은 소크라테스가 자신의 대화술을 전개하기 위한 첫 번째 단계의 유형이라 말할 수 있다. 즉 대화 상대자를 대화에 끌어들이기 위한 '무지의 가장'이라 말할 수 있다. 그렇기 때문에 대화 상대자는 소크라테스가 에이로니코스(eironikos)로서 말하는 것을 눈치 채지 못한다. 그러나 이와 달리 『변론』 편에서 소크라테스가 사용하는 주된 에이로네이아는 직설적이면서도 자신감 있게 자신의 뜻과 의도를 밝혀 말하는 역(逆)에이로네이아라고 말할 수 있다. 역에이로네이아적 변론 방식을 통해 말하기 때문에 청중들은 소크라테스를 에이로니코스로 인식할 수 있다. Vasiliou의 주장에 따르면 그렇기 때문에 이러한 역에이로니아는 청중으로 하여금 분노를 일으킨다(I. Vasiliou, "Socrates' Reverse Irony", *The Classical Quarterly*, vol. 52/1, 2002, pp. 221, 223). 조건적 에이로네이아에 대한 상세한 논의는 동일인, "Conditional irony in the Socratic Dialogues", *Classical Quarterly*, 49.2, 1998, pp. 456~472 참조. 일반적인 의미의 에이로네이아와 관련된 논의는 D.

소크라테스의 또 다른 변론 방식으로서의 메갈레고레이아 (μεγαληγορία)는 소크라테스가 법정 변론에서 보여준 '오만하게 말하는' 태도를 의미한다. 말 그대로 '크게(μέγα) 말하는'(άγορεύω) 것이다. 이것은 소크라테스가 자신의 철학적 삶과 행위의 정당성을 당당하게 말하는 태도이다. 그러나 이러한 말하기 방식은 아테네 시민법정단의 분노를 자극하고 결과적으로 실패한 변론술로 드러난다. 현상적으로 나타나는 메갈레고레이아적 말하기 방식은 소크라테스의 겸손한 에토스를 보여주는 것이 아니라, 청중을 경멸하는 모욕적인 말하기 태도로 나타나기 때문이다.[9] 이제 나는 아래에서 『변론』 편의 소크라테스의 재판을 1차 재판과 2차 재판으로 각각 나누어 그 속에 나타난 에이로네이아와 메갈레고레이아적 변론방식을 살펴보도록 하겠다.

1) 1차 재판에 나타난 소크라테스의 변론술

『변론』 편 모두(冒頭, προοίμιον)에서, 소크라테스는 자신의 유·무죄를 가리는 1차 재판의 변론을 본격적으로 개진하기 전, 기존의 법정에서 사용된 연설 방식 내지 수사술이 아닌 자신만의 연설 방식을 통해 변론을 시도할 것임을 다음과 같이 분명히 한다.

Wolfsdorf, "The Irony of Socrates", *The Journal of Aesthetics and Art of Criticism*, Vol. 65/2, 2007, pp. 175~187. L. Edmunds, "The Practical Irony of the Historical Socrates", *Phoenix*, vol. 58.3/4, 2004, pp. 193~207 참조.

9) 뒤에서 다시 언급하겠지만 이와 관련하여 크세노폰(Xenophon)은 소크라테스가 자신의 법정 변론술로서의 메갈레고레이아와 에이로네이아가 실패의 수사술이 될 것임을 이미 알고 있었다고 보고한다(Xenophon, *Apologia*, 1~9 참조).

이 사람들은 제가 말씀드리듯 진실이라곤 거의, 아니 전혀 말하지 않았습니다. 반면에 여러분께서는 저한테서 모든 진실을 들으시게 될 것입니다. 그렇지만 아테네인 여러분! 맹세코 여러분께선 이들의 경우처럼 미사여구의 연설도, 정연한 연설도 저한테서는 듣지 못하시고, 그때그때 생각나는 낱말들로 되는대로 말하게 되는 걸 들으시게 될 것입니다. 이는 제가 말하는 것들이 올바른 것들이라 제가 믿기 때문입니다. 그리고 여러분께서는 어느 누구도 달리 기대하는 일이 없도록 하십시오. 여러분! 이 나이에 마치 철부지처럼 말을 꾸며대면서 여러분 앞에 선다는 것은 어울리지 않을 것임이 분명하겠기에 말씀합니다 …… 지금 저는 나이 일흔이 되어서 처음으로 법정에 섰습니다. 따라서 저는 이곳의 말투에 대해서는 그야말로 생소합니다. …… 지금 여러분께 이를, 즉 말하는 방식에 대해서는 괘념치 말기를 청하는 것은, 적어도 제가 생각하기로는 정당할 것 같군요. 말투야 어쩌면 더 못할 수도, 어쩌면 더 나을 수도 있을 테니까요. 하지만 여러분께서는 제가 올바른 것들을 말하는지 또는 그렇지 않은지, 바로 이 점을 살피시고 또 이 점에 유의해주시기를 청합니다. 재판하는 사람(배심원)의 덕(ἀρέτη)은 이것인 반면에, 변론하는 사람의 덕은 진실을 말하는 것이기 때문입니다.[10]

위 인용문에서 소크라테스는 자신은 언변에 능숙치 않지만 그럼에도 불구하고 자신의 진술은 "진실"(ἀλήθεια)을 말하는 것이라고 강변한다. 소크라테스의 변론 도입 부분이 역사상의 소크라테스가 실제로

---

10) Platon, *Ap*, 17b~18a. 『변론』 편의 번역은 기본적으로 박종현 역을 따른다. 그러나 문맥상 더 적절한 번역이 필요한 경우 필자가 직접 번역했다.

법정에서 말한 것인지, 아니면 소크라테스의 다소 오만한 연설방식을 보다 부드럽게 만들기 위한 플라톤의 기술적 윤색인지의 여부는 정확하게 알기 어렵다. 그러나 어느 경우든 부인(否認)하기 어려운 것은 소크라테스에게 중요한 것은 변론의 형식이 아니라 내용이다. 즉 재판은 기본적으로 정의(δικαία)에 근거한 진실을 판가름하는 것을 목적으로 해야 한다. 소크라테스의 신념에 따르면 변론하는 자는 오로지 진실만을 말해야 하고, 판결하는 자는 옳고 그름을 공정하게 가려야 하는 것이다. 그러나 소크라테스가 보기에 일반적인 의미의 법정 수사술은 배심원단의 감정에 호소하여 그들의 독사(δόξα),[11] 즉 의견을 유리하게 이끌어내기 위한 아첨의 수사술로 전락하였다. 잘 알려진 것처럼 소크라테스는 일반적인 의미의 수사술을 "아첨술"(κολακεία)로 간주하면서 수사술에 대한 강한 불신을 갖는 것이 사실이다.[12] 우리는 이것을 『고르기아스』편에서 웅변가와 의사가 법정에서 질병에 관한 문제를 두고 논쟁하는 경우를 통해 확인할 수 있다. 이곳에서 소크라테스는 누가 질병 치료의 적임자인가의 논쟁에서 의사가 아니라 웅변가가 자신의 수사술을 이용해 판관의 결정을 자신에게 유리하게 이끌어낼 수 있을 것이라고 비아냥거린다.[13] 수사술에 대한 소크라테스의 이러한 부

---

11) δόξα라는 말은 "어떠한 것으로 보이다"라는 동사 δοκέω(미래형 δόξω)와 "보이다"라는 동사 δείκνυμι(미래형 δείξω)의 어근 de와 관련을 가지며, 흔히 신념, 의견, 견해 또는 판단으로 번역된다(L. M. Regis, *L'Opinion selon Aristote*, Publications de L'Institut D'Etudes Medievales D'Ottawa, Paris, Ottawa, 1935). δόξα는 이러한 의미들을 다 포함하는 것으로 생각되기 때문에 여기서는 이 말을 음역하여 독사 또는 라틴어화시킨 doxa, 또는 의견, 판단이라는 표현을 혼용하여 사용할 것이다.

12) Platon, *Gorgias*, 463a~463b, 462c.

13) Platon, *Gorgias*, 456b~456c.

정적인 견해를 고려할 때 소크라테스가 자신의 생사가 걸린 중요한 재판을 시작하면서 아첨의 수사술적인 변론 방식을 취하지 않겠다는 선언은 그의 진정성과 진지함이 반영된 것으로 볼 수 있다.[14] 그 반대로 소크라테스는 설사 설득에 실패하더라도 자신은 오로지 사실과 진실에 근거해 자신의 법정 진술을 진행할 것을 분명하게 밝힌다.[15] 그것은 수사술적 변론 형식을 신경 쓰기보다는 진리에 근거한 정의를 말하는 것이 중요하며, 배심원단 역시 정의가 무엇인지를 판단하는 것이 중요하기 때문이다.

그렇다면 위 인용문에 나타난 것처럼 자신의 변론 방식에 대한 양해를 구하는 소크라테스의 진술이 아테네 배심원단의 판결에 어떤 영향을 준 것으로 볼 수 있을까? 이 물음에 대한 가능한 답을 우리는 『변론』 편 34b~34c 부분에 나타난 소크라테스 자신의 다음과 같은 언급을 통해 알 수 있다.

> 하지만 혹시 여러분 가운데서 누군가가 자신의 경우를 상기하게 되시어 언짢아하실 수도 있겠습니다. 혹시나 자신은 이 소송보다도 더 작은 소송으로 법정다툼을 하면서도 최대한 동정을 사기 위해서, 자기의 아이들과

---

14) D. Jacquette, "Socrates on Persuasion, Truth, and Courtroom Argumentation in Plato's Apology", *Inquiry*, vol. 22/4, 2003, pp. 40~41 참조.

15) 소크라테스의 변론이 기소자들에 대한 실질적인 답변에 실패했을 뿐만 아니라 소크라테스의 응답 형태가 희극작가 아리스토파네스가 묘사한 소피스트로서의 소크라테스에 보다 유사한 것으로 보는 입장은 Gontar에 의해 주장된다(D. P. Gontar, "The Problem of the Formal Charges in Plato's Apology", *Tulane Studies in Philosophy*, vol. 27, 1978, pp. 89~101 참조.

그 밖의 친척들 그리고 많은 친구를 데리고 와서는 재판관들에게 많은 눈물을 흘리며 빌고 탄원한 일이 있었는 데도, 저는 결국 이런 유의 짓을 전혀 하지 않게 되면 말씀입니다. 그것도 그 사람이 보기에는 제가 최대의 위험에 직면해 있는 데도 말씀입니다. 따라서 누군가는 이런 생각을 하고서 어쩌면 저에게 한층 더 완강해져서는 바로 이것들로 해서 화가 나서 홧김에 투표를 하게 될 수도 있을 것입니다.[16]

위 인용문에서 소크라테스는 기존의 설득을 위한 다양한 수사술적 수단을 사용하지 않을 것임을 분명히 한다. 무죄방면을 받기 위해 가족이나 친구들을 동원하여 눈물을 흘리면서 배심원단의 감정에 호소하지는 않겠다는 것이다. 문제는 이러한 소크라테스의 언급이 당시의 시민 배심원단에게 어떻게 받아들여졌는가 하는 것이다. 앞서 살펴본 것처럼, 분노는 상대방으로부터 모욕을 당했을 때 갖게 된다. 그리고 이러한 모욕의 형태는 경멸이나 악의, 질투와 같은 것들이다. 그렇다면 법정에서 단지 재판관들의 감정에 호소하여 동의와 공감을 이끌어내기 위한 수사술적 수단들을 결코 사용하지 않을 것이라는 소크라테스의 말은, 배심원단의 입장에서 보면, 자신들에 대한 경멸과 모욕의 말로 생각될 여지가 다분히 있다. 위 인용문에서 소크라테스 자신이 아테네 시민 배심원단이 "홧김에 투표를"(μετ' ὀργῆς τὴν ψῆφον) 할 수도 있을 것이라고 말하는 것도 이러한 상황을 염두에 두고 말한 것으로 이해할 수 있다. 문제는 아테네 시민배심원단 입장에서 볼 때 소크라테

---

16) Platon, *Ap*, 34b~34c.

스의 이런 언급이 배심원단이 진실보다 감정적인 호소에 영향을 받아 판결을 내린다는 소크라테스의 불신이 반영된 것으로 이해될 수 있다는 점이다. 다시 말해 진실에 근거한 진술만을 할 것이며, 가족이나 친구를 동원한 감정적 호소를 하지 않겠다는 소크라테스의 말은 법정 배심원단에게 에이로네이아적 수사술로 비추어졌을 가능성이 컸다는 것이다. 소크라테스는 자신을 재판하는 아테네 법정을 정의의 심판장이 아닌, 아첨이나 동정심의 수사술에 의해 좌지우지되는 우중(愚衆)들의 심판장으로 폄하하면서 자신은 그러한 아첨의 수사술에 의존하지 않겠다는 도덕적 우월성을 강조하는 것으로 보일 수 있기 때문이다. 이렇듯 소크라테스는 재판의 모두(冒頭)에서 아테네 다수 시민들의 집합적 판결을 불신하는 에이로네이아적 변론 방식을 사용함으로써 아테네 시민배심원단을 모욕하고 결과적으로 분노심을 갖게 하는 것으로 보인다.

다음으로 소크라테스의 법정 변론술이 기본적으로 메갈레고레이아적 태도, 즉 오만함을 보여주는 것으로 볼 수 있는 경우는 델포이 신탁을 인용하는 데서 알 수 있다. 소크라테스에 따르면 자신의 친구인 카이레폰이 델포이 신탁소에 가서 소크라테스보다 더 현명한 자가 있는지를 물었고, 이에 피티아(Pythia), 즉 여사제는 "아무도 더 현명한 자는 없다"(μηδένα σοφώτερον εἶναι)[17]고 말했다는 것이다. 소크라테스가 이러한 신탁의 말을 인용하는 것은 자신에 대한 선입견과 잘못된 평판을 갖게 한 구 고발인들의 비판[18]이 잘못된 것임을 논박한 다음에 제시

---

17) Platon, *Ap*, 21a.
18) 플라톤의 『변론』편에 나타난 소크라테스의 주요 기소인은 크게 두 종류로 나눌 수 있다.

된다. 다시 말해 소크라테스는 현재의 고발인들 이전에 다수시민들에게 자신을 무신론자이자 교묘한 논리를 가르치는 소피스트로 생각하게끔 한 과거의 첫 번째 고발인들이 있음을 언급하고, 그들의 공격이 실상 근거가 없음을 지적한다.[19] 그런데 잇따르는 의문은 '그렇다면 소크라테스에 대한 나쁜 평판과 비난은 어떤 이유에서 발생하였는가?'[20] 하는 것이다. 소크라테스의 델포이 신탁 인용은 바로 이러한 의문에 대한 응답으로 제시되고 있다. 그것은 소크라테스의 친구 카이레폰이 델포이 신탁소에 가서 과감하게 누가 가장 현명한가를 물었고, 델포이 신탁은 '소크라테스보다 더 현명한 자는 없다'라고 말하였다는 것이다. 그리고 이러한 신탁을 들은 소크라테스는 신이 거짓말을 할 리는 없기 때문에 여기에는 어떤 신의 보이지 않는 메시지가 담겨 있는 것으로 생각을 하고, 그 말의 의미를 밝히고자 하였다는 것이다. 그 방법은 소크라테스 자신보다 현명한 자를 한 명이라도 찾아내는 것이다. 소크라테스 입장에선 현명한 자를 찾는 작업은 어느 경우든 의미 있는 일이 된다. 소크라테스보다 현명한 자를 만나게 되면 신탁이 잘못 예언한 것이 되고, 만나지 못하게 되면 소크라테스 자신이 어떤 이유로 가장 현명한 자가 되는지 알게 되기 때문이다. 이처럼 아포리아적인 신탁의 의

───────────────

첫 번째 고발인들은 구 고발인으로 묘사되며, 이들은 구체적으로 거명할 수 없는 다수의 고발인들이다. 소크라테스는 이들 다수의 과거의 고발인들이 현재의 고발인들에게 자신에 대한 나쁜 선입관을 강하게 갖게 한 것으로 비판한다. 이들 구고발인들 중 소크라테스가 대표적으로 언급하는 사람이 희극작가 아리스토파네스이다(18a 이하 참조). 아리스토파네스에 관한 상세한 논의는 뒤의 '소크라테스의 죽음과 그 원인'에 관한 논의를 하면서 보다 자세히 다룰 것이다.

19) Platon, *Ap*, 18b~18c.

20) Platon, *Ap*, 20c.

미를 규명하기 위한 사명을 품고 소크라테스는 소위 자신의 변증법적 대화술을 갖고 각 분야의 지자들을 만나기 시작했다는 것이다.

먼저 폴리스의 통치술을 알고 있는 것으로 간주되는 정치인들을 만났으나, 이들은 정작 폴리티케 테흐네(πολιτικὴ τέχνη), 즉 정치적 기술을 갖고 있지 않은 사이비(似而非) 정치인들에 불과했다.[21] 다음으로 시인들을 만나 대화했으나 이들 역시 신에 의해 주어진 말만을 전해줄 뿐, 앎을 통해 설명하지 못하는 것으로 판명났다.[22] 그래서 이번에는 장인들을 만나 대화했으나, 이들은 생산을 위한 기술적 지식을 소유하고는 있었으나 정작 가장 중요한 덕에 관한 지식은 소유하지 않음을 알게 되었다.[23] 소크라테스가 'X는 무엇인가?'의 문답법적 방식을 통해 지자(知者)라고 하는 정치가, 시인들 그리고 장인들을 만나 확인한 결과는 그들이 실질적으로는 '알지 못하는 자'들이라는 것이다. 반면에 이들과의 대화를 통해 소크라테스가 깨달은 중요한 사실은 자신은 모르고 있음을 알고 있다는 사실이다. 다시 말해, 소크라테스와 다른 대화자들 사이의 유일한 차이는 무지(無知)의 자각인 것이다. 다른 대화자들은 자신의 무지를 깨닫지 못함에 반해 소크라테스는 자신의 무지를 자각하고 있는 것이다.

결국 이러한 철학적 대화의 여정을 통해 소크라테스는 델포이 신탁이 왜 자신을 가장 현명한 자라고 말했는지를 알게 되었다. 그것은 소

---

21) Platon, *Ap*, 21c~21d. 플라톤의 소크라테스가 생각하는 정치적 기술에 관한 상세한 논의는 손병석, 「정치적 기술(politike techne)과 공적 합리성-프로타고라스와 플라톤의 견해를 중심으로」, 『철학』, 75권, 2003, pp. 49~80 참조.

22) Platon, *Ap*, 22a~22c.

23) Platon, *Ap*, 22c~22e.

크라테스 자신만이 모르고 있음을 알고 있다는 사실 때문이다. 그리고 신의 이러한 신성한 활동을 충실히 행하도록 신이 하나의 "모델로 만든"(παράδειγμα ποιούμενος)[24] 사람이 바로 소크라테스인 것이다. 소크라테스에 따르면 신이 자신에게 내린 사명은 무지의 자각을 통해 바로 신의 앎에 비해 인간적인 지식이 얼마나 불완전한 것인가를 궁극적으로 인간들에게 깨닫도록 하기 위한 것이다. 결국 이러한 것들을 고려할 때 소크라테스는 "신에 따른"(κατὰ τὸν θεόν) 의무를 다하기 위해 논박술(ἔλεγχος)을 행하다가 부당하게 법정에 기소된 것이다. 그런데 소크라테스 입장에서 볼 때 그러한 철학적 탐구 활동은 강요에 의한 필연성에 따라(ἀναγκαῖον)[25] 또는 노고를 통해(μόγις πάνυ)[26] 이루어진 것이다. 그렇기 때문에 소크라테스는 자신이 신의 뜻을 이루기 위한 수단으로 생각한다. 이것은 소크라테스가 자신을 변론하면서 내내 "고통을 당했다"(λυπούμενος)라든지 "미움을 받게 되었다"(ἀπηχθό νμην)[27]와 같은 수동형 분사나 동사를 통해 표현하고 있는 데서도 알수 있다. 정치인이나 시인 또는 장인에게 행한 엘렝코스(elenchos), 즉 논박술의 행사 주체는 소크라테스라기보다는 신으로 이해되어야 한다는 것이다.[28] 그렇기 때문에 소크라테스 입장에서 자신은 아폴론 신

---

24) Platon, *Ap*, 23b.

25) Platon, *Ap*, 21e.

26) Platon, *Ap*, 21b.

27) Platon, *Ap*, 21d~21e.

28) P. S. R. Metcalf, "The Philosophical Rhetoric of Socrates' Mission", *Philosophy and Rhetoric*, vol. 37/2, 2004, pp. 145~146. M. Stokes, "Socrates' Mission", in *Socratic Questions*, B. Gower and M. Stokes(eds.), Loutledge, 1992, pp. 61~62 참조.

의 종복으로서 신의 뜻을 확인하기 위한 봉사를 충실히 "분주하게"(α σχολία)[29] 행하다가 기소당한 무고한 피해자이다.[30] 다시 말해 소크라테스는 그와 대화를 나누었던 많은 사람들의 분노와 미움에 의해 부당하게 법정에 기소된 것으로 믿는 것이다. 소크라테스의 법정 변론 방식이 에이로네이아와 메갈레고레이아적 수사술을 통해 이루어진 데는 이렇듯 소크라테스 자신의 무고함에 대한 분노가 반영된 것으로 이해할 수 있다.

그러면 이러한 신탁의 말을 인용하면서 자신의 무고함을 주장하는 소크라테스가 아테네 배심원들에게 어떻게 비춰졌을까? 일단은 소크라테스의 신탁에 관한 인용은 자신에 대한 나쁜 평판이 왜 있게 되었는지를 설명하기 위해 도입된 측면이 있고, 또 일정 정도 타당한 설명력을 갖고 있는 것으로 보인다. 좀 더 설명하면, 신탁의 인용은 첫째로, 자신에 대한 나쁜 편견과 평판이 어떤 이유로 있게 되었는지에 관한 응답을 제시하는 효과가 있고, 둘째는 자신의 철학적 캐물음의 활동이 신의 사명을 받들어 이루어진 것이고, 이런 점에서 무신론자라는 자신에 대한 오명에서 벗어날 수 있는 근거가 될 수 있기 때문이다. 그러나 나는 철학적 대화의 여정이 신탁의 말을 확인하기 위해 시작했다는 소크라테스의 말은 법정 배심원단에게 메갈레고리아적 수사술의 측면이 있는 것으로 생각되었다고 본다. 달리 말해 '소크라테스보다 더 현명한 자는 없다'라는 신탁의 말을 인용하면서 소크라테스는 신의 전지적 능력을 깨닫고 신에 대한 경건함을 가져야 함을 강조함과 동시에 신

---

29) Platon, *Ap*, 23b.

30) Platon, *Ap*, 23b~23c.

에 의해 선택된 최고의 현자가 자신임을 부각시키고 있는 것으로 생각되기 때문이다.[31] 다시 말해 신이 소크라테스를 그러한 신의 뜻을 전하기 위한 모델로 삼았다는 말은 소크라테스 자신이 신의 특별한 대리자임을 공언하고 있기 때문이다. 또한 델포이 신탁이 소크라테스로 하여금 구체적으로 어떤 행동을 하도록 명령하거나 지시하지 않았다는 점 역시 소크라테스의 캐물음의 철학적 행위가 갖는 정당성을 의심스럽게 만든다.[32] '소크라테스보다 더 현명한 자가 없다'라는 신탁의 말이 곧 신이 소크라테스를 자신의 종복으로 삼아 아테네의 각 분야의 전문가들을 만나 논박술을 통해 무지의 지를 깨닫도록 하라는 의미로만 해석될 수는 없기 때문이다.[33] 그러나 소크라테스는 자신의 철학적인 대화 활동이 신의 뜻에 따라 이루어진 것임을 다음과 같이 역설한다.

'인간들이여! 그대들 중에서는 이 사람이, 즉 누구든 소크라테스처럼, 지혜와 관련해서는 자신이 진실로 전혀 보잘 것 없다는 사실을 깨달은 자가 가장 지혜로운 자이니라'라고 말하려 한 것처럼 말씀입니다. 그러니까 이 때문에 저는 아직까지도 그 신으로 하여 돌아다니면서 같은 시민들 가운

---

31) R. Woolf, "Socratic Authority", *Archiv fur Geschchte der Philosophie*, Bd., s. 1~2 참조.
32) Hackforths는 신이 말한 것을 확인하기 위한 소크라테스의 탐구 활동은 신의 권위에 도전하는 모순된 것으로 본다(R. Hackforth, *The Composition of Plato's Apology*, Cambridge Univ. Press, 1933, pp. 88~103, 특히 93 참조). 같은 입장이 Lard의 글에서도 확인된다(E. C. de Lard, "Socrates' Response to the Divine in Plato's Apology", *Polis*, vol. 24/2, 2007, pp. 193~202).
33) E. C. de Lara, 2007, pp. 193~194.

데서도 또는 다른 나라 사람들 가운데서든 누군가 지혜로운 것으로 생각되는 사람이면 찾아가서 살펴보고 있습니다. 그리고서 제가 보기에 그 사람이 지혜롭지 못한 것으로 여겨지는 때에는, 저는 그 신을 도와 그가 지혜롭지 못하다는 것을 지적해줍니다. 그리고 이러한 분주함으로 해서 나라일이나 집안일을 돌보는 일을 등한시하게 되고, 오히려 신에 대한 이 봉사로 해서 저는 지독하게 가난한 신세가 되었습니다.[34)]

위 인용문에서 알 수 있는 것처럼 소크라테스는 신탁의 말을 인용하면서 자신의 철학적 활동이 신의 사명에 의해 행해진 일임을 부각시킨다. 소크라테스는 실제로 알고 있지 않은데 알고 있는 것으로 잘못 알고 있는 다수의 시민들을 계몽시킨 자신의 존재성을 함께 강조하는 것이다. 그리고 그는 자신의 가난함 역시 이러한 신의 뜻을 받들어 봉사하는 데서 비롯한 것으로 말한다. 그런데 문제는 소크라테스의 이러한 변론 방식이 아테네 배심원단들에게 지적 자만심을 보이는 메갈레고레이아적 태도로 비추어질 가능성이 크다는 것이다. 즉 소크라테스의 신탁을 통한 법정 연설이 아테네 시민들을 "분노케 한"(ὀργίζονται)[35)] 원인으로 작용하였다는 것이다. 이것은 소크라테스가 자신의 캐물음의 활동을 신이 아테네에 보낸 선물로 표현하는 아래의 인용문에서 더 잘 나타난다.

그렇지만 제가 신에 의해서 이 나라에 선사된 그런 사람이라는 점을, 여

---

34) Platon, *Ap*, 23b~23c.

35) Platon, *Ap*, 23c.

러분께서는 다음 것들로 미루어 아실 수 있겠습니다. 제가 제 자신의 모든 것에 대해서 관심을 두지 않았다는 것은 그리고 집안일들이 실제로는 그처럼 여러 해 동안 방치된 상태로 있는 데도 견뎌왔다는 것은, 그러면서도 여러분을 개별적으로 찾아가서는 마치 아버지나 형처럼, 사람으로서의 덕에 마음을 쓰도록 설득하면서 언제나 여러분의 일을 해왔다는 것은 예사 인간사 같지가 않기 때문입니다. 그리고 만일에 제가 이 일로 해서 무언가 이득도 보고, 보수라도 받으면서 이런 걸 권고했다면, 그야 설명이 될 수 있겠습니다. 그러나 실은 저의 고소인들이 다른 모든 것은 이처럼 뻔뻔스럽게 고소를 했지만, 적어도 이것만은, 즉 제가 누구한테든 보수를 받아냈거나 요구했다는 데 대해 증인을 대는 뻔뻔스런 짓을 할 수는 없었다는 걸 여러분 자신들이 분명히 보실 겁니다. 그건 제가 진실을 말하고 있다는 데 대한 충분한 증거로, 저의 가난을 댈 수 있기 때문이라고 생각합니다.[36]

소크라테스는 자신의 사적인 일을 접어두고 아테네 시민들을 만나 덕에 관해 대화한 활동을 신의 명령에 의한 사명으로 보고, 또 그러한 사명을 받들어 활동하는 자신을 '신이 아테네에 보낸 선물'(ὑπὸ τοῦ θεοῦ τῇ πόλει δεδόσθαι)이라고 말한다. 소크라테스는 신이 아테네 시민들을 염려하여 보낸 신의 메신저임을 자처하는 것이다. 뒤에서 다시 언급되겠지만 소크라테스는 자신의 이러한 활동을 혈통이 좋으나 굼뜬 말에 달라붙어 자극을 주고자 하는 등에의 역할로 표현한다. 그러

---

36) Platon, *Ap*, 31a~31c.

면 소크라테스 자신도 자신의 진술이 에이로네이아나 또는 메갈레고레이아적 변론, 즉 오만함을 보여주는 변론 태도로 생각했을까?『변론』편의 2차 재판 연설에서 소크라테스가 '자신의 연설을 에이로네이아하게 생각할지 모르지만'(οὐ πεισέσθέ μοι ὡς εἰρωνευομένῳ)[37]이라고 말한 것을 고려할 때, 자신의 변론이 자신이 생각하는 것과 달리 평가될 수 있음을 부정하지 않는 것으로 보인다. 또한 우리는『변론』편 20e 부분에서 소크라테스가 자신의 말이 '메가 레게인'(μέγα λέγειν), 즉 "크게 말하는 것', 달리 말해 '오만하게 말하는 것'으로 보이더라도 배심원단이 자신의 그러한 말을 방해하지 말아달라고 부탁하는 것을 고려할 때, 그 자신의 변론이 오만한 수사술로 비춰질 것임을 짐작했다고 생각할 수 있다. 물론 이러한 메갈레고레이아적인 연설 태도를 보이는 소크라테스의 동기 내지 진정성을 묻게 되면 그 답은 달라질 있다. 브릭하우스(Brickhouse)와 스미스(Smith)가 주장하는 것처럼[38] 소크라테스 자신은 신의 명령을 충실히 수행했다는 것과 그로인한 무고함을 확신하는 것으로 보이기 때문이다. 다시 말해 소크라테스는 신의 종복으로서, 무지에 근거한 지적 오만함을 가진 아테네인들의 가장된 앎에 대한 자각과 그로 인해 물질적 욕구로 타락한 그들의 영혼을 덕과 선으로 정향시킬 것을 지속적으로 촉구하는 활동을 해왔다는 강한 믿음을 갖고 있었다.[39] 이것은『에우티프론』편에서 소크라테스가 에우티

---

37) Platon, *Ap*, 38a1.

38) T. C. Brickhouse and N. D. Smith, "The Origin of Socrates' Mission", *Journal of the History of Ideas*, vol. 44/4, 1983, pp. 657~666. 특히 pp. 659, 664~665.

39) T. C. Brickhouse and N. D. Smith, 1983, pp. 659, 664.

프론과의 대화에서 경건함을 신에 대한 "봉사"(ὑπηρετική)[40] 내지 "신을 섬기는 것"(θεραπεία τῶν θεῶν)[41]이라고 말하는 데서도 알 수 있다. 경건함이란 신이 원하는 참된 이익이 되는 목적을 수행하는 것이고, 소크라테스는 바로 그러한 신의 뜻을 깨닫게 하기 위한 철학적 캐물음의 대화를 수행해왔다는 것이다. 그리고 그는 『변론』 편에서 자신의 신에 대한 봉사를 일종의 헤라클레스적인 "고역들을 수행하는 것"(πονοῦντος)[42]으로까지 표현한다.

상술한 것들을 고려할 때 소크라테스의 변론은 메갈레고레이아나 에이로네이아적 수사술의 측면이 있다고 볼 수 있다.[43] 또한 변론을 시작할 때 아테네 배심원단을 "판관"(ὦ ἄνδρες δικασταί)이 아닌 "아테네 시민들"(ὦ ἄνδρες Ἀθναῖοι)[44]이라고 부르면서 판결의 권위를 인정하지 않는 것이라든지, 나중에 소개하겠지만 2차 변론에서의 자신에 대한 형량 제안으로 프뤼타네이온에서의 식사 제안과 같은 예들[45]은 소크라테스의 변론 방식이 메갈레고레이아적인 특성을 강하게 보여주고 있음을 뒷받침한다. 이것은 특히 『변론』 편에서 소크라테스가 주요 고발자 중 한 명인 멜레토스(Melētos)를 평가하는 말에서도 알 수 있다.

---

40) Platon, *Euthyphron*, 13d.

41) Platon, *Euthyphron*, 13d.

42) Platon, *Ap*, 22a. 블라스토스(Vlastos)에 따르면 소크라테스가 자신의 행복이 아닌 타인의 좋음을 위해 전 생애를 길거리 철학자로서 살아가게 한 동인(動因)은 바로 소크라테스의 신에 대한 경건함이 없으면 가능하지 않은 일이었다(G. Vlastos, *Socrates: Ironist and Moral Philosopher*, Cambridge 1991, pp. 176~177).

43) 이와 관련해선 P. S. R. Metcalf, 2004, pp. 143~166 참조.

44) Platon, *Ap*, 18e, 35e, 38c.

45) Platon, *Ap*, 36d~37a.

이곳에서 소크라테스는 현재의 주요 기소자인 멜레토스를 한편으론 "선하며 애국적인"[46] 사람으로 표현하면서, 다른 한편으론 '정작 아무것도 신경 쓰지 않는 자'로 규정한다. 소크라테스는 멜레토스를 다음과 같이 비난한다.

> 멜레토스, 그대는 어쨌든 신뢰할 수가 없소. 그뿐더러 이는 내가 보기엔, 그대 스스로도 그런 것 같소. 아테네인 여러분! 제게는 실은 이 사람이 아주 방자한 자이며 무절제한 사람이어서, 이 기소를 그야말로 방자함과 무절제 그리고 젊은 혈기로 해서 하게 된 것이라 여겨집니다. 그는 마치 수수께끼를 지어가지고서 시험하는 사람과도 같아 보이기 때문입니다.[47]

위 인용문을 통해 알 수 있는 것처럼 소크라테스는 멜레토스를 오만하면서도 무절제한 젊은이로, 마치 수수께끼를 지어 시험하는 것처럼 자신을 기소한 것으로 규정한다. 소크라테스를 신을 믿되 믿지 않는 자로 규정함으로써 멜레토스 자신이 자가당착적인 상태에 빠지고 있다는 것이다. 그러나 아테네 배심원단의 입장에서 소크라테스의 멜레토스에 대한 이러한 비판은 상대방을 경멸하는 에이로네이아적인 측면이 있는 것으로 간주될 수 있다. 이것은 앞서 소크라테스와 대화를 나눈 아테네의 여러 정치인들이나 시인 그리고 장인들의 눈에는 소크라테스가 "신에 따라"(κατὰ τὸν θεόν)[48] 자신들을 무지의 자각을 통해 계

---

46) Platon, *Ap*, 24b.
47) Platon, *Ap*, 26e~27a.
48) Platon, *Ap*, 22a.

몽의 길로 이끌기 위한 논박술을 수행한 것으로 보기 어려웠을 것이라는 점과 상통한다. 그들에게 소크라테스가 주장하는 신의 명령에 따른 철학적 따져 물음의 활동은 단지 소크라테스가 자신을 정치인들보다 "더 현명하고"(σοφώτερος),[49] 시인들보다 "더 우월하고"(περιγεγονέναι),[50] 장인들보다 "더 유익하다"(λυστελοῖ)[51]는 것을 과시하기 위한, 그래서 아마도 다른 사람들과는 특별히 "다른"(διαφέρειν)[52] 존재임을 부각시키기 위한 활동으로 비추어졌을 가능성이 크다. 그래서 신의 종복으로서의 소크라테스의 철학적 활동은 공적인 장소에서 그와 대화를 나누었던 많은 아테네 시민들에게 무지와 무능력, 그래서 수치심을 느끼게 함으로써 소크라테스에 대한 미움과 분노를 증폭시키는 원인으로 작용했을 가능성이 크다.[53] 문답법의 한 절차인 엘렝코스(elenchos), 즉 논박술은 특히 플라톤의 후기 작품 『소피스테스』 (Sophistes)에서는 참된 인식을 위한 카타르시스(katharsis), 즉 정화를 가능케 하는 가장 크고 주된 대화 기술로 평가받는다. 논박술은 마치 육체 속에 있는 장애물을 제거하여 육체가 흡수한 양분을 이롭게 작용할 수 있도록 해주는 의사처럼, 영혼과 관련해서도 누군가를 논박하여 논박된 자를 부끄러운 상태에 처하게 해서 배움에 장애가 되는 의견들을 제거함으로써 그를 순수화시켜 참된 인식이 가능하도록 해주는 것이다. 그렇기 때문에 플라톤에 따르면 논박에 의해 정화되지 않은 자는

---

49) Platon, *Ap*, 21d.
50) Platon, *Ap*, 22c.
51) Platon, *Ap*, 22e.
52) Platon, *Ap*, 29b.
53) Platon, *Ap*, 21d.

그가 설사 대왕이라 할지라도 참으로 행복한 것이 아니며, 그 점 때문에 교양도 없고 불구라고 생각해야 한다(230b~230e). 플라톤이 생각하기에 논박술에 의한 문답법적 조우가 잘 수행되기만 한다면 영혼의 탁월성과 같은 도덕적 발달이 이루어질 수 있다. 그런데 이러한 주고받음의 문답법은 말의 시합이고 이것은 말의 경합에서 자신을 상대방보다 너 낫다는 우월감과 패한 자의 수치심의 형태로 나타나게 될 수 있다. 그것이 공적 영역에서 가시적으로 패한 무능력으로 나타날 때 그로인한 수치심은 클 수밖에 없다. .

그러나 소크라테스는 『변론』편에 나타난 것처럼 자신이 멜레토스와 아니토스(Anytos)보다 더 낫다는 것을 공개적으로 말한 것을 걱정하지 않는 것처럼 보인다.[54] 그는 알면 행한다는 강한 주지주의적(主知主義的) 지식론에 따라 아테네 시민들의 독사(δόξα), 즉 의견에 대한 강한 비판과 불신을 표명하는 데 거리낌이 없다. 소크라테스는 정의나 지혜 또는 용기와 같은 덕들은 다중이 생각하는 독사와는 다른 것으로서 지식과 독사의 조화가능성을 애초부터 부정하기 때문이다.[55] 소크라테스의 이러한 독사 부정론은 마찬가지로 자신을 재판하는 아테네 시민 법정단의 판결능력에도 적용되고 있다. 아테네 배심원단의 집합적 의견을 부정하는 그의 견해는 아테네 배심원단의 감정을 상하게 하는 요인으로 작용할 가능성이 크다. 아래의 인용문에 나타난 소크라테스의 연설 태도는 이것을 확인시켜준다.

---

54) Platon, *Ap*, 30c~30d.

55) Platon, *Ap*, 39c~39d 참조.

아테네인 여러분! 소동을 일으키지 마시고 제가 여러분께 청했던 대로 따라 주십시오. …… 제가 생각하기로는 여러분께서 들으심으로써 또한 이로울 것이기 때문입니다. 실은 제가 여러분께 몇 가지 다른 걸 말씀드릴 참인데, 이것들에 대해서 아마도 여러분께서는 고함을 지르실 것입니다. 하지만 결코 그러시지는 마십시오. 만일에 여러분께서 제 스스로 말씀드리고 있는 그런 사람인 저를 사형에 처하신다면, 여러분께선 저를 해치시기보다도 여러분 자신들을 더 해치시게 될 것이라는 걸 잘 아시고 계십시오. 멜레토스도 아니토스도 전혀 저를 해치지 못할 것이기 때문입니다. …… 그러므로 아테네인 여러분! 지금 제가 변론을 하고 있는 것은, 누군가가 생각하겠듯이, 결코 제 자신을 위해서가 아니라 여러분을 위해서입니다. 즉 여러분께서 제게 유죄 평결을 내림으로써 여러분을 위한 신의 선물과 관련해서 무엇인가 잘못을 저지르는 일이 없었으면 해서입니다. 왜냐하면 만일 여러분께서 저를 사형에 처하신다면 여러분께서는 나와 같은 또 다른 사람을 쉽게 찾아내지는 못할 것이기 때문입니다. 즉 다소 우습기까지 한 표현으로 말한다면, 마치 덩치가 크고 혈통이 좋긴 하나, 덩치 때문에 굼뜬 편이어서 일종의 등에에 의한 자극을 받을 필요가 있는 말처럼, 영락없이 그런 꼴인 이 나라에 신에 의해서 붙어 있게 된 이런 사람을 말씀입니다. 바로 그런 것으로서 신이 저를 이 나라에 붙여놓게 된 것으로 제겐 생각됩니다.[56]

위 인용문에서 소크라테스는 자신의 진술이 자신의 변론을 위한 것

---

56) Platon, *Ap*, 30c~30e.

이 아니라 배심원들 즉 아테네 시민들을 위한 변론임을 주장한다. 무엇보다 소크라테스가 자신의 일을 계속해서 잠만 자는 말을 깨우고자 하는 "등에"(μύωψ)[57]의 역할로 비유하는 것이 흥미롭다. 소크라테스는 만약에 잘못된 판결을 내려 자신을 사형에 처한다면, 굼뜬 말로 비유되는 아테네라는 폴리스의 시민들을 무지로부터 계몽시킬 자신과 같은 덕의 교사를 쉽게 발견하지 못할 것이라고 강변한다. 앞에서 말한 것처럼 소크라테스는 자신의 덕의 우월성 테제에 따라 자신의 행동을 신적인 사명을 띠고 이루어진 것으로 생각하기 때문에, 그 말의 진지함이 완전히 배제될 이유는 없다. 그러나 문제는 이 말을 듣는 배심원들의 감정이다. 아테네 배심원들은 정말로 소크라테스가 주장하는 것처럼 소크라테스를 신의 사명을 받고 대화술을 통해 자신들을 폴리스(polis)의 훌륭한 시민으로 인도하기 위한 참된 덕의 교사로 간주했을까? 그 반대로 이것을 듣는 배심원들은 소크라테스가 여전히 자신들의 판단능력을 신뢰하지 않고, 오만한 지적 우월성을 갖고 자신들을 비웃는 것으로 생각하지는 않았을까? 즉 배심원단의 눈에는 '소크라테스가 극단적인 에이로니코스(εἰρωνικός)로서 변론하고 있는 것으로 비춰질 수 있고, 그로 인한 강한 분노를 가지지 않았을까' 하는 것이다.

소크라테스의 메갈레고레이아적 진술은 『변론』편 29d~30b 부분에서도 발견된다. 이곳에서 소크라테스는 그의 배심원들과 동료시민들에게 가능한 한 돈과 평판 그리고 명예에만 관심을 갖고 덕에 대한 관심

---

57) Platon, *Ap*, 30e.

이 없음을 비판한다.

아테네인 여러분! 저는 여러분을 반기며 사랑합니다. 그러나 저는 여러분보다는 오히려 신께 복종할 것입니다. 그리고 제가 살아 있는 동안은 그리고 할 수 있는 동안까지는, 지혜를 사랑하는 철학하는 것도 여러분께 충고를 하는 것도, 그리고 언제고 여러분 가운데 누구든 만나게 되는 사람한테 이 점을 지적하는 것도 그만두지 않을 것입니다. 늘 해오던 투로 말씀입니다. "보십시오! 그대는 가장 위대하고 지혜와 힘으로 가장 이름난 나라인 아테네의 시민이면서, 그대에게 재물은 최대한으로 많아지도록 마음 쓰면서, 또한 명성(δόξα)과 명예(τιμή)에 대해서도 그러면서 사려(φρόνησις)와 진리(ἀλήθεια)에 대해서는 그리고 자신의 영혼(ψυχή)이 최대한 훌륭해지도록 하지 않는 것을 부끄러워하지 않습니까?"라고요. 그리고 혹시 여러분 가운데서 누군가가 반박이라도 하며 자기는 마음을 쓰고 있다고 주장하면, 저는 이 사람을 바로 보내지도 제가 그와 헤어져버리지도 않을 것이니, 저는 그 사람에게 질문을 하며 캐묻고 심문할 것입니다. 그리하여 만약에 그가 사람으로서의 훌륭함을 지니고 있지 못하면서도 지니고 있다고 주장하는 것으로 생각되면, 저는 그가 가장 값진 것들은 가장 경시하면서 한결 하찮은 것들을 더 중시한다고 나무랄 것입니다. …… 그리고 저는 신에 대한 저의 이 봉사보다 더 큰 좋은 일이 일찍이 여러분을 위해 이 나라에서 생긴 적이 없다고 생각합니다. 제가 돌아다니면서 하는 일이라고는, 여러분께서 젊은이들이든 나이 든 분들이든 간에, 자신들의 혼이 최선의 상태가 되도록 혼에 대해서 마음 쓰는 것에 앞서 또는 그만큼 열성적으로 몸에 대해서도 재물에 대해서도 마음 쓰는 일이 없도록 설득하는 일 이외에 아무것도 아니기 때문입니다. "재물로 해서 사람으로서의 덕이 생기는 것이 아니라 사람으로서의 훌륭함으로 해서 재물도 그리고 그 밖의 다른 모든 것도 사적으로나 공적으로나, 사람들을 위해 좋은 것들로 되는 것입니다"라고 말하면서요.[58]

위 인용문에서 소크라테스는 아테네인들이 재물이나 명예에만 신경을 쓰고 덕에는 신경 쓰지 않음을 신랄하게 비판한다. 소크라테스가 생각하기에 재물이나 명예는 외적인 것으로서 덕에 비해 하찮은 것들이다. 그러나 아테네 시민들의 영혼은 이러한 재물과 명예에 대한 추구로 타락해 있다는 것이다. 그렇기 때문에 소크라테스는 그가 만나는 아테네 시민들의 영혼을 재물과 명예가 아닌 덕과 진리로 정향시키기 위한 계몽의 활동을, 자신을 위해서가 아닌 바로 아테네 시민들을 위해 해왔다고 강변한다.[59] 그러나 우리가 플라톤의 작품 여러 곳에서 알 수 있는 것처럼[60] 소크라테스와 대화를 나눈 많은 사람들이 소크라테스에게 고마움을 표하기보다는 그에게 화를 내고 대화를 중간에 그만둔 것이 사실이다. 문제는 소크라테스의 재판을 담당하고 있는 현재의 아테네 시민 배심원단도 이와 유사한 감정을 느끼고 있는 것으로 보인다는 점이다. 아테네 시민 배심원단의 분노는 소크라테스가 아테네인들을 여

---

58) Platon, *Ap*, 29d~30b.
59) 소크라테스의 에이로네이아적 법정 변론 연설을 부정적인 것이 아닌 진지한 연설로 적극적으로 평가하는 입장은 T. M. Brickhouse and N. D. Smith, *Socrates on Trial*, Princeton Univ. Press, 1989, pp. 43~46 참조.
60) 대표적으로 『메논』 편에서의 아니토스의 소크라테스에 대한 분노와 경고를 들 수 있다 (*Menon*, 94e~95a).

자와 같은 겁쟁이로 비유하는 아래의 인용문에서 그 절정에 달하는 것 같다.

> 무엇이나 되는 듯이 여겨지던 사람들이, 재판을 받게 될 때에는, 대경실색할 짓들을 하는 바로 그런 몇몇 사람들을 저는 여러 차례 목격했습니다. 그건 자기들이 사형에 처해지면 무서운 일을 겪게 될 것이라 생각해서죠. 여러분이 자기들을 사형에 처하지 않는다면, 자기들이 마치 불사라도 할 것처럼 말씀입니다. 제게는 이 사람들이 나라에 수치를 안겨줄 것으로 여겨집니다. 그래서 아테네인들 가운데에서도 덕에 있어서 남다른 사람들이, 그들이 자기들 가운데에서도 관직들이나 그 밖의 여러 가지 명예로운 직분들에 우선적으로 선출한 사람들이, '이런 사람들이 여자들과 전혀 다른 점이 없다'(οὗτοι γυναικῶν οὐδὲν διαφέρουσιν)고 다른 나라 사람들 가운데에서도 누군가는 생각하게 될 것입니다. 아테네인 여러분! 어떤 면에서건 무엇이나 되는 듯이 여겨지는 사람들이라면, 여러분께서도 이런 짓들을 하셔서는 아니 되거니와, 혹시 우리가 그런 짓을 할 경우에, 그걸 여러분이 용인하셔서도 아니 됩니다. 오히려 여러분께서는 바로 이점을, 즉 가만히 있는 자보다는 이런 애처로운 행동을 연출하여 이 나라를 우스운 꼴로 만드는 자에 대해서 여러분께서 더더욱 유죄판결을 내리게 되실 거라는 것을 명백히 해주셔야만 합니다.[61]

위 인용문을 통해 알 수 있는 것처럼 소크라테스는 기존에 아테네의

---

61) Platon, *Ap*, 35a~35b.

내로라하는 사람들이 막상 법정에 서게 되면 사형을 당하지 않기 위해 여자(γυνή)들이나 할 수치스럽고 비겁한 행동을 해왔음을 비판한다. 달리 말해 소크라테스는 법정에서 진실이 아닌 감정적인 호소를 통해 사형을 면하려고 하는 자는 마치 법정에서 눈물로 무죄를 받고자 하는 여자의 행동과 같은 것으로 비유한다. 인용문에 나타난 것처럼 소크라테스는 이러한 수치스런 변론을 서슴지 않고 행하는 자들에게는 무죄가 아닌 오히려 정의의 심판이 엄정하게 이루어져야 함을 강조한다. 그런데 소크라테스가 관직과 명예를 차지했던 아테네의 어떤 일군의 사람들을 여자로 비유하는 것은, 달리 생각하면, 바로 현재 자신을 재판하고 있는 배심원단 중 몇몇 사람들에게 그대로 적용될 수 있는 말이다. 그렇다면 소크라테스의 이러한 말은 자신의 생사여탈권을 갖고 있는 배심원들을 모욕하는 말로써 당연히 분노를 갖게 하였을 것이다. 아테네 시민 남자라면 소크라테스의 그러한 모욕적인 연설을 듣고 아무런 영향도 받지 않는 것은 불가능하였을 것이다. 요컨대 소크라테스는 아테네 시민 배심원단에 결정적인 최후의 일격을 가한 것이다. 이런 점에서 소크라테스의 법정 연설은 배심원단의 분노를 처음부터 의도한 것은 아니지만 결과적으로 의도하는 연설이 되어버린 것이다. 좀 더 과감하게 말하면 소크라테스의 법정 변론은 배심원들의 분노를 야기하는 수사술로써 결과적으로 배심원들의 처벌의 욕구를 더욱 강하게 만드는 메갈레고레이아적 또는 에이로네이아적 변론이 된 것이다.

2) 2차 재판에 나타난 소크라테스의 변론술

유·무죄를 가리는 1차 재판에서 소크라테스는 280대 220의 표로 유죄를 판정받는다.[62] 당시의 아테네 재판 제도에서 1차 재판의 결과가 유죄인 경우 2차 재판은 기소자와 변론자의 각각의 형량 제안이 이루어진다. 이미 기소자들은 소크라테스의 형량으로 사형을 요구한 상태이다. 이제 소크라테스는 자신의 반대 형량 제안 진술을 하게 된 것이다. 그러면 소크라테스는 자신의 반대 형량 제안 연설에서 어떤 자세를 보였을까? 혹 1차 재판에서의 변론 태도와는 다르게 그는 자신의 생명을 구하기 위한 다른 형식의 변론술을 보여주지는 않았을까? 소크라테스는 『변론』편 36b~37a에서 자신에게 사형을 요구한 기소인들의 주장에 맞서 자신에게 합당한 형량이 무엇인가를 다음과 같이 말한다.

> 그러면 아테네 여러분! 저는 반대 제의로 무슨 형벌을 여러분께 제시해야 할까요? 제가 받아 마땅한 것이어야 할 것은 명백하겠죠? 그렇다면 그게 무엇입니까? 제가 무엇을 형벌로서 받거나 갚는 게 마땅합니까? …… 아테네인 여러분! 어쨌든 진실로 제대로 형량을 제의해야만 한다면, 그것은 좋은 것이어야 할 것입니다. 그리고 그것은 아무튼 저에게 적절할 그런 부류의 좋은 것이어야 합니다. 그렇다면 이 가난한 은인에게, 여러분에 대

---

62) 소크라테스는 유, 무죄의 차이가 30표만 난 것에 놀랐다고 말한다. 이것은 소크라테스가 자신의 연설이 배심원단의 분노를 상당한 정도로 야기할 것임을 감지하고 있었음을 방증하는 것으로 이해할 수 있다(Platon, *Ap*, 35e~36a. *DL*, II.40 참조).

한 충고를 위해 여가가 필요한 사람에게 무엇이 적절할까요? 아테네인 여러분 그런 사람이 영빈관에서 식사대접을 받는 것만큼 더 적절한 것은 없습니다. 여러분 가운데서 누군가가 올림피아 경기에서 말 두 필이 끄는 전차 경주나 네 필이 끄는 전차 경주로 우승을 했을 경우보다도 훨씬 더 적절합니다. 그는 여러분을 행복해 보이게 만들어주지만, 저는 여러분을 실제로 그런 사람이게 만들어주며, 또한 그는 부양이 전혀 필요 없지만, 저는 그게 필요하기 때문입니다. 그러므로 만약에 제가 올바르게 합당한 형량제의를 해야만 된다면, 이를, 즉 영빈관에서의 식사를 제의하는 바입니다.[63)]

위 인용문에서 알 수 있는 것처럼 소크라테스가 자신의 유죄에 합당한 형량으로 처음으로 제안한 것은 프뤼타네이온(πρυτανεῖον), 소위 영빈관에서의 성대한 "식사대접"(σίτησις)이다. 올림픽 전차 경기에서 우승한 자에게 베풀어졌던 상을 소크라테스는 자신의 형량에 합당한 것으로 주장하는 것이다. 즉 소크라테스는 자신의 아테네 폴리스에 대한 봉사와 헌신에 걸맞은 대가로 벌은 가당치 않고, 오히려 프뤼타네이온에서의 식사대접이 합당하다는 것이다. 우리는 이러한 소크라테스의 식사대접 제안을 어떻게 평가하고, 이해해야 할까? 아테네 배심원단은 아테네 시민들의 교육적 계몽가로 자처하는 소크라테스의 주장을 어떻게 평가했을까? 앞에서 언급한 것처럼 소크라테스는 자신의 일을 '신의 사명'에 따른 덕의 활동으로 생각한다는 점에서

---

63) Platon, *Ap*, 36b~37a.

이러한 제안을 단순한 농담이라고 보기는 어려워 보인다. 몇몇 학자들이 해석하는 것처럼[64] 일생을 덕을 설파한 소크라테스의 입장에선 벌이 아닌 상이 주어져야 함을 당연한 보상으로 생각할 수 있기 때문이다.

그러나 중요한 것은 소크라테스의 이러한 반대 형량 제안으로서의 식사 제안이 갖는 수사술적 영향력이다. 2차 재판의 결과를 고려할 때[65] 배심원들은 소크라테스의 식사대접 제안을 오만한 법정 연설의 극치를 보여주는 메갈레고레이아적인 수사술로 생각했을 가능성이 크다. 소크라테스의 반대 제안은 결국 아테네 배심원단의 분노의 감정을 더 자극한 역효과를 낳은 것이다.[66] 소크라테스 역시 "당신들이 나를 에이로네이아(εἰωνευομενος)를 행하고 있는 것으로 여겨 설득되지 않겠지만"[67]이라고 말하는 것으로 보아 이 점을 인지하고 있었던 것으로 보인다. 또 이러한 이유로 소크라테스는 친구들의 도움으로 30 므나를 낼 수 있다고 자신의 형량을 바꿔 제안한다. 그러나 이미 물은 엎질러진 상태였고, 아테네 배심원단의 판단은 극형으로 기울어지고 있었다.

아테네 시민 배심원들에 대한 소크라테스의 더욱 강도 높은 에이로

---

64) 예를 들어 Brickhouse and Smith, 1989, p. 229.

65) 디오게네스 라에르티우스에 따르면 2차 재판에서 사형을 찬성하는 표가 1차의 유죄에 찬성했던 표보다 80표가 더 많았다고 한다. 그렇다면 1차 재판 결과가 280 대 220으로 30표 차이가 났음에 비해 2차 형량 결정에선 여기에 80표가 사형 찬성 쪽으로 간 것으로 볼 수 있다. 결국 360 대 140으로 사형표가 더 늘어난 것이다(DL, 2.42).

66) Platon, Ap, 38a.

67) Platon, Ap, 38a1.

네이아적 연설은 사형으로 형량이 정해지고 난 이후의 최종 연설에서도 그대로 나타난다. 소크라테스는 자신에게 사형을 판결한 배심원단들에게는 더 큰 벌이 내려질 것임을 예견하는 일종의 분노에 찬 경고성 예언을 한다. 그것은 특히 『변론』편 39c~39d에서의 다음과 같은 소크라테스의 마지막 3차 진술 속에 잘 나타나 있다.

다음으로 제게 유죄 판결을 내리신 이들이여! 여러분께 제가 예언을 해드리고 싶군요. …… 제게 사형 판결을 내리신 이들이여! 저의 죽음 다음에는 여러분이 저를 죽게 한 처벌보다도 단연코 훨씬 더 가혹한 처벌이 곧 여러분한테 닥칠 것이라는 것을 말씀드립니다. 여러분께서 이 일을 저지르신 것은 자신의 삶에 대해 심문을 하는 것에서 이제는 여러분이 벗어나게 될 것이라 생각하고서 하신 것이었을 테지만, 실은 제가 말씀드리듯, 그 결과가 여러분한테는 아주 반대로 될 것이기 때문입니다. 여러분을 심문할 사람들은 더 많아질 것이니, 이들은 이제껏은 제가 제지하고 있었습니다만, 여러분은 알지 못하고 계셨던 것입니다. 또한 이들은 더 젊기 때문에 그만큼 더 가혹할 것이며, 따라서 여러분께서는 더욱 언짢아하시게 될 것입니다. 만일에 여러분이 사람들을 사형에 처함으로써 여러분이 바르게 살지 않는다고 누군가가 여러분을 나무라는 걸 막을 수 있을 것으로 생각한다면, 실상 여러분은 잘못 생각하고 있는 것입니다. …… 따라서 제게 유죄판결을 내린 여러분한테는 제가 이를 예언하고서 떠납니다.[68]

---

68) Platon, *Ap*, 39c~39d.

상술한 것을 종합할 때 소크라테스가 법정 재판에서 겸손한 태도가 아닌 오만한 태도를 보여주었다는 것이 부정되기는 어렵다. 소크라테스가 아테네 법정에 기소되어 사형을 당한 본질적인 이유가 무엇인지에 관한 논의는 다음 장에서 자세히 다루겠지만, 적어도 지금까지의 논의를 통해 분명한 것은 소크라테스의 에이로네이아와 메갈레고레이아적 변론 태도가 아테네 배심원들의 분노의 감정을 자극한 것은 부정되기 어렵다. 특히 소크라테스의 식사 제안이나 배심원들을 여자로 비유한 연설은 분명 배심원들의 분노의 감정을 자극했을 가능성이 높다.[69] 소크라테스의 재판에 관한 보고를 하고 있는 크세노폰의 전언 역시 이것을 뒷받침한다. 크세노폰이 소크라테스의 재판 연설에 관한 작품을 쓴 중요한 이유가 바로 소크라테스의 오만한 법정 진술에 대한 당대의 많은 비판으로부터 소크라테스를 나름대로 변호하고 이해시키기 위한 목적이 있었기 때문이다.[70]

아리스토텔레스의 소크라테스에 대한 언급 역시 소크라테스의 에이로네이아적 에토스를 이해할 수 있게 해준다. 아리스토텔레스는 『니코마코스 윤리학』에서 소크라테스를 메갈로프시코스(μεγαλόψυχος), 즉 '포부가 큰 사람'으로 간주하면서 다음과 같이 말한다.

---

69) 이와 관련하여 브릭하우스와 스미스는 소크라테스의 에이로네이아적 변론을 진지한 것으로 이해되어야 함을 주장한다(T. M. Brickhouse and N. D. Smith, 1989, pp. 43~46). 그러나 Gooch는 『변론』 편에서의 소크라테스의 변론 연설은 분명 부정적인 의미의 에이로네이아로 보아야 함을 주장한다(P. W. Gooch, "Socratic Irony and Aristotle's Eiron: Some Puzzles", *Phoenix*, 41, 1987, pp. 95~104 참조).

70) Xenophon, *Apologia*, 22. Luis E. Navia, 1984, p. 52.

포부가 큰 사람은 자신의 좋아하고 싫어하는 감정을 숨기지 않는다는 것은 틀림없는 사실이다. 감정을 감추는 것은, 또 진실에는 신경 쓰지 않고 사람들이 어떻게 생각하는지에 더 신경 쓰는 것은 두려워하는 사람이 하는 일이니까. 또 그는 숨기지 않고 말하며 숨기지 않고 행동한다. 그는 낮추어 보는 사람이라 솔직히 말하며, 다중에게 에이로네이아(εἰρωνεία)를 통해 이야기하는 것을 빼고는 진실을 말하는 사람이다.[71]

위 인용문에서 아리스토텔레스는 메갈로프시코스로서의 소크라테스는 사람들의 의견이나 평판이 아닌 진리에 귀를 기울이는 자로 평가한다. 그렇기 때문에 그는 자신의 진리의 말을 전하는 것을 두려워하지 않고 바른 말을 하는 자이다. 그런데 아리스토텔레스에 따르면 소크라테스와 같은 메갈로프시코스는 자신처럼 지적인 단계에 있지 않은 사람들에 대한 경멸이나 무시를 에이로네이아적으로 표현한다. 아리스토텔레스에 따르면 "에이로네이아가 경멸을 보여주기 때문에"(κατοφρονητικὸν γὰρ ἡ εἰρωνεία)[72] 사람들은 분노하게 된다. 이것은 소크라테스의 논박술이 공개적으로 대화 상대자들의 수치심을 불러일으킨 것처럼, 그의 법정 변론술 역시 아테네 시민 배심원단의 올바른 판결능력에 대한 불신을 전제로 해서 이루어진 에이로네이아적 변론술로 간주되었음을 의미한다.

소크라테스의 법정 변론술의 특성과 관련해서 중요하게 참조할 수 있는 다른 하나의 자료는 알려지지 않은 작가가 언급한 고대 수사술에

---

71) Aristoteles, *NE*, 1124b28~1124b31.

72) Aristoteles, *Rhet*, 1379b31.

관한 내용에서 찾아볼 수 있다. 이 수사술 작가에 의하면 소크라테스의
변론의 주요 목적은 자신의 변호와 아테네 시민들을 질책하기 위한 것
이다. 다시 말해 이 두 가지 요소가 혼합(συμπλοκή) 되어 연설이 이루
어진 것이지만, 중요한 것은 소크라테스의 변론이 곧 아테네 시민들에
대한 기소가 된다는 점이다.[73] 다만 연설의 변론적 성격 때문에 감추어
져 있을 뿐이지, 실상 소크라테스의 연설은 덕과 선에 대한 아테네 시
민들의 무관심에 대한 비난이자 질책이라는 것이다.

  그러면 소크라테스는—그것이 플라톤이든 아니면 크세노폰의 소크
라테스이든—왜 자신의 생사가 걸린 재판에서 메갈레고레이아적인
법정 연설을 행했을까? 나는 소크라테스가 죽음을 원해서 아테네 배
심원단의 분노를 의도적으로 야기한 것으로 생각하지는 않는다. 물론
소크라테스가 『파이돈』(Phaidon) 편에서 육체를 영혼의 감옥으로 보면
서 죽음을 통해 비로소 영혼이 자유롭게 되는 것으로 보는 것은 사실
이다.[74] 그러나 소크라테스가 영혼과 육체의 이원론과 영혼의 불멸성
을 믿고 법정에서 자신의 자살을 이끌어내기 위해 의도적으로 메갈레
고레이아적 진술을 했다는 것은 설득력이 떨어진다. 죽음을 통해 영혼
의 육체로부터의 해방을 원했다면 굳이 70세가 아니라 그 이전에도 그

---

73) 이 작가에 의하면 세 번째 요소는 소크라테스에 대한 찬양이고, 무엇보다 중요한 플라톤
의 『변론』 저술 목적의 네 번째 요소는 철학자는 어떤 종류의 사람이 되어야만 하는가에 관
한 권고적 선언을 하기 위한 것이다(Dionysius of Halicarnassus, Usener and Redermacher,
1904~1929, 305.5~305.23, 이것은 M. Burnyeat, "The Impiety of Socrates", *Ancient
Philosophy*, vol. 17, 1997, p.5에서 재인용).

74) Platon, *Phaidon*, 82c 이하 참조.

것을 실현할 수 있는 기회가 없었던 것은 아니기 때문이다.[75] 또한 죽음을 통한 영혼의 구제가 소크라테스가 주창하는 덕에 따른 윤리적 삶과 모순된 것이 아니라면 굳이 한 가정의 가장으로서 또는 한 폴리스의 시민으로서의 도덕적 책임까지 부정하면서 자살을 선택하는 것은 이치에 맞지 않기 때문이다. 이것은 무엇보다 플라톤의 『변론』 편에서 소크라테스가 자신의 방식에 따라 무죄임을 설득하기 위한 최선의 노력을 하고 있기 때문이다. 다음 장에서 상론되겠지만 소크라테스는 구고발인들과 현재의 고발인들에 의한 기소가 사실상 근거가 없음을 하나하나 논리적으로 따져 그에 대한 반박을 시도하고 있기 때문이다. 이런 점에서 소크라테스의 변론은 어디까지나 자신의 생명을 구하기 위한 진술이지, 사형을 유도하여 자살을 시도하기 위한 변론은 아니라고 말할 수 있다.

그러면 소크라테스는 왜 배심원들의 분노를 자극할 수 있는 메갈레고레이아나 에이로네이아적 변론 방식을 채택했을까? 소크라테스가 당시의 아테네 법정에서 수사술의 힘을 인지하지 못한 것으로 생각되지는 않는다. 또한 대화술에 능한 소크라테스를 무능력한 웅변가로 보기도 어렵다. 앞의 논의를 통해 우리가 알 수 있었던 것은 소크라테스는 자신의 변론을 진실에 근거해서만 말하고자 한다는 점이다. 소크라테스는 생명을 구하기 위해 진실이 아닌, 수사술적 기교를 통해 감정에 호소하는 설득을 거부한다. 이것은 소크라테스가 자신의 생명을 구하기 위한 법정 변론술이 아첨의 수사술을 통해 이루어져서는 안 된다는

---

75) D. Jacquette, 2003, p. 38.

신념을 갖고 있었기 때문이다.

그렇다면 크세노폰이 말하는 것처럼 소크라테스가 취할 수 있는 최선의 길은 자신의 일생의 명예를 지키는 것이고, 그것은 진실을 말하는 변론술을 택하는 것이다.[76] 결국 소크라테스 입장에서 취할 수 있는 대

---

76) 크세노폰은 『소크라테스의 변론』 편에서 소크라테스의 메갈레고레이아적인 연설 방식이 그의 고발에 영향을 주었다고 보고한다. 무엇보다 법정 연설의 성공은 겸손하면서도 예의 바르게 행하는 적절성(τὸ πρέπον)이 핵심적인 역할을 하기 때문이다. 크세노폰의 목적은 소크라테스가 이러한 적절성을 담보하지 못한, 그래서 마치 상식에 맞지 않는 미친 짓을 한 것이 아닌가의 의혹으로부터 스승을 변호하고자 하는 것이다. 크세노폰의 설명에 따르면 소크라테스는 그의 메갈레고레이아적인 태도와 같은 법정에서의 부적절한 행위로 인해 배심원단을 설득하는 데 실패했다는 것을 말하고자 한 것이 아니다. 그 대신에 크세노폰은 다른 설명 방식을 찾았는데, 그것은 소크라테스가 양보나 환심에 의해 자신의 생명을 구하려고 하기보다는 당당하게 죽는 것을 선호했다는 것이다(3, 9 참조). 다시 말해 크세노폰이 생각하기에 소크라테스는 지금까지 완벽한 삶, 즉 자기 자신과 친구들에게 칭송의 대상이 되는 삶을 살아왔으나 다가오는 미래는 노년이고, 이것은 감각과 이성의 쇠퇴함을 의미한다. 즉 소크라테스에 대한 칭송이나 평판이 떨어지는 것이 예견된다는 것이다. 그런데 만약에 그가 독약을 마시고 죽는다면, 그의 평판은 자신의 친구들에게 손상되지 않을 것이고, 그들은 그를 그리워할 것이라는 생각이다. 그래서 소크라테스는 자신의 평판이 영원하고, 확고하게 될 수 있도록 재판을 이용하기로 결정했다는 것이다. 소크라테스를 고발한 자들은 살아가면서 소크라테스를 죽인 것에 대한 나쁜 평판과 고통을 견뎌내야만 하지만, 소크라테스는 지인들의 기억 속에서 찬양의 대상으로 남을 것이며(31~32) 그렇게 그의 평판은 공고해질 수 있다는 것이다(7, 26, 29, 34). 요컨대 크세노폰이 생각하기에 소크라테스의 메갈레고레이아적인 오만한 변론 방식은 잘 숙고되어 선택된 수사술인 것이다. 탈출을 권하는 친구들에게 죽음에 접근할 수 없는 곳을 어디서 찾을 수 있느냐고 농담으로 묻는 것이나(23, 27), 죽는 것 때문에 우는 제자들에게 그들이 오래전에 울었어야 한다고 말하는 것 역시 이러한 소크라테스의 입장을 뒷받침하는 것으로 크세노폰은 말한다. 왜냐하면 소크라테스의 주장에 따르면 자연은 그가 태어나는 순간부터 그들 죽도록 명했기 때문이다. 그리고 재판 결정의 부정의에 슬퍼하는 아폴로도로스의 머리를 치면서 소크라테스는 "사랑하는 나의 아폴로도로스야, 그러면 너는 내가 정의롭게 죽는 것을 보기를 원하는 것이냐?"를 물으면서 아폴로도로스를 이해하게 만든다(Xenophon, *Apologia* 28. Platon, *Phaidon*, 117d 참조). 이처럼 소크라테스는 담담하게

응 방식은 자신의 옳음을 배심원들에게 설득시키든가, 아니면 배심원 단의 결정에 복종하는—그것이 사형인 경우라도—경우라고 말할 수 있다. 소크라테스가 철학을 포기하는 대가로 자신의 생명을 연장하고 싶지 않음을 역설하는 것도 이러한 이유에 근거한다고 말할 수 있다.[77] 다시 말해 선과 정의를 추구하면서 음미하지 않는 삶은 살만한 가치가 없다고 설파하고 또 그러한 덕의 삶을 평생 살아왔다고 자부하는 소크 라테스가 자신의 생명을 지키기 위해 철학적 삶을 포기하는 것은 자신 의 삶을 부정하는 것이 된다는 것이다. 소크라테스는 무죄의 대가로 자

그의 죽음 앞으로 걸어갔고, 그의 성격에 맞는 유머를 갖고 임한 것으로 묘사된다. 이런 관점 에서 보았을 때 소크라테스가 자신의 죽음이후의 불멸에 대한 믿음 때문에 그의 법정에서의 부적합한 태도를 보였다는 것은 설득력이 떨어진다. 죽음을 전제로 그의 법정 진술이 이루어 진 것으로 보는 것은 논점선취의 오류를 범하는 측면이 있다. 크세노폰의 저술 의도는 메갈 레고레이아적인 변론 방식의 적절성 여부를 따지기 위한 것이 아니라, 소크라테스가 그러한 오만한 연설을 한 이유를 설명하는데 있었다. 이런 이유로 블라스토스(Vlastos)는 플라톤의 소크라테스의 유일한 대안으로 진지하게 고려할 수 있는 작가가 크세노폰이라고 말한다(G. Vlastos, "The Paradox of Socrates", *The Philosophy of Socrates*, G. Vlastos(ed.), Garden city, 1971, p. 1. 또한 V. J. Gray, "Xenophon's Defence of Socrates: The Rhetorical Background to the Socratic Problem", *The Classical Quarterly*, vol. 39/1, 1989, pp. 136~140 참조). 디오게네 스 라에르티우스(Diogenes Laertius)에 따르면 웅변가 뤼시아스가 소크라테스에게 그의 연설 문을 써줄 것을 제안했으나 소크라테스가 거절했다고 한다. 그것은 그에게 적합하지 않다는 것이 그 이유이다. 뤼시아스가 써준다는 연설문은 철학적이기보다는 법정 변론을 위한 것이 고, 무엇보다 소크라테스가 생각하기에 자신의 변론에 적합하지 않기 때문이다. 소크라테스 의 에토스에 맞는 변론 방식은 메갈레고레이아적 수사술이라는 것이다(*DL*, 2.40).

77) Platon, *Ap*, 37e~38a. 이어지는 플라톤의 작품 『크리톤』편을 통해서도 알 수 있는 것처 럼 설득에 실패했다고 탈출을 통해 생명을 구하는 행위는 결국 소크라테스의 정의의 원칙, 즉 "어떤 경우에도 불의를 범해서는 안 된다"는 원칙에 맞지 않는 것이다. 소크라테스의 탈 출 거부와 정의의 상관관계에 대한 상세한 논의는 권창은, 「소크라테스에 있어서 정의와 준 법」, 『희랍철학의 이론과 실천』, 고려대출판부, 2004, pp. 199~268 또는 『철학연구』, vol. 35, 1994, pp. 81~131 참조.

신의 철학적 삶을 포기하는 것은 결과적으로 이득이 안 된다고 생각하는 것이다. 크세노폰이 주장하는 것처럼 그러한 선택은 소크라테스 자신의 명예와 자부심에 큰 상처를 남김으로써 소크라테스 자신의 존재 의미를 부정할 뿐만 아니라 더 나아가 지금까지 그를 따르고 존경했던 많은 사람들에게도 큰 수치와 나쁜 인식을 줄 수 있기 때문이다. 한마디로 떳떳하지 않게 생명을 구걸하여 삶을 연장시키는 것은 소크라테스가 표방하는 정의로운 삶 또는 잘 사는 삶과 조화될 수 없는 삶의 방식인 것이다. 소크라테스의 자신의 삶에 대한 이러한 정정당당함은 아테네 배심원단의 분노심을 발생시키는 오만한 연설 태도로 나타나는 것이다.

그러면 소크라테스가 재판에서 사형죄를 구형받은 본질적인 이유는 그의 에이로네이아와 메갈레고레이아와 같은 법정 수사술에 그 원인이 있는 것인가? 소크라테스가 만약 오만한 법정 태도를 보이는 연설이 아닌 그에 대한 호의를 이끌어낼 수 있는 보다 효과적인 수사술적 기법을 통한 연설을 하였을 경우 그는 무죄로 풀려날 수 있었을까? 이 물음들에 대한 답을 찾기 위해서는 플라톤의 『변론』편에서 소크라테스에 대한 기소명으로 제시되는 '불경건죄'와 '아테네 청년 타락죄'의 진위성을 규명할 필요가 있다. 이 두 기소죄가 소크라테스에 관한 실질적인 죄명으로 밝혀진다면, 법정에서의 소크라테스의 변론술은 사실상 그 성공 여부에 관계없이 유죄로 판결될 가능성이 높기 때문이다. '소크라테스는 왜 죽어야만 했는가'의 물음이 아테네 시민들의 분노의 원인을 실질적으로 규명하기 위해 필히 밝혀야 하는 이유가 여기에 있다. 이제 계속해서 나는 소크라테스의 기소명과 그것의 진위성에 관한 논의를 기존의 학자들의 견해를 비판적으로 검토하면서 결코 녹록치 않은 이 물음에 대한 가능한 답을 찾고자 할 것이다.

2. 소크라테스의 재판과 죽음의 원인

  소크라테스의 죽음의 원인이 궁극적으로 어디에서 찾아질 수 있는가의 문제는 생각보다 단순하지 않다. 앞에서 살펴본 것처럼 소크라테스의 에이로네이아와 메갈레고리아적 법정 연설 태도는 아테네 배심원단의 분노를 야기한 측면이 있다. 그러나 소크라테스에 대한 아테네인들의 분노가 과연 소크라테스의 오만하면서도 도도한 에이로네이아와 메갈레고레이아적 법정 연설 태도로만 환원되어 이해되기는 어려운 점이 있다. 이것은 특히 '말의 자유'(παρρησία)를 정체의 기본적인 정신으로 내세우는 아테네 민주주의를 고려할 때 그러하다. 플라톤이 말하는 것처럼[78] 아테네 민주정은 다른 어떤 폴리스보다 말과 사상의 자유가 넘쳐나고, 또 이러한 이유로 헬라스(Hellas)의 학교라고 일컬어진 것이 사실이다. 또한 우리가 아는 것처럼 소크라테스는 아고라(ἀγορά)라고 불리는 사람들이 모이는 광장이나 시장거리에서 아테네의 많은 시민들과 대화를 나누면서 일생을 산 로고스(λόγος), 즉 말의 철학자이다. 그렇기 때문에 어떤 면에서 소크라테스는 아테네 민주정의 정신을 가장 잘 실천한 모범적인 시민이라고 말할 수 있다.

---

78) Platon, *Gorgias*, 461e. Platon, *Nomoi*, 641e. Platon, *Kriton*, 44d, 47e~48c.

그런데 여기서 제기되는 중요한 물음은 '말의 자유를 사랑하는 아테네 민주정이, 어떻게 말의 대화를 사랑하고 그것을 가장 잘 실천한 소크라테스를 죽여야만 했는가' 하는 것이다. '어떤 면에서 소크라테스의 대화 활동은 금지가 아닌 오히려 권장되어야 하는 모범적인 행위로 인정되어야 하지 않았는가' 하는 의문이 드는 이유이다. 그런데 어떻게 아테네 시민들은 소크라테스를 언론의 자유를 가장 잘 실천한 훌륭한 시민으로 자랑스러워하지 않고 그에 대한 분노의 감정을 가지게 되었을까? 소크라테스는, 과연 세 명의 주요 고발자들이 주장하는 것처럼 신에 대한 불경건죄와 아테네 청년을 타락시킨 죄를 지은 철학자였는가? 소크라테스에게 유죄판결을 내려 독 잔을 들게 한 아테네 시민 배심원단의 판결은 과연 집합적 판단의 지혜를 보여주는 올바른 결정이었는가, 아니면 우중(愚衆, ὄχλος)들의 집단적 광기에 의한 한 철학자에 대한 마녀 재판에 불과한 것인가?[79]

---

79) 이러한 접근 방식은 아테네 민주정이 우중의 정체이고, 아테네 법정은 그러한 단순한 의견(doxa)만을 가진 일군의 배심원들로 구성된 그래서 정의의 법정이 아닌 부정과 타락에 의한 오판의 법정이라는 잘못된 인식을 갖게 할 수 있는 위험성이 있다. 물론 배심원단을 구성하는 시민들의 성향과 판단 기준이 다양할 수 있다는 점이 부정될 수 없다. 혹자는 옳고 그름을 가리는 것에 대한 관심보다는 법정 참석 수당에 관심을 가질 수 있고, 또 다른 배심원은 사실의 진위보다는 동정심이나 감정에 보다 설득되는 배심원도 포함되어 있었을 수 있다. 그러나 소크라테스를 사형으로 결정한 당시의 아테네 시민 배심원들 모두가 소크라테스의 메갈레고레이아적 법정 진술에 분노한 것으로만 말하기는 어려울 것 같다. 당시의 아테네 민주정의 법정배심원단 수가 500명 이상으로 구성된 주요한 이유 중 하나가 바로 재판의 객관성과 공정성을 확보하기 위한 것이었다면 분명 수당에 대한 관심이나 또는 분노의 격정이 아닌 숙고적 판단력을 통해 소크라테스의 진술의 진정성과 진실을 알고자 한 시민들도 있었을 것으로 생각되기 때문이다. 그렇다면 아테네 법정 배심원단의 분노를 소크라테스의 메갈레고리아적 연설에만 근거시켜 이해하는 것은 무리가 따른 것으로 생각된다.

아래에서 나는 아테네 민주정이 어떻게 한 철학자의 언론의 자유를 억압하는 아이러니(irony)한 법정 판결을 내려야만 했는가의 문제를 해명할 것이다. 이를 위해 먼저 소크라테스에 대한 기소명으로 제시되는 '불경건죄'와 '아테네 청년 타락죄'의 타당성을 따져볼 것이다. 이것은 소크라테스의 기소 원인을 해명코자 하는 종교적 해석과 윤리적 해석에 대한 비판적 분석이 될 것이다. 이러한 작업을 통해 나는 소크라테스의 죽음의 원인과 아테네 시민의 분노의 원인이 해명될 수 있을 것으로 믿는다.

1) 문헌에 나타난 두 가지 기소명

익히 잘 알려진 것처럼 플라톤의 『변론』 편에서 소크라테스의 기소명은 '불경건죄'와 아테네 '청년 타락죄'이다. 플라톤이 보고하는 소크라테스의 기소명은 구(舊) 고발인들과 현재의 고발인들로 구분된다. 먼저 첫 번째 구 고발인들의 소크라테스에 대한 기소명은 다음과 같다.

소크라테스라는 한 현자는 죄를 지었으며 주제 넘는 짓을 하고 있으니, 그건 땅 밑과 하늘에 있는 것들을 탐구하는가 하면, 한결 약한 주장을 더 강한 주장으로 만들며, 또한 바로 이것들을 다른 사람들에게 가르치고 있어서입니다.[80]

---

80) Platon, *Ap*, 19b.

위의 첫 번째 인용문에서 "땅 밑과 하늘에 있는 것들을 탐구한다는 것"은 소크라테스를 무신론자의 혐의를 두고 이루어지는 기소라는 점에서 불경건죄와 관련되는 것으로 볼 수 있다. 그리고 "약한 주장을 강한 주장으로 만든다"는 것은 소크라테스를 일종의 소피스트적인 궤변술을 통해 청년들을 혹세무민하는, 즉 아테네 청년을 타락시킨다는 기소명으로 볼 수 있다. 그렇다면 소크라테스를 법정에 서게 한 현재의 고발인들의 기소명은 무엇인가? 세 명의 주요 고발자들, 즉 멜레토스와 뤼콘(Lykōn) 그리고 아니토스에 의한 소크라테스의 기소명은 다음과 같다.

소크라테스는 젊은이들을 타락시키고, 나라가 믿는 신들을 믿지 않고, 다른 새로운 영적인 것들(ἕτερα καινὰ δαιμόνια)을 믿음으로써 죄를 범하고 있다고 합니다.[81]

위의 두 인용문들을 통해 알 수 있는 것처럼 과거의 구고발인들과 현재의 고발인들 공히 소크라테스를 신에 대한 불경건죄와 젊은이들을 타락시킨 죄로 기소하고 있다. 그러나 이 두 기소명이 어디까지나 소크라테스의 제자인 플라톤에 의해 기술되고 있다는 점에서 과연 이것이 역사적인 소크라테스에 대한 실질적인 죄명으로 인정될 수 있는가의 물음이 제기될 수 있다. 여기서 플라톤이 아닌 다른 철학자들의 견해를 고려할 필요가 있다. 먼저 철학자들의 삶을 보고하고 있는 디오

---

81) Platon, *Ap*, 24b~24c.

게네스 라에르티우스(Diogenes Laertius)의 전언을 참조할 필요가 있다.

피토스 출신의 멜레토스의 아들, 멜레토스의 알로페케 출신인 소프로니코스의 아들, 소크라테스에 대한 기소와 그 진술서는 다음과 같다. '소크라테스는 국가(πόλις)가 인정하는(νομίζει) 신들을 인정하지 않은 죄와, 다른 새로운 신성을 들여온 죄를 지었다. 그리고 또한 청년들을 타락시키는 죄를 범했고, 그래서 사형을 구형한다.[82]

소크라테스의 기소명에 대한 보고는 크세노폰의 『메모라빌리아』(Memorabilia)에서도 확인된다.

소크라테스는 국가가 인정하는 신을 신봉하지 않고, 새로운 신성을 들여오는 죄를 지었다. 또한 청년들을 타락시킨 죄를 지었다.[83]

위 두 인용문에 나타난 것처럼 디오게네스 라에르티우스와 크세노폰 역시 플라톤의 『변론』편에 제시된 '불경건죄'와 '청년 타락죄'라는 소크라테스에 대한 기소명을 확인시켜준다. 뒤이어 곧바로 살펴보겠지만 희극작가 아리스토파네스(Aristotphanes) 역시 그의 작품『구름』(Nephelai)에서 소크라테스를 무신론적 입장을 갖고, 약한 논리를 강한 논리가 되도록 하는 기술을 가르쳐주는 소피스트로 묘사한다는 점에

---

82) *DL*, II. 40.

83) Xenophon, *Memorabilia*, I.1.13~I.1.15: ἀδικεῖ Σωκράτης οὓς μὲν ἡ πόλις νομίζει θεοὺς οὐ νομίζων, ἕτερα δὲ καινὶ δαιμόνια εἰσφέρων· ἀδικεῖ δὲ καὶ τοὺς νέους διαφθείρων.

서 앞서 언급한 보고자들과 같은 견해를 보여준다고 말할 수 있다.

그러면 우리는 불경건죄와 청년 타락죄라는 두 기소명을 소크라테스가 죽어야만 했던 사실상의 기소명이 되는 것으로 받아들여야만 하는 것일까? 일단 플라톤을 비롯한 위의 다른 보고자들의 전언에 따른 두 기소명을 우리가 굳이 부정할 필요까지는 없을 것으로 생각된다. 그러나 상술한 보고자들이 어떤 근거에서 소크라테스가 불경건죄와 청년 타락죄를 지은 것으로 보고하고 있는지는 확인될 필요가 있다. 그리고 보고자들이 제시하는 두 기소명에 대한 근거가 어느 정도 신빙성이 있는지도 검토될 필요가 있다. 이제 나는 아래에서 불경건죄와 청년 타락죄의 기소명을 각각 나누어 그것의 진위성이 어느 정도 인정될 수 있는지를, 한편으론 플라톤의 『변론』 편을 중심에 놓고, 다른 한편으론 이에 관한 보고를 하고 있는 크세노폰과 디오게네스 라에르티우스 그리고 아리스토파네스의 보고를 함께 끌어들여 비교.분석함으로써 소크라테스의 죽음의 실체적 진실이 어디에 있는지를 규명할 것이다.

불경건죄와 관련하여

먼저 불경건죄와 관련하여 소크라테스는 『변론』 편에서 과거의 구고발인들이 자신을 "하늘 높이 있는 것들을 골똘히 생각하는 자이며, 지하의 온갖 것들을 탐구하는 자"[84]로서 "해를 돌이라 말하는가 하면, 달은 흙이라고 말한 것"으로 전한다. 그리고 소크라테스는 자신을 다수의 시민들로 하여금 이처럼 무신론자로 믿게 한 구고발인들이 현재의

---

84) Platon, *Ap*, 26d.

고발인들에게 나쁜 영향을 주었다고 말한다. 그러나 소크라테스는 이러한 다수의 구고발인들이 마치 그림자와 같은 존재이기 때문에 이들을 상대로 변론해야 하는 고충을 토로한다. 그런데 소크라테스가 구 고발인들 중에 유일하게 거명하는 사람이 희극작가 아리스토파네스이다. 그러면 소크라테스는 왜 아리스토파네스가 자신을 무신론자로서 불경건죄의 기소에 영향을 준 작가로 거명하는 것일까? 이에 관한 구체적인 이유를 플라톤은 『변론』 편에서 기술하고 있지 않다. 그러나 우리가 아리스토파네스의 작품 『구름』 편에서 묘사되고 있는 소크라테스를 연상하면 어렵지 않게 그 이유를 짐작할 수 있다. 소크라테스와 빚을 안 갚을 수 있는 말 기술을 소크라테스에게 배우러 온 스트렙시아데스(Strepsiadēs)와의 대화가 이를 확인시켜준다.

스트렙시아데스 그렇다면 올림포스의 제우스는 신이 아니란 말씀인가요?

소크라테스 어떤 제우스 말인가? 허튼소리 하지 말게. 제우스는 존재하지 않는다네.

스트렙시아데스 무슨 말씀이죠? 그럼 비는 누가 오게 하지요? 먼저 이것부터 내게 설명해 주십시오!

소크라테스 이 분들이지. 내가 확실히 증명해보이겠네. 자네는 일찍이 구름 없이 비가 오는 것을 본 적이 있는가? 자네 말대로라면 제우스는 이 분들께서 출타 중이실 때에도 맑은 하늘에서 비가 오게 할 수 있어야 할 게 아닌가?

스트렙시아데스 …… 그럼 천둥을 울려 나를 떨게 하는 자는 누구죠? 말씀해주십시오…….

소크라테스 천만에! 그건 하늘의 소용돌이라네.

스트렙시아데스 소용돌이라니? 그런 줄은 미처 몰랐는데요. 제우스는 존재하지 않고 그 대신 지금은 소용돌이가 지배한다는 것 말입니다.[85]

위 인용문에 나타난 것처럼 소크라테스의 "사색 학교"(φροντιστήριον)에서 "소크라테스라는 사람은 바구니에 올라, 왔다 갔다 하면서, 자기는 공기 위를 걷고 있다고 말하는가 하면, 그 밖에도 많은 어리석은 짓거리를 하는 자"[86]로 묘사된다. 그러면 아리스토파네스가 희화화(戲畫化)하는 것처럼 소크라테스는 실제로 자연철학자로서 신을 믿지 않은 무신론자였을까? 이와 관련하여 플라톤의 『변론』편에서 소크라테스는 자신을 무신론자로 알려진 아낙사고라스(Anaxagoras)와 같은 철학자로 간주하는 것은 전혀 타당하지 않다고 강변한다. 소크라테스는 자신이 한때 자연에 대한 탐구에 관심을 가졌으나 얼마 지나지 않아 중단하였다고 말한다. 플라톤의 다른 대화편 『파이돈』(Phaidon)편 역시 소크라테스의 이러한 주장을 뒷받침한다.[87] 이 작품에서 소크라테스는 자신이 생성 소멸의 원인을 알고자 자연철학에 대한 열정을 갖고 그 지혜를 얻고자 하였으나 끝내 생성 소멸의 원인을 알 수 없었기 때문에 그에 관한 연구를 더 이상 하지 않았다고 말한다. 아리스토텔레스 역시 소크라테스의 변론을 확인시켜준다. 그는 『형이상학』(Metaphysica) 1권에서 일종의 앞선 철학자들의 철학함에 대한 철학사

---

85) Aristophanes, *Nephelai*, 366~382.

86) Aristophanes, *Nephelai*, 218~226.

87) Platon, *Phaidon*, 96a 이하 참조.

적 고찰 속에서 "소크라테스는 물리적 세계를 무시하고 자신의 연구를 도덕적 문제에 한정시켜, 이 영역에서의 보편적인 것(τὸ καθόλου)을 추구했으며 최초로 정의(ὁρισμός)의 문제에 전념했다"[88]라고 보고하고 있다.

그런데 문제는 아리스토파네스의 소크라테스에 대한 무신론적 묘사가 소크라테스가 인간에 대한 관심을 갖기 이전의 그의 자연철학에 대한 관심과 그 행태에 대한 관찰과 인식이 반영된 것이라면 이야기가 달라질 수 있다. 다시 말해 『구름』 속에서 희화적으로 묘사된 소크라테스는 어디까지나 자연철학에 대한 관심을 가진 시기의 모습일 수 있다는 것이다. 그렇다면 『구름』 속에 그려진 무신론자로서의 소크라테스에 대한 묘사는 아테네 시민들로 하여금 소크라테스를 불경건한 자로 간주하는 데 적지 않은 부정적 영향을 주었을 가능성이 크다. 그러면 인간의 "윤리적인 것에 관한"(περὶ τὰ ἠθικά) 철학으로 관심을 전향한 이후의 소크라테스는 어떻게 평가될 수 있을까? 소크라테스는 더 이상 무신론적 자연철학을 행하지 않고, 또한 소피스트적 수사술을 청년들에게 가르치지 않은 것으로 간주될 수 있을까?

이러한 물음들과 관련하여 현재의 고발인들의 불경건죄 기소가 좀더 많은 정보를 주고 있는 것으로 생각되므로 이들의 기소 내용을 검토하는 것이 필요하다. 플라톤의 『변론』 편에서 기술되고 있는 불경건죄의 내용은 소크라테스가 "나라가 믿는 신들을 믿지 않고, 다른 새로운 영적인 것들을 믿었다는 것"(θεοὺς οὓς ἡ πόλις νομίζει οὐ νομί

---

88) Aristoteles, *Metaphysica*, 987b1~987b4.

ζοντα, ἕτερα δὲ δαιμόνια καινά)[89]이다. 여기서 폴리스가 믿는 신은 당연히 아테네 시민들이 믿는 신이라고 말할 수 있다. 그런데 기소명에서 소크라테스는 이러한 아테네 시민들이 믿는 것과는 다른 새로운 다이모니온(δαιμόνιον), 즉 영적인 것을 믿는 것으로 기술되고 있다. 이것은 앞서 인용한 디오게네스 라에르티우스의 보고에서도 확인된다. 이곳에서 "소크라테스는 폴리스(πόλις)가 인정하는(νομίζει) 신들을 인정하지 않은 죄와, 다른 새로운 신성(ἕτερα καινὰ δαιμόνια)을 들여온 죄를 저지른 것"[90]으로 기술되고 있기 때문이다. 그렇다면 소크라테스의 불경건죄는 소크라테스가 무신론자라기보다는 아테네 시민들이 믿는 신과는 "다른"(ἕτερα) 신을 믿었기 때문인 것으로 생각된다. 만약에 소크라테스가 새로운 다른 신을 믿는 종교관을 가졌다면, 소크라테스의 불경건죄에 대한 기소는 그에 대한 실질적인 기소명으로 인정될 가능성이 크다. 그러면 소크라테스는 자신에 대한 이러한 내용의 불경건죄 기소에 대해 어떻게 대응하고 있을까?

먼저 플라톤의 『변론』 편에서 소크라테스는 기소자 중 한 명인 멜레토스로 하여금 자신에 대한 불경건죄가 어떤 신도 믿지 않는다는 의미인지, 아니면 신을 믿되 아테네가 숭배하는 신을 믿지 않는다는 것인지를 보다 분명히 밝혀줄 것을 요구한다.[91] 이에 대해 멜레토스는 소크라테스를 어떤 신도 믿지 않는 무신론자로 규정한다. 그러나 소크라테스는 무신론자로 자신을 규정하는 것은 전혀 진실에 맞지 않음을 두

---

89) Platon, *Apo*, 24b~24c, 26b.

90) *DL*, II. 40.

91) Platon, *Ap*, 26c.

가지 근거를 들어 반박한다. 하나는 무신론자로 함은 아낙사고라스가 주장한 것처럼 일종의 태양과 달을 각각 뜨거운 돌과 차가운 돌로 간주하는 것인데, 자신은 그러한 무신론자가 아니라는 것이다.[92] 두 번째 반박은 영적인 다이모니온(daimonion)을 믿는 것은 곧 신령들(δαίμονες)을 믿는 것과 같은 것으로 이해되어야 한다는 것이다. 소크라테스에 따르면 다이모니온과 같은 영적인 것들은 에로스처럼 중간적인 위상을 가진 신적인 것으로서, 그것들은 신이거나 신의 자손들이기 때문이다.[93] 따라서 신들의 자손인 영들을 믿으면서 신을 믿지 않는 것은 모순이 되기 때문에 멜레토스는 기소장에서 자가당착적인 말을 하고 있다는 것이 소크라테스의 반박이다.

소크라테스의 이러한 반론은 어떻게 이해되어야 할까? 소크라테스는 과연 멜레토스와의 대화를 통해 자신의 불경건죄가 근거 없음을 설득력 있게 논박하는 것으로 볼 수 있을까? 일단은 기소명에 나타난 언급과 그에 대한 소크라테스의 답변이 일치하는가를 문제 삼을 수 있다. 먼저 기소장에서 현재의 고발인들이 소크라테스를 "폴리스가 믿는 신을 믿지 않고 새로운 영을 믿는다"라고 말하고 있음에 주목해야 한다. 다시 말해 멜레토스를 비롯한 뤼콘과 아니토스의 소크라테스의 불경건죄에 대한 근거는 소크라테스가 아테네 폴리스가 숭배하는 신을 "믿지 않고"(οὐ νομίζοντα) 자신만의 "다른 새로운 신령"(ἕτερα δὲ δαιμόνια καινά)을 믿는다는 것이다. 그렇다면 소크라테스는 아테네 시민들이 믿고 섬기는 신과는 다른 신, 즉 다이모니온이라는 신령을 믿었기

---

92) Platon, *Ap*, 26d~26e.
93) Platon, *Ap*, 27c~27d.

때문에 불경건죄로 기소된 것일까? 이 물음에 우리는 소크라테스와 다이모니온의 관계가 인정될 수 있는지를 다른 텍스트적 논거를 통해 확인해볼 필요가 있다. 먼저 경건에 관한 논의가 이루어지는 플라톤의 대화편 『에우티프론』(Euthyphron)에 나타난 아래의 인용문을 참고할 필요가 있다.

> 소크라테스는 얼른 듣기에도 이상하고 생소한 것들을 만들어냈고, 예로부터 믿어온 신들을 믿지 않는다. 그건 다름 아니라 소크라테스가 영적인 것(τὸ δαιμόνιον)이 수시로 자신에게 나타난다고 말하기 때문이다. 신들에 관련된 일들(ta theia)에 대하여 그는 혁신을 하려고 하는 듯 보이며, 이는 다중(hoi polloi)을 상대로 중상을 하고 있는 것이다.[94]

위 인용문에서 에우티프론은 소크라테스가 자신의 영적인 것을 따르면서 아테네 시민들이 예로부터 믿어온 신들을 믿지 않았기 때문에 기소된 것으로 말한다. 그렇다면 소크라테스에 대한 불경건죄는 소크라테스를 무신론자로 규정하고 이루어진 것이라기보다는 아테네 시민들이 믿는 신과는 무엇인가 다른 신 내지 신성을 믿는다는 데 그 원인이 있는 것으로 보아야 할 것 같다. 이것은 플라톤 『변론』편에 나타난 소크라테스 자신의 말에서도 확인된다.

> 여러분께서 여러 번 여러 곳에서 제가 말하는 것을 들으신 일이 있는 것

---

94) Platon, *Euthyphron*, 3b~3c.

으로서, 일종의 신적인 것이며 영적인 것이 제게 나타난다는 것인데, 바로 이것이 멜레토스가 공소장에서도 조롱하는 투로 적은 것입니다. 그런데 이것이 제게는 소싯적에 시작된 것이며, 일종의 소리로 나타나는 것인데, 이것이 나타날 때는 언제나 제가 하려고 하는 일을 하지 말도록 말리지, 결코 적극적인 권유를 하는 일은 없습니다.[95]

인용문에서 알 수 있는 것처럼 소크라테스는 자신의 삶의 여정에서 중요한 순간마다 다이모니온이라는 신성한 소리에 따라 행동했음을 인정한다. 이것은 사형으로 결정이 난 이후에도 소크라테스가 그것을 받아들이도록 하는 신의 알림(τὸ τοῦ θεοῦ σημεῖον)을 언급하는[96] 데 서도 알 수 있다. 그렇다면 멜레토스가 소크라테스를 불경건죄로 기소한 이유는 소크라테스의 다이모니온이라는 새로운 신성을 염두에 두고 이루어진 것으로 볼 수 있다. 소크라테스의 다이모니온은 분명 아테네인들이 믿는 신과는 다른 신성으로 볼 수 있기 때문이다. 문제는 앞에서 언급한 것처럼 소크라테스와 멜레토스의 대화에서 멜레토스가 왜 소크라테스를 무신론자라고 답변했는가 하는 점이다. 그것은 플라톤의 각색일 수도 있고, 아니면 멜레토스는 소크라테스의 다이모니온을 전통적인 신이 아니라는 의미에서 아예 신격을 부정했기 때문에, 실상 무신론자와 다를 바가 없는 것으로 간주했을 수도 있다.[97] 중요한 것은 소크라테스가 아테네인들이 믿었던 폴리스의 수호신과는 다른

---

95) Platon, Ap, 31c~31d.
96) Platon, Ap, 40a~40c 참조.
97) D. P. Gontar, 1978, pp. 98~99.

사적(私的)인 신령을 믿은 것으로 볼 수 있고, 이것이 그를 법정에 서게 한 이유로 작용했을 가능성이 크다. 그러면 우리는 이러한 다이모니온과 같은 사적인 신령이 빌미가 되어 소크라테스가 불경건죄로 기소되었다는 일종의 종교적 해석을 어느 정도의 설득력을 갖는 것으로 볼 수 있을까?

이 물음을 둘러싼 학자들의 주장을 검토하는 것이 도움이 될 것 같다. 먼저 블라스토스(Vlastos)는 소크라테스의 종교관이 기존의 아테네의 전통적 종교관과 다른 진보적인 입장을 보여주는 것으로 해석한다.[98] 소크라테스 이전의 이오니아 철학자들이 신적인 것을 자연화시켰듯이 소크라테스는 신을 이성에 의해 도덕화시켰다는 것이다. 요컨대 블라스토스의 주장에 따르면 소크라테스는 기존의 아테네 폴리스의 신들을 대체하는 새로운 신 개념을 도덕의 영역 내지 체계 내에서 합리화시켰다. 그래서 소크라테스가 생각하는 제우스와 같은 올림포스의 신들은 엄격한 도덕적 규범을 따르는 도덕적으로 완벽한 지선(至善)한 존재이며, 따라서 악의 원천이 될 수 없다는 것이다. 결국 블라스토스의 해석에 따르면 소크라테스는 기존의 구신들의 비도덕적인 개념을 파괴하고 도덕화된 새로운 신 개념을 만들고자 했다는 점에서 종교적 개혁론자의 입장을 보였고, 이것이 불경건죄의 혐의로 기소하게 만든 원인이 된 것이다.

종교적 해석을 취하면서도 블라스토스 입장과 다른 주장을 하는 학

---

98) G. Vlastos, "Socratic Piety", *Reason and Religion in Socratic Philosophy*, N. D. Smith and B. Woodruff(eds.), Oxford Univ. Press, 2000, pp. 55~73.

자들로 브릭하우스와 스미스[99]를 들 수 있다. 이들은 공히 신들에 관한 소크라테스의 도덕적 개념화는 인정하고 있지만, 그것이 곧 소크라테스를 법정에 기소할 정도의 위협적인 근거로 작용했다는 점에는 회의적이다. 소크라테스에 대한 보고를 하고 있는 고대의 어떤 학자들도 소크라테스의 종교적인 도덕적 혁신을 문제 삼아 그것을 기소의 원인이 되는 증거로 제시하지 않고 있기 때문이다. 이들 학자에 따르면 고대의 여러 자료들은 소크라테스 역시 공적 영역과 사적 영역 모두에서 관습적으로 행해진 종교의식이나 기도를 행하는 평범한 모습으로 그려지고 있다는 점에서 소크라테스의 종교적 입장은 기존의 아테네의 전통적 종교관과 일치한다. 이런 이유로 이 두 학자는 소크라테스에 대한 불경견죄의 원인은 블라스토스가 주장하는 것처럼 신을 도덕적으로 변형시킨 개혁적 신관 때문이 아니라, 소크라테스의 사적인 신성한 소리 즉 다이모니온이 문제가 되는 것으로 본다. 소크라테스는 그의 논박술적 이성과 다이모니온이 충돌할 경우 언제든지 그의 다이모니온을 우선시하여 그에 복종했다는 것이다. 브릭하우스와 스미스의 주장에 따르면 다이모니온은 소크라테스가 어렸을 때부터 매우 자주, 사소한 것에서조차 무언가 이익이 되지 않은 잘못된 것을 행하려고 하면 그를 제지하는 내적인 신성한 소리이자 신호(sign)로 나타나곤 했다. 그럴 때마다 소크라테스는 다이모니온이 명령하거나 지시하는 소리에 더 이상의 의문을 제기하지 않고 복종하였다는 것이다. 그렇기 때문에

---

99) T. C. Brickhouse and N. D. Smith, "Socrates' God and the Daimonion", *Reason and Religion in Socratic Philosophy*, N. D. Smith and Paul B. Woodruff(eds.), Oxford Univ. Press, 2000, pp. 74~88. *The Trial and Execution of Socrates*, Oxford Univ. Press, 2002, pp. 209~219.

이들 학자에 따르면 소크라테스의 이성에 대한 확고한 신념은 항상 다이모니온의 명령을 능가할 수 없다. 소크라테스가 『변론』 편에서 자신의 정치 불참여의 이유로 제시하는 것 역시 다이모니온의 제지에 의해서다. 결국 소크라테스의 불경건죄의 실질적인 원인은 신의 도덕적 변형을 통한 종교적 개혁에서가 아니라, 그의 사적인 신으로서의 다이모니온에 조회되어 이해되어야 한다는 것이 브릭하우스와 스미스의 종교적 해석이라 말할 수 있다.

상술한 두 진영의 상반된 입장에 대해 맥퍼란(McPherran)은 중간적인 입장에서 해석한다. 맥퍼란에 따르면 소크라테스는 개혁주의자도 전통주의자도 아니다.[100] 그는 블라스토스의 해석을 부분적으로 공유하면서 소크라테스를 기존의 비도덕적이고 비이성적인 전통적 신관을 도덕적이고 합리적인 신으로 바꾸고자 한 것으로 평가한다. 소크라테스의 신은 사악한 자의 선물이나 제물에 매수되어 기뻐하고 호의를 베푸는 신도 아니며, 당연히 부정의한 기도와 요청에 반응하는 존재가 아니기 때문이다. 그런데 맥퍼란이 보기에 소크라테스가 기소된 결정적인 이유는 바로 소크라테스가 그의 "초이성적인 신호"(extrarational signs)인 다이모니온과 같은 새로운 신을 도입하였기 때문이다. 소크라테스는 아테네 폴리스가 인정하는 전통적인 종교관에 맞지 않는 초(超)이성적인 다이모니온을 믿고 그것을 아테네 청년들에게 가르쳤다

---

100) M. L. McPherran, "Socratic Reason and Socratic Revelation", *Socrates Critical Assessments*, W. J. Prior(ed.), vol. II, Routledge, 1996, pp. 167~194. 또한 동일인, "Does Piety Pay? Socrates and Plato on Prayer and Sacrifice", *Reason and Religion in Socratic Philosophy*, N. D. Smith and Paul B. Woodruff(eds.), Oxford Univ. Press, 2000, pp. 89~114 참조.

는 점에서 불경건죄로 기소되었다는 것이다.

상기한 학자들의 각각의 주장은 다양한 문헌학적 자료들에 근거해 각기 필요한 텍스트적 논거를 통해 정당화를 시도하고 있으며, 또 그런 점에서 각기 어느 정도 설득력이 있는 것으로 판단된다. 먼저 소크라테스의 불경건죄를 기존의 전통적인 신관을 도덕적이고 이성적인 신관으로 개혁하고자 한 것에서 그 원인을 찾는 블라스토스의 해석은 플라톤의 다른 대화편 특히『에우티프론』편에서 소크라테스의 새로운 신 개념 정립을 위한 노력을 고려할 때 설득력이 있다. 예를 들어『에우티프론』6e 이하에서 '신이 사랑하기 때문에 경건한 것이냐 아니면 경건하기 때문에 신이 사랑하는 것인가'의 물음이 그것이다.[101] 여기서 소크라테스의 입장은 '신이 사랑하기 때문에 경건한 것이라면 그것은 신이 사랑하는 것이 각기 다를 수 있기 때문에 경건한 것이 하나가 아니라 여러 개가 된다'는 점에서 문제가 있다. 제우스나 아폴론 또는 포세이돈 신이 생각하는 경건함의 의미가 다를 수 있기 때문이다. 이렇게 되면 두 신이 각기 상반된 경건함의 개념을 갖게 되고, 이것은 경건함의 정의가 모순된 것일 수밖에 없게 된다. 따라서 경건함은 상대적인 것이 아니라 어디까지나 하나의 단일한 실재이며, 이것을 모든 신들이 사랑한다는 것이 소크라테스의 기본적인 입장이다.

또한 동서(同書) 13b 이하에서 에우티프론이 경건함의 정의(定義)로 제시하고 있는 인간과 신의 상호 봉사와 보살핌에 관한 소크라테스의 논박 역시 좋은 예가 될 수 있다. 소크라테스의 주장에 따르면 에우티

---

101) Platon, *Euthyphron*, 6e 이하 참조.

프론이 생각하는 것처럼 경건함을 인간과 신의 상호 거래 내지 이득의 관점에서 규정하는 것은 문제가 있다. 신과 같은 완벽한 존재가 인간의 보살핌을 필요로 하지 않기 때문이다. 맥퍼란이 옳게 말하는 것처럼 인간과 신의 관계를 '주고받는'(do ut des) 관계로 이해하는 것은 신은 선한 자의 기도뿐만 아니라 사악한 자의 기도에도 보답해야 한다는 문제를 발생시키기 때문이다. 이런 점에서 소크라테스는 분명 기존의 아테네 시민들이 생각하는 신에 대한 경건함의 개념을 비판적으로 수정하고 있다고 말할 수 있다. 『국가』편 2권에서 기술되고 있는 나라의 수호자 교육을 위한 시가 교육(μουσική) 역시 이러한 소크라테스의 새로운 신관 정립의 노력을 엿볼 수 있는 곳이다.[102] 이곳에서 소크라테스는 신들에 대한 호메로스의 묘사의 문제점을 신랄하게 비판하면서, 신들의 비도덕적인 양태는 모두 신의 개념에 적절하지 못한 것으로 교육 내용에서 삭제되어야 함을 역설하고 있기 때문이다.[103]

상술한 것을 고려할 때 소크라테스가 생각하는 신은 어디까지나 인간이 생각하고 느끼는 것처럼 변화무쌍하지 않고, 또 인간의 제물과 아첨에 응하여 상과 벌을 주는 신이 아닌 것으로 볼 수 있다는 점에서 블라스토스와 이에 동의하는 맥퍼란의 해석은 타당하다고 말할 수 있다. 그러면 우리는 블라스토스가 주장하는 것처럼 소크라테스는 당시의 관습적인 아테네 폴리스의 종교관을 합리적인 도덕적 신관으로 만들

---

102) Platon, *Pol*, II, 376d 이하 참조.
103) 예를 들어 소크라테스는 아들 크로노스 신이 아버지 우라노스 신에게 복수를 하는 것이라든지, 신들이 전쟁을 일으키고 서로 싸움을 하는 것과 같은 이야기는 젊은이의 시가교육에 적절치 않기 때문에 모두 삭제되어야 함을 역설한다(Platon, *Pol*, 377e 이하 참조).

기 위한 종교 개혁가이기 때문에 불경건죄로 기소된 것으로 이해해야 할까?

이 물음에 대한 답을 찾기 위해서 소크라테스가 살던 기원전 4세기의 희랍인들의 종교관을 간단하게나마 짚어보는 것이 도움이 될 것 같다. 이와 관련하여 먼저 학자들이 관심을 갖는 것은 과연 '이 시기에 현재의 종교처럼 믿음(beliefs)의 교리(dogma) 체계가 존재했었는가' 하는 것이다.[104] 이에 대한 학자들의 견해는 부정적이다.[105] 이 당시의 희랍 종교는 믿음에 근거한 종교 형태라기보다는 기도나 헌주와 같은 실천적인 의미의 의식(ritual) 활동 속에 구현된 종교적 특성이 강하기 때문이다. 이것은 곧 종교적 믿음이나 신념의 관점에서 고대 희랍의 종교가 규정되기 어려움을 의미한다. 고대 희랍 종교가 믿음과 같은 교리체계에 전혀 근거하지 않은 것으로 단적으로 보기는 어렵지만, 고대 희랍 종교는 어디까지나 제의나 의식과 같은 실천적 활동을 통한 종교관이 강한 것으로 볼 수 있다는 것이다. 이처럼 종교를 신을 숭배하는 제의적 실천 활동의 관점에서 볼 때, 소크라테스가 그러한 종교적 실천 활동에 참여하지 않은 것으로 보기는 어렵다. 앞서 살펴본 것처럼 소크라테스가 신의 존재를 부정한 것도 아니고, 그렇다고 신에 대한 제의적 활동에 동참하지 않은 것도 아니기 때문이다.[106] 이것은 특히 『에우티

---

104) 이와 관련해선 M. Giordano-Zecharya, "As Socrates Shows, the Athenians did not Believe in Gods", *Numen*, vol. 52/3, 2005, pp. 326~327 참조.

105) C. Sourvinou-Inwood, "What is Polis Religion", *Oxford Readings in Greek Religion*, R. Buxton(ed.), Oxford Univ. Press, 2000, pp. 22 이하 참조. L. B. Zeidman and P. S. Pantel, *Religion in the Ancient Greek City*, Cambridge Univ. Press, 1989, p. 176 이하 참조.

106) Xenophon, *Apologia*, 11, *Memorabilia*, I. i, 2, Luis E. Navia, 1984, p. 54.

데모스』(Euthydemos) 편에서 소크라테스와 디오니소도로스의 대화 내용을 통해 알 수 있다. 이곳에서 디오니소도로스는 다른 아테네인들에게는 있는 조상신들이나 사당이 소크라테스에게도 있는 것인지를 묻는데, 이에 대해 소크라테스는 분명하게 "나는 내 자신의 제단, 가족과 조상의 성소 그리고 다른 아테네인들처럼 그 밖의 모든 다른 것들을 갖고 있다네"[107]라고 말하고 있다.

그렇다면 브릭하우스와 스미스가 주장하는 것처럼 소크라테스의 불경건죄에 대한 기소는 그의 사적인 신령인 다이모니온과 연관이 더 되는 것으로 보아야 하지 않을까? 다른 여러 보고자들의 소크라테스의 기소명에 나타난 공통점이 바로 소크라테스가 다이모니온이라는 새로운 신을 도입했다는 것이고, 이러한 신령한 소리로서의 다이모니온은 아테네 시민들이 믿는 전통적인 신의 유형이 아닌 것으로 볼 수 있기 때문이다. 그렇다면 소크라테스가 말하는 자신의 내적인 신성한 소리로서의 다이모니온이 불경건죄의 실질적인 원인이 되어야 함을 주장하는 브릭하우스와 스미스의 견해가 더 설득력이 있어 보인다. 소크라테스의 내적인 신성한 소리인 다이모니온은 소크라테스를 무신론자라는 비판을 피하게 할 수 있을지 몰라도, 그것이 아테네의 수호신으로 말할 수 있는 제우스 신이나 아테네 여신 또는 포세이돈 신과 동일시될 수는 없기 때문이다. 요컨대 아테네 시민들이 보기에 소크라테스는 아테네 폴리스가 섬겨왔던 전통적인 신들과는 다른 다이모니온이라는 자신만의 신비적인 신령을 믿고 그것에 따라 행동을 한 불경건한 철학

---

107) Platon, *Euthydemos*, 302c.

자로 간주될 수 있다는 것이다. 그러나 여전히 남는 문제는 '그렇다면 소크라테스의 다이모니온과 같은 사적인 신이 모두 아테네 법정에 불경건죄로 기소되었는가' 하는 것이다.[108]

뒤에서 보다 자세히 논의되겠지만, 이와 관련하여 우리는 일단 당시의 아테네의 자유로운 종교적 분위기를 지적할 수 있다.[109] 고서(Gocer)가 주장하는 것처럼 아테네 민주주의는 종교적 다원주의가 인정된 종교·문화적 상황 하에서 어느 정도 개인의 신비적인 종교관도 허용된 것으로 볼 수 있다. 또한 신이 인간에게 말하는 다양한 수단들을 고려할 때도 그렇다. 어떤 사람들에게 신은 신탁이나 천둥, 새의 소리나 다른 신호들을 통해 말하고, 소크라테스에겐 신은 다이모니온의 소리를 통해 뜻을 전한 것으로 볼 수 있다.[110] 그렇다면 소크라테스의 다이모니온과 같은 신비적인 사적 신관이 기존의 아테네의 정통 종교를 위협하거나 도전하는 개혁적 종교론으로 보기 어려워진다.[111] 사적

108) 이와 관련하여 몇 가지 불경건죄와 관련된 재판이 소크라테스 재판이 있던 시기와 그 이전에 있었던 것으로 알려져 있다. 특히 안도키데스(Andokides)와 니코마코스(Nikomachos) 재판이 소크라테스와 유사한 불경건죄 재판으로 알려져 있다(R. Waterfield, *Why Socrates Died: Dispelling the Myths*, Norton, W. W. and Company, Inc, 2009, pp. 32~33).

109) Gocer에 따르면 기원전 4세기에 그리스에서 정통종교와 이교(heterodoxy)라는 구분이 있었던 것으로 보기는 어렵다. A. Gocer, "A New Assessment of Socratic Philosophy of Religion", *Reason and Religion in Socratic Philosophy*, N. D. Smith and P. B. Woodruff, Oxford Univ. Press, 2000, pp. 115~129.

110) Xenophon, *Apologia*, 12~13. Xenophon, *Memorabilia* I, i, 4. Xenophon, *Symposion* viii, 5. Platon, *Phaidros* 242c, Platon, *Euthydemos* 272e, Platon, *Pol*, 6, 496c. Platon, *Theaitetos*, 151a.

111) 이미 크세노파네스와 같은 급진적 종교론을 개진한 철학자가 있었는데 소크라테스의 다이모니온이 아테네인들에게 그렇게 위협적인 것으로 생각될 이유는 없을 것이라는 추정이 가능하다. 이것은 Gocer의 설명에 따르면 당시의 희랍 사회에서 신비적인 것에 대한 오랫동

인 신의 개념에 근거한 종교가 아테네 폴리스에 의해 승인된 신 개념과 일치하지 않음으로써 아테네의 전통적인 종교적 실천에 변화를 가져왔다는 분명한 증거를 찾기가 어렵기 때문이다.

상술한 것을 종합할 때 우리는 일단 아테네 폴리스가 숭배하는 신들에 대한 종교적 숭배의식에 소크라테스가 동참하였다는 점은 그를 급진적인 종교적 개혁가로 몰아 불경건죄로 기소할만한 이유가 되기에는 충분치 않다고 말할 수 있다. 당시의 고대 희랍 종교가 아직까지 믿음의 교리체계에 의해 정의되기 어려운 상황 역시 이러한 점을 뒷받침한다. 고대 희랍의 다신론적인 종교적 관용이 허용된 사회·문화적 상황 하에서, 소크라테스의 사적인 다이모니온 역시 당시의 아테네 폴리스의 종교적 체계를 뒤흔들 정도의 이단(異端)과 같은 위험한 신관으로 간주하기는 어려운 것으로 생각된다. 불경건죄에 대한 기소의 진위성에 관한 보다 분명한 필자의 생각은 뒤에서 밝히기로 하고, 그 전에 소크라테스의 다른 기소명인 아테네 청년 타락죄를 검토하기로 하겠다.

청년 타락죄와 관련하여

소크라테스의 두 번째 기소명은 아테네 청년 타락죄이다. 크세노폰과 디오네게스 라에르티우스 역시 소크라테스가 "청년들을 타락시키는"(διαφθείρων) 죄를 범한 것으로 기소되었다고 전한다.[112] 플라톤의 『변론』편 역시 멜레토스를 비롯한 현재의 고발인들이 소크라테스가 젊은이들을 타락시킨 것으로 기소하였다고 기술하고 있다. 이 기소명

안의 관행이 있어왔던 문화적 상황과도 무관하지 않다(A. Gocer, 2000, pp. 125 이하 참조).
112) Xenophon, *Memorabilia*, I. 1.1.3~1.1.5, *DL*, II. 40.

은 구고발인들에 의해선 "한결 약한 주장을 더 강한 주장으로 만들며, 또한 바로 이것들을 다른 사람들에게 가르치고 있다"[113]라고 표현된다.

소크라테스는 언변에 능숙하니까 속아 넘어가지 않도록 조심해야 한다. 그는 진실을 말하는 사람이 아니라 미사여구의 연설과 정연한 연설에 능통하여 언변에 능숙한 사람이기 때문이다.[114]

위 인용문에서 소크라테스는 일종의 궤변론자로 일컬어진다. 그러면 청년 타락죄로 비방하는 것에 대한 소크라테스의 반론은 어떻게 제시되고 있을까? 이에 대한 소크라테스의 변론은 자신은 그러한 소피스트와 전혀 다른 사람이라는 것이다. 그 이유를 소크라테스는 소피스트들과 달리 돈을 받고 지식을 가르친 것이 아니라고 말한다. 그리고 소크라테스는 현재 법정에 앉아 있는 과거 자신의 강의를 들은 배심원들을 거명하면서, 그들이 자신의 강의를 듣고 타락하지 않았음을 입증할 것이기 때문에 그러한 죄명은 전혀 진실이 아니라고 강변한다.[115]

다음으로 현재의 고발인들에 의한 아테네 청년 타락죄에 대해선 소크라테스는 멜레토스를 대화의 상대자로 끌어들여 자신의 변론을 시도한다. 먼저 소크라테스는 멜레토스에게 청년들을 너 낫게 만들 수 있는 사람이 누구인지를 묻는다. 이 물음에 멜레토스는 법률(νόμοι)이 청년들을 더 나아지게 만든다고 답한다. 소크라테스는 누가 법을 만드

---

113) Platon, *Ap*, 19b~19c.
114) Platon, *Ap*, 17a~17b.
115) Platon, *Ap*, 19d~20c 참조.

는가를 다시 묻고, 멜레토스는 소크라테스를 제외한 모든 아테네인들이라고 답한다. 이후에 이어지는 소크라테스의 반론은 소위 '앎에 근거한 기술(techne) 비유'를 통한 논증 방식이라 말할 수 있다. 즉 소크라테스에 따르면 말을 훈련시킬 수 있는 사람은 말에 관한 지식을 갖고 있는 조련사이지, 무지한 다수가 아니다. 만약 그렇지 않고 무지한 자가 말을 훈련시키게 되면, 말은 더 나아지지 않고 더 나빠지기 때문이다. 따라서 말에 관한 기술적 지식을 소유한 전문가가 조련사가 되어야 한다.[116] 소크라테스는 이러한 테크네 비유를 통해 같은 논리가 청년들의 교육에도 적용되어야 함을 주장한다. 다시 말해 멜레토스가 생각하는 것과 달리, 청년들을 교육시킬 수 있는 적임자는 지식을 소유한 자이지, 다수의 무지한 자들이 아니라는 것이다. 알고 있는 자가 교육을 통해 청년들을 더 낫게 만들 수 있다는 것이 소크라테스의 기본적인 입장이기 때문이다.

소크라테스의 이러한 주지주의적 교육론은 플라톤의 초기 대화편인 『프로타고라스』(Protagoras)나 『메논』(Menon) 편에서 어렵지 않게 확인된다. 이들 대화편에서 소크라테스의 기본적인 입장은 정의(δίκη)나 용기(ἀνδρεία) 또는 절제(σωφροσύνη)와 같은 덕들이 한결같이 지식(ἐπιστήμη)으로 환원될 수 있다는 것이다.[117] 다시 말해 정의로운 행위나 용기 있는 행위 또는 절제 있는 행위를 할 수 있기 위해서는 이들 덕들이 무엇인지에 대한 지식을 소유하고 있어야 한다. 요컨대 소크

---

116) Platon, *Ap*, 25a~25c.
117) 『프로타고라스』 편에서 프로타고라스와의 덕의 단일성 논쟁은 Platon, *Protagoras*, 329b 이하 참조.

라테스의 주장은 지식에 근거하지 않은 행위는 그것이 어떤 행위든 덕 있는 행위가 될 수 없다는 것이다. 이것은 특히 『프로타고라스』편에서 덕의 교육가능성을 둘러싸고 벌어지는 소크라테스와 프로타고라스의 상반된 입장을 통해 알 수 있다. 소크라테스가 지행일치적인 입장을 주장하는 반면에 프로타고라스는 덕행은 지식보다는 독사(δόξα), 즉 의견을 통해 가능함을 주장하고 있다.

그러면 우리는 청년들의 교육과 관련하여 소크라테스의 지식 소유자에 의한 전문가 교육론 주장이 어느 정도의 설득력을 갖는다고 볼수 있을까? 한편으론 멜레토스가 말하는 것처럼 아테네 시민들이 합의해서 채택한 법률에 의해 청년들의 교육이 이루어질 수 있다는 견해가 보다 경험적인 설득력이 있는 것으로 보인다. 그러나 다른 한편으론 참된 교육은 가르치는 사람의 전문적 지식에 의해 성공의 가능성이 높아질 수 있음이 부정되기 어렵다. 문제는 '소크라테스가 모든 사람이 아닌 지식을 소유한 자만이 청년들을 더 낮게 만들 수 있다는 주장을 만족스럽게 논증하고 있는가' 하는 것이다. 사실상 이 물음에 긍정적인 답을 주기는 어려울 것 같다. 무엇보다 전문가 한 명과 다수 청년들의 교육관계에 대한 소크라테스의 반론이 전적으로 타당한 것으로만 보기 어려운 점이 있기 때문이다. 테일러(Taylor)가 말하는 것처럼[118] 한 명의 의사가 다수의 환자를 치료할 수 있지만, 환자들을 독살할 수 있는 사람 역시 의사가 될 수 있기 때문이다.[119] 물론 우리가 소크라테스

---

118) A. E. Taylor, *Socrates*, New York 1933, p. 139. 또한 D. P. Gontar, 1978, p. 94 참조.
119) 소크라테스가 덕의 주지주의적 측면을 강조하기 위해 자주 사용하는 유비가 테크네 (techne), 즉 기술 비유이다. 기술 비유에 의하면 환자의 건강과 항해에서의 안전을 성공적으

를 그러한 유형의 악인으로 보기는 어렵기 때문에 소크라테스의 반론
이 설득력이 없는 것은 아니다. 그러나 논리적으로 한 사람이 모든 사
람을 타락시키는 것이 불가능하지는 않은 것으로 생각된다.

청년 타락죄에 대한 소크라테스의 두 번째 반론은 '만약 자신이 청년
들을 타락시켰다면, 그 타락이 의도적으로 이루어졌겠는가' 하는 것이
다. 이와 관련하여 소크라테스는 자신과 같은 선한 사람이 다른 사람을
해롭게 할 수도 없을 뿐더러, 그러한 행위로 해서 결과적으로 그 해가
자신에게 올 것을 알고서도 그러한 악행을 범할 리가 없다는 것이다.
따라서 만약 불의가 이루어졌다면, 그것은 "고의적이 아닌"(ἄκων) "무
지"(ἀγνοῶ)에 의한 행위라는 것이다. 그리고 불의로운 행위가 무지에
의한 것이라면, 그것은 가르침이나 훈계를 통해 깨닫게 해주어야 할 문
제지, 처벌의 대상이 아니라는 것이 소크라테스의 주장이다.[120]

이러한 소크라테스의 반론은 아테네 시민 배심원단의 동의를 이끌
어낼 수 있는 설득력 있는 논변이 될 수 있을까? 청년을 타락시키는 비
도덕적인 행위는 과연 의도적일 수 없고, 그것이 행해진다면 그것은 무
지에 의해서만 이루어진다고 볼 수 있을까? 인간이 항상 이성적으로만
행동한다면 소크라테스의 반론은 설득력이 있는 것으로 볼 수 있다. 그
러나 인간은 알면서도 욕구와 쾌락에 져서 얼마든지 그릇된 행위를 할

로 달성할 수 있는 사람은 각각 의술과 항해에 대한 전문적 지식을 갖춘 의사나 조타수이다.
그러나 테크네 비유의 문제점은 이러한 기술이 잘못 오용될 수 있다는 것이다. 영리한 경비
원이 영리한 도둑이 될 수 있고, 유능한 의사가 환자를 아무도 모르게 죽일 수 있는 살인자가
될 수 있기 때문이다. 소크라테스의 기술 비유에서 기술 지식의 오용가능성과 관련된 보다
상세한 논의는 손병석, 「정치적 기술과 공적 합리성」, 『철학』, 75집, 2003, pp. 63~73 참조.
120) Platon, *Ap*, 25c~26a 참조.

수도 있는 가능성을 배제할 수 없다. 인간은 또는 얼마든지 자신의 이익을 정의보다 우선시하여 부정의한 행위를 할 수 있다.[121] 더군다나 청년들을 해(害)한 결과가 자신에게 고스란히 부메랑처럼 더 큰 손해로 돌아온다는 주장 역시 쉽게 이해되지 않는다. 결국 소크라테스의 아테네 청년 타락죄에 대한 반론이 아테네 배심원단의 소크라테스에 대한 의혹과 혐의를 사라지게 할 정도의 설득력 있는 변론이라고 인정되기는 어려울 것 같다.[122] 특히 청년들의 교육이 지식을 가진 자에 의해서만 가능하다는 소크라테스의 강한 주지주의적 교육론은 아테네 시민들의 동의를 받기 어려웠을 것으로 생각된다.

그렇다면 아테네 시민들이 아테네 청년들을 타락시켰다는 혐의를 소크라테스에게 둘 때, 타락의 실체적 내용은 무엇으로 보아야 할까? 소크라테스는 아테네 청년들을 어떻게 변화시켰다는 말인가? 이와 관련하여 핵포스(Hackforth)는 아테네 청년 타락죄를 순전히 윤리적인 관점에서 이해한다.[123] 다시 말해 핵포스는 소크라테스가 법정에 기소된 이유를 그가 아테네 정체의 가부장적 권위 질서를 새로운 윤리질서로 바꾸려고 한 위협적인 인물이었기 때문인 것으로 해석한다. 소크라테스의 청년 타락죄를 윤리적 의미와 연관시키는 핵포스의 주장은 다음의 인용문에 잘 나타나 있다.

---

121) D. P. Gontar, 1978, p. 96.
122) 핵포스는 소크라테스와 멜레토스의 대화는 플라톤의 삽입에 의한 것으로 해석한다. 그에 따르면 이러한 목적은 소크라테스를 지적인 사람으로, 반면에 기소자인 멜레토스를 어리석은 자로 보이도록 하기 위한 것이다(R. Hackforthe, 1933, pp. 107~110 참조).
123) R. Hackforth, 1933, p. 76.

아니토스가 두려워하고, 사회적으로 위험한 것으로 간주했던 것은 실상 소크라테스가 젊은이들로 하여금 그들의 행위와 도덕적 판단에 관한 원리들을 검토하라는 권고였다. 그(아니토스)와 의심할 바 없이 다른 많은 충실한 애국자들에게, 이것은 도덕적 방종(license)과 사회적 혼돈으로 이끄는 길이었다.[124]

핵포스의 주장은 소크라테스가 법정에 기소된 주된 이유는 아테네 폴리스의 전통적인 규범적 가치를 부정하고 개혁하려는 새로운 도덕철학을 가르침으로써 청년들을 타락시켰다는 것이다. 다시 말해 기존의 전통적인 부자관계나 가족관계의 전통적 윤리를 부정하거나 회의하게 만드는 도덕철학을 가르쳤다는 것이다. 아리스토파네스의 『구름』 편에서 우리는 이러한 윤리적 해석의 가능성을 발견하게 된다. 이곳에서 소위 소크라테스의 철학학교라고 말할 수 있는 프론티스테리온(φροντιστήριον)에서 새로운 궤변술을 배운 스트렙시아데스의 아들 페이디피데스는 채권자들의 빚을 갚지 않을 뿐만 아니라, 더 나아가 아버지를 구타하는 것으로 기술되고 있기 때문이다. 페이디피데스의 다음과 같은 말은 가부장적 도덕질서가 부정되고 있음을 확인시켜준다.

그럼 말해보세요, 마찬가지로 내가 아버지를 염려하여 아버지를 때리는 것도 정당하지 않겠어요? 염려하는 것이 때리는 것이라면 말예요. 아버지는 매를 맞아서는 안 되는 몸인데 나는 왜 맞아도 되는 몸이지요? 나도 자

---

124) R. Hackforth, 1933, p. 76.

유인으로 태어났어요. 아이들은 맞아도 아버지는 맞아서는 안 된다고 생각하세요? 아버지는 아이들이 맞는 것이 관습이라고 말하겠지만, 나는 이렇게 반박하겠어요. 노인들은 도로 아이들이 된다고, 그래서 노인들은 실수할 경우 잘못이 더 크니까 당연히 젊은이들보다 더 심하게 맞아야 된다고 말예요.[125]

결국 아들에 의해 구타를 당한 아버지 스트렙시아데스는 아들의 비도덕적인 행위의 원인을 소크라테스에게 돌리고 소크라테스의 철학학교를 불태운다. 소크라테스로부터 배워 지식을 갖게 된 아들이 무지한 아버지의 말에 복종하지 않고 오히려 그에 맞서 새로운 가치를 주장하고 있기 때문이다. 이러한 청년 타락죄의 혐의는 플라톤의 『메논』(Menon) 편에서도 엿볼 수 있다. 이 대화편에 등장하는 세 명의 주요 고발자 중 한 명인 아니토스는 소크라테스에게 주지주의적인 덕 교육의 위험성을 강하게 경고한다. 아니토스는 소크라테스가 덕에 관한 새로운 윤리와 도덕을 청년들에게 가르침으로써 청년들을 타락시키고 있는 것으로 간주하기 때문이다.[126] 그러면 우리는 핵포스가 주장하는 것처럼 소크라테스는 기존의 가부장적 도덕질서를 부정하는 도덕철학을 청년들에게 가르침으로써 그들을 타락시켰기 때문에 기소된 것으로 이해해야 할까? 이 물음에 일단은 긍정적인 답을 주기는 어려워 보인다. 뒤에서 자세히 설명되겠지만, 만약에 청년 타락죄가 도덕적인 타락을 의미하고, 그것이 기존의 가부장적 도덕질서를 부정하거나 파괴

---

125) Aristophanes, *Nephelai*, 1411~1418.
126) Platon, *Menon*, 94e 이하 참조.

하고자 한 교설이었다고 한다면, 우리는 소크라테스보다 더 급진적인 도덕적 내지 윤리적 이론을 가르친 소피스트들이 소크라테스 이전이나 이후에 기소가 되었을 것으로 생각해야만 하기 때문이다.[127]

지금까지의 논의를 종합할 때 소크라테스에 대한 기소명으로서의 불경건죄와 청년 타락죄는 일면 그것의 법적 기소명의 실증성이 부정되기 어려운 것으로 판단되면서도, 다른 한편으론 몇 가지 요인에 의해 두 기소명의 실질적 유효성이 인정되기 어려운 것으로 볼 수 있다. 이제 아래에서 다른 한 가지 해석 방식으로 고려해볼 수 있는 정치적 해석이 이 문제와 관련한 아포리아를 해결할 수 있는지를 검토할 것이다. 이러한 작업 이후에 최종적으로 소크라테스의 죽음의 원인이 무엇인지에 대한 최종적인 결론을 내려보도록 하겠다.

2) 소크라테스는 반민주주의자였는가? 정치적 해석을 중심으로

정치적인 해석은 기본적으로 소크라테스와 당시의 아테네 민주정 사이의 갈등관계에서 죽음의 원인을 찾는다. 특히 소크라테스의 반(反)민주적인 철학과 활동에 초점이 맞추어진다. 이와 관련하여 일련의 여러 학자들이 다양한 의견을 개진하여 왔다. 1950년대에는 버넷(Burnet)이나 거드리(Guthrie)와 같은 학자들이 소크라테스를 반민주

---

127) 예를 들어 상대주의 또는 회의주의적 철학을 가르친 프로타고라스와 고르기아스를 들 수 있다. 안티폰은 더 나아가 기존의 계급, 인종, 성에 따른 관습적 정의를 비판하면서 자연적 정의를 주장한다는 점에서 진보적인 도덕철학을 내세웠다고 볼 수 있다. 소피스트에 대한 상세한 논의는 조지 커퍼드, 『소피스트 운동』, 김남두 옮김, 아카넷, 1981 참조.

적인 철학자로 간주하였다.[128] 반면에 포퍼(Popper)는 『열린사회와 그 적들』(The Open Society and its Enemies)에서 반민주적인 전체주의의 시조로 소크라테스가 아닌 플라톤을 지적한다.[129] 이 시기에 학자들의 소크라테스의 민주주의관에 대한 해석은 심도 있게 이루어지지는 않았는데, 그것은 아마도 서양지성사에서 소크라테스를 일종의 신성한 소(sacred cow)로 간주하는 암묵적인 견해가 강했던 데에도 그 원인이 있는 것으로 보인다. 그러나 80년대 들어서 소크라테스의 철학함의 정치적 의미에 관한 본격적인 해석 작업이 이루어지기 시작했고, 대표적으로 블라스토스, 우드(E. M. Wood)와 우드(N. Wood)가 그러한 학자들에 속한다. 먼저 블라스토스는 크세노폰의 소크라테스는 반민주주의자일지 모르지만 플라톤의 소크라테스는 친민주주의자임을 주장한다. 우드는 블라스토스의 주장에 반대하여 크세노폰의 소크라테스나 플라톤의 소크라테스나 양자 공히 소크라테스는 반민주주의자임을 강하게 주장한다.[130] 민주주의에 대한 소크라테스의 정치적 견해를 둘러싼 논쟁은 이후에 크라우트(Kraut)나 어윈(Irwin)과 같은 학자에 의해 지속적으로 이루어져왔다.[131]

---

128) J. Burnet, *Greek Philosophy: Thales to Plato*, London, 1950, p.188. W. K. C. Guthrie, *A History of Greek Philosophy*, vol. 3, Cambridge Univ. Press, 1981, p. 410.

129) K. R. Popper, *Open Society and its Enemies*, vol. I, Routledge London, 1994, pp. 128~130.

130) G. Vlastos, "The Historical Socrates and Athenian Democracy", *Political Theory*, vol. 11/4, 1983, pp. 495~516. E. M. Wood and N. Wood, "Socrates and Democracy, A Reply to G. Vlastos", *Political Thoery*, vol. 14/1, 1986, pp. 55~82. 또한 E. M. Wood and N. Wood, *Class Ideology & Ancient Political Theory*, Basil Blackwell, Oxofrd 1978, pp. 82~115 참조.

131) Kraut의 주장에 따르면 소크라테스는 이론적으로 아테네 민주정에 반대했지만, 현실

이러한 일련의 논쟁 속에서 비록 정통 고전 철학자는 아니지만 소크라테스의 재판과 아테네 민주주의의 관계에 대한 하나의 주목할 만한 해석을 제시한 학자는 스톤(I. F Stone)이다. 스톤은 기존의 소크라테스의 죽음의 원인으로 제시된 불경건죄와 청년 타락죄는 소크라테스의 실질적인 죄명이 아닌 것으로 본다. 다시 말해 소크라테스는 종교적 이유 또는 철학적이거나 도덕적인 이유가 아닌, 당시의 아테네 민주정이 처한 특수한 정치적 상황에서 그가 보인 반민주적인 정치적 이유로 죽임을 당했다는 것이 스톤의 주장이다. 물론 앞에서 언급한 것처럼 스톤 이전에도 다른 학자들이 소크라테스의 죽음의 원인을 정치적 관점에서 해석하지 않은 것은 아니다. 그러나 소크라테스와 아테네 민주정의 길항관계를 논의의 전면에 등장시켜 이에 관한 본격적인 연구를 통해 후속적인 논의를 불러일으킨 학자는 스톤이라는 점에서 그 의의가 있

적으론 민주정의 지지였다. 왜냐하면 소크라테스는 도덕적 덕의 지식 교육가능성과 도덕적 지식을 소유한 전문가의 존재를 불신했기 때문에 민주정이 아닌 다른 정체가 그것을 실현할 수 있는 가능성에 비판적이었기 때문이다. 그렇기 때문에 소크라테스는 민주정이 다른 정체보다 상대적으로 덜 타락한 정체로 보았다는 것이다. 결국 Kraut에 따르면 소크라테스의 반민주적인 이론적 견해는 그의 현실적인 차원에서의 민주정에 대한 지지와 모순되는 것이 아니다(R. Kraut, *Socrates and the State*, Princeton Univ. Press, New Jersey 1984, pp. 208, 243~244). 이러한 Kraut의 주장에 Irwin은 부분적으로 동의하지만 윤리적 덕의 교육 불가능성이 소크라테스가 아테네 민주정을 지지한 근거가 된다는 주장은 잘못된 것으로 본다. Irwin에 따르면 누군가가 윤리적 지식을 갖고 그것을 다른 사람들에게 가르칠 수 있어도, 소크라테스는 여전히 아테네 민주정을 지지할 수 있었기 때문이다. 윤리적 지식과 정치적 지식을 가진 '아는 자'의 존재가 그에 대한 시민들의 일방적인 복종을 의미하는 것이 아니기 때문이다. 결정권의 주체는 어디까지나 아테네 시민들이고 그들은 아는 자의 의견을 듣고 참고만 하면 된다는 것이 Irwin의 해석이다(T. H. Irwin, "Socratic Inquiry and Politics", *Ethics*, vol. 96, 1986, pp. 410~414).

다. 이런 이유로 아래에서 나는 먼저 스톤의 소크라테스의 죽음의 원인에 대한 정치적 해석을 간단하게 살펴보고, 그의 주장이 안고 있는 몇 가지 난점을 지적하면서 논의를 진행시켜 나가도록 하겠다.

앞에서 언급한 것처럼 스톤의 기본적인 입장은 소크라테스가 아테네 법정에 기소된 원인은 종교적 이유나 도덕적 이유가 아닌 그의 반민주적인 정치적 이유에서 찾아져야 한다는 것이다. 그는 자신의 저서 『소크라테스의 재판』(The Trial of Socrates)[132]에서 소크라테스와 아테네 민주주의 사이에는 화해할 수 없는 다음과 같은 본질적인 차이가 있다고 주장한다.

첫째는 지식에 의한 전문가 내지 아는 자에 의한 통치론이다. 소크라테스에 따르면 통치는 폴리티케 에피스테메(πολιτική ἐπιστήμη), 즉 정치적 지식을 가진 자에 의해 행해져야한다. 독사(δόξα)와 같은 의견에 의해 정치술이 발휘되어서는 안 된다는 것이다. 소크라테스가 여러 대화 상대자들에게 던진 'X란 무엇인가'의 물음은 바로 본질을 알고자 한 것이고, 이것은 용기나 정의와 같은 정치적 덕을 알고자 한 것이다. 소크라테스는 이것을 바로 지식에 의해 알 수 있는 것으로 본 것이다. 둘째는 그렇기 때문에 소크라테스는 의견 정도의 앎을 가진 다중(多衆)에 의한 통치를 부정적으로 평가했다는 것이다. 소크라테스에 따르면 다중은 '아는 자'의 지배를 따라야 하는데, 이것은 양떼가 양치기의 말을 따라야 하는 것과 같다. 그렇기 때문에 소크라테스는 모든 시민이 정치에 참여하여 갑론을박을 통해 폴리스의 공적인 업무가 결정

---

132) I. F. Stone, *The Trial of Socrates*, Anchor books, New York 1988. 『소크라테스의 비밀』, 손병석, 편상범 공역, 간디서원, 1996.

되는 아테네 민주정을 우중(愚衆)의 정체로 간주하였다는 것이다. 이것은 결국 아테네 민주주의와 시민들에 대한 무시이며, 이것이 아테네 법정 시민 배심원단의 분노와 미움을 야기했다는 것이다. 셋째로 소크라테스를 반민주주의자로 규정할 수 있는 이유는 소크라테스의 철학 강의를 들은 몇몇 가까운 제자들이 결국 아테네 민주정을 위협하는 위험한 인물이었다는 사실이다. 예를 들어 스파르타로 망명한 알키비아데스나 30인 참주정권을 수립한 크리티아스와 카르미데스와 같은 인물들을 들 수 있다. 소크라테스는 아테네 민주정에 적의를 가졌거나 위협적인 이러한 귀족 청년들의 정치적 교사의 역할을 수행했다는 점에서 반민주적이며 친과두주의적인 사상을 가진 철학자라는 혐의를 받게 되었다는 것이다.

결국 스톤에 따르면 소크라테스의 이러한 지식에 근거한 '아는 자'의 통치 주장은 다수 시민의 의견에 근거한 시민들 간의 자유로운 대화와 토론에 의한 통치를 정체의 근본적인 원리로 삼는 아테네 민주주의와 모순 내지 불협화음을 가질 수밖에 없었다. 그리고 아테네 민주정이 소크라테스의 '아는 자'에 의한 엘리트 지배론에 대해 더 이상 철학 강의를 용인하기 힘든 정치적 상황이 발생하였고, 그것이 스톤이 표현하는 "세 번의 지진"(three earthquakes)으로서의 411년과 404년 그리고 401년의 스파르타의 지지를 받고 아테네 민주정을 전복시킨 세 번의 과두주의자들에 의한 정치적 혁명이다.[133] 이 세 번의 과두주의자들에 의한 통치 기간 동안에 수많은 아테네 성년 시민들이 도륙을 당했다는 불행

---

133) I. F. Stone, 1988, 11장 참조.

한 역사적 사건이 더 이상 소크라테스에게 관용을 베풀기 어렵게 만든 정치적 상황으로 작용했다는 것이다. 그리고 이러한 정치적 이유로 소크라테스는 아테네 법정에 기소되어 사형을 받을 수밖에 없었다는 것이 스톤의 주장이다.

그러면 이러한 스톤의 해석은 어느 정도 설득력이 있는 것으로 볼 수 있을까? 고전 철학 전공자가 아닌 스톤의 문헌 출처의 부정확성과 같은 문제들이 지적될 수 있겠지만, 나는 스톤의 정치적 해석이 기존의 소크라테스의 재판과 그의 죽음 그리고 그의 아테네 민주정과의 관계에 대한 하나의 설득력 있는 해석을 제시했다고 생각한다. 그러나 나는 또한 스톤의 주장에 동의할 수 없는 다음과 같은 몇 가지 문제점이 있다고 생각한다.

무엇보다 스톤이 주장하는 것과 달리 소크라테스를 단적으로 반민주주의자, 곧 친과두주의자로 보기 어렵다는 점이 지적될 수 있다. 이것은 아테네 정치 지도자들에 대한 소크라테스의 비판이 민주정의 정치지도자들뿐만 아니라 친과두주의자들에게도 마찬가지로 적용되고 있다는 점에서 그렇다. 그 근거로 우리는 『고르기아스』와 『메논』편에서 소크라테스가 페리클레스와 테미스토클레스 같은 민주주의적인 정치인들뿐만 아니라 키몬과 밀티아데스 그리고 투키디데스와 같은 친과두주의적인 정치인들에 대해서도 강한 비판을 하고 있는 것에 주목할 필요가 있다.[134] 또한 『고르기아스』편에서 소크라테스가 민주주의자인 아리스티데스를 칭찬하고 있는 것이나 『변론』편에서의 델포이

---

134) Platon, *Gorgias*, 515c~517a. *Menon*, 92d~94e. T. C. Brickhouse and N. D. Smith, 2002, pp. 194~196 참조.

신탁을 전한 민주주의자인 카이레폰을 자신의 친구로 언급하는 것도 고려될 수 있다.[135] 브릭하우스가 말하는 것처럼 이러한 언급들은 "과두정에 공감하는 자(an oligarchic sympathizer)로부터 전혀 기대하기 힘든 말"[136]이다.

또한 소크라테스의 제자로 알려진 크리티아스와 칼리클레스와의 관계 역시 재고될 필요가 있다. 플라톤의 『변론』 편에서 소크라테스는 자신의 정의로운 삶의 근거로 크리티아스와 칼레클레스가 주도한 404년의 30인 참주정권이 자신에게 거류외인 레온을 체포해오라는 명령에 복종하지 않았음을 제시한다.[137] 우리가 추측하는 것과 달리 소크라테스는 한때 자신의 제자였던 크리티아스를 긍정적으로 평가하지 않은 것으로 보인다. 이것은 특히 크세노폰의 『메모라빌리아』에서[138] 육욕에 영혼이 사로잡힌 호색한 크리티아스를 두고 "아무래도 크리티아스는 돼지의 성질을 갖고 있는 모양이다. 돼지가 돌에 몸을 비비는 것처럼 저자는 에우티데모스에게 비비고 싶어 한다"[139]고 비난하는 말에서도 알 수 있다. 이 밖에도 소크라테스가 자신이 아테네 시민으로서 아테네 민주정을 위해 포테이다이아와 암피폴리스 그리고 델리온과 같

---

135) 『변론』 편 그리고 아리스토파네스의 『구름』에서도 언급되는 카이레폰(Clouds 104, 144~147)은 소크라테스의 친구이자 동료이며, 그는 30인 폭정 때 망명하여 후에 민주주의자들과 함께 귀국한다. 또한 『라케스』 편의 대화 상대인 니키아스와 라케스 역시 아테네 민주주의의 장군들로서 소크라테스와 가까운 관계를 유지하였다(T. C. Brickhouse and N. D. Smith, 2002, p. 203 참조).

136) T. C. Brickhouse and N. D. Smith, 2002, p. 196.

137) Platon, *Ap*, 32c~32d.

138) Xenophon, *Memorabilia*, 1.2.29 이하 참조.

139) Xenophon, *Memorabilia*, 1.2.30.

은 여러 전투에 병사로 참여했다는 사실 역시 소크라테스를 단적으로 친과두주의자로 보기 어렵게 만든다.[140] 상술한 것들을 종합할 때 소크라테스가 친과두주의자였기 때문에 아테네 민주주의자들의 정치적 공격에 의해 죽임을 당했다는 스톤의 주장은 충분한 논거들에 근거한 정확한 해석이라 보기 어렵다.

그러면 소크라테스가 사형을 받은 실질적인 원인은 무엇으로 보아야 할까? 이 물음에 대한 답을 찾는 데 있어 앞서 스톤이 제기한 것처럼 소크라테스와 당시의 아테네 민주정과의 길항관계가 부정되어서는 안 될 것 같다.

그 첫 번째 이유는 스톤이 말하는 것처럼 소크라테스의 기본적인 정치철학은 '아는 자'에 의한 전문가 통치론이다. 그러나 아테네 민주정은 다수 시민들의 정치참여를 선(善)으로 보면서 시민들의 의견에 따른 치자와 피치자의 권력에의 교대로의 참여를 허용하는 정체이다. 소크라테스의 에피스테메(ἐπιστήμη), 즉 지식 철학은 아테네 시민 민주정의 독사(δόξα)의 철학과 배치된다는 점에서 소크라테스와 아테네 시민들 사이의 불협화음이 존재한 것으로 볼 수 있다. 우리는 이것을 특히 『메논』(Menon) 편에서 아테네 민주정의 어느 정치가도 이러

---

140) Platon, *Ap*, 28d. 또 한 가지 중요하게 지적할 수 있는 것은 소크라테스가 당시의 아테네 민주주의의 법을 부정하지 않았다는 점이다. 『크리톤』 편을 통해 알 수 있는 것처럼 소크라테스는 아테네 민주정과 같은 폴리스의 국법을 결코 부정하지 않았으며, 더군다나 자신의 기소명으로 제시된 불경건죄와 같은 당시의 아테네 민주주의의 국법을 잘못된 법으로 보지도 않았다는 것이다. 아테네 민주정의 법 자체의 문제가 아니라 그 법을 잘못 집행한 당시의 시민 배심원단의 오판에 문제가 있다는 것이다. 이런 점에서 흔히 알려진 것처럼 소크라테스가 '악법도 법'이라고 말한 것은 정확한 이해가 아니다. 이와 관련한 상세한 논의는 권창은, 「소크라테스와 악법」, 『희랍철학의 이론과 실천』, 고려대출판부, 2004, pp. 167~198 참조.

한 정치적 덕 내지 지식을 소유하고 있지 않다는 소크라테스의 비판에서 확인할 수 있다.[141] 소크라테스의 주장에 따르면 페리클레스와 테미스토클레스 같은 아테네 민주정의 지도자들은 정치적 지식이 아닌 단지 올바른 의견을 갖고 있는 것에 불과하다. 소크라테스를 기소한 아니토스가 이 대화편에서 경솔하게 그러한 말을 하지 말 것을 경고하는 것도 이러한 맥락에서 이해할 수 있다.[142] 그렇다면 앞서 언급한 소크라테스의 '덕과 지식의 동일성'에 관한 가르침은 당시의 아테네 시민들에게 단순히 그것이 이론적 차원의 문제가 아닌 것으로 간주되었을 가능성이 크다. 이것은 소크라테스의 덕에 관한 철학적 가르침이 단순히 윤리적인 문제가 아니라, 그것의 캐시밸류(cash-value), 즉 현금 가치 내지 현실적 가치는 궁극적으로 아테네 민주주의의 가치를 부정하는 정치적인 주장으로 간주될 수 있다.[143]

둘째로 소크라테스의 재판을 정치적 이유와 관련시켜 이해할 수 있는 중요한 논거는 소크라테스의 제자였던 것으로 말해지는 30인 참주정의 두 주역인 크리티아스와 카르미데스, 그리고 아테네 민주정에 등을 돌린 알키비아데스와의 밀접한 관계이다. 플라톤의 『변론』편에서

141) Platon, *Menon*, 99b 이하 참조.

142) Platon, *Menon*, 94e~95a.

143) 앞에서 언급한 '누가 청년들을 더 나아지게 만드는가'라는 논제와 관련해서도 소크라테스의 답변은 실상 민주정은 지식을 갖지 않은 다중들과 그들이 만든 지혜롭지 않은 법에 의해 통치되는 정체이고, 바로 이러한 아테네 시민 모두가 청년들을 타락시키는 주범이라는 비판적인 태도가 보이기 때문이다. 아테네 민주정에 대한 이러한 비판적 내지 공격적 태도는 아테네 배심원들을 설득하는 것보다는 아테네 시민들을 모욕하는 것으로 생각될 여지가 크다. 민주적인 제도, 추첨, 가난한 다수에 대한 소크라테스의 적의와 관련해선 Xenophon, *Memorabilia*, 1.ji. 9~11, 12, 58 참조.

언급되는 "나를 비방하는 사람들이 나의 제자들이라고 주장하는"[144]이
나 "부자 자식들로서 여가 시간이 아주 많은 젊은이들이 자진해서 나
를 따라다니게 되었는데"[145]와 같은 언급은 알키비아데스와 크리티아
스를 염두에 둔 말로 볼 수 있다. 이것은 크세노폰이 『메모라빌리아』에
서 소크라테스가 알키비아데스와 크리티아스의 스승이었기 때문에 재
판에 기소된 것을 주요 이유 중 하나로 제시하는 것[146]에 의해서도 뒷
받침된다.

소크라테스는 아테네의 법을 경멸하도록 가르쳤을 뿐만 아니라, 확립된
정체를 업신여기고 폭력적으로 힘을 사용하여 체제를 전복시키도록 만들
었다. 그리고 타락한 젊은이의 대표적인 예인 30인 독재의 주도적 인물이
었던 크리티아스, 그리고 알키비아데스를 보라. 아무도 국가에 그토록 많
은 악을 행하지는 않았다. 소크라테스는 젊은 추종자들에게 폭군과 악인
이 되도록 가르쳤던 것이다.[147]

---

144) Platon, *Ap*, 33a4~33a5.

145) Platon, *Ap*, 23c.

146) Xenophon, *Memorabilia*, 1.2.12. 웅변가 아이스히네스는 소크라테스가 죽은 지 약 반
세기가 지난 후에 아테네 배심원들을 언급하면서, "당신들은 소피스트인 소크라테스를 사형
에 처했는데, 왜냐하면 소크라테스가 민주주의를 전복시킨 30인 폭정인 중 한명인 크리티아
스의 스승이었기 때문이다"(1.173)라고 보고하고 있다. 또한 소크라테스가 죽은 10년 뒤에
폴리크라테스는 소크라테스가 알키비아데스를 가르쳤기 때문에 죽었다고 전한다(J. Burnet,
1950, p. 187). 그러나 어윈(Irwin)을 비롯한 학자들은 소크라테스가 자신이 덕이 무엇인지
모르는데 그들에게 덕을 가르쳤다고 볼 수도 없고, 그들에게 성공적으로 가르쳤다고 볼 수
없기 때문에 이러한 비판에서 소크라테스를 면제시켜야 함을 주장한다(Irwin, 1989, p. 201).

147) Xenophon, *Memorabilia*, I. 2.9~I. 2.12.

그렇다면 소크라테스와 아테네 민주정의 적대자들로 볼 수 있는 그의 제자들과의 관계가 소크라테스의 재판과 연이은 죽음의 근거로 작용하지 않았다고 볼 이유는 없을 것 같다. 부정할 수 없는 사실은 아테네 민주정에 막대한 손실을 끼친 인물이 크리티아스와 카르미데스 그리고 알키비아데스였기 때문이다.[148] 사실상 아테네 시민들이 소크라테스를 이러한 반민주적인 인물들과 관련시켜 이해하는 데는 충분한 이유가 있다. 이들 모두는 소위 소크라테스의 철학적 대화의 주요 인물들이다. 소위 아리스토파네스가 『구름』에서 말하는[149] 소크라테스의 철학 학교, 즉 프론티스테리온의 주요 멤버들인 것이다. 크리티아스는 30인 폭정의 리더였으며, 플라톤 대화편에서 소크라테스에게 매력적인 인물로 나타난다.[150] 카르미데스 역시 마찬가지로 30인 폭정의 주요 인물이다. 그리고 소크라테스와 한동안 연인관계를 유지한 것으로 보이는 알키비아데스는 시실리 원정 당시 아테네 법정에서 사형 선고를 받고 적국인 스파르타로 망명한 장군이다.[151]

특히 아테네 민주정이 기원전 411년 400인 과두정권이나 기원전 404년 30인 폭정 하에서 수많은 아테네 성년 남자들이 죽임을 당할 때, 우리는 어느 자료를 통해서도 소크라테스의 정의의 소리를 들을 수 없다는 점을 간과하기 어렵다. 이 당시에 '예수는 예루살렘을 위해 울었

---

148) 알키비아데스와 크리티아스의 정치적 행보 그리고 이들의 소크라테스와의 관계에 대한 상세한 논의는 R. Waterfield, 2009, 4~8장 참조. 특히 pp. 181~190 참조.

149) Aristophanes, *Nephelai*, 94, 266.

150) Platon, *Protagoras*, 316a5, 336d6, 337a2. *Charmides*, 156a7~156a8.

151) Platon, *Symposion*, 217a2~219d2.

지만 소크라테스는 아테네를 위해 울지 않았던 것이다'.[152) 30인 폭정 하에서 피를 흘려가면서 죽어가는 아테네 시민들은 그러한 살상 행위 가 옳지 않음을 파레시아(παρρησία), 즉 올바른 말을 하는 정신에 따라 누군가가 그것의 부정의함을 힘껏 외쳐주기를 바랐지만, 소크라테스 역시 침묵했던 것이다.[153) 아테네 민주정 하에서 가장 말을 많이 한 철학자가 정작 가장 그의 비판적인 소리가 요구될 때 침묵했던 것이다. 만약에 이때 소크라테스가 그의 정의의 소리를 아테네 시민들에게 들려주었다면, 소크라테스의 재판 결과는 달라질 수 있었을 것이다.

세 번째로 아테네 시민들이 소크라테스에 대해 호의적인 견해를 갖기 어려운 데는, 기원전 404년 30인 폭정이 실시될 때, 소크라테스가 다른 민주주의자들과 함께 망명의 길을 떠나지 않았다는 사실이다. 이 것은 소크라테스를 민주정의 옹호자로 보기보다는 친과두주의자라는 혐의를 갖게 만든다.[154) 물론 어윈이 말하는 것처럼 우리가 알지 못하는 어떤 것을 우리가 알고 있지 않는 한 이것 역시 하나의 가정에 불과할 수 있다. 다시 말해 과두정의 골수 추종자들을 제외한 모든 사람들이 아테네를 떠난 경우로 가정하지 않는 한, 소크라테스가 아테네를 떠

---

152) I. F. Stone, 1988, p. 146. 스톤에 따르면 소크라테스는 정치적 소극성을 보여주었다. 404년 반혁명과 멜로스(Melos)에서의 다수의 인명 살상이 이루어지고 있었을 때 소크라테스는 굳뜬 말을 깨우고자 하는 등에와 같은 아테네의 계몽가로서의 역할을 수행하지 않았다는 것이다(I. F. Stone, 1989, pp. 100~101).

153) G. Vlastos, "Socrates and Vietnam", *Socratic Studies*, Cambridge Univ. Press, 1994, pp. 127~133 참조. 소크라테스의 파레시아 정신과 민주주의의 상관관계에 대한 논의는 Son, Byung Seok, "Socratic Parrhesia and Democracy", *Greek Philosophy and the Issues of Our age*, K. Boudouris(ed.), Athens, 2009, pp. 222~229 참조.

154) J. Burnet, 1950, p. 186.

나지 않은 것을 과두정을 지지하고 민주정에 대한 강한 혐오를 가진 것으로 해석하는 것은 문제가 있을 수 있다.[155] 오히려 배의 선장이 배를 버리지 않듯이 모국(母國) 아테네 정체를 버리지 않았을 수도 있는 것으로 볼 수 있기 때문이다. 또는 이와 달리 워터필드(Waterfield)가 가정하는 것처럼[156] 우리는 소크라테스가 지식을 가진 '아는 자'에 의한 선(善)과 정의(正義)가 구현된 좋은 나라의 건설을 30인 과두정권에 기대했었기 때문에 아테네에 머무른 것으로 생각해볼 수도 있다. 어떤 면에서 소크라테스는 아는 자의 통치를 자신이 아닌 알키비아데스나 크리티아스와 같은 유능한 청년들을 통해 실현하고자 하는 목적을 갖고 그들의 영혼을 선과 정의로 정향시키는 철학 강의를 한 것으로 볼 수 있기 때문이다. 아마도 소크라테스는 알키비아데스나 크리티아스와 같은 한때 유능한 젊은이들을 통해 그들이 정치적 지식을 통해 자신이 주창하는 '아는 자'의 정체를 실현할 수 있을 것으로 기대했는지도 모른다. 크세노폰의 다음과 같은 보고는 그 가능성을 엿볼 수 있게 한다.

언젠가 안티폰은 소크라테스에게 "그 자신이 정치에 참여하지 않을 때 그가 다른 사람들을 정치에서 훌륭하게 만드는 것이 어떻게 가능한가"를 물었다. …… 소크라테스는 다음과 같이 답했다. "어느 것이 내가 정치에 참여하는 보다 효율적인 방법인가, 즉 나 혼자 정치에 참여하는 것인가 아니면 가능한 많은 사람들이 정치에 참여하는 것을 내 일로 만드

---

155) T. H. Irwin, 1989, p. 199.
156) R. Waterfield, 2009, pp. 183~184.

는 것인가?"[157]

　그러나 우리가 아는 것처럼 알키비아데스는 절제심이 결여되어 자신의 강한 야망을 펼치려는 정치적 야망 때문에 아테네 민주정의 반역자로 몰렸으며, 크리티아스는 지식이 아닌 힘과 폭력을 통해 30인 참주정을 세웠다. 소크라테스는 내심 기원전 404년에 크리티아스에 의한 과두정권이 수립되었을 때, 아마도 처음에는 크리티아스에 의한 아는 자의 정체가 실현될지도 모른다는 가능성에 희망을 두었을지도 모른다. 또 이런 기대감으로 소크라테스는 이 시기에 아테네를 떠나지 않은 것으로도 볼 수 있다. 그러나 소크라테스의 기대와는 달리 30인 참주정은 덕의 정치가 아닌 피의 정치를 실천했다. 소크라테스는 자신에게 레온을 체포해오라는 크리티아스의 명령을 듣는 순간 환상을 깼을 것이고, 그의 목적을 이룰 수 있는 인물이 아닌 것으로 판단했을 것이다.

　물론『변론』편에서 소크라테스는 자신이 어떠한 불의로운 명령에도 결단코 복종하지 않는 정의로운 삶을 살아왔다고 강변하면서, 기원전 404년 30인 참주정권이 자신에게 민주주의자였던 거류외인 레온을 체포해오라는 명령에 불응하여 혼자 집으로 돌아간 경우를 제시하고 있다.[158] 이것 역시 소극적인 의미에서의 과두정권의 부정의한 명령에 대한 저항의 모습을 보여준 소크라테스의 정의로운 행위의 한 예로

---

157) Xenophon, Memorabilia, I. 6, 15, 2.1, 3.1~3.7

158) Platon, *Ap*, 32c~32d. 다른 하나는 아테네 민주정 하에서 아테네 10인 장군들에 대한 집단 재판이 법의 원리에 부합하지 않음을 지적하면서 아테네 법에 따라 개별적인 재판이 이루어져야 함을 주장한 사실이다(Platon, *Ap*, 32a~32b).

볼 수 있다. 뤼시아스가 그의 「민주정 전복을 비난하는 것으로부터의 변호」를 쓴 목적이 바로 기원전 404년에 소크라테스와 같이 아테네에 머문 사람들이 곧 30인 참주정권에 대한 충성을 의미하는 것이 아님을 변호하기 위한 것도 이러한 이유에서다.[159] 그러나 소크라테스가 아테네를 떠나지 않았다는 사실은 아테네 시민들에게 아무래도 석연치 않게 보였을 것이다. 만약에 소크라테스가 30인 과두정권이 잔인한 살상 행위를 행할 것을 알면서도 아테네에 그대로 남았다면, 그는 과두정권의 동조자임이 분명하다. 그러나 만약에 그가 30인 과두정권이 그러한 잔인한 폭정을 실시할 것을 모르고 남았다면, 아테네 시민들에게 그는 어리석을 정도로 지나치게 순진한 자이다. 전자의 경우가 아니라 후자라면, 그것 역시 소크라테스를 30인 폭정과의 연관성을 끊기에는 너무 늦은 것으로 보인다. 더군다나 평소에 스파르타를 이상적인 정체로 언급한 소크라테스가[160] 스파르타의 지지를 받고 세워진 30인 정권을 떠나지 않았다는 것은 아무래도 그의 정치적 견해에 대한 의심을 불러일으키기에 충분해보인다. 그렇다면 소크라테스가 30인 폭정 시기에 아테네를 떠나지 않았다는 사실이 비록 그를 친과두주의자로 단정할 충분한 근거가 되지는 않지만, 그럼에도 그러한 사실은 소크라테스를 아테네 민주정을 지지한 철학자로 보기 어렵게 만드는 근거로 작용할 가능성이 크다.[161]

이러한 혐의를 염두에 두었는지 『변론』 편에서 소크라테스는 자신이

---

159) R. Waterfield, 2009, p. 183.
160) Platon, *Protagoras*, 342a~343c.
161) R. Waterfield, 2009, pp. 181~186 참조.

정치를 멀리한 이유를 다음과 같이 말한다.

그런데 내가 개인적으로 돌아다니면서 조언하고 참견도 하면서, 공적으로 여러분의 대중 집회에 등단해서 나라에 조언을 하려 들지 않는다는 사실을 아마도 이상한 일로 여길 수도 있습니다. 그 이유는 여러분께서 여러 번 여러 곳에서 제가 말하는 것을 들으신 일이 있는 것으로서, 일종의 신적인 것이며 영적인 것이 제게 나타난다는 것인데, 바로 이것이 멜레토스가 공소장에서도 조롱하는 투로 적은 것입니다. …… 이것이 나타날 때는 언제나 제가 하려고 하는 일을 하지 말도록 말리지, 결코 적극적인 권유를 하는 일은 없습니다. 이것이 제가 정치하는 것을 반대하며, 이것이 반대한 것은 어쨌든 아주 잘한 일로 제게는 생각됩니다. 아테네인 여러분, 만약에 제가 오래전에 정치를 하려고 했다면 저는 오래전에 죽었을 것이며 또한 여러분한테도 저 자신한테도 전혀 이롭지 못했을 것이라는 걸 여러분께서는 잘 아시고 계십시오. 여러분께 진실을 말하고 있는 저에게 화를 내지는 마십시오. 여러분한테든 또는 다른 어떤 대중한테든 진정으로 맞서서 많은 정의롭지 못한 일들이나 법에 어긋나는 일들이 이 나라에서 일어나는 것을 막으려 들고서도 무사한 사람은 아무도 없으며, 정의를 위해 정말로 싸우고자 하는 사람은 그가 잠시나마 살기 위해선 공적인 삶이 아닌 사적인 삶을 지내야만 하니까요.[162)]

그러면 소크라테스가 강변하는 것처럼 죽고 사는 것이 문제가 아니

---

162) Platon, *Ap*, 31c~32a.

라 얼마만큼 정의롭게 사는가가 중요하다는 말은[163] 어떻게 이해해야 할까? 과연 정치와 같은 공적 영역에 참여하지 않고 사적 영역에서의 삶을 보존하면서 주장하는 정의를 참된 의미의 정의로 볼 수 있을까? 아테네 민주정을 황금기에 올려놓았다고 평가되는 유명한 페리클레스(Perikles)의 추도연설문을 고려할 필요가 있을 것 같다.

우리의 정체는 이웃나라들의 제도를 모방한 것이 아닙니다. 우리는 남을 모방하기보다 남에게 본보기가 되고 있습니다. 소수자가 아니라 다수자의 이익을 위해 나라가 통치되기에 우리 정체를 민주정체라고 부릅니다. 시민들 사이의 사적인 분쟁을 해결할 때는 법 앞에 만인이 평등합니다. …… 이곳에서 정치가들은 가사도 돌보고 공적인 업무도 처리하며, 주로 생업에 종사하는 사람들도 정치에 무식하지 않습니다. 우리 아테나 사람들만이 특이하게도 정치에 참여하지 않는 자들을 비정치가가 아니라 무용지물로 간주합니다. 그리고 우리만이 정책을 직접 비준하거나 토의하는데, 그것은 우리가 말과 행동을 양립할 수 없는 것으로 보지 않고, 결과를 따져보기도 전에 필요한 행동부터 취하는 것을 최악으로 보기 때문입니다.[164]

위 인용문에 나타난 페리클레스의 추도연설문의 핵심적 주장은, 아리스토텔레스가 말하는 것처럼,[165] 아테네 시민은 "본성상 폴리스적 동

---

163) Platon, *Ap*, 32a.

164) Thoukydides, II. 37~40.

165) Aristoteles, *Politica*, I_2, 1253a2~1253a3.

물(φύσει πολιτικὸν ζῷον)이 되어야 한다"는 것이다. 페리클레스에 따르면 민회나 법정과 같은 공적인 삶에 참여하여 자유 시민의 권리이자 의무를 다하지 않거나 무관심한 사람은 '이디오테스'(ἰδιώτης)이다. 그리고 페리클레스는 이러한 이디오테스를 가치가 없는 사람이라고 말한다. 자신의 개인적 일에만 관심을 쏟는 이디오테스는 공적인 영역에서 무지한 자이며 그렇기 때문에 올바른 말과 행동을 실천하지 않는 바보(idiot)와 같은 존재인 것이다. 이런 관점에서 보았을 때 소크라테스야말로 '이디오테스'의 전형적인 모습을 보였다고 말할 수 있다. 소크라테스는 '장기판에서 혼자 있는 말'과 같은 반(反)폴리스적 동물의 양태를 보인 것이다.

앞에서 살펴본 것처럼 소크라테스는 "정의를 위해 정말로 싸우고자 하는 사람은 그가 잠시나마 살기 위해선 공적인 삶이 아닌 사적인 삶에 인도되어야만 하기 때문이다"[166]라고 자신의 정치적 활동을 거부한 이유를 제시한다. 그러나 우리가 쉽게 이해하기 어려운 점은 소크라테스가 다른 한편으론 '죽음을 신경 쓰지 않는 것은 아니지만, 그러나 그보다 더 중요한 것은 부정의하거나 불경한 어떤 것을 하지 않는 것'[167]으로 말했다는 사실이다. 그렇다면 '정의롭지 않은 삶은 살만한 가치가 없다'는 소크라테스 자신의 신념은 공적인 영역에는 왜 적용되어서는 안 되는 것일까? 우리는 정의로운 삶의 활동 반경이 정치와 같은 공적인 영역에는 적용되지 않고 있는 소크라테스의 삶을 어떻게 이해해야만 할까? 단순히 사는 것이 아닌 정의로운 삶에 우선성을 두어야 한다

---

166) Platon, *Ap*, 32a1~32a3.
167) Platon, *Ap*, 32d1~32d3.

는 소크라테스의 신념과 30인 폭정 하에 자행된 부정의에 대해 철저하게 침묵한 그의 행동이 쉽게 이해되지 않는 이유가 여기에 있다.[168]

　지금까지 살펴본 정치적 관점에서의 소크라테스의 기소명에 대한 접근은 소크라테스의 죽음에 관한 타당한 설명력을 갖는 것으로 보인다. 그러면 소크라테스에 대한 기소명으로 인용되는 불경건죄와 청년 타락죄는 단지 정치적 재판을 하기 위한 구실에 불과한 죄명으로 보아야 할까? 이 물음에 답하기 위해서는 그 전에 다음과 같은 물음에 대한 답이 찾아진 다음에 가능할 것 같다. 그것은 '만약에 정치적 이유가 소크라테스의 실질적인 기소라면, 자신의 의견을 거리낌 없이 말하는 메갈레고레이아적 정신의 소유자인 소크라테스가 배심원들 앞에서 왜 정치적인 이유를 지적하지 않았는가' 하는 것이다. 소크라테스는 기소자들이 자신을 불경건죄와 청년 타락죄로 아테네 법정에 세웠지만, 실은 자신이 반민주적인 여러 활동을 했기 때문에 그것을 문제 삼아 기소한 것이 아닌가를 물을 수 있었다는 것이다. 앞에서 살펴본 것처럼 어차피 크세노폰이 『소크라테스의 변론』에서 말하는 것처럼 소크라테스가 오만한 수사술로서의 메갈레고레이아적인 변론술을 행한 이유가 자신의 죽음을 의도적인 목적으로 삼고 한 것이라면 소크라테스가 굳이 자신의 기소 이유를 불경건죄나 청년 타락죄가 아니라 그의 반민주적인 정치적 이유를 직설적으로 거론하지 않을 이유가 없기 때문이다. 다시 말해 아니토스와 멜레토스 그리고 뤼콘과 같은 고발자들이 자

---

168) 소크라테스의 생존을 위한 사적인 삶과 정의를 위한 삶 사이의 아이러니한 강조에 대한 상세한 논의는 Asli Gocer, "Socrates on Personal Survival and Politics", *Ancient Philosophy*, vol. 17/2, 1997, pp. 283~289 참조.

신을 아테네 법정에 기소시켜 사형을 내리고자 한 진짜 이유는 소크라 테스 자신이 반민주적이며 친과두주의적인 사상을 갖고, 그것을 아테네 청년들에게 가르쳤기 때문에 이에 위협을 느껴 그를 오늘날의 소위 국가 보안법과 같은 죄명으로 기소한 것이 아닌가 하는 것이다. 그러나 우리는 플라톤과 크세노폰 그리고 디오게네스 라에르티우스 어느 누구의 작품에서도 소크라테스가 정치적 이유로 고발되었다는 전언을 찾을 수 없다.

이 문제에 대한 한 가지 가능한 답변은 민주정이 회복되고 기원전 403/2년에 반민주적인 행위에 대한 면죄부가 주어졌고, 그래서 반민주적인 활동에 대한 기소가 법적으로 금지되었기 때문에 소크라테스를 정치적 이유로 기소하기가 어려웠을 것이라는 추정이 가능하다.[169] 그러나 이러한 추정은 몇 가지 이유로 수용되기 어려운 점이 있다. 첫째는 사면이 소크라테스의 정치적 활동과 그와 관계된 인물들에 대한 공개적인 토론 그 자체를 금지시키는 것으로 보기는 어렵다는 것이다. 물론 사면이 이루어진 상태에서 누구도 30인 폭정 이전이나 그 기간 동안에 행해진 위법적인 행위 때문에 처벌을 받지 않게 된 것은 사실이다. 그러나 소크라테스의 친구 뤼시아스의 연설에서 알 수 있는 것처럼 평화가 회복된 이후의 다른 유형의 소송에서 '망명하지 않고 도시에 머물렀던' 피고와 원고는 그들에 대한 증오로 인해 공격적인 질문을 받곤 하였다.[170] 사면령에 의해 기소자들이 30인 폭정하에서의 소크라테스의 행위를 문제 삼아 정치적인 기소를 할 수는 없었다 할지라도, 기소

---

169) T. C. Brickhouse and N. D. Smith, 2002, p. 208. I. F. Stone, 1996, pp. 270~272.
170) I. F. Stone, 1996, pp. 270~273 참조.

자들이나 또는 소크라테스 자신이 정치적인 이유를 거론하지 못할 이유는 없었다는 해석이 가능한 것이다. 또한 민주정이 회복된 이후 재판까지의 4년 동안의 소크라테스의 계속적인 철학강연을 문제 삼아 그것이 아테네 민주정을 위협하는 위험한 반민주적 정치적 강연으로 기소하지 못할 이유도 없는 것이다. 아직까지 30인 폭정을 지지하는 친과두주의적 추종자들이 엘레우시스 지역에서 계속적으로 저항의 시도를 하고 있는 상황에서 소크라테스의 언행은 얼마든지 기소의 대상이 되지 못할 이유는 없을 것이라는 추정이 가능한 이유이다.[171] 둘째는 기원전 410년 데모판토스(Demophantos)가 법안으로 작성한 법률에는, 소크라테스가 반민주정적인 위험인물로 간주될 경우 얼마든지 법적 기소가 가능한 길을 열어놓고 있다는 점에서 이러한 반론은 설득력이 떨어진다. 이 법률에 따르면 누구든지 아테네 민주정을 전복시키고자 하거나 이것에 협조한 자는 민주정의 이름으로 그러한 자를 죽이는 데 앞장서야 한다고 분명하게 선언하고 있기 때문이다.

혹자가 아테네에서 민주정을 전복시키거나 혹은 민주정이 전복되었을 때 관직을 맡아 통치에 참여한다면, 이 자는 아테네인들의 적이 될 것이며, 이런 자를 죽여도 처벌받지 않는다. 이런 자의 재산은 몰수되어 국유화될 것이며 그 1/10은 아테네 여신에 귀속될 것이다. 이런 자를 죽이거나 죽이는 계획을 도운 사람은 신 앞에서나 인간들 앞에서나 순수 무죄하다. 모든 아테네인들은 그 부족별로 그리고 각 시민단별로 흠 없는 제물을 바

---

171) T. C. Brickhouse and N. D. Smith, 2002, p. 208. I. F. Stone, 1996, pp. 273~276.

치고서 이런 자를 죽이겠다고 맹세해야 한다. 이 맹세의 내용은 다음과 같아야 한다. "나는 말과 행동으로 그리고 투표로써 또한 가능하다면 내 자신의 손으로 직접, 아테네에서 민주정을 전복시키는 자나, 민주정이 전복된 이후에도 관직을 차지하고서 통치에 참여한 자나, 스스로 폭군 노릇을 하려고 쿠데타를 한 자나, 혹은 폭군이 되는데 협력한 자들을 죽이겠다……".[172]

위 인용문은 소크라테스가 죽은 기원전 399년에 불경건죄로 아테네 법정에 기소된 안도키데스가 인용한 법률조항이다. 그리고 이 법률이 제정된 이후에 그것이 사면령이든 아니면 다른 법에 의해서든 폐기되었다는 증거는 없다.[173] 그렇다면 이 법률에 나타난 것처럼 만약에 소크라테스가 30인 폭정에 협력한 자로 규정될 수 있다면, 세 명의 고발자들에 의해 정치적 기소가 이루어졌든지, 또는 죽음을 두려워하지 않고 진리만을 말하겠다는 소크라테스에 의해 어떤 식으로든 언급이 되었을 것이다. 그러나 플라톤을 비롯한 그 어떤 보고자들의 입에서도 우리는 소크라테스가 정치적 이유로 기소되었다는 말을 들을 수 없다.

앞에서 살펴본 것처럼 종교적 관점에서 소크라테스의 죽음의 원인을 해석하는 학자들은 약간의 차이는 있지만 불경건죄를 실질적인 기

---

172) 이 법률은 Andokides의 'On the Mysteries'라는 기록에 나타난다. 희랍어 텍스트와 주석에 관해서는 D. MacDowell, *Andokides, On the Mysteries*, Oxford Univ. Press, 1962, pp. 50, 135~136 참조. 또한 동일인, *The Law in Classical Athens*, Thames and Hudson Ltd, London 1978, pp. 175~176 참조.
173) D. MacDowell, 1978, p. 176.

소명으로 본다.[174] 이와 달리 소크라테스의 주지주의적인 도덕적 가르침에 초점을 맞추어 청년 타락죄가 실질적인 기소명으로 간주되어야 함을 주장하는 학자도 있었다.[175] 그러나 이와는 다른 관점에서 스톤과 같은 학자는 불경건죄와 청년 타락죄는 기소를 하기 위한 명분에 불과하고 실질적인 소크라테스의 죽음의 원인을 그의 반민주적인 정치적 이념과 활동에 있는 것으로 해석한다. 이들 학자들에 의해 소크라테스의 철학적 삶과 그의 죽음 그리고 당시의 아테네 민주정과의 길항관계에 대한 연구가 상당히 이루어진 것은 사실이다. 그러나 소크라테스의 죽음의 원인을 종교적 관점에서 보아야 하는지, 아니면 도덕적 내지 철학적 관점에서 보아야 하는지, 아니면 이 둘도 아니고 정치적 관점에서 보아야 하는지는 아직까지 분명한 결론이 나지 않은 것으로 생각된다. 어떤 관점이든지 자체적인 해석을 근거 짓는 논거들은 제시하고 있지만 다른 입장을 가진 해석에 대한 반론 시도에 있어서는 분명한 논거를 제시하지 못하고 있기 때문이다. 나는 이것이 논쟁에 참여한 관련 진영의 학자들이 서로 답해야 될, 그러나 답하지 않은 핵심적인 몇 가지 아포리아(aporiai)들에 대한 해명이 이루어지지 않았기 때문인 것으로 생각한다.

그것은 다음과 같은 물음들이다. 첫째, 종교적 해석을 주장하는 학자들은 '종교적 개방성이 포괄적으로 인정된 당시의 아테네 민주정의 사회·문화적 상황에서 왜 소크라테스의 다이모니온과 같은 사적 신관이 불경건죄로 기소되었는가'에 대해 설득력 있는 논거를 제시하

---

174) 앞에선 살펴본 블라스토스, 브릭하우스와 스미스가 여기에 해당된다.
175) 앞의 핵포스의 주장 참조.

지 못한다. 둘째, 청년 타락죄와 같은 도덕·교육적 해석은 당시의 상대주의적이며(Protagoras) 회의주의적인(Gorgias) 또는 진보적인(Hippas, Antiphon) 주장을 제기하면서 교육적 역할을 행했던 소피스트들이 존재하는 상황에서 왜 소크라테스만이 청년을 타락시킨 나쁜 교사로 기소되었는가에 대한 결정적인 근거를 제시하지 못한다. 마지막으로 정치적 해석은 앞의 다른 두 해석보다 소크라테스의 죽음의 원인에 대한 실질적인 이유를 제시하는 것으로 보이지만, 전승되고 있는 어떤 문헌상에서도 소크라테스가 정치적 이유로 기소되었다는 보고는 발견되고 있지 않다는 점이다. 같은 맥락에서 정치적 해석은 소크라테스가 법정 변론에서 '왜 자신의 실질적인 기소명으로 정치적 이유를 언급하지 않았는가'의 물음에 대해 만족할 만한 설명을 하고 있지 못하다. 이제 상술한 주요 물음들을 염두에 두면서 아래에서 나는 불경건죄와 청년 타락죄를 둘러싼 소크라테스의 죽음의 원인에 관한 소견을 피력하도록 하겠다.

3. 소크라테스는 왜 죽어야만 했는가?

먼저 불경건죄와 관련하여 소크라테스 이전에 불경건죄로 기소된 아낙사고라스와 알키비아데스의 재판을 검토할 필요가 있다. 잘 알려진 것처럼 무신론자로 아테네 법정에 기소된 아낙사고라스의 경우 그와 관계를 맺은 것으로 알려진 페리클레스와의 정치적 이유가 크게 작용한 점이 주목될 필요가 있다.[176) 페리클레스를 모함하기 위한 정적들이 페리클레스의 스승으로 알려진 아낙사고라스의 무신론적 철학을 사회·정치적 문제로 대두시킨 측면이 부정되기 어렵다는 것이다. 헤르메스 상 절단 사건으로 사형 선고를 받은 알키비아데스의 불경건죄도 마찬가지 경우다. 시실리 원정을 가 있는 동안에 엘레우시스 비의(秘儀) 우롱 사건의 주모자로 몰려 사형 재판을 받은 아테네 폴리스의 풍운아 알키비아데스 역시 헤르메스 상 절단 사건과 같은 불경건죄 자체가 문제가 되었다기보다는 그의 정치적 야심을 우려한 정적들의 정치적 이해관계에 의해 이루어진 기소라고 볼 수 있다.[177]

그러면 소크라테스의 불경건죄는 어떤 경우로 볼 수 있을까? 나는 소크라테스의 불경건죄의 경우 이중적(二重的) 관점에서 접근할 필요가 있다고 생각한다. 그 하나는 종교적 관점에서 소크라테스의 다이모니온과 같은 사적인 신관이 당시의 아테네 정체의 전통적 종교관과 갈등관계에 놓일 수 있는 가능성이 있었다는 것이다. 일단은 당시의 헬라스 사회에서 종교가 차지했던 역할을 고려할 필요가 있다. 그것은 모든 폴리스들이 각기 종교를 발전시켰고, 그 자체 종교에 의해 통일되어 있었다는 사실이다. 종교적 제식과 그 과정은 종교적인 정체성뿐만 아니라 시민의 문화적인 정체성을 확립하고 지속시킴으로써 폴리스의 연대감을 강화시키는 중요한 의미를 갖기 때문이다.[178] 각각의 폴리스가 숭배하는 신들은 폴리스의 유지와 안전 그리고 번영을 보장해주는 구

---

176) Eric R. Dodds, 『그리스인들과 비이성적인 것』, 주은영, 양호영 역, 까치, 2002, pp. 145~146 참조.

177) B. Hughes, 『아테네의 변명』, 강경이 역, 옥당, 2008, pp. 432~441 참조.

178) C. Sourvinou-Inwood, "What is Polis Religion", *Oxford Readings in Greek Religion*, R. Buxton(ed.), Oxford Univ. Press, 2000, p. 22.

심력을 가진 원리로 작용하는 것이다.[179) 그렇기 때문에 종교에 대한 불경건함의 신호는 아테네 민주정에 대한 불충성의 증표가 된다고 볼 수 있다.

우리는 이것의 단적인 예를 오뒤세우스와 디오메데스가 트로이의 팔라디오 상을 트로이아로부터 훔친 것을 통해 알 수 있다. 희랍군이 트로이아를 함락시키기 위해서는 트로이아를 지켜주는 팔라디오 상을 빼앗지 않는 한 점령될 수 없었기 때문이다. 팔라디오 상은 바로 "신성한 것의 보증자"(divine guarantee)인 것이다.[180) 그리고 바로 이러한 종교적 맥락에서 헤르메스 절단 사건과 같은 아테네 폴리스의 종교를 모독하는 행위에 대한 법적 처벌이 이루어진 것이다. 이것은 소크라테스의 경우도 마찬가지다. 아테네 민주정이 믿는 신은 윤리적 규범의 원천으로써 아테네 시민사회의 연대를 공고히 하는 기반이며 국가 정체성의 근간이 되는 것이다. 만약에 소크라테스의 다이모니온이 이러한 아테네 폴리스의 신과 갈등관계를 갖는 것으로 보인다면, 그것은 아테네 사회의 혼란과 국가의 생존을 위험에 빠뜨리는 중대한 불경건죄가 될 것이다. 그리고 이러한 소크라테스의 불경건한 행위를 아테네 시민들이 방관한다면 그것은 신들의 분노를 발생시켜 결국 아테네 공동체 전체에 대한 신들의 처벌이 이루어질 것이다.

그러나 앞에서 언급한 것처럼 아테네 폴리스는 다신론적(多神論的) 종교사회였음이 간과될 수 없다. 아테네 민주정은 아테나 여신이나 제우스와 같은 올림포스의 주요 신들뿐만 아니라 다이모네스(δαίμονες)

---

179) C. Sourvinou-Inwood, 2000, pp. 22~23.
180) C. Sourvinou-Inwood, 2000, p. 24.

와 같은 개인의 수호천사 또는 테세우스나 헤라클레스와 같은 영웅들까지 숭배의 대상이 되는 다신론적(πολύθεος) 사회였다.[181] 앞에서도 언급했지만 당시의 아테네 민주정 하에서 외국의 새로운 신의 도입이나 개인의 사적인 종교적 믿음이 모두 법적인 제재와 간섭을 엄격하게 받고 있었던 것은 아닌 것으로 보인다. 이미 소크라테스 이전의 이오니아 철학자들로부터 시작된 자연철학적 흐름은 종교적 신앙과의 경쟁 속에서 상대적인 자율성을 갖고 연구가 진행되어온 것이 사실이다. 자연철학의 발전 속에서 신에 대한 합리적인 이해와 해석이 꾸준히 진행되어 왔으며, 양자는 상호 긴장과 갈등의 여지를 갖고 있었지만, 상호 경쟁 속에서 각자의 역할을 맡아왔다고 말할 수 있다. 이러한 종교적 다원성과 관용을 고려할 때 소크라테스의 법정 기소를 순수하게 종교적 이유에서만 찾는 것은 설득력이 떨어지는 것으로 생각된다. 앞에서 예를 든 아낙사고라스나 알키비아데스의 불경건죄가 순수하게 종교적 관점에서만 이해되어서는 안 되고, 그것의 이면에서 작동하는 페리클레스나 알키비아데스에 대한 친과두주의자들이나 참주와 같은 정적(政敵)들의 정치적 목적이 중요한 변수가 되었음을 간과할 수 없는 것과 같다.[182] 나는 소크라테스에 대한 불경건죄 역시 이러한 점이 고려되어 이해되어야 한다고 생각한다. 달리 말해 소크라테스가 자신의 신비한 사적인 다이모니온을 믿고, 따른 다는 것이 아테네 시민들에게 종교적

---

181) L. B. Zeidman and P. S. Pantel, 1989, p. 176 이하 참조. 플라톤은 『국가』 편 4권에서 법령들 중에서 가장 중대하고 가장 훌륭하며 으뜸가는 것들로 신전들의 건립과 제물들, 그리고 이 밖에 신들과 수호신들 및 영웅들에 대한 섬김을 강조하고 있다(427b).
182) C. Sourvinou-Inwood, 2000, p. 22.

인 이단으로 인식되었고, 그래서 그것이 결정적인 이유가 되어 불경건죄로 기소된 것으로 단적으로 보기 어렵다는 것이다. 다신론적 종교에 대한 종교적 관용이 허용된 아테네 민주정하에서 모든 개인의 신비적인 사적 믿음이 불경건죄로 기소된 것은 아니었기 때문이다.

그렇다면 소크라테스의 다이모니온이 문제가 될 수밖에 없는 다른 요인이 있었을 것으로 생각할 수밖에 없고, 그것은 아테네 민주정과의 긴장관계라는 정치적 관점이 고려되어야 한다는 것이 나의 생각이다. 다시 말해 소크라테스의 종교관이 문제가 된 것은 당시의 아테네 민주정이 과두정 세력에 의해 전복되고, 많은 아테네 시민들의 희생이 있게 된 정치적 상황을 무시하고 이해되기는 어렵다는 것이다. 이것은 자연과학에 기반을 둔 무신론적 철학이나 사상이 문제가 된 것은, 그것이 자연과학의 영역을 넘어 폴리스의 기반을 위협할 정도의 파괴력을 가질 때의 경우인 것과 같다. 신에 대한 새로운 자연철학적 해석이나 규범에 대한 새로운 철학적 해석이 당시의 실정법적 제재와 기소의 대상이 될 때는 그것이 한 폴리스의 정치적 안정이나 사회적 규범을 파괴할 정도의 영향력을 가지는 것으로 인식될 때라는 것이다. 그러니까 소크라테스의 기소가 종교적 이유에서 찾아질 수 있다면 그것은 당시의 아테네 민주정이 처한 정치적 상황과 분리하여 이해되기 어렵다는 것이다. 처음부터 소크라테스의 다이모니온과 같은 사적인 신관이 문제가 되지는 않았지만, 적어도 기원전 411년과 404년 그리고 401년, 이렇게 세 번의 정치적 혁명을 거치면서 아테네 시민들은 종교적 다원성의 관점에서 소크라테스의 다이모니온을 단순히 신비로운 개인적 신관으로만 보아 넘기기 어려운 상황에 이르게 되었다는 것이다.

아테네 청년 타락죄 역시 같은 맥락에서 이해될 수 있다. 일단 '청년 타락죄'라는 기소는 불경건죄와 비교해서는 부차적인 무게를 갖는 것으로 생각된다. 소크라테스가 자신만의 새로운 신인 다이모니온에 따라 행위하고 강연을 하였다면, 그것 자체가 아테네 청년들을 타락시킨 것으로 볼 수 있기 때문이다. 물론 도덕적인 차원에서의 청년 타락죄도 생각해볼 수 있다. 크세노폰의 『변론』과 『메모라빌리아』를 통해 알 수 있는 것처럼 소크라테스는 아테네 청년들로 하여금 부모나 지인 그리고 친구들에 대한 비윤리적인 언사를 가르친 것으로 또는 아테네 민주정의 제도나 관습을 비판하고 민주정의 기본적인 정신이나 에토스에 맞지 않는 윤리를 제시한 것으로 볼 수 있기 때문이다. 이것은 플라톤의 『변론』 편에서 소크라테스가 자신으로부터 대화술을 배운 청년들과 대화를 나눈 아테네 시민들이 화가 나서 그것을 가르친 자신을 미워하게 되었다는 말에서도 알 수 있다. 그러나 윤리적인 의미 그 자체가 결정적인 문제가 되어 소크라테스가 청년 타락죄로 기소된 것으로 보기에는 몇 가지 문제가 있다.

무엇보다 소크라테스는 등치가 큰, 그러나 굼뜬 계속해서 잠만 자는 말에 비유되는 아테네의 시민들을 선과 정의로 계몽시키기 위한 교육자의 역할을 평생 해왔다는 것이다. 그리고 소크라테스는 돈을 받지 않고 덕에 관한 교육을 해왔기 때문에 결국 가난하게 되었다고 말한다. 앞에서 살펴본 것처럼 이런 이유로 소크라테스는, 돈을 받고 오로지 정치와 같은 공적 영역에서 출세하기 위한 앎을 가르쳐주는 소피스트들과 자신이 다름을 분명히 한다. 그렇다면 소크라테스의 가르침만이 유독 소피스트들과 다르게 아테네 청년들을 타락시킨 죄로 기소되는 것은 설득력이 떨어진다. 이것은 소크라테스의 덕의 교육이 구체적으로 어떤 성격을 가진 덕론인가를 분명히 할 것을 요구한다. 앞에서 말한 것처럼 소크라테스가 내내 역설한 것은 바로 주지주의적 교육론이라고 말할 수 있다. 정의롭고, 용기 있는 그리고 절제 있는 행위는 지식(ἐπιστήμη)이 있어야 한다는 것이다. 지식이 없으면 실상 정의가 아닌 부정의를, 용기가 아닌 만용을, 절제가 아닌 방탕한 행위를 범할 수밖에 없다는 것이다. 즉 아는 자만이 절제력 있고, 용기 있고, 정의로운, 달리 말해 덕에 따른 행위를 실천할 수 있는 것이다. 이미 우리가 살펴본 것처럼 플라톤의 『변론』 편에서 소크라테스는 멜레토스와의 대화에서 청년을 교육시킬 수 있는 자는 제작과 관련하여 장인이 전문가인 것처럼, 청년을 교육시킬 수 있는 적임자 역시 지식을 가진 아는 자가 되어야 함을 역설하였다.

문제는 이러한 주지주의적 덕론이 단순히 도덕철학에만 국한되는 것으로 보기 어렵다는 데 있다. 멜레토스는 마치 희랍어를 배울 때 모든 아테네 시민들이 스승이 될 수 있는 것처럼, 누구나가 젊은이들의 교육의 주체가 될 수 있는 것으로 생각하는 반면에 소크라테스는 아는 자에 의한 지식 교육을 주장하고 있기 때문이다. 소크라테스의 주지주의적 덕론은 정치적 영역도 예외가 아니다. 다시 말해 폴리스의 통치자가 되기 위해선 정치적 기술(πολιτικὴ τεχνή) 내지 정치적 지식(πολιτικὴ ἐπιστήμη)을 갖고 있어야만 한다. 소크라테스에 따르면 참다운 정치가의 자격 여부는 이러한 통치지식을 소유하고 있는가에 달려있다. 그러나 우리가 『메논』(Menon) 편에서 확인할 수 있는 것처럼 아테네 민주정의 어느 정치가도 이러한 정치적 덕 내지 지식을 소유하고 있지 않다는 것이 소크라테스의 생각이다.[183] 페리클레스와 테미스토클레스와 같은 소위 나름대로 통치술을 발휘한다고 하는 정치가들은 실상 "신적인 영감"(θεία μοίρα)에 의해 통치를 하고 있다는 것이다. 소크라테스의 주장에 의하면 그러한 정치가들은 지식이 아닌 단지 "참된 의견"(δόξα ἀληθής) 정도의 앎의 능력을 갖고 있는 것에 불과하다.[184] 『메논』편에서 주요 기소자 중 한 명인 아니토스가 소크라테스에게 경고하는 것도 바로 이러한 점을 염두에 두고 있는 것이다. 아니토스는 다음과 같이 말한다.

소크라테스님, 선생께서는 경솔하게 사람들을 나쁘게 말씀하시는 것으로 제겐 생각됩니다. 그래서 제가 선생께 조언을 해드리고 싶군요. 선생께서 제 조언을 따르시겠다면, 조심하라는 겁니다. 아마도 다른 나라에서도 사람들을 좋게 해주기보다는 나쁘게 해주기가 더 쉽겠지만, 이 나라에서는 아주 쉬우니까요. 한데, 저는 선생께서도 자신의 일을 아실 것이라 생각합니다.[185]

위 인용문에서 아니토스는 소크라테스에게 다가오는 위험을 경고하고 있다. 그것은 아니토스가 보기에 소크라테스가 아테네 민주정의 주도적인 정치적 인물이었던 테미스토클레스나 페리클레스를 나쁘게 말하고 있기 때문이다. 이것은 소크라테스에 따르면 이들 아테네 민주정

183) Platon, *Menon*, 99b~100b 참조.
184) Platon, *Menon*, 99b~99d 참조.
185) Platon, *Menon*, 94e~95a.

의 정치가들이 나라를 통치할 수 있는 지식, 즉 정치적 덕을 소유한 자들이 아니기 때문이다.[186] 정작 이들이 그들의 자식들에게 훌륭한 사람이 되기 위한 덕이나 지혜를 가르치지도 못했다는 것이 그 단적인 예이다. 아니토스가 보기에 소크라테스의 아테네 정치인들에 대한 이러한 평가절하는 곧 아테네 민주정의 원리와 정신을 부정하는 것이다. 위 인용문에서 아니토스는 바로 이러한 소크라테스의 반민주적인 주지주의적 덕론 교육의 위험성을 경고하고 있는 것이다.

크세노폰의 『메모라빌리아』(Memorabilia) 1권 2장에서 기술되고 있는 페리클레스와 알키비아데스의 대화 내용 역시 소크라테스에 대한 청년 타락죄가 아테네 민주정에 대한 비판과 무관하지 않음을 뒷받침한다.[187] 이곳에서 소크라테스의 제자였던 알키비아데스는 소수의 사람이 설득에 의하지 않고 다수를 강제하는 법을 제정하면 그것은 법이 아니라 폭력인 것처럼, 다수가 재산 소유자들을 설득에 의하지 않고 힘으로 규제한다면, 그것은 법이 아니라 마찬가지로 폭력이 아닌가를 묻는다. 소크라테스의 한때 촉망받던 제자 알키비아데스는 아테네 민주정의 최고 일인자인 후견인 페리클레스를 상대로 민주주의에 대한 비판을 서슴없이 행하고 있는 것이다.

상술한 것을 고려할 때 소크라테스에 대한 청년 타락죄 기소는 소크라테스가 기존의 아테네 민주주의 원리와 맞지 않는 지식-덕 교육을 청년들에게 가르침으로써 아테네 민주정을 위협하는 위험한 인물로 비추어졌기 때문이다. 특히 부자나 귀족 집안의 정치적 야심이 있는 젊

---

186) Platon, *Menon*, 93a~95a 참조.

187) Xenophon, Memorabilia, 1.2.40~1.2.45 참조.

은이들에게 이러한 주지주의적 덕 교육 강의는 점차 아테네 민주주의 정신에 반(反)하는 엘리트주의적인 정치 강의로 받아들여졌을 가능성이 크다. 이것은 소크라테스의 지식에 근거한 덕론이 단순히 윤리적인 의미에 한정되는 것으로 보기 어려움을 의미한다. 달리 말해 소크라테스의 철학 강의가 사적인 영역에서 이루어졌음에도 불구하고 그것을 들은 아테네 청년들이 향후 내로라하는 정치 지도자가 되어, 그러한 주지주의적 윤리론을 사회·정치적 차원에 적용하려고 할 경우 문제의 성격이 달라질 수 있다는 것이다.

물론 소크라테스가 강변하는 것처럼 그의 논박술적 방식에 따른 대화술이 특수한 소수 엘리트 귀족 자제들에게만 폐쇄적으로 이루어진 것은 아니다. 소크라테스의 강의는 남녀노소, 부자, 가난한자 모두에게 개방된(open) 강의인 것은 사실이다.[188] 소크라테스의 강의 목적은 소피스트들처럼 돈이나 명예가 아니라 덕에 의해 아테네 시민들의 영혼을 선과 정의로 전향시키고자 한 목적이 강하기 때문이다.[189] 그러나 소크라테스의 이러한 교육적 목적이 효과적으로 이루어질 수 있는 대상은 아무래도 생존을 위한 노동으로부터 자유로운 소위 여가(σχολή) 시간을 확보할 수 있는 경제적으로 유복한 청년들에게 적용될 수밖에 없는 현실적 측면이 부정될 수 없다.[190] 그리고 여러 전언들은 크리티아스나 알키비아데스와 같은 청년들이 소크라테스 서클의 주요 멤버

---

188) Platon, *Ap*, 30a.
189) Platon, *Ap*, 30a~30b.
190) Platon, *Ap*, 23c.

들이었음을 보고하고 있다.[191] 물론 소크라테스와 이들 인물들의 관계가 반드시 좋은 우정을 나눈 것 같지는 않다. 그러나 아테네 시민들에게 크리티아스와 카르미데스는 30인 과두정권의 주도적 인물로, 그리고 알키비아데스는 아테네 민주정을 버리고 적국 스파르타로 망명한 인물로서 이들 모두는 아테네 민주정에 해악을 끼친 자들이다. 아테네 시민들은 당연히 이들에 대한 증오와 분노를 느꼈을 것이며, 그 분노는 자연스럽게 한때 이들의 교사였던 소크라테스에게로 향했을 것이다. 소크라테스의 아는 자에 의한 통치라는 정치철학 강의가 이들의 영혼을 반민주적인 국가관을 갖도록 타락시킨 것으로 영향을 준 것으로 생각한 것이다.

그러면 세 명의 주요 고발자들은 왜 소크라테스를 정치적 이유로 기소하지 않았을까? 앞에서 언급한 것처럼 이에 대해 404년의 30인 폭정이 무너지고 민주정이 회복된 다음에 만들어진 사면령이 그 이유가 되는 것으로 말해볼 수 있다. 사면령에 따르면 30인 폭정이나 그 이전의 과두정권 하에서 협력한 행위를 더 이상 문제 삼지 않아야 한다는 규정 때문에 소크라테스를 정치적 이유로 기소하지 못하게 했을 것이라는 해석이 그것이다.[192] 그러나 기원전 410년의 데모판토스 법령에 따르면 이러한 사면령의 효력은 인정되기 어렵다. 어떤 경우든지 반(反)

---

191) 목적을 이루기 위한 일종의 수단이 바로 크리티아스와 알키비아데스와 같은 인물이었을 것이라는 것이다. 포데이아 전투에서 알키비아데스는 소크라테스와 같은 텐트에서 잠을 자기도 했다. 소크라테스는 새벽까지 생각에 잠겼다가 해가 뜨자 기도하고 걸어간다. 소크라테스는 그렇게 오랫동안 동이 틀 때까지 무슨 생각을 했을까? 혹시 알키비아데스를 통해 자신의 아는 자에 의한 통치가 실현될 가능성을 기대하지는 않았을까?

192) I. F. Stone, 1996, pp. 270 이하 참조.

민주적인 시도를 행한 자나 이에 협력한 자는 민주정의 이름으로 처단해야 함을 규정하고 있기 때문이다. 또한 404년 이후의 정치적 행위에 대해서는 얼마든지 기소가 가능하다는 점 역시 고려되어야 한다. 스톤을 비롯한 정치적 해석을 하는 학자들의 답변이 충분한 것으로 보기 어려운 이유가 여기에 있다.

나는 여기에는 소크라테스를 단적으로 반민주주의자이자 친과두주의자로 규정하기 어려운 몇 가지 경험적인 사례들이 존재했었기 때문인 것으로 생각한다. 무엇보다 만약에 고발자들이 소크라테스를 그의 반민주적인 정치적 이유를 들어 재판에 기소했다면, 소크라테스는 자신이 아테네 민주정을 수호하기 위해 참여했었던 여러 전투,[193] 포테이다이아와 암피폴리스 그리고 델리온 전투를 제시할 수 있었을 것이다. 30인 과두정권이 소크라테스로 하여금 거류외인 레온을 체포해오라는 부정의한 명령에 불복한 행위도 제시할 수 있었을 것이다. 또한 통치술에 관한 지식소유와 관련하여 민주주의적인 정치 지도자들뿐만 아니라 친과두주의적인 정치인들도 신랄하게 함께 비판했다는 점에서[194] 소크라테스는 자신을 과두정의 지지자 내지 동조자로 기소할 경우 얼마든지 자신의 무고함을 변론할 수 있었을 것이다. 아니토스와 멜레토스 그리고 뤼콘은 분명 이러한 사실을 인지하고 있었던 것으로 보인다. 그렇기 때문에 그들은 소크라테스를 반민주적인 정치적 이유로 기소할 경우 아테네 배심원단의 유죄 결정을 성공적으로 이끌어내는 것이 어려울 것이라는 현실적 판단을 했을 것이다. 고발자들이 보기에 정치

193) Platon, *Ap*, 28e.
194) Platon, *Gorgias*, 515c~517a. Platon, *Menon*, 92d~94e.

적 기소는 유죄 판결을 이끌어내는 데 효과적인 이유가 되지 못할 가능성이 높은 것이다. 그러면 고발자들의 입장에서 소크라테스를 보다 확실하게 옭아맬 수 있는 다른 대안은 무엇일까? 여기서 세 명의 고발자들은 법정에서의 유죄판결을 보다 확실히 얻어내기 위한 실증적인 죄명을 생각했을 것이고, 그것이 곧 불경건죄와 청년 타락죄라는 기소명으로 제시되었다는 것이 나의 생각이다.

아테네 시민들에게 소크라테스는 오래전부터 중요한 순간마다 무언가 신비한 자신만의 새로운 다이모니온에 따라 행동하는 것으로 보였다는 점에서 불경건한 인물로 인식되었기 때문이다. 또한 소크라테스의 무지를 가장한 에이로네이아(εἰρωνεία)와 엘렝코스(ἔλεγχος)적인 논박술을 통해 이루어지는 대화술은 궤변적인 논리를 갖고 아테네 청년들을 혹세무민하는 소피스트로 평가하게 하는 근거가 되었을 것이다. 이렇듯 아테네 시민들에게 소크라테스는 상당히 오래전부터 자신만의 다이모니온을 믿으면서, 자신의 고유한 철학함의 삶의 방식(modus vivendi)을 보여준 철학자로 인식되었을 것이다. 문제는 이러한 소크라테스의 철학적 활동이 아테네 시민들의 관점에서 더 이상 단순히 말 많은 한 괴짜 철학자의 사적인 삶의 방식으로만 보아 넘길 수 없는 정치적 상황이 발생했다는 것이다. 그것은 특히 기원전 411년부터 기원전 401년까지 아테네 민주정에 불만을 가진 과두주의적 세력들에 의한 민주정의 전복이 있었다는 정치적 상황이다. 특히 기원전 404년의 30인 폭정은 8개월간에 걸쳐 아테네 시민들의 많은 희생이 발생한 정치적 사건이었다.[195] 이 시기에 소위 소크라테스의 '철학 학교'의 한때 제자였던 크리티아스와 카르미데스가 30인 폭정의 주동자였다는 사실이 간과될 수 없다. 소크라테스를 연모하며 추종했던 알키비아데스 역시 아테네 민주정을 배신한 정치적 역정을 보여주었다는 사실 역시 소크라테스에게 불리한 정치적 이유로 작용하였을 것이다.

물론 소크라테스는 아테네 시민들의 영혼을 선과 정의로 전회(περιαγωγή)시키고자 한 철학적 활동을 일생에 걸쳐 행한 것으로 볼 수 있다. 플라톤 『변론』 편을 통해 알 수 있듯 소크라테스는 신의 사명을 받들어 아테네 시민들을 계몽시킨 교육자의 역할을 한 것으로 볼 수 있기 때문이다. 그리고 이러한 철학적 활동이 소크라테스의 다이모니온과 그의 대화술을 통해 이루어졌다 하더라도, 그것이 그를 불경건죄와 청년 타락죄로 법정에 기소할 정도의 무게를 지닌 것으로 보기는 어려워 보인다. 그러나 기원전 411년 이후의 아테네 민주정을 둘러싼 정치적 상황은 아테네 시민들이 소크라테스의 이러한 철학적 계몽 활동을 더 이상 관용을 베풀기 어려운 위험한 정치적 상황으로 몰아넣었다. 특히 기원전 399년 소크라테스의 재판이 있기 바로 2년 전인 기원전 401년에 다시 한 번 부유하고 젊은 인물들에 의한 민주정의 전복 시도가 있었던 것이다. 그리고 아테네 법정 배심원단은 소크라테스에게 더 이상 관용을 베풀지 않았던 것이다. 소크라테스의 죽음의 원인이 아테네 민주정과 길항관계를 통해 접근되어야 하는 이유가 여기에 있다.

간과해선 안 될 점은 소크라테스는 특정한 정체 지지론자가 아니라는 것이다. 그는 민주주의자도 아니며 또한 과두주의자도 아니다. 소크라테스를 단적으로 반민주주의자 또는 친과두주의자라고 말하는 것은

---

195) I. F. Stone, 1996, p. 248.

옳지 않은 평가이다. 소크라테스 입장에서 볼 때 그는 항상 계몽되지 않은 아테네 시민들을 선과 정의로 정향시키고자 최선을 다한 교육자라고 말할 수 있다. 그러나 아테네 시민들의 관점에서 볼 때 소크라테스의 철학 강연은 본인이 의도하지 않았지만 결과적으로 아테네 민주정을 위험하게 만드는 불온한 급진적 철학인 것이다. 그리고 그러한 정치적 이유에 의한 기소를 성공적으로 담보해줄 수 있는 실증적 근거를 충족시켜주는 것은 불경건죄와 청년 타락죄가 된다. 세 명의 고발자들이 보기에 소크라테스의 사적인 다이모니온과 대화술은 아테네 시민들에게 오래전부터 익숙하게 관찰된 양태들로 인식되었기 때문이다. 소크라테스는 이러한 아테네 배심원단을 향해 짧은 시간 동안에 자신을 변론하기가 어려움을 토로한다. 그리고 그의 이러한 답답함은 아테네 배심원단에 대한 에이로네이아와 메갈레고레이아적인 분노의 변론술로 나타난다. 그러나 이러한 그의 법정 변론술은 오히려 아테네 시민들을 모욕하는 오만한 변론술로 분노를 증폭시킨 결과를 낳은 것으로 볼 수 있다. 아테네 민주정에 뿌려진 피의 비극을 경험한 아테네 시민들에게 소크라테스가 일생을 통해 역설한 영혼을 향한 계몽의 외침은 그들의 분노를 잠재우기에는 역부족이었던 것이다. 그리고 그 결과는 사상과 언론의 자유를 정체의 근본적인 정신으로 표방하는 아테네 민주정에 씻을 수 없는 하나의 오점을 남기는 한 철학자의 비극적 재판으로 마감된 것이다. 그러나 우리는 소크라테스를 아테네에 대한 사랑을 가졌던 아테네주의자로 볼 수 있는 다음의 말에 주목할 필요가 있다.

가장 뛰어난 아테네인들이여, 그대들은 가장 위대하고 지혜와 힘으로 가장 이름난 나라인 아테네의 시민이면서, 그대에게 재물은 최대한 많아지도록 신경 쓰면서 또한 명성과 명예에 대해서도 그렇게 탐하면서, 지혜와 진리에 대해서는 그리고 자신의 영혼이 최대한 훌륭해지는 것에 대해서는 마음 쓰지 않는 것을 부끄러워하지 않습니까?[196]

---

196) Platon, *Ap*, 29d~29e.

제4장
플라톤의 튀모스적 분노와 이상국가

서양사상은 "플라톤의 일련의 각주에 불과하다"[1]라는 화이트헤드(Whitehead)의 말은 잘 알려져 있다. 서양 철학사에서 이후에 다루어지게 될 모든 철학적 담론들이 플라톤의 대화편 속에서 거의 다루어지고 있기 때문이다. 그러나 현재 관심을 갖고 논의하고 있는 분노론과 관련하여 플라톤의 견해가 어떤 작품에서 어떻게 기술되고 있는지는 분명치 않은 것으로 보인다. 잘 알려진 것처럼 플라톤 대화편은 정의나 용기, 경건함과 같은 특정한 철학적 주제를 갖고 소크라테스와 그의 대화 상대자들 사이의 철학적 논의를 다루는 작품들이다. 그러나 분노와 같은 주제를 다루는 플라톤의 특정한 대화편은 없으며, 이것은 본 연구가 다루고자 하는 플라톤의 분노관을 접근하기 어렵게 만든다. 이런 난점에도 불구하고 필자가 플라톤의 분노론을 규명하기 위해 주목하는 개

---

1) 1 A. N. Whitehead, *Process and Reality: an essay in cosmology*, New York: Free Press, 1978, p. 39.

넘이 튀모스(θυμός)다.[2] 아래에서 밝히겠지만 플라톤에게서 튀모스 개념이 일의적(一義的)으로만 사용되는 것은 아니지만, 튀모스 개념을 규정짓는 핵심적인 의미 중 하나가 분노이기 때문이다.[3] 그리고 플라톤이 그의 소위 '영혼 삼분설'(tripartition)에서 이성과 욕구 이외에 튀모스적 부분을 영혼의 제3의 부분으로 설정한 데는 튀모스의 분노적 의미가 중요하게 고려되어야 한다는 것이 나의 생각이다. 그것이 무엇인가는 앞으로의 논의를 진행하면서 밝힐 것이다.

이를 위해 먼저 튀모스의 분노적 의미를 확인케 해주는 텍스트적 근거를 플라톤의『국가』(Politeia) 편을 중심으로 살펴볼 것이다. 특히 분노적 튀모스가 함의하는 철학적 의미를 부정의와 관련시켜 밝힐 것이다. 이어서 도덕심리학적(moral psychology) 관점에서 분노적 튀모스

---

2) 여기서 θυμός는 음역되어 튀모스(thymos)나 또는 '튀모스적 분노'로 번역될 것이다. 문맥에 따라 필요한 경우 이 말은 '기개'나 '격정'으로 번역될 것이다.

3) 튀모스 개념이 플라톤의 다른 작품에서 분노의 의미를 갖고 사용되지 않는 것은 아니다. 예를 들어『크라튈로스』(Kratylos) 편에서 튀모스는 "그 이름을 분노하는 그리고 영혼이 끓는 것에서 파생한 것"으로 말한다(419e). 이처럼 튀모스는 영혼이 분노하는 것(Platon, Pol, 465a, 606d) 또는 사람의 심장에서 타는 것(Platon, Pol, 375b, 441a~441b, 435e)을 의미한다. 이 밖에도 Timaios, 69d, 70a~70c. Nomoi, 731b, 863b. Aristoteles, Politica, 1327b23~1327b27 참조. 이와 관련해선 A. Hobbes, Plato and the Hero: Courage, Manliness and the Impersonal Good, Cambridge Univ. Press, 2000, p.6 참조. 또한 J. A. Donaghy, Spiritesness in Plato's Republic: The education of to thymoeides, Boston College, 1990, pp. 68~89 참조. 또한 튀모스는 분노나 격정 외에 명예나 승리 또는 부끄러움의 의미를 함의한다. H. A. Kraugerud, "Essentially Social? A Discussion of the Spirited Part of the Soul in Plato", European Journal of Philosophy, 18/4, 2009, pp. 483~484. L. D. Cooper, "Beyond the Tripartite Soul: The Dynamic Psychology of the Republic", The Review of Politics, vol. 63/2, 2001, p. 363, note. 40. R. Singpurwalla, "The Tripartite Theory of Motivation in Plato's Republic", Philosophy Compass, vol. 5/11, 2010, pp. 883~884 참조.

가 용기의 덕(ἀρετή)과 갖는 관계성을 통해 플라톤의 이상국가 건설에서 튀모스 교육이 왜 필요한지를 조명할 것이다. 마지막으로 타락한 정체들 중 하나인 명예정의 분석을 통해 플라톤이 왜 이상국가 건설에서 전사계급의 고귀한 튀모스적 분노를 강조했는지를 정치철학적 관점에서 고찰할 것이다.

1. 튀모스의 분노적 의미와 정의의 상관성

플라톤의 분노에 대한 견해는 어떤 개념을 통해 기술되고 있는가? 앞서 살펴본 것처럼 호메로스와 비극시대의 분노론은 여러 개념을 통해 나타나고 있지만 특히 오르게(ὀργή) 개념을 통해 설명되었다. 그러나 오르게와 같은 개념이 플라톤 작품들에서 발견되지 않는 것은 아니지만,[4] 이 개념을 통해 플라톤의 분노론을 고찰하기는 어려운 것으로 생각된다. 이 개념은 단편적으로 사용되고 있고, 그래서 철학적인 의미에서의 분노론을 구성해내기에는 내용이 빈약한 것으로 생각되기 때문이다. 그렇다면 플라톤의 분노론을 철학적으로 접근할 수 있게 해주는 개념은 무엇일까? 나는 플라톤에게서 분노의 의미를 담고 있는 핵심 개념은 튀모스(θυμός)라고 생각한다. 아래에서 자세히 다루어지겠지만 튀모스 개념의 다양한 의미에도 불구하고 튀모스의 분노적 의미는 플라톤의 정의로운 나라 또는 이상 국가를 건설하는 데 있어 중요

---

4) Platon, *Pol*, 440c.

한 철학적 근거로 사용되기 때문이다.

이것은 무엇보다 플라톤이 『국가』편 4권 439e과 9권 580d에서 튀모에이데스(θυμοειδές), 즉 기개적인 부분을 "그것에 의해 우리가 분노하게 되는 것이다"(τὸ δὲ ᾧ θυμούμεθα, τὸ δὲ ᾧ θυμοῦται)라고 말하는 것에서 알 수 있다. 우리는 이러한 튀모스 개념이 '분노' 내지 '성남'의 의미를 갖고 있는 중요한 논거를 『국가』편 4권의 레온티오스의 예를 통해 확인할 수 있다. 관련된 부분을 인용하면 다음과 같다.

> 언젠가 내가 들은 것이 있는데, 난 이걸 믿고 있네. 아글라이온의 아들 레온티오스가 피레우스로부터 북쪽 성벽의 바깥쪽 아랫길을 따라 시내로 들어가다가, 사형 집행자 옆에 시체들이 누워 있는 것을 목격하고서는, 한편으로는 보고 싶어도 하고, 또 다른 한편으론 언짢아하며 외면하려 했다더군. 그래서 얼마동안 마음속으로 싸우며, 얼굴을 가리고 있었다네. 그렇지만 보고 싶은 욕구에 압도당하자, 두 눈을 부릅뜨고 시체들 쪽으로 내달더니, '보려 무나, 너희들 고약한 것들아! 그래, 저 고상한 구경거리를 실컷들 보려 무나'라고 말하더란 이야기 말일세.[5]

위 인용문은 플라톤이 국가내의 세 계급의 논증을 마치고, 개인의 영혼 속에도 세 부분이 있고, 그중 하나인 기개적인 영혼의 부분을 논증하기 위한 시도로 제시된다. 여기서 레온티오스의 분노의 의미를 고찰하기 전에, 플라톤이 어떤 근거에서 기개적 부분을 "이성적인 부

---

5) Platon, *Pol*, 439e~440a. 『국가』편의 번역은 기본적으로 박종현 역을 따른다. 그러나 문맥상 더 적절한 번역이 필요한 경우에는 필자가 직접 번역했다.

분"(λογιστικόν) 또는 "욕구적인 부분"(ἐπιθυμητικόν)과 다른 영혼의 부분으로 간주하는지를 간단하게 살펴보는 것이 논의 진행에 도움이 될 것 같다. 이와 관련하여 플라톤이 소위 자신의 '영혼 삼분설'(tripartition)을 논증하는 논리적 수단은 모순의 원리이다. 플라톤은 이것을 "동일한 어떤 것이 동시에, 동일한 부분에 있어서, 동일한 것에 대해서 상반된 것들을 겪거나 행할 수는 없다"[6]는 것으로 설명한다. A는 A이지, 동시에 A이면서 비(非) A일 수는 없다는 것이다. 플라톤은 이러한 '모순의 원리'를 대화 상대자 글라우콘(Glaukōn)을 통해 대화의 전제로 채택하고 기개적인 부분의 존재성을 주장한다.

그렇다면 위 인용문에서 레온티오스가 시체를 '보고자 하는 것'과 '보아서는 안 된다'는 것의 주체는 동일할 수가 없게 된다. 그렇기 때문에 플라톤은 '보고자 함'의 담지자를 영혼의 '욕구적인 부분'으로, 그리고 '보아서는 안 됨'의 주체를 영혼의 다른 부분인 '이성적인 부분'에 귀속시킨다. 동일한 주체가 동시에 보고 싶기도 하면서 보아서는 안 된다고 판단할 수 없다는 것이다. 플라톤은 이것을 몇 가지 예를 들어 설명하는데, 가령 팽이가 정지해 서 있으면서 돈다고 말해서는 안 되고, 한 부분은 돌고 다른 한 부분은 정지해 있는 것으로 말하는 것이 타당한 것과 같다.[7] 또는 마치 활을 쏘는 사람의 경우 한 손은 밀어내고 다른 손은 당긴다고 말해야 하는 것과 같다.[8] 이렇게 레온티오스의 영혼 속에서는 우리 눈으로 볼 수는 없지만 앞으로 나아가 시체를 보고 싶

---

6) Platon, *Pol*, 436e~437a, 436b.

7) Platon, *Pol*, 436d~436e 참조.

8) Platon, *Pol*, 439b.

게끔 하는 동기로 작용하는 "욕구"(ἐπιθυμία)와 그것을 보는 것은 인간으로서 혐오스럽고 수치스런 짓이기 때문에 보아서는 안 된다고 잡아당기는 "이성"(λόγος)이 대립하고 있는 것이다. 그리고 플라톤은 바로 이성적인 부분이 왜곡된 욕구에 굴복했을 경우에 나타나는 레온티오스의 분노의 표출을 욕구나 이성이 아닌 제3의 어떤 다른 영혼의 능력, 즉 기개적인 부분에 의해 이루어지는 것으로 보는 것이다. 일단 우리는 플라톤이 어린아이와 짐승의 예를 들면서, 튀모스를 이성적인 영혼의 부분에 속하지 않는 것으로 보는 것에 동의할 수 있다. 어린아이나 짐승은 이성을 갖고 있지는 않지만 화가 나거나 맹렬해질 수 있기 때문이다.[9] 플라톤이 『국가』편 441b에서 드는 오뒤세우스의 분노는 양자의 다름을 보다 분명하게 알 수 있게 한다. 이곳에서 플라톤은 구혼자들에게 협력한 하녀들의 배신에 오뒤세우스가 "자신의 가슴을 치면서"[10] 영혼의 이성적인 부분을 통해 튀모스적 분노를 억누르는 경우를 인용하면서 기개와 이성의 다름을 논증하고 있기 때문이다.

그러면 기개적인 부분은 어떤 이유에서 욕구적 부분과 다른 것으로 보아야 할까? 레온티오스의 경우에 튀모스를 '역한 것을 보고 싶지 않은 욕구, 즉 막상 보았을 때 생길 수도 있는 구토의 고통을 피하고자 하는 반대되는 욕구로 볼 수도 있지 않은가'라는 의문이 들 수 있기 때문이다.[11] 이런 관점에서 보면 설사 그것이 분노라는 감정의 양태로 나타

---

9) Platon, *Pol*, 441a~441b.

10) Platon, *Pol*, 441b.

11) J. M. Cooper, "Plato's Theory of Human Motivation", *Plato Critical Assessments*, N. D. Smith(ed.), Vol. III, Routledge, London, 1998, p. 32.

나더라도 그것을 존재론적 독립성을 갖는 것으로 보기는 어렵다. 그러나 플라톤의 기개적 분노는 욕구와는 다른 것으로 보아야 한다. 그것은 레온티오스의 분노의 성격이 감각적인 육체적 욕구와 관련된 것으로 볼 수 없기 때문이다. 물론 경험적인 차원에서 분노를 발생시키는 원인은 다양할 수 있고, 감각적인 영역의 욕구와 관련된 분노도 그중 한 경우가 될 수는 있다. 예를 들어 허기나 갈증이 충족되지 않은 경우에도 우리는 종종 화를 내게 된다.

그러나 레온티오스의 분노의 성격은 마치 어린아이나 짐승이 생물학적인 감각적 욕구가 좌절된 경우에 보이는 분노의 유형은 분명 아니다. 인용문에 나타난 것처럼 레온티오스가 자신에게 화를 낸 것은 인간의 사체(死體)를 보는 것은 부끄러운 행위이기 때문에 보아서는 안 된다는 이성의 지시를 견지하지 못한 것과 관련된다. 그렇다면 이때의 분노는 이성의 올바른 명령 내지 지시를 따르지 못한 것에 대한 자존감의 상실에서 비롯한 "수치심"(αἰδώς)에서 비롯한 것으로 볼 수 있다. 여기서 레온티오스의 튀모스적 분노가 수치심을 느낀다는 점이 중요하다. 수치심을 느낀다는 것은 튀모스가 기본적으로 칼론(καλόν), 즉 고상함[12]을 지향하는 영혼의 부분으로 이해될 수 있기 때문이다. 위에서 인용한 것처럼 레온티오스는 사체를 보고 싶어 하는 욕구적 부분에 굴복했을 때, "보려무나, 이 고약한 것들아! 그래, 저 고상한(καλόν) 구경거리를 실컷들 보려무나!" 하고 소리친다. 이때 레온티오스가 고상

---

12) 칼론(καλόν)이란 말은 원래 아름다운(beautiful)의 의미를 가진다. 그런데 이 말은 또한 인간의 행동과 관련해서도 그것이 찬양이나 모방의 대상이 될 수 있는 경우 도덕적인 의미의 '숭고함'의 의미를 가진다.

한의 의미를 갖는 칼론이란 말을 사용하는 것은 비꼬는 말로, 정반대의 아이스크론(αἰσχρόν), 즉 혐오스러운이라는 의미를 갖는다. 그렇다면 레온티오스의 튀모스는 찬양할 만한 대상인 고상한 것을 보지 못하고 그 반대의 혐오스런 것을 보고자 한 욕구에 굴복한 자신에 대한 분노인 것이다. 요컨대 레온티오스의 분노는 영혼 속의 이성적인 부분이 욕구적인 부분과 싸워 끝내 이기지 못한 것에 대한 기개적인 영혼의 부분이 보인 감정적 반응이라고 말할 수 있다.

그런데 레온티오스의 분노에서 우리가 주목해야 할 점은 기개적인 부분이 욕구보다는 이성에 가까운 영혼의 부분으로 생각된다는 점이다. 즉 튀모에이데스는 이성을 도와 욕구적 부분에 대항해서 싸우는 영혼의 능력으로 볼 수 있다는 것이다. 다음의 인용문은 이것을 확인시켜 준다.

그러니까 이는 다른 경우에도 종종 목격하게 되는 게 아니겠는가? 가령 욕구가 어떤 사람으로 하여금 이성(λόγος)을 거스르도록 강요할 때, 그 사람은 자기 자신을 꾸짖으면서, 자기 안에서 그런 강요를 하고 있는 부분에 대해서 분노하는데, 이런 사람의 기개가, 마치 분쟁하고 있는 두 당파 사이에서처럼, 이성과 한편이 되는 경우 말일세. 그러나 거역해서는 안된다고 이성이 판단함에도 불구하고 기개가 욕구와 협력하는 일이, 그런 일이 자네 자신에게 일어나는 것을 본 적이 있다고 결코 말하지는 아니할 것으로 나는 생각하거니와, 다른 사람에게서도 마찬가지로 그런 일이 있다고 말하지는 아니 할 것으로 나는 생각 하네.[13)

위 인용문을 통해 알 수 있는 것처럼 플라톤은 욕구가 이성의 명령에 따르지 않을 때 분노하게 된다고 말한다. 플라톤에 따르면 이것은 기개적인 부분의 본성이 욕구가 아닌 "이성의 동맹자"(σύμμαχον τῷ λόγῳ)이기 때문이다.[14] 그리고 튀모스가 보여주는 분노는 바로 이성이 욕구에 진 경우에 나타나는 특성 중 하나라는 것이다. 그렇다면 플라톤이 레온티오스의 튀모스를 분노의 의미를 통해 설명하는 이유는 무엇일까? 나는 플라톤이 그 이유를 분노가 "정의"(δίκη)와 같은 밀접한 관계 때문이라고 생각한다.[15] 이와 관련하여 아래의 인용문은 중요한 정보를 담고 있기 때문에 길지만 전부 검토할 필요가 있다.

그러면 어떤 사람이 자신이 올바르지 못한 짓을 했다(ἀδικεῖν)고 생각하고 있을 때는 어떻겠는가? 그가 고귀한 사람이면 그럴수록(γενναιό τερος), 그는 자기에게 어떤 일을 겪게 하더라도 그렇게 하는 것이 올바르다고 여기는 사람으로 말미암아 굶주리거나 추위로 떨게 되거나 또는 이런 유의 다른 어떠한 고통을 겪더라도, 그 만큼 화도 낼(ὀργίζεσθαι) 줄 모르며, 또한 내 말대로 이 사람에 대해 그의 분노는 좀처럼 불러일으켜지지 않지 않겠는가?" 내가 물었네. …… 그러나 어떤 사람이 자신이 '올바르지 못한 짓을 당했다'(ἀδικεῖσθαι)고 생각할 때는 어떻겠는가? 이 경우에는 그의 격정이 끓어오르며 사나워질 것이고, 올바르다고 생각되

---

13) Platon, *Pol*, 440a~440b.

14) 이 밖에도 Platon, *Pol*, 440e. 441e. *Timaios*, 70a 참조.

15) 물론 이때의 레온티오스의 분노는 단순한 생물학적 충족이 좌절되었을 경우의 어린아이나 짐승이 보이는 분노와는 다른 성격을 갖는다. 이런 점에서 분노의 정의와의 관련성은 레온티오스의 분노의 경우처럼 기본적으로 이성적 능력을 가진 경우로 한정되어 이해될 수 있다.

는 것과 한편이 되어 싸우지 않겠는가? 그것은 굶주림을 통해서도, 추위로 떨게 되거나 또는 이런 유의 온갖 걸 겪게 됨을 통해서도, 이를 견디어 내며 이겨내지 않겠는가? 그리하여 마침내 하고자 하는 바를 성취하거나, 죽기까지는, 또는 마치 개가 목자에 의해서 진정하듯, 자신에게 있는 이성의 불러들임에 의해서 진정되기 전까지는 고귀한 행동을 중단하는 일이 없지 않겠는가?"[16]

위 인용문에서 플라톤은 튀모스적 분노가 올바름 내지 정의에 대한 가치판단을 통해 나타남을 분명히 한다. 플라톤은 이것을 "부정의를 행한"(ἀδικεῖν) 경우와 "부정의를 당한"(ἀδικεῖσθαι) 경우로 나누어 설명한다. 먼저 만약에 행위주체가 자신이 '부정의하게 행한 것'에 대해 처벌이나 고통이 자신에게 가해진 것으로 생각한 경우, 그는 "덜 분노할 수 있다"(ἧττον δύναται ὀργίζεσθαι)고 말한다. 그러나 반대로 악행을 행하지 않았음에도 불구하고 다른 사람에 의해 부정의하게 당했다고 생각하는 경우, 그의 기개는 "끓어오르며 사나워질 것이고"(ζεῖ τε καὶ χαλεπαίνει)[17] 그래서 "정의롭다고 생각되는 것과 함께 싸운다"(συμμαχεῖ τῷ δοκοῦντι δικαιῳ)[18]는 것이다. 이런 이유로 플라톤은 전자의 부정의를 행한 사람은 자신이 부정의를 행했기 때문에 그에게 가해지는 모든 처벌, 예를 들어 굶주림이나 추위와 같은 고통을 달게 받는다고 말한다. 그러나 후자의 부당하게 부정의를 당한 사람은 그의

---

16) Platon, *Pol*, 440c~440d.

17) Platon, *Pol*, 440c7~440c8.

18) Platon, *Pol*, 440c8.

분노가 정의를 위해 싸울 것이라고 말한다. 부당하게 악행을 당한 자가 어떠한 고통이나 처벌, 심지어 그로인해 설사 죽게 되더라도 자신의 분노를 접지 않는 이유는, 자신의 올바름 또는 정의를 찾고자 하기 때문이다.

이렇듯 튀모스적 분노는 부당함으로부터 자신의 자존감의 회복이나 숭고한 목적을 달성하기 위한 것과 밀접한 관련을 갖는 것으로 이해될 수 있다. 이것은 위 인용문에서 플라톤이 "더 고귀한 사람"(γενναιότερος)일수록 정의와 부정의에 대한 적절한 태도를 보인다고 말하는 데서도 알 수 있다. 그리고 이때의 고귀한 사람은 바로 숭고한 목적을 위해 자신의 분노를 억제하거나 그 반대로 분노를 표출할 줄 아는 자이다. 이런 이유로 우리는 플라톤의 튀모스적 분노를 기본적으로 인간 행위의 옳고 그름에 관한 가치판단과 관련된 개념으로 볼 수 있다. 그리고 튀모스적 분노가 정의와 부정의에 대한 가치판단을 통해 나타난다는 것은 튀모스가 이성과 조화될 수 있음을 말해준다.[19] 위 인용문에서 플라톤이 분노하는 자는 이기든지 죽던지, 그의 기개적인 부분이 이성에 의해 부드러워질 때까지 자신의 정의를 정당화하기 위해 싸울 것이라고 말하는 것도 이런 이유에서라고 볼 수 있다. 또는 기개적인 부분은 영혼의 내분이 있을 때 "이성적인 부분을 위해 무장"(τὰ ὅπλα πρὸς τὸ λογιστικόν)[20]을 한다는 말도 마찬가지 이유에서다.

상술한 것처럼 플라톤에게 있어 분노가 부정의하게 대우받는다는

---

19) Platon, *Pol*, 440a~440b, 441a. R. Singpurwalla, 2010, pp. 883~884 참조.
20) Platon, *Pol*, 440e.

믿음과 관련되어 있다는 것은 분노의 가치론적 함의를 말해주는 것으로 이해할 수 있다. 레온티오스의 분노는 죽은 사람에 대한 합당한 경건함을 지켜야 한다는 이성의 명령을 굳건하게 따르지 못한 아이도스(αἰδώς), 즉 수치심에서 비롯한 분노이기 때문이다. 그렇다면 레온티오스의 분노의 감정을 작동시킨 영혼의 능력은 욕구도 아니고 이성도 아니다. 그것은 바로 정의와 같은 숭고함을 추구하고 그것을 실현하고자 하는 튀모에이데스(θυμοειδές)에 의해 이루어진 것이다. 그러면 플라톤이 기개적인 부분을 영혼의 중요한 한 부분으로 설정하는 이유는 무엇일까? 전통적인 의미의 영혼의 구분이 이성과 욕구로 양분되어온 것을 고려할 때, 이 물음의 제기는 흥미로운 것으로 생각된다.[21]

이와 관련하여 플라톤의 영혼 삼분설의 주장은 어디까지나 폴리스의 세 계급의 존재성을 확보하여 궁극적으로 이상국가 건설을 실현하기 위해 주장된 것으로 보아야 한다는 사회-정치학적 해석이 가능하다. 그러나 그 반대로 플라톤의 영혼 삼분설은 정의로운 나라 건설을 위한 수단이 아니라, 어디까지나 심리학적 사실에 근거한 주장이라는

---

21) 플라톤 철학의 독창성 중 하나는 아무래도 영혼을 이성과 욕구 외에 기개적인 부분을 설정했다는 점이다. 적어도 플라톤 이전의 피타고라스와 파르메니데스의 견해나 근대의 흄의 주장을 고려할 때도 이성과 욕구의 이분법적 구분이 주된 주장으로 간주된 것을 고려할 때 그렇다. 그러나 『국가』 편에서의 영혼 삼분설은 『법률』(Nomoi) 편에서는 더 이상 언급되지 않고 있다. 이와 관련하여 Bobonich는 플라톤이 영혼 삼분설의 이론적 난점을 인식하고 『법률』 편에서는 그것을 수정한 것으로 해석한다(C. Bobonich, *Plato's Utopia Recast: His Later Ethics and Politics*, Oxford 2002 참조). 이에 대한 비판적 논의는 R. F. Stalley, "The Tripartite Soul in the Republic", *Oxford Studies in Ancient Philosophy*, D. Sedley(ed.), Vol. 32, 2007, pp. 63~89 참조.

해석도 가능하다.[22] 이와 관련된 상세한 논의를 여기서 다루기는 어려운 것으로 생각된다.[23] 다만 나의 기본적인 생각은 플라톤에게서 튀모에이데스는 영혼과 폴리스의 유비 차원에서 단순히 임의적으로 설정된 영혼의 부분이 아니라는 것이다. 이것은 달리 말해 영혼 삼분설과 세 계급의 존재구도는 어느 한쪽이 다른 쪽의 종속변수로 이해되는 것은 곤란하다는 것을 뜻한다. 그렇기 때문에 만약 영혼 삼분설을 국가의 세 계급의 존재성을 위한 수단으로만 볼 경우, 영혼의 세 부분이 각기 인간 행위의 주된 동기로 작동하는 풍부한 심리학적 내지 도덕적 가치를 평가절하하는 문제가 있다. 그러나 마찬가지로 영혼 삼분설이 함의하는 사회·정치적 의미가 간과되는 것 역시 문제가 있어 보인다. 기개적인 부분은 인간의 도덕적 발달을 위한 인간영혼에 대한 심리학적 차원뿐만 아니라, 더 나아가 이상국가 건설을 위한 플라톤의 중요한 정치철학적 견해가 반영된 것으로 볼 수 있기 때문이다. 튀모스와 이상국가의 밀접한 관계를 밝히기 전에, 아래에서 나는 먼저 튀모스가 갖고 있는 이중적 속성, 즉 지나침으로서의 거친 분노와 숭고함을 추구하는 고귀한 분노를 구분하여 살펴볼 것이다. 이러한 작업 이후에 고상한 튀모스의 용기로의 이행이 어떤 방식에 의해 가능한지를 튀모스 교육에 대한 플라톤의 견해를 통해 밝힐 것이다.

---

22) 영혼 삼분설을 사회적 차원과 개인의 심리적 차원에서 해석하는 대표적인 두 학자로 각각 Burnyeat과 Cooper를 들 수 있다. 이와 관련해선 M. F. Burnyeat, "The Truth of Tripartition", *Proceedings of the Aristotelian Society*, 106, 2006, pp. 1~22. J. M. Cooper, 1998, pp. 27~47 참조. 또한 H. A. Kraugerud, 2009, pp. 481~494 참조.

23) 이와 관련된 논의는 강성훈, 「『국가』 4권에서 영혼의 세 부분」, 『서양고전학 연구』, 23권, 2005, pp. 29~69 참조.

2. 튀모스적 분노와 용기

플라톤이 기획하고 있는 이상국가에서 기개적인 영혼의 부분이 하는 구체적인 역할은 무엇인가? 이 물음과 관련하여 플라톤은 『국가』 편 4권에서 자신의 정의의 원리를 세 계급이 "각자 자신의 것을 갖고 행하는 것"(τὸ τὰ αὑτοῦ πράττειν, ἡ τοῦ οἰκείου τε καὶ ἑαυτοῦ ἕ ξις τε καὶ πρᾶξις)[24]으로 정의한다. 이 원리에 따르면 통치자(ἄρχων) 는 통치하고, 보조자(ἐπίκουρος)는 통치자를 도와 나라를 수호하고, 생산자 계급은 나라의 의식주를 담당하는 것이다. 그런데 플라톤은 이 세 계급이 각자의 맡은 바 역할을 잘 수행하기 위해선 각각의 탁월성 으로서의 덕(ἀρετή)을 소유해야 함을 강조한다. 통치자 계급은 지혜 (σοφία)를, 보조자 계급은 용기(ἀνδρεία)를, 그리고 절제(σωφροσύ νη)라는 덕은 모든 계급이 소유해야 하지만, 특히 목수나 제화공과 같 은 장인 계급이 갖추어야 한다.[25]

여기서 우리가 관심을 갖는 것은 당연히 넓은 의미의 폴리스의 수호 자 계급에 속하는 보조자 계급이 자신의 기능을 잘 발휘하기 위해 갖 추어야 할 덕으로 제시되는 용기이다. 용기의 덕은 전쟁터의 전사처 럼 나라의 보조자 계급이 적을 향해 두려워하지 않고 달려가 용맹하 게 싸울 수 있게 하는 덕이다. 그렇기 때문에 한 나라가 용기 있는 나 라로 불리기 위해선 나라를 위해 전쟁을 하는 전사계급이 용기의 덕을

---

24) Platon, *Pol*, 433b, 433e~434a.

25) Platon, *Pol*, 428e 이하 참조.

갖추고 있을 때 가능하다.[26] 플라톤에 따르면 용기란 "두려워할 것들과 두려워하지 않을 것들에 관한 바르고 준법적인 판단의 지속적인 보전(σωτηρία)과 그런 능력"[27]이다. 이러한 판단의 보전은 고통이나 쾌락에 처해서도, 또는 욕망이나 공포에 처해서도 이를 버리지 않고 끝끝내 견지하여 가짐을 의미한다.[28] 플라톤이 이처럼 정의나 지혜와 같은 덕들에 못지않게 용기의 덕을 중요한 덕으로 간주함은 『국가』 편뿐만이 아닌 『프로타고라스』(Protagoras) 편이나 『라케스』(Laches) 편과 같은 작품[29]에서도 분명하게 알 수 있다. 특히 『라케스』 작품은 아테네의 유명한 두 장군인 라케스와 니키아스를 대화 상대자로 등장시켜 용기에 관한 논의를 하고 있다는 점에서 플라톤의 용기에 대한 관심이 잘 나타난다. 덕의 교육가능성을 논하고 있는 『프로타고라스』 편 역시 중·후반에서의[30] '덕의 단일성 논쟁'[31]에서 플라톤이 가장 공

---

26) Platon, *Pol*, 429a~429b 참조.

27) Platon, *Pol*, 430b.

28) Platon, *Pol*, 429d.

29) 특히 라케스와 니키아스의 용기론에 대한 정의(定義)와 이에 대한 소크라테스의 반론과 관련해선 *Laches*, 190e, 193a~193b, 194c~195b, 197b 이하 참조. 또한 L. R. Rabieh, *Plato and the Virtue of Courage*, The Johns Hopkins Press, 2006, 2장과 3장. A. Hobbs, 2000, 3장 참조.

30) Platon, *Protagoras*, 329b 이하 참조.

31) 덕의 단일성 문제는 『프로타고라스』 편 중·후반에서 소크라테스와 프로타고라스의 핵심적 논쟁 주제이다. 정의, 경건함, 지혜, 절제 그리고 용기라는 다섯 가지 덕들의 관계성 문제와 관련하여, 프로타고라스는 얼굴의 비유를 들어 이들 덕들의 다름을 강조한다면, 소크라테스는 금의 비유를 들어 본질적으로 다섯 가지 덕의 단일성을 주장한다. 프로타고라스는 얼굴을 구성하고 있는 눈이나 코가 얼굴의 구성 부분이라는 점에서 유사하면서도 상대적으로 다름을 주장한다. 이에 반해 소크라테스의 기본적인 생각은 금이 여러 조각으로 나누어져도 본질적으로 금이라는 점에서 동일한 것이듯이, 정의, 경건함, 절제, 용기가 모두 지혜나 지식으

들여 심도 있게 논의하고 있는 것이 용기의 지식과의 동일성 주장이라 말할 수 있다. 그런데 중요한 것은 플라톤이 『국가』편에서 이러한 용기의 덕의 발휘가 바로 영혼 속의 기개적인 부분에 의해 가능한 것으로 본다는 점이다.[32] 이것은 "말이든 개이든 또는 그 밖의 어떤 동물이든 격정적이지(θυμοειδής) 못한 것이 용맹스러워지겠는가?"[33]라는 소크라테스의 말을 통해 알 수 있다. 결국 정의로운 나라 건설에서 훌륭한 보조자 계급이 될 수 있는가의 여부는 보조자 계급이 자신의 영혼 속에서 튀모스를 탁월하게 발휘할 수 있는가에 달려 있다. 그리고 바로 이러한 이유로 플라톤은 이상국가 건설을 위한 청사진에서 보조자 계급으로 하여금 용기의 덕을 갖도록 하기 위한 영혼의 기개적인 부분에

로 환원될 수 있다는 점에서 본질적으로 덕은 단일하다는 것이다. 그렇기 때문에 소크라테스에 따르면 정의로운 행위, 경건한 행위, 절제 있는 행위 그리고 용기 있는 행위는 그것에 대한 지식을 갖고 있을 때만 각각의 적합한 행위가 이루어질 수 있다. 이러한 소크라테스의 덕의 단일성 주장에 프로타고라스가 강하게 반발하는데, 특히 용기라는 덕의 지식 의존성 부정이 그것이다. 프로타고라스에 따르면 부정하고, 불경하고, 무절제하고, 무지하지만 매우 용감한 사람이 있을 수 있고, 이것은 용기가 지식과 분리될 수 있는 덕임을 입증한다. 이러한 프로타고라스의 주장에 대해 소크라테스는 전쟁터에서의 용기 있는 행위는 두려워할 것과 두려워하지 말아야 할 것에 대한 올바른 측정, 달리 말해 쾌락과 고통에 대한 이성적인 측정을 통해서만 가능함을 역설한다. 소크라테스의 주지주의적 덕론에 따르면 비겁한자와 용감한 자의 차이는 두려워 할 것과 두려워하지 말아야 할 것을 아는 지혜나 지식의 유무에 달려 있다는 것이다. 용기 있는 자는 알고 있는 자이며, 그래서 그는 전쟁에 참여하는 것은 숭고하고(καλόν) 좋은(ἀγαθόν) 행위임을 알고 있기 때문에 자발적으로 전쟁에 나아가지만, 비겁한 자는 반대로 판단하기 때문에 전쟁에 나아가려 하지 않는다는 것이다. 요컨대 소크라테스에 따르면 비겁한 자는 '무엇이 두렵고, 두렵지 않은지'에 대한 지식을 결여한, 즉 무지한 자이다.

32) Platon, *Pol*, 375a~375b. L. R. Rabieh, 2006, p. 97 참조.
33) Platon, *Pol*, 375a.

대한 교육의 중요성을 역설한다고 말할 수 있다. 그에 따르면 튀모스에 관한 올바른 교육을 통해 갖게 되지 않은 판단은 야수나 노예가 가진 것과 같은 것으로서 참된 시민적 용기로 불릴 수 없다.[34] 그런데 여기서 교육이 필요하다는 플라톤의 말은 튀모스가 저절로 용기의 덕으로 발현되지는 않음을 함의한다. 이것은 개가 맹목적으로 거칠기만 하다고 좋은 개로 불릴 수 없는 것처럼, 기개적인 것이 모두 자연스럽게 용기의 덕으로 이행되는 것은 아님을 의미한다. 아래의 인용문은 튀모스의 용기로의 전환가능성에 관한 이러한 의혹을 엿볼 수 있게 한다.

혹시 자넨 튀모스란 것이 얼마나 당해낼 수 없고, 극복할 수 없는 것인지를, 그리고 또 그것이 일게 되었을 때의 마음이 한결같이 모든 것에 대해서 겁이 없고 꺾이지 않는다는 것을 알아차리지 못했는가?[35]

위 인용문에서 플라톤은 튀모스를 "당해낼 수도 이길 수도 없는"(ἀμαχόν τε καὶ ἀνίκητον),[36] 그래서 그것은 모든 영혼을 모든 것에 대항해서 "두려움이 없고, 무적으로"(ἄφοβός τέ ἐστι καὶ ἀήττητος)[37] 만들 수 있는 영혼의 능력으로 말한다. 그러면 플라톤은 모든 것에 대해 두려움이 없는 것이 반드시 용기가 되는 좋은 것으로 보는 것인가? 이에 관한 플라톤의 생각은 용기에 관해 논하고 있는 대화편『라케스』

---

34) Platon, *Pol*, 429e~430b 참조.

35) Platon, *Pol*, 375b.

36) Platon, *Pol*, 375b1.

37) Platon, *Pol*, 375b2.

를 통해 가늠할 수 있다. 이 대화편에서 소크라테스는 라케스가 제시한 첫 번째 용기의 정의, 즉 용기란 "기꺼이 자기 위치를 지키고 적과 끝까지 싸우고 도망치지 않는 것이다"[38]에 대해 비판적 의문을 제기한다. 플라톤이 보기에 어떤 상황에서도 끝까지 도망치지 않고 적과 싸우는 것은 무모한 행위이지 용기 있는 행위로 볼 수 없기 때문이다. 그 반대로 스파르타인들이 페르시아군을 상대로 싸우다가 때로 후퇴했다가 되돌아서 싸워 이기는 행위가 용기 있는 행위일 수 있는 것이다.[39] 그렇기 때문에, 마치 튀모스적 분노로만 가득 차서 맹목적으로 돌진할 수 있는 자는 용기 있는 자라기보다는 무모하면서도 어리석은 자로 볼 수 있다. 따라서 플라톤이 보기에 튀모스의 문제점은 그것의 과도하면서도 사나운 성향이다. 튀모스가 영혼 속에서 과도하면서도 거칠게 일게 될 경우, 그것은 인간을 용기 있게 만들기보다는 야만적이면서도 무모한 사람으로 만들 수 있기 때문이다. 이러한 유형의 도야되지 않은 거친 튀모스는 인간으로 하여금 아무것도 두려워하지 않고, 마치 나방이 불속으로 달려들듯이 무모하게 돌진하게 만든다는 것이다. 결국 플라톤에게 있어 튀모스는 용기로 전환될 수 있는 "고귀한"(γενναῖος)[40] 기개도 될 수 있지만, 그 반대로 그 거침과 지나침으로 인해 용기가 아닌 만용이 될 수 있는 무모한 기개가 될 수도 있는 것이다.

이러한 튀모스의 이중적 측면은 『국가』편 3권의 수호자 교육론에서 언급되고 있는 아킬레우스의 분노를 고려할 때 분명해진다. 이곳에서

---

38) Platon, *Laches*, 190e.
39) Platon, *Laches*, 191b~191c 참조.
40) Platon, *Pol*, 440d. *Nomoi*, 731b 참조.

플라톤은 분노하는 기개적인 인간의 대표적인 예로 호메로스의 작품 『일리아스』의 주인공 아킬레우스를 거명한다.[41] 그러면 플라톤의 아킬레우스에 대한 견해는 어떤 것일까? 플라톤의 아킬레우스에 대한 평가는 우리에게 약간의 혼란을 주는 것으로 보인다. 한편으론 플라톤이 용기는 강한 튀모스를 가진 전사에게서 잘 발휘될 수 있고, 아킬레우스가 바로 그러한 강한 튀모스를 가진 인물로 보고 있는 것으로 생각되기 때문이다. 이것은 아킬레우스가 보여주는 용맹함이 젊은이들의 교육을 위한 적합한 모방(μίμησις)의 대상이 된다는 점에서 긍정적으로 평가되는 것이다. 그러나 아킬레우스에 관한 플라톤의 언급을 전체적으로 놓고 보면 비판적인 입장이 강하다고 말할 수 있다. 그것은 아킬레우스의 분노는 과도한 비이성적인 감정으로서 결과적으로 희랍군의 총 대장군인 아가멤논에 대한 분노와 그로 인한 희랍군 진영의 비극적 재앙을 야기했기 때문이다. 플라톤은 아킬레우스와 같은 한 전사의 과도한 분노적 튀모스가 희랍군 진영 전체의 재앙을 불러일으키는 역기능을 행하는 것으로 평가하는 것이다.

결국 플라톤에게서 아킬레우스의 튀모스적 분노는 앞에서 언급한 오뒤세우스의 분노와 대비된다고 말할 수 있다. 오뒤세우스는 하녀들의 배신 행위를 보고 즉각적으로 복수하려는 자신의 튀모스적 분노를 이성의 명령에 따라 억제하여 자신의 처벌 행위를 성공적으로 달성하였기 때문이다. 이런 이유로 우리는 아킬레우스의 튀모스를 사나우면서도 과도한 분노의 형태를 보여주는 것으로, 그 반대로 오뒤세우스의

---

41) Platon, *Pol*, 389e 이하 참조.

튀모스를 이성에 복종하는 온화한 분노의 형태로 말할 수 있다. 요컨대 전자의 튀모스가 짐승이 보여주는 야만적인 형태의 분노라면, 후자의 경우는 용기의 덕으로 이행할 수 있는 고귀한 분노의 유형이라고 말할 수 있다. 이것은 플라톤에게서 튀모스가 이중적 특성을 갖는 것으로 볼 수 있다. 그것은 한편으론 아킬레우스의 튀모스처럼 낮은 단계의 사나우면서도 무모한 형태의 분노적 특성, 그리고 다른 한편으론 오뒤세우스나 또는 레온티오스의 수치심에 따른 분노가 보여주는 것처럼 고상함과 정의와 관련된 높은 단계의 고귀한 분노의 특성을 갖는다고 말할 수 있다. 전자의 낮은 형태의 분노는 아킬레우스의 분노가 말해주는 것처럼 폴리스 전체의 이익에 기여하지 못하는 부정적 분노가 된다. 뒤에서 다시 설명되겠지만 이러한 종류의 튀모스적 분노를 가진 전사의 영혼은 서로 간에 야만적이고 같은 시민들에게 공격적일 수 있다.[42] 이런 종류의 도야되지 않은 튀모스적 인간은 그 자신뿐만 아니라 폴리스 전체에 위협이 되는 것이다. 그러나 오뒤세우스의 분노처럼 이성과 조화되거나 레온티오스의 분노처럼 수치스런 행위로 인한 자신에 대한 분노는, 플라톤이 나라를 지키는 보조자 전사계급이 소유해야 할 용기의 덕으로 발현될 수 있는 고귀한 튀모스라고 볼 수 있다. 고귀한 분노에 따른 용기는 폴리스를 수호하고, 그 시민들의 생명을 보호하고 행복을 증진시키는 데 기여할 수 있다. 그 반대로 거친 야만적 분노는 시민들을 공격하고, 결국 폴리스를 파멸시킨다는 점에서 부정적인 기능을 행한다.

---

42) Platon, *Pol*, 375b 참조.

그렇다면 플라톤은 과도한 분노적 특성을 어떻게 고귀한 튀모스로 바꾸어 나라와 시민을 수호하는 전사계급의 용기의 덕으로 변화시킬 수 있는 것으로 보았을까? 과연 격정적이며 거친 성향의 기개적인 부분이 폴리스와 시민들을 위한 "공동 선"(τὸ κοινὸν ἀγαθόν)과 "정의"(τὸ δίκαιον)를 위한 영혼의 탁월성으로서의 덕으로 전환될 수는 있는 것일까? 이 물음에 관한 플라톤의 생각은 『국가』편 2권과 3권의 교육론에 관한 설명에서 나타난다. 기존의 이 부분에 대한 관심은 4권의 이상국가 건설을 위한 정의의 원리와 영혼 삼분설을 이해하기 위한 입론 정도로 이해되어온 경향이 있다. 그러나 이 부분은 양적인 규모가 말해주듯이 현재 우리가 관심을 갖고 있는 튀모스적 분노의 용기로의 이행에 관한 중요한 정보를 제공해준다. 아래에서 상론되겠지만 이 부분에서 플라톤은 장차 정의로운 나라를 건설할 수호자들의 교육에서 기개적인 영혼의 부분이 '숭고함'과 '정의'로 정향될 수 있기 위한 "교육"(παιδεία)과 "도야"(τροφή)의 중요성을 역설한다. 그리고 그러한 기개적인 부분의 교육에서 중핵을 차지하는 것이 튀모스적 분노를 이성과 조화시켜 "아름다운 나라"(καλὴ πολιτεία) 또는 "정의로운 폴리스"(δίκαια πόλις)를 건설하는 데 기여할 수 있는 고귀한 분노가 되도록 만드는 것이다. 튀모스 교육이 어떻게 이루어져야 하는지를 살펴보아야 하는 이유가 여기에 있다.

3. 튀모스 교육

앞에서 나는 튀모스는 이중적 속성이 있고, 그것은 거친 분노와 고상한 분노라는 두 양태로 표출될 수 있음을 밝혔다. 그리고 플라톤이 튀모스 교육의 중요한 목표를 거친 튀모스가 아닌 고상한 튀모스의 육성과 도야에 두고 있음을 말하였다. 플라톤에 따르며 고상한 튀모스에 의해 바로 전사계급은 용기라는 덕을 소유할 수 있기 때문이다. 그러면 이러한 고상한 튀모스를 형성하기 위한 기개적인 부분에 대한 교육은 구체적으로 어떤 방식에 의해 이루어지는 것일까? 거칠고 과도한 튀모스적 성향은 어떻게 용기를 발휘할 수 있는 온화하면서도 대담한 튀모스로 변화될 수 있을까? 이 물음들에 대한 튀모스 교육의 구체적인 방법을 살펴보기 전에, 나는 우선 튀모스의 인식론적 위상을 언급하도록 하겠다. 튀모스의 진리론적 능력은 나중에 논의하게 될 튀모스적 인간, 즉 철학자 왕의 이성의 통치에 대한 전사계급의 복종 여부에 중요한 변수로 작용하는 것으로 생각되기 때문이다. 앞서 우리는 기개적인 부분이 이성과의 친화성을 갖고 있지만 그것 자체가 이성적인 영역에 속하는 것은 아니라고 말하였다. 그렇다면 기개적인 부분은 어떤 종류의 인식론적 능력을 갖는 것으로 볼 수 있을까?

플라톤에 따르면 기개적인 영혼의 부분이 작동되어 나타나는 앎의 종류는 독사(δόξα), 즉 신념이나 의견의 영역에 속한다. 즉 튀모스의 인식론적 위상은 "독사의 영역"(δοξαστόν)에 속하지 "이성적인 영역"(νοητόν)에 속하는 것이 아니다. 이것은 독사의 존재론적 위상이 존재와 비존재 사이에 있음을 의미한다. 그렇기 때문에 인식론적 측면에서 독사적 판단은 늘 진리(ἀλήθεια)와 무지(ἄγνοια)의 사이에서 동요하는 특성을 보인다. 그래서 독사적 앎은 필연적이며 절대적인 지식이 아니며 항상 다르게 될 수 있다는 오류가능성의 특성을 가진다.[43] 튀모스는 바로 이러한 독사의 존재론적 또는 인식론적 특성에 기반하고 있는 것이다. 그리고 이러한 독사적 판단에 의존하는 튀모스는, 그렇기 때문에, 진리와 정의 자체를 인식할 수 있을 정도의 영혼의 능력을 담보하지 못하는 한계를 가진다고 말할 수 있다.[44] 튀모스는 선과 정의에 관한 참된 의견을 가질 수 있을 뿐이지, 그 자체의 힘으로 직접 참된 지식을 터득할 수는 없기 때문이다.[45] 따라서 튀모스는 선과 정의에 대한 인식이 올바른지를 보장받기 위해선 진리를 볼 수 있고, 지혜를 사랑하는 부분인 이성적인 부분의 도움이 필요하다.[46] 이성이 힘 있게 욕구적인 부분을 통제하고 다스리기 위해 튀모스의 협조를 필요로 하는 것처럼, 튀모스는 참된 판단을 견지하기 위해 이성의 지도가 필요한 것이다.

그러면 플라톤은 튀모스 교육이 어떤 목적을 위해 또 누구에게 필요한 것으로 보는 것일까? 여기서 우리는 플라톤이 『국가』편 3권 끝 부분에서 시가 교육과 체육 교육에 관한 긴 설명을 마치면서 튀모스 교육이 특히 보조자인 "전사계급"(στρατιώτης)에게 적용되어야 한다고

---

43) 독사의 인식론적 위상과 관련해선 Son, Byung Seok, "Plato's Conception of DOXA in Relation to Democracy", *Platonic Political Philosophy*, K. J. Boudouris(ed.), Athens 1997, pp. 182~199 참조.

44) J. A. Donaghy, 1990, pp. 74~75, 114~115 참조.

45) Platon, *Pol*, 430b~430c 참조.

46) T. H. Irwin, *Plato's Moral Theory*, Clarendon Press, Oxford, 1977, pp. 194~195.

말하는 것에 주목할 필요가 있다. 이곳에서 플라톤은 마치 양을 보호해야 하는 개들이 무절제나 굶주림 또는 나쁜 버릇으로 말미암아 양들을 해치려할 경우, 그 개는 더 이상 개가 아닌 이리를 닮게 되는 것처럼, 나라를 수호하는 보조자들이 시민들에게 온순하지 않고 시민들을 해치는 경우 그들은 더 이상 폴리스의 보호자가 아닌 파괴자가 될 수 있다고 우려한다.[47] 이것은 곧 튀모스를 이성과 조화시키는 교육이 장차 폴리스의 참된 통치자를 도와 폴리스를 수호할 수 있는 보조자 내지 협조자, 즉 다시 말해 전사계급을 위한 교육임을 의미한다. 전사계급에 대한 튀모스 교육이 올바르게 이루어져야만 전사계급이 장차 나라의 이성의 통치자들, 즉 철학자 왕의 명령에 복종할 수 있기 때문이다. 결국 튀모스 교육은 전사계급으로 하여금 나라를 지키고, 시민들의 생명과 재산을 수호할 수 있는 정의로운 또는 고상한 분노의 습득을 그 목적으로 한다고 말할 수 있다. 그렇지 않고 튀모스가 당해낼 수 없거나 "달랠 수 없는"(θυμὸν δὲ δυσπαραμύθητον)[48] 과도한 분노일 경우, 그것은 양을 지키는 철학자의 충실한 개가 아닌, 이리와 같은 포식자 내지 약탈자가 되는 것이다. 이런 이유로 플라톤은 『국가』편 2권과 3권에 걸친 시가 교육과 체육 교육의 목적을 장차 나라의 수호자가 용감하고 절제 있고, 경건하고 자유인다울 수 있기 위한 적합한 성향을 갖출 수 있도록 하기 위한 것이라고 말한다.

그러면 플라톤의 튀모스에 관한 교육은 구체적으로 어떻게 기술되고 있는가? 플라톤은 나라의 수호자에 적합한 성향을 갖도록 하기 위

---

47) Platon, *Pol*, 416a 이하 참조.
48) Platon, *Timaios*, 69d.

한 교육은, 다른 말로 "온순함과 대담함"(πρᾷον καὶ μεγαλόθυμον) 의 기질을 혼화(συναρμόνια) 내지 조화시키는 교육이라고 말한다. 플라톤은 이것을 다른 말로 튀모스가 이성에 복종할 수 있도록 "설득" (πειθώ) 되는 교육 또는 기개적인 것을 철학적인 것과 조화시키는 교육이라고 말한다.[49] 이 밖에도 플라톤은 기개적인 부분을 이성과 조화시키는 것을 "긴장"(ἐπιτεινόμενον)과 "이완"(ὀνιέμενον) 또는 수축과 팽창을 "적절한 정도"(προσῆκον)로 조절시키는 것으로 말한다. 이것은 악기의 현을 잘 조율함으로써 아름다운 음악소리를 낼 수 있는 것과 같다.

플라톤이 이러한 교육을 성공적으로 성취하기 위해 제시하는 구체적인 교육법이 바로 무시케(μουσική), 즉 시가 교육과 김나스티케(γυμναστική), 즉 체육 교육이다.[50] 플라톤에 따르면 장차 수호자가 될 젊은이는 시가 교육과 체육 교육을 통해 영혼을 조화롭게 만들 수 있다. 그렇지 않고 이 두 교육 중 어느 한쪽의 교육만 받게 되면 영혼의 올바른 교육이 이루어질 수 없는 것이다. 플라톤에 따르면 "순전히 체육 교육만 받은 사람들은 마땅한 정도 이상으로 사나워지게 되는 반면에, 시가 교육만 해온 사람들은 자신들을 위해 좋은 정도 이상으로 부드럽게 되기 때문이다".[51] 그렇기 때문에 전자의 체육 교육만을 받은 젊은이는 시가 교육을 통해 튀모스적 부분을 보다 부드럽게 만들어주어야 하고, 그 반대로 후자의 시가 교육만을 필요 이상으로 많이 받은

---

49) Platon, *Pol*, 375c 이하, 411e~412a 참조.
50) Platon, *Pol*, 376e 이하 참조.
51) Platon, *Pol*, 410d.

젊은이는 체육 교육을 통해 기개적인 부분을 좀 더 용감하게 만들어줄 필요가 있다. 이렇듯 플라톤은 시가 교육과 체육 교육을 적절하게 이루어지게 함으로써 튀모스를 용기의 덕으로 발현될 수 있는 방법을 제시하고자 한다. 여기서 우리는 플라톤이 어떤 이유로 시가 교육과 체육 교육이 함께 교육되어야 하는지를 좀 더 밝혀줄 필요가 있을 것으로 생각된다. 이러한 작업은 동시에 플라톤이 왜 체육 교육이나 시가 교육 어느 한쪽만의 지나침을 문제 삼는지도 자연스럽게 이해시켜줄 것이다.

먼저 플라톤이 지나친 시가 교육을 경계하는 이유를 살펴보자. 이와 관련하여 플라톤은 지나친 시가 교육은 영혼을 너무 부드럽게 만들어, 이러한 영혼을 가진 자는 대담함이 결여되고 너무 유약해진다고 문제점을 지적한다. 시가 교육만이 너무 과도하게 이루어지는 것을 경계하는 플라톤의 생각은 음악 연주의 경우를 통해 다음과 같이 설명되고 있다.

어떤 이가 자신을 음악에 내맡기고서 아울로스를 연주케 하여…… 달콤하고 부드럽고 비탄조인 선법들로 이루어진 선율을, 마치 깔때기를 통해서처럼, 그의 귀를 통해 영혼에 쏟아 넣게 할 경우, 그래서 전 생애를 통해 계속해서 흥얼흥얼 노래를 하여 노래에 흠뻑 매료된 상태로 보낼 경우, …… 나중엔 어느새 자신의 기개를 녹여서 흐물흐물해지게 만들어서는, 마침내는 이를 야윈 상태로 만들어, 마치 힘줄을 잘나내듯, 영혼에서 도려내어 나약한 창병으로 만들어버릴 걸세. …… 만약에 어떤 사람이 성향에 있어 처음부터 기개가 없는 영혼을 지니고 있다면, 이 과정은 빨리 진행될 걸세. 그러나 설령 기개 있는 영혼을 지니고 있다고 할지라도, 그의 기개를 약화시켜서 신경질적으로 만들어서는 사소한 일로도 대뜸 격해졌다간 수그러진다네. 그러니까 이런 사람들은 기개가 있기보다는 화를 잘 내고 성마르게 되어서는 불만으로 가득 차게 될 걸세.[52]

위 인용문에서 플라톤은 지나친 시가 교육을 음악에서의 아울로스 연주의 경우를 들어 설명한다. 그것은 마치 비탄조의 선법들로 이루어진 선율을 깔때기를 통해 듣는 자의 귀에 들려줄 경우, 그의 영혼속의 튀모스가 너무 유약해질 수 있는 것과 같다. 비탄조의 지나친 음악 교육과 같은 시가 교육은 결국 영혼을 너무 무르게 만들어 기개가 없는 영혼을 만든다는 것이다. 이것은 영혼 내에 처음부터 기개적인 요소가 없는 경우 더 빠르게 나약한 상태의 영혼으로 변한다. 설사 그 영혼이 기개가 있었다 할지라도 지나친 시가 교육이 있게 되면 그 영혼은 점차 사소한 일에도 화를 내고 성마르게 되는 문제점을 보여준다고 말한다. 중요한 것은 플라톤에 따르면 시가 교육만 받은 사람은 고상한 튀모스를 소유할 수 없게 되는 문제를 보여준다는 것이다. 이것은 달리 보면 튀모스가 갖고 있는 다른 측면, 즉 대담성과 같은 성향 자체까지 부정될 필요는 없음을 의미한다. 아킬레우스의 과도한 분노로 인한 부작용 때문에 아킬레우스가 트로이와의 전투에서 보여준 용맹함의 튀모스적 기질까지 부정될 필요는 없다는 것이다. 튀모스의 비합리적이면서도 과도한 분노적 측면만 보고 튀모스 자체를 부정하는 것은 마치

---

52) Platon, *Pol*, 411a~411c.

'물과 함께 아기까지 던져버리는 우'를 범하는 것으로 볼 수 있기 때문이다.

그렇다면 지나친 시가 교육은 수호자의 영혼을 너무 부드럽게 만들어 용기가 아닌 비겁하고 대담하지 못한 행위를 보여준다는 경고라고 말할 수 있다. 나라의 수호자는 모든 고난과 역경을 헤쳐 나가거나 극복해야 하는데, 시가 교육만 받게 되면 이러한 용감함의 튀모스를 갖추지 못하게 되는 것이다. 이런 이유로 플라톤은 튀모스를 용기의 덕으로 정향시킬 수 있는 이야기에 적합한 대상을 모방해야한다고 말한다.[53] 용맹함을 체화시킬 수 있는 모델을 모방하도록 전사자들에게 더 좋으면서 올바른 이야기를 해주어야 하는 것이다. 플라톤은 특히 죽음에 대한 두려움을 갖지 않도록 교육시키는 것이 중요하다고 말한다. 이런 관점에서 그는 자신의 교육론이 기존의 전통적인 의미의 교육 방식과는 다름을 분명히 한다. 그 단적인 예로 호메로스가 그의 작품에서 기술하는 것처럼 죽음을 두려워하는 이야기를 해주어서는 안 된다는 것이다.[54] 대표적으로 영웅시대의 전사인 아킬레우스가 "죽은 자들의 모든 혼령의 왕이 되느니, 차라리 농노로서 남의 머슴살이를 하는 것이 낫다"[55]는 말이 삭제되어야 한다는 것이 그것이다. 용기 있게 되기 위해선 죽어서 하데스로 내려가는 것을 두려워하지 말아야 하는데, 용맹함에서 타의추종을 불허하는 아킬레우스마저 죽음을 두려워하는 것으

---

53) Platon, *Pol*, 377b, 378c~378d.

54) Platon, *Pol*, 386a~386b.

55) Platon, *Pol*, 386c. Homeros, *Ody*, XI, 489.

로 말한다면 누가 전장에서 목숨을 걸고 싸우려고 할 것인가[56]의 문제가 발생하기 때문이다. 그렇기 때문에 플라톤은 파트로클로스가 어둠 속에서 정신없이 소리 없이 헤맨다거나, 신들도 하데스를 싫어한다는 말[57]과 같은 죽음에 관한 부정적인 묘사들은 수호자들을 위한 교과서 내용으로 적합하지 않기 때문에 가르쳐져서는 안 됨을 역설한다. 플라톤이 이처럼 시가 교육에서 영웅들이 죽음을 두려워하거나 친구를 잃어 슬픔과 비탄에 젖거나 하는 언행을 가르쳐서는 안 됨을 주장하는 중요한 이유는 바로 이러한 것들이 튀모스를 유약하게 만들기 때문이다. 플라톤이 생각하기에 이러한 교육 내용들은 영혼의 기개적인 부분을 유약하게 만들어 미래의 나라의 수호자들로 하여금 용기를 발휘하지 못하게 만들기 때문에 문제가 있다. 그러면 영혼의 기개적인 부분을 보다 효율적으로 강화시킬 수 있는 교육 방법은 어떤 것인가?

플라톤이 영혼의 대담함의 성향을 강화시킬 수 있는 방법으로 제시하는 것이 체육 교육이다. 플라톤은 "수호자가 어떤 악조건 속에서도 능히 견디어낼 수 있는 신체의 훈련을 해야 되고, 체육은 그의 본성 안에 있는 기개적인 부분을 양육하기 위한 것"[58]임을 분명히 한다. 나라를 수호하려는 자가 병약해서는 자신의 역할을 충실하게 해낼 수 없기 때문이다. 그러나 플라톤에게서 나라의 수호자가 되기 위한 체육 교육은 운동선수들이 힘을 위해 먹고 운동하기 위한 것과 다르다. 그 대신에 체육으로 육체를 보살피는 것은 영혼의 기개적인 부분을 염두에 두

---

56) Platon, *Pol*, 386a~386b.

57) Platon, *Pol*, 386d.

58) Platon, *Pol*, 410b.

고 그것을 일깨우기 위해 힘쓰는 것이어야 한다.[59] 그런데 플라톤에 따르면 지나친 체육 교육 역시 문제가 있다. 그것은 "수호자가 체육만 행하게 되면 필요한 이상으로 사나워지게 되기 때문이다".[60] 다시 말해 "사나움은 천성의 기개적인 부분에서 유래하며, 이러한 기개적 부분이 옳게만 양육되면 용감해지지만, 그것이 필요 이상으로 조장하게 되면, 경직되고 거칠어지게 된다"[61]는 것이 플라톤의 생각이다. 그렇기 때문에 체육 교육만 받아 몸에만 신경을 쓰는 사람은 무사이(Μοῦσαι) 여신을 가까이 하지 않으며, 그로인해 논의를 싫어하고, 시가를 모르게 된다. 이런 사람은 무교양(ἀμουσία) 상태가 되어 설득을 전혀 이용하지 않고, 마치 짐승처럼 모든 것과 관련해서 폭력과 난폭에 의해 이루려 할 것이고, 무지와 졸렬함 속에서 상스럽고 무례하게 살아간다.[62]

그러면 튀모스가 너무 무르지도 않으면서 그렇다고 너무 거친 분노로 나타나지도 않으면서 숭고함과 정의로 정향될 수 있는 방법은 무엇인가? 앞에서 언급한 것처럼 플라톤의 해법은 시가 교육과 체육 교육이 조화를 이룰 수 있도록 교육하는 것이다. 달리 말해 튀모스적 성향에 내재하는 지나침으로서의 두 요소, 즉 지나치게 거침(τὸ ἄγριον)과 지나치게 부드러움(τὸ ἥμερον)이 서로 조화를 이루도록 하여 지혜롭고 용기 있게 만드는 것이다. 플라톤은 전자의 문제는 체육 교육만을 받았을 경우 발생하는 것으로 진단하고, 이에 대한 처방을 시가 교

---

59) Platon, *Pol*, 410b~410c.

60) Platon, *Pol*, 410d.

61) Platon, *Pol*, 410d~410e.

62) Platon, *Pol*, 411d~411e.

육을 통해 기개적인 영혼을 보다 부드럽게 만들어야 함을 주장한다. 이렇게 함으로써 거친 튀모스가 이성의 협력자(σύμμαχον)가 될 수 있기 때문이다. 반대로 후자의 튀모스의 지나친 부드러움의 문제와 관련해선, 체육 교육을 통해 영혼의 기개적인 부분을 좀 더 대담하고 강건하게 만들 것을 강조한다. 그렇지 않게 되면 영혼이 너무 무르게 되어 신경질적이 되어 성마르게 되며, 이것은 결국 용기가 아닌 비겁함의 행위로 나타날 수 있기 때문이다. 요컨대 시가 교육과 체육 교육은 서로간의 약점을 보완해줌으로써 튀모스적 영혼이 고상한 분노로 발현될 수 있게 해준다고 말할 수 있다. 그 반대로 만약에 이러한 두 교육이 조화되어 이루어지지 않고 어느 한쪽만의 교육이 지나치게 이루어진 경우, 튀모스는 비겁하고 사납게 되는 거친 분노로 나타나게 되는 것이다.[63] 그러면 어떻게 경직되고 거친 성향과 그 반대의 부드럽고 온순함의 성향이 한 인간의 기개적 영혼 속에서 무리 없이 조화될 수 있을까? 흥미롭게도 플라톤은 이것이 불가능하지 않음을 혈통 좋은 개의 예를 들어 다음과 같이 설명한다.[64]

개는 모르는 사람을 보면, 그 사람에게서 이전에 아무런 해를 당하지도 않았는데, 사납게 구네. 반면에 아는 사람을 보면, 비록 그 사람한테서 아무런 좋은 일을 겪어 본 적이 없을지라도 반긴다네. ……그건 개가 친한

---

64) 개와 수호자의 비유의 문제점에 관한 논의는

63) Platon, *Pol.* 410e~411a.

64) 개와 수호자의 비유의 문제점에 관한 논의는 M. D. C. Tait, "Spirit, Gentleness and the Philosophic Nature in the Republic", *Transactions and Proceedings of the American Philological Association*, vol. 80, 1949, pp. 203~211 참조.

사람의 모습과 적의 모습을 식별함에 있어서 다름이 아니라 그 모습을 자기가 알아보는가 또는 모르고 있는가 하는 것에 의해서 한다는 점에 있네. 그리고 그것은 실로 앎과 모름에 의해서 친근한 것과 낯선 것을 구별하는 것인데, 어찌 배움을 좋아하지 않을 수가 있겠나?[65]

플라톤에 따르면 혈통 좋은 개들은 낯익은 사람들이나 아는 사람들에 대해서는 최대한으로 온순하지만, 모르는 사람들에 대해서는 그 반대로 거칠고 공격적이다. 이것은 개가 친한 사람과 적의 모습을 식별할 줄 알기 때문에 가능하다. 이처럼 개가 갖고 있는 튀모스는 온순함과 거침의 양 측면이 무리 없이 조화될 수 있음을 말해준다. 플라톤이 생각하기에 이러한 튀모스의 대담성과 온순함은 젊은이의 교육에도 마찬가지로 적용될 수 있다. 그것은 장차 나라의 수호자가 될 젊은이들로 하여금, 한편으론 시가 교육을 통해 지혜를 좋아하게 만들어 앎과 모름을 구별할 수 있게 하고, 다른 한편으론 체육 교육을 통해 용맹함을 갖게 하면 명실 공히 온순함과 대담함을 함께 가진 수호자가 될 수 있다는 것이다.[66] 즉 나라의 "수호자의 영혼이 절도 있고, 격정적이며, 날래며, 굳세고, 용감하게 되는 것"[67]이다.

물론 플라톤의 개의 비유가 인간의 경우에도 그대로 적용될 수 있을지는 의심스럽다. 개와 인간의 앎이 대칭적인 것으로 보기는 어렵기 때문이다. 다시 말해 모르는 자와 아는 자를 구별할 수 있는 개의 식별

---

65) Platon, *Pol*, 376a~376b.

66) Platon, *Pol*, 375e.

67) Platon, *Pol*, 376e.

능력이 인간의 이성적인 능력과 동일한 것으로 볼 수는 없다는 것이다. 지혜를 추구하는 인간의 철학적 본성은 개가 감각능력을 통해 갖게 되는 기억이나 상상과는 분명 다른 종류의 앎인 것이다. 그러나 우리가 개의 비유에서 얻을 수 있는 중요한 정보는 개의 튀모스가 대상에 대한 앎에 따라 온화할 수도, 그 반대로 사나울 수도 있다는 점이다. 마찬가지로 플라톤은 시가 교육과 체육 교육을 통해 수호자가 되기 위한 전사계급의 튀모스가 온순하거나 용맹해질 수 있다고 보는 것이다. 시가 교육을 통해서는 지혜를 사랑하고 배움을 좋아할 수 있는 성향을 갖출 수 있고, 체육 교육을 통해서는 용기를 발휘할 수 있는 대담성을 획득할 수 있기 때문이다. 그래서 이러한 시가 교육과 체육 교육을 통해 수호자의 기개가 이성의 명령에 설득되도록 정향 지워지면, 비로소 그(녀)는 같은 동포 시민들에게는 친근하면서도 온화하게 대하고, 그 반대로 적들에게는 사납게 대응할 수 있는 용기의 덕을 발휘할 수 있게 되는 것이다.

지금까지 언급한 것을 종합할 때 플라톤은 시가 교육을 통해서는 영혼의 기개적인 부분의 거친 면을 온화한 면과 조화될 수 있도록, 또 체육 교육을 통해서는 기개적인 부분의 지나친 부드러움을 용감함이나 대담함과 조화될 수 있도록 이끌어져야 함을 강조한 것으로 볼 수 있다. 시가 교육을 통해 영혼의 기개적인 부분을 순화시켜 이성의 설득에 응할 수 있도록 하고, 체육 교육을 통해서는 기개적인 부분이 너무 무르지 않게 하여 절도 있고 용감하게 만들어야 한다는 것이다.[68] 그리

---

68) Platon, *Pol*, 411e~412a.

고 플라톤이 이러한 교육(παιδεία)이나 양육(τροφή) 그리고 규범(τύπος)을 통해[69] 달성하고자 하는 주된 목적은 바로 기개적인 부분을 이성의 동맹자가 될 수 있도록 하기 위함이라고 말할 수 있다.[70] 플라톤은 튀모스의 이성과의 친화성을 튀모스의 욕구와의 친근성보다 중요하게 생각하는 것이다. 그러면 플라톤이 그의 교육론에서 기개적인 부분과 이성적인 부분의 조화를 그렇게도 강조하는 이유는 무엇일까? 이 질문에 대한 가능한 답을 찾기 위해서는 아래의 인용문을 검토하는 것이 필요할 것 같다.

그러니까 우리가 전사계급들을 선발하여 시가와 체육에 의한 교육을 했을 때도, 우리는 능력이 닿는 데까지 그런 일을 하고 있었다는 걸 이해하게. 우리가 강구한 바는 다름이 아니라 이런 것이었다고 생각하게나. 즉 어떻게 하면 이들이 우리에게 설복되어, 마치 물감을 받아들이듯, 법률을 받아들이기를 최대한으로 잘하게 될까 하는 것이었다고 말일세. 이는, 이들이 적성을 갖추고 적절한 양육을 받은 덕분에 두려워할 것들이나 또는 다른 것들에 관한 이들의 소신이 짙게 물들여져서는, 세척에 있어서 강력한 이런 세제들도, 즉 이런 세척작용에 있어서는 어떤 소다나 잿물보다 더 강력한 쾌락도, 그리고 또 그 어떤 세제보다 강력한 고통과 공포 및 욕망도 이들의 염색을 탈색시키지 못하도록 하기 위해서라고 말일세. 두려워할 것들과 두려워하지 않을 것들에 관한 바르고 준법적인 판단의 지속적인 보전과 그런 능력을 나로서는 용기라 부르며 또한 그렇게 간주하네.

---

69) Platon, *Pol*, 412b.

70) Platon, *Pol*, 440e, 441e, 416a~416b 참조.

만일에 달리 할 말이 자네에게 없다면 말일세. …… 저는 그게 용기인 것으로 받아들입니다. 시민적 용기로서 받아들이게나.[71]

위 인용문에 나타난 것처럼 플라톤이 시가와 체육 교육의 조화를 강조한 중요한 이유는 나라의 전사계급으로 하여금 "시민적 용기"(πολιτικὴ ἀνδρεία)[72]를 갖추도록 하기 위한 것이다. 이러한 시민적 용기를 갖출 때만 비로소 향후 나라의 통치자의 이성의 명령에 설득되어 이상국가를 실현할 수 있는 용기를 발휘할 수 있기 때문이다. 플라톤은 시가와 체육 교육을 올바르게 교육받은 전사계급은 고상한 튀모스를 소유하고 있기 때문에 어떤 상황에서도 그 어떤 강력한 고통이나 공포 또는 욕망에 의해서도 휘둘리지 않고 굳건하게 올바른 판단과 능력을 통해 용기를 탁월하게 발휘할 수 있다고 주장한다. 이것은 마치 천의 염색이 제대로 된 과정을 받아 자주색으로 물들어졌을 경우, 어떠한 강력한 세제에 의해서도 염색이 탈색되지 않는 것과 같다. 우리가 앞에서 살펴본 것처럼 이러한 시민적 용기는 기개적인 부분이 시가 교육과 체육 교육을 통해 적절하게 조화되지 않으면 가능하지 않음을 알수 있다. 플라톤에 따르면 "바르기는 하나 교육을 통하지 않고 생기게 된 의견이나 판단은 야수나 노예가 가지는 것으로서"[73] 전혀 준법적인 것으로 간주할 수 없다. 따라서 올바른 교육을 통해 갖게 되지 않은 튀모스는 무모하면서도 맹목적인 거친 튀모스에 불과하다. 그러한 이성

---

71) Platon, *Pol*, 429e~430b.

72) Platon, *Pol*, 430c.

73) Platon, *Pol*, 430b.

과 조화되지 않은 열등한 튀모스는 모든 것에 대해 두려움 없이 달려 갈 수 있게 하지만 그것이 곧 용기 있는 행위는 아닌 것이다. 그것은 튀모스적 분노로만 가득 찬 바보 역시 맹목적으로 돌진할 수 있게 만듦으로써 최고의 용맹한 전사가 될 수 있기 때문이다. 그러나 다윗이 자신보다 몇 배나 큰 거인 골리앗을 상대로 싸워 이길 수 있었던 것은 그의 튀모스를 이성과 조화시켜 싸웠기 때문이지, 그의 거친 분노에 의한 것은 분명 아니다.

이렇듯 플라톤은 튀모스 교육을 통해 보조자 계급에 해당되는 전사 계급들로 하여금 참된 시민적 용기를 갖추기를 요구한다. 튀모스가 교육되어 고상한 분노로 표출될 수 있을 때 곧 그것이 참된 덕으로서의 '시민적 용기'로 인정될 수 있는 것이다. 그러나 이러한 기개와 이성을 조화시키는 교육이나 양육을 통해 용기의 덕을 갖추지 못한 전사계급은 폴리스의 참된 보조자가 될 수 없다. 튀모스가 이성과 조화되도록 교육받지 못한 그래서 거친 폭력성으로 무장한 전사들은 깡패에 불과하지 플라톤이 말하는 소위 고상한 '철학자의 개'가 될 수 없다. 훈련받은 개만이 주인과 낯선 자를 구분하여 유하거나 거칠게 짖을 수 있는 것처럼,[74] 튀모스를 이성과 조화시킬 수 있는 교육을 받은 자만이 나라를 지키는 충실한 보조자들의 역할을 완벽하게 수행할 수 있는 것이다.

이제 우리는 플라톤이 왜 그렇게도 튀모스를 고상한 튀모스로 함양하는 교육을 강조했는지에 관한 보다 분명한 이유를 타락한 정체 중 하나인 "명예정"(τιμοκρατία)에 대한 견해를 통해 확인하게 될 것이

---

74) Platon, *Pol*, 375e.

다. 명예정의 특성은 바로 튀모스의 이중적 측면, 즉 고상한 분노와 거친 분노, 이 두 성향이 공존하는 특성을 보여주기 때문이다. 그리고 튀모스적 인간이 주도하는 명예정에 관한 플라톤의 기술은 튀모스적 분노가 이상국가 건설과 관련하여 함의하는 정치·현실적 의미를 새롭게 조명할 수 있는 기회를 제공할 수 있을 것이다.

4. 튀모스적 인간과 명예정

플라톤에게 있어 튀모스에 관한 교육이 그의 이상국가 건설과 관련하여 중요한 이유는 무엇일까? 튀모스가 이성과 협조하지 않고 욕구와 함께 한다면 어떤 결과가 발생할까? 나는 이러한 물음들에 대한 가능한 답을 『국가』편 8권과 9권에서 기술되고 있는 다양한 현실 정체들(πολιτεῖαι)과 각각의 정체에 따른 인간 유형들에 대한 플라톤의 견해 속에서 찾을 수 있다고 생각한다. 특히 튀모스적 인간 유형과 그에 상응하는 정체인 명예정(τιμοκρατία, ἡ φιλότιμος πολιτεία)에 대한 플라톤의 분석은 앞에서 우리가 살펴본 전사계급의 튀모스 교육이 왜 이상국가 건설에서 중요한 이유로 작용하게 되는지를 알 수 있게 해줄 것이다.

플라톤에 따르면 정체는 다섯 종류로 나뉜다. 최선의 정체로서의 왕정(βασιλεία)과 귀족정(ἀριστοκρατία), 그리고 순서대로 명예정(τιμοκρατία), 과두정(ὀλιγαρχία), 민주정(δημοκρατία) 그리고 참주정(τυραννίς)이 여기에 해당된다. 앞의 이상국가의 건설이 영혼의 분류에 의해 정초된 것처럼, 이들 정체 역시 그에 상응하는 각각의 인간 유형이 존재한다.[75] 플라톤이 이러한 타락한 네 종류의 정체와 이에 상응하는 각각의 인간 유형을 논의하는 근본적인 목적은 『국가』 편 1권에서 트라시마코스(Thrasymachos)에 의해 제기된 도전적인 주장 때문이다. 그것은 "정의는 강자의 이익 이외의 다른 것이 아니다"(τὸ δίκαιον οὐκ ἄλλο τι ἢ τὸ τοῦ κρείττονος συμφέρον)[76]라는 테제와 그에 근거한 회의적인 물음, 즉 "정의로운 자가 부정의한 자보다 더 잘 살며 또한 더 행복한가"(ἄμεινον ζῶσιν οἱ δίκαιοι τῶν ἀδίκων καὶ εὐδαιμονέστεροί εἰσιν)[77]에 대한 최종적인 답을 찾고자 한 데서 비롯한다. 중요한 것은 『국가』 편 4권에서 이상국가의 정의를 탐구하기 위한 방식이 개인의 영혼에 관한 분석을 통해 논증되듯이 이들 네 종류의 정체들에 대한 분류 역시 각각의 정체에 상응하는 인간 유형의

---

75) Platon, *Pol,* 544c 이하 참조.

76) Platon, *Pol,* 338c1~338c2. 트라시마코스의 정의(δικαιοσύνη)에 대한 정의(definition)는 크게 세 가지로 나뉜다. 첫째는 '정의는 더 강한 자의 이익이다'(338c)라는 것과 둘째는 정의란 '지배자의 법에 복종하는 것이다'(339b) 그리고 정의란 '타인의 좋음이다'(343c)가 그것이다. 이중 어느 것이 트라시마코스 자신의 실제 주장을 담은 정의(定義)인지에 관해서는 학자들의 의견이 다르다. 세 정의 사이의 포섭관계나 논리적 모순관계를 통해 본다면 세 번째 정의, 즉 '정의는 타인의 좋음이다'가 보다 트라시마코스의 입장을 대변하는 것으로 볼 수 있다. 다른 두 정의와 달리 '타인의 좋음'이라는 정의는 피지배자와 지배자 모두의 정의와 부정의를 담고 있는 것으로 볼 수 있기 때문이다(이에 관한 상세한 논의는 P. Nicholson, "Unravelling Thrasymachus' Argument in "the Republic", *Phronesis,* vol. 19, 1974, pp. 210~232. 이정호, 「플라톤『국가』편에 나타난 트라시마코스 주장의 일관성 탐색」, 『희랍 철학 연구』, 종로서적, 1987, pp. 107~126 참조). 그러나 '정의가 더 강한 자의 이익 이외의 다른 것이 아니다'라는 트라시마코스의 첫 번째 정의는 소크라테스의 당위적인 차원의 정의론 주장과는 대비되는 그의 현실주의적 정의론을 잘 웅변해주는 주장으로 볼 수 있다.

77) Platon, *Pol,* 352d.

영혼 분석과 병행되어 논증되고 있다는 점이다. 즉 영혼 속의 세 부분인 이성, 기개, 그리고 욕구 중 어떤 것이 주도적인 힘을 발휘하는가에 따라 인간 유형과 정체 유형이 결정된다는 것이다. 달리 말하면 이성적인 부분이 지배하는 정체는 왕정이나 귀족정과 같은 최선자 정체가 되고, 기개적인 부분이 우세하게 되면 튀모스적 인간인 전사계급이 통치하는 명예정이 되는 것이다. 그러나 이성이나 기개가 아닌 욕구적인 부분이 영혼의 주인이 되면 차례대로 과두정, 민주정 그리고 참주정이 등장하게 된다. 이것은 플라톤에게 영혼의 어떤 부분이 주된 힘을 갖고 지배하고, 또 어떤 부분이 그것에 의해 지배당하는지에 관한 논의는 단순히 이론적인 차원의 문제가 아니라 개인과 한 정체의 "삶의 방식"(τρόπος τοῦ βίου)을 규정짓는 정치·현실적인 의미를 갖는 것으로 볼 수 있게 한다.

그러면 플라톤이 튀모스적 부분이 주도적인 힘을 발휘하는 정체인 명예정을 타락한 정체 중 하나로 간주하는 이유는 무엇인가? 튀모스적 부분이 다양한 정체들 내의 영혼의 종류와 맺는 관계는 어떤 것인가? 이 물음들에 대한 가능한 답을 얻기 위해 우리는 플라톤이 영혼의 세 부분 역시 각각의 쾌락이 있음을 인정하는 아래의 인용 부분을 통해 접근해볼 수 있다.

영혼에 세 부분이 있으므로, 쾌락들에도 세 가지가, 즉 그 각각에 특유한 쾌락이 하나씩 있는 것으로 내겐 보인다네. 욕구들과 그 다스림 들도 마찬가지인 것으로 보이네. …… 하나는 사람이 그것으로써 배우게 되는 부분이요, 다른 하나는 그것으로써 사람이 격하게 되는 부분이며, 세 번째

것은 다양해서 우리가 그것 고유의 한 가지 이름으로 부를 수가 없었으나, 그것에 있어서 가장 크고 가장 강한 것, 이것에 의해서 우리가 이름을 붙이게 되었네. 왜냐하면 이를 우리가 욕구적인 부분이라 일컫게 되었기 때문인데, 그건 먹는 것이나 마시는 것, 성, 그리고 이것들에 뒤따르는 그 밖의 모든 것과 관련되는 욕구들의 강렬함으로 인해서일세. 그리고 이를 우리가 돈을 좋아하는 부분이라고도 하는데, 그건 이런 욕구들이 무엇보다도 재물을 통해서 충족되기 때문일세.[78]

위 인용문에서 플라톤은 영혼의 세 부분이 있고, 그에 고유한 세 종류의 쾌락(ἡδονή)이 있음을 언급한다. 첫 번째 종류인 영혼의 이성적인 부분은 "배우기를 좋아하고"(φιλομαθές) "지혜를 사랑하는"(φιλόσοφον) 활동에서 느끼는 쾌락이며, 두 번째 기개적인 부분은 "승리와 명예를 좋아하는"(φιλόνικον καὶ φιλότιμον) 쾌락이며, 세 번째 영혼의 욕구적인 부분은 먹고 마시거나 성적인 욕구에 의해 갖게 되는 쾌락이다. 플라톤은 마지막 종류의 욕구에 의한 쾌락들을 모두 "돈을 좋아하는 욕구"(φιλοχρήματον)라고 말하는데, 이것들은 모두 재물을 통해 충족될 수 있기 때문인 것으로 말한다. 문제는 플라톤이 이 세 가지 쾌락 중 가장 크고 강한 것을 욕구적 쾌락으로 본다는 점이다.[79] 플라톤은 욕구적인 부분이 이성이나 기개적인 부분보다 인간이 추구하는 쾌락과 관련하여 더 강한 동기로 작용할 수 있음을 인정하는 것이다.[80]

---

78) Platon, *Pol*, 580d~581a.

79) Platon, *Pol*, 580d~581d.

80) 그런데 쾌락의 종류와 관련해서 플라톤이 보기에 중요한 것은 이러한 '욕구적인 쾌락

그렇다면 현실적으로 이성적인 부분이 주된 힘을 발휘하여 이루어
지는 최선자 정체보다는 욕구적 부분이 강한 정체가 대부분의 경우에
위력을 발휘하는 정체로 등장하게 되는 것으로 보아야 할 것이다. 과두
정과 민주정 그리고 참주정이 여기에 해당된다. 과두정은 무엇보다 재
물에 대한 욕구가 강한 정체이고, 민주정은 무차별적인 다양한 쾌락을
추구할 수 있는 자유가 허용된 정체이며, 참주정은 참주 일인의 욕구적
인 쾌락이 극대화된 정체로 볼 수 있기 때문이다. 그러면 과두정이나
민주정 또는 참주정과 같은 "병든"(νόσημα) 형태의 '욕구의 나라'로
전락하지 않고, 최선자에 의한 이성적인 나라로의 상승은 어떻게 가능
한 것일까? 이 물음은 중요한데, 왜냐하면 플라톤은 단적으로 감각적
인 육체적 쾌락을 향한 욕구적인 영혼의 부분이 이성적인 부분이나 기
개적인 부분보다 더 강해지면, 개인과 나라 전체의 행복한 삶이 실현되
기 어려운 것으로 보기 때문이다.[81]

일단 최선자들이 통치하는 왕정이나 귀족정처럼 이성적인 부분이
주도권을 잡고 욕구적 부분을 통제하거나 복종시키면 문제는 간단하

___

이 인간을 보다 더 행복하게 만들어줄 수 있는가' 하는 것이다. 플라톤에 따르면 욕구적인 부
분이 우리에게 주는 쾌락은 실상 이성적인 부분이 주는 쾌락보다 크지 않다. 욕구적인 쾌락
은 육체적인 감각적 쾌락의 추구이고, 이것은 동적인 쾌락으로서 마치 밑 빠진 채로 항아리
에 물을 담고자 하는 것처럼 그 속성상 채워질 수 없는 쾌락이기 때문이다. 플라톤은 이러한
욕구적 쾌락보다 상위에 존재하는 쾌락이 있고, 이것을 이성적인 쾌락이라고 말한다. 이성적
인 쾌락은 욕구적 쾌락과 달리 지속적이며 안정적인 정적 쾌락이다. 욕구적인 쾌락을 추
구하는 사람은 실상 그 위에 다른 고차원의 이성적인 쾌락이 존재함을 인식하지 못하기 때
문에 경험적인 영역에서만 주어지는 쾌락을 최고의 쾌락으로 생각하는 것이다(Platon, *Pol*,
583c~585a 참조).

81) Platon, *Pol*, 442a~442b.

게 해결될 것이다. 그러나 앞에서 언급한 것처럼 영혼의 세 부분 중에서 가장 강한 부분이 욕구적인 부분이라면 이성적인 부분이 욕구적인 부분을 통제할 수 있는 주도권을 행사하기가 그리 녹록치 않아 보인다는 데 문제가 있다. 이것은 윌리엄스(Williams)가 주장하는 것처럼 욕구적인 부분은 비이성적인 영혼의 부분인데 어떻게 이성의 명령과 지배를 이해하고 복종할 수 있는가의 문제가 발생하기 때문이다.[82] 복종이 이루어지기 위해선 욕구적 인간 역시 최소한의 이성적인 부분을 갖고 있어야 하는데,[83] 플라톤은 이에 관한 분명한 논증을 제시하지 않는 것으로 생각되기 때문이다. 또한 플라톤이 기개적인 부분이 욕구보다 이성과의 친화성을 더 가진 것으로 말을 하지만, 실상 기개적인 부분 역시 기본적으로 비이성적 영역에 속하는 것임을 고려하면 이성보다 욕구와의 친화성이 더 큰 것으로 생각하지 않을 수 없다. 그렇다면 대부분의 현실정체가 이성보다는 욕구에 의해 그 통제권이 장악된 상황을 고려할 때 플라톤의 이성의 나라는 그 실현이 요원한 것으로 생각된다.

이러한 문제와 관련하여 나는 『파이드로스』(Phaidros) 편에서 언급되고 있는 유명한 마부와 두 마리의 말(ἵππος)의 비유[84]가 시사하는 바가 크다고 생각한다. 이곳에서 플라톤은 이성을 상징하는 마부가 기개를 상징하는 흰 말과 욕구를 상징하는 검은 말을 모는 과정을 묘사하고

---

82) B. Williams, "The Analogy of City and Soul in Plato's Republic", *Plato*, G. Fine(ed.), Oxford Univ. Press, 2000, pp. 737~746 참조.
83) 대표적으로 어윈이 이러한 이성의 주도권을 주장한다(T. Irwin, *Plato's Ethics*, Oxford Univ. Press, 1995, pp. 285 이하 참조).
84) Platon, *Phaidros*, 253d~254e 참조.

있다. 플라톤은 여기서 기개를 대변하는 흰 말을 분별과 수치심을 느끼고 명예를 사랑하는 "선한"(ἀγαθός) 말로 묘사하면서, 그렇기 때문에 마부에 의해 매를 맞지 않고 명령과 이성에 복종하여 인도된다고 말한다. 그러나 욕구의 검은 말은 무분별과 거짓을 동무로 삼으며, 귀 언저리에 털이 많아 말귀를 못 알아듣고, 그래서 마부의 채찍과 가시 막대기에 의해서도 통제가 되지 않는 "나쁜"(κακός) 말로 기술한다. 두 말의 본성은 특히 "성적인"(Ἀφροδίσιος) 대상인 아이를 보았을 때 그 반응양태가 확연히 다르다는 점에서도 분명해진다. 전자의 흰 말은 마부의 말을 듣고 "수치심"(αἰδώς)으로 에로스의 대상에게로 내닫지 않으려고 자신을 억제하지만, 검은 말은 마부의 제지를 거역하고 미친 듯이 날뛰면서 아이에게 나아가려고 함으로써 마부와 흰 말에게 모두 고통을 준다는 점에서 그렇다. 이러한 상황에서 마부는 어떻게 두 마리 말을 통제할 수 있을까? 무엇보다 마부로 표현되는 이성적인 부분이 두 마리 말로 표현되는 기개적인 부분과 욕구적인 부분보다 더 강한 힘을 갖게 되면, 두 말들을 제대로 통제하여 "절제"(σωφροσύνη)의 길로 이끌 수 있을 것이다. 그러나 광기에 휩싸인 욕구나 거칠고 사나운 튀모스가 이성보다 강한 경우에도 마부가 두 마리 말을 제대로 제어하여 목적지에 도달한다고 보기는 어렵다. 특히 광기와 무절제로 가득찬 검은 말이 마부의 채찍에도 끝내 주눅 들지 않고 길길이 미친 듯이 날 뛸 경우, 마차의 목적지로의 안전한 여행은 장담하기 힘들 것이다.

그렇다면 여기서 이성적인 부분이 자신의 주도권을 상실하여 더 이상 욕구를 제압할 수 없는 상황에서 문제를 극복할 수 있는 가능성은 없는 것일까? 플라톤은 이 경우에 마부가 검은 말을 강력하게 처벌할 것을 제안한다. 그것은 무분별한 검은 말의 이빨에서 재갈을 뒤로 힘껏 잡아당겨 말의 혀와 턱을 피로 물들이고, 다리와 엉덩이를 땅바닥에 내쳐 고통을 주는 것이다. 이와 같은 여러 번의 고통을 주게 되면, 사악한 욕구의 말은 주눅이 들어 마부의 말을 들을 것이라는 것이다. 그러면 기개의 흰 말에 대한 처리 방식은 어떻게 제시되고 있는가? 플라톤은 마부가 기개의 말 역시 거칠게 뒤로 잡아당겨야 한다고 말한다. 그러나 이때 뒤로 잡아당겨져 엉덩방아를 찧은 기개의 흰 말은 화를 내는 것이 아니라 더 이상 대항하지 않고 자신의 행위에 대해 부끄러움을 느낀다고 말한다. 그리고 이때 수치심을 느낀다는 것은, 우리가 앞의 레온티오스의 경우를 통해 알 수 있었던 것처럼, 이성의 판단과 명령에 설득되는 반응을 보이는 것이다. 나는 여기서 이때 흰 말이 마부의 명령을 이해하고 그에 복종하듯이, 이성에 설득되는 튀모스는 앞에서 구분한 튀모스의 두 종류 중에서 고상한 기개에 해당된다고 생각한다. 그리고 이러한 고상한 튀모스가 플라톤의 이상국가에서 어떤 힘을 갖고 발휘되는가에 따라 정체의 유형이 달라진다고 생각한다. 이제 이 말이 어떤 의미를 갖는지는 『국가』편 8권에서의 튀모스적 인간과 그 정체인 명예정에 대한 플라톤의 설명을 분석하면서 보다 분명해질 것이다.

먼저 명예정을 근거 짓는 인간 유형이 어떤 것인지와 관련하여 플라톤이 명예정에 상응하는 인간을 잘 다스려지지 않는 나라의 훌륭한 왕을 아버지로 둔 아들의 경우를 들어 설명하는 것에 주목할 필요가 있다. 플라톤에 따르면 이때의 아들은 이성적인 부분과 욕구적인 부분에 모두 참여하는 기개적인 부분을 갖는다. 그런데 이 아들은 크면서 한편으론 아버지로부터, 다른 한편으론 어머니와 집안의 노예 그리고 집밖의 다른 사람들로부터 영향을 받게 된다. 다시 말해 아들의 영혼은 전자의 훌륭한 아버지를 보면서 이성적인 부분에 협조적이고자 하지만, 나머지 사람들과의 접촉을 통해 욕구적인 부분에 약한 모습을 보인다.[85] 특히 아들은 화가 난 어머니의 불평을 듣게 되는데, 남편이 남자답지 못한 통치자라서 그로 인해 자신이 다른 여인들에게 얕보인다는 것이다. 또한 남편이 재물에 대해 관심이 없으며, 사적으로나 공적으로 남을 비난하지도 않으면서 태연하게 대한다는 것이다. 집안의 가노(家奴)들 역시 어머니의 말을 뒷받침하는데, 그것은 다른 누군가가 아버지에게 재물을 빚지거나 또는 부정의한 짓을 가했으나 아버지가 고소 같은 별다른 대응을 하지 않았다는 것이다. 그래서 가노들은 아들이 나중에 어른이 되었을 때 그러한 모든 사람들에게 보복을 해서 아버지보다 한결 더 남자답게 되기를 권유한다. 이렇게 해서 아들은 양쪽에 다 끌리게 되는데, 아버지로부터는 "영혼의 이성적인 부분을 조장하며 키우나, 다른 사람들로부터는 욕구적인 부분과 격정적인 부분을 조장하며 키우게 된다.[86]

상술한 아들의 비유를 통한 명예정의 인간 유형에 관한 플라톤의 설명은 두 가지 중요한 정보를 제공해준다. 하나는 명예정의 인간 유형이 기본적으로 이성적인 부분과 욕구적인 부분 모두에 관계하고 있다는 것이다. 그렇기 때문에 플라톤에 따르면 이러한 명예정의 인간 유형은 최선자 정체의 인간 유형과 과두정의 인간 유형의 "중간"(τὸ μέσον)에

---

85) Platon, *Pol*, 549c~550b.

86) Platon, *Pol*, 550b.

있으며,[87] 기개적인 부분이 "주도권"(κρατῶν)을 가진 사람이다.[88] 플라톤은 이처럼 기개적인 부분이 강한 튀모스적 인간을 "이기기를 좋아하며"(φιλόνικος) "도도하고 명예를 사랑하는 사람"(ὑψηλόφρων τε καὶ φιλότιμος ἀνήρ)[89]이라고 말한다. 그렇기 때문에 명예정의 인간은 젊어서는 재물을 경멸한다. 대신에 그는 경쟁에서 이기기를 추구하며, 특히 전쟁과 관련된 공적(功績)에선 자신의 통치권을 주장한다. 이러한 특성을 가진 인간의 영혼은 다분히 튀모스가 이성적인 부분에 협조적이라는 면에서 이상국가 건설에서 순기능을 행하는 것으로 말할 수 있다. 다른 하나는 튀모스적 인간이 욕구적 부분과도 무관하지 않다는 특성을 보인다는 점이다. 그렇기 때문에 명예정의 유형에 속하는 인간은 나이가 들어갈수록[90] 재물을 좋아하는 성향을 갖는다. 마치 아버지한 테서 도망치는 아이처럼,[91] 몰래 법망을 피해서 돈을 이용한 육체적 쾌락을 추구한다. 명예를 중시하기 때문에 한편으론 재물을 대단치 않은 것으로 보면서도 그것을 몰래 창고에 쌓아놓는 이중성을 보여주는 것이다.

결국 이러한 두 가지 점을 고려할 때, 우리는 튀모스적 인간이 이성적인 부분과 한편이 될 수도 있지만, 그 반대로 욕구적인 부분으로 갈 수도 있는 이중적 성격을 갖고 있다고 말할 수 있다. 그리고 바로 이것이 플라톤이 튀모스적 인간에 상응하는 정체인 명예정을 최선자 정체

---

87) Platon, *Pol*, 547c.
88) Platon, *Pol*, 548c.
89) 위 부분은 Platon, *Pol*, 550b.
90) Platon, *Pol*, 549b.
91) Platon, *Pol*, 548b.

와 과두정의 중간에 있는, 그래서 양 정체를 모두 흉내 내는 것으로 묘사하는 이유가 될 것이다.[92] 다시 말해 명예정의 인간은 한편으론 통치자들을 존중하고 농사와 수공예 및 그 밖의 돈벌이를 멀리하면서, 다른 한편으론 함께 식사를 하면서 체육과 전쟁훈련에 마음을 쓰기 때문에 최선자 정체에 가까운 특성을 보인다. 그러나 명예정은 과두정을 모방하는 것도 사실인데,[93] 그것은 재물에 대해 욕심을 내고, 그래서 은밀히 금과 은을 끔찍이 우러러 모시며 이것들을 보관할 자신의 금고와 창고를 갖고 있기 때문이다. 이렇듯 욕구에 가까워진 명예정의 인간, 달리 말해 튀모스적 인간은 그렇기 때문에 담을 둘러싸고, 자기만의 보금자리를 갖고, 그 안에서 여인들과 자신이 원하는 다른 사람들한테 많은 지출을 하면서 삶을 보낸다.[94]

상술한 것을 고려할 때 명예정의 인간이 주된 영혼의 힘으로 갖고 있는 튀모스는 이성적인 부분이 지배하는 최선자 정체를 향한 상승의 동력이 될 수도 있지만, 그 반대로 욕구적 부분에 굴복하게 되면 그것은 과두정을 거쳐 최악의 참주정으로 전락하는 수단이 될 수도 있다. 그리고 우리는 튀모스의 이러한 두 방향 중, 전자는 고상한 튀모스가, 후자는 거친 튀모스가 작동하는 것으로 이해할 수 있다. 플라톤은 명예정에 대한 설명에서 튀모스의 이러한 이중성을 염두에 두면서, 두 경우의 가능성이 명예정에 양존함을 인정하고 있는 것이다. 플라톤은 바로 이러한 튀모스의 이중적 특성 때문에 최선자 정체로의 상승적 변화를

---

92) Platon, *Pol*, 547d.

93) Platon, *Pol*, 548a.

94) Platon, *Pol*, 548a~548b.

위한 동력이 될 수 있기 위한 튀모스 교육을 강조한 것으로 이해할 수 있다. 나는 아래에서 플라톤의 이상국가 건설에서 전사계급의 튀모스, 특히 고상한 분노가 왜 중요하게 강조되어야 하는지를 몇 가지 근거를 통해 밝힐 것이다.

5. 이상국가는 왜 전사계급의 분노를 필요로 하는가?

앞에서 언급한 것처럼 튀모스적 인간(ὁ τιμοκρατικός)은 일단 이성적인 부분과 욕구적인 부분을 혼합한 중간에 위치한 인간 유형이라 말할 수 있다. 그리고 이러한 튀모스적 인간은 정체 유형 중 명예정의 인간 유형에 상응한다. 그런데 플라톤은 명예정의 인간 유형이 이성적인 부분과 욕구적인 부분이 혼합된 영혼을 갖고 있지만 한 가지 것, 즉 "기개적인 것이 우세한 탓에" "승리에 대한 사랑과 명예에 대한 사랑만이 가장 뚜렷한 것"으로 말한다.[95] 달리 말해 명예정의 인간은 튀모스가 강한 영혼을 가지며, 그렇기 때문에 경쟁에서 이기기를 좋아하며(φιλόνικον), 명성을 떨치는 것을 좋아하는(φιλότιμον) 특성을 보여준다.[96] 그러면 승리나 명예 또는 지배하기를 추구하는 튀모스적 인간, 즉 "전사계급"(στρατιώτης)[97]이 플라톤의 이상국가에서 이러한 자신의 목적을 추구하려고 할 경우 어떤 문제가 발생하게 되는 것일까? 이 물음은

---

95) Platon, *Pol*, 548c.

96) Platon, *Pol*, 581a~581b.

97) Platon, *Pol*, 429a 이하 참조.

중요한데, 왜냐하면 플라톤은 전사계급이 명예에 대한 지나친 추구로 인해 발생하는 문제점을 우려하고 있는 것으로 생각되기 때문이다. 그 것은 전사계급이 명예를 중시함으로써 재물이 주는 쾌락을 하찮은 것 으로 여기는 긍정적인 성향을 갖고 있으면서도, 다른 한편으론 설사 배 움으로 인한 어떤 즐거움일지라도, 그것이 명예를 가져다주는 것이 아 닌 한, 그것은 한 가닥 연기요 어리석은 것이라 간주한다는 점에서 그 렇다.[98] 플라톤은 이와 관련하여 다음과 같이 말한다.

기개적인 부분과 관련해서도 이와 같은 유의 또 다른 것들이 생길게 필연 적이지 않은가? 이성적인 부분과 지성(νοῦς)이 결여된 상태에서, 명예욕 으로 인한 시기심에 의해서나 경쟁심으로 인한 폭력에 의해서 또는 불만 으로 인한 분노에 의해서 명예와 승리 그리고 분노의 충족을 추구함으로 써, 바로 그 부분이 그 목표를 달성토록 하는 사람의 경우에는 말일세.[99]

위 인용문에서 알 수 있듯이 명예에 대한 강한 집착을 가진 튀모스적 인간, 즉 전사계급은 특히 이성이 결여된 경우 명예나 승리에 대한 강한 욕구로 인해 타인에 대한 시기나 심지어 폭력을 사용한다. 만약에 명예 와 승리가 충족되지 않을 경우 전사계급은 강한 "분노"(θυμός)를 표출 하는 사자와 같은 인간이 될 수 있다는 것이다. 그렇기 때문에 『국가』 편 4권에서 플라톤이 역설하는 것처럼 이성적인 부분이 탁월한 "최선 의 수호자"(ὁ ἄριστος φύλακος)인 소위 철학자 왕이 통치하고, 기개

---

98) Platon, *Pol*, 581d.
99) Platon, *Pol*, 586c~586d.

적인 부분이 강한 전사계급은 소위 철학자 왕의 충실한 개로서 이성의 명령에 복종하여 정의로운 나라의 협조자가 되는 것이 적합하지만,[100] 실제로 그러한 이상국가의 청사진이 실현되기는 결코 녹록치 않아 보인다. 이것은 앞에서 말한 것처럼 전사 계급의 인식능력이 이성이 아닌 독사(δόξα), 즉 의견이라는 점에서도 그렇다. 그래서 전사계급이 '숭고함'이나 '정의'에 대한 참된 의견을 갖고 있다 할지라도 그것은 지식에 의한 판단이 아니기 때문에 잘못된 숭고함이나 정의가 될 위험을 배제할 수 없다.[101] 전사계급은 "의견을 가진 자"(φιλόδοξος)이지 "철학자"(φιλόσοφος)는 아닌 것이다.[102] 승리와 명예를 추구하는 전사계급이[103] 쉽게 철학자 왕의 통치를 인식하고 흔쾌히 그에 복종하기가 녹록치 않은 이유가 여기에 있다.

이런 관점에서 볼 때 우리가 제기할 수 있는 물음은 '과연 지나치게 명예를 추구하는 전사계급이 이상국가 건설 과정에서 초지일관 통치자의 충실한 보조자 내지 협력자가 될 수 있는가' 하는 것이다. 달리 말해 명예를 추구하는 삶은 이성이 아닌 기개적인 부분의 활동을 통해 이루어지는데, '전사계급이 과연 철학자 왕을 어느 정도로 존경하고 그의 명령과 지시를 충실히 따르는 철학자의 개가 될 수 있는가' 하는 것

---

100) Platon, *Pol*, 441e~442a.

101) Platon, *Pol*, 334c~335b 참조. 폴레마르코스가 말하는 것처럼 '정의는 친구를 돕고, 적을 해하는 것'이라고 할 때(332d), 참된 친구가 아닌데 참된 친구로 봐서 돕고, 적이 아닌데 적으로 봐서 해하는 경우가 있지 않겠는가하는 것이다. 희랍인의 전통적 도덕관에 관한 상세한 논의는 M. W. Blundell, *Helping Friends and Harming Enemies: A Study in Sophokles and Greek Ethics*, Cambridge, 1989.

102) Platon, *Pol*, 480a, 376b.

103) Platon, *Pol*, 581b.

이다.[104] 플라톤의 이러한 우려는 우리가 『국가』편 6권에서의 유명한 배의 비유를 통해 엿볼 수 있다.[105] 이곳에서 플라톤은 '누가 배의 키를 맡아 조종할 것인가'의 문제를 제기한다. 그런데 플라톤에 따르면 배의 조정은 키에 관한 전문적 지식을 가진 자가 맡아야 되지만, 배안에서 힘을 발휘하는 것은 다수의 선원들이다. 귀가 멀고 눈이 근시인 배의 소유주는 이들 선원들의 말에 장악되었기 때문이다. 배의 비유에서 언급되는 키에 관한 전문적 지식을 가진 자는 철학자 왕처럼 이성을 가진 자를, 그리고 배의 소유주는 민주정의 주체인 데모스(δῆμος)를, 그리고 배안에서 반역을 도모하는 선원들은 대중선동가들로 생각할 수 있다. 그리고 이때의 선원들은 달리 이해하면 실상 배의 키를 두고 철학자 왕과 경쟁을 벌인다는 점에서 명예와 권력을 추구하는 전사계급이라고 간주해도 큰 문제는 없다.[106]

배의 비유에서 암시되듯이 우리는, 마치 항해법에 대해 문외한인 선원들이 키를 조종함으로써 배를 침몰시킬 수 있듯이, 튀모스적 인간, 즉 전사계급이 철학자 왕의 충실한 보조자가 아니라 폴리스의 파괴자로 변질될 수 있는 가능성을 부정하기 어렵다. 양치기의 명령에 따라 양떼를 모는 충직한 개가 아니라, 권력이나 재물과 같은 썩은 시체를 찾아 헤매는 이리가 될 수도 있다는 것이다. 플라톤이 『국가』편에서 튀모스적인 인간들은 "지혜로운 자들을 관직에 앉히길 두려워한다"

---

104) Platon, *Pol*, 496b~496e, 549c~500a.

105) Platon, *Pol*, 488a~489a.

106) J. P. Coby, "Why are there Warriors in Plato's Republic", *History of Political Thought*, vol. 22/3, 2001, p. 382.

(τῷ δέ γε φοβεῖσθαι τοὺς σοφοὺς ἐπὶ τὰς ἀρχὰς ἄγειν)[107])는 말은 이러한 가능성을 뒷받침한다. 전사계급은 태생적으로 격정적이며, 성향상 평화보다는 전쟁을 선호한다고 볼 수 있다. 그렇기 때문에 이들은 전쟁과 관련된 전략과 전술을 중요시하고, 전쟁을 하면서 온 세월을 보낸다.[108] 우리가 앞에서 이미 살펴본 아킬레우스의 아가멤논에 대한 분노를 통해 어렵지 않게 예상할 수 있듯이, 전사계급은 과도한 튀모스를 통치자에 대해 표출할 수 있는 것이다. 이것은 전사계급이 언제든지 철학자 왕의 통치와 지시에 복종하기보다 자신들이 직접 지배하기를 원하는 기개의 칼을 들 수 있는 가능성이 배제될 수 없음을 의미한다. 전사계급이 철학자 왕에 의한 정의로운 나라를 거부하고 자신들의 나라인 명예정을 세울 수 있는 현실적인 가능성이 존재한다는 것이다.

더 큰 문제는 전사계급이 자신의 튀모스를 명예가 아닌 욕구를 충족하기 위한 방향으로 기울게 할 때이다. 앞에서 언급한 것처럼 이럴 경우 플라톤은 튀모스적인 인간이 점차 재물에 대한 욕구를 갖게 됨으로써 과두정적인 인간 유형으로 바뀐다고 말한다. 더 나아가 이러한 욕구가 재물만이 아닌 모든 것들에 대한 무제한의 자유로 향하게 되면 그것은 민주정으로 이행하게 된다. 그리고 이러한 타락이 극에 이르면 필연적으로 최악의 정체인 참주정으로 전락하게 된다는 점에서 문제의 심각성이 있다. 우리가 『국가』 편 8권과 9권에서의 플라톤의 참주정에 관한 기술에서 알 수 있는 것처럼 참주정은 영혼의 욕구적인 부분이 가장 우세를 점한 정체이다. 그래서 플라톤은 참주를 마치 겉은 인간의

---

107) Platon, *Pol*, 547e.
108) Platon, *Pol*, 547e~548a.

형상을 하고 있지만 그 내면은 수많은 욕구의 머리를 가진 히드라와 같은 괴물에 의해 지배되는 인간에 가까운 것으로 묘사한다.[109] 요컨대 참주의 영혼은 가장 신적인 이성적 부분이 가장 사악하고 가장 광적인 욕구적 부분의 노예가 되어 있는 상태이다.[110] 그래서 플라톤은 참주가 최선자에 비해 729배 더 비참하며 불행한 인간이라고 결론 내린다.[111] 플라톤은 바로 전사계급의 튀모스가 철학자 왕의 충실한 개의 역할이 아닌 정반대의 참주의 욕구를 충족시켜주는 '참주의 이리'가 될 수도 있음을 우려하는 것이다. 다시 말해 전사계급은 최선자의 보조자로서 철학자 왕을 도와 이상국가 건설에 기여할 수 있지만, 참주의 무법적인 욕구를 충족시켜주는 용병으로 타락할 수도 있다는 것이다. 어쩌면 플라톤의 민주정에 대한 신랄한 비판[112]은 민주정 자체를 향한 것이라기

---

109) Platon, *Pol*, 588c~589a.

110) Platon, *Pol*, 577d.

111) Platon, *Pol*, 587e. 플라톤은 『국가』 편 9권에서 참주적 인간의 특성과 참주정에서 나타나는 양태를 상세하게 묘사한다. 먼저 참주적인 인간은 마치 영혼의 이성적인 부분이 잠들기 시작하면 욕구가 아우성치면서 깨어나 활동하는 사람과 같다. 그렇기 때문에 참주정의 인간 영혼은 광적인 욕망에 의해 어쩔 수 없이 언제나 끌려 다녀 혼란과 후회로 가득하게 된다. 그래서 플라톤은 영혼이 이처럼 욕구의 노예가 되어버린 인간을 이성적인 인간에 비해 729배 불행하다고 본다. 또 이런 참주정에 사는 사람들은 가난하고, 두려움으로 가득 차 있고, 그래서 비탄과 신음, 통곡과 고통을 다른 어떤 나라에서도 그 이상으로 발견할 수 없을 정도이다. 플라톤은 가장 비참한 사람은 참주정적인 인간이 사인이 아니라 실제 참주가 될 수밖에 없는 경우라고 말하면서, 이것을 자신을 다스릴 수도 없으면서 남들을 다스리려고 하는 경우 더 많은 불행의 수확을 거두어들이게 되는 것으로 말한다. 마치 자신이 병들어 자신조차도 다스릴 수 없는 몸으로, 개인적인 생활을 하지 못하고, 다른 육신들을 상대로 시합을 하고 싸우면서 생을 보내게 되는 것과 같은 경우이다(Platon, *Pol*, 571c 이하, 579c~579d).

112) 민주정과 민주정적인 인간에 대한 비판은 Platon, *Pol*, 488a~488e, 520c~520d, 555b~561e 참조.

보다는 민주정에서 잉태되어 나온 참주가 자신을 낳아준 아버지, 즉 대중을 살해할 수 있는 것에 대한 경종을 울리고자 한 의도가 반영된 것으로 볼 수 있다. 이렇듯 전사계급의 과도한 명예욕과 승리욕은 정의로운 국가실현을 위한 순기능의 동력으로 작용하기보다는, 그 반대로 가장 최악의 참주정을 만들어내는 역기능으로 악용될 수 있는 위험성이 다분히 있다.

이러한 참주정과의 위험한 관계를 염두에 둘 때, 여기서 우리는 하나의 물음을 제기할 수 있다. 그것은 플라톤은 '이상국가 건설에서 왜 튀모스적 인간인 전사계급을 주요한 역할을 수행하는 구성원으로 포함하는 것인가' 하는 것이다. 어떤 면에서 전사계급은 이상국가를 성공적으로 건설하거나, 안정적으로 유지하는 데 방해가 되거나 위협하는 비본질적 구성원일 수 있고, 그렇기 때문에 전사계급의 시민권을 박탈하는 것이 정의로운 나라 건설에 유익한 것이라는 생각이 들기 때문이다. 이와 관련하여 우리는 『국가』 편 2권에서 기술되고 있는 폴리스의 형성, 발전 과정에서 전사계급이 어떤 이유로 등장하는지에 주목할 필요가 있다. 전사계급의 등장 배경과 존재 목적은 플라톤이 왜 튀모스적 인간을 그의 정의로운 나라 건설 계획에서 중요한 역할을 담당하는 계급으로 등장시키는지를 이해할 수 있게 해주기 때문이다.

이 부분에서의 플라톤의 설명에 따르면 먼저 나라가 생기는 이유는 인간이 개별적으로는 자족적일 수 없고, 그래서 이것을 충족시키기 위한 "필요"(χρεία)에 의해 이루어진다. 이러한 필요는 생존을 위한 것이며, 의식주와 같은 문제의 해결이 그것들이다. 농부와 목수, 그리고 직물공 그리고 여기에다 제화공이나 신체와 관련된 사람들이 이러한 필요를 충족시키기 위한 일을 맡게 된다. 플라톤은 넷 또는 다섯 계급으로 이루어진 이러한 나라를 "최소한도의 나라"(ἡ ἀναγκαιοτάτη πόλις)라고 부른다.[113] 이러한 첫 번째 형태의 나라에서는 각기 성향이 다름으로 인해 자신에 맡는 한 가지의 일(ἔργον)을 담당한다.[114] 그리고 이러한 최소한의 나라는 생존을 위해 필요한 것만을 생산한다는 점에서 "건강한 나라"(ὑγιής τις)라고도 불린다. 그런데 인간의 욕망이 증대됨에 따라 한 국가 내에서 다른 계급이 필요하게 될 뿐만 아니라, 다른 나라와의 교역이 필요하게 된다. 플라톤의 설명에 따르면 이러한 "호사스런"(τρυφῶσα) 나라 또는 "열에 들뜬"(φλεγμαίνουσα) 나라에서는 무역상들이 필요하게 되고, 물품을 사고파는 계급도 등장하게 된다.[115] 이러한 인간의 증대되는 욕망을 충족시키다보니 더 많은 물품이 필요하게 되고, 이것은 이러한 것을 산출해낼 수 있는 더 많은 영토를 필요로 하게 된다. 불가피하게 다른 나라의 영토를 갖고자 하는 전쟁이 발생하게 되는 것이다. 그리고 플라톤은 바로 이처럼 확대된 나라 단계에서 마침내 전쟁으로부터 재산과 영토를 지킬 수 있는 전사계급을 필요로 하게 된다고 설명한다.[116] 그러나 이러한 전사계급은 농부나 제화공에게 무기를 준다고 해서 갑자기 용맹함이나 민첩성을 필요로 하는 전투술을 익힐 수 있는 것은 아니다. 그렇기 때문에 나라를 침략자들로부터 지키기 위한 전투술은 다른 종류의 기술, 예를 들어 제화술

---

113) Platon, *Pol*, 369b 이하 참조.
114) Platon, *Pol*, 370c.
115) Platon, *Pol*, 372e 이하 참조.
116) Platon, *Pol*, 373e 이하 참조.

이나 목공술 등에 비해 훨씬 더 중요한 나라의 기술이 된다. 플라톤에 따르면 이러한 전투술을 익힐 수 있는 자가 바로 나라의 수호자들[117]로 되어 폴리스를 수호하는 일을 맡게 되는 것이다. 정리하면 처음의 인간의 필요에 의해 형성된 폴리스는 그 발전 과정에서 욕망의 증대를 충족시키기 위해 더 확대된 폴리스로 발전하게 되고, 전사계급은 바로 이러한 폴리스와 시민들의 재산과 안전을 담당하기 위해 등장하게 되는 것이다. 요컨대 플라톤은 전사계급의 등장을 나라를 수호하기 위한 목적에서 찾는 것이다.

그런데 폴리스의 탄생과 그 발전 과정에서 우리가 주목해야 되는 것은 플라톤이 정의의 원리를 각자가 자신의 본성에 맞는 한 가지 일을 담당해야 하는 것으로 본다는 점이다.[118] 정의가 "각자가 자신의 것을 갖고 행한다"(τὸ τὰ αὑτοῦ πράττειν, ἡ τοῦ οἰκείου τε καὶ ἑαυτοῦ ἕξις τε καὶ πρᾶξις)[119]고 함은, 다시 말해 폴리스를 구성하는 세 계급, 즉 통치자, 전사계급, 생산계급이 각자 자신의 직분에 전념함을 의미한다. 철학자 왕은 통치자로서 나라의 통치 업무를, 전사계급은 나라의 수호와 안전을 책임지고, 그리고 생산자 계급은 의식주를 위한 생산하는 일에 전념함을 의미한다. 그런데 이 세 계급의 일의 성격이 모두

---

117) 여기서 수호자들은 넓은 의미의 나라의 수호자들이고, 뒤에 가서 플라톤은 수호자를 엄격하게 구분하여 엄격한 의미의 완벽한 수호자, 즉 최선자와 보조자 또는 협조자들로 구분한다. 전자의 수호자는 소위 이성적인 부분이 탁월한 통치자, 달리 말해 철학자 왕을 가리키고, 후자의 수호자는 소위 철학자 왕의 개의 역할을 맡은 보조자 내지 협조자로서의 전사계급을 의미한다.

118) Platon, *Pol*, 441d, 433b, 433e~434a.

119) Platon, *Pol*, 433b, 433e~434a.

동일한 것으로 보이지는 않는다. 농부나 목수 또는 제화공과 같은 장인들은 각기 농사일이나 집짓는 일 또는 신발을 만드는 일에 전념하는데, 이러한 활동은 어디까지나 각자 자신의 이익을 위한 일에 국한되는 것으로 볼 수 있다. 그런데 이와 달리 통치 업무를 맡은 철학자 왕의 업무는 자신의 이익과 편리를 위한 것이 아니라, 폴리스의 전체 시민들을 위한 공동선 실현이 그 목적이 되는 것으로 볼 수 있다.[120] 그러면 전사계급의 업무는 어떤 성격을 갖는 것으로 볼 수 있을까?

이 물음과 관련해서 우리가 간과해선 안 될 점은 플라톤이 전사계급의 고유한 일을 장인계급과 같은 생산을 위한 분야에 종사하는 사람들의 업무와 동일한 성격을 갖는 것으로 간주하지 않는다는 점이다. 즉 전사계급의 일은 생산자 계급처럼 자신의 일에만 전념하는 것이 아니라, 폴리스의 모든 시민들의 재산과 생명을 지키는 일, 즉 이기적이고

120) 여기서 철학자 왕의 통치와 행복의 상충 문제가 제기된다. 이에 관한 학자들의 해석은 다르게 제시되고 있다. 제시된 몇 가지 대표적인 해석들을 간략하게 소개하면, 먼저 철학자들의 통치는 열등한 자들의 통치를 막을 수 있기 때문에 철학자 왕의 통치는 자신의 이익과 행복에 기여한다는 것이다. 또한 이때의 통치는 철학자 동료들간의 교대에 의해 이루어지기 때문에 최소한의 희생일 수 있다는 것이다(대표적으로 R. Kraut, "Return to the cave: Republic 519~521", *Plato*, G. Fine(ed.), Oxford Univ. Press, 2000, pp. 717~736 참조). 그런데 이러한 해석의 문제점은 관조적 활동이 최선의 이익이 되고, 통치 활동은 일종의 최선의 관조적 활동을 유지하기 위한 수단으로 봐야 한다는 것이며, 이것은 여전히 통치를 피하는 것이 최선의 이익이 된다는 지적을 피하기 어렵다는 점이다. 또 다른 해석은 철학자 왕들은 국가에 의한 무상교육의 수혜자이기 때문에 정의의 관점에서 통치 행위가 최선의 의무일 수 있다는 관점이다(E. Brown, "Justice and Compulsion for Plato's Philosopher-Rulers", *Ancient Philosophy*, vol. 20, 2000, pp. 1~17). 이와는 다른 적극적인 해석은 철학자 왕의 통치행위는 정의의 이데아를 현실에 적용하는 일이 되기 때문에 자신의 이익뿐 아니라 공동체 전체의 이익 실현에 기여하는 것으로 보는 입장이다(대표적으로 P. Vernezze, "Philosoher's Interest", *Ancient Philosophy*, vol. 12, 1992, pp. 331~349 참조).

사적인 이익을 위한 것이 아니라 이타적이고 공동체의 선을 위한 일을 수행하는 것이 그의 정의가 된다는 것이다.[121] 전사계급이 폴리스의 수호자들이 될 수 있는 이유는 바로 그들이 자신의 이익을 공동선에 일치시킨다는 데 있는 것이다. 즉 외부의 공격으로부터 폴리스를 수호하고 시민들의 재산을 안전하게 지켜주는 일을 자신의 본연의 업무로 생각한다는 것이다. 이렇듯 기개적인 부분은 이성의 보조자로서 만약에 그것이 나쁜 것에 의해 타락되지 않는다면, 영혼이나 폴리스를 위해 최고선을 실현할 수 있는 수단이 될 수 있다.[122]

플라톤이 전사계급을 폴리스의 수호에 적합한 성향을 가진 것으로 등장시키는 주된 이유로 통치 업무에의 적합성 여부도 고려될 수 있다. 먼저 플라톤에게서 이상국가의 통치 업무가 이성의 화신인 철학자 왕에게 주어져야 한다는 것은 부정될 수 없다. 그러나 이성을 소유한 철학자 왕이 과연 통치 업무에 적합한 성향을 갖고 있는가와 관련해선 의문시되는 점이 있다. 그것은 철학자 왕의 태생 자체가 진리나 지혜를 추구하는 관조적 삶(vita contemplativa)을 선호한다는 점에서 철학자 왕의 본성이 본질적으로 정치적이기보다는 철학적인 인간인 것으로 생각되기 때문이다. 『국가』편 7권에서의 유명한 동굴의 비유를 통해 알 수 있는 것처럼 동굴 밖으로 나가 진리의 태양과 그 세계를 본 죄수는 그 세계에 남아 지적인 희열을 계속 향유하고자 하기 때문이다. 그러나 불가피하게 다시 동굴 안으로 돌아가야 하는 그는 "씁쓸한 표정을 지으면서"(γελᾶν) 돌아갈 수밖에 없었던 실존적 상황이 이를 방

---

121) J. P. Coby, 2001, pp. 377~399. 특히 p. 389.
122) Platon, Pol, 441a.

증한다.[123] 이렇듯이 어떤 면에서 철학자 왕은 그 본성상 명령하고 지배하고자 하는 의지가 약하다고 볼 수 있다. 그것이 강요에 의한 것이든 의무감에 의한 것이든 철학자 왕은 통치 업무를 수행하면서 관조적 활동을 통해 느꼈던 정도의 행복감을 느끼기 어려운 이유가 여기에 있다.[124]

이와 달리 승리와 명예를 추구하는 전사계급은 단순히 외부의 적과의 싸움에서뿐만 아니라 욕망으로 가득 찬 다중들의 탐욕을 억제하는 통치술을 발휘할 수 있다는 점에서 보다 정치적 삶(vita activa)의 성향을 갖고 있는 것으로 볼 수 있다. 플라톤이 생각하기에 전사계급의 태생 목적은 자신의 이익과 안전이 아니라, 폴리스의 안전과 정의를 실현하기 위한 것이며, 그것을 수행할 수 있는 적합한 본성을 갖고 있기 때문이다. 다시 말해 플라톤은 전사계급이 다른 계급이 수행하기 어려운 폴리스의 질서와 안전을 기꺼이 수행하고자 하는 실천적 삶에 대한 선호를 갖고 있는 것으로 보았다는 것이다. 플라톤이 또한 전사계급을 폴리스 시민 전체의 공동선을 추구할 수 있는 적합한 업무능력을 갖고 있는 것으로 본 중요한 이유가, 나는 이상국가로부터 이탈한 과두정이나 민주정 또는 참주정과 같은 타락한 정체들로의 이행을 막기 위한 현실적 고민 속에서 상정된 것으로 생각한다. 달리 말해 플라톤은 자칫 통치 업무에 적합한 본성을 결여하고 있는 철학자 왕의 통치가 언제든

---

123) Platon, *Pol*, 518b.

124) 이와 대척점에 서 있는 욕구적 영혼의 전형인 참주 역시 재물을 비롯한 모든 것들에 대한 "탐욕"(πλεονεξία)으로 가득 찬 욕구의 노예라는 점에서 통치의 본성을 결여하고 있다. 영혼이 욕구로 가득 찬 인간에게 중요한 것은 나라 전체의 정의라기보다는 사적인 이득과 그것이 주는 쾌락이기 때문이다.

지 현실에서 무력(無力)할 수 있으며, 그래서 참주와 같은 욕구적 인간들의 탐욕이 지배하는 최악의 정체로 전락할 수 있음을 간파하고 있었다는 것이다. 그리고 플라톤의 이러한 현실인식이 그로 하여금 아마도 이성이 욕구에 패퇴되거나 약화되는 상황에서 발생할 참주와 같은 마지막 인간의 탄생을 방지할 방책을 고민하게 만들었을 것이라는 생각이다. 그리고 플라톤의 이러한 철학적 사색 속에서 잉태되어 나온 새로운 계급이 바로 고상한 튀모스로 무장한 용기 있는 인간, 즉 전사계급이라는 것이다.

나오며

플라톤은 이상국가의 실현이 단순히 이성의 힘에 의해서만 가능한 것으로 볼 정도로 현실인식이 결여된 철학자가 아니다. 기존의 단순한 이성과 욕구의 이원론적 구도에서 욕구가 이성의 명령과 지도에 저항하거나 맞설 경우, 이성의 지배를 낙관할 수 없기 때문이다. 플라톤의 통찰력이 빛나는 것은 여기서 영혼의 또 다른 부분으로 튀모스적 부분의 의미를 새롭게 설정하고, 그 역할을 제시했다는 데 있다. 그러나 플라톤의 튀모스에 대한 신뢰는 무조건적이지 않다. 튀모스는 기본적으로 비이성적 영역에 속하는 영혼의 부분으로서 과도한 격정으로 나타날 수 있는 성향을 갖고 있기 때문이다. 플라톤이 생각하기에 부정적인 측면의 튀모스를 소유한 전사계급은 철학자-왕의 충실한 보조자가 될 수 없으며, 오히려 극단적인 참주의 개가 될 수 있는 가능성을 갖고 있기 때문이다. 그리고 바로 이러한 튀모스의 거친 격정의 측면을 염두에 두고 플라톤이 제시하는 방안이 바로 앞에서 살펴본 시가 교육과 체육 교육의 조화로운 교육론이라고 말할 수 있다.

그것은 전사계급의 튀모스를 숭고함과 정의로 정향시켜 철학자 왕의 명령에 복종하고 그를 위해 봉사할 수 있도록 무장을 시키는 교육이라고 말할 수 있다.[125] 이것은 달리 말해 전사계급의 튀모스가 이성에 따라 작동될 수 있는 방식에 대한 교육이라고 말할 수 있다. 이때의 튀모스가 이성과 조화되어 작동된다는 것의 의미는 튀모스가 타락한 형태의 명예정에서 보이는 것과 같은 과도한 승리와 명예를 추구하지 않는 것을 의미한다. 과도한 승리와 명예 추구는 그것이 이성의 통제를 벗어난 것으로 곧 숭고함을 추구하는 고상한 튀모스가 아닌 것이다. 과도한 명예와 승리를 추구하는 튀모스는 왜곡된 목적을 추구할 수 있으며, 그것은 폴리스의 안정을 위협하는 부정적인 튀모스가 될 수 있기 때문이다.

그러나 이성과 조화된 고상한 튀모스를 담지한 전사계급은 폴리스의 안전이 위협받고 시민들의 생명이 위험하게 되거나 부정의하게 고통을 받고 있을 때 고상한 분노를 표출한다. 전사 계급의 탄생 목적과 그 존재 이유가 바로 공동체와 그 시민들에 대한 책임과 의무에 근거하기 때문에, 이러한 안정과 공동선이 파괴되거나 침해될 때 전사계급의 영혼은 분노하게 되는 것이다. 레온티오스의 분노가 말해주는 것처럼 이성이 욕구에 굴복할 때 고상한 분노는 그것을 부끄러워할 줄 아

---

125) Platon, *Pol*, 440e, 474c, 586e, 500e~501a.

는 것이다. 이것은 달리 말해 전사계급이 자신의 본연의 의무인 공동체를 위한 파수꾼의 역할을 저버리고, 자신의 이익이나 참주와 같은 타락한 인간의 앞잡이가 될 경우 자신의 가치나 자존감이 훼손된 것으로 느낄 줄 알아야 된다는 것이다. 고상한 튀모스로 영혼이 무장된 전사계급은 욕구에 굴복한 자신에 수치심을 느끼고 그것에 분노할 수 있어야 된다는 것이다. 고상한 튀모스는 이처럼 전사계급으로 하여금 부정의에 대항하는 도덕적 분개를 느낄 수 있게 해주는 영혼의 능력인 것이다. 이처럼 전사계급의 튀모스적 성향은 이기적이라기보다는 이타적이며, 사적인 것이라기보다는 공동선을 지향한다.

상술한 것을 통해 알 수 있듯이 플라톤의 교육론은 전사계급의 튀모스를 이성의 설득에 따라 선과 정의를 지향할 수 있는 고상한 튀모스로 "전환"(περιαγωγή)시켜주는 것이다. 그렇지 않으면 정의로운 나라의 건설과 보존은 항상 참주정과 같은 극단적인 타락한 정체로 전락할 수 있는 가능성으로부터 자유롭지 않기 때문이다. 결국 플라톤에게 있어 정의가 실현된 이상국가의 성공적인 건설과 안전은 어떤 면에서 전사계급의 튀모스 교육의 성공 여부에 달려 있다고 해도 과언이 아니다. 이러한 교육은, 보다 정확하게 말하면, 전사계급의 튀모스를 좀 더 정치적으로 신뢰할 만하고 이상국가에 적합한 숭고한 영혼의 형태로 육성시켜 주는 것이다. 타인으로부터 자신만을 인정받기 위한 승리와 명예 추구의 경향성을 보이는 낮은 단계의 튀모스를 정의로운 국가 건설을 위한 고차원적인 시민적 용기로 교육시켜야 한다는 것이다.

또한 플라톤이 최선자의 이상국가 건설에의 열정을 존중하고 그것을 지지할 수 있는 보조자 계급으로 상정한 전사계급은 단순한 의미의 승리와 명예만을 추구하는 인간 유형으로 이해되서는 곤란하다. 이상 국가에서 이성과 조화된 튀모스를 소유한 전사계급은 어떤 면에서 최고의 숭고한 명예와 최고의 위대한 승리를 얻고자 하는 인간으로 볼 수 있기 때문이다.[126] 이것은 최고의 위대한 명예와 승리가 단순히 전쟁터에서 뿐만 아니라 더 나아가 철학적인 사고 영역에서도 발휘될 수 있음을 의미한다. 플라톤에게서 단순히 죽음을 두려워하지 않는다 함은 전쟁에서 뿐만 아니라 진리를 추구하는 것에서도 용기를 갖고 추구하는 것을 의미하기 때문이다. 그렇다면 전사계급이 추구하는 명예에 대한 에로스(ἔρως)는 또한 그 본성상 질서 있고 아름다운 것을 지향하며, 그 방식은 절제 있고 용감하게 사랑하는 것일 수 있다. 플라톤에게서 숭고함에 대한 튀모스적 에로스는 결코 참주의 에로스처럼 광적이거나 무절제하거나 비겁한 것으로 볼 수 없기 때문이다.[127] 이것은 진리에 대한 에로스는 튀모스와 조화됨으로써 좋음과 정의의 생산적인 결과가 도출될 수 있는 것과 같다.

플라톤의 창조성과 통찰력은 이처럼 영혼의 중요한 한 부분으로 기개적인 부분을 상정하고, 전사계급의 튀모스적 분노가 정의로운 나라 건설을 위한 순기능의 동력으로 작용할 수 있도록 그 의미와 가치를 새롭게 평가하고, 제시했다는 데 있다. 이것은 신체구조적인 측면에서 왜 튀모스가 머리에 가깝게 자리 잡게 되었는가에 대한 튀모스의 존재 의미를 강조하는 플라톤의 『티마이오스』 편에서의 다음의 인용문을 통

---

126) L. D. Cooper, 2001, p. 364, pp. 367~368. R. Patterson, "Plato on Philosophic Character", *Journal of the History of Philosophy*, vol. 25/3, 1987, pp. 325~350 참조.
127) Platon, *Pol*, 403a, 410e~411a. J. P. Coby, 2001, p. 372.

해 다시 한 번 확인할 수 있다.

용기와 분노와 관련된 영혼의 부분, 즉 이기기를 좋아하는 부분을 그들은 머리에 좀 더 가깝게 횡격막과 목 사이에 자리 잡게 했는데, 이는 이것이 이성에 순종하는 것으로서, 이성과 공동으로 욕망들의 부류를 강제로 제압하도록 하기 위한 것이다.[128]

---

128) Platon, *Timaios*, 70a.

제5장
여성의 분노론
:『메데이아』와『뤼시스트라테』를 중심으로

1. 왜 여성의 분노인가?

본 저술이 또한 관심을 갖는 분노의 유형은 희랍과 로마 사회에서의 여성(γυνή)의 분노다. 먼저 희랍과 로마의 여성들은 자신의 분노를 합법적으로 표출할 권리를 인정받지 못했다는 점에서 주목할 필요가 있다. 여성이 화를 낸다면, 그것은 자제력의 결여로, 격정적인 감정주의(emotionism)이며, 그것은 그들을 공적인 일에서 배제하도록 이용되었다. 분노는 남성의 권리이자 전유물이지, 여성의 권리나 몫이 될 수 없었다는 것이다. 이것은 이 당시의 남성과 여성의 분노에 대한 사회·정치적 평가가 권력과 지배의 관계를 반영하여 내려졌음을 의미한다. 이런 이유로 남성의 권력화된 분노는 정치적 영역과 같은 공적 영역에서 남성에게는 유용한 지배의 수단으로 간주되지만, 여성에게는 비(非) 여성적인 것으로 거부된다. 이렇듯 희랍과 로마 사회에서 여성의 분노는 여성을 비합리적 존재로 규정하는 근거이자 증표로 작용했고, 이것은 결국 남성의 지배를 강화하기 위한 이데올로기로 이용된 측면이 있다. 여기서는 여성의 분노의 사회·정치적 의미를 규명하기 위해 에우리피데스의 『메데이아』(Medeia)와 희극작가 아리스토파네스의 『뤼시스트라테』(Lysistrate)를 분석할 것이다. 메데이아의 분노는 두 아들을 죽이는 살인 행위의 형태로 나타난다는 점에서, 뤼시스트라테의 분노는 섹스 스트라이크와 같은 성(sex)을 이용해 정치적인 주도권을 장악하는 급진적인 행동을 보여준다는 점에서 흥미로운 고찰이 될 것이다. 이러한 작업을 행하기 이전에 나는 여성에 대한 아리스토텔레스와 플라톤의 견해를 간단하게 살펴보면서 여성의 분노가 당시의 희랍 철학자들에 의해 어떻게 평가되었는지를 살펴볼 것이다.

2. 아리스토텔레스와 플라톤의 여성에 대한 견해

아리스토텔레스는 『정치학』 1권 13장에서 여성은 노예와 다르다고 말한다. 여성은 노예와 달리 숙고할 수 있는 이성을 소유하고 있기 때문이다. 노예가 불완전한 영혼을 가진, 그래서 자기 자신이 아닌 타인, 즉 주인에 속한 자[1]인 반면에 여성은 노예의 주인으로서 노예를 다스릴 수 있는 이성의 능력을 소유하고 있는 것이다. 아리스토텔레스의 여성에 대한 상대적으로 긍정적인 평가는 아래의 인용문에 잘 나타나

---

1) Aristoteles, *Politica*, 1254a13~1254a16 참조.

있다.

영혼에는 본성적으로 지배적인 부분과 피지배적인 부분이 있고, 이들의
덕은 서로 다른데 그중 하나는 이성을 가진 부분의 것이고, 다른 하나는
비이성적인 부분의 것이기 때문이다. 이런 원칙은 분명 다른 경우에도 적
용될 수 있는데, 본성적 치자(治者)와 본성적 피치자가 존재하는 것은 보
편적 법칙이라는 결론을 내릴 수 있을 것이다. 그러나 지배의 종류는 서
로 다르다. 노예에 대한 자유민의 지배는 여자에 대한 남자의 지배나 아
이에 대한 어른의 지배와는 종류가 다른 것이다. …… 노예는 숙고능력이
전혀 없고, 여자는 숙고능력이 있긴 하지만 권위가 없고, 아이는 숙고능력
이 있지만 아직은 성숙하지 못했기 때문이다.[2]

위 인용문에서 아리스토텔레스는 여성을 노예와 아이, 그리고 남
성과 비교하여 규정하고 있다. 그리고 여성은 한편으론 "숙고능력"
(βουλευτικόν)이 없는 노예와 달리 이성을 소유하고 있으며, 다른 한
편으론 미성숙한 아이와 달리 성숙한 숙고능력을 갖고 있는 것으로 말
해진다. 그런데 문제는 아리스토텔레스에 따르면 여성이 노예나 아이
와 달리 성숙한 숙고능력을 소유하고 있지만, 여성의 이성은 남성과 달
리 "주된 힘"(ἄκυρον)을 갖지 않는다는 점이다.[3] 그러면 아리스토텔레

---

2) Aristoteles, *Politica*, 1260a4~1260a13.
3) 아리스토텔레스가 노예와 더불어 여성까지 결함이 있는 불완전한 존재로 보았다는 견
해와 관련해선 F. Miller, *Nature, Justice, and Rights in Aristotle's Politics*, Oxford Univ. Press,
1995, p. 229, 각주 95. J. Lear, *Aristotle: The desire to Understand*, Cambridge Univ. Press,
1988, p. 199. R. Mulgan, *Aristotle's Political Theory*, Oxford Univ. Press, 1977, p.42. 이러한

스가 이처럼 여성의 숙고능력이 남성의 그것처럼 주된 힘을 갖지 못한다고 보는 이유는 무엇일까?

이와 관련하여 아리스토텔레스는 여성이 욕구가 강하며, 그래서 이성에 따른 올바른 판단과 행동결정을 수행하기 어렵다고 말한다. 이것은 여성의 숙고능력이 욕구를 통제할 수 있는 정도의 이성의 힘을 갖지 못함을 의미한다. 이에 반해 남성의 이성은 욕구를 통제할 수 있는 힘을 갖는다. 그렇기 때문에 아리스토텔레스는 남성과 여성은 성품적 덕(ἠθική ἀρετή)[4]을 양자 공히 갖지만 같은 정도로 갖는 것은 아니라고 말한다. 치자인 남자는 완전한 형태의 성품적 덕을 갖지만 여성은 그렇지 않다는 것이다. 예를 들어 남자와 여자가 모두 용기의 덕을 갖지만, 남자의 용기는 다스리는 자의 용기이고, 여자의 용기는 복종하는 자의 용기라는 점에서 다르다.[5] 아리스토텔레스가 보기에 여성이 남성과 마찬가지로 덕을 소유할 수는 있지만, 그러한 덕의 정도와 적용 분

견해에 반대하며 새로운 해석을 제시하는 사람은 J. Karbowski이다. J. Karbowski, "Slaves, Women, and Aristotle's Natural Teleology", *Ancient Philosophy*, vol. 32, 2012, pp. 323~350 참조.

4) 아리스토텔레스는 덕을 크게 '지적인 덕'과 '성품적 덕'으로 대별한다. 전자의 덕은 이성적인 영혼의 부분과 관련되는 덕들로 지혜(sophia), 지식(epistēmē), 누스(nous), 실천지(phronēsis), 그리고 제작지(technē)의 다섯 종류가 여기에 속한다. 후자의 덕은 영혼의 비이성적 부분과 관련되는 덕들로 기본적으로 인간의 감정과 행위에 관해 결정하는 성품으로서, 쾌락과 고통에 대한 욕구구조가 올바르게 내재화된 상태이다. 아리스토텔레스에 따르면 이러한 성품적 덕들의 획득은 행위의 반복적인 습관에 의해 이루어지며, 용기나 절제 또는 정의와 같은 덕들이 여기에 속한다. 이와 관련된 보다 상세한 설명은 손병석, 「아리스토텔레스에 있어서 에르곤(ergon), 덕(arete) 그리고 행복(eudaimonia)의 의미」, 『철학연구』, 76집, 2000, pp. 31~64 참조.

5) Aristoteles, *Politica*, 1260a22~1260a23 참조. 1260a27~1260a31. 1277b7~1277b23.

야에 있어서는 남성과 다르게 이해되어야 하는 것이다.

이런 관점에서 여성의 숙고능력은 그 활동 반경이 가정에로 한정되어야 한다는 것이 아리스토텔레스의 기본적인 생각이다. 즉 여성의 이성적 능력은 가정에서 노예를 부리고, 가축을 길러 재산을 늘리는 일에만 적용되어 행사되어야 한다. 요컨대 여성의 이성은 가정경영술(οἰκονομική)에는 주된 힘을 갖고 발휘될 수 있지만, 정치술과 같은 공적인 영역에서는 그것의 주된 힘을 상실한다. 여성의 이성은 그것이 가정의 울타리를 넘어 정치적 영역까지 확장될 경우 아퀴론(ἄκυρον), 즉 약화되기 때문이다.[6] 아리스토텔레스가 이렇게 생각하는 데는 여성의 숙고능력이 욕구와 같은 감정에 의해 영향을 받기 때문이다. 특히 분노의 감정이 공적 영역에서 표출될 경우 그것은 공적인 문제를 올바르게 판단할 수 없게 되고, 이것은 공동체 전체에 나쁜 영향을 주기 때문이다. "남자는 본성상 우월하고 여자는 열등한 존재이다. 남자는 지배해야 하고, 여자는 그에 종속되어야 한다"[7]라고 말하는 이유가 여기에 있다. 상술한 것처럼 아리스토텔레스는 여성이 노예나 아이와 달리 숙고할 수 있는 이성적 능력을 소유하고 있는 것으로 보면서도, 공적 영역에서의 여성의 활동을 제한하고 있다. 가정에서의 여성의 숙고능력은 올바르게 작동될 수 있지만, 공적 영역에서의 여성의 이성적 사고능력은 여성의 강한 감정으로 인해 무효화될 수 있기 때문이다. 이런 점에서 여성은 노예와는 다르지만 공적 영역에서 이성의 사용이 제한된다는 점에서 '부자유스런 자유인'이라는 역설적 위상을 갖는 것

---

6) Aristoteles, *Politica*, 1260a13.

7) Aristoteles, *Politica*, 1254b13~1254b14.

으로 보인다.

그러면 플라톤의 여성에 대한 견해는 어떠한가? 플라톤은 『국가』 편 5권에서 자신의 이상국가 건설에 대한 청사진을 제시하는 가운데서 여성의 평등론을 주장한다. 플라톤이 자신의 이상국가를 실현하는 데 일반인들의 동의를 얻기 어려운 첫 번째 파도로 제시하는 것이 바로 여성 수호자의 평등한 교육 문제이다.[8] 익히 잘 알려진 것처럼 플라톤은 이상국가를 실현할 수 있는 가능성을 '철학자 왕'(philosopher king)에서 찾고 있다. 그가 생각하기에 '철학자가 왕이 되든지 아니면 왕이 철학자가 되어, 그래서 정치권력과 철학이 합쳐지지 않는 한 나라 전체의 악이 사라질 수 없기 때문이다'.[9] 그런데 여기서 우리의 흥미를 끄는 것은 플라톤이 이러한 최선의 수호자 내지 통치자로 여성도 남성과 동등하게 자격이 주어져야 함을 주장한다는 것이다. 철학자 여왕 (philosopher queen)도 가능하다는 것이다. 플라톤은 이러한 여성 통치자 주장을 설득하기 위해 개의 비유를 든다.[10] 플라톤에 따르면 집을 잘 지킬 수 있는 영리하고 민첩한 감시견은 수컷뿐만 아니라 암컷개도 능히 그 역할을 잘 해낼 수 있다. 또한 플라톤은 제화공의 예를 들어 제화공이 대머리인가 그렇지 않은가는 신발을 만드는데 본질적인 요소가 아니나 부차적인 요소라고 말한다.[11] 플라톤은 더 나아가 의사의 경우에 의사가 남자인가 여자인가는 환자를 치료하는 의술의 경우에 우

---

8) Platon, *Pol*, 451d~456e 참조.
9) Platon, *Pol*, 473c~473d.
10) Platon, *Pol*, 451d~451e.
11) Platon, *Pol*, 454c.

연적이며 부차적인 요소라고 말한다.[12] 환자를 치료할 수 있는 의술적 지식을 소유하고 있는가가 중요한 것이지 남성인가 여성인가 하는 성의 문제는 본질적인 것이 아니기 때문이다. 이러한 논증에 기반하여 플라톤이 주장하고자 하는 바는 명확하다. 그것은 그 사람이 남성이든 여성이든 최선의 통치자가 될 수 있는 이성적인 영혼의 능력을 소유하고 있다면, 성에 구분 없이 공히 동등하게 장차 나라의 최고 통치자가 될 수 있는 교육을 받아야 한다는 것이다. 아래의 인용문들은 이러한 플라톤의 주장을 확인시켜준다.

그러므로 여자고 남자고 모두 나라의 수호와 관련해서는 그 성향이 같다네. 한쪽이 한결 약한 반면에 다른 쪽이 한결 강하다는 점을 제외하곤 말일세. …… 이런 부류의 여자들은 이런 부류의 남자들과 함께 살며 함께 나라를 수호하도록 선발되어야만 하네. 그들이 능히 그럴 수 있고 성향에 있어서도 남자들과 동류이니 말일세. …… 남자 수호자들의 아내들에게 시가와 체육 교육을 받도록 하는 것이 자연에 어긋나지 않는다는 데 동의하고 있네.[13]

글라우콘, 최고 통치자에 여자도 포함시켜야지. 여자도 그에 상응한 본성을 타고났다면 빼서는 안 되네. 내가 지금까지 말한 것이 여자보다 남자에게 더 우선적으로 적용되리라고 생각해서는 결코 안 되네. …… 옳은 말씀입니다. 여자가 남자와 모든 것을 평등하게 공유해야 한다면 정

---

12) Platon, *Pol*, 454d.
13) Platon, *Pol*, 456a~456b.

치적 최고 지도자의 지위에 오르는 기회도 남녀에게 똑같이 주어져야 하겠지요.[14)

플라톤의 이러한 여성 수호자 주장은 과연 그를 소위 페미니스트(feminist)로 볼 수 있는 정도의 충분한 근거가 되는가? 이 문제를 여기서 상세히 논의하기는 어렵지만,[15) 앞의 물음에 단적으로 긍정적인 답변을 주기는 어려울 것 같다. 우리는 플라톤의 반(反)페미니스트적인 언급들을 다른 곳에서도 발견할 수 있기 때문이다. 특히 아래의 인용문들은 플라톤의 여성에 대한 부정적인 견해를 말해준다.

선량한 사람이 되고자 하는 남자는 노소를 불문하고 여자를 닮아서는 안된다. 남편에게 대들고, 자신의 이익을 위해 신의 뜻을 거역하려 하는 여

---

14) Platon, *Pol*, 540c.

15) 대표적으로 Annas는 플라톤을 여성 해방주의자가 아닌 것으로 본다. 플라톤은 여성을 사회 이익을 위한 수단으로만 간주했다는 것이 그 이유이다. Annas가 보기에 플라톤에게 있어 여성은 남성이 되기 위한 기회를 가질 뿐이며, 이것은 여성을 남성으로 바꾸기 위한 남성 본질주의자의 입장을 벗어나지 못한 것이다(J. Annas, "Plato's *Republic* and Feminism." *Plato 2: Ethics, Politics, Religion, and the Soul*, G. Fine(ed.), Oxford, Oxford University Press, 1999, pp. 256~279). 이에 반해 Okin은 『국가』 편에 나타난 플라톤을 남녀 평등주의자로 평가한다. 플라톤은 여성의 공적 영역 진출 내지 통치자가 되기 위한 전제조건으로 가족제도 폐지를 주장하기 때문이다(S. M. Okin, "Philosopher Queens and Private Wives: Plato on Women and Family", *Plato: Critical Assessments*, N. D. Smith(ed.), London, 1998, p. 182~190). 블라스토스는 플라톤이 교육을 통한 여성의 능력 계발을 주장했으며, 모든 여성이 아닌 소수의 엘리트 여성의 남녀평등을 주장한 것으로 본다(G. Vlastos, "Was Plato a Feminist?" *Plato's Republic: Critical Essays*, R. Kraut(ed.), Lanham: Rowan & Littlefield Publishers, Inc., 1997, pp. 115~128).

자, 고통을 겪고 있거나 슬픔에 잠긴 여자, 울고 있는 여자, 또 병을 앓거나 사랑에 빠진 여자, 그리고 아이를 낳는 여자, 이런 여자들로부터는 배울 것이 없다.[16]

우리에게 슬픈 일이 닥치더라도 우리는 조용히 인내하며 지내야 한다. 이것이 남자가 해야 할 일이다. 감정을 못 이겨 날뛰는 것은 여자나 할 일이다.[17]

방패를 내던진 남자에게는 저 전환과 반대되는 전환이, 곧 남성에서 여성으로 바뀌는 것이 그에게 내려질 수 있는 응징으로서는 어느 면에서는 무엇보다도 가장 적절한 것이기 때문입니다.[18]

앞의 두 인용문에서 플라톤은 여성에 대한 부정적인 평가의 근거로 여성이 바로 감정을 제대로 통제하지 못하는 존재인 데서 찾고 있다. 여성은 슬픔이나 사랑과 같은 감정을 강하게 보여주는 성향을 보여주기 때문이다. 플라톤의 여성 일반에 대한 부정적인 평가는 마지막 인용문에서 비겁한 군인에게 최적의 형벌이 환생했을 때 여자로 태어나게 만들어야 한다는 데서 단적으로 확인된다. 짐승 정도의 극형은 아니지만 여성으로 환생하게 하는 것은 가장 무거운 형벌에 속하는 것이다. 앞에서 살펴본 것처럼 플라톤이 여성이라도 이성의 영혼을 강하게 소

---

16) Platon, *Pol*, 395d~395e.
17) Platon, *Pol*, 605d~605e.
18) Platon, *Nomoi*, 944d~944e. 이와 유사한 견해는 Platon, *Timaios*, 42b~42c 참조.

유한 경우 그에 합당한 교육을 통해 나라의 최고의 통치자 직분이 주어져야 함을 역설한 것은 분명하다. 그러나 소수의 엘리트가 될 수 있는 본성을 소유하지 않은 여성 일반에 대한 플라톤의 평가가 '남녀 평등론'의 관점에서 긍정적으로 내려지고 있다고 보기는 어려울 것 같다.

상술한 것을 고려할 때 아리스토텔레스와 플라톤의 여성에 대한 일반적인 견해는 여성이 분노와 같은 감정에 민감한 영혼을 갖고 있기 때문에 여성의 정치적 영역에의 참여를 제한하는 것으로 생각된다. 남성과 비교하여 여성은 욕구가 강한 존재이며 그러한 욕구를 통제할 수 있는 이성의 힘이 남성에 비해 약하기 때문에 공적인 사안에 대한 올바른 판단을 하기 어려운 것으로 보는 것이다. 이것은 여성의 분노의 감정에도 마찬가지로 적용된다고 말할 수 있다. 아래에서 우리는 메데이아와 뤼시스트라테라는 두 여주인공이 대변하는 분노를 통해 여성의 분노가 함의하는 사회·정치적 의미를 가늠할 수 있을 것이다.

3. 에우리피데스의 『메데이아』에 나타난 여성의 분노

에우리피데스의 작품 『메데이아』는 오직 이아손(Iason)이라는 한 남자를 사랑하여 가족과 조국을 버리고 남편을 따라 남편의 성공을 위해 자신의 일생을 바쳤던, 그러나 끝내 사랑에 배신당한 메데이아라는 한 불행한 여성의 이야기를 다루고 있다. 그렇기 때문에 이 작품은 무엇보다 남편 이아손의 배신에 강한 모욕과 질투심을 느껴 자식까지 죽여 복수하는 잔인하면서도 극단적인 메데이아라는 한 여성의 분노를 다룬 것으로 볼 수 있다. 어떤 점에서 이 작품은 일견 한 편의 멜로드라마로 생각되기도 한다. 남편만을 보고 살았던 착한 한 여성이 남편에게 배신당하자 질투에 눈이 멀어 자식을 죽여 복수하는 것으로 보이기 때문이다. 이런 관점에서 볼 때 메데이아는 잔인하게 자식들을 죽이는 야만성을 보여주는 악녀로 간주되기도 한다.[19] 그렇다면 메데이아의 자식 살해 행위는 과도한 비(非)자연적 잔인성을 보여주는 잘못된 분노의 감정의 결과라는 점에서 어떤 식으로든 정당화되기 어려워 보인다. 그러나 앞으로의 논의를 통해 밝혀지겠지만 메데이아의 분노와 복수 행위는 그리 단순하게 평가될 수 없는 사회·정치적인 의미를 함의하고 있다. 메데이아의 분노는 단순히 한 여성의 심리적인 차원에서의 감정의 변화와 흐름의 맥락에서만 이해될 수 없는, 남성의 분노와는 기본적으로 다른 층위의 여성의 분노의 사회적 의미를 보여주고 있기 때문이다.[20]

먼저 메데이아가 분노하는 이유를 정의(δίκη)의 관점에서 살펴볼 필요가 있다. 이와 관련하여 작품 『메데이아』 초반에 등장하는 유모와 코러스 그리고 메데이아의 언급들을 통해 가능한 답을 찾아볼 수 있다. 먼저 유모의 말에 따르면 무엇보다 메데이아가 분노하는 이유는 그녀의 남편 이아손의 배신이라 말할 수 있다.[21] 즉 메데이아는 자신이 조국 콜키스에서 오라비를 죽이고 아버지를 배신하면서까지[22] 사랑해서

19) D. Page, *Euripides, Medea*, Oxford 1938, xii~xxi 참조.
20) A. P. Burnett, 1998, pp. 192 이하 참조.
21) Euripides, *Med*, 17~19.
22) Euripides, *Med*, 165~167.

따라온 이아손이 코린토스의 공주와 결혼을 하려고 하는 것에 분노하는 것이다. 그래서 그녀는 자신이 이아손의 배신으로 인해 "불의의 타격을 받아 마음에 치명상을 입은"[23] 비참한 희생양이 되었다고 한탄한다. 이아손을 위해 모든 것을 바치고 이아손의 고국에서나 이곳 낯선 땅 코린토스에서나 그를 기쁘게 하기 위해 모든 것을 바친 자신에게 남은 것은 이아손의 배신뿐인 것이다. 메데이아가 생각하기에 이아손은 부당한 보답을 하고 있는 것이다. 그래서 메데이아는 이아손에게 "모욕을 당했다"(ὑβρίζομαι, 255)고 분노한다. 이를 지켜보는 유모는 이아손만을 바라보고 살아온 한 여성으로서의 메데이아의 가련한 눈빛이 이제 "황소처럼 이글거리는 눈빛"(92) 또는 "암사자의 이글거리는 눈빛"(187), 즉 분노의 눈빛으로 바뀌게 되었다고 말한다. 메데이아의 이러한 눈빛을 두려워하면서 유모는 메데이아의 감정이 "격앙되어 분노로 끓어올라"(κινεῖ κραδίαν, κινεῖ δὲ χόλον, 99) 아이들에게 어떤 해가 있지 않을까 걱정한다. 유모가 보기에 기질상 "메데이아는 그녀의 분노를 중지하지 않을 것임"(οὐδὲ παύσεται χόλου, 94)을 알기 때문이다.

메데이아의 분노는 당시의 남성 중심의 결혼제도 하에서 여성의 불리한 처지를 반영한 것으로 볼 수 있다. 이것은 메데이아가 "생명과 분별력을 가진 만물 중에 여자들이 가장 비참한 존재라고 탄식하는 것"(230~231)에서도 알 수 있다. 여자들은 남편을 사기 위해 엄청난 값을 지불하고, 그를 상전으로 받들면서, 오직 남편만 바라보면서 결혼 생활

---

23) Euripides, *Med*, 225.

을 유지해야 행복한 인생으로 간주되는 삶을 살고 있다. 이런 관점에서 메데이아의 분노는 결혼 이전의 여성의 불리한 조건과 결혼 이후에 남편이 주인이 되고 여성들은 일종의 노예로 전락하는 여성 전체의 보편적인 불행한 운명에 대한 불만과 탄식이 반영된 것이다.[24] 메데이아는 이아손을 위해 전 일생을 희생한 자신이 남성 중심의 결혼제도에 의해 부당하게 희생을 보게 되었음에 분노하는 것이다. 이아손에게 복수하고자 하는 메데이아의 분노는 다음과 같은 말에 잘 나타난다.

여자란 다른 일에는 겁이 많고, 싸울 용기가 없고, 칼을 보기를 무서워하지만, 일단 결혼의 권리를 침해당하게 되면, 그 어떤 마음도 더 탐욕스럽게 피를 갈망하지는 않을 거예요.[25]

유모가 말하는 바에 따르면 메데이아는 "거친 성격"(ἄγριον ἦθος, 103)과 "모진 마음"(φρήν αὐθάδης, 104)을 갖고 있어 불의를 당하고는 못 참는 성미의 소유자이다. 메데이아는 "배포가 크고"(μεγαλόσπλαγχνος, 109) "달래기 어려운"(δυσκατάπαυστος, 109) 성격을 갖고 있다. 그래서 유모는 사나운 성질과 굽힐 줄 모르는 무서운 기질을 가진 메데이아가 흐지부지 노여움을 거둔다는 것은 가당치 않고, 그 반대로 "더 큰 분노의 불을 붙일 것"(ἀνάψει μείζονι θυμῷ, 107~108)이라고 말한다. 그러면 메데이아의 이러한 분노와 복수를 하고자 하는 결의가 정의의 관점에서 정당성을 확보할 수 있을까? 중요한 것은 코린토

---

24) 임철규, 2007. p. 459.
25) Euripides, *Med*, 264~267.

스의 여인들로 구성된 코러스가 "메데이아, 그대가 남편에게 복수하는 것은 정당해요"(ἐνδίκως γάρ ἐκτείση πόσιν,Μήδεια)[26]라고 말하고 있다는 점이다. 코러스는 메데이아의 분노에 공감하면서 이아손에 대한 메데이아의 복수가 "정의로운"(ἐνδίκως) 것으로 말하고 있는 것이다. 코러스가 이렇게 메데이아의 복수에 지지를 표하는 데는 이아손의 메데이아에 대한 배신이 옳지 않은 것으로 판단하기 때문이다. 코러스가 보기에 메데이아의 분노는 그녀가 단지 사랑에 눈이 멀어 이아손에게 복수를 하고자 하는 것에 불과한 것이 아니다. 메데이아의 분노는 단순히 이아손의 새로운 결혼이 그녀의 여성으로서의 성적인 쾌락을 박탈한 것에 대한 증오에서 비롯한 것이 아니기 때문이다. 그래서 코러스는 "맹세의 도덕적인 힘은 온데간데없고 부끄러워하는 마음은 더 이상 넓은 그리스 땅에 남아 있지 않고 대기 속으로 사라졌다"(439~440)고 탄식한다. 코러스가 보기에 "정의"(δίκη)가 땅에 떨어지고 신들의 "믿음"(πίστις)은 기만으로 바뀌었기 때문이다.[27]

유모 역시 이아손의 행위가 메데이아를 "명예롭지 못하게 하는" 것(ἡ τιμασμένη, 20)이자 "배신하는" 것(προδούς, 17)으로 말하면서 메데이아의 불행에 연민을 느낀다. 유모가 보기에 이아손은 그에 대한 메데이아의 사랑과 헌신을 배신했다는 점에서 그녀에게 합당하게 돌아가야 할 것을 주지 않은 부정의한 행위를 한 자다.[28] 그렇기 때문에 유모는 메데이아의 분노가 단순히 사랑이 거부된 질투에 의한 것이 아니라 메

---

26) Euripides, *Med*, 267, 1231~1232 참조.
27) Euripides, *Med*, 410~414.
28) Euripides, *Med*, 18~26.

데이아의 명예가 손상되고 그래서 그녀의 존경과 지위를 빼앗기는 것에 대한 두려움에 의한 것이라고 말한다. 그렇기 때문에 유모는 메데이아의 성격이 한편으론 이아손의 배신에 괴로워하는 수동적인 여성의 모습을 보여주지만, 다른 한편으론 그러한 배신으로 인한 고통에 쉽게 굴복하지 않는 대담한(δεινή, 44) 성격을 가진 것으로 표현한다.[29] 이처럼 메데이아가 강하게 분노를 표출하는 데는 이아손이 자신과 신들 앞에 맹세한 약속[30]을 저버림으로써 그녀의 모든 명예가 상실되었기 때문이다. 메데이아는 이아손이 자신의 오른손을 잡고 구애하면서 결코 배반하지 않을 것이라는 약속을 저버린 것에 대해 정당하게 분노하는 것이다. 이아손은 정당하지 않게 집안에 다른 친족을 끌어들임으로써 그녀의 정통성을 파괴하고, 그래서 자신과 아이들의 가치와 존재성을 부정하고 있는 것이다.[31] 이렇듯 그녀는 이방인으로서 코린토스로부터 추방됨으로써 자신의 모든 명예가 상실되는 비극적 운명에 처하게 된 것이다. 그래서 메데이아는 이아손을 "수치를 모르는"(ἀναίδεια, 472) 배신자로 말하는 것이다. 메데이아의 분노는 그렇기 때문에 호메로스의 영웅들이 그런 것처럼 자신이 당한 모욕과 수치를 이아손에게 되돌려줌으로써 자신의 빼앗긴 '명예'를 되찾기 위한 정당한 측면이 있다.[32] 그리고 바로 이러한 이유로 유모와 코러스의 여인들이 메데이아의 분노와 복수 의지를 정의로운 것으로 말하는 것으로 볼 수 있다. 자식을

---

29) E. B. Bongie, "Heroic Elements in the Medea of Euripides", *Transactions of the American Philological Association*, vol. 107, 1977, p. 32.

30) 약속의 중요성과 관련해선 임철규, 2007, pp. 469 이하 참조.

31) Euripides, *Med*, 399~400.

32) 임철규, 2007, p. 473.

살해하기 이전의 메데이아의 분노와 그녀의 복수의지가 청중들의 공감과 도덕적 지지를 확보할 수 있는 여지가 존재하는 것이다.

그리고 이러한 메데이아의 분노의 정당성은 그녀가 크레온 왕을 만날 때까지 유지되는 것으로 보인다. 메데이아를 만난 크레온 왕은 그녀의 "분노"(θυμός)가 자신의 가족에게 나쁜 결과를 초래할 것을 우려하여 그녀에게 아이들을 데리고 코린토스를 떠날 것을 명한다. 크레온 왕은 메데이아의 강한 분노의 위험성을 직감하고 그것을 두려워하는 것이다.[33] 크레온 왕에게는 메데이아가 사랑에 배신당하여 코린토스에서 추방당하는 이방인의 고통보다 자신의 가족의 안위와 사랑이 우선하는 것이다. 그런데 크레온 왕의 이러한 이기적이며 잔인한 마음은 메데이아로 하여금 복수의 대상을 이아손만이 아닌 크레온 왕과 그 딸에게까지 확장시키게 하는 결심을 굳히게 하는 동기가 된다. 크레온 왕에 의한 강제추방 명령은 메데이아의 입장에선 다른 곳으로 망명해야만 하는 비참한 여인으로 전락하게 되는 것이기 때문이다. 이것은 이아손의 배반으로 인해 그녀에게 절망과 고통의 바다에서 그녀를 구해줄 고향과 안식처가 사라짐으로써 결과적으로 더 큰 모욕을 그녀에게 주는 것으로 이해될 수 있기 때문이다. 코로스가 노래하듯이 "고향을 잃은 것만 큼 더 큰 고통은 없는 것이다"(652~653). 그래서 메데이아는 "나는 나의 적인 아버지(크레온)과 그의 딸, 나의 남편을 시체로 만들 것이다"(374~375)라고 단호하게 말한다. 그녀의 복수의 의지는 만약 이들 모두를 함께 죽이는 데 실패한다면, 그녀는 자신이 "적들의 조롱거리가

---

33) Euripides, *Med*, 271~277.

될 것"(383)이라고 말하는 데서 분명해진다. 그녀는 희랍인들의 전통적 정의론에서 말하는 것처럼 "친구는 돕고 적은 해롭게 하는 것"[34]이 정의라는 원리에 따를 것을 다짐하는 것이다. 메데이아는 이제 크레온 왕과 그의 딸, 그리고 이아손을 싸잡아 적으로 간주하고, 이들에 대한 복수를 통해 자신의 빼앗긴 명예를 되찾고자 하는 것이다.

여기까지의 작품의 내용 전개를 놓고 볼 때 아직까지 메데이아의 분노와 복수 의지는 코러스가 말하는 것처럼 정의로운 측면이 있어 보인다. 이것은 아직까지 그녀의 자식 살해에 대한 구체적인 의지가 표현되고 있지 않기 때문이다. 그러나 메데이아가 이아손을 만나 대화하면서 그녀의 분노의 정도가 증폭되고 그 대상 역시 자식들에게까지 확장되면서 분노의 속성 역시 변화되는 것으로 보인다. 이아손을 만난 메데이아는 아이들을 버리고 새장가를 가려고 하는 이아손의 행위를 "인간의 모든 결함 중에서도 가장 최대의 파렴치"(ἡ μεγίστη τῶν ἐν ἀνθρώποις νώσων πασόν, ὦναάδειί, 471~472) 한 짓이며, 그래서 그를 가장 악랄한 적이라고 비난한다.[35] 이에 대해 작품의 530행 이하에서 이아손은 메데이아를 야만인의 세계에서 문명인이 되게 하여 정의와 법을 배우게 만들어주었다고 응답한다. 또한 메데이아가 헬라스인들로부터 영리한 여자라는 것을 알게 함으로써 명예를 갖게 해주었다고 자신을 변호한다. 이아손의 주장에 따르면 폭력과 같은 야만적인 삶 속에서 살아가야 할 야만인으로서의 메데이아는 이제 로고스(λόγος), 즉 이성에 의

---

34) 플라톤 『국가』 편에서 폴레마르코스의 정의론이 이러한 입장을 대변한다(Platon, *Pol*, 332a, 332d). Euripides, *Med*, 809~810.
35) Euripides, *Med*, 465~467.

해 살아갈 수 있는 폴리스적 동물이 되었기 때문에 자신에게 고마움을 느껴야 한다는 것이다. 이아손은 자신을 도운 메데이아에게 자신이 받은 것만큼 명예와 문명인으로서의 삶을 통해 은혜를 되갚은 것으로 대응하는 것이다.

더 나아가 이아손은 자신이 코린토스의 공주와 결혼하려고 하는 것이 자신의 개인적인 욕망과 이기심에 의한 것이 아니라고 항변한다. 무엇보다 잘살고 궁하지 않도록 단지 주어진 행운을 받아들였을 뿐이라는 것이 이아손의 주장이다. 다시 말해 혼사 문제 역시 개인적인 애정 때문에 한 것이 아니라, 메데이아 사이에서 난 자식들을 결혼을 통해 새로 태어날 아이들과 형제가 되게 함으로써 확실한 보호와 더불어 잘살게 해주려고 하기 때문에 비난해서만은 안 된다는 것이 이아손의 주장이다. 그렇기 때문에 이아손은 메데이아의 분노가 전혀 그녀에게도 자식들에게도 이롭지 않기 때문에 그녀의 분노를 삭이고, 자신의 계획에 따라 줄 것을 요구한다.

그러나 이아손과의 대화를 마친 메데이아의 분노는 더 거세지며, 그녀의 복수 의지는 더 강해진다. 메데이아가 생각하기에 이아손의 주장은 설득력이 없기 때문이다. 무엇보다 이아손이 젊은 새 신부에 대한 욕망 때문이 아니라, 아이들의 장래와 가족을 위한 유익성을 목적으로 삼고 결혼을 하려고 했다면, 그전에 메데이아와 상의하여 그녀를 설득했어야 했다. 그러나 이아손은 전혀 그러한 시도를 하지 않았으며, 이 점에서 메데이아는 이아손의 진정성을 신뢰할 수 없다는 것이다. 메데이아가 생각하기에 이아손은 새 신부에 대한 욕망과 그의 부와 지위에 대한 욕심 때문에 결혼하려고 하는 거짓말쟁이지 가장으로서의 의무를 다하려고 하는 자가 아닌 것이다. 또한 설사 이아손이 주장하는 것처럼 메데이아가 헬라스와 같은 문명인의 나라에서 살 수 있게 되고, 그래서 그녀의 이름이 알려지게 되는 명예를 갖게 되었더라도 현재의 이아손의 배신은 그녀의 명예를 다시 빼앗음으로써 그녀를 불명예스럽게 하고, 세인(世人)들의 조롱거리가 되게 하는 파렴치한 짓이기 때문이다.

여기서 우리는 이아손과 메데이아의 각각의 주장 중 어느 쪽이 절대적인 옳음을 갖고 있는지 판단하기 어렵다. 이아손이 사전에 가족의 미래를 위해 공주와 결혼하려는 계획을 메데이아와 상의하였다 할지라도 메데이아의 질투심이 없었을 것으로 말하기도 단정하기 어렵기 때문이다. 다만 어느 정도 예측할 수 있는 것은 만약 이아손이 메데이아를 동등한 권리를 갖는 진정한 부인으로 생각하고 자신의 결혼계획을 상의하였다면, 메데이아가 질투심에 눈이 멀어 자식까지 죽이려고 하지는 않았을 것이라고 추측할 수 있다. 메데이아의 분노와 복수의 대상은 크레온 왕과 그 딸 그리고 이아손에게 향할 수는 있어도, 자식까지 향하지는 않았을 것이라는 것이다. 그러나 이아손은 메데이아를 자신의 동등한 대화 상대방으로 전혀 인정하지 않는 태도를 보이며, 이것은 결국 메데이아로 하여금 이아손을 적으로 간주하게 만든다. 코러스가 말하는 것처럼 "친구끼리 사이가 나빠져 서로 미워하게 되면 치유할 길 없는 사나운 분노가 날뛰게 되는 것"(520~521)이다. 메데이아가 "우리 여자들은 태어날 때부터 선한 일에는 서투르지만 온갖 악한 일에는 가장 영리한 장인들이다"(407~409)라고 말하면서 본격적으로 그녀의 자식 살해 계획을 밝히는 것이 이를 뒷받침한다. 다시 말해 그녀는 이아손과의 대화를 마친 후 지금까지 유모나 코러스를 통해 암시되었지만, 아직까지 구체적으로 밝히지 않았던 그녀의 자식 살해 결심을 분명히 한다. 즉 이아손에게 "가장 깊은 상처를 주는 방법"(817)으로 그녀는 "나는 내 아이들을 죽일 것이다"(τέκνα γάρ κατακτενῶ, 792)라고 말한다.

이제 작품 초반에 아아손의 배신에 좌절하여 슬픔으로 죽어버릴까 생각했던 연약한 메데이아의 모습은 다르게 나타난다. 크레온 왕과 이아손과의 대화를 끝낸 후의 메데이아는 더 이상 연약하고 슬픔에 찬 여성의 모습이 아닌 것이다. 메데이아는 작품 초반에 이아손의 배신에 슬픔과 두려움에 사로잡혔던 평범한 사적(私的)인 여성의 모습에서 보다 적극적으로 자신의 손상된 명예를 되찾고자 하는 강한 남성화된 여성으로 바뀌는 것이다. 마치 우리가 앞에서 살펴본 호메로스의 작품 『일리아스』에서 명예를 빼앗긴 아킬레우스가 자신에게 가해진 부당함에 대해 강한 분노를 표출하듯이, 메데이아 역시 여성에게 억제되었던 분노를 표출하는 전사의 모습으로 탈바꿈하는 것이다. 메데이아의 이러한 전사적인 태도는 다음의 말에서 알 수 있다.

친구들이여, 이제 나는 내 적들에게 대항하여 분명히 승리하게 될 거예요. 이제는 분명 내 적들이 벌을 받게 될 것이라고 기대해요.[36]

위 인용문에 나타난 것처럼 메데이아는 아테네 왕으로부터 자신의

---

36) Euripides, *Med*, 765~767. "νῦν καλλίνικοι τῶν ἐμῶν ἐχθρῶν, φίλαι, γενησόμεσθα κεὶς ὁδὸν βεβήκαμεν, νῦν ἐλπὶς ἐχθροὺς τοὺς ἐμοὺς τείσειν δίκην"

망명이후의 보호를 약속받은 후에 크레온 왕과 그 딸 그리고 이아손을 적으로 간주하면서 그들과의 싸움에 승리할 것을 확신한다. 메데이아의 이러한 적들에 대한 분노는 그동안 남성에게만 허용되었던 분노를 표출한다는 점에서 공적(公的)인 여성의 모습으로 새롭게 등장하는 것이다. 문제는 '메데이아의 자식 살해를 통한 복수 행위를 어떻게 평가할 것인가' 하는 것이다. 사건의 전개 과정을 먼저 더듬어 보는 것이 좋을 것 같다. 앞에서도 말한 것처럼 메데이아의 자식 살해 계획은 작품의 초반에는 명확하게 제시되지 않았다. 이것은 크레온 왕이나 이아손과의 대화를 마친 후에도 아직까지 메데이아의 자식 살해에 대한 의지가 분명하게 표명되고 있지 않다는 점에서도 마찬가지다. 메데이아의 자식 살해에 대한 명시적인 언급은 아테네의 아이게우스 왕을 만나 자신의 망명지가 결정되고 난 이후 시도되고 있다는 점이다.[37] 이것은 메데이아가 이아손을 가장 고통스럽게 만들기 위한 복수로서 자식 살해 계획을 코러스에게 말하는 데서 분명해진다. 메데이아가 구상하는 복수의 전체 시나리오는 먼저 독을 묻힌 곱게 짠 옷과 황금 머리띠를 크레온 왕의 딸에게 선물로 주어 죽이는 것이다. 그런 다음에 이아손에게 가장 결정적이면서도 "가장 깊은 상처를 주는 길"(817)로 바로 이아손 사이에서 난 두 아들을 자신의 손으로 직접 죽이는 것을 택한다. 메데이아는 자식들까지 죽이는 것이 남편을 고통스럽게 하는 가장 좋은 방법으로 생각하는 것이다. 이를 실행하기 위해 메데이아는 이아손을 다시 불러 자신의 분노를 거두고 남편 말에 따를 것을 거짓 약속한다. 그

---

37) Euripides, *Med*, 765 이하 참조.

리고 이아손을 통해 공주에게 자신이 만든 독이 든 옷과 머리띠를 선물로 주면서 아이들을 추방하지 않도록 도와달라고 말하도록 한다.[38] 여기서 흥미로운 점은 메데이아의 적들에 대한 복수 방식이 기존의 아킬레우스나 오뒤세우스와 같은 남성 영웅들과는 다르다는 것이다. 이들 두 남성 영웅들은 직접 자신들이 칼과 화살을 잡고 적을 향해 돌진하여 죽였지만, 메데이아는 옷에 독약을 묻혀 죽이는 여성적인 방식을 이용한다는 것이다. 일종의 그녀가 갖고 있는 마법적 힘을 이용하여 적들을 죽이는 것이다.

이러한 메데이아의 자식 살해 방식과 관련하여 우리가 던질 수 있는 물음은 '그녀의 자식 살해 행위가 그녀도 어떻게 할 수 없는 복수심에 불탄 분노의 감정에 의한 것인지, 아니면 이성적인 숙고를 통한 살인의 의도성이 전제되어 이루어진 것으로 보아야 하는지'의 여부이다. 이와 관련하여 메데이아의 다음의 유명한 독백을 분석할 필요가 있다.

나는 내가 어떤 악한 짓을 하려는지 알고 있다. 그러나 나의 분노(θυμός)가 나의 이성적인 숙고(βούλευμα) 보다 더 강하다. 분노야 말로 인간들에게 가장 큰 재앙의 원인이로다.[39]

위 인용문에서 메데이아는 자신이 어떤 악한 짓을 하려는지 알고 있음을 분명히 한다. 그러나 그녀의 튀모스(θυμός), 즉 분노가 이성적

38) 위 부분과 관련해선 Euripides, Med, 784~790, 866 이하 참조.
39) Euripides, Med, 1078~1080. "καὶ μανθάνω μὲν οἷα τολμήσω κακά, θυμος δὲ κρείσσων τῶν ἐμῶν βουλευμάτων, ὅσπερ μεγίστων αἴτιος κακῶν βροτοῖς"

인 숙고보다 더 강하기 때문에 자식을 죽일 수밖에 없는 것으로 말한다. 그러면 메데이아는 그녀의 이아손에 대한 복수의 분노가, 어머니로서 자식들을 죽여서는 안 된다는 이성적인 판단보다 더 강하게 작용했기 때문에 어쩔 수 없이 자식을 죽이는 행위를 범한 것인가? 플라톤이 말하는 것처럼 이성과 욕구가 다투다가 결국 복수의 욕구가 이긴 경우로 보아야 하는가? 만약에 메데이아가 비이성적인 복수의 욕구가 이성보다 강하여 자식을 죽여서는 안 된다는 이성의 원리를 견지하지 못한 경우로 본다면, 메데이아는 욕구에 진 아크라테스(akrates)라고 말할 수 있다. 플라톤의 마부와 두 마리 말의 비유를 고려한다면, 이성을 상징하는 마부가 욕구의 검은 말을 통제하지 못한 경우라고 말할 수 있다. 작가 에우리피데스는 과연 메데이아의 자식 살해와 같은 사악한 행위를 그녀의 광기적인 분노에 의해 이루어진 것으로 보게 하려는 것일까?

학자들의 이에 대한 해석은 다양하게 제시된다. 먼저 스넬(Snell)은 메데이아의 영혼이 튀모스(θυμός)와 불레우마타(βουλευμάτα)의 대립으로 보면서, 이것을 비이성적인 감정(passion)과 이성(reason)과의 대립으로 본다.[40] 이때의 튀모스는 자식을 살해하려는 분노심이며, 불레우마타는 모성애에 근거한 자식을 죽이지 않으려는 합리적인 숙고라고 말할 수 있다. 스넬의 해석을 따르게 되면, 결국 메데이아의 자식 살해는 '애들의 엄마로서 자식들을 죽여서는 안 된다'는 합리적인 숙고가 이아손에 대한 복수로 가득 찬 튀모스적 분노심을 통제하지 못하여 일어나게 된 행위가 된다. 즉 메데이아는 과도한 충동적 분노심에 휩싸

---

40) B. Snell, *Scenes from Greek Drama*, Univ. of California Press, 1967, pp. 52~55 참조.

여 자식을 죽이는 자제하지 못하는 어리석은 자가 되는 것이다. 그러나 스넬이 주장하는 것처럼 메데이아의 자식 살해 행위가 이성 대(對) 비이성적인 분노심의 단순한 대립구도로 이해될 수 있는지는 의심스럽다. 이와 관련한 다른 학자들의 견해를 좀 더 살펴보는 것이 좋을 것 같다.

먼저 후기 스토아 철학자인 세네카(Seneca)는 그의 『분노에 관하여』(De ire)에서 이때의 메데이아의 분노를 이성에 복종하지 않은 정념으로 간주한다.[41] 그는 분노의 정념을 세 단계의 운동으로 구분하면서,[42] 메데이아의 분노를 세 번째 단계인 이성에 대한 불복종의 단계에 해당되는 것으로 본다. 다시 말해 메데이아는 '복수는 적합한 행위가 아니다'라고 판단해놓고서도 그러한 올바른 판단을 따르지 않음으로써 분노의 정념을 "표출"(efferantur)한다는 것이다. 따라서 메데이아는 두 번째 단계의 올바른 이성에 의한 적합한 판단 과정을 거치고서도 이성에 불복종하는 아크라시아적인 행위를 범하는 것이다. 이 단계는 마치 연인들이나 성난 사람들이 그것이 잘못된 것이거나 또는 이익이 되지 않는다 할지라도, 즉 "그것이 무엇이건"(utique) 복수를 해야겠다는 정념이 "이성을 이기는"(evicit rationem) 경우다. 이성에 의해 분노의 정념이 "통제되지 않는"(impotens) 아크라시아가 일어나는 단계다.

갈렌(Galen) 역시 메데이아의 자식 살해라는 비정상적인 행위는

---

41) 상술한 세네카와 갈렌, 크리시포스와 질(Gill)의 견해는 손병석, 「무정념: 현인에 이르는 스토아적 이상과 실천」, 『철학연구』, 80집, 2008, pp. 45~54에서 부분적으로 재인용.

42) Seneca, De ire, 2.4.1. 이 구분에 따르면 영혼의 첫 번째 운동은 "전(前)정념"(desiderium naturae, προθυμία)이고, 두 번째 단계는 "적합한"(oportet) 반응이고, 그리고 세 번째 단계는 아크라시아(impotentia, ἀκρασία)와 같은 정념의 불복종이 일어나는 단계다.

어디까지나 그녀의 이아손에 대한 복수의 정념이 이성을 "거부"(ἀ ποστροφή)하거나 이성에 "불복종"(ἀπειθές) 함으로써 생긴 현상으로 본다. 즉 플라톤의 영혼 삼분설을 통해 알 수 있듯이 이성과 욕구가 서로 싸우다가 "복수의 욕구가 이성보다 더 강했다"(ὁ θυμὸς ἰσχυρό τερος τοῦ λογισμοῦ)는 것이다.[43]

그러나 초기 스토아 철학을 대표하는 크리시포스는 메데이아의 분노를 다르게 해석한다. 크리시포스가 보기에 메데이아의 경우는 갈렌이 해석하는 것처럼 이성과 정념 사이의 두 부분의 갈등이 아니다. 그것은 이성의 척도에 따른 올바른 의욕과 그것을 거부코자 하는 이성의 척도를 벗어난 과도한 의욕, 즉 두 판단의 대립으로 보아야 한다는 것이다. 이런 점에서 정념은 이성에 따른 의욕과 이성이 결여된 과도한 의욕 사이의 영혼의 "동요"(πτοία)를 내포하고 있다. 이것은 "정념의 발생 원인(γένεσις)은 두 판단 사이의 갈등 속(ἐν τῷ μάχεσθαι)에 있다" 또는 "영혼의 질병과 정념은 두 판단이 서로 불일치(ἀνομολογία) 할 때 일어난다"[44]라는 크리시포스의 말을 통해서도 알 수 있다. 다만 크리시포스는 이러한 영혼의 진동 내지 동요가 너무 빨라서 우리의 영혼이 이것을 인지하지 못한다고 보는 것이다. 그러나 이러한 영혼의 동요는 크리시포스에게 본질적으로 하나의 지평, 즉 이성적인 부분에서

---

43) Galen, *PHP*, 4.2.8, 4.2.18. 또한 *SVF*, I. 205~206 참조. 이런 이유로 갈렌은 크리시포스가 정념을 한편으론 판단으로 규정하면서, 다른 한편으론 "비이성적이고 자연스럽지 못한 영혼의 움직임"(ἄλογος τε καὶ παρὰ φύσιν κίνησις ψυχῆς)과 "과도한 의욕"(πλεονάζουσα ὁρμή)으로 정의 내리는 모순된 입장을 보여준다고 비판한다(Galen, *PHP*, 4.2.8, 4.2.18. 또한 *SVF*, I. 205~206 참조).

44) Galen, *PHP*, V.4.10, V.4.14.

발생하는 두 양태에 불과한 것이다.[45] 크리시포스에게 있어 그러한 판단의 동요는 메데이아와 같은 "약한 의견"(ἀσθενής δόξα)을 가진 아크라테스의 영혼 속에서 시간의 경과에 따라 나타나는 현상으로 이해될 수 있다. 크리시포스에게 메데이아는 모성애에 따른 올바른 의욕적 판단과 그것에 상반된 이아손에 대한 복수에의 과도한 의욕적 판단 사이에서 전자의 이성적 판단을 견지하거나 보존하지 못한 연약한 영혼의 소유자이기 때문이다.[46]

그렇다면 질(Gill)이 말하는 것처럼[47] 메데이아의 분노의 정념은 어디까지나 이성적인 인간이 이러한 상황에서 어떻게 할 것인가에 대한 인지된 또는 "숙고된 거부"(the deliberate rejection)로 보는 것이 타당하다. 즉 메데이아의 복수에의 분노는 단순히 이성의 정념이나 격정에 대한 패퇴보다는 거부된 이성에 대한 메데이아의 분명한 인지적 판단이 전제된 과도한 의욕이라는 것이다.[48]

---

45) 그런데 여기서 오해되지 말아야 할 것은 크리시포스가 '하나의 동일한 이성이 두 측면 내지 방향으로 나아간다'라고 할 때, 이것이 동시에 이루어지는 것으로 이해되어서는 안된다는 것이다. 이미 플라톤이 말한 것처럼(Platon, *Pol*, 436b~439e). 단일한 영혼이 동시에 동일한 대상에 대해 상반된 판단을 내릴 수는 없기 때문이다. 그렇다면 이때의 동요는 공시적인 것이 아닌 통시적인 것으로 이해되는 것이 크리시포스의 진의에 가까울 것이다. 다시 말해 '물을 과도하게 마실 것인가' 아니면 '적당하게 마실 것인가'의 두 판단 중 어느 것이 적합한 행위인가에 대한 행위자의 동요는 그의 영혼의 부분들이나 상반된 기능들 사이에서 동시에 일어나는 것이 아니다(손병석, 2008, p. 54에서 재인용. M. D. Boeri, "Socrates and Aristotle in the Stoic Account of Akrasia", *Metaphysics, Soul, and Ethics in Ancient Thought*, R. Sallas(ed.), Oxford Univ. Press, 2005, pp. 396~397).

46) Galen, *PHP*, Ⅳ. 5.13~5.14, Ⅳ. 6.13, Ⅳ. 6.15~6.16.

47) C. Gill, "Did Chrysippus understand Medea?", *Phronesis*, vol. 28, 1983, p. 142.

48) 이와 관련해선 Galen, *PHP*, Ⅳ. 6.19 참조.

상술한 것을 종합할 때 우리는 메데이아의 분노를 단순히 이아손의 배신에 눈이 멀어 광기에 찬 충동적 분노로 자식을 살해하는 경우로 보기 어렵다. 그것은 먼저 메데이아의 자식 살해가 처음의 모호했던 계획에서 점차 크레온 왕과 이아손 그리고 아이게우스 왕을 만나면서 구체화되기 시작했다는 내용 전개에서 알 수 있다. 크레온 왕의 강제추방 명령과 이아손의 뻔뻔한 자기변호에 메데이아는 적들에게 최대의 고통을 주기 위한 방법의 일환으로 자식 살해까지 생각하게 되는 것이다. 그녀는 특히 아테네에서 온 아이게우스 왕을 만나 자신이 아테네로 피신하여 보호받을 수 있음을 분명하게 약속받은 후 직접적인 자식 살해에 대한 결심을 굳힌다. 작품 초반에서 유모나 코러스를 통해 잠재적으로 암시되었던 자식 살해가 작품 중반 이후에는 구체적인 계획을 통해 실행에 옮기게 되는 것이다. 따라서 위에서 인용한 메데이아의 독백은 그녀 자신이 자식 살해가 어떤 의미를 갖는지에 대한 분명한 인지가 이루어진 상태에서 시도되는 것으로 볼 수 있다. 자식을 죽이면서 어머니로서의 자식에 대한 모성애적 에로스와 이아손에 대한 분노 사이에서 메데이아가 동요하고 있는 것은 사실이지만, 그녀의 분노는 사태에 대한 분명한 인지를 반영하고 있는 것이다.

그렇기 때문에 그녀의 자식 살해는 복수의 광기가 잠깐 동안 이성의 눈을 멀게 하여 이루어지는 비이성적인 행위로 보기 어렵다. 그녀의 분노는 철저한 계획 속에서 이루어지는 단호한 복수의 결행(決行)인 것이다. 이런 점에서 메데이아의 자식 살해는 청중의 전율을 일으키기에 충분하다. 작품 초반에 메데이아의 분노와 그녀의 복수 의지에 지지를 표했던 코러스의 여인들이 작품 중반 이후에 입장을 바꾸어 메데이아의 자식 살해 계획을 부정적으로 평가하는 것도 이러한 맥락에서 이해할 수 있다. 이것은 코로스가 메데이아의 자식 살해를 향한 그녀의 분노가 지나침을 알고 대지의 여신과 메데이아 자신의 조상신인 태양신을 불러 그녀의 행위를 중지해줄 것을 기도하는 데서 알 수 있다. 즉 코로스는 아폴론에게 '잔인하고 살의에 찬 분노의 여인을 저지하여 그녀를 악령에게 고통받고 있는 이 집으로부터 내쫓아 줄 것'(1258~1260)을 간구한다. 그래서 코로스는 메데이아를 향해 "오, 참으로 불운한 여인이여"(1274)라고 한탄하면서, "돌이나 쇳조각"(1280)과 같은 마음을 가졌다고 말한다. 코로스는 남편 이아손에게 가장 치명적인 고통을 주는 효과적인 방법이 자식을 죽이는 것이라고 주장하는 메데이아에게 그녀의 그러한 자식 살해 행위가 그녀를 "가장 비참한 여인"(ἀθλιωτάτη γυνή, 818)으로 만들 것이라고 힘주어 만류한다. 작품 초반에 메데이아의 분노를 정의로운 것으로 간주하고 그녀에 대한 지지를 표했던 코로스는 이제 메데이아에 대한 연민의 정을 더 이상 느끼지 않는다. 그래서 코로스는 다음과 같이 말한다.

어떻게 신성한 강들의 도시가, 친구들을 안전하게 호송해주는 나라가 제 자식들을 죽인 그대를, 경건한 이들 사이에서 경건하지 못한 그대를 맞아 주겠어요? 생각해보세요, 자식들에 대한 가격을! 생각해보세요, 그대가 어떤 살인 행위를 꾀하고 있는지! 그대의 두 무릎을 잡고 우리 모두 빌고 있어요. 제발 아이들을 죽이지 마세요.[49]

---

49) Euripides, *Med*, 846~855.

위 인용문에서 코러스의 여인들은 메데이아에게 자식 살해 계획을 재고하기를 간청한다. 자식을 죽이는 행위는 결코 경건한 행위가 아니기 때문에 신과 인간들의 호의를 얻을 수 없기 때문이다. 코러스가 생각하기에 자식을 죽이는 행위는 어머니로서 생각할 수 없는 "끔찍한"(δεινός, 859) 일인 것이다. 결국 코러스에 의해 처음에 정의로운 것으로 간주된 메데이아의 분노는 이제 무자비하고 용서가 없는 비자연적인 살인 행위를 야기하는 정당화될 수 없는 감정으로 평가되는 것이다. 그녀의 자식 살해는 자연적이며 정상적인 의미에서의 응징적 정의의 실현으로 보기 어렵게 되는 것이다.

그러나 코러스의 간절한 만류에도 불구하고 메데이아의 반응은 부정적이다. 그녀는 자신이 앞에서 말한 것처럼 "우리 여자들은 고상한 행동들을 수행할 수는 없으나, 모든 종류의 해를 가할 수 있는 그러한 숙련된 고안자인 여성으로 태어났음"(407~409)을 직접 보여준다. 메데이아는 자식 살해의 의지가 약해질 순간에 자신을 다잡기 위해 말한다. "비겁자가 되지 말고, 아이들 생각은 하지 말아라."(1246) 이것은 메데이아의 튀모스가 단순히 분노의 복수심에 눈이 멀어 이루어진 것으로 보기 어렵게 한다. 그녀의 자식 살해를 향한 튀모스는 의도적이면서도 숙고된 계획 속에서 이루어지고 있기 때문이다. 그녀의 분노는 고상한 튀모스가 아닌 저열한 튀모스의 특성을 보여주는 것이다.[50] 결국 그녀의 의도적이면서도 인지된 분노에 의한 자식 살해 행위는 청중들에게 혐오감을 불러일으키며, 더 이상의 지지를 받기 어렵게 한다.

---

50) A. Tessitore, "Euripides' Medea and the Problem of Spiritedness", *The Review of Politics*, Vol. 53/4, 1991, p. 595.

결과적으로 메데이아는 자식 살해를 통해 자신의 목표를 성공적으로 성취한 것으로 볼 수 있다. 이것은 이아손이 "여자여, 너는 나를 파괴하였다!"(ἅς μ' ἀπώλεσας, γύναι, 1310)라고 말하는 것에서 알 수 있다. 공주가 죽은 것은 이아손에게 부차적인 상처를 주지만, 아이들이 죽은 것은 이아손에게 치명상을 주었기 때문이다. 이제 이아손은 메데이아에게 복수하기를 원하지만(1316), 그가 할 수 있는 것은 고통을 느끼는 것뿐이다. 이아손의 고통이 증가할수록 메데이아의 고통은 경감된다는 점에서 메데이아의 분노는 복수의 달콤함을 만끽하는 것이다. 이렇듯 『메데이아』 작품은 처음부터 끝까지 메데이아의 분노로 시작해서 그녀의 분노의 완성으로 끝난다. 이아손에 대한 그녀의 에로스는 이아손의 배신에 의해 분노의 감정으로 바뀌었고, 결국 사랑했던 이아손을 파괴시키고 코린토스라는 한 나라를 파멸로 이끌었다. 그녀의 분노는 그녀의 손을 더 이상 어머니의 손이 아닌 자식을 살해하는 비수를 든 피 묻은 손으로 변화시킨다. 그녀의 분노는 폭풍처럼 모든 것을 집어삼킨 것이다. 그렇기 때문에 메데이아의 분노에 대한 처음의 청중의 연민은 그녀의 파괴적이고 폭력적인 분노에 공포감을 느끼는 것으로 바뀐다.

그러면 우리는 작품 『메데이아』에 나타난 메데이아의 분노를 어떻게 평가할 수 있을까? 나는 이 작품에서 우리가 주목해야 할 점이 기본적으로 메데이아의 분노가 남성의 분노가 아닌 여성의 분노라는 데 있다고 본다. 이것은 메데이아의 자식 살해 행위가 사회·정치적 측면에서 조명되어야 할 필요가 있다는 것이다. 앞에서 말한 것처럼 메데이아의 자식 살해는 의도적으로 이루어진 비자연적 행위라는 점에서 정당화되기 어려운 것으로 볼 수 있다. 그러나 이러한 자식 살해를 통한 이아손에 대한 메데이아의 분노와 그에 따른 복수가 단순히 한 가족 내에서의 남녀의 치정(癡情)에 관련된 이야기로 한정되어 이해되는 것은 곤란하다. 이것은 에우리피데스가 메데이아를 단순히 잔인하면서도 사악한 여성의 전형으로 만들기 위한 목적을 갖고 작품을 쓴 것이 아니라고 생각되기 때문이다. 우리가 주목해야 할 점은 지금까지의 분노의 주체는 한결같이 남성이었음에 반해 메데이아의 분노는 여성의 분노라는 점이다. 메데이아의 분노가 함의하는 사회·정치적 의미를 염두에 두어야 하는 이유가 여기에 있다.

먼저 메데이아의 분노는 여성에게 남성과의 결혼은 불평등한 조건 하에서 이루어짐으로써 여성의 불평등과 부자유에 대한 항변을 대변한다. 여성은 아리스토텔레스가 말하는 것처럼 일생에 걸쳐 가정에서만 활동이 이루어진다. 오직 한 남성만 바라보면서 요리를 하거나 천을 짜거나, 가축을 키우거나 아이를 돌보는 일에 국한된다. 그러나 온전한 의미에서 여성의 가정에서의 역할과 활동은 그 가치를 정당하게 인정받지 못한다. 이러한 여성의 보편적인 불행한 운명에 대한 항변과 분노는 다음과 같은 메데이아의 목소리를 통해 단적으로 표현된다. "남자들은 자기들이 창을 들고 싸우는 동안 우리는 집에서 아무 위험 없이 안전하게 살고 있다고 말한다. 바보 같은 소리! 나야말로 한 번 아이를 낳느니 차라리 방패를 들고 세 번 싸움터에 뛰어들고 싶다."(248~251) 메데이아는 여성의 목소리(vox)가 공적 영역에서는 침묵당하고 있으며, 그렇기 때문에 여성은 온전한 의미의 자율적이며 평등한 존재가 아님을 항변하는 상징적 인물인 것이다.

메데이아의 분노는 또한 이아손이 메데이아를 두고 오직 "잠자리" 에만 관심을 가진(569~573) 존재라고 비난하는 것처럼 남성 중심적인 편협하고 왜곡된 가부장적 사고에 대한 비판이다. 남성 중심적인 사회에서 여성의 덕은 오로지 가정에서 벌처럼 부지런히 일하고, 남편 말에 순종하는 것이다. 여성은 남편에게 분노해서는 안 되는 것이다. 이에 대해 에우리피데스는 메데이아를 통해 아테나 여성들의 잠재된 욕망, 즉 남성의 권위와 그것을 정당화하는 가부장적 지배질서라는 사회구조에 도전하며 여성의 권리와 평등을 주창하는 혁명적인 여성상을 제시하고자 한 것으로 볼 수 있다.[51]

4. 아리스토파네스의 『뤼시스트라테』에 나타난 여성의 분노

아리스토파네스의 희극작품 『뤼시스트라테』 역시 앞의 『메데이아』 와 함께 여성의 분노를 이해할 수 있게 한다는 점에서 검토될 필요가 있다. 주인공인 뤼시스트라테와 작품에 등장하는 많은 여성들은 기존의 가부장적 사회구조 속에서 정치와 같은 공적 영역에서 여성의 목소리를 제대로 내지 못한 것에 대한 여성의 분노를 단적으로 보여주고 있기 때문이다. 나는 플라톤이 이상국가 건설에서 이성을 소유한 여성의 '철학자 왕' 가능성을 이론적으로 제시하였다면, 아리스토파네스는 뤼시스트라테를 철학자-여왕(philosopher-queen)에 부합하는 통

---

51) Domnica Radulesch, "The Tragic Heroine: Medea and the Problem of Exile", *Nature, Women, and the Art of Politics*, E. A. Velasquez, Lanham: Rowman & Littlefield, 2000, p. 21.

치자 모델로 삼아 그 역할을 수행하는 인물로 제시한 것이 아닌가 생각한다.[52] 이런 관점에서 우리는 아리스토파네스가 뤼시스트라테와 같은 한 여성을 통해 여성 역시 얼마든지 남성 못지않게 정치적 통치능력을 발휘할 수 있음을 보여줌으로써, 남성들의 전유물이었던 정치적 통치능력을 조롱하고 비판하고자 한 것으로 볼 수 있다.

『뤼시스트라테』는 아리스토파네스의 현존하는 11편의 희극작품 중 하나다. 이 작품은 기원전 411년경에 처음 상연되었고, 2차 펠로폰네소스 전쟁(기원전 431~404)이 끝나가는 즈음을 시대적 배경으로 가진다. 이 작품 속의 주인공인 뤼시스트라테는 아테네 여성으로서 그녀의 남편을 포함한 아테네 남성들의 계속적인 전쟁에 싫증을 내면서 여성으로서의 분노를 갖는 여성이다. 그래서 뤼시스트라테는 아테네의 여성들뿐만 아니라, 적국 라이벌인 스파르타의 여성들을 포함한 헬라스의 모든 국가들의 여성들을 설득하여 남성들만의 전쟁을 종식시키고자 한다. 이를 위해 그녀가 동료 여성들에게 제안한 것이 섹스파업(sex strike)이다. 즉 아내들로 하여금 남편들이 '전쟁 종식안'을 수용하기 전까지는 남편과의 섹스를 거부하자는 것이다. 그러나 이러한 뤼시스트라테의 제안이 처음부터 여성들의 호응을 얻은 것은 아니다. 작품의 시작 부분에서 헬라스 전체의 구원이 여자들 손에 달려있다는 뤼시스트

---

52) 본 저술에서는 다루지 못하지만 아리스토파네스의 또 다른 작품 『민회의 여인들』 (Ekklesiazousai) 역시 이런 점에서 흥미로운 작품이다. 이 작품에서 주인공 프락사고라 (Praxagora)와 동료 여성들은 민회에 남성으로 변장을 하고 들어가 모든 권력을 남성들로부터 여성들에게 이양한다는 결정을 통해 남녀 간의 절대평등을 실현하고자 한다. 물론 이러한 극단적인 평등이 실현된 사회를 아리스토파네스가 이상적인 나라로 보았는지에 대해서는 부정적인 해석이 가능하다.

라테의 말에, 대화 상대자인 여성 칼로니케(Kalonike)는 여자들이 어떻게 그런 일을 해낼 수 있느냐고 반문한다. 칼로니케는 여자들이 화려한 옷을 입고 화장을 하고 비단구두를 신고서 집안에만 있는데, '어떻게 전쟁을 중지시키고 헬라스를 구하는 원대하면서도 숭고한 일을 해낼 수 있겠는가'라는 강한 의문을 제기하는 것이다.[53] 이에 대해 뤼시스트라테는 바로 그러한 여성의 매력과 특성을 역이용하자고 제안한다. 즉 여자들이 사치스러운 옷과 장식을 걸치거나 가슴과 다리를 매혹적으로 만들어 남자들을 유혹하여 목적을 달성할 수 있다는 것이다.[54] 요컨대 뤼시스트라테의 생각은 여자는 남성하고 잠자리나 함께하려는 순전한 욕정덩어리라는 여성에 대한 남성들의 개념을 역이용하자는 것이다. 이것은 작품에서 실제로 여성들이 섹스파업을 진행하면서 이에 동참한 여성 뮈르리네(Myrrhine)가 남편 키네시아스(Kinesias)를 한편으론 유혹하면서 다른 한편으론 평화협정에 서명하도록 이끄는 예에서 잘 나타난다.[55] 이렇게 뤼시스트라테는 헬라스 전역에 자신의 제안을 전달하기 위한 전령을 보내는 한편 늙은 여인들로 하여금 아크로폴리스를 점령하여 그곳에 보관되어 있는 전쟁자금을 빼앗도록 한다. 다시 말해 뤼시스트라테의 전략은 한편으론 헬라스의 모든 여성들에게 '성파업'을 벌이도록 하고, 다른 한편으론 늙은 여성들에겐 아테네의 제물이 보관되어 있는 아크로폴리스를 점령하여 군자금을 장악하도록 작전을 짜는 것이다. 요컨대 남성들의 전쟁의 근원인 섹스와 돈을 차단

---

53) Aristophanes, *Lys*, 42~45.

54) Aristophanes, *Lys*, 46~48.

55) Aristophanes, *Lys*, 865~951 참조.

시키는 것이다.

그런데 여기서 우리가 주목해야 할 점은 뤼시스트라테가 여성들의 성적인 매력을 순전히 정치적 목적을 위해 이용하고자 한다는 점이다. 섹스파업을 이용해 남편들로 하여금 평화협정에 서명하도록 정치적으로 이용한다는 것이다. 그러나 만약 뤼시스트라테가 마치 여전사족인 아마조네스(Amazones)처럼 섹스파업이 아닌 범여성 군대를 조직하여 남성들과의 전쟁에서 승리하였다면 어떻게 될까? 아마도『뤼시스트라테』는 희극작품이 아닌 한 용감한 여전사의 무용담을 다룬 판타지 범주에 속하는 작품에 그쳤을 것이다. 이 작품이 우리의 관심이 될 수 있는 이유는 바로 뤼시스트라테가 폭력이 아닌 섹스파업이라는 여성적인 방식을 통해 남성들의 폭력적인 전쟁을 종식시키고자 시도했다는 점이다. 특히 뤼시스트라테는 평화를 성취하기 위해 오이코노미케(οἰκονομικη), 즉 가정 경영술을 정치 영역에 적용한다. 이것은 무엇보다 직조술을 정치적 문제에 적용하는 데서 알 수 있다.

실타래가 헝클어지면 이렇게 잡아 가지고 물레로 실을 조심스럽게 끌어당겨서 이쪽저쪽으로 가르듯이, 우리는 이 전쟁도, 그대들이 허락해준다면, 이쪽저쪽으로 사절들을 보내 해결해 보려고 해요. …… 그대들에게 조금이라도 지각이 있었더라면 모든 국사를 우리는 양털 다루듯이 했을 것이오.[56]

---

56) Aristophanes, *Lys*, 566~570.

우리가 이미 앞에서 살펴본 것처럼 아리스토텔레스는 여성의 숙고 능력을 가정의 영역에 제한시킬 것을 주장한다. 정치적 영역에선 여성의 숙고능력은 약화되기 때문이다. 그러나 아리스토파네스는 아리스토텔레스의 이러한 생각에 정면으로 반대한다. 위 인용문에 나타난 것처럼 뤼시스트라테는 오히려 가정에서 여성의 본래적인 일인 베 짜는 기술이 정치적 문제를 해결하는 데도 얼마든지 적용될 수 있음을 주장하고 있기 때문이다. 아리스토파네스는 여성이 가정에서 발휘하는 직조술을 정치적인 문제를 푸는 데도 적절하게 이용할 수 있음을 다음과 같이 묘사한다.

먼저 양털을 물에 담가 양의 오물을 씻어내듯, 그대들은 도시에서 악당들을 털어내고 엉겅퀴들을 가려내야 해요. 그리고 함께 들러붙는 자들과 관직을 노리고 모전처럼 응결되는 자들은 빗어내고 그 끄트머리들은 뽑아버려야 해요. 그런 다음 모두를 상호간의 선의라는 바구니 안에 빗어 넣되 재류외인들과 동맹자와 나라의 친구도 한데 섞어야 하며, 누가 나라에 빚을 졌더라도 이들도 섞어 넣어야 해요. 그리고 제우스에 맹세코, 이 나라의 식민지인 도시들도 여기저기 떨어져 있긴 하지만 그대들을 위한 양털이라는 걸 알아두시오. 이들을 전부 모아 가지고 여기에 한데 쌓아놓으세요. 그런 다음 큰 양털실뭉치를 만들어 거기서 백성들을 위해 외투를 짜도록 하세요.[57]

---

57) Aristophanes, *Lys*, 575~586.

위 인용문에서 뤼시스트라테는 폴리스 전체를 통치하기 위한 모델로 양털을 다루는 방식을 제시한다. 그것은 양털을 담가 오물을 씻어내듯이 도시에서 악한 사람들을 가려내어 몰아내야 하는 것이다. 또한 그러한 자들에 들러붙어 관직을 차지하고자 하는 자들 역시 모전(毛氈)처럼 빗어서 끄트머리를 뽑아버리는 것이다. 뤼시스트라테의 주장에 따르면 여기저기 떨어져 있는 식민도시들은 양털과 같은 것으로서 이들 모두를 한데 모아야 한다. 그렇게 해서 큰 양털실뭉치를 만들어 좋은 외투를 짤 수 있는 것처럼 시민들 모두를 위한 좋은 폴리스가 건설될 수 있다는 것이다. 오뒤세우스의 부인인 페넬로페가 사적인 영역에서 실을 짠 여성이라면, 뤼시스트라테는 공적인 영역에서 정치적 삶의 실을 짜려고 한 여자인 것이다. 그러면 이러한 아리스토파네스의 직조술을 통한 정치술의 발휘는 과연 설득력이 있는 것으로 볼 수 있을까?

여기서 우리는 여성의 최고 통치자 교육을 인정한 플라톤의 또 다른 작품 『정치가』 편의 직조술을 살펴보는 것이 도움이 될 것 같다. 플라톤에 따르면 직조술은 날실과 씨실을 엮어 하나의 직물로 짜내는 기술이다.[58] 직조술은 서로 엇갈리는 방향으로 움직이는 날실과 씨실을 조화롭게 결합시켜 완전한 직물로 만드는 기술이다. 플라톤이 훌륭한 통치자 또는 철학자 왕이 소유하고 발휘해야 할 통치술을 직조술의 비유를 통해 말하는 목적은 분명하다. 그것은 국가의 참된 수호자 내지 통치자는 서로 대립하고 갈등하는 의견이나 주장들을 조화롭게 만들어야 함을 강조하기 위한 것이다. 날실과 씨실이라는 대립적인 것들을 조

---

58) Platon, *Politikos*, 281a~283b 참조.

화롭게 결합시킬 때 하나의 완전한 옷을 만들 수 있는 것처럼 반목하고 싸우는 공동체의 구성원들을 조화와 단합으로 정향시킬 때 참다운 통치술이 발휘되는 것이다. 이처럼 플라톤에 따르면 직조술의 방식은 정치술의 발휘에도 유용하게 활용될 수 있다.

직조술을 통한 정치가의 정치술 발휘에 관한 플라톤의 설명은, 아리스토파네스의 직조술 비유가 얼마만큼 그의 통찰력을 보여주고 있는지를 여실히 보여준다.[59] 물론 뤼시스트라테의 직조술 비유를 통한 정치술 설명에 아테네의 남성 관리는 양털실을 만드는 것이 전쟁과 하등 관계가 없다고 비아냥거린다. 이에 대해 뤼시스트라테는 여성들이 전쟁과 아무 상관이 없는 것이 아님을 항변한다. 하나는 무엇보다 여성들이 가정에서 아들을 낳아 전쟁터로 보내는 역할을 맡고 있다는 점에서, 다른 하나는 전쟁 때문에 여성들이 독수공방하고 있다는 것이 그것이다.[60] 또한 뤼시스트라테가 여성의 가정에서의 경영술을 통한 앎을 통해 공적 업무를 효과적으로 잘 수행할 수 있다고 보는 생각은 아크로폴리스의 군자금 관리에도 그대로 적용된다. 나이든 여자들이 아크로폴리스의 금고를 능히 잘 관리할 수 있는 능력이 바로 여성이 가정의 살림경영술에서 익혀 배운 기술(know-how)과 같기 때문이다.[61] 아리스토텔레스가 생각하는 것과 달리, 아리스토파네스는 여성의 가정에서의 훌륭한 숙고능력은 정치와 같은 공적 업무를 수행하면서 약화되는

---

59) M. S. Lane, *Method and Politics in Plato's Statesman*, Cambridge Univ. Press, 1998, pp. 170~171.

60) Aristophanes, *Lys*, 587~593 참조.

61) Aristophanes, *Lys*, 494~495.

것이 아니라 오히려 더 탁월하게 그 역량을 발휘할 수 있는 것으로 보는 것이다.

그러면 작품 속에 등장하는 뤼시스트라테를 포함한 희랍 여성들이 전쟁을 중지시키는 것과 같이 정치적 문제에 참여하는 것을 어떻게 이해할 수 있을까? 아리스토파네스는 『뤼시스트라테』 작품을 통해 무엇을 말하고자 한 것일까? 이러한 물음에 우리는 공적 영역에서 당시의 희랍 여성들의 소외에 초점을 맞출 필요가 있다. 이것은 뤼시스트라테가 지금까지의 전쟁이 남성들의 전쟁이었고, 그러한 남성들의 전쟁에서 여성들의 의견을 담은 소리가 철저하게 무시당했음을 비판하는 데서 잘 나타난다. 그녀는 그동안 여성들이 정치와 같은 공적인 토론에서 철저하게 소외당해왔음을 다음과 같이 말한다.

전에는 전시인 만큼 그대들 남자들이 무슨 짓을 하던 우리는 꾹 참았지요. 여자들이란 원래 얌전한 법이니까요. 그대들은 우리더러 불평도 못하게 했으니까요. 그렇다고 그대들이 우리의 마음에 들었던 것은 아니에요. 우리는 그대들의 형편을 잘 알고 있었고, 집안에서 가끔 그대들이 중대한 일을 잘못 결정했다는 소문을 듣곤 했지요. 그러면 우리는 마음이 괴로워도 웃음을 지어 보이며 물었지요. "오늘 민회에서 휴전조약과 관련하여 불기둥에다 무엇을 써넣기로 결정하셨나요?" 그러면 "그게 당신과 무슨 상관이오?" 하고 남편은 말했어요. "닥치지 못해!" 그러면 난 입을 다물곤 했지요. …… 그런데 얼마 뒤에 우리는 그대들이 저번보다 더 나쁜 결정을 내렸다는 말을 들었어요. 그래서 우리는 또 물었지요. "여보, 왜 자꾸 그런 어리석은 정책을 고집하시오?" 그러면 그 이는 대뜸 나를 노려보며 말하곤 했지요. "실이나 짜, 머리를 얻어맞아 크게 비명을 지르고 싶지 않거든! 전쟁은 남자들의 소관이야.'[62]

위 인용문에서 뤼시스트라테는 전쟁에 관한 남성들의 공적인 정책 결정에서 여성은 지금까지 철저하게 소외당해왔음을 지적한다.[63] 남성들은 합리적인 판단을 통해 전쟁에 관한 더 나은 결정을 하지 않고 지금까지 계속적으로 전쟁만 해왔다는 것이다. 그래서 여성들이 그러한 남성들의 공적인 사안에 대한 잘못된 결정을 걱정하면서, 사태를 알려고 할 경우 남성들은 크게 화를 내거나 여성들을 꾸짖었다는 것이다. 그러나 뤼시스트라테가 보기에 남성들의 정치는 공동체에 이익이 되는 올바른 판단과 결정을 해온 것이 아니다. 그래서 그녀는 여성이 집 안에만 머물러 가정 일에만 전념해야만 한다는 남성들의 이분법적 사고방식을 거부하는 것이다. 뤼시스트라테 생각에 여성들은 남성들의 잘못된 공적 이성의 발휘에 더 이상 침묵해서는 안 된다. 왜냐하면 남성의 비합리적인 전제적 통치로 인해, 여성을 포함한 폴리스의 모든 구성원들이 고통을 받고 있기 때문이다.[64] 그래서 이러한 남성들의 잘못된 정치적 무능력함에 대해 뤼시스트라테는 여성들이 더 이상 침묵해서는 안 되고, 그 반대로 여성들 역시 분노를 표출해야 함을 역설한다.

그럼 어떻게 되리라 생각했나요?

---

62) Aristophanes, *Lys*, 507~520.

63) L. P. Vetter, *Women's Work as Political Art*, Lexington Books, Maryland, USA 2005, p. 66.

64) L. P. Vetter, 2005, p. 66.

여자 노예들과 싸우게 될 줄 알았나요?

여자들에겐 분노(χολή)가 없는 줄 아시오?[65]

위 인용문에서 뤼시스트라테는 아크로폴리스를 장악하고 있는 노파들을 체포하려는 감독관에게 여성들 역시 분노할 줄 아는 존재임을 강조한다. 여성 역시 남성들의 부당함에 대해 분노할 줄 안다는 것이다. 지금까지의 분노가 남성의 전유물이었다면 이제 여성 역시 분노해야 함을 역설한다는 점에서 뤼시스트라테의 주장은 혁신적이다. 뤼시스트라테는 여성 역시 가부장제하에서 정치적 영역에서 소외된 여성의 불평을 분노로서 표출해야 함을 역설하고 있기 때문이다. 요컨대 그녀는 남성에 의해 강요된 가부장적 사회규범, 즉 여성은 분노를 표출하지 말고 철저하게 가정에서의 역할을 묵묵히 수행해야 한다는 주장이 불합리함을 비판하고자 한다. 남성은 공적 영역에서 얼마든지 분노의 표출이 정당화되지만, 여성은 공적 영역에서 철저하게 분노의 표출이 억제되고 있기 때문이다. 뤼시스트라테는 바로 이러한 남성과 여성 사이의 분노의 비대칭성이 문제가 있음을 지적하고 있는 것이다. 즉 당시의 가부장제하에서 여성들의 분노와 같은 감정이 사적 영역에서 뿐만 아니라 정치와 같은 공적 영역에서도 정당하게 표출되어야 함을 주장하는 것이다. 이렇게 함으로써 그녀는 아테네 가부장제하에서 설정된 남성성과 여성성의 구별이 얼마나 허구적인지를 폭로하고 있다. 뤼시스트라테는 "아테네 운명이 순전히 우리 여성에게 달려있어"(32), "우리

---

65) Aristophanes, *Lys*, 463~465.

가 서로 힘을 모아 헬라스를 구하지 않으면"(41) 안됨을 정당한 분노로서 표현하는 것이다. 이런 점에서 뤼시스트라테의 분노는 여성 일반을 대표하면서 남성고유의 영역인 정치영역으로 진입을 선언하는 상징적 의미를 갖는다.

이렇듯 뤼시스트라테가 자신을 공적 영역에서 분노의 정당한 주체로 내세우는 근저에는 자신이 정치적 영역에 참여할 수 있는 지혜와 이성을 갖고 있다는 자부심이 있는 것으로 보인다.

전 한낱 여자지만 이성을 갖고 있어요. 나는 원래 분별력이 없지도 않지만 아버지와 어른들이 하시는 말씀을 많이 듣고 나쁘지 않은 교육을 받았어요.[66]

뤼시스트라테가 이성을 가진 여성임은 『뤼시스트라테』 476~613에서의 남성 관리와의 대화에서도 분명하게 나타난다. 이곳에서 대화가 진행되면서 관리는 말문이 막히고 점점 감정적이 되어간다면, 뤼시스트라테는 더욱 냉철하게 이성적이 되어간다. 뤼시스트라테는 여성적 메타포인 양털실 짜기에 비유하여 남성정치의 문제를 지적한다. 그러나 남성 관리는 이러한 뤼시스트라테의 비판에 반박을 제대로 하지 못하게 되고, 끝내 그녀에 의해 죽음을 앞둔 노인으로 취급된다. 뤼시스트라테는 관리를 완전 무장 해제시키고 정치적으로 무력화시키는 것이다. 코러스가 말하는 것처럼 "약으면서도 착하고, 고

---

66) Aristophanes, *Lys*, 1124~1127.

상하면서도 겸손하고, 근엄하면서도 상냥하고, 게다가 노련한, 가장 용감한 여인(ἀνδρειοτάτη)"(1108~1110)인 뤼시스트라테가 남자가 되고, 관리가 여자가 되는 것이다. 그래서 코러스에 따르면 마치 아테나 여신이 아버지로부터 지혜를 전수 받았듯이 뤼시스트라테는 아테네를 전쟁으로부터 구할 지혜를 소유한 구원자로 등장하는 것이다. 그녀는 가부장제의 옹벽을 일거에 무너뜨리지는 못하지만 여성의 정치적 영역의 참여를 주장했다는 점에서 혁신적이다. 물론 뤼시스트라테의 이러한 영웅적 모습이 여성 전체로 확장되어 이해되기는 어렵다. 이것은 무엇보다 『뤼시스트라테』의 시작이 뤼시스트라테의 성마른 분노로 시작한다는 점에서 알 수 있다. 그녀가 화를 내는 이유는 바로 동료 여성들이 그녀의 평화협정을 성사시키기 위한 소집의 중요성을 인식하지 못하고, 참여에 미온적인 데서 연유한다. 그래서 뤼시스트라테는 "만약에 여성들이 박코스 축제나 판 축제에…… 초대받았다면, 이곳은…… 지나갈 수도 없었겠지. 하지만 지금은 이곳에서 여자라고는 코빼기도 못 보겠구나"(1~4) 하면서 여성들의 소극적인 정치적인 행위를 한탄한다. 또한 그녀의 대의에 동참하였지만 사건이 진행되면서 많은 다른 여성들이 뤼시스트라테의 만류에도 불구하고 다시 가정과 남편의 품으로 돌아가고 싶어 하고, 또 몇몇은 다시 가정으로 돌아간 것도 이것을 방증한다.

이러한 이유로 색슨하우스(Saxonhouse)는 『뤼시스트라테』에서의 "여성들이 정치로 진입하는 것은 그 이유가 그들의 사적인 쾌락을 즐길 기회를 유지하기 원하기 때문이다"라고 주장한다. 그의 주장에 따르면 여성들은 "특히 섹스와 가정의 쾌락을 즐기기 위해" 그들은 "나라 자체의 복지에 대한 것보다는 가정과 가족에 더 관심을 갖는 여성으로 남는다"는 것이다.[67] 그러나 폴리(Foley)가 주장하는 것처럼, 뤼시스트라테가 가정이라는 전통적인 경계를 실제로 넘어서지 못한다 할지라도, 『뤼시스트라테』와 같은 고대 비극작품은 분명 "성 역할에 대한 물음을 진지하게 제기하고, 전체 시민단을 포함한 청중들 앞에서 중요한 공적 물음을 묻기 위해 그것들을 이용하였다"[68]는 말은 설득력이 있다. 특히 범(汎) 아테네 축제나 디오니소스 축제와 같은 시민 종교적인 의식을 이용하여 여성들이 중요한 정치적 문제를 제기하였다는 점에서 그렇다.[69] 우리가 앞에서 살펴본 것처럼 동료 여성들의 뤼시스트라테에 대한 배신과 그녀들의 유약함은 아직까지 가부장제 하에서의 여성 일반의 불평등한 지위와 고통스런 처지에 대한 계몽된 자의식이 미약함을 보여주는 것이 사실이다. 그러나 정치와 같은 공적 영역에서 소외되었던 여성의 능력과 이성에 대한 남성들의 잘못된 선입견을 아리스토파네스는 뤼시스트라테라는 한 여성을 통해 신랄하게 비판했다는 점에서 작품 『뤼시스트라테』가 차지하는 사회·정치적 의미는 결코 가볍지

---

67) A. W. Saxonhouse, "Political Woman: Ancient Comedies and Modern Dilemmas", *Finding a New Feminism: Rethinking the Woman Question for Liberal Democracy*, P. G. Jensen(ed.), Lanham, MD, 1996, p. 157. 또한 A. W. Saxonhouse, "Men, Woman, War, and Politics: Family and Polis in Aristophanes and Euripides", *Political Theory*, vol. 8/1, 1980, pp. 68~72 참조.

68) H. P. Foley, "The Conception of Women in Athenian Drama", *Reflections of Women in Antiquity*, New York 1981, p. 135.

69) H. P. Foley, "The Female Intruder Reconsidered: Women in Aristophanes' Lysistrata and Ecclesiazusae", *Classical Philology*, 77, 1982, p. 5.

않다.[70] 아리스토파네스의 뤼시스트라테는 전쟁을 종식시키고 전체 헬라스에 평화를 가져온 구원자로 그려지고 있다는 점에서 일종의 철학자 여왕의 능력과 면모를 여실히 보여주고 있기 때문이다.

나오며

앞에서 살펴본 두 작품을 통해 알 수 있는 것처럼 메데이아와 뤼시스트라테, 이 두 인물은 기존의 분노의 주체가 남성이었던 것에 비해 여성의 분노를 보여준다는 점에서 그 진보성이 있다. 메데이아는 남편 이아손의 배신에 단순히 고통의 눈물을 흘리기만 하는 여성이 아니라, 이아손에 대한 강한 분노심을 갖고 복수를 감행한다는 점에서 기존의 여성과 다른 면모를 보인다. 뤼시스트라테는 여기서 더 나아가 기존의 남성의 전유 영역이었던 정치적 공간에 진입하여, 그동안 소외당한 여성의 분노의 목소리를 낸다는 점에서 혁신적이라고 말할 수 있다. 이것은 당시의 희랍 사회에서 남성들의 여성에 대한 성적 통제권과 더불어 남성만의 분노의 전유화가 강조된 사회·정치적 상황을 고려할 때[71] 특히 그렇다. 당시의 가부장적 사회구조 속에서 남성들은 여성들이 불평 없이 분노를 참아가면서 묵묵히 남성들에게 그들의 가정에서의 의무를 충실히 수행하기만을 원했기 때문이다. 여성의 분노가 인정될 수 있다면, 그것은 가정에서의 노예를 다스리기 위한 정도로 제한되었고 공

---

70) L. P. Vetter, 2005, pp. 70~71.
71) W. V. Harris, 2001, p. 275.

적인 영역에서의 정치적 분노는 엄격하게 금지되었던 것이다. 당시의 희랍 사회에서 남성들은 한편으론 자신들의 분노를 여성을 통제하기 위한 유용한 수단으로 이용하면서, 다른 한편으론 여성의 지나친 분노의 감정을 악한 것으로 평가하는 이중적 모습을 보여준다. 남성과 여성의 분노는 그 기능면에서 비대칭적이면서도 상반된 도덕적 평가가 내려지는 것이다.

에우리피데스의 『메데이아』와 아리스토파네스의 『뤼시스트라테』는 바로 이러한 남성들에 의한 분노의 통제가 이루어지는 사회적 상황에서 여성의 분노의 정당성을 주장한다는 점에서 우리의 주목을 받을만 한 작품들이라고 말할 수 있다. 메데이아의 과도한 분노에 의한 자식 살해 행위는 분명 정당화될 수 없지만, 그렇다고 메데이아를 통한 여성의 불평등과 부자유에 대한 에우리피데스의 고발까지 간과되는 것은 정확한 이해가 아니다. 『뤼시스트라테』역시 여성들이 단순히 남성들의 성적 대상이기를 거부하는 섹스파업 이상의 의미를 갖는다. 그것은 전쟁을 종식시키기 위한 목적뿐만 아니라 남성 중심적인 가부장적 권력구조와 그 질서의 모순에 대한 여성들의 비판과 저항을 보여주는 행위이다. 물론 작품의 종말이 여성들이 다시 가정으로 돌아가는 남녀 본래의 성별 역할로의 복귀라는 점에서 또한 성 파업의 진행 과정에서 여성 전체의 계몽 의식이 결여되어 있다는 점에서 여전히 여성의 주체성이 확고하게 정립되지 않은 한계점을 보여주는 것은 사실이다. 그러나 그럼에도 불구하고 뤼시스트라테라는 인물은 여성 역시 공적 영역에서 남성 못지않게 얼마든지 이성적 능력을 발휘할 수 있음을 보여줌으로써 여성의 권리와 남녀평등에 관한 사회·정치적인 의식전환을 가능케 했다는 점에서 새롭게 평가될 필요가 있다.[72] 이렇듯 메데이아와 뤼시스트라테의 분노는 호메로스 시대의 영웅들이나 비극시대의 왕들의 분노처럼 남성들의 분노가 아닌 공적 영역에서 분노의 주체가 여성이 될 수 있음을 보여주었다는 점에서 그 의의가 인정될 수 있다. 기존의 남성들이 전장(戰場)이나 정치에서 인간에게 주어진 한계 상황을 넘어서려는 도전을 통해 영웅으로 인정받고자 한 것처럼, 이 두 여성은 남성들에 강요된 여성의 속박의 굴레를 벗어나고자 하는 시도를 했다는 점에서 또 다른 영웅으로서의 면모를 보여주고 있기 때문이다.

---

72) 실제로 2006년에 높은 범죄율로 악명 높은 콜롬비아의 페레이라에서 여성들이 '섹스파업'을 선언했다. 이 기사는 섹스파업의 '기원'을 고대 그리스 작가 아리스토파네스가 쓴 희곡 '뤼시스트라테'에서 찾을 수 있다고 적고 있다. 이와 관련해선 *GEOreport*, 2006. 9. 14., http://www.georeport.net/news/articleView.html?idxno=13438 참조.

제3부

분노 치료와
행복

고대 희랍과 로마의 철학자들이 분노에 주목하는 주된 이유 중 하나는 분노와 행복의 관계 때문이다. 특히 헬레니즘 시기에 '분노 치료'(anger therapy)는 그 처리 방식이 순화든 제거든, 개인의 행복과 밀접한 관련을 갖는다. 이와 관련하여 아리스토텔레스는 분노를 무조건 억제하거나 제거하는 것이 능사가 아니라 그것을 적절하게 순화시켜 잘 표현하는 것이 중요함을 역설한다. 아리스토텔레스가 말하는 행복한 사람은 분노할 때 분노할 수 있는 호모 이라쿤두스(homo iracundus)도 되어야 하는 것이다. 이와 달리 스토아학파의 철학자인 세네카에게 분노는 일종의 "영혼의 질병"(aegritudo animi)으로, 인간의 행복과 정신 건강을 위해 필히 제거되거나 억제되어야 한다. 그에 따르면 우리는 현자처럼 자신의 최고선인 아파테이아(ἀπάθεια)를 분노가 아닌 용서를 통해 실현해야 한다. 그래서 세네카는 분노로부터 자유로워져야 하며, 그러기 위해서는 분노의 "뿌리를 완전히 뽑아버릴 것"(exstirpemus radicitus)을 주문한다. 에피쿠로스학파의 철학자인 필로데모스는 일종의 소요학파와 스토아학파의 중간 수준의 분노론을 주장한다. 그는 분노의 종류를 '자연적 분노'와 '헛된 분노'로 나누고, 자연적 분노는 인정하면서 헛된 분노는 부정한다. 이 구분에 따르면, 에피쿠로스적 현자의 분노는 자연적 분노로서의 오르게(ὀργή)이며, 이와 달리 현자가 아닌 사람들이 표출하는 헛된 분노는 튀모스(θυμός)로, 양자가 구별되어야 한다.

제6장
아리스토텔레스의 분노론을 중심으로

들어가며

아리스토텔레스는 분노가 중용에 따라 표출될 경우 그것을 좋은 감정으로 본다. "마땅히 분노할 만한 일에 대해, 마땅히 분노를 낼만한 사람에게 분노하는 사람은, 더 나아가 마땅한 방식으로, 마땅한 때, 마땅한 시간 동안 분노하는 사람은 칭찬을 받는다"[1]라는 말은 분노에 대한 아리스토텔레스의 긍정적인 견해를 알 수 있게 해준다. 아리스토텔레스에 따르면 "분노해야만 할 때 분노하지 않는 사람들은 바보(ἠλίθιοι)로 생각되기 때문이다."[2] 이것은 어떤 사람이 비인간적인 부당한 대우와 모욕을 받은 명백한 사실에 대해 분노하지 않는 것은 자신의 자존

---

1) Aristoteles, *NE*, IV₅, 1125b31~1125b32. 또한 NE, IV₅, 1126b4~1126b10 참조.
2) Aristoteles, *NE*, IV₅, 1126a4~1126a5.

감을 상실하는 위험을 자초하는 것이 될 수 있다는 것이다.[3] 이런 이유로 아리스토텔레스는 분노가 적합하게 이루어진, 덕에 따른 행위가 우리의 "행복"(εὐδαιμονία)을 성취하는 데 필요한 요소로 생각하는 것 같다. 요컨대 아리스토텔레스는 분노가 어떤 경우에는 "정의"(δικῄ)가 될 수 있고, 또 이런 이유로 정당화될 수 있는 "감정"(πάθος)의 종류로 본다고 말할 수 있다. 그러면 이러한 아리스토텔레스의 분노에 대한 우호적인 견해는 어떻게 평가될 수 있을까? 아리스토텔레스는 아킬레우스의 "분노"(μῆνις)처럼[4] 때로 분노가 개인과 공동체의 좋음을 위한 순기능만을 행할 수 없는 격렬하면서도 폭력적인 잔인함이나 야만성을 보여줄 수 있는 위험한 감정임을 간과한 것은 아닐까?

오늘날의 분노에 관한 일반적인 통념은 분노가 갖는 이중적 속성과 관련되어 평가되는 것으로 보인다. 즉, 한편으론 분노의 부정적 측면에 주목하여 분노는 가급적 발생되지 말아야 하고, 발생되더라도 가능한 한 빨리 진정되거나 사라져야 하는 것으로 보는 것 같다. 그러나 다른 한편으론 길거리의 보통사람들은 분노의 직관적 유용성에 근거하여 분노로 대응하는 것이 분노를 야기한 사람들로 하여금 그들의 잘못을 깨닫게 할 수 있거나 또는 분노한 사람에 대한 존경과 태도를 새롭게 함으로써 양자의 관계를 긍정적으로 이끌 수 있는 가능성에 무게를 두는 것으로 생각된다.[5] 이것은 분노가 개인과 사회에 부정적인 영향

3) K. S. Zagacki, "Rhetoric and Anger", *Philosophy and Rhetoric*, vol. 39/4, 2006, p. 292~293 참조.

4) Homeros, *Ilias*, 1권 참조.

5) K. Kristjansson, "Can We Teach Justified Anger", *Journal of Philosophy of Education*, vol. 39/4, 2005, p.682. S. Leighton, "Aristotle's account of Anger: Narcissism and Illusions of

을 준다는 많은 철학자들의 지적에도 불구하고,[6] 일반인들이 생각하기에 아리스토텔레스적인 분노가 어떤 면에선 합리적일 수 있고, 느끼기에 건전한 감정일 수 있음을 인정하는 것으로 볼 수 있다. 아리스토텔레스의 분노론이 우리의 관심을 끄는 이유가 여기에 있다.

이제 필자는 아리스토텔레스가 어떤 이유에서 분노를 긍정적으로 평가하는지에 관한 고찰을 아리스토텔레스의 작품 『수사학』 (Rhetorica)과 『니코마코스 윤리학』(Ethica Nicomachea)을 통해 진행할 것이다. 이들 작품의 분석을 통해 아리스토텔레스가 분노를 어떻게 정의(定義)하고 그 기본적 특성을 어떤 것으로 규정하는지를 살펴볼 것이다. 이런 작업을 통해 분노의 인지적 측면과 욕구적 측면의 작동 과정을 분석하고, 중용으로서의 분노의 성립가능성을 밝힐 것이다. 다음으로 아리스토텔레스의 분노론에 대해 제기되는 두 가지 반론을 검토하고, 이에 대한 아리스토텔레스적 관점에서 가능한 재반박을 시도할 것이다.

Self-sufficience", *Ratio*, 15/1, 2002, p. 28. 일반인들의 분노에 관한 통념과 관련해선 J. R. Averill, "Studies on Anger and Aggression", *American Psychologist*, 1983, pp. 1145~1160, 특히 pp. 1146~1147 참조.

6) 분노 속에 내재하는 잔인함과 그 폭력성은 아리스토텔레스 이전 철학자들뿐만 아니라 이후의 스토아학파 철학자들(세네카, 크리시포스)과 중세의 토마스 아퀴나스 그리고 근대의 루소와 같은 철학자들이 분노를 부정적으로 평가한 이유이다. 이들 소위 반(反)분노론자들에게 분노는 일종의 덕이 아닌 악이다. K. Kristjansson, 2005, pp. 682~683. 또한 W. V. Harris, *Restraining Rage*, Harvard Univ. Press, 2001 참조.

1. 분노의 정의와 특성들

아리스토텔레스에 따르면 "감정"(πάθος)은 인간의 심리적 성향으로서 "쾌락"(ἡδονή)과 "고통"(λύπη)을 수반한다.[7] 이러한 감정의 대표적인 예로 아리스토텔레스가 들고 있는 것이 "분노"(ὀργή)다. 『수사학』(Ars Rhetorica)에서 이것은 다음과 같이 기술되고 있다.

감정을 다루는 방식은 다음과 같은 세 가지 방식으로 구분될 수 있다. 예를 들어 분노라는 감정에 대해 우선 어떻게 사람들이 이러한 분노에 빠지게 되는지, 누구에 대해서, 그리고 어떤 주제에 대해서 분노하게 되는지 이 세 부분이 있다. 이러한 세 가지 조건들 중에서 우리가 한두 가지만 알고, 세 가지 모두를 알지 못할 경우, 우리가 분노하기는 불가능하다. 또 다른 감정들에 있어서도 마찬가지이다.[8]

위 인용문에서 아리스토텔레스는 분노가 어떤 심리적 상태에서, 누구를 향해, 어떤 주제와 관련하여 발생하는지를 언급한다. 그리고 그는 이러한 분노의 세 가지 관련 요소를 염두에 두면서 분노에 관한 자신의 정의를 다음과 같이 제시하고 있다.

---

7) Aristoteles, *Rhet*, 1378a20~1378a23. 분노나 연민 또는 공포와 같은 다양한 감정들이 인간의 판단에 미치는 영향에 관해선 손병석, 「아리스토텔레스 수사학에서 쾌락과 칭찬」, 『철학』, 93집, 2007, pp. 71~93 참조.
8) Aristoteles, *Rhet*, 1378a23~1378a28.

분노는 충동적이고 고통스러운 욕구다. 그것은 누군가 자기 자신이나 혹은 자기와 가까운 사람들의 인격을 근거 없이 경멸했을 때 가지게 되는 복수의 욕망이다. 바로 이러한 사실에 분노가 근거하고 있다면, 무엇보다도 우리는 특정한 한 개인—예를 들어 크레온과 같은 사람—에 대해 분노를 가지게 되는 것이지, 사람들 전체에 대해 분노의 감정을 갖게 되는 것은 아니다. 그리고 우리자신이나 우리와 가까운 사람들에게 행해진 특정한 한 행위에 대해 반대하거나 맞서고자 하는 것이다. 세 번째로 모든 분노의 감정에는 복수하고자 하는 희망이 주는 쾌락이 뒤따르게 된다.[9]

위의 인용문에 제시된 아리스토텔레스의 분노의 정의를 이해하기 위해선 보다 면밀한 분석이 요구된다. 먼저 분노는 모욕이나 경멸을 당한 것에 의해 갖게 되는 "고통스런 욕구"(ὄρεξις μετὰ λύπης)다. 그런데 분노는 이러한 고통을 단순히 수동적으로 당한 상태에 머무는 것이 아니라 그것을 행한 자에게 되돌려주고자 하는 "복수"(τιμωρία)의 욕구라는 적극적인 성향으로 나타난다. 아리스토텔레스는 이러한 복수의 욕구가 일종의 쾌락을 수반한다고 말한다. 그리고 이때의 복수의 대상은 일반적인 사람이 아니라 당연히 자신에게 고통을 준 특정한 개인에게 향한 것이다. 요컨대 아리스토텔레스에 따르면 분노는 부당하게 대우받은 것에 대해 복수하고자 하는 "쾌락을 동반한"(ἕπεσθαι ἡδονήν) 고통스런 욕구다. 그런데 아리스토텔레스의 이러한 분노에 관한 정의(definition)에서 우리의 기본적인 관심은 '복수의 양태를 보여주는 분

---

9) Aristoteles, *Rhet*, 1378a31~1378b2.

노가 과연 도덕적인 차원에서 정당성을 확보할 수 있는가' 하는 것이다. 이와 관련하여 아리스토텔레스는 『니코마코스 윤리학』에서 다음과 같이 말한다.

> 그가 분노하지 않는다면, 그는 자기 자신을 변호하지 않는 것으로 보인다. 자기 자신에 대한 그러한 모욕을 기꺼이 받아들이는 것과 자기 가족이나 친구들에 대한 모욕을 간과하는 것은 노예적인 것이다.[10]

위에서 아리스토텔레스는 부당하게 이루어지는 "모욕"(ὀλιγωρία)에 대해 분노하지 않는 사람은 자기 자신을 어리석은 "노예처럼"(ἀνδραποδῶδες) 느껴야 한다고 말한다. 즉 그는 분노가 도덕적 차원에서 정당화될 수 있음을 인정하는 것이다. 그런데 우리는 아리스토텔레스가 혹시 모욕에 의한 분노라도 그로인한 복수나 응징이 야기하는 과도한 폭력성과 야만성의 문제점을 간과하고 있지는 않은가를 묻지 않을 수 없다. 이것에 대한 가능한 답을 찾기 위해 먼저 위에서 언급한 아리스토텔레스의 분노의 정의를 보다 세밀하게 재검토할 필요가 있다.

먼저 아리스토텔레스의 분노에 관한 정의에서 핵심적인 두 요소는 분노의 인지(cognition)적 측면과 욕구적 측면이다. 이것은 위의 분노의 정의에서 알 수 있는 것처럼 분노는 기본적으로 다른 누군가에 의해 모욕을 당했다는 지적인 판단 과정과 이러한 판단에 근거해 상대방에게 복수하고자 하는 쾌락을 수반한 고통스런 욕구, 이렇게 두 측면으

---

10) Aristoteles, *NE*, 1126a5~1126a7.

로 이루어짐을 의미한다. 그런데 앞서 언급한 것처럼 아리스토텔레스는 모욕을 당하고도 그것을 무시하는 것은 노예적인 것이기 때문에 모욕을 준 자에 대한 대응 행위, 즉 응징 행위가 필요하다고 본다. 문제는 '모욕을 준 자에 대한 응징이 어떤 경우든 정당화될 수 있는가' 하는 것이다. 만약에 아리스토텔레스가 경험적인 차원에서 가능한 모든 종류의 모욕에 대한 분노를 인정한 것으로 보았다면, 분노에 내재한 격렬함과 잔인성으로 인해 결과적으로 적절치 못한 응징 내지 복수가 될 수 있는 문제점을 간과한 측면이 있는 것으로 볼 수 있다.

그러나 우리는 아리스토텔레스가 분노의 정당성 문제에서 복수의 행위 이전에 분노의 인지적 판단을 중요하게 강조하고 있다는 점에 주목할 필요가 있다. 아리스토텔레스에 따르면 분노에 따른 복수에의 욕구는 그것이 발생하기 전에 필히 모욕에 대한 지적인 판단을 필요로 한다. 이것은 모욕이 무엇보다 상대방이 의도적으로 자신의 정당한 가치를 부정하거나 존중하지 않고 일어났는지에 관한 지적 검토 과정이다. 다시 말해 상대방에 의해 부당하게 모욕당했다는 믿음이 엄밀한 이성적인 판단에 근거하고 있는지가 우선적으로 검토되어야 한다는 것이다. 그래서 부당하다는 믿음이 사실이고, 그것을 지지할 수 있는 합당한 원인들에 근거하고 있다면, 그에 대한 분노의 반응은 정당화될 수 있다는 것이다.[11] 그리고 이때의 모욕의 정당성에 관한 판단은 기본적으로 가치론적 판단이라고 말할 수 있다. 모욕받은 자가 분노하는 이유는 본질적으로 자신의 자존감과 인격적 가치가 부당하게 손상되거

---

11) G. Taylor, "Justifying the Emotions", *Mind*, New Series, vol. 84/335, 1975, p. 393.

나 부정당했다고 믿기 때문이다. 이러한 분노는 자신뿐만 아니라 자신의 가족이나 친구 또는 친척이 모욕당한 경우에도 마찬가지로 나타난다. 그러면 아리스토텔레스가 생각하는 모욕은 구체적으로 어떤 특성을 갖고 있는가?

아리스토텔레스가 『수사학』에서 기술하고 있는 "모욕"(ὀλιγωρία)은 세 종류이다.[12] 첫째는 "경멸"(καταφρόνησις)로서 그것은 타인이나 공동체가 가치 있고 중요하다고 평가하는 것을 그렇지 않은 것으로 보는 것이다.[13] 예를 들어 A가 B의 가치를 인정하지 않고 진급을 시키지 않는 경우, B는 자신의 가치가 인정받지 못한 것, 달리 말해 경멸당한 것으로 생각하고 분노하게 된다.[14] 모욕의 두 번째 종류는 "악의"(ἐπηρεασμός)다. 이것은 A가 자신의 이익을 위해서는 아니지만 B의 이익을 의도적으로 방해하는 것이다. A가 B를 의도적으로 승진시키지 않는다면, 그것은 악의 내지 질시로 행한 것이다. 이때 B는 A가 부당한 힘을 행사함으로써 자신이 A의 악의나 시기의 희생자가 된 것으로 생각하고 분노하게 된다. 마지막 종류는 "모독"(ὕβρις)[15]인데, 이것은 A가 당하는 자 B에게 상처와 창피를 주는 것이다. 이때 A는 B에게 오만하면서도 무례한 짓을 하는 것으로 말할 수 있다. 이러한 모독은 A가 자신의 쾌락을 위해 하는 것이지, 어떤 이익을 위한 것은 아니다. 그러나 이 경우 역시 의도적인 것이기 때문에 B에게 모욕감을 주는 것이며

---

12) Aristoteles, *Rhet*, 1378b10~1378b15.

13) Aristoteles, *Rhet*, 1378b13 이하, 1379a 참조.

14) 아리스토텔레스는 소크라테스의 에이로니아적 방식 역시 경멸의 한 형태(Aristoteles, *Rhet*, 1379b30~1379b32)로 본다.

15) Aristoteles, *Rhet*, 1378b22 이하 참조.

B의 분노를 일으킨다. 이러한 경멸이나 악의 또는 모독은 모두 A가 B의 정당한 가치를 인정하지 않고 업신여기거나 자신보다 열등한 존재로 보는 데서 비롯한 것이다.[16] 이것은 B의 관점에서 보았을 때 자신의 가치가 온당하게 인정받지 못한 것에 대한 분노심을 갖게 한다. 아리스토텔레스는 이러한 모욕의 다양한 예들을 『수사학』 2권 2장에서 상세하게 언급하고 있는데[17] 심지어 누군가가 당신의 이름을 "잊어버리는 것"(ἡ λήθη) 역시 무관심에 의한 모욕으로서 분노를 발생시킨다고 말한다.[18] 또한 아리스토텔레스는 만약에 그러한 모욕이 누군가에게 아주 중요한 삶의 목표가 되는 것, 예컨대 지혜를 사랑하는 철학적 삶에 대한 조롱이나 비웃음이라면 그것은 경멸로서 당연히 더 큰 분노를 야기할 수 있다고 말한다.[19] 이러한 경우들을 고려할 때 아리스토텔레스에게서 중요한 것은 분노가 단순한 감정의 느낌이 아니라, 어디까지나

---

16) 아리스토텔레스에 따르면 모욕함을 통해 갖게 되는 쾌락은 타인보다 자신이 우월하다는 생각에서 비롯된다. 사람들은 타인에게 창피를 주거나, 경멸함으로써 자신들을 우월하게 하려는 시도를 하는 것이다. 예를 들어 출생과 권력 그리고 덕에 있어 우월한 자들은 열등한 자들에 의해 존경을 받을 가치가 있다고 말한다. 다시 말해 부자들이나 통치자들은 각각 돈이나 권력과 관련하여 가난한 자들이나 피치자들보다 자신들이 훨씬 우월하다고 생각한다(1378b34~1379a4. 또한 1389a28~1389a35, 1391a12~1391a13 참조). 또한 아리스토텔레스는 불명예를 모욕과 관련시키는데, 그 단적인 경우가 아킬레우스이다(Homeros, *Ilias*, 1.356, 9.648). 아킬레우스는 자신의 우월성이 인정되어 그에 합당한 명예가 주어져야 하는데, 그렇지 않았기 때문에 모욕당했다고 분노하였다는 것이다.

17) Aristoteles, *Rhet*, 1379a9 이하 참조.

18) Aristoteles, *Rhet*, 1379b34~1379b36. 이때의 잊어버림은 자신을 비하하는 것의 표시로 생각하기 때문이다. 왜냐하면 이러한 망각은 관심의 결여에서 일어나고, 이러한 관심의 결여는 자신을 하찮게 보는 것으로 생각하기 때문이다.

19) Aristoteles, *Rhet*, 1379a32~1379a36.

상대방에 의한 경멸이나 악의 또는 모독과 같은 우리에게 가해진 모욕에 대한 인지적 판단이나 확신이 분명할 때 분노하게 된다는 것이다.

분노의 공개성 역시 아리스토텔레스가 분노의 정당성의 근거로 강조하는 요건이다. 이것은 분노의 표출이 공적인 환경 속에서 인정되어야 함을 의미한다. 위의 분노의 정의에 관한 인용문에서 발견되는 희랍어 파이노메네스(φαινόμενες)가 이를 뒷받침한다.[20] 그런데 파이노메논(φαινόμενον), 즉 '보이는 것' 또는 흔히 '현상'이라는 말은 그것이 모욕당한 자에게만 분명한 모욕으로 비춰질 수 있다는 점에서 주관적인 판단이 될 수도 있고, 그렇지 않고 모욕이 일어난 사건이나 사실이 강조됨으로써 객관적으로 인지될 수 있는 판단으로 볼 수 있는 여지도 있다.[21] 문제는 모욕을 준 것으로 보이거나 또는 하나의 사태로서 나타난 것에 대한 이성적 판단이 서기 전에 그것을 부당한 모욕으로 단정하고 상대방에게 가해지는 복수의 행위이다. 이것은 '보임'(δοκεῖν)과 '실재'(το ὄν)가 얼마든지 다를 수 있기 때문에 복수의 행위가 있기 전에 모욕의 충분한 "원인"(αἰτία)이 밝혀져야 함을 의미한다. 그렇기 때문에 아리스토텔레스에게서 분노에 관한 지적인 판단 과정은 모욕의 합당한 이유들에 관한 객관적인 점검까지 포함해야 한다. 이것은 분노를 야기하는 모욕이 공적공간에서 보다 분명하게 관찰되고 확인될 수 있는 현상으로 나타나야 함을 의미한다. 다시 말해 모욕과 같은 인격적

---

20) φαινόμενες는 '나타나다, 보이다'라는 동사 φαίνεται에서 온 분사 형태로서 일반적으로 '현상'이나 '사태'로 번역될 수 있다.

21) W. V. Harris, "Saving the fainomena: A Note on Aristotle's Definition of Anger", *The Classical Quarterly*, vol. 47/2, 1997, pp. 452~454.

침해 행위가 우리의 시각과 같은 감각에 의해 감지될 수 있는 분명한 대상으로 인정될 수 있어야 한다. 이것은 '모욕을 행함'과 '모욕을 당함'의 사건이 관찰 가능한 하나의 사실로 드러남을 의미한다. 무엇보다 이러한 모욕의 '나타남'이 보다 객관적으로 가능한 이유는 분노의 대상이 추상적인 의미의 모든 사람이 아니라 특정한 개인, 예를 들어 클레온에게 향해 있다는 것이다. 아리스토텔레스에게 분노의 표출은 책임의 귀속이 분명한 특정한 사람에게 향해 있어야 하는 것이다.[22] 그렇기 때문에 분노에 의한 행위는 주어진 상황에서 나에게만 모욕적인 것으로 믿길 뿐 아니라 상대방을 포함한 제3의 관찰자, 일반적으로 모든 다른 사람들에게도 납득되고 이해될 수 있는 보편성을 담보할 수 있어야 한다.

상술한 것을 고려할 때 아리스토텔레스는 단순히 모욕을 당했다는 사실 자체에 반응하여 모욕을 되돌려주는 것을 정당화된 분노의 유형으로 간주하지 않았음을 알 수 있다. 그가 염두에 둔 정당화될 수 있는 분노는 어디까지나 모욕이 기본적으로 자신의 가치와 정당한 몫을 훼손시키거나 부정했다는 지적인 판단을 거치고 또 그러한 부당함이 하나의 분명한 사실로서 공인될 수 있는 경우이다. 그리고 이러한 분노에 의해 일어나는 복수, 달리 말해 응징은 자신의 정당한 가치와 몫을 찾기 위한 적합하면서도 "정의로운"(δίκαιον) 행위로 평가될 수 있다는 점에서 도덕적 정당성을 확보하는 것으로 볼 수 있다.

그런데 아직까지 분노의 정당성이 분노의 인지적 판단과 공개성만

---

22) 그러나 어린아이가 배고파서 우는 경우의 분노나 차의 범퍼를 우연하게 나무에 받아 생긴 사고로 화가 난 경우는 고려되지 않는다. 전자는 책임에 대한 판단주체가 될 수 없고, 후자는 단순한 영향 받음이지 나의 행동이 의도적으로 타인에게 향해진 것은 아니기 때문이다.

을 통해 단적으로 인정되기는 어려운 점이 있어 보인다. 그것은 분노의 지적 판단 과정이 제대로 이루어졌다 하더라도 이후에 일어나는 복수의 욕구의 적합성이 문제가 될 수 있기 때문이다. 아리스토텔레스에 따르면 모욕을 당했다는 지적인 판단이 서게 되면 분노는 단순히 심리적인 고통의 상태에 머물지 않고, 그 고통을 행한 자에게 되갚고자 하는 복수라는 공격적인 행위로 이어진다.[23] 그런데 흥미로운 점은 아리스토텔레스가 분노를 기본적으로 고통이 주된 심리적 상태라고 말하면서도[24] 복수와 관련해선 고통이 아닌 쾌락을 강조하고 있다는 점이다. 다시 말해 아리스토텔레스에 따르면 분노는 복수를 통해 "목표로 하는 것을 얻을 것이라고 믿기 때문에 쾌락적인 것"[25]이다. 이러한 이유로 아리스토텔레스는 호메로스의 『일리아스』(Ilias)의 주인공 아킬레우스가 말한 "분노는 한 방울씩 떨어지는 꿀보다 더욱 단 것이다"[26]라는 말을 인용한다. 이 말은 복수에 대한 상상이 인간의 마음속에서 자라면, 그것이 주는 강렬한 쾌락이 꿀맛보다 더 달콤하기 때문에 복수에의 욕구를 저버리기가 결코 쉽지 않음을 의미한다.

　이것은 설사 복수 이전의 모욕에 대한 지적인 판단이 올바르게 내려졌다 할지라도 그에 비례하는 복수의 적합성이 올바르게 담보될 수 있

---

23) 분노의 인지적 요소는 모욕이나 부당함을 당하지 않고 싶은 일종의 '자연적 욕구'와 모욕을 당한 이후의 '복수의 욕구'와의 상호협조를 통해 이루어진다고 말할 수 있다. 이것은 모욕을 당했다는 지적인 판단이 서게 되면 단순히 분노가 심리적인 고통의 상태에 머무는 것이 아님을 의미한다.

24) 이때의 고통은 인지적 측면의 심리적인 것과 심장 주위에서 피가 끓는 생리적 측면으로 볼 수 있다(Aristoteles, *De anima*, 403a16~403b3 참조).

25) Aristoteles, *Rhet*, 1378b2~1378b3.

26) Aristoteles, *Rhet*, 1378b5~1378b6.

는가의 문제를 발생시킨다. 복수의 욕구가 지향하는 쾌락 자체의 강렬함이 이성적 판단에 일치한 적절성을 넘어설 수 있는 가능성이 무시될 수 없기 때문이다. 이것은 모욕당한 고통의 강도가 클수록 복수로부터 기대되는 쾌락 역시 증가될 수 있다는 점을 고려할 때 더욱 그렇다. 아리스토텔레스 역시 아킬레우스의 분노를 인용하는 것을 고려할 때 과도한 분노가 이성의 지도와 명령을 무력화시킬 수 있는 강력한 힘을 갖고 있음을 간과하지 않은 것으로 생각된다. 이처럼 이성과 조화된 복수의 적절성 문제는 분노의 정당성 문제를 다시 제기할 수밖에 없게 만드는 아킬레스건으로 작용하는 것 같다. 그래서 아리스토텔레스 역시 우리가 분노하기는 쉽지만 그것을 적합한 대상에게, 적합한 방식으로 올바르게 내는 것, 달리 말해 "중용"(τό μέσον)에 맞게 표출하기는 쉽지 않다고 말한다.[27] 그렇다면 분노에 따른 복수 행위의 적절성 역시 아리스토텔레스의 중용의 원리에 조회되어 이해될 필요가 있다. 이후 중용에 따른 분노가 어떻게 가능한가를 고찰하면서 복수의 적절성 문제도 함께 밝혀질 것으로 기대한다.

2. 중용으로서의 분노는 가능한가?

아리스토텔레스는 질투나 원한과 같은 감정들은 중용이 가능하지 않은 극단적인 분개의 감정들로 본다.[28] 그렇다면 이러한 감정들과 근

---

27) Aristoteles, *NE*, II₉, 1109b14~1109b16.

28) 특히 Aristoteles, *Rhet*, II. 9장, 10장 참조.

친관계에 있는 분노는 어떻게 중용에 따른 감정이 될 수 있을까? 이와 관련하여 아리스토텔레스는 분노의 중용가능성을 다음과 같이 분명하게 말하고 있다.

> 그러나 적어도 이 점만큼은 명백하다. 즉 그 중간의 품성상태가 그에 따라 마땅히 화를 내야 할 사람들에게, 마땅히 화를 내야 할 일에 대해, 마땅히 그래야 할 방식으로, 그리고 이와 같은 모든 마땅함을 규정하는 관점에 따라 우리가 화를 내는 그 품성상태는 칭찬할 만한 것이며, 이 방면의 지나침과 모자람은 비난받을 만한 것이다. 또 (그 지나침과 모자람의 정도가) 작으면 약하게 비난받고, 커지면 커질수록 더 크게 비난받고, 아주 크면 혹독하게 비난받는다. 따라서 우리가 그 중간의 품성상태를 고수해야 한다는 것은 분명하다.[29]

위 인용문에서 아리스토텔레스는 중용에 따른 분노를 "마땅히 화를 낼만한 일에 대해, 마땅히 화를 낼만한 사람에게 화를 내는 것"으로 규정한다. 그리고 이러한 마땅함의 원리에 따라 지나치지도 않고 모자라지도 않게 중용을 지킨 경우의 분노는 칭찬의 대상이 되지만, 그렇지 않고 너무 지나치게 느끼거나 아니면 아예 느끼지 않는 것은 중용에 맞지 않는 극단적인 것으로서 비난의 대상이 된다.[30] 요컨대 아리스토텔레스가 자신의 중용론의 핵심적인 원리로 제시하는 마땅함의 다섯 가지 기준, 즉 마땅한 일로, 마땅한 때에, 마땅한 대상에게, 마땅한 방

---

29) Aristoteles, *NE*, IV$_5$, 1126b4~1126b9.

30) Aristoteles, *NE*, II$_4$, 1105b24~1105b28.

식으로, 마땅한 목적을 위해[31] 분노를 느끼는 것은 도덕적으로 인정될 수 있다는 것이다. 그렇다면 중용으로서의 분노는 양 극단 중 어느 것에 더 반대되는 것일까? 아무래도 중용으로서의 분노는 분노의 속성상 지나침으로 기울 수밖에 없고, 그렇다면 너무 과도하게 화를 내는 것이 중용에 더 반대가 된다고 말할 수 있다.[32] 즉 분노를 중용의 감정이 되도록 하기 위해선 분노를 덜 느끼는 방향으로 끌고 가는 것이 중용의 적중가능성을 높일 수 있는 것이다. 그러면 스토아 철학자들이 주장하는 "무정념"(ἀπάθεια)처럼[33] 분노를 아예 느끼지 않도록, 다시 말해 분노를 제거시키는 방향이 보다 중용이 되는 것으로 볼 수 있지 않을까? 그러나 이에 대한 아리스토텔레스의 답은 부정적이다. 아래의 인용문을 통해 알 수 있는 것처럼 아리스토텔레스는 분노를 아예 느끼지 않는 것을 어리석은 것으로 간주하기 때문이다.

이 방면에서의 모자람은 그것이 '화낼 줄 모름'이든 다른 무엇이든 비난을 받는다. 마땅히 화를 내야 할 일에 대해 화를 내지 않는 사람들은 어리석은

---

31) Aristoteles, *NE*, II₅, 1106b21~1106b22.

32) 그런데 아리스토텔레스에 따르면 이때의 중용은 산술적인 개념이 아니라 우리와 관련된 중용이라고 말하면서 이것의 성공가능성으로 대상 자체의 본성과 인간본성을 고려하여야 한다고 말한다. 예를 들어 우리 인간의 본성은 고통보다는 쾌락을 추구하는 경향이 있기 때문에 절제라는 덕은 쾌락으로서의 방종보다는 그 반대인 무감각함으로 나아갈 때 중용을 적중시킬 가능성이 커진다. 용기와 관련해서도 두려운 대상은 기피하려고 하기 때문에 부족함으로서의 두려움보다는 지나침으로서의 만용으로 끌고 갈 때 성공의 가능성이 높다(Aristoteles, *NE*, II₅, 1106b1~1106b4. II₆, 1107a1. III₈, 1108b35~1109a5 참조).

33) 이와 관련해선 세네카의 『분노론』(de ira) 참조. 또한 스토아학파의 아파테이아론은 손병석, 2008, pp. 41~59, 특히 pp. 48~57 참조.

사람으로 생각되고, 마땅한 방식으로 화를 낼 줄도, 마땅한 때에 마땅한 사람에 대해서 화를 낼 줄도 모르는 사람 역시 어리석은 사람으로 생각되기 때문이다. 이런 사람들은 지각할 줄도 모르고 고통을 느낄 줄도 모르는 사람이라고, 화를 내지 못함으로써 자기 자신을 방어할 줄도 모르는 사람이라고 여겨지니까. 또 모욕을 당하고도 그냥 참는 것, 자신의 가족이나 친구들이 당한 모욕을 도외시하는 것은 노예적인 일로 보이기 때문이다.[34]

아리스토텔레스에 따르면 마땅히 분노해야 될 일에 분노하지 않는 사람은 어리석은 사람으로서 비난받아야 한다. 또한 분노하더라도 그것이 마땅한 방식이나 적당한 때 그리고 마땅한 사람에게 화를 내지 못하는 것 역시 어리석은 짓이다. 이런 사람은 자신의 가치를 알면서도 모욕을 받아들이는 것이며, 이것은 자신을 방어하지 못하는 사람이고, 노예에 다름없는 사람이 되기 때문이다. 자아존중감이나 인격적 가치를 훼손하는 모욕을 그대로 당하는 사람은 더 나아가 자신의 가족이나 친구들이 똑같은 모욕을 당해도 그것을 간과할 것이며, 이것은 결코 덕 있는 사람이 아니라 노예와 같은 어리석은 인간이 보여주는 행위양태라는 것이다. 결국 아리스토텔레스에게서 분노에 무감각한 사람은 능동적인 윤리적 주체가 될 수 없고, 그래서 자신의 존재성을 스스로 무화시키는 도덕적 결함을 갖고 있는 자이다.

그러면 아리스토텔레스가 생각하는 중용에 따른 분노를 표출하는 사람은 어떤 유형의 사람일까? 아리스토텔레스는 『니코마코스 윤리학』

---

34) Aristoteles, *NE*, IV$_5$, 1126a3~1126a8.

4권 5장에서 분노와 관련해서 중용적인 사람을 "관엄(寬嚴)한 사람"(ὁ πρᾶος)[35]이라고 말한다. 그에 따르면 "관엄한 사람은 동요가 없는 사람이며, 또 감정에 의해 휘둘리지 않고 이성이 명할 것처럼 그렇게, 화를 낼만한 대상에 대해 화를 낼 시간 동안 분노하는 사람이다."[36] 관엄한 사람은 화를 내는 것이 마땅하지 않은 사람에게, 마땅하지 않은 일을 갖고, 마땅한 정도 이상으로, 마땅하지 않은 방식으로, 마땅하지 않은 목적으로 화를 내는 사람이 아니다. 그 반대로 관엄한 사람은 적합한 상황에서 마땅한 때에 화를 낼 줄 알고 또 적당한 때에 화를 멈출 줄 아는 자이다. 이런 점에서 아리스토텔레스에 따르면 관엄한 사람은 극도로 "화를 잘 내는 사람"(οἱ ἀκρόχολοι)도 아니며, 화를 잘 풀지 않는 "꽁한 사람"(οἱ δὲ πικροί)도 아니며, 문제 삼지 않을 일을 정도이상으로 문제 삼는 "까다로운 사람"(οἱ χαλεποί)도 아니다.[37] 그렇기 때문에 관엄한 사람은 그 본성이 지나침보다는 무감각함의 모자람에 가까운 사람이라 말할 수 있다.[38]

지금까지 언급한 것을 고려할 때 분노로 인한 과도한 복수의 욕구 문제는 아리스토텔레스의 중용 원리에 근거할 때 그리 설득력이 크지 않음을 알 수 있다. 아리스토텔레스는 분노로 인한 복수가 과도하

---

35) 관엄함은 관대하고 엄정함의 의미를 갖는다. 이 번역은 권창은 역을 따랐다. 권창은, 「아리스토텔레스의 정의관—응징정의관(膺懲正義觀)을 중심으로」, 『서양고전학 연구』, 10권, 1996, p. 35 참조.

36) Aristoteles, *NE*, IV₅, 1125b34~1126a1.

37) Aristoteles, *NE*, IV₅, 1126a18~1126a28.

38) Aristoteles, *NE*, IV₅, 1126a29. 아리스토텔레스가 이처럼 분노의 부족함보다 그것의 지나침에 분석을 치중하는 데는 분노의 표출이 인간에게 더 광범위하면서도 더 자연스럽게 오며, 또 인간의 실존적 환경이 어렵고, 인간 본성의 결여성에서 기인하는 것으로 볼 수 있다.

게 이루어짐으로써 발생할 수 있는 분노의 역기능을 중용의 원리를 통해 제한하고 있기 때문이다. 물론 아리스토텔레스는 온화한 사람이 "어떤 방식으로 어떤 종류의 일에서 어느 정도의 시간 동안 화를 내야 하는지를 규정하기는 쉽지 않다고 말한다".[39] 그러나 이러한 어려움에도 불구하고 분명한 것은 아리스토텔레스는 중용에 따른 중용이 가능하며 그래서 덕으로 이행할 수 있는 가능성을 인정한다고 말할 수 있다.

이제 계속해서 필자는 이러한 분노의 중용가능성을 영혼 속의 이성과 욕구의 조화가능성 논의를 통해 보다 분명히 할 것이다. 아직까지 마땅함이라는 중용의 원리에 따른 올바른 분노의 가능성이 실현될 수 있는 구체적인 작동 방식이 그렇게 분명하게 제시되지 않고 있는 것으로 생각되기 때문이다.

3. 분노와 이성의 조화는 어떻게 가능한가?

앞에서 우리는 아리스토텔레스가 중용의 원리에 따라 모욕에 대해 너무 강하지도 않으면서 그렇다고 너무 무감각하지도 않은 온화한 분노의 가능성을 주장함을 살펴보았다. 즉 비이성적인 감정으로서

---

39) Aristoteles, *NE*, IV₅, 1126a32~1126a34. 이러한 이유로 아리스토텔레스는 모자란 사람을 때로 온화한 사람으로 칭찬하기도 하고, 때로는 지나치게 까다롭게 문제를 삼는 사람을 능력 있는 사람으로 사내답다고 말하기도 한다고 말한다(Aristoteles, *NE*, IV₅, 1126a36~1126b2).

의 분노가 이성적인 원리와 조화되어 온화함이라는 올바른 감정이 될 수 있다는 것이다. 그러나 분노와 같은 영혼의 비이성적인 부분에 속하는 감정이 어떻게 이성적인 부분과 조화될 수 있는지는 쉽게 이해되지 않는 것으로 생각된다. 아리스토텔레스의 영혼론에 관한 검토가 필요한 이유이다.

아리스토텔레스에 따르면 인간의 영혼은 "이성적인 부분"(λόγον ἔχον)과 "비이성적인"(ἄλογον) 부분으로 대별된다. 비이성적인 부분은 인간의 "욕구적인 부분"(ὀρεκτικόν)으로서 여기에는 "욕망"(ἐπιθυμία)과 "기개"(θυμός) 그리고 "소망"(βούλησις)이 속한다.[40] 욕망적인 부분은 이성을 자체 내에 전혀 담보하고 있지 못하며, 그렇기 때문에 이성적 설득에 따르지 않는 성향을 보인다. 예를 들어 배가 고프다면, 어떠한 이성적 설득도 배고픔을 만족시키지 못할 것이다. 그것은 음식을 제공함으로써만 가능하게 된다. 그런데 욕구적인 부분 중 소망은 이성적인 욕구로서 이성과 조화되어 작동되는 욕구라고 말할 수 있다. 요컨대 소망만이 이성에 근거해서 이루어지는 욕구다. 그러면 기개에 관한 아리스토텔레스의 견해는 무엇인가? 이 질문은 중요한데, 왜냐하면 분노의 감정이 바로 영혼의 욕구적인 부분 중 하나인 기개와 관련되기 때문이다. 다시 말해 플라톤과 마찬가지로[41] 아리스토텔레스 역시 분

---

40) Aristoteles, *NE*, I₁₃, 1102a27~1102a28. 1139a3~1139a6.
41) 이것은 플라톤의 경우에도 마찬가지인데, 특히 『국가』 편(Politeia) 4권에서의 레온티오스의 예를 통해 분노가 영혼의 기개적인 부분에 의해 발생하는 것으로 말하고 있는 것이 그 좋은 예가 될 것이다(Politeia, 440a~440b 참조). 다만 아리스토텔레스는 기개적인 부분을 플라톤처럼 영혼의 독립된 한 부분으로 설명하지 않고 비이성적인 부분에 속하는 것으로 본다는 것이다.

노가 바로 영혼의 기개적인 활동에 의해 발휘되는 것으로 보는 것이다. 그런데 중요한 것은 '영혼의 비이성적인 부분에 속하는 기개에 의한 분노의 감정이 어떻게 영혼의 이성적인 부분과 조화될 수 있는가' 하는 것이다. 소망의 동력원은 이성이 될 수 있지만 기개는 그런 것으로 보기 어렵기 때문이다.

이와 관련한 아리스토텔레스의 생각을 이해할 수 있는 짧지만 중요한 말은 기개적 부분이 "이성에 참여"(μετέχουσα μέντοι πη λόγου)[42]한다는 말이다. 따라서 '기개적인 부분이 이성에 참여한다'라는 말을 이해하는 것은 분노가 어떻게 중용에 따른 감정이 될 수 있는가의 이해를 가능케 해주는 중요한 단서가 된다. 일단 기개는 이성적인 욕구인 소망처럼 행위의 시초가 이성적이라고 보기는 어렵다. 그러나 이성에 전혀 귀를 기울이지 않는 "욕망적 부분"(ἐπιθυμητικόν)과 달리 기개적인 부분은 이성의 말에 귀를 기울일 수 있다는 점에서 양자는 다르다. 그러면 기개적인 부분이 이성에 참여한다는 말의 정확한 의미는 무엇인가? 비이성적인 기개가 어떻게 이성적인 것과 교류 내지 소통할 수 있는가 하는 것이다. 아리스토텔레스가 드는 예는 아들이 아버지의 말에 복종하여 행동하는 경우다. 아들이 아버지의 이성적인 지도와 가르침에 순종하여 그에 따른 행위를 하는 경우다. 이성의 말을 듣고 그 원칙에 따라 행위한다는 의미에서 이성에 참여한다는 것이다.[43] 그런데 아들이 아버지의 "이성적인 지도와 지시에 저항

---

42) Aristoteles, *NE*, I₁₃, 1102b13~1102b14.
43) Aristoteles, *NE*, I₁₃, 1102b30 이하 참조.

하거나 맞설 수 있다"(μάχεται καὶ ὰντιτείνει τῷ λόγῳ)[44])는 가능성
이 배제될 수 없다. 일반적으로 젊은 아들은 이성보다는 욕구나 기개가
그 성향상 더 강하기 때문이다.[45] 그렇다면 아버지의 말에 긍정적으로
반응할 수 있도록 하기 위해선 아들의 성향이 이성적인 가르침에 따를
수 있도록 그 성격이 정향되어 있어야 할 것이다. 그러면 이것은 어떻
게 가능한가?

아리스토텔레스는 『니코마코스 윤리학』 2권 1장에서 올바른 "성품"
(ἦθος)을 갖기 위해선 어렸을 때부터의 습관화된 덕의 교육이 필요하
다고 말한다. 어렸을 때부터 쾌락이나 고통에 관한 욕구구조를 올바르
게 갖도록 부단히 교육이 이루어져야 한다는 것이다. 이러한 반복적이
며 지속적인 습관화를 통해 좋은 성품을 소유한 아들이라면 아버지의
이성적인 말에 분노하지 않고 그 말에 순종하여 따른다는 것이다. 그
리고 이것은 기개적인 부분이 어렸을 때부터 이성에 순응할 수 있도
록 잘 겪음의 습관화된 교육을 받아야 함을 의미한다. 아리스토텔레스
는 바로 이러한 습관화된 교육을 통해 올바른 성품을 가진 자의 기개
가 이성적인 판단과 설득에 영향을 받고 변화될 수 있는 것으로 보는
것이다. 마치 정의로운 행위를 함으로써 정의로운 사람이 되고, 절제하
는 행위를 통해 절제할 줄 아는 사람이 될 수 있는 것처럼[46] 이성과 조

---

44) Aristoteles, *NE*, I₁₃, 1102b17~1102b18.
45) 아리스토텔레스가 『니코마코스 윤리학』, VII₇, 1149a26~1149a32에서 말하는 것처럼 기
개는 그 본성이 뜨겁고 빠르기 때문에 듣기는 하되 이성이 명하는 것을 온전히 듣지 않은 채
복수를 향해 돌진할 수 있기 때문이다. 모욕이나 멸시를 당했다는 인상이 떠오르게 되면 기
개적인 부분은 대뜸 분노할 수 있다.
46) Aristoteles, *NE*, II₁, 1103a34~1103b2.

화시킨 관엄한 분노 역시 습관화된 행위를 통해 가능한 것이다. 만약에 기개적인 부분이 이성적인 부분에 동의할 수 있는 "성향"(ἕξις)을 획득하지 못했다면, 갈등은 이성에 유리하게 작용하지 않을 것이다. 이렇게 분노의 감정이 매우 강해서 그것을 이성에 조화시킬 정도의 성격적 기질을 갖추지 못하면, 결국 쾌락을 향한 복수의 욕구가 자극될 것이고, 이것은 중용에 따른 분노의 유형이 되지 못할 것이다. 아리스토텔레스가 기개적인 부분이 이성적인 논증에 반응하기 위해선 어렸을 때부터 쾌락과 고통에 적합하게 반응할 수 있도록 습관화되는 교육을 받아야 함을 역설하는 이유가 여기에 있다.

그런데 여기서 아들의 아버지에 대한 순종이 강요가 아닌 설득에 의해 이루어진다는 점이 강조될 필요가 있다. 이것은 이성적인 부분을 통해 분노를 일으키는 영혼의 기개적인 부분을 주어진 상황에 대한 다른 해석이 가능하도록 견인함으로써 쾌락과 고통의 욕구구조를 올바른 방향으로 정향시켜줌을 의미한다. 좀 더 아리스토텔레스적인 견해에 가까운 것으로 설명하면 이성적인 부분은 기개적인 부분의 개념적 판단으로 작동하면서 올바른 목적을 향한 실천이 이루어질 수 있도록 기개적인 부분에 상응하는 욕구를 발생시킨다는 것이다.[47] 요컨대 이성은 일방적으로 기개적인 부분을 명령하거나 통제하기보다는, 기개를 이성과 함께 어우러지도록 또는 이성이 기개적인 부분에 스며들 수 있도록 해야 한다는 것이다.[48] 우리의 덕행은 "이성에 따른 것이라기보다

---

47) A. C. Santiago, *A Study of Aristotelian Demands for Some Psychological Views of the Emotions*, Duke Univ., 2009, p. 17.
48) 아리스토텔레스의 이성과 감정의 관계를 이성에 의한 감정의 지배 또는 머리가 가슴을

는 올바른 이성과 함께 이루어져야 한다"[49])는 아리스토텔레스의 말은 이성과 기개의 조화가능성을 강조한 말로 이해할 수 있다. 그리고 이때의 이성과 기개적인 부분의 조화나 일치라는 말은 이성을 갖고 위에서부터 감정들을 깨끗이 청소한다는 것이 아니라, 이성을 감정에 또는 그 반대로 감정을 이성과 어우러지게 또는 스며들게 한다는 것이다.[50] 그렇기 때문에 이때의 어우러짐은 단순한 혼합이 아니다. 그것은 이성은 지도적 부분으로서의 위치를 견지하고, 또 분노는 이성의 말에 자연스럽게 반응 내지 성향을 보인다는 것이다. 이렇게 이성에 의한 기개의 설득을 통해 좋은 성품을 획득하게 된 아들은 불의를 행하는 것을 수치스럽고 고통스러운 것으로, 그 반대로 정의를 추구하면서 즐거워할 수 있게 되는 것이다.[51]

상술한 것을 종합할 때 중용으로서의 분노가 아리스토텔레스의 영

지배하는 것으로 해석하는 현대 학자들에 대한 비판과 관련해선 K. Kristjansson, 2005, pp. 680~681 참조.

49) Aristoteles, *NE*, VI$_{13}$, 1144b26~1144b27.

50) 물론 기개적인 영혼의 부분이 영혼의 비이성적인 부분에 속하기 때문에 그것의 이성에의 복종이 끝내 이루어지지 않을 가능성이 있다. 그렇기 때문에 이때의 설득은 보다 폭넓은 의미를 갖는 것으로 이해될 필요가 있다. 이와 관련하여 아리스토텔레스는 "우리가 아버지의 이성을, 혹은 친구들의 이성을 가지고 있는 것"은 수학적인 것에 관한 이성을 가지고 있는 방식은 아니다(Aristoteles, *NE*, 1102b31 이하 참조)라고 말한다. 그렇기 때문에 아리스토텔레스는 이성적이지 않은 부분이 이성에 의해 어떤 방식으로 설득된다는 것은 주의와 모든 종류의 꾸지람, 그리고 격려가 효과가 있다고 말한다(Aristoteles, *NE*, 1102b35 이하 참조). 기개적인 부분이 이러한 이성적인 부분과의 소통에 강하게 거부하거나 반대하는 경우는 강요될 필요가 있다고 말한다. 그리고 이때의 강요는 마땅히 괴로워해야 할 것은 괴로워하고, 마땅히 기뻐해야 할 것에 기뻐하도록 강요됨을 의미한다. 처벌이 이러한 쾌락과 고통을 사용하며, 이때의 처벌은 일종의 치료인 것이다(Aristoteles, *NE*, 1104b10~1104b20 이하 참조).

51) Aristoteles, *NE*, X$_9$, 1179b24~1179b32 참조.

혼론의 틀 속에서 나름의 타당한 이론적 근거에 기반을 두고 변호될 수 있음을 알 수 있다. 그것은 중용으로서의 분노, 즉 관엄함이 영혼의 이성적인 부분과 비이성적인 기개적 부분의 조화에 의해 가능한 것으로 말할 수 있다. 분노는 그것이 비이성적인 기개적 부분에 속하지만 이성과 내적인 긴장이나 갈등관계에 있지 않음으로써 중용에 따른 덕으로서의 관엄함이 될 수 있는 것이다. 아리스토텔레스가 말하는 관엄함의 덕은 바로 분노를 이성적인 판단을 통해 적합한 방식을 통해 적합하게 느끼는 것을 통해 이루어지기 때문이다. 기개적인 부분이 "이성에 참여한다"라는 말은 바로 이러한 이성과 분노의 감정이 함께 어우러짐을 의미하는 것으로 이해할 수 있다. 결국 중용으로서의 분노는 이성과 함께하여 이루어진다. 그렇다면 복수 역시 필요하지 않을 수 있는 가능성이 항존한다. 설사 복수가 이루어지더라도 그것은 이성과 조화된 합당한 정도의 응징적인 의미의 처벌이라고 말할 수 있다.

이제 아래에서 필자는 아리스토텔레스의 정당화된 분노에 대해 제기될 수 있는 두 가지 반론을 소개하고 이러한 비판에 대해 아리스토텔레스가 어떻게 대응할 수 있는지를 제시해보도록 하겠다.

4. 두 가지 반론과 그에 대한 반박

아리스토텔레스의 분노론에 관해 제기될 수 있는 첫 번째 반론은 '아리스토텔레스는 왜 용서가 아닌 분노의 복수를 주장하는 것일까' 하는 것이다. 분노 대신 타인에 대한 용서와 관용이 공동체를 풍요롭게 할 수 있는 도덕적 가치를 담보한 감정이 될 수 있지 않은가 하는 의문이다.[52] 타인에 대한 용서나 관용의 정신이 인간사회에서 분노에 의한 복수의 정당화 시도보다 인간적인 도덕적 우월성을 부각시킬 수 있기 때문에 이러한 물음은 당연히 제기될 수 있다.[53] 그러면 아리스토텔레스는 부당함에 대해선 어떤 경우든지 분노와 그에 대한 응징이 필요하지, 용서가 이루어져서는 안 됨을 주장하는 것일까?

상술한 물음과 관련하여 필자는 아리스토텔레스 역시 분노와 용서의 조화가능성을 분명하게 인정하고 있다고 생각한다. 그 첫 번째 이유는 이미 앞에서 분노의 발생 과정을 분석하면서 알 수 있는 것처럼 아리스토텔레스에게서 분노의 정당성이 인지적 요건에 의해 엄격하게 제한되고 있기 때문이다. 이것은 악행에 대한 적합한 감정이 반드시 분노가 될 이유는 없으며, 오히려 용서의 감정이 될 수 있음을 의미한다. 즉, 악행을 행한 자의 비의도성이나 우연성 또는 실수와 같은 요소들이 인지적 판단을 통해 밝혀지게 되면 그에 대한 적합한 감정은 분노가 아니라 용서가 될 수 있다는 것이다. 다시 말해 분노를 발생시킨 모욕이 보이는 것과 달리 어떤 불가피한 상황 속에서 의도적이지 않게 이

---

52) 대표적으로 부정의에 대한 분노를 용서로 변화시켜 대응한 남아프리카 공화국의 대통령이었던 만델라의 경우를 들 수 있다. 이에 관한 자세한 논의는 K. S. Zagacki, 2006, pp. 290~309 참조.

53) G. Sadler, "Forgiveness, anger, and virtue in an Aristotelian perspective", *Proceedings of the ACPA*, vol. 82, 2009, pp. 232~233, 240~241. 기독교적 용서의 의미와 관련해선 B. Cantens, "Why forgive? A christian response", *Proceedings of the ACPA*, vol. 82, 2009, pp. 217~227 참조.

루어진 것으로 밝혀지거나 또는 자신의 잘못을 인정하고 후회하거나 뉘우치는 경우에는 분노는 복수의 욕구로 나아가지 않고 사라질 수 있다는 것이다.[54] 이런 경우에 아리스토텔레스는 분노를 정당한 것으로 간주하지 않을 뿐만 아니라 오히려 공감이나 연민을 가져야 하는 것으로 본다.[55]

우리는 이러한 용서의 가능성을 『수사학』 2권 3장에서의 프라오스(ὁ πρᾶος), 즉 '관엄한 자'의 경우를 통해 알 수 있다. 아리스토텔레스에 따르면 온화한 자는 중용을 적중시키기 위한 '마땅함'(δεῖ)의 기준에 따라 타인에 대한 역지사지(易地思之)를 통해 용서를 행할 수 있는 덕인이기 때문이다.[56]

사람들이 어떠한 종류의 모욕도 행하지 않거나 또는 그것을 의도적이지 않게 했거나 적어도 그러한 것으로 보인다면, 우리는 그런 사람들에게 온화하게 되는 것은 분명하다.[57]

위 인용문에서처럼 아리스토텔레스는 상대방의 행위의 의도성이 없을 경우 우리는 분노를 가라앉히고 온화해짐으로써 용서할 수 있다고 말한다. 예를 들어 내가 친구와 만나기로 예정되어 있었는데, 친구가 전화도 없이 나타나지 않아 화가 났다고 하자. 이 경우에 나의 분노

---

54) Aristoteles, *Rhet*, 1380a5 이하 참조.

55) Aristoteles, *Rhet*, 1380b14~1380b18 참조. 또한 1380a14~1380a37 참조.

56) Aristoteles, *Rhet*, 1380a8~1380a31, 1380b5~1380b12 참조.

57) Aristoteles, *Rhet*, 1380a9~1380a10.

를 지지하는 믿음의 원인은 내 친구가 나의 소중한 시간에 대해 고려하지 않았고, 그래서 무책임하다는 것이다. 그러나 나중에 나는 내 친구가 나를 만나러 오는 도중에 교통사고로 병원에 입원하게 되었다는 것을 알게 되었다. 따라서 내 친구가 나타나지 않은 타당한 이유가 있었고 그래서 나를 의도적으로 분노케 한 것이 아님을 인지하게 되면, 나의 분노의 감정은 사라지게 된다. 아리스토텔레스적 관점에서 볼 때 상대방의 입장에서 약속을 지키지 못한 합당한 이유나 근거가 제시되었을 경우 그것을 부정할 나의 합당한 근거가 존재하지 않는다면 분노의 표출은 도덕적으로 정당화되기 어려운 것이다.[58] 그래서 아리스토텔레스는 노예가 자신의 잘못을 뉘우치면서 처벌을 인정하거나, 또는 겸손한 태도를 보이거나, 상대방에 대한 존경심을 표할 경우 분노가 멈추고 용서가 가능하다고 말한다.[59] 요컨대 아리스토텔레스가 말하는 관엄한 자는 "복수를 하는 사람이기보다는 차라리 용서하는 자(συγγνωμονικός)이다".[60] 그러나 여기서 간과해선 안 될 점은 아리스토텔레스가 쉰그노메(συγγνώμη)[61]라는 공감적 판단능력을 통해 용서

---

58) 도덕적인 옳고 그름의 문제에서 다른 사람들이 합당하게 거부할 수 없는 원칙에 맞게 행위해야 한다는 주장은 Scanlon에 의해 주장되고 있다(T. M. Scanlon, *What we owe to each other*, The Belknap Press of Harvard Univ. Press, 1998, pp. 147~188 참조).

59) Aristoteles, *Rhet*, 1380a26~1380a31.

60) Aristoteles, *NE*, IV₁₁, 1126a2~1126a3.

61) 쉰그노메(συγγνώμη)는 "함께"(συν) "이해"하거나 "판단"(γνώμη)함을 의미한다. 이 때 함께 이해한다는 것은 상대방의 입장에서 판단함을 의미하며, 소위 '역지사지'(易地思之)해서 상대방을 이해하려고 하는 공감적 판단능력이라 말할 수 있다(Aristoteles, *NE*, VI₁₁, 1143a21~1143a24. 1110b31~1111a2). 이와 관련해선 D. Koutras, "Equity(epieikeia) in Aristotle's Practical philosophy", *Political Equality and justice in Aristotle and the problems of*

의 가능성을 인정하고는 있지만, 이것이 곧 단적인 의미의 용서 개념으로 이해되는 것은 곤란하다는 점이다. 아리스토텔레스적 의미의 용서는 어디까지나 부당한 행위가 "의도적이지 않거나"(ἀκουσίως) "모르고서"(ἀγνοῶν) 실수한 행위, 그래서 그로 인한 후회와 가책을 느끼는 경우에 한정된다는 점에서 어디까지나 조건적 용서 내지 관용이기 때문이다. 그러나 이와 달리 모욕이 부당하게, 의도적이면서도, 지속적으로, 사악한 방식에 의해 이루어지는 경우에도 아리스토텔레스가 용서를 인정하는 것은 아니다. 세네카(Seneca)와 같은 스토아 철학자의 견해와 달리,[62] 아리스토텔레스는 분노가 용서로 전환될 수 있는 정당한 조건이 충족되지 않을 때도 용서와 관용을 주장하는 철학자가 결코 아니다. 아리스토텔레스는 용서가 아닌 분노와 응징이 때로 개인과 공동체의 좋음을 실현할 수 있는 유용한 감정으로 보는 것이다.[63]

---

contemporary society, Athens 2000, pp. 252~253 참조.

62) 세네카는 그의 『분노론』(de ira)에서 분노를 악으로 규정하면서 분노를 뿌리부터 제거해야 함을 주장한다. 그에 따르면 정신적 죄이자 광기로서 정의와 진리를 구분하지 못하는, 그래서 개인과 공동체에 전혀 유익하지 않은 정념이다. 세네카의 아리스토텔레스의 분노론에 대한 비판은 특히 『분노론』 1권 참조.

63) 이것은 용서의 원리가 어디까지나 '정의'(δικαιοσύνη) 원리 하에서 이루어져야 함을 의미한다. '복수를 통해 타인의 고통을 보면서, 분노한자들은 어떤 의미의 정의가 실현되어 만족되고 온화하게 된다'는 아리스토텔레스의 말은 분노의 공동체 내에서의 순기능을 간과하지 않고 있기 때문이다(Aristoteles, *Rhet*, 1380a14~1380a16, 1380b5~1380b12 참조). 이런 점에서 아리스토텔레스의 용서는 어디까지나 정의의 원리에 조회되어 그것과 충돌되지 않을 때 가능한 것으로 볼 수 있다는 점에서 조건적 용서라고 말할 수 있다. 이것은 특히 『니코마코스 윤리학』 5권 5장에서 공동체의 근본적 정의로 간주되는 "되갚는 정의"(antitpeponthos dikaion)에서 잘 나타난다. '되갚는 정의'는 공동체의 존립기반의 원리로서 이것은 공동체의 안정과 존립을 위한 일종의 상벌질서 원리라고 말할 수 있다. 아리스토텔레스는 왼쪽 뺨을 때리면 오른쪽 뺨도 내줘라하는 기독교적 사랑의 원리를 우선시한 철학자는

아리스토텔레스의 분노론에 대해 제기되는 두 번째 비판으로 스토커(M. Stocker)와 헤게만(E. Hegeman)의 주장을 들 수 있다.[64] 이들에 따르면 아리스토텔레스의 분노는 일종의 자족의 환상에 빠진 나르키소스(Narkissos)적, 즉 자아도취적인 감정표현이다. 분노는 분노하는 사람의 자아 속에 존재하는 공허함이나 허약함에 의해 야기된 정신병적 증상이라는 것이다. 누군가가 모욕을 당했을 때, 자신이 타인에 의해 사랑스럽거나 가치 있는 존재로 간주되지 않았을 때 갖게 되는 상처가 바로 분노라는 것이다. 그렇기 때문에 분노하는 자는 항상 자신이 마치 자아도취적인 유아처럼 다른 사람들의 관심과 주의의 중심이 되기를 갈망한다는 것이다. 또한 스토커에 따르면 아리스토텔레스의 소위 나르키소스적 분노는 분노하는 자가 자신이 생각하기에 자신의 정당한 몫에 해당되는 계급이나 위치 또는 존경을 받지 못할 때 보여주는 것이다. 모욕당한 자의 영혼은 깊게 상처받고 고통받음으로써 그의 자아는 공허하고 결여된 감정으로 차 있기 때문이다. 그래서 이러한 상처와 고통을 받은 분노하는 자는 자신의 고유한 좋음과 아름다움을 자신의 자아 속에서 발견할 수 없기 때문에 이것의 확인을 위해 다른 사람

아니다. 아리스토텔레스가 현실적인 차원에서 사랑의 의미를 갖는 친애(philia)의 덕을 정의와 관련시켜 이해하려고 하는 이유가 여기에 있는 것으로 보인다. 아리스토텔레스는 부정의를 행한 자에게 필요한 것은 채찍과 발톱이지 사랑과 용서가 아니라고 보는 것이다. 이와 관련해선 권창은, 「아리스토텔레스의 정의관-응징정의관을 (膺懲正義觀) 중심으로」, 『서양고전학 연구』10권, 1996, pp. 11~41 참조. 또한 용서보다 분노가 보다 적합한 행위로 볼 수 있는 입장과 관련해선 L. McFall, "What's wrong with bitterness?", *Feminist Ethics*, C. Card(ed.), Univ. Press of Kansas, 1991, pp. 146~160 참조.

64) M. Stocker and E. Hegeman, *Valuing emotions*, Cambridge Univ. Press, 1996. chap. 10, 특히 pp. 268~271 참조.

들에게 의존하게 된다. 그렇기 때문에 이 두 학자의 주장에 따르면 분노하는 자는 자아 중심적인 믿음을 재확인하기 위해 친구와 같은 타인의 주의와 관심을 계속적으로 끌고자 한다. 그리고 분노는 바로 자아도취에 빠진 자가 자신이 필요하다고 생각한 것을 친구가 인지하지 못하거나 응답하지 않을 때 갖게 되는 환상인 것이다.[65]

그러나 스토커와 헤게만이 주장하는 것처럼 아리스토텔레스의 분노가 일종의 나르키소스적인 환상에서 비롯한 것으로 보는 것은 동의하기 어려운 주장이다. 더욱이 아리스토텔레스적인 분노가 친구에 대한 지나친 기대나 관심을 통한 친구와의 "신비적인 일치"(mystical union)가 좌절된 것에 의해 갖게 된다는 두 학자의 주장은 설득력이 떨어진다. 레이튼(S. Leighton)이 올바르게 비판하는 것처럼 스토커와 헤게만의 비판은 단지 정당화될 수 없는 분노의 유형에만 적용될 수 있기 때문이다.[66] 그러나 아리스토텔레스가 소위 나르키소스적인 자아 중심적

---

65) M. Stocker and E. Hegeman, 1996, pp. 277 이하 참조. Aristoteles, *Rhet*, II.2, 1379b13 이하 참조.

66) 레이튼은 요구가 합당한 근거가 없어 정당화될 수 없는 분노인 경우 나르키소스적인 분노의 측면이 있다고 보는 것은 두 가지 이유에서 설득력이 없다고 주장한다. 하나는 관심과 주의의 중심이 되고자 하는 정당화될 수 없는 요구가 나르키소스적인 자아도취에 근거될 수 있지만, 그것들은 다른 근거, 예를 들어 잘못된 판단, 오해, 모독, 악의를 포함한 다른 많은 근거를 가질 수 있기 때문에, 관심의 중심이 되고자 하는 것과 자아도취증 사이에 직접적인 필연적 관계가 없다는 것이다. 두 번째는 타인의 주의(attention)의 중심 내지 주인공이 되고자 하는 정당화될 수 없는 요구(unjustified demand)는 아리스토텔레스적인 의미의 부당한 모욕에 의한 분노, 다시 말해 합당한 중요성이나 명예 또는 존경이 부정된 것에 의해 발생되는 분노와는 구별되어야 한다는 것이다. 자아도취적인 정당화되지 못하는 분노는 어디까지나 부당한 대우에 반응하는 정당화될 수 있는 분노의 고통과는 다른 것으로 이해되어야 한다는 것이다(S. Leighton, 2002, p. 31).

인 환상에 사로잡힌 분노의 표출을 정당화된 분노의 유형으로 간주한 것으로 보기는 어렵다. 특히 친구의 필요성을 분노하는 자의 의존성과 유약함을 보여주는 것으로 보면서 이것을 아리스토텔레스의 자족적인 행복 실현과 조화되지 않는 것으로 보는 것은 아리스토텔레스의 "친애"(φιλία)에 대한 정확한 이해가 아니다.[67] 아리스토텔레스가 말하는 인간의 궁극적인 목적으로서의 자족적인 잘 삶, 즉 "행복"(εὐδαιμονία)은 친구로부터 완전히 독립된 고립된 삶을 통해서가 아니라, 친구와 더불어 사는 삶을 통해 가능하기 때문이다.[68] 특히 친애의 유형 중 "쾌락"(ἡδονή)이나 "유용성"(χρήσιμον)을 목적으로 하는 친애의 경우보다 "덕"(ἀρετή)이나 "선"(ἀγαθόν)을 목적으로 하는 친애의 경우는 더욱 그렇다. 아리스토텔레스는 덕을 목적으로 한 친애의 경우 윤리적 실천 활동이나 지적인 관조적 활동에서 친구는 나의 또 "다른 자아"(ἄλλος αὐτός)로서 더욱더 우리의 행복을 강화시키는 긍정적 역할을 하는 것으로 강조하고 있기 때문이다.[69] 아래의 인용문은 아리스토텔레스가 친애에 부여한 긍정적인 의미를 확인시켜준다.

산다는 것은 선택할 만한 것, 특히 다른 누구보다도 좋은 사람들이 선택할 만한 것이다. 왜냐하면 그들에게는 존재가 좋고 즐겁기 때문이다. (그들은 그 자체로 좋은 것을 친구와 더불어 지각하면서 즐거워하니까. 그런데 덕

---

67) 이와 관련해선 S. Leighton, 2002, pp. 34~45 참조.
68) Aristoteles, *NE*, I₅, 1097b9~1097b11. *Politica*, 1253a27~1253a29, 1278b20~1278b30, 1252b13 이하 참조.
69) Aristoteles, *NE*, IX₉, 1170b3~1170b12.

인은 친구를 자기 자신처럼 대하므로) 친구는 또 다른 자기이니까(ἔστι γὰρ ὁ φίλος ἄλλος αὐτός), 각자에게 자신의 존재가 선택할 만한 것이듯 친구의 존재도 선택할 만한 것, 혹은 거의 그럴만한 것이다. 존재한다는 것이 선택할 만한 것이 되는 것은 자신이 좋은 사람임을 지각하기 때문이다. 그러한 지각은 그 자체로 즐거운 것이다. 따라서 친구가 존재한다는 것을 친구와 더불어 지각하는 일이 필요한데, 이것은 '함께 살며 서로 말과 생각을 나누는 일'(συζῆν καὶ κοινωνεῖν λόγων καὶ διανοίας)을 통해 성립한다.[70]

위 인용문에서 아리스토텔레스는 훌륭한 사람은 자신의 존재를 좋고 즐거운 것으로 선택하듯이 친구를 선택한다고 말한다. 친구는 또 다른 자아이기 때문에, 친구와 더불어 좋음 자체를 지각할 수 있기 때문이다. 아리스토텔레스는 이러한 존재의 즐거움과 좋음을 공동의 지각을 통해 가능한 것으로 보는 것이다. 친구와 함께하는 공동의 이론적 탐구, 즉 관조적 탐구는 더욱 그 활동을 지속시켜주기 때문이다. 이런 이유로 아리스토텔레스는 친구를 자신을 더 잘 볼 수 있게 해주는 거울과 같은 존재이며 그래서 지극히 행복한 사람은 친구를 필요로 한다고 말한다.[71] 친구는 이렇듯이 삶과 활동에서 나의 존재성을 확인시켜주는 또 '다른 자아'(alter ego)인 것이다.[72]

70) Aristoteles, *NE*, IX₉, 1170b3~1170b12.
71) Aristoteles, *NE*, IX₉, 1169b32 이하 참조.
72) Aristoteles, *NE*, IX₉, 1170a25 이하 참조.

상술한 것처럼 아리스토텔레스에 따르면 우리는 친구와 함께 사고하고 토론하면서 더욱 최고의 행복이 되는 지적인 활동을 좀 더 지속적으로 완벽하게 진행시킬 수 있다. 이러한 친애적인 활동을 스토커와 헤게만이 비판하는 것처럼 자신의 나약함과 의존성을 보여주는 것으로 보는 것은 아리스토텔레스의 친애의 본질을 정확하게 이해하지 못한 것이다. 덕을 공유하는 친구 사이의 의존성은 나약함의 표시가 아니라, 오히려 인간의 자족적인 행복에 기여하는 것으로 보아야 하는 것이 아리스토텔레스의 친애관이다.

나오며

아리스토텔레스에 따르면 인간은 "이성적인 동물"(λόγον ζῷον)이다. 인간을 다른 동물들과 구별시켜주는 고유한 종차가 바로 이성에 있는 것이다. 그러나 인간의 "본성"(φύσις)이나 "영혼"(ψυχή)에 대한 이해가 이성에 의해서만 온전히 밝혀진다고 보는 것은 이성의 오만일 것이다. 인간은 이성적인 존재일 뿐만 아니라 또한 "감정에 따른"(κατὰ τὸ πάθος) 존재이기 때문이다. 인간의 감정 또는 정념은 그 자체의 고유한 문법과 구조를 가지고 인간의 마음과 행동의 내재적 요인으로 작동하여 온 것이 부정되기 어렵기 때문이다. 인간영혼의 미묘하면서도 불투명한 다양한 감정의 심리적 양태들을 이성의 스펙트럼이 아닌 감정 자체의 특정한 방식과 새로운 언어로 규명해야 되는 이유가 여기에 있다.

그리고 우리가 지금까지 논의한 것을 통해 알 수 있는 것처럼 아리스토텔레스는 인간의 이러한 실존적 조건 속에서 분노에 관한 철학적 분석을 행한 것으로 볼 수 있다. 그리고 그는 분노가 인간 삶과 공동체에서 나름대로의 순기능을 행할 수 있음을 부정하지 않는다. 인지적 측면에서의 정당성의 구성요건이 확보되는 분노는 정의로운 분노가 될 수 있기 때문이다. 아리스토텔레스에게 부당한 모욕에 대한 무감각은 자신의 자존감을 세우지 못함으로써 결과적으로 도덕적 주체가 될 수 없는 것이다. 물론 아리스토텔레스는 분노가 갖는 과도한 폭력성을 간과하지 않는다. 분노와 그에 따른 복수로 인해 발생하는 인간사의 폭력적이며 잔인한 비극 역시 부정될 수 없는 분노의 한 양태이기 때문이다. 그래서 그는 모욕의 의도성이나 무지, 또는 운과 같은 몇 가지 분노표출의 정당성을 제한시킬 수 있는 조건들을 제시한다. 이러한 원인들에 근거해서 발생되는 모욕의 경우 아리스토텔레스는 분노에 의한 복수보다는 용서가 이루어져야 함을 인정한다. 이렇듯 아리스토텔레스에게서 호모 이라쿤두스(homo iracundus), 즉 분노하는 인간은 단순히 감정에 따른 인간이 아니라 어디까지나 이성과 함께하는 인간이라고 말할 수 있다. 이런 점에서 아리스토텔레스는 분노에 대한 보다 객관적이며 현실적인 입장을 보여주는 것으로 생각된다. 아리스토텔레스는 극단적인 분노 혐오론자도 아니며, 그렇다고 절대적인 분노 찬성론자도 아니다. 그리고 이점이 바로 우리가 아리스토텔레스의 분노론을 합리적이면서도 경험적인 설득력을 가진 것으로 보는 주된 이유가 될 것이다. 아리스토텔레스에게서 인간의 행복은 분노를 부정함으로써가 아니라 '분노에 따라'(κατ' ὀργήν) 실현될 수 있는 것이다. 아리스토텔레스에게서 행복한 사람은 이성적인 인간이 되어야 할 뿐만 아니라, 분노할 때 분노할 수 있는 호모 이라쿤두스(homo iracundus)도 되어야 하는 것이다.

제7장

스토아학파의 분노 치료와 아파테이아
: 세네카의 『분노론』을 중심으로

1. 스토아학파의 아파테이아와 분노의 정념

스토아학파(οἱ Στοικοί)는 에피쿠로스학파와 더불어 헬레니즘 시기의 철학을 대표한다. 활동한 시기의 철학자들에 따라 관심주제의 약간의 차이는 있을지 몰라도[1] 스토아학파 철학자들이 주창하는 핵심적인 모토는 한 마디로 "자연에 일치된 삶"(τὸ ὁμολογουμένως τῇ φύσει ζῆν)[2]이라고 말할 수 있다. 그러면 이때의 '자연'(φύσις, natura)

---

1) 일반적으로 초기의 스토아 철학자로는 제논(Zenon)과 클레안테스(Kleanthes) 그리고 크리시포스(Chrysippos)를, 중기에 해당되는 철학자로 파나이티오스(Panaitios)와 포세이도니오스(Poseidonios)를 들 수 있다. 대다수 학자들이 스토아학파의 철학의 엄격성과 정통성은 아무래도 이들 초기 스토아학파의 이론에서 찾아야 하는 것으로 말하지만, 안타깝게도 이들 철학자들의 이론과 사상을 담은 텍스트들이 전승되지는 않았다.

2) SVF I.552. 이 말은 초기 스토아 철학자인 클레안테스가 말한 것으로 전해지며, 그의 스승 제논은 "일치되어 사는 것"(τὸ ὁμολογουμένως ζῆν, SVF I.179)으로, 크리시포스는 "자연적으로 발생하는 경험들에 따라 사는 것(κατ' ἐμπειρίον τῶν φύσει συμβαινόντων ζῆν, SVF

의 의미는 무엇인가? 여러 전거들을 종합할 때 자연에 따른 삶은 스토아 철학자들에게 '이성에 따른 삶'이며 또한 '덕에 따른 삶'이라고 말할 수 있다. 스토아학파의 철학자들은 이러한 자연에 따른 삶을 완벽하게 구현한 이상적인 인간의 전형(παράδειγμα)을 "현인"(σόφος, sapiens)으로 제시한다. 스토아적 현인은 완벽한 "지식"(ἐπιστήμη)을 갖고 "자연에 일치된 삶"을 실현시킬 수 있기 때문이다. 요컨대 현인은 "덕"(ἀρετή)을 갖춘 자이며, 그래서 모든 윤리적인 실천에 있어서도 항상 "적합한 행위"(καθῆκον)와 "올바른 행위"(κατόρθωμα)[3]를 통해 인간의 최고 "목적"(τέλος)이 되는 "최고선"(summum bonum), 즉 "행복"(εὐδαιμονία)에 도달한 자이다.

그러면 스토아적 현인이 완벽한 이성에 따른 또는 달리 말해 자연에 따른 삶을 통해 구현하고자 하는 최고선으로서의 삶이란 구체적으로 어떤 삶을 의미하는가? 스토아 철학자들은 그러한 최고선으로서의

III.4)으로 말한다.

3) 키케로에 따르면 카테콘(καθῆκον), 즉 적합한 행위와 카토르토마(κατόρθωμα), 즉 옳은 행위는 구별되어야 한다. 궁수의 예에서 알 수 있는 것처럼 '적합한 행위'는 궁수가 과녁에 화살을 맞히는 결과적 행위에 초점이 주어진다면, '올바른 행위'는 궁수의 조준 자세나 태도에 역점이 두어지기 때문이다. 이것은 적합한 행위가 행위의 결과에 주목함에 반해 올바른 행위는 행위주체의 동기나 의도를 더 중요시하는, 다시 말해 덕에 따른 행위를 의미한다. 이런 점에서 적합한 행위는 올바른 행위의 필요조건이지 충분조건이 아니다(Cicero, Fin, III. 22~23 참조). 즉 적합한 행위가 반드시 올바른 행위는 아니지만, 올바른 행위라면 그것은 필히 적합한 행위라고 볼 수 있다. 적합한 행위가 합리적 판단을 통해 결과적인 유익성을 달성하고자 한다면, 올바른 행위는 도덕적 선을 목표로 한다고 말할 수 있다. 중요한 것은 올바른 행위가 적합한 행위와 분리된 것이 아니듯이 도덕적 선은 유익성과 일치될 수 있다는 점이 중요하다. 이와 관련해선 이창대, 「초기 스토아 윤리학의 적합한 행위와 옳은 행위」, 『그리스 자연철학 이해』, 인하대학교출판부, 2006, pp. 253~278 참조.

목적을 아파테이아(ἀπάθεια)라고 말한다. 요컨대 아파테이아가 스토아 철학에서 말하는 인간의 궁극적인 행복이 되는 것이다. 그리고 스토아적 현인이란 바로 이러한 아파테이아,[4] 즉 '무정념'의 상태에 도달한 완벽한 사람이다. 그러면 스토아 철학에서 말하는 아파테이아란 구체적으로 어떤 상태를 의미하는 것으로 이해될 수 있을까? 아파테이아는 말 그대로 파테, 즉 "정념"(πάθη)의 영향을 '겪지 않음'(ἀ-πάθη), 즉 정념으로부터 자유로운 상태라고 말할 수 있다.[5] 결국 스토아학파에서 주창하는 최고선으로서의 아파테이아의 성공적인 성취 여부는 정념의 처리 방식에 의존한다고 말할 수 있다. 특히 본 저술에서 관심을 갖는 분노라는 정념은 스토아 철학자들이 말하는 정념들 중에서 그 강도와

---

4) 이 글에서 ἀπάθεια는 '무정념' 또는 음역어인 '아파테이아' 또는 apatheia로 문맥에 따라 적절하게 사용할 것이다. 그리고 '정념'은 희랍어 πάθη의 번역어이다. 일반적으로 이 말은 영어로는 emotion 내지 passion 또는 affect로 많이 번역되고 있고, 이런 점에서 '감정'이나 '격정' 또는 '정서'로 번역될 수도 있다. 이 글에서 아파테이아가 '무정념'으로 번역되어 사용되고 있기 때문에, 이것을 염두에 두어 πάθη를 '정념'으로 번역하였다. 그러나 때론 문맥에 따라 '겪음'이나 '감정'과 같은 용어로 번역할 것이다.

5) 그러나 여기서 현인의 행복을 담보해주는 스토아의 핵심적 원리가 되는 아파테이아가 정작 어떻게 이해되어야 하는가의 물음에 직면하게 되면, 문제가 그리 단순치만은 않다. 말 그대로 pathe, 즉 "정념"(πάθη)의 영향을 '겪지 않음'(ἀ-πάθη)이라는 아파테이아가 정념의 완전한 '근절'(extermination)을 의미하는지, 아니면 과도한 정념을 '순화'(moderation)시키는 것으로 이해되어야 하는지 분명치 않기 때문이다. 만약 전자라면 그것은 인간의 실존적 조건으로서의 육체성을 부정한다는 점에서 수용되기 어려운 점이 있다. 이것은 또한 스토아 철학자들이 인정하는 에우파테이아(εὐπάθεια), 즉 '잘 겪음'으로서의 '좋은 정념'을 고려할 때도 현인을 무정념의 소유자로 보기 어려운 점이 있다. 만약 후자라면 그것은 스토아의 정념에 대한 견해가 플라톤과 아리스토텔레스의 정념론과 기본적으로 차이가 없다는 문제를 발생시킨다. 플라톤과 아리스토텔레스는 정념의 "순화"(μετριοπαθής)를 통해 이성과의 조화 가능성을 모색하기 때문이다.

폭발성이 더 강하면서 또한 그 해악이 다수의 대상에게 확장될 수 있다는 점에서 아파테이아의 실현을 어렵게 만드는 정념이라 말할 수 있다. 이것은 스토아학파의 분노에 대한 고찰이 곧 스토아학파의 최고선으로서의 아파테이아와 그것을 체현한 현인에 대한 이해의 중요한 통로가 됨을 의미한다.

이러한 고찰을 위해 나는 무엇보다 후기 스토아학파 철학자로 간주되는 세네카의 작품 『분노론』(de ira)을 분석할 것이다. 세네카의 『분노론』을 택한 이유는 지금까지 온전하게 전승되고 있는 분노에 관한 스토아 철학의 정통성을 담보하고 있는 작품이 될 수 있기 때문이다.[6] 또한 세네카는 크리시포스로 대표되는 초기 스토아학파의 정념-판단 동일성 테제를 분노에 적용하여 그것에 관한 논의를 심도 있게 시도한 철학자이기 때문이다. 이를 위해 먼저 세네카의 분노에 대한 인식론적 설명을 초기 스토아학파의 다른 철학자들의 견해를 고려하여 살펴볼 것이다. 다음으로 세네카가 『분노론』에서 분노를 기본적으로 악으로 규정하는 이유와 분노의 완전한 제거를 위해 제시하는 방책 등에 대한 견해를 검토할 것이다. 이러한 작업 이후에 계속해서 세네카를 포함한 스토아학파의 분노에 관한 극단적인 부정적 입장에 대해 제기될 수 있

---

6) 로마 시대의 헬레니즘 철학에서 분노론에 관한 작품은 세네카 작품과 플루타르코스 (Plutarchos)의 『분노 통제론』(Περὶ ἀοργησίας)을 들 수 있다. 플루타르코스의 분노론보다 세네카의 분노론에 중심이 쏠리는 이유는 세네카의 분노론이 보다 스토아 철학에 부합하는 엄격한 주장을 하고 있다고 생각되기 때문이다. 물론 앞으로 논의를 진행하면서 플루타르코스의 견해도 비교 검토할 것이다(J. Ker, "Seneca on self-examination", *Seneca and the Self*, S. Bartsch and D. Wray(ed.), Cambridge Univ. Press, 2009, pp. 161~162. 또한 L. van Hoof, "Strategic Differences: Seneca and Plutarch on Controlling Anger", *Mnemosyne*, 60, 2007 pp. 59~86 참조).

는 반론들을 검토하고, 그에 대한 세네카의 응답이 스토아적 관점에서 어떻게 제시될 수 있는지를 살펴볼 것이다. 마지막으로 세네카의 분노론이 행복과 관련하여 함의하는 긍정적 의미를 찾아보고, 그럼에도 불구하고 남는 문제가 어떤 것인지를 짚어볼 것이다.

2. 분노의 인식론적 측면

세네카는 『분노론』을 시작하면서 자신이 분노를 가장 두려워하는 이유를 "분노가 모든 정념 중에서 가장 잔인하고 광기적인 것"(ex omnibus taetrum ac rabidum)이기 때문이라고 말한다. 다른 정념들은 어느 정도 정적이고 차분한 데가 있지만, 분노는 그 격정이 휘몰아쳐 시키는 대로 무기와 피, 고문을 요구한다는 점에서 그 전체가 폭력적일 수 있기 때문이다. 그래서 세네카는 분노는 한 치의 인간성도 없는 욕망에 미친 듯이 날뛰어 타인을 공격하기 위해 돌진하며, 결국 복수심에 불타 자기 자신까지 잡아당겨 넘어뜨린다고 말한다. 이런 이유로 세네카는 분노를 기본적으로 "악"(vitium)이나 "영혼의 질병"(delictum animi) 또는 "짧은 광기"(brevis insania)로 간주하면서 분노의 완전한 제거를 역설한다.[7] 그러나 세네카와 다른 스토아학파 철학자들이 주장하는 것처럼 분노의 완전한 제거가 가능한 것일까? 앞서 다룬 플라톤과 아리스토텔레스의 분노에 관한 견해를 고려한다면 이 물음에 긍정적인 답을 주기 어

---

7) Seneca, *de ira*, 1.16, 1.1. Seneca, *Ep*, XVIII.15.

렵다. 그 반대로 플라톤과 아리스토텔레스는 분노의 순기능을 나름대로 인정한다고 말할 수 있다. 그러면 세네카는 어떤 이유에서 분노의 완전한 제거를 주장하는 것일까? 이 물음에 대한 답을 찾기 위해서는 먼저 초기 스토아학파의 인간영혼에 대한 일반적인 입장을 알아보는 것이 도움이 될 것 같다. 특히 초기 스토아학파를 대표하는 크리시포스(Chrysippos)의 인간영혼과 정념에 대한 견해가 중요하다.

크리시포스에 따르면 무엇보다 인간영혼은 이성의 통일체로 정의된다. 영혼의 여덟 가지 부분은 그 다양함에도 불구하고 영혼의 지도적인 부분 또는 지휘부에 해당되는 이성적인 헤게모니콘(ἡγεμονικόν)에 의해 통제되고 있기 때문이다. 크리시포스의 인간영혼에 대한 이러한 이해는 기본적으로 영혼을 이성적인 부분뿐만 아니라 비이성적인 부분으로 구분하고 있는 플라톤과 아리스토텔레스의 견해와 다르다. 앞에서 이미 살펴본 것처럼 플라톤과 아리스토텔레스는 "기개적인 부분"(θυμοειδές)과 "욕구적인 부분"(ἐπιθυμητικόν)을 영혼의 비이성적인 부분으로 독립시켜 이해한다. 이에 반해 스토아학파의 철학자들은 기개적인 부분과 욕구적인 부분을 영혼의 독립된 비이성적인 부분으로 인정하지 않는다. 스토아학파에게 기개와 욕구는 모두 영혼의 지도적 원리가 되는 "이성"(λόγος)에 의해 발현되는 기능에 불과한 것으로 간주되기 때문이다.[8] 따라서 크리시포스에 의해 대표되는 초기 스토아

---

8) SVF, II. 823~833. DL, VII.110. 이 밖에도 A. A. Long, "Soul and body in Stoicism", Stoic Studies, Univ. of California Press, Berkeley and Los Angeles 1996, pp. 242~244. R. Joyce, "Early Stoicism and Akrasia", Phronesis, vol. 40/3, 1995, pp. 317~318 참조. 그러나 인간이 처해 있는 실존적 조건을 고려할 때 인간이 외적인 대상의 자극으로부터 어떠한 "겪음"(πάθος)도 받지 않고 영혼의 평정심을 유지할 수 있다는 것은 우리의 직관에 비추어볼 때 쉽게 이해되지

철학자들의 정념에 대한 이해 역시 다르다고 말할 수 있다.

크리시포스에 관한 여러 전거들에 따르면 그는 정념을 "판단"(κρί σις)로 간주했다고 말해진다. 즉 크리시포스에게 "고통"(λύπη), "쾌락" (ἡδονή), "공포"(φόβος), 그리고 "욕구"(ἐπιθυμία)와 같은 정념들은 판단의 일종이다.[9] 이 중 고통과 공포는 현재나 가까운 미래의 나쁨에 대한 판단이며, 쾌락과 욕구는 현재나 가까운 미래의 좋음에 대한 판단과 같다. 크리시포스는 이러한 판단으로서의 정념들이 두 종류의 단계로 이루어지는 것으로 본다. 첫 번째 판단은 좋고 나쁨 또는 이득과 손해와 관련된 것이고, 두 번째 판단은 그것이 반응하기에 "적합한" (καθῆκον) 것인가와 관련된다. 이 두 단계의 판단을 고려해서 정념을 이해하면, 고통은 현재의 나쁜 것으로서 "수축"(συστολή, μείόσις)이 그에 적합한 판단이 되고, 반면에 쾌락은 현재 그것이 좋다는 것이고 "팽창"(ἔπαρσις)이 그에 적합한 판단이 된다. 마찬가지로 공포는 임박한 나쁨에 대한 판단으로서 움츠러듦과 같은 "회피"(φευκτόν)가 그에 적합한 반응이 되고, 욕구는 가까운 미래의 좋음에 대한 판단으로서 뻗어나감과 같은 "추구"(ὀρεκτόν)가 그에 적합한 반응이 된다.[10]

않는 주장이다. 이것은 또한 우리가 스토아학파의 유물론적인 인식론적 설명, 특히 감각작용을 통한 신체 내의 일련의 프네우마(πνεῦμα)에 의한 수축과 팽창의 생리적 운동 메커니즘을 고려할 때도 이러한 의구심은 증폭된다. A. A. Long, 1996, pp. 243~244. P. K. Sakezles, "Aristotle and Chrysippus on the Physiology of Human Action", *Apeiron*, 31/2, 1998, pp. 143~155 참조.

9) *DL*, 7.110~7.114. Cicero, *Tusc*, 4.11~4.22. *SVF*, III. 391, 397, 409, 414. Galen, *PHP*, Corpus Medicorum Graecorum, Phillip de Lacy(ed.), Berlin 1981, IV. 1.16, IV. 2.1~IV. 2.4 참조.

10) 이상은 R. Sorabji, *Emotions and Peace of Mind*, Oxford Univ. Press, 2000, pp. 29~33 참조.

그러면 크리시포스가 정념을 판단과 동일시한 이유는 무엇일까? 스토아의 인식론적 설명이 이에 관한 이해를 가능케 해준다. 스토아주의 자들은 그들의 인식론을 "인상"(φαντασία)과 "동의"(συγκατάθεσις) 그리고 "의욕"(ὁρμή, voluntas)[11]을 통해 설명한다. 이것에 따르면 우리는 먼저 감각작용을 통해 외부대상이나 사태에 대한 '인상'을 갖게 된다. 그 다음에 외부대상에 대한 인상이 우리의 "영혼"(ψυχή) 안으로 들어오게 되면 이것에 대한 영혼의 '동의'가 있게 된다.[12] 이때 우리의 영혼 안으로 들어온 인상에 대한 동의는 "x가 나에게 좋다(또는 나쁘다)"라고 판단하는 첫 번째 과정이라고 말할 수 있다. 그리고 이러한 영혼의 동의가 있은 후 곧바로 그것에 대한 의욕이 뒤따르게 된다. 즉 "나는 x를 의욕한다"와 같은 판단이 그것이고, 이것이 앞에서 말한 두 번째 단계에 해당된다. 크리시포스는 이때 영혼의 동의와 의욕은 어디까지나 인간영혼의 '지도 원리'가 되는 헤게모니콘(ἡγεμονικόν)에 의해 내려지는 이성적인 판단 과정으로 보는 것이다. 특히 크리시포스가 여기서 관심을 갖고 중점적으로 논의하는 것은 두 번째 판단단계이다. 그것은 첫 번째 단계에서 주어진 상황이 나쁜 것으로 보이더라도 두 번째 단계에서 적합한 판단을 내림으로써 고통이나 공포와 같은 정념을 피

11) 앞의 인상으로 번역한 판타시아(φαντασία)는 표상으로 번역할 수도 있다. 나는 여기서 외적 대상에 의한 영혼의 영향받음의 수동성을 강조하기 위해 인상으로 번역하였다. 의욕으로 번역한 "호르메(ὁρμή)"는 '충동'으로 번역할 수도 있으나 충동이란 말이 함의할 수 있는 비이성적인 맹목적 욕구와 구별하기 위해 의욕으로 번역하였다. 호르메는 여기서 동의와 같은 이성적 판단이 이루어진 후에 갖게 되는 이성적 욕구이기 때문이다.

12) SVF III. 169, 171, 173. D. N. Blakeley, "Stoic Therapy of the Passions", Hellenistic Philosophy, vol. 2, K. J. Boudouris(ed.), Athens, 1994, pp. 34~35 참조. 이창대, 「스토아 윤리학의 인식론적 기초」, 『철학』, 62집, 2000, pp. 86~92 참조.

할 수 있는 가능성이 존재하기 때문이다.

상술한 것을 고려할 때 크리시포스에게 있어 결국 정념이란 동의나 의욕과 관련된 판단의 문제라고 말할 수 있다. 더 정확하게 말하면 정념은 "과도한 동의"(πλεονάζουσα συγκατάθεσις) 또는 "지나친 의욕"(πλεονάζουσα ὁρμή)[13]과 같은 것이다. 즉 정념은 그것이 "명확하지 않은 인상"(ἀκαταληπτική φαντασία)에 대한 잘못된 동의나 의욕 또는 "명확한 인상"(καταληπτική φαντασία)에 대한 올바른 동의를 내렸더라도 두 번째 판단 과정에서의 지나친 의욕에 의해 발생된다는 것이다.[14]

그러면 위에서 말한 크리시포스의 정념에 관한 견해는 세네카의 분노에 대한 견해와 관련하여 어떻게 이해될 수 있을까? 일단 세네카는 『분노론』에서 포세이도니오스(Poseidonios)의 정의(定義)를 따라 분노를 "네 자신이 생각하기에 부당하게 해를 당했다는 것에 의해 그를 처벌하고자 하는 불타는 욕구"[15]로 말한다. 세네카 자신도 말하는 것처럼 이러한 정의(definition)는 이전의 아리스토텔레스의 분노에 대한 정의와 별반 차이가 없는 것으로 보인다. 그러나 두 철학자 사이에는 중요한 차이점이 있다. 그것은 아리스토텔레스에게서 분노가 분명한 상대방에 의한 부정의가 이루어졌을 경우 그에 대한 복수를 긍정적으로 평가하는 반면에, 세네카는 분노를 기본적으로 부정적으로 보면서 그것이 어떤 경우든 복수나 처벌의 욕구가 강한 거친 정념으로 간주하

13) Galen, *PHP*, IV. 5.13, 2.8, 2.18. *DL*, VII. 110. *SVF*, III. 337, 386 참조.

14) Galen, *PHP*, IV. 3.7.

15) Seneca, *de ira*, 1.2.

기 때문이다. 스토아학파의 분노의 정의에 관한 보고를 하고 있는 디오게네스 라에르티우스나 스토바이오스에 의해서도 뒷받침된다. 이들에 따르면 스토아학파는 "분노를 가치에 상응하지 않은 부정의가 자기에게 행해진 것으로 보일 경우 이것을 되돌려주고자 하는 욕구"[16]로 또는 "자신의 가치에 반(反)하여 부정의를 행하는 것처럼 보이는 사람에게 복수하고자 하는 욕구"[17]로 정의하고 있기 때문이다.

그러면 세네카는 왜 분노를 부당하게 당한 고통의 측면보다 복수의 욕구로 보는 것일까? 이 질문에 대한 답을 찾기 위해서는 분노가 스토아 철학에서 어떤 특성을 갖는 정념인지가 보다 명확히 할 필요가 있다. 먼저 스토바이오스의 정념의 분류에 관한 다음의 보고를 검토해 보자.

다음의 것들은 욕구(ἐπιθυμία)로 분류된다. 분노(ὀργή)와 그것과 같은 의미를 지니는 종류들, 즉 튀모스(θυμός), 콜로스(χόλος), 메니스 (μῆνις), 코토스(κότος), 피크리에이(πικρίαι) 그리고 그와 유사한 것들 (τὰ τοιαῦτα), 그리고 강한 성적 욕망, 갈망과 열망, 쾌락을 좋아하는 것과 부를 좋아하는 것 그리고 명예를 좋아하는 것과 그에 유사한 것들이 여기에 속한다. 쾌락(ἡδονή)에는 다른 사람의 불행을 기뻐하는 것, 자기만족, 속임수 그리고 이와 유사한 것들이 속한다. 공포(φόβος)에는 주저함, 번민, 놀람, 수치, 동요, 신에 대한 두려움, 두려움, 그리고 공포가 있다. 고통(λύπη)에는 악의, 부러움, 질투, 연민, 한탄, 불행, 불안, 괴로움, 정신

---

16) *DL*, 7.113.
17) *SVF*, 3.395.

적 고통, 고뇌가 속한다.[18]

위 인용문에서 주목할 점은 타인에 의해 명확한 모욕이나 경멸을 받아 발생한 정념들, 예를 들어 괴로움(ἀνία)이나 정신적 고통(ὀδύνη) 또는 고뇌(ἄση)와 같은 정념이 위축 내지 축소(μείωσις)의 양상을 보이는 '고통'(λύπη)의 정념으로 분류되고 있다는 사실이다. 이와 달리 분노는 모욕이나 부당함을 당했음에도 축소가 아닌 복수를 향해 달려가는 팽창(ἔπαρσις)의 양상을 보이는 욕구로 규정된다. 문제는 위에서 언급한 스토아의 정념에 대한 정의에 근거할 때, '부정의를 당한 것은 분명 고통으로 느껴지고, 이러한 고통은 분명 현재의 나쁜 것으로서 팽창이 아닌 위축의 양상을 보여야 하지 않는가' 하는 것이다. 그런데 어떻게 부정의를 당한 고통으로서의 분노가 미래의 좋은 것에 대한 팽창의 욕구로 규정될 수 있을까? 만약 고통에 대한 영혼의 동의가 있게 되면, 그것은 위에서 말한 고뇌나 슬픔처럼 내적인 양상을 보여주는 정념이 되는 것이지, 외적인 거친 행위의 양상을 보여주는 것으로 보기는 어렵기 때문이다. 그렇다면 세네카는 왜 분노를 고통의 범주가 아닌 욕구에 속하는 것으로 정의하는 것일까? 여기서 세네카가 『분노론』 2권에서 기술하는 분노의 세 단계를 분석할 필요가 있다.

세네카에 따르면 분노는 세 단계로 나뉜다.[19] 첫 번째 단계는 비(非)자발적인 운동 내지 움직임과 관련된다. 이 단계는 어떤 부당함이나 악행이 가해지는 경우다. 이러한 경우에는 비자발적인 반응이 나타난다.

---

18) *SVF*, 3.394.

19) Seneca, *de ira*, 2.4.1.

이것은 포세이도니우스가 말하는 파테티케 키네시스(παθητικὴ κινή σις),[20] 즉 "수동적 운동"으로서 일종의 '선(先)정념'으로 이해될 수 있다. 세네카에게 이것은 "첫 번째 움직임"(primus motus)의 단계로써, 아직까지 행위주체의 동의가 이루어지지 않고 있기 때문에 분노의 정념이 발생한 것이 아니다. 이 단계는 영혼의 동의에 앞서 이루어지는 정념의 예비적 단계라고 말할 수 있다.[21] 두 번째 단계는 자발적이지만 아직까지 강력하게 주장되는 것이 아닌(cum voluntate non contumaci) 운동단계이다. 이 단계에선 행위자는 '내가 부당하게 해를 당했다' 또는 '그가 악행을 나에게 범했다'와 같은 인상에 대한 동의가 이루어진다. 또한 이러한 동의와 함께 그렇기 때문에 '이 행위는 복수를 받아야만 한다'와 같은 의욕도 작용한다. 그리고 이러한 복수를 향한 의욕은 '악행을 저지른 자에 대한 처벌 내지 복수는 옳다'와 같은 가치판단이 함의된 인상에 대한 동의라고 말할 수 있다. 따라서 이 단계는 옳음과 적합함(oportet)의 가치론적 판단이 작용하기 때문에 아직까지 분노에 이른 상태는 아니라고 말할 수 있다. 세 번째 단계는 통제가 안 되고 이성이 패퇴되는 단계다. 행위자는 적합성의 관점에서 사태에 대한 판단을 하는 것이 아니라, 그것이 무엇이든 복수를 원하는 경우다.

세네카의 이러한 분노의 세 단계 분류에서 중요한 것은 두 번째 단계이다. 두 번째 단계에서 세 번째 단계로의 운동은 위에서 제기한 아포리아, 즉 부당함을 당한 고통이 어떻게 복수의 욕구로 전이될 수 있

---

20) Galen, *PHP*, 4.7.37.
21) 예를 들어 집안에 불이 난 것을 보았을 때나, 가파른 낭떠러지를 보았을 때 동공이 커지거나 얼굴이 하얗게 변하는 것과 같은 반응이 여기에 해당될 수 있다.

는가에 관한 답을 제시하고 있기 때문이다. 세네카의 설명에 따르면 그것은 두 번째 단계에서 이루어지는 영혼의 동의가 단순히 '부정의를 당했다'라는 단순 인상에 대해서만 이루어지는 것이 아니라는 것이다. 이 경우의 동의는 부정의를 당한 고통의 인상에 대한 동의이기 때문에 그것은 팽창이 아닌 위축으로 나타나야만 하기 때문이다. 따라서 세네카에 따르면 두 번째 단계에서 세 번째 단계로의 운동은 '부정의에 대한 복수는 좋은 것이다' 또는 '악행을 저지른 자에 대한 처벌 내지 복수는 옳다'와 같은 복합 인상에 대한 가치론적 동의를 통해 발현된다.[22] 상술한 세네카의 분노의 세 단계 설명은 동시에 분노의 제거가능성에 관한 중요한 정보를 제공한다. 그것은 무엇보다 세네카가 두 번째 단계에서 세 번째 단계의 분노로 이행하지 않을 수 있는 근거를 제시하고 있기 때문이다. 다시 말해 세네카의 설명에 따르면 두 번째 단계는 아직까지 분노에 미치지 않은 단계다. 세네카의 다음의 말은 이것을 확인케 해준다.

누군가가 부당하게 해를 당했다고 생각하고, 복수를 원하지만, 어떤 다른 것에 의해 설득되어 그것을 단념하고, 마음을 가라앉힌다고 생각해보라. 나는 이것을 분노라 부르지 않고, 이성의 명령에 따르는 영혼의 운동이라고 부른다(motum animi rationi parentem). 이성을 뛰어넘어 그것을 낚아채어 가는 것이 분노다.[23]

22) Seneca, *de ira*, 2.1.4, 2.3.4~2.3.5 참조.
23) Seneca, *de ira*, 2.3.4. 세네카의 *de ira*의 인용문은 필자의 번역이며, 에픽테토스와 마르쿠스 아우렐리우스의 인용문 역시 필자가 번역함.

위 인용문을 통해 알 수 있는 것처럼 세네카에 따르면 우리는 두 번째 단계에서 부정의가 행해진 상황에 대한 우리의 숙고된 이성적 판단에 의해 세 번째 단계로 이행하지 않을 가능성이 존재한다. 다시 말해 복수를 향한 행위가 이루어지기 전에 부당함의 자발성이나 정도 그리고 복수에 대한 적합성을 판단함으로써 복수를 향해 태풍처럼 돌진하지 않을 수 있는 가능성이 있다는 것이다. 여기서 세네카의 세 번째 단계의 이해를 돕기 위해 크리시포스가 들고 있는 두 가지 예를 인용하는 것이 도움이 될 것 같다.

하나의 예는 흥미롭게도 비극작품의 주인공 메데이아(Μήδεια)의 "분노"(θύμος)다.[24] 우리가 여성의 분노론 고찰에서 언급한 것처럼 에우리피데스의 작품에서 메데이아는 자신이 헌신적으로 돕고 사랑한 이아손이 그녀를 버리고 크레온의 딸과 결혼하려고 하자, 그에 대한 복수의 방법으로 그녀와 이아손 사이에서 난 두 자식들을 살해하는 비극의 여주인공이다. 여기서 크리시포스가 메데이아의 예를 인용하면서 주목한 것은 그녀의 자식 살해가 이아손에 대한 복수의 과도한 의욕(ὁρμή)에서 기인한 결과라는 것이다. 그렇기 때문에 메데이아의 복수의 방식은 이성적 척도에 따른 의욕이 아니며, 따라서 그녀의 자식 살해는 자연적이며 정상적인 의미에서의 응징적 정의의 실현으로 보기 어렵다는 것이다.

크리시포스가 들고 있는 다른 예는 "달리는 자"(ὁ τρέχων)의 비유다. 크리시포스에 따르면 걷는 사람과 달리는 사람은 운동을 시작할 때에

---

24) Galen, *PHP*, III. 3.13~3.17. IV. 6.19~6.22 참조.

는 속도 차이가 없으나, 이후에는 달리는 자의 경우 과도한 무게로 해서 자신의 속도를 통제하기가 어렵다.[25] 달리 말해 달리는 자는 걷는 자와 달리 지나치게 운동의 속도를 넘으로써 속도를 바꾸기가 어렵고, 그래서 멈추고자 원해도 멈출 수 없게 되는 것이다. 이러한 '달리는 자'의 예는 앞서 언급한 메데이아의 경우와 상통한다. 메데이아는 질주하는 자의 경우처럼 이아손에 대한 복수의 의욕이 지나치게, 과도하게 됨으로써 모성애에 근거한 올바른 판단을 따를 수 없었기 때문이다.

상술한 메데이아의 경우와 달리는 자의 비유는 분노와 관련하여 사태에 대한 판단을 어떻게 내려 그것에 동의를 할 것인가의 여부가 중요하게 작용함을 알 수 있게 해준다. 위에서 살펴본 것처럼 세네카가 두 번째 단계에서의 적합한 판단의 중요성을 강조한 이유가 여기에 있다. 후기 스토아 철학자인 에픽테토스(Epiktetos) 역시 판단의 중요성을 다음과 같이 강조하고 있다.

너를 모욕하는 것은 너에게 욕을 퍼붓는 사람이나 때리는 사람이 아니라 모욕하고 있다고 하는 사람들에 관한 너의 믿음(δόγμα)이라는 것을 기억하라. 따라서 누군가가 너를 화나게 할 때 너의 머릿속의 판단(ὑπό ληψις)이 화나게 하는 것임을 명심하라. 고로 무엇보다 먼저 인상 (φαντασία)에 의해 휩쓸리지 않도록 해라. 왜냐하면 네가 일단 시간을 두고 늦춘다면, 너는 너 자신을 보다 손쉽게 통제할 수 있기 때문이다.[26]

---

25) Galen, *PHP*, IV. 2.15~2.17. IV. 4.24~4.26.

26) Epiktetos, *Encheiridion*, 20.

에픽테토스가 위의 인용문에서 말하는 것처럼 중요한 것은 상대방에 의한 명백한 모욕이 아니라 그것에 대한 우리의 "판단"(ὑπόληψις)을 어떻게 할 것인가이다. 물론 여기서 에픽테토스가 모욕을 당한 것에 의해 어쩔 수 없이 화가 날 수밖에 없는 사태를 부정하는 것이 아니다. 단지 그러한 외적 상황에 대한 태도를 어떻게 가질 것인가가 중요하다는 것이다. 에픽테토스는 어떤 외적 인상(φαντασία)에 대한 우리의 판단을 어떻게 내리는가에 따라 얼마든지 우리의 안정과 행복을 확보할 수 있다고 보는 것이다. 다시 말해 '누군가에 의해 모욕을 당했다' 하더라도 그러한 외적 인상을 가치 있게 여기지 않는다면, 우리는 그것이 더 이상 주위에 있지 않은 것처럼 화를 내지 않을 수 있다는 것이다.[27] 요컨대 어떤 것을 가치 있는 것으로 판단하지 않는 것만큼, 우리는 화를 내지 않을 수 있다는 것이 에픽테토스의 기본적인 생각이다.[28]

후기 스토아학파의 한 명으로 간주되는 마르쿠스 아우렐리우스

---

27) Epiktetos, *Diatribai*, 1.18 참조.

28) 에픽테토스의 이러한 견해는 기본적으로 스토아학파가 말하는 아디아포론(adiaphoron) 한 것들에 대한 가치론적 판단과 평가를 우리의 이성을 통해 올바르게 내려야한다는 견해와 그 맥을 같이한다. 스토아학파에 따르면 아디아포론은 말 그대로 '차이가 없는 것', 즉 중요하지 않은 것을 의미한다. 아디아포론 한 것들은 일반적으로 선호되는 것들과 선호되지 않는 것들로 구분된다. 전자의 예로는 생명, 건강, 부 그리고 명성과 같은 것들이 속하고, 후자의 것들로는 죽음, 질병, 가난 그리고 불명예 같은 것이 속한다. 그러나 스토아 철학자들에게 선호되는 것들이든 선호되지 않는 것들이든 그것은 우리의 행복을 결정짓는 내적 요소가 아니기 때문에 별 차이가 없는 중요하지 않은 것들이다. 스토아 철학자들은 일반적으로 우리가 가치 있다고 하는 것들에 대한 판단을 새롭게 할 것을 요구하고, 이러한 부나 명예, 권력등과 같은 실상 별로 중요하지 않은 것으로 간주한다(*DL*, 7.101~7.107참조). 이런 점에서 선호되는 것들을 외적인 선으로 간주하는 아리스토텔레스의 입장과도 다르다고 말할 수 있다 (Aristoteles, *NE*, 1099a31~1099ab8). 이와 관련해선 손병석, 2008, pp. 55~56 참조.

(Marcus Aurelius) 역시 '행위 자체보다도 그러한 행동으로 인한 분노와 고통이 우리를 더 힘들게 한다'고 말한다.[29] 이는 모욕을 당한 행위 자체보다 그로 인해 갖게 되는 생각에서 비롯되는 분노와 고통이 더 해롭다는 것이다. 그래서 아우렐리우스는 "모든 것은 의견에 지나지 않기 때문에 의견을 자유롭게 바꿀 것"[30]을 권한다. 그는 과감하게 다음과 같이 외친다. "의견을 버려라. 그러면 너는 구원받을 것이다"(βάλε ἔξω τὴν ὑπόληψιν. σέσωσαι).[31] 아우렐리우스는 '의사가 항상 자신의 메스와 칼을 지니고 환자를 치료할 준비를 하고 있듯이, 현인 역시 항상 이성의 원리를 갖추고 분노의 정념에 대처할 준비를 해야 한다'고 말한다.[32] 그에 따르면 '이성의 인지 없이, 어떤 사람이 복수하고 처벌을 목표로 하는 것'은 불가능하기 때문이다.

앞에서 이미 언급한 것처럼 세네카 역시 에픽테토스와 마르쿠스 아우렐리우스의 입장을 공유한다고 말할 수 있다. 그 역시 외적 사태에 대한 우리의 가치판단의 적합성을 통해 주어진 상황을 재구성함으로써 상황에 대한 판단을 바꿀 수 있음을 역설하기 때문이다. 만약에 이러한 적합한 판단이 이루어지지 않는다면, 그것은 복수에의 지나친 의욕에 의해 세 번째 단계의 분노로 이행하게 되기 때문이다. 그렇기 때문에 세네카는 철저히 분노를 제거하기 위한 스토아적 훈련 내지 방침을 『분노론』 3권 36장에서 다음과 같이 역설하고 있다.

---

29) M. Aurelius, *Meditations*, XI. 18.

30) M. Aurelius, *Meditations*, XII. 22.

31) M. Aurelius, *Meditations*, XII. 25.

32) M. Aurelius, *Meditations*, III. 14.

모든 감각을 확고한 상태로 이끌어가야 한다. 마음이 감각을 파괴하는 일이 없도록 하라. 그것들은 원래 인내력이 강하다. 이것을 위해선 매일 마음을 호출시킬 필요가 있다. 섹스티우스는 하루를 다 마치고 잠자리에 들 때, 자신에게 다음과 같이 묻는 습관을 들였다. '오늘 너는 스스로 어떤 악을 고쳤는가. 어떤 잘못에 저항했는가, 어떤 점에서 너는 조금이라도 너 나아졌는가?' 분노도 매일 재판관 앞에 호출되어야 한다는 것을 알면, 그것은 그치고 좀 더 통제가 될 것이다. 하루의 일상을 꼼꼼히 점검하는 이 습관보다 더 나은 무엇이 있을 수 있겠는가. 자기를 성찰(speculator sui)한 다음에 찾아오는 잠이란 어떤 것일까? 마음이 자신을 칭찬하거나 충고한 뒤에, 비밀스런 비평가와 검열관에게 자신의 성격을 평가받은 뒤에 찾아오는 잠은 얼마나 평온하고, 얼마나 깊고, 얼마나 자유롭겠는가!"[33]

위 인용문에서 세네카는 이성을 통한 자기 자신에 대한 성찰적 태도를 강조한다. 분노한 자아를 거울 앞에 비춰봄으로써[34] 그것의 진상(眞想)을 볼 수 있는 것처럼, 매일 자기 전에 분노를 이성의 법정에 소환하여 낮 동안의 일을 점검하게 해야 한다는 것이다. 이성이 공평한 판관이 되어 "자신의 온 하루를 조사해야 한다"(totum diem meum scrutor)는 것이다. "이성에 묻고"(interrogaret animum suum) 또 이성에 의한 "자기 성찰"(speculator sui) 내지 "자기 검토"(recognitio sui)를 자기 전에 매일 해야 된다는 것이다. 이렇듯 "분노는 자신이 매일 판사 앞에 불려나와야만 한다는 것을 안다면 그칠 것이다"(desinet ira…… quae sciet sibi

---

33) Seneca, de ira, 3.36.
34) Seneca, de ira, 2.36.

cotidie ad iudicem esse veniendum)라는 것이 세네카의 기본적인 생각이다. 분노가 아닌 이성에 따른 아파테이아($\dot{\alpha}\pi\dot{\alpha}\theta\epsilon\iota\alpha$), 즉 무정념의 행복한 삶을 성취할 수 있다는 것이다. 이렇듯 세네카는 분노를 제거하기 위한 방책으로 이성이 "자기 관찰자와 사적 검사관"(speculator sui censorque secretus)이 되어 '분노로 인해 무엇을 위반했고, 어떤 의무를 수행하지 못했는지'와 같은 자기 성찰의 시간이 필요함을 역설한다.[35]

상술한 것을 종합할 때 세네카는 스토아적 현자는 인상에 대한 동의를 함에 있어 필히 신중한 이성적 판단을 하기 때문에, 경솔한 동의를 거쳐 지나친 의욕으로 의한 분노를 표출하지 않는다고 본다. 그러면 세네카는 왜 분노를 악으로 규정하면서 그렇게도 분노의 제거를 강조하는 것일까? 과연 태생적으로 육체와 더불어 살아갈 수밖에 없는 인간에게서 분노와 같은 감정의 완전한 제거가 가능하기는 한 것일까? 또한 세네카가 비판하는 것과 달리 분노는 어떤 점에서 개인과 공동체를 위한 순기능을 발휘할 수 있는 유용한 정념이 될 수도 있지 않을까? 이러한 물음들에 가능한 답을 찾기 위해 『분노론』에 나타난 세네카의 분노에 대한 극단적인 부정적 평가의 근거가 무엇이고, 또한 분노의 제거를 위해 세네카가 제시하는 방책이 무엇이고, 그것의 설득력이 어느 정도로 인정될 수 있는지를 비판적 관점에서 검토해보도록 하겠다.

---

35) 세네카의 자기 성찰이나 자기 점검에 관한 영향을 준 것으로 말해지는 피타고라스학파의 황금시(Golden Verses)에 관해선 J. Ker, 2009, pp. 174~175 참조.

3. 분노는 왜 악인가?

세네카는 분노를 악(vitium)으로 규정한다. 무엇보다 분노가 가져온 결과와 해악은 다른 어떤 정념보다 크기 때문이다. 그래서 세네카는 "분노를 뿌리부터 제거해야 할 것"(exstirpemus radicitus)[36]을 주장한다. 세네카에 따르면 누구든지 한번 분노에 사로잡히면 어떠한 의무도 잊어버리며, 그래서 분노는 모든 것을 가장 선하고 가장 성실한 존재로부터 정반대로 변모시킬 수 있기 때문이다. 분노는 자식으로 하여금 어버이를 죽일 수도 있으며, 모친을 계모로, 왕을 폭군으로 만들 수 있는 광기와 같은 것이다.[37] 세네카가 노바투스의 분노의 통제에 관한 집필 요청에 응하는 이유가 바로 분노라는 정념은 고통과 폭력 그리고 피를 요구하는, 따라서 한 치의 "인간성"(humana)도 보여주지 못하는 미쳐 날뛰는 욕구와 같기 때문이다. 이렇듯 스토아 철학자들에게 "분노는 정신적 죄"(ira delictum animi)[38]이자 "짧은 광기"(brevis insania)로서 복수심에 불탄 나머지 타인뿐만 아니라 자기 자신까지 잡아당겨 쓰러뜨릴 수 있는 정념인 것이다. 분노는 광기와 마찬가지로 '이성과 조언에 귀를 기울이지 않고, 하찮은 일로 격분하여 정의와 진리를 구분하지 못하기 때문이다.'[39]

세네카는 또한 광기적인 분노를 보이는 자의 얼굴표정에 나타나는

---

36) Seneca, *de ira*, 3.42.1. 1.8.1 참조.
37) Seneca, *de ira*, 1.2, 2.2 참조.
38) Seneca, *de ira*, 1.16.1.
39) Seneca, *de ira*, 1.2.

추악하면서도 역겨운 여러 증상을 세세하게 묘사하면서 분노를 상상할 수 없을 정도의 염증이 나는 추악한 악이라고 말한다.[40] 계속해서 세네카는 이러한 분노에 의한 잔인하면서도 엄청난 고통과 해악의 결과에 관한 긴 목록을 제시하면서 "어떤 전염병도 인간 종에게 이보다 더 비싼 값을 치르도록 하지는 않았다"[41]고 비판한다. 이런 이유로 세네카는 '복수의 쾌락을 원하는 분노라는 정념에 의해 자기 자신이 조각조각 갈라지게 될 것이라고 말한다'.[42] 세네카는 분노가 우리의 참된 자유를 방해함으로써 결과적으로 최고선으로서의 아파테이아를 실현할 수 없는 것으로 보는 것이다. 그래서 그는 애초부터 분노의 통제나 순화가 아닌 분노의 완전한 제거를 주장한다.

우리를 이 악(분노)으로부터 자유롭게 해야만 한다. 그것을 우리의 이성으로 제거하고 그 뿌리를 철저히 뽑아버려야 한다. 왜냐하면 아무리 작은 부분이라 할지라도 그것이 자랄 수 있는 곳을 찾게 되면, 그것은 다시 자라날 것이기 때문이다.[43]

위 인용문에 나타난 것처럼 세네카는 처음 분노가 일어날 때 즉시 그것을 물리쳐야 함을 강조한다. 싹이 자라기 전에 대항하여 분노에 빠지지 않도록 해야 한다는 것이다. 일단 정념이 침입하여 그것에 조금의

---

40) Seneca, *de ira*, 1.1, 2.36.1 참조.

41) Seneca, *de ira*, 1.2.1.

42) Seneca, *Ep*, 51.8.

43) Seneca, *de ira*, 3.42.

자리와 권리라도 주어지면 이성은 아예 힘을 쓸 수가 없기 때문이다. 세네카는 이것을 국경선에 비유하여 적이 국경선을 넘어오기 전에 저지해야 하는 것으로 말한다. 왜냐하면 분노라는 적이 이성의 국경선을 넘는 순간 우리의 영혼 자체가 분노의 정념으로 바뀌기 때문이다. 세네카는 이러한 분노에 대한 불신을 다음과 같이 역설한다.

> 따라서 악덕에 점거되고 압도된, 그래서 분노에게 자리를 내준 이성 (ratio)이 도대체 어떻게 다시 일어설 수 있단 말인가? 도대체 이성은 어떻게 해야 더 나쁜 것이 더 많이 혼합되어 지배하는 혼란 상태로부터 자신을 해방시킬(liberabit) 수 있단 말인가?"[44]

그런데 우리는 여기서 인간이 육체를 가진 이상 육체를 통해 겪게 되는 분노의 정념 역시 인간의 본성이 되는 것으로 간주해야 되지 않을까를 물을 수 있다. 더 나아가 플라톤이 말하는 이성에 복종하는 고상한 분노나, 아리스토텔레스가 말하는 온화하면서도 엄정(嚴正)한 분노는 이성을 도와 때로 오히려 적과 맞서 싸울 수 있는 영혼의 협력자의 역할을 할 수도 있을 것이다. 이런 경우 분노는 악이 아닌 선으로 보아야 하지 않을까? 이와 관련하여 세네카는 『분노론』 1권에서 분노의 인간 본성적 측면과 유용성 측면에서 제기될 수 있는 가능한 반론들을 모두 언급하고 그것에 대한 이론적 논박을 시도한다.

세네카는 먼저 분노의 제거 가능성에 회의적인 입장을 검토한다. 세

---

44) Seneca, *de ira*, 1.8.

네카는 이처럼 분노를 "자연에 따른"(secundum naturam) 인간의 본성으로 보고자 하는 입장에 대해 인간의 본성은 온화함과 사랑이지, 파괴를 위한 분노가 아니라고 응답한다. 공동의 원조와 사랑에 기여하지 않는 가혹함과 증오의 분노가 인간 본성에 내재할 수 없다는 것이다. 세네카에 따르면 "인간은 상호도움을 위해 태어났지만, 분노는 상호파괴를 위해 태어났기 때문이다"(Homo in adiutorium mutuum genitus est, ira in exitium).[45] 그는 분노가 인간의 본성이 될 수 없음을 다음과 같이 말한다.

따라서 이 잔인하고 해로운 악을 자연(natura)이 만들어낸 최선의 그리고 가장 세련된 최고의 창조물로 생각하는 자보다 자연에 대해 더 무지한 자가 누가 있겠는가? 내가 앞에서도 말했지만 분노는 처벌을 원하는 경향이 있다. 그런 욕구가 인간의 평화스러운 가슴속에 존재한다는 것은 인간의 본성에(secundum eius naturam) 가장 맞지 않는 것이다. 왜냐하면 인간의 삶은 이익과 조화에 근거하며 또한 공포가 아닌 서로의 사랑에 (nec terrore sed mutuo amore) 기초한 상호협력에 의해 굳건히 유지되는 것이다.[46]

위 인용문에서 세네카는 인간의 자연적 본성은 처벌을 좋아하지 않는다고 말한다. 따라서 처벌이나 복수로 인해 수많은 고통과 해악을 개인과 공동체에 가져다주는 분노라는 정념은 인간의 본성이 될 수 없다

---

45) Seneca, de ira, 1.5.2.
46) Seneca, de ira, 1.5.3.

는 것이다. 세네카는 "선한 사람은 해롭게 하지 않는다"(Vir bonus non laedit)는 플라톤의 말을 인용하면서,[47] 처벌이나 복수는 해로운 것이고 선한 사람의 본성과 맞지 않는다고 말한다. 그래서 세네카는 "현자는 그러한 비인간적인 잔학성으로부터 멀리 떨어져 있다"(procul est enim a sapiente tam inhumana feritas)[48]고 말한다.

그러면 분노가 설사 인간의 본성은 아니더라도 개인과 공동체를 위한 유용성(utilis)을 담보한 정념으로 인정될 수는 있지 않을까? 플라톤이 말하는 튀모스적 인간처럼 전쟁터에서 적을 향해 돌진할 수 있기 위해 분노와 같은 기개가 필요하지 않은가 하는 것이다. 분노와 같은 기개가 없으면 영혼의 힘과 기백이 느슨해질 수 있기 때문이다. 그렇다면 이러한 유용성의 관점에서 최선은 분노의 제거가 아니라, 이성의 통제가 가능한 한도 내에서 순화시켜 유지하는 것이 될 수 있다. 그러나 세네카는 분노의 유용성을 인정하지 않는다. 그에 따르면 전쟁터에서의 돌격은 서두르면 안 되고 절도 있는 복종이 적을 이길 수 있기 때문이다. 세네카는 몇 가지 반론을 통해 이를 주장한다. 로마가 호전적인 게르만인들을 이길 수 있었던 것도 그들의 분노를 역으로 이용했기 때

---

47) Seneca, *de ira*, 1.6.5.

48) Seneca, *de ira*, 1.6.4. 세네카에 따르면 인간 세상은 야생 동물세계보다 더 안 좋은 전투사가 피를 흘리며 싸우는 것과 같은 세계다. 그러나 스토아의 현자는 그러한 세상의 부정의와 공격성에 놀라지 않는다. 인간 삶의 실존적 조건을 조사한 결과에 의하면(Seneca, *de ira*, 2.9~2.10), 악의 원인은 환경이지 인간의 본성이 아니기 때문이다. 인간의 본성은 악과 공격적 본능을 갖고 세상에 존재할 수 없고, 그 반대로 인간의 본능은 사랑과 조화이기 때문이다. 그렇기 때문에 아기는 공격적이고 악하게 태어난 것이 아니라, 부드럽고, 타인을 사랑하고 상호도움을 주기 위해 태어난다. 세네카에 따르면 분노는 우리 내부에서가 아니라 우리와 조건 내지 환경 사이의 상호 작용 속에서 발생하는 것이다(Seneca, *de ira*, 1.5).

문이고, 또 스키피오가 한니발과 카르타고의 군대를 이길 수 있었던 것
도 먼저 분노를 이겼기 때문에 가능한 예들이 그것이다[49]. 세네카에 따
르면 전투에서 분노가 사람을 호전적으로 만들어준다는 점에서 유익
하다면, 그것은 술에 취해서도 대담해질 수 있고, 더 나아가서는 정신
착란이나 광기도 기력을 돋아 전투적으로 만들어 줄 수 있다고 비판한
다.[50] 이렇듯 육체적 강건함을 자랑하던 야만족이 멸한 것은 그들의 분
노이기 때문에 전투에서 분노는 전혀 유용한 것이 아니라는 것이 세네
카의 일관된 입장이다.[51]

　위와 같은 이유로 세네카는 분노의 통제나 순화를 통해 분노를 이용
하는 것보다는 아예 분노 그 자체를 인정하지 말아야 함을 단호하게
주장한다. 분노가 한번 자리를 차지하게 되면 이성과 같은 지배자보다
도 더 강력하게 되어 제거당하거나 약화되는 것을 허락하지 않기 때문
이다. 세네카가 생각하기에 이성이 일단 분노의 정념과 섞이게 되면 스
스로 오염이 되어 억제시키지도 못하고, 버티지도 못하는 것이다. 정신
은 한번 흔들리고 타격을 입으면, 휘몰고 다니는 자에게 끌려 다니기
때문이다.[52] 그래서 세네카는 "마음은 내 몸을 분노와 애정 그 밖의 정
념에 빠져들게 하면 이미 충동을 억제할 수 없게 된다. 반드시 그 자신
의 무게와 굴러 떨어져가는 악의 본성이 마음을 사로잡아 한없는 밑바

---

49) Seneca, de ira, 1.11 참조.
50) Seneca, de ira, 1.13 참조.
51) Seneca, de ira, 1.7.1.
52) 분노에 의한 인간의 잔악한 살인 행위와 고문 행위와 관련한 알렉산드로스나 카이사르
의 역사적인 예들과 관련해선 Seneca, de ira, 3.17~3.18 참조.

닥까지 끌고 간다"53)고 말한다.

분노가 어떤 경우에도 유용하지 않거나 전혀 쓸모가 없다는 세네카의 단호한 입장은 분노를 수단적으로 유용한 것으로 보는 아리스토텔레스의 견해에 대한 비판에서 보다 분명하게 제시된다.54) 세네카의 인용에 따르면 아리스토텔레스는 "분노가 필요하다. 분노가 없이는, 다시 말해 분노가 이성을 충전시키고 영혼에 불을 붙이지 않으면 어떤 전쟁도 이길 수 없다. 그러나 분노는 지휘관이 아니고 병사로서 쓰여야만 한다"55)라고 말했다. 이에 대해 세네카는 분노가 이성에 의해 제어될 수 있거나 통제될 수 있는, 그래서 마치 전투에서 승리에 기여할 수 있는 병사와 같은 역할을 할 수 있다는 것은 설득력이 없는 말이라고 비판한다. 왜냐하면 분노가 이성의 말을 듣고 그것의 지시에 따른다면, 그것은 더 이상 분노가 아니기 때문이다. 세네카가 생각하기에 분노는 완고하기 때문에 자신의 변덕스럽고 폭발적인 힘에 의해 이성에 복종하는 것이 아니라 맞서기 때문이다. 만약에 그것이 반항하여 평정을 유지하지 못하고 욕망과 폭력에게 농락당한다면, 그것은 이성과 영혼에 아무 소용도 없는 것에 지나지 않는다. 철수하라는 지시를 무시한 병사와 같다는 것이다. 같은 맥락에서 세네카는 『분노론』 1권 17장에서 아리스토텔레스가 분노를 잘 쓸 수 있는 무기로 비유한 것 역시 난센스라고 비판한다. 왜냐하면 분노는 무기처럼 넣고 치울 수 있는 것이 아니기 때문이다. 분노라는 무기는 인간에 의해 지배되는 것이 아니라,

---

53) Seneca, *de ira*, 1.7.4.

54) Seneca, *de ira*, 1.17.1 이하 참조.

55) Seneca, *de ira*, 1.9.2.

그것이 인간을 지배하기 때문이다. 상술한 이유로 세네카는 아리스토텔레스의 분노의 유용성 주장에 반대하면서, 분노는 제약을 받지 않고 다스릴 수가 없는 것이기 때문에 위험천만한 존재이고, 따라서 동맹군으로 편입시켜서는 안 된다고 결론을 내린다.

세네카에 따르면 분노와 같은 정념에 예속된 자는 참주정치 아래에서 지내야만 하는 것과 같다.[56] 세네카가 보기에 이것은 덕을 악의 부하로 격을 낮추는 것처럼 수치스러운 일이다. 그렇기 때문에 분노는 또한 우리의 참된 자유에 방해가 된다. 세네카에 따르면 "자유(libertas)는 어떤 상황, 어떤 제한, 어떤 운에도 노예가 되는 것이 아니다. 그것은 동등한 조건에서 운명(fortuna)을 결코 피하지 않는 것이다".[57] 세네카에게 이러한 참된 자유의 실현은 오직 지혜에 의해서만 가능하다. 지혜만이 자유의 참된 원천이고 전제적인 정념을 영혼으로부터 해방시킬 수 있다.[58] 그러면 이성은 분노 없이도 모든 고귀하고 용감한 일을 해낼 수 있을까? 세네카는 단호하게 이성만으로 충분하다고 말한다. 전투에서도 분노와 같은 정념은 아무 필요가 없다는 것이다. 세네카는 다음과 같이 말한다.

우리는 다른 무기를 필요로 하지 않는다. 자연은 우리를 이성으로 충분히 무장시켜준다. 그것은 확고하며, 영속적이며, 순종적이며, 양날의 칼이 아니며, 주인을 향해 되 반발하지도 않는다. 이성은 어떤 일을 사전에 계획

---

56) Seneca, *de ira*, 1.10.2.
57) Seneca, *Ep*, 51.9. 또한 Seneca, *Ep*, 69.4~69.5 참조.
58) Seneca, *Ep*, 74.21.

할 뿐만 아니라, 그 일을 수행할 때도 그 자체만으로 충분하다. 대체, 이성이 분노에, 즉 확고한 것이 불확실한 것에, 신뢰할 만한 것이 신뢰하지 못하는 것에, 건강한 것이 병약한 것에 방호를 요구할 만큼 어리석은 일이 또 어디에 있겠는가? 분노의 도움이 특별히 필요하다고 여겨지는 그런 일들을 수행할 때조차도 이성은 그 자체만으로 훨씬 강력하지 않은가. 왜냐하면 이성은 어떤 일이 행해져야 한다고 생각하면, 고통을 참아내면서 그 일을 수행해내기 때문이다. 이성은 자신보다 더 나은 것을 발견할 수 없기 때문에, 그 일에서 비켜서지 않을 것이다. 따라서 이성은 언제나 확고하게 머물러 있다.[59]

위 인용문을 통해 알 수 있는 것처럼 세네카는 이성은 전혀 분노와 같은 정념의 도움을 필요로 하지 않는다고 역설한다. 이성 자체가 강건하기 때문에 그보다 약한 분노의 도움을 받을 필요가 없다는 것이다.[60] 그렇기 때문에 '정념은 적당한 정도일 때 쓸모가 있다'[61]라는 말은 참

---

59) Seneca, *de ira*, 1.17.

60) 세네카가 분노를 이성과 동등한 것으로 인정하지 않는 주된 논거 중 하나는 분노가 진실에 눈을 감는다는 것이다. 『분노론』 1권 18장에서 예를 들고 있는 피소(Piso)의 광기적 분노가 여기에 해당된다. 피소의 분노는 무죄를 세 가지 죄로 만들어 부하 병사들을 모두 죽이는 광기를 보여준다. 그는 휴가에서 동료를 버리고 온 병사에게 화를 내어 사형을 명한다. 그 병사가 동료를 죽인 것으로 생각했기 때문이다. 그러나 죽은 것으로 생각했던 병사가 돌아왔고, 처형을 감독하고 있던 백인대장이 사형을 중지하고 피소에게 그 두 병사를 데려왔다. 그러나 피소는 셋 모두를 죽이라고 명한다. 먼저 온 첫 번째 병사는 이미 단죄되었기 때문이고, 후에 살아 돌아온 병사는 동료가 받은 단죄의 원인이 되었기 때문이고, 백인대장은 처형하라는 지휘관의 말에 복종하지 않았기 때문이다. 세네카에 따르면 피소는 한 가지 죄도 찾아내지 못했기 때문에 세 가지 죄를 찾아내는 광기적 분노를 보여준 것이다.

61) Seneca, *de ira*, 1.7, 1.9, 1.17 참조.

이 아니라고 말한다. 분노는 이성의 명령과 지시에 복종할 수 없기 때문에 적당한 정도로 사용되는 '작은 분노' 역시 '작은 악' 이외의 아무것도 아니기 때문이다. 이런 관점에서 세네카는 분노의 대범성에 근거한 유용성 역시 부정한다.[62] 세네카에 따르면 분노의 대범성은 위대함이 아니고 부풀어 있는 것뿐이다. 광기로 치켜세워진 인간은 터무니없이 숭고한 정신을 체현하고 있는 것으로 믿지만, 실상 그러한 분노에 의한 대범성은 아무 토대도 갖지 않는다는 것이다. 세네카는 분노와 대범함은 별개의 것으로서 마치 무모가 용기로부터, 오만이 성실로부터, 불쾌가 근엄으로부터, 잔학이 엄격으로부터 동떨어진 것과 같다고 말한다. 그렇기 때문에 분노가 위대한 정신을 가져온다고 생각하는 사람들이 있다면 사치와 욕망도 그렇게 생각될 것이라고 말한다. 또한 분노한 자의 언사를 믿어야 할 이유도 없다. 음성이 크고 위압적이더라도 속마음은 겁을 집어먹고 있다는 것이다. 도량이 큰 사람은 확고함과 견고성을 갖추고 있기 때문이다. 이러한 정신의 강건함은 열악한 정신에서는 찾을 수 없는 것이다. 요컨대 세네카에 따르면 분노에는 고귀하고 위대한 것은 아무것도 없으며, 오직 이성에 따른 덕만이 숭고하고 기품이 높다.[63]

상술한 것처럼 세네카는 분노가 자연적이고 유용한 것인지를 검토하고,[64] 그러한 분노의 정념이 이성의 명령에 불복종하는 과도한 의욕

---

62) Seneca, *de ira*, 1.20 참조.
63) Seneca, *de ira*, 1.20~1.21 참조.
64) Seneca, *de ira*, 1.5.2~1.21.4 참조.

이 되기 때문에 자연에 반하는 악(vitium)으로 간주한다.[65] 세네카는 분노를 악으로 간주하는 자신의 입장을 정당화하기 위한 다양한 실례들을 『분노론』에서 구체적인 논거를 통해 제시한다. 예를 들어 세네카는 로마인들은 용기(fortitudo)와 같은 덕(virtus)을 실천하기 위해 분노는 필요하지 않다고 본다(1.9.1). 세네카에 따르면 모든 것은 이성에 의해 실현될 수 있고, 그렇기 때문에 사랑하는 사람들을 위해 분노를 느끼는 것은 약한 이성의 표시라고 말한다(1.12.5). 이 견해를 뒷받침하기 위해 세네카는 분노가 없이도 군사적인 위대한 업적을 이룬 로마의 영웅들을 열거하는데, 파비우스 막시무스(Fabius Maximus)와 코르넬리우스 스키피오(Cornelius Scipio)가 대표적인 경우다. 이를 통해 세네카는 분노는 비(非)로마인(1.11.1~1.11.4)과 관련되며, 그들은 연약하고(1.20.3) 유치하고(1.13.5, 1.20.3), 늙고(1.13.5) 약하다고(1.12.5, 1.13.5) 말한다. 요컨대 세네카에게 분노는 통제할 수 없고(1.8.3) 비생산적인(1.12.5) 악으로서, 덕을 파괴한다. 그러나 극단적인 반(反)분노론을 주장하는 세네카의 견해가 과연 현실적인 차원에서 어느 정도의 설득력을 가질 수 있는지는 좀 더 비판적 검토가 필요한 것으로 보인다. 아래에서 나는 세네카를 포함한 스토아학파가 주장하는 '분노 제거론'에 대해 제기될 수 있는 몇 가지 반론을 소개하고, 세네카와 다른 스토아 철학자들이 이러한 반론들에 어떻게 대응할 수 있는지를 비판적 관점에서 살펴볼 것이다.

---

65) Seneca, *de ira*, 1.1.1, 1.1.7, 1.3.6, 1.6.5, 1.21.4 참조.

4. 세네카의 반(反)분노론에 대한 반론과 그에 대한 재반론

세네카의 '분노 부정론'에 대한 첫 번째 반론은 '경험적인 차원에서 이성에 따른 올바른 분노의 표출이 가능하지 않은가' 하는 것이다. 아리스토텔레스가 말한 것처럼 덕인은 중용에 따른 관엄(寬嚴)한 분노를 보여준다는 점에서 통제 가능한 분노의 존재가 인정될 수도 있기 때문이다. 이미 아리스토텔레스의 분노론 고찰에서 살펴본 것처럼, 아리스토텔레스는 복수를 향한 욕구에 앞서 모욕의 원인이 무엇인가에 대한 면밀한 조사가 이성에 의해 이루어져야 함을 강조한다. 그래서 이성에 의한 원인 규명을 통해 그 결과가 부당한 악행이라는 기준을 분명하게 충족시킬 경우 그에 상응하는 분노의 처벌은 도덕적인 정당성을 갖는 것으로 본다고 말할 수 있다. 요컨대 이성과 조화되어 나타나는 분노의 가능성이 완전 부정될 이유는 없다는 것이다.

그러나 앞에서 살펴본 것처럼 세네카는 아리스토텔레스가 말한 관엄한 분노의 가능성을 아예 인정하지 않는다. 통제될 수 있는 정도의 분노라면 그것은 전혀 분노가 아니라는 것이 세네카의 기본적인 입장이기 때문이다. 그렇기 때문에 세네카는 조건을 두어 분노를 용인하고자 한다면, 그러한 분노는 다른 이름으로 부르도록 해야 한다고 말한다. 그러한 조건을 충족시킨 분노는 분노이기를 포기한 것이기 때문에 더 이상 분노라는 이름으로 불릴 수 없다는 것이다. 이러한 세네카의 입장은 『분노론』 1권 8장에서 통제가능한 분노의 가능성을 논박하는 데서도 알 수 있다. 이곳에서 세네카는 "어떤 사람들은 분노할 때도 자기 자신을 자제할 수 있는(se continent) 사람들이 있다"는 반론을 검토한다. 세네카는 먼저 이 말이 분노가 지시하는 어떤 것도 하지 않는다는 것인지, 아니면 그것들 중 몇 가지만 하지 않는다는 것인지를 묻는다. 그리고 그것이 아무것도 하지 않는 것이라면, 분노는 행위수행에 본질적인 것이 아니라고 간주한다. 세네카가 여기서 분명히 하고자 하는 것은 '분노와 이성, 이 둘 중 어느 것이 우리의 행위와 관련하여 지배적인 힘을 갖는가' 하는 것이다. 세네카의 이에 대한 논리는 만약에 분노가 이성보다 강하다면, 이성은 자기보다 강한 분노를 통제할 수 없다는 것이다. 그 반대로 이성이 분노보다 강한 것이라면, 이성은 자기보다 약한 분노의 도움 없이 거뜬히 자신의 일을 수행할 수 있다는 것이다. 결론적으로 세네카는 통제가능한 분노의 존재와 필요성을 인정하지 않는다. 분노는 처음부터 이성의 통제를 받을 수 없는 정념이기 때문에 그것의 조건부적 허용이 인정돼서는 안 된다는 것이다.

이런 논리에 근거하여 세네카는 '화가 나더라도 자신에 충실하게 자제하는 상태로 남아 있을 수 있다'는 반론 역시 타당하지 않다고 말한다. 그것은 분노가 광기적인 극단의 상태에서는 그러한 자제가 불가능하기 때문이다. 또한 '분노하더라도 증오하는 사람에게 아무런 해를 입히지 않고, 복수하지 않는 사람도 있지 않은가'의 반론 역시 마찬가지다. 그것은 공포나 욕망과 같은 다른 정념이 분노의 힘을 빼앗아갔기 때문에 비로소 가능해졌다는 것이 세네카의 입장이다. 세네카는 그것을 이성에 의해 통제되어 그런 것으로 간주하지 않기 때문이다.

이러한 아리스토텔레스의 관엄한 분노에 대한 세네카의 비판은 『도덕 서간문』(Epistulae Morales) 116에서 논의되고 있는 소요학파(hoi Peripatoi)의 온화한 정념에 대한 비판에서도 나타난다. 이곳에서 세네카는 기본적으로 중간 정도의 병이 건전하고 도움이 될 수 없는 것처럼 관엄한 분노와 같은 정념 역시 유익하지 않다고 말한다. 세네카의 기본적인 논지는 우리가 적당한 정도의 분노를 인정하는 것은, 마치 적당하게 미쳤거나 적당하게 아파야만 하는 것을 주장하는 것과 마찬가지이기 때문이다.[66] 세네카에 따르면 분노와 같은 정념은 한번 시작하면 처음에는 온건할 수 있지만, 그 자체의 힘에 의해 분노의 속도가 증가하게 되고 결국 통제 자체가 어렵다는 것이다.[67] 이런 이유에서 세네카는 『분노론』 2권 20장과 21장에 걸쳐 분노의 습관 문제를 논의하면서, 어렸을 때부터 분노하지 않는 습관을 들이는 것의 중요성을 역설한다. 분노하지 않는 습관을 성공적으로 들이기 위한 세네카의 조언은 먼저 아이가 갖고 태어난 몸의 성분이 어떤 것인지가 고려되어 그에 적합하지 않은 것을 멀리하도록 해야 하고, 다음으로 부드러운 교육보다는 보다 엄한 교육을 통해 마음의 오만함과 타락이 영혼 속에 자리 잡게 해서는 안 된다는 것이다. 상술한 것처럼 세네카는 온건한 정념은 온건한 악이 되는 것으로 보아야 하며, 그렇기 때문에 온건한 분노 역시 통제의 대상으로 간주하기보다는 그 자체를 제거해야 될 질병과 같은 악으로 보아야 함을 주장한다. 세네카는 이성에 복종하는 통제가능한 분노의 성립가능성을 부정한다고 말할 수 있다.

후기 스토아 철학자인 에픽테토스(Epiktetos) 역시 분노 역시 하나의 습관이 됨으로써 더 큰 분노로 형성될 수 있음을 다음과 같은 흥미로운 말을 통해 주장하고 있다.

---

66) Seneca, *Ep*, 85.10.
67) Seneca, *Ep*, 116.4.

모든 습관과 기능은 대응하는 행위에 의해 유지되고 증가한다. 즉 걸음으로써 걷는 습관이, 달림으로써 달리는 습관이 그러한 것과 같다. …… 같은 원리가 영혼에 대해서도 참으로 적용된다. 네가 화가 날 때, 너는 이 악이 너에게 떨어질 뿐만 아니라 너 역시 연료가 불에 떨어지는 것처럼 그 습관을 증가시킴을 분명하게 알아야만 한다. …… 따라서 네가 분노하는 기질이 되기를 원하지 않는다면, 너의 그 습관을 먹지 마라. 분노를 증가시킬 어떤 것도 그것 앞으로 던지지 마라.[68]

위 인용문에서 에픽테토스가 말한 "습관"(ἕξις)의 형성 방식은 아리스토텔레스가 생각한 것과 동일하나, 그 목적은 정반대이다. 다시 말해 아리스토텔레스와 에픽테토스가 반복적 행위에 의한 습관형성이 이루어진다고 본다는 점에서는 같다. 그러나 아리스토텔레스가 올바른 습관을 통해 소유한 덕인은 분노 역시 중용에 맞게 표출할 수 있는 것으로 본 반면에, 에픽테토스는 분노 역시 계속적인 표출을 통해 하나의 습관이 됨으로써 악이 될 수 있다고 본다는 점에서 다르다. 아리스토텔레스가 아버지 말에 순종하는 아들의 예를 통해 분노의 통제가능성을 보았다면, 에픽테토스는 아버지의 계속적인 분노에 의한 자식 교육은 처음에는 효과적일 수 있지만 분노에 의한 교육은 결국에는 그 한계가 있고 아들의 복종을 보장하기 어렵다고 생각하는 것이다. 다시 말해 아들의 교육을 잘 시키기 위해 내는 아버지의 화는, 처음에는 효과적이고 필요한 것으로 생각될 수 있지만 그러한 화는 그 효과를 높이기 위해

---

68) Epiktetos, *Discourses*, 2.18.

더욱 강한 분노의 경향성을 보일 수밖에 없다는 것이다. 요컨대 분노 역시 부지불식간에 하나의 나쁜 습관이 돼버릴 수 있는 것이다.

지금까지 상술한 것을 종합할 때 세네카를 포함한 스토아 철학자들에게 올바른 분노의 표출은 인정되지 않는다고 말할 수 있다. 올바른 분노는 논리적으로 성립될 수 없는 말이며, 분노가 올바르다는 것은 더 이상 분노로 볼 수 없기 때문이다. 또한 분노의 정당성이 조금이라도 인정되면, 그것은 점차 제어될 수 없는 속성을 가지고 있기 때문에 처음부터 악으로 규정되어 제거되어야 하는 것이다. 분노는 한번 내기 시작하면 관성에 의해 보다 강한 분노로 증폭되고 이것은 분노가 습관화됨으로써 더 큰 문제를 발생하기 때문이다.

두 번째로 제기될 수 있는 반론은 '부당함과 같은 인격적 모욕에 대한 우리의 자연스럽고 정당한 반응은 용서보다는 분노가 아닌가' 하는 것이다. 앞서 분노의 정의(definition)에서 말한 것처럼 분노는 누군가에 의해 자신의 가치가 무시되거나 모욕을 받았을 경우 발생한다. 그렇다면 이 경우에 타인에 의해 나의 인격적 존엄성이 훼손된 것으로 볼 수 있고, 따라서 자신의 권리와 자존심을 지키기 위한 자연적인 반응은 분노가 될 수 있다는 것이다.[69] 스토아학파의 현인이라면 이 경우에 어

---

69) 이러한 입장은 특히 페미니스트적 입장을 가진 학자들에 의해 주장된다. 이들의 주장에 따르면 분노나 괴로움은 합법적인 중요한 희망이 좌절된 것에 대한 반응일 때 정당화된다. 단지 현자만이 모든 중요한 희망이 사라졌을 때 괴로워하지 않을 수 있다. 그러나 이들이 보기에 이러한 현자가 되는 것보다는 실제로 있는 대로 대상을 느끼기 위한 우리의 정념에 따른 책임을 수행하는 것이 더 가치가 있을 수 있다(Lynne McFall, 1991, pp. 152~155 참조). 예를 들어 Houston은 스토아적 접근 방식, 즉 주어진 상황을 재구성함으로써 상황에 대한 판단을 바꿀 수 있고, 그래서 타인에 대한 이해를 좀 더 할 수 있다는 스토아적 지혜에 대해 회의적이다. Houston의 주장에 따르면 부당한 대우나 모욕을 받았을 때 분노하지 않고 자신의

떤 태도를 보일 것인가? 스토아학파는 이 경우에도 무엇보다 상대방의 관점에서 사건과 사태를 볼 것을 요구한다. 분노의 많은 경우가 사태를 역지사지(易地思之)해보지 않기 때문에 발생하기 때문이다. 그렇기 때문에 세네카는 분노에 대한 대처법으로 상대방의 관점에서 볼 수 있는 "공평한 판단자"(aequi rerum, judex aequus)가 될 수 있는 시간을 확보하라고 말한다. "우리가 화를 낸 상대의 입장이 되어보자. 그러면 우리에게 화를 잘 내도록 한 것이 자기에 대한 불공평한 평가였음을 알 것이다."[70] 세네카는 이것을 다음과 같이 강조한다.

아무도 자신에게 이렇게 말하지는 않는다. '지금 나를 분노하게 만드는 바로 이 일은 내 자신이 했거나 아니면 적어도 내가 했을 수도 있는 일이다. 아무도 행위자의 의도(animus)를 고려하지 않고, 단지 행위(factum)만을 본다. 우리가 면밀하게 고려해야 할 것들은 행위자가 그것을 의도적으로 했는지, 아니면 우연하게 한 일인지, 강요에 의한 것인가, 아니면 속아서 한 것인지, 증오심에서 한 짓인지, 아니면 보상을 노리고 한 일인지, 자기만족을 위해 한 일인지, 아니면 누군가를 돕기 위한 것인지 하는 것들이다. 행위자의 나이나 운도 고려해야 한다. …… 우리가 화를 낸 상대의 입장이 되어보자. 그러면 우리에게 화를 내도록 한 것은 자신에 대한 잘못된 판단이었음을 알 수 있다. 우리는 자신도 행할 수도 있었을 것을 당

권리를 선언 내지 주장하거나 또는 자신을 방어할 다른 방법을 갖고 있지 않다(B. Houston, "In praise of blame", *Hypatia*, vol. 7 fall, 1992, p. 133). 요컨대 페미니스트들의 주장은 자신의 권리를 변호하거나 자신의 정당한 몫을 요구하기 위해 필요한 가장 최선의 반응은 분노를 통해 가능하다는 것이다.

70) Seneca, *de ira*, 3.12.3.

하는 것은 원하지 않는다.[71]

인용문을 통해 알 수 있는 것처럼 세네카는 악행을 행한 자의 의도
성이나 무지, 악행의 정도, 그리고 당한 자 입장에서 당할 만한 원인을
제공했는지와 같은, 즉 사태를 보다 객관적으로 볼 것을 주문한다. 세
네카가 이러한 이성적인 판단을 하기 위한 중요한 방법으로 제시하는
것이 시간을 확보하라는 것이다. 세네카는 다음과 같이 말한다.

> 따라서 우리는 분노의 근본 원인(prima causa)과 맞서 싸워야 한다. 분노
> 의 원인은 우리가 부당한 대우를 받았다는 믿음(opinio)이다. 그러나 우리
> 는 이를 쉽게 믿어버려서는 안 된다. 아무리 명백하고 확실해 보이는 것
> 도 그것을 바로 승인해서는 안 된다. 더러는 거짓이 진실처럼 보이는 경
> 우도 있기 때문이다. 하루 만에 진실은 밝혀진다(veritatem dies aperit).[72]

세네카에 따르면 이러한 시간의 확보가 중요한 이유는 무엇보다 자
신에게 분노하게끔 만든 상대방의 입장이 되어볼 수 있다는 데 있다.[73]
그렇게 분노를 늦춤으로써 처음의 격렬한 분노의 돌진이 판단을 위한
시간 속에서 멎을 것이라고 말한다.[74] 에픽테토스 역시 상대방의 입장
에서 사태에 대한 이해를 시도할 것을 다음과 같이 권하고 있다.

---

71) Seneca, *de ira*, 3.12.2~3.12.3.
72) Seneca, *de ira*, 2.22.
73) Seneca, *de ira*, 3.12.3.
74) Seneca, *de ira*, 2.29.1, 3.12.3.

누군가가 당신에게 나쁘게 행동하거나 나쁘게 말한다면, 그가 그렇게 하는 것이 적합하다는 믿음 속에서 그렇게 말한다는 것을 기억하라. 이러한 고려를 하게 되면, 너는 너에게 모욕을 준 사람에게 부드러워질 것이다. 왜냐하면 당신은 모든 경우에 있어 그것이 그에게 그렇게 보인 방식이다.[75]

그러면 왜 상대방의 입장에서 판단하는 것이 분노를 제거할 수 있도록 해주는가? 왜 스토아 철학자들은 극단적인 악행을 범한 자들에 대해 분노가 아닌 용서를 주장하는가? 일단 스토아학파가 부정의한 어떤 것을 행한 사실 자체를 부정하라고 권고하는 것은 아니라는 점을 간과해서는 안 된다. 다만 스토아 철학자들이 중요하게 생각하는 것은 상황을 재구성해 사태를 볼 필요가 있다는 것이다. 파렴치한 악행을 범한 자를 악인으로 생각하는 대신에, 그 사람이 중요한 인간적인 성질을 결여한 것일 수 있기 때문에 그 사람에 대한 연민(pity)과 용서가 있어야만 한다는 것이다. 왜냐하면 스토아는 그런 사람들이 옳고 그름에 대한 인식을 결여하고 악행을 행한 것으로 볼 수 있고, 그렇기 때문에 오히려 그 사람을 불쌍하게 보고, 그를 치료의 대상으로 보아야 한다는 것이다[76]. 그래서 세네카는 그러한 부정의를 행한 자를 차라리 정신착란을 일으킨 환자나 광인처럼 보라고 주문한다. 그들은 자신이 무엇을 행하는지를 알지 못하고 악행을 행한 것이기 때문에, 그들을 용서하는 것

75) Epiktetos, *Enchiridion*, 42.
76) Seneca, *de ira*, 1.15 참조.

이 훨씬 더 낫다는 것이다.[77] 아래의 두 개의 인용문은 악인에 대한 용서와 관용을 역설하는 세네카의 견해가 잘 나타난 것으로 생각되어 다소 길지만 모두 인용하도록 하겠다.

사실 악행을 범하는 사람들이 그러한 행위를 하는 것이 실수(error)로 그런 것인데, 그들을 미워할 어떤 이유가 있는가? 그러한 실수를 범하는 자를 사려 깊은 사람이 미워할 행위는 아니다. 그렇지 않다면 그는 자신을 미워하게 될 것이다. 그는 자신이 지금까지 선에 반하는 행위를(contra bonum morem) 얼마나 많이 했으며, 그런 행동에 대해 얼마나 많은 용서를 구해야 하는지를 생각해보게 하라. 그는 곧 자기 자신에게 화를 낼 것이다. 왜냐하면 공정한 사람은 자신에 대한 재판과 남의 재판에 각기 다른 판결(sententia)을 내리지 않을 것이기 때문이다. 내가 말하건대, 자신에게 무죄를 선고할 수 있는 사람은 아무도 없다. 자기는 무죄라고 주장하는 사람은 자신의 양심(conscientia)보다 증인만을 바라본다. 악행자들을 자상한 아버지의 마음으로 대하고, 그들을 추궁하는 것이 아니라 다시 불러 바르게 인도하는 것이 얼마나 인간적인가! 누군가 길을 몰라 들판을 헤매고 있을 때는, 그를 쫓아버리기보다 올바른 길로 안내해주는 것이 더 좋다.[78]

---

77) Seneca, *de ira*, 3.26.1~3.26.2. 감정 치료와 관련하여 스토아적 방식의 중요성을 강조하는 현대 심리학자로 Ellis를 들 수 있다. Ellis는 자신의 이론이 스토아학파의 영혼 치료에 빚을 지고 있음을 인정한다(A. Ellis, *Humanistic psychotherapy: The rational-emotive approach*, New York, 1974, pp. 112~113. 또한 A. Ellis & R. A. Harper, *A guide to Rational Living*, CA: Wilshire Book Company, 1997, p.25 참조).

78) Seneca, *de ira*, 1.14.

우리 모두는 사려 깊지 못하고 생각이 없다. 우리는 모두 신뢰성이 없으며, 불만에 차있고, 야망에 차 있다. …… 우리 모두는 사악하다. 그래서 우리는 남들에게서 비난하는 것들을 누구나 자신의 가슴속에서 발견할 것이다. …… 그러므로 서로가 따뜻함을 보여야 한다. 우리는 악인이며, 악인들 사이에서 살고 있다. 한 가지가 우리를 평화롭게 만들어준다. 상호 관용의 협정이다. '저 사람은 나에게 해를 입혔지만, 나는 그에게 아무런 해도 입히지 않았다.' 하지만 너는 이미 해를 입혔을 것이고, 아마도 언젠가 그에게 해를 입힐 것이다. 지금 이 시간 또는 오늘만을 평가하지 마라. 너의 마음 전체를 보아라. 설사 지금까지 아무런 나쁜 짓을 하지 않았다 해도, 할 가능성이 있다.[79)]

위 두 인용문에서 세네카는 우리 모두가 다른 죄인 못지않게 같은 상황에서 같은 악행을 범할 수도 있음을 인정해야 함을 강조한다. 위에서 이미 언급한 것처럼 공정한 판관이 되기 위해선 상대방의 입장에서 상황을 재구성해 판단하는 것이 필요하다는 것과 같다. 그렇기 때문에 우리 모두는 "나 자신도 또한 죄를 지을 수 있다"(Hoc et ipse commisi)[80)]는 가능성으로부터 자유로울 수 없다. 이것은 누구나 자신의 잘못에 대해서는 관대한 것처럼 타인의 잘못에 대해서도 용서가 필요하다는 결론을 얻기 위함이다. 그렇기 때문에 세네카가 보기에 타인의 잘못에 용서와 관용이 아닌 분노의 표출은 자신의 절대적인 올바름을 주장하는

---

79) Seneca, *de ira*, 3.26.
80) Seneca, *de ira*, 2.28.6.

독단성에서 나오는 것이다.[81] 타인의 잘못과 악행에 우리의 무오류적인 지적 오만함과 완고함을 더해 상대방을 판단하고 복수하고자 한다는 것이다. 그러나 세네카가 생각하기에 "우리 모두는 사악하다"(omnes mali sumus). 에픽테토스 역시 분노가 아닌 용서가 필요함을 다음과 같이 역설한다.

도둑과 강도들이란 말은 무엇을 의미하는가? 그들은 선과 악에 대해 실수한 것이다. 따라서 우리는 그들에게 화를 내야만 하는가, 아니면 그들을 불쌍하게 여겨야만 하는가? 그러나 그들에게 단지 그들의 실수를 보여라. 그러면 너는 그들이 그들의 실수를 중단하는지를 보게 될 것이다. …… 차라리 그들을 미워하는 대신에 불쌍하게 여겨라. 그들에게 해를 가하고 미워하고자 하는 마음을 그만 두어라. 그리고 많은 사람들이 말하기 좋아하는 말, 즉 '이 저주스럽고 혐오스런 바보들아'와 같은 말들을 끌어들이지 마라.[82]

위 인용문에 나타난 것처럼 에픽테토스는 도둑이나 강도와 같은 악행자에게 "분노하지"(χαλεπαίνειν) 말고 "연민"(ἐλεεῖν)의 정을 가질 것을 권고한다. 왜냐하면 그들이 의도적으로 알고서 그러한 악을 행한 것이 아니라 모르고 실수로 행했기 때문이다. 에픽테토스에 따르면 눈이 하얀지 검은지를 볼 수 없는 눈 먼 사람을 잘못했다고 죽일 수 없는 것처럼, 선과 악을 구분하지 못하는 나쁜 자들에게 분노하는

---

81) Seneca, *de ira*, 2.28.1 참조.
82) Epictetos, *diatribai*, 1.18.

것은 올바른 도덕적 태도가 아니라는 것이다.[83] 이렇듯 에픽테토스는 타인의 죄에 대한 우리의 판단을 재구성해 분노가 아닌 측은지심(惻隱 之心)과 같은 연민의 태도를 보일 것을 권고한다. 또한 같은 맥락에서 후기 스토아학파를 대변하는 철학자 마르쿠스 아우렐리우스 역시 세계 이성의 관점에서 악행자에 대한 용서를 말한다. 악행자는 다른 선택의 대안이 없었다는 것이다. 세계는 예정조화되어 있고 우리 모두는 동료시민이고 공통의 시민권을 공유하기 때문에 분노할 이유가 없다는 것이다.[84]

지금까지 살펴본 것처럼 '부당한 모욕에 대한 적합한 태도가 분노가 될 수 있지 않은가'에 대한 세네카를 포함한 스토아 철학자들의 응답은 분명하다. 그것은 부당한 모욕에 대한 적절한 대응이나 태도는 분노가 아니라 용서가 되어야 한다는 것이다. 모욕을 준 상대방의 입장에서 상황을 재구성해 판단할 것을 주문하는 것이다. 설사 상대방의 행위가 부정의한 인격적 모독이 분명한 경우에도 악행자에 대한 처벌이나 복수가 아니라 용서와 관용이 적절한 대처법이라는 것이 스토아 철학자들의 입장이다. 악행을 범한 자들은, 마치 환자나 광인처럼 인간적인 성질을 상실하거나 실수로 그러한 행위를 한 것으로 볼 수 있기 때문이다. 스토아학파가 보기에 우리 모두는 죄를 지을 수 있는 가능성으로부터 누구도 자유롭지 않은 존재들인 것이다.

세 번째 반론은 두 번째 반론의 연장선상에서 제기될 수 있는데, 그

---

83) Epictetos, *Discourses*, 1.18.

84) Marcus Aurelius, *Meditations*, 9.42, 11.18, 손병석, 「Polis and Cosmopolis」, 『철학논총』, 39집, 2005, pp. 203~211 참조.

것은 '분노를 통해 인류애(humanity)를 사악함으로부터 구원 내지 지킬 수 있지 않은가'하는 것이다. 다시 말해 부정의와 악행으로 인한 비극에 직면했을 때, 분노의 표출은 어떤 면에서 침묵이나 평정심이 보여주지 못하는 하나의 인간성 내지 인류애의 올바른 지표(indicator)가 될 수 있지 않은가하는 물음이다. '눈앞에서 아버지가 죽임을 당하고 어머니가 강간을 당한 것처럼'[85] 분노는 극악무도하면서도 파렴치한 비인간적인 행위를 한 악인들의 세계로부터 휴머니티를 지키기 위한 적합한 반응이 아닌가 하는 것이다. 이것은 달리 말하면 '광기적인 분노를 보이는 사악한 자들에 대한 치료가 백해무익할 경우 그들에 대한 계속적인 용서와 관용이 과연 더 좋은 세상을 만들 수 있을까' 하는 의구심이다. 그렇다면 "선한 사람들은 자신이 사랑하는 사람들이 당하는 부정의함에 분노한다"[86](irascuntur boni viri pro suorum iniuriis)라고 테오프라스토스가 말하는 것처럼, 스토아의 현인 역시 인류애를 구하기 위한 분노의 대열에 동참해야 되지 않을까? 예를 들어 나치 감옥에서 처참하게 살인을 당한 시체들을 본 한 미국병사의 분노의 표출은 "인간성이 돌아온 것"(humanity has come back)으로 볼 수 있는 외침이 아닌가 하는 것이다.[87] 왜냐하면 이때의 외침은 인간성이 훼손된 것에 대한 분노로 볼 수 있기 때문이다. 그렇다면 이와 같은 비인간적인 살인 행위나 범법 행위에 분노하지 않는 것은 우리의 인류애를 훼손시키거나 감소시키는 것으로 볼 수 있을 것이다.

---

85) Seneca, *de ira*, 1,12,1.

86) Seneca, *de ira*, 1,12,3

87) M. Nussbaum, *The therapy of Desire*, Princeton Univ. Press, 1994, pp. 403, 416~418.

스토아학파는 이러한 물음에 매우 흥미 있는 답을 제시한다. 스토아 철학자들은 일단 인간이 극단적으로 잔인하면서도 사악한 행위를 범했고, 앞으로도 범할 수 있음을 부정하지 않는다. 단지 그들은 이러한 사실에 분노로 반응하는 것이 현명한가의 물음에 매우 회의적인 태도를 보인다. 왜냐하면 이 세상에는 너무나 많은 사악함이 존재하며, 이것은 그만큼 우리가 분노를 많이 해야만 한다는 것을 의미하기 때문이다. 다시 말해 인간들이 서로 간에 행하는 엄청난 부정의에 분노하는 사람은 너무나 많은 부정의로 인해 항상 화를 내야만 한다는 것이다. 그래서 세네카는 다음과 같이 말한다.

현자(sapiens)가 한번 분노하기 시작하면 결코 분노를 그치는 일이 없을 것이다. 도처에 범죄와 악덕이 가득 차 있다. 제재에 의해 고쳐질 수 없을 정도로 많은 범죄들이 저질러진다. 우리는 사악함(nequitia)이라는 강한 적과 싸우고 있다. 죄에 대한 욕망은 나날이 커지고, 절제는 날로 줄어든다. 더 선한 것과 더 정의로운 것에 대한 존경은 추방되고, 욕망(libido)이 제멋대로 활보한다. 이제 범죄는 더 이상 숨지 않는다. 그것들은 우리가 보는 앞에서 저질러진다. 사악함은 공적인 곳에 파고들어, 만인의 가슴속에서 위세를 떨친다. 남에게 해를 주지 않는 것은 드물기는커녕 아예 존재하지도 않는다. …… 이미 손님은 주인으로부터, 장인은 사위로부터 안전하지 못하고, 형제간의 우애도 드물다. 남편은 아내가 죽기를 바라고, 아내도 또한 다르지 않다. 표독한 계모는 무서운 독초를 섞고, 자식은 벌써 아버지의 남은 수명을 살핀다. 그렇지만 이것들은 범죄 중에서도 얼마나 작은 일부에 지나지 않는가. …… 만일 네가 현자로 하여금 수치스런

범죄가 요구하는 정도로 분노하기를 원한다면, 현자는 단순히 분노해서는 안 되고 미쳐버려야만 한다.[88]

위 인용문에서 세네카는 개인적이며 사회적인 그리고 국가적인 차원에서 발생하는 온갖 부정의한 악행과 범죄들을 열거한다. 그리고 그는 이러한 수많은 인간의 부정의와 사악함으로 인해 "현자는 단순히 분노해서만은 안 되고 미치지 않으면 안 될 것"(non irascendum illi sed insaniendum est)[89]이라고 말한다. 현자가 처한 이러한 비극적인 현실적 운명을 세네카는 다음과 같이 기술하고 있다.

현자의 정념이 다른 사람의 사악함에 의존한다면 이보다 더 무가치한 일이 어디 있겠는가? 저 위대한 소크라테스도 집을 나와 같은 표정으로 집에 돌아갈 수 없단 말인가? 만일 현자가 비열한 행위에 대해 화를 내야 되고, 범죄 행위로 인해 화를 내고 슬퍼한다면, 현자만큼 괴로운 사람은 아무도 없을 것이다. 평생을 그는 분노와 비탄 속에서(per iracundiam maeroremque) 지내야 하기 때문이다. …… 아마 분노할 광경을 마주치지 않고서는 그는 어느 곳에도 그의 눈을 둘 수 없게 될 것이다. 그럴 때마다 그가 분노한다면, 그는 곧 지쳐버리고 말 것이다.[90]

---

88) Seneca, *de ira*, 2.9.
89) Seneca, *de ira*, 2.9.4.
90) Seneca, *de ira*, 2.7. 세네카가 분노의 광기가 인간의 영혼을 공격적이게 하고 결국 인류애에 반하게 만드는 다양한 예들로 드는 것 중에서 특히 술라(2.34), 칼리귤라(3.21), 캄비세스(3.20)의 경우가 대표적이다.

세네카가 보기에 인간세계는 인간의 수만큼 많은 악과 부정의가 존재하는 세계다. 실제로 우리는 아침에 나와 집으로 돌아갈 때까지 매일 너무나 많은 부정의와 악을 목격한다. 그래서 세네카는 이러한 야수 집단보다 더 잔인하고 흉포한 인간세계의 모든 부정의에 분노하게 되면, 현자는 곧 지쳐버리고 더 나아가 미쳐버리게 된다고 말하는 것이다. 그런데 세네카가 생각하기에 이것은 현자가 추구하는 아파테이아적인 삶의 방식과 조화되지 않는다는 문제를 발생시킨다. 다시 말해 현자는 분노하고 분개하는 데 많은 시간을 쓰느라 정작 타인을 사랑하는 것과 같은 중요한 일은 하지 못하게 되는 것이다. 세네카는 『분노론』 3권 28장에서 다음과 같이 말하고 있다.

> 너는 이 사람에게 분노했다고 또 저 사람에게 분노한다. 처음에는 노예에게, 다음에는 자유민에게 화를 낸다. 이번에는 부모에게, 다음에는 아이들에게, 지인에게, 나중에는 낯선 사람에게도 분노한다. 마음이 개입하지 않으면, 도처에 분노할 충분한 이유가 존재한다. 광기(rabies)가 그대를 여기, 저기로, 이 길에서 저 길로 끌고 다닐 것이다. 항상 새로운 자극이 생기면 너의 광기는 계속될 것이다. 자 불행한 사람아, 그대는 사랑할 시간을 찾을 수 있는가?[91]

지금의 인간세계는 어떤가? 세네카가 살았던 로마 시대보다 그러한 부정의와 악행이 여전히 존재하는 것이 부정될 수 없다. 인간 역사가

---

91) Seneca, *de ira*, 3.28.1.

보여주는 것처럼 나치즘에 의한 홀로코스트(holocaust)와 같은 대량학살이나 기아, 아동학대 등 수많은 우리의 분노를 자극하는 비인간적인 행위가 있어왔고 경험한 것이 사실이다. 그렇다면 세네카가 말하는 것처럼 우리는 전 생애를 분노하면서 살게 되지, 사랑하면서 살 수 있는 시간이 없게 될 것이다. 타인을 용서하고 사랑할 시간을 확보할 수 없게 되는 것이다. 그렇기 때문에 스토아 철학자들은 분노하는 대신에 모든 사람을 이해하고 사랑하는 시도를 해야만 할 것을 권장하는 것이다. 분노가 아닌 사랑과 용서가 인간 세상에 휴머니즘과 평화를 실현할 수 있게 하는 것이다. 이것이 슬픔과 부정의로 가득 찬 세상에 인류애를 증진시킬 수 있는 현명한 삶의 태도가 될 수 있다는 것이다. 세네카가 "한 사람 한 사람을 용서하고 인류를 너그러이 용서해야 된다"[92]고 말하는 이유가 여기에 있다.

　세네카가 이렇게 주장하는 이유는 분노가 타인을 더 이상 자신과 같은 완전한 인간이거나 유사한 사람으로 인정하지 않는 경향을 보이기 때문이다. 그래서 분노는 우리로 하여금 자신은 완전하지만 타인은 자신보다 열등한 존재, 더 나아가 인간 이하의 어떤 것으로까지 보게 하는 잔인성을 갖게 한다는 것이다.[93] 요컨대 분노를 인정하는 것은 곧 타인을 우리의 용서와 배려를 받을만한 가치가 있지 않은 존재로 보게 만든다는 것이다. 이러한 이유로 스토아 철학자들은 분노가 인류애와 타인에 대한 존중심이나 배려를 감소시키는 정념으로 평가하는 것이다. 분노의 상태에선 우리는 우리의 죄를 잊고, 인류애를 상실하게 된

---

92) Seneca, *de ira*, 2.10.2.

93) M. Nussbaum, 1994, pp. 404, 424 참조.

다는 것이다. 그 대신에 우리가 분노가 아닌 용서와 상호적인 관용을
보이면, 우리의 인류애를 향한 도덕적 기준이 한 단계 상승될 수 있다.
따라서 '분노의 외침이 때로 인류애를 증진시킬 수 있다는 반론'은 정
당화될 수 없다는 것이 세네카의 주장이다. 분노는 그 반대로 인류애를
감소키시고 우리의 타인과의 유대감을 깨뜨리기 때문이다. 물론 세네
카가 악행을 범한자의 치료와 교정이 불가능한 경우에도 관용을 베풀
것을 주장하는 것은 아니다. 그 반대로 세네카는 악행자의 치료가 구제
불능인 경우에는 죽여야 한다고 분명하게 말한다. 마음의 치료가 계속
해서 불가능한 자는 미친 소나 미친개를 죽이듯이 인간 종으로부터 제
거하는 것이 자연스런 행위라는 것이다.[94] 이 경우는 죽이는 것이 상대
방에 대한 동정과 사랑이 될 수 있기 때문이다.

그러나 이러한 경우를 제외하곤 세네카는 인간 모두가 죄인이라는
것을 잊어버리고 분노하게 되면 매우 위험하게 된다고 말한다. 이것은
인류의 전 역사 속에서 광기적 분노가 보여준 인간에 대한 잔혹사가
말해준다.[95] 그렇기 때문에 스토아의 현자는 슬프기 때문에 웃고, 화나
기 때문에 온화하고, 고통스럽기 때문에 행복하다는 역설이 가능한 것
이다. 이러한 삶의 방식이 바로 스토아학파가 주창하는 '세계이성에 따
른 삶'이자, '자연에 따른 삶', 즉 아파테이아를 실현할 수 있는 방법인
것이다. 스토아학파가 행복한 삶의 지표로 제시하는 섭리에 따른 삶의
권고는 세네카가 『분노론』을 마치면서 노바투스(Novatus)에게 우리가
우리의 인생을 분노하면서 허비할 정도의 충분한 시간이 없음을 말하

94) Seneca, *de ira*, 1.15~1.16 참조.
95) M. Nussbaum, 1994, p. 423.

는 데서 잘 나타난다.

자, 우리가 숨을 쉬는 동안에는, 우리가 사람들 사이에서 살아가는 동안에는, 인간애(humanitas)를 소중히 하도록 하자. 어느 누구도 두렵게 하거나 위험하게 만들지 말자. 손해, 부당함, 욕설 그리고 모욕을 경멸하고, 큰마음으로(magno animo) 짧은 격분을 참기로 하자. 그들이 말하는 것처럼, 우리가 몸을 돌려 뒤를 돌아보는 순간, 어느새 죽음이 가까워있을 테니까.[96]

위 인용문을 통해 알 수 있는 것처럼 세네카의 기본적인 생각은 우리가 부정이나 욕설, 경멸 그로 인한 분노로 우리의 삶을 허비하는 것은 우리의 행복을 위한 적합한 판단이 아니라는 것이다. 분노는 바로 아파테이아를 실현할 수 있는 자연에 일치된 삶의 방식을 취하지 않는 데서 갖게 되는 정념인 것이다. 그렇기 때문에 세네카에 따르면 우리는 현자처럼 자신의 아파테이아를 분노가 아닌 용서를 통해 실현해야 한다. 현자는 자신의 유한한 삶을 자신의 이성을 통해 세계 이성의 섭리에 조화시킴으로써 분노가 어떠한 가치도 갖지 않음을 통찰하고 있기 때문이다. 분노를 통해서는 어떠한 행복도 성취할 수 없음을 알고 있는 것이다. 세네카가 생각하기에 인간은 분노라는 정념의 도움 없이도 신적인 빛과 같은 이성 자체만의 힘으로 삶에서 모든 것을 정복하고 승리할 수 있는 무소불위의 힘을 갖고 있기 때문이다.[97] 그래서 세네카는 분노로부터 우리가 자유로워져야 하며(purgemus), 그러기 위해서는

---

96) Seneca, *de ira*, 3.43.5.
97) Seneca, *Ep*, 74. 21.

"분노의 뿌리를 완전히 뽑아버려야 함"(exstirpemus radicitus)[98]을 강조하는 것이다. 세네카는 분노로부터 한 발짝 물러나서 웃을 것을 우리에게 주문하는 것이다.[99]

누구든 자기 자신에게나 남들에게 이렇게 말해야 한다. '마치 우리가 영원히 살 수 있도록 태어난 것처럼, 분노를 선언하고 우리의 짧은 일생을 허비하는 것이 무슨 이익이 되겠는가? 고상한 기쁨을 위해 사용되도록 우리에게 허락된 날들을 타인을 고통스럽게 하고 고문하는데 바치는 것이 무슨 이익이 되겠는가?'[100]

5. 세네카 분노론의 의의와 남는 문제

위에서 살펴본 것처럼 세네카를 비롯한 스토아학파 철학자들은 우리가 살고 있는 세상이 많은 부정의와 악으로 가득 찬 것을 부정하지 않는다. 그러나 그들은 세상이 그렇기 때문에 분노가 아닌 용서가 필요하다고 말한다. 악행을 범한 악인에게 분노의 처벌과 복수가 아닌 용서와 치료가 적합한 태도가 된다는 것이다. 타인의 죄를 덜 비난하고 악인에게 사랑을 베풀수록 자신의 아파테이아적 행복과 세상의 행복이 좀 더 실현될 수 있는 가능성이 높은 것으로 생각하기 때문이다. 그러

---

98) Seneca, *de ira*, 3.42.1.

99) Seneca, *de ira*, 2.10.2 참조.

100) Seneca, *de ira*, 3.42.

면 이러한 스토아 철학자들의 분노에 관한 견해는 우리에게 어떤 의미를 주는 것으로 볼 수 있을까?

첫째는 스토아학파의 '분노 부정론'은 어떤 면에서 세상을 복수와 처벌의 악순환으로부터 우리를 덜 위험하게 만드는 데 도움이 될 수 있는 이론적 장점을 갖고 있는 것으로 볼 수 있다. 스토아의 현인은 결코 그의 영혼을 세상의 악과 부정의에 대항하여 분노하기 보다는 그러한 사태발생의 원인을 알고, 결과적으로 상대방에 대한 용서와 관용이 필요함을 역설한다. 인간이 살아가는 세상이 항상 자신이 원하는 대로 이루어지기를 바란다는 것은 비실재적인(unrealistic) 것이기 때문이다. 예컨대 수많은 사람이 살아가는 대도시에서 교통체증으로 인한 짜증이나 화를 내는 것은 자신이 운전하는 동안에는 다른 차들은 도로 위에 없기를 바라는 것처럼 불가능한 것을 바라는 것과 같은 것이다. 이런 경우 스토아의 철학자는 우리의 판단을 바꿔 그 시간을 잠시 자신의 여유를 찾을 수 있는 시간으로 만들 것을 권유한다고 생각해볼 수 있다. 이렇듯 세네카와 같은 스토아 철학자들은 한 발치 물러나서 보다 세상을 이성의 눈으로 볼 것을 우리에게 주문한다. 그들은 이성의 강건함을 통해 우리로 하여금 고통과 악으로 가득 찬 세상을 담담하게 살아갈 수 있게 하는 하나의 삶의 방식(modus vivendi)을 보여준다는 점에서 의의가 있다.[101] 이러한 세네카의 분노에 대한 철저한 부정적인 입장은 스토아학파가 말하는 아디아포론(adiaphoron)과 밀접한 관계가 있는 것으로 볼 수 있다. 스토아학파에 따르면 우리가 정념을 가지게

---

101) *DL*, 7.117. *SVF*, III. 637. *SVF*, III. 639.

되는 것은 기본적으로 인간이 욕구하고 소유하고자 하는 것, 즉 부와 명예, 권력과 같은 것에 대한 잘못된 판단을 통해 이루어지는데, 인간이 추구하는 대상이 바로 아디아포라(adiaphora)한 것들로 볼 수 있기 때문이다. 인간은 아디아포론한 것들의 소유에 실패할 경우 고통스러워하고 분노하게 된다는 것이다. 스토아 철학자들은 이러한 아디아포론한 것들에 대한 태도를 세계 이성의 관점에서 '별 차이가 없는', 다시 말해 '그다지 중요하지 않은 것'으로 판단함으로써 분노할 필요가 없다는 것이다. 따라서 이러한 아디아포론한 것에 대한 이성의 관점에서의 평가가 올바르게 이루어지지 않으면 분노와 같은 정념이 있게 된다.

스토아 철학의 분노에 관한 견해가 지니는 또 다른 의의는 영혼 치료(soul therapy)를 위한 하나의 지혜를 주는 말로 생각할 수 있다는 점이다. 특히 스토아의 현인은, 마치 의사가 질병을 치료하듯이 분노에 의해 갖게 되는 영혼의 질병을 치료해주는 영혼의 치료사로 비유될 수 있다. 가정과 같은 사적인 영역이나 국가의 통치와 관련된 공적 영역에서나 분노로 인한 폭력이나 처벌에 의한 불행과 비극을 최소화할 수 있는 삶의 지혜를 제시해줄 수 있기 때문이다. 특히 세네카가 든 예들처럼 분노의 광기에 의한 참주나 왕 그리고 정치인들의 비합리적이면서도 잔인한 살상 행위들을 고려할 때, 우리는 세네카가 왜 그렇게도 분노의 절제나 통제가 아닌 분노의 완전한 제거를 극단적으로 강조했는지를 이해할 수 있게 된다.

그러나 스토아학파의 '반(反)분노론' 철학은 여전히 우리가 쉽게 설득되기 어려운 몇 가지 문제를 남긴다. 무엇보다 그것은 분노만이 자신의 인권과 존재성을 보여줄 수밖에 없는 사람들에게는 삶의 위안이 되지 않는 무력(無力)한 철학이 될 수밖에 없다는 점이다. 모든 사람이 현인이 될 수 없다는 현실적 상황은, 결국 현인이 아닌 바보들은 자신의 정당한 권리를 주장하기 위해 분노에 의존하지 않으면 안 됨을 역설적으로 의미한다. 그렇기 때문에 스토아 철학의 분노론은 분노의 억제와 제거를 위해 상당한 정도의 수련을 요구하는 철학으로 보인다. 그러나 이것은 하루하루를 온갖 정념의 부침 속에서 삶아가는 보통의 일상적인 사람들이 체현하고 수용하기에는 어려운 정도의 훈련을 요구하는 것이다. 그것은 진정 현인이 되기 위한 혹독한 금욕주의적 삶의 방식을 통하지 않고서는 실현하기 어렵기 때문이다.

또한 과거의 부정의에 대해 모두 용서하게 되면 그러한 부정의한 행위로 인한 인간의 고통과 쓰라림도 마찬가지로 기억 속에서 사라지게 되고, 이것은 미래에도 그러한 사악한 범죄가 다시 발생할 수 있는 가능성을 높일 수 있다는 점에서 문제가 있다.[102] 스토아의 반분노론 철학은 사후 치료지 예방이 아니라는 점에서 적극적인 악의 퇴치 철학이 아닌 것으로 생각되는 이유가 여기에 있다. 역사가 우리에게 말해주는 것처럼 고통과 비통함에 대한 분노는 개인의 도덕적 발전뿐만 아니라 인간 역사를 발전시키는 순기능으로도 작용할 수 있기 때문이다. 이런 점에서 러셀(B. Russell)이 말하는 것처럼 스토아 철학을 포함한 "헬레니즘 철학은 전장에서 부상당한 병사들을 뒤쫓아 가면서 시체들을 주

---

102) 복수에 대한 서구의 부정적 평가에 대해 강한 반론을 제기하는 학자로 Barton을 들 수 있다. 상세한 논의는 C. Barton, *Getting Even: Revenge as a Form of Justice*, Open court publishing company, 1999. 특히 1장 참조.

워 담는 야전병원차(an ambulance)에 불과하다"[103]라는 비판으로부터 자유롭지 못하다. 지식의 선구자가 아니라 소극적인 안심입명과 위안의 철학으로 전락했다는 것이다. 우리 모두는 코스모폴리스의 세계시민(kosmoplites)으로서 자유인이라고 말하지만 과연 다수의 시민들이 현인처럼 적극적인 자유의 실현주체로 자리매김할 수 있는지 의문이 드는 이유이다.

마지막으로 세네카의 분노론과 관련하여 과연 분노의 완전한 제거가 가능한가의 문제 역시 해결해야 할 문제로 남는다. 이것은 같은 스토아학파 철학자인 포세이도니우스의 견해를 고려할 때 더욱 그러하다. 포세이도니우스는 크리시포스나 세네카와 달리 분노의 제거 보다는 그것의 통제와 조절을 통한 견해를 피력하고 있기 때문이다. 플루타르코스 역시 자신의 『분노 통제론』(Περὶ ἀοργησίας)에서 분노의 제거보다는 그것의 통제를 통한 순화를 강조하고 있다.[104] 아리스토텔레

---

103) B. Russell, *A History of Western Philosophy*, George Allen and Unwin Pub. London, 1979, p. 228.
104) 플루타르코스는 그의 『도덕적 덕에 관하여』(De Virtute Morali)에서 영혼을 이성적인 부분과 비이성적인 부분으로 나누고 양자의 조화가 가능한 것으로 본다. 비이성적인 영혼이 로고스의 활동에 참여할 수 있거나 로고스를 향한 욕구에 의해 움직여지기 때문이다. 플루타르코스의 보고에 따르면 아리스토텔레스는 비이성적인 영혼의 부분은 그 자신의 고유한 이성(οἴκειος λόγος)을 갖고 있지는 않을지라도, 이성적이고 숙고적인 영혼의 소리를 들을 수 있는 자연적 능력을 갖고 있다고 본다(τοῦ λογιζομένου καὶ φρονοῦντος εἰσακούειν, 442α). 따라서 습관(συνήθεια)이란 말을 플루타르코스는 영혼의 낮은 부분이 좋은 습관을 통해 보다 상위의 영혼에 의해 설득되어 양육되고 형성되는 것으로 이해한다. 따라서 성품적 덕은 로고스(λόγος), 즉 이성에 의해 파토스(πάθος), 즉 정념을 교육시키는 방식에 의해 획득될 수 있다(443d). 요컨대 비이성적인 영혼의 부분과 이성적인 영혼의 부분과의 어떤 결합(σύνθετόν τι) 내지 혼합(μίξις, 441d~441e, 444d, 449b)이 가능하다는 것이다. 비

스의 견해를 계승하는 것으로 생각되는 페리파토스학파 역시 분노의 순기능에 주목하여 그것의 유익성을 인정한다는 점에서 세네카의 견해와 다르다. 그러면 세네카가 주장하는 것과 달리 분노를 극단적인 악으로 보지 않을 수 있는 가능성은 없는 것일까? 나는 이와 관련하여 에피쿠로스학파의 철학자인 필로데모스(Philodemos)의 분노론을 다음 장에서 살펴볼 것이다. 필로데모스의 분노에 대한 견해는 분노에 대한 긍정적 입장과 부정적 입장사이에서 중도적인 해결방안을 제시해주는 것으로 생각되기 때문이다.

이성적인 부분은 이성적인 부분과 분리된 것도, 밖으로부터 온 것도 아니다(πλασσόμενον ἔξωθεν). 그것은 그 본성상 항상 이성적인 부분에 의존하고, 그것과 교섭하고, 그것과 함께 양육되고, 습관을 통해 형성되는 것이다(φύσει μὲν ἐξηρημένον ἀεὶ δ' ὁμιλοῦν καὶ συντρεφόμενον καὶ ἀναπιπλόμενον ὑπὸ συνηθείας, 443c). 플루타르코스의 기본적인 생각은 모든 포도 줄기를 뽑아버리는 것이 이익이 안 되는 것처럼, 모든 정념을 영혼으로부터 제거하는 것도 마찬가지로 유익하지 않다는 것이다. 그는 정념과 이성의 교감을 자연적인 사실로 보기 때문이다(443c). 그렇기 때문에 플루타르코스는 설사 모든 정념을 제거하는 것이 가능하다 할지라도, 그것이 인간을 더 낮게 만들지는 않는다고 생각한다. 왜냐하면 감정이 정말로 제거된다면, 이성은 너무 비활동적이고 둔해지기 때문이다(ἀργότερος ὁ λόγος καὶ ὁμβλύτερος, 452b). 이성은 대부분의 경우에 비이성적인 부분의 참여가 없이는 비활동적이기 때문이나(ἀργός, 452b). 비이성적인 것과의 분리는 이익도 안되고, 이성 자체가 작동될 수도 없다는 것이다. 그러면 어떻게 영혼의 비이성적인 부분이 이성에 복종하고 이성을 사용할 수 있을까(ἐπιστασίᾳ τινὶ χρώμενον, 440d)? 무엇이 비이성적인 부분을 이성에 복종하게 만드는가(λόγου ὑπήκοον,42ξ)? 그것은 플루타르코스에 따르면 비이성적인 부분은 좀 더 우월한 요소에 대한 어떤 욕구를 가진다는 것이다. 가난의 여신 페니스(Penis)가 풍요의 신 포로스(Poros)에 대한 욕구를 가지는 것과 같다(374d). 이와 관련한 보다 자세한 논의는 B. Castelnerac, "Plutarch's Psychology of Moral Virtue: Pathos, Logos, and the Unity of Soul", *Ancient Philosophy*, 27, 2007, pp. 141 이하 참조.

제8장
에피쿠로스학파의 분노 치료와 아타락시아
: 필로데모스를 중심으로

1. 에피쿠로스학파의 아타락시아와 분노 치료

아리스토텔레스와 스토아학파가 그런 것처럼 에피쿠로스학파 역시 인간이 추구하는 최고의 목적을 행복(εὐδαιμονία)이라고 말한다. 그러면 아리스토텔레스가 잘 살고(εὖ ζῆν) 잘 행위하는 것(εὖ πράττειν)을 행복의 개념으로, 또 스토아학파가 아파테이아(ἀπάθεια)를 최고선 (summum bonum)으로 정의하는 것에 비해, 에피쿠로스는 행복을 어떻게 정의하고 있는가? 에피쿠로스학파는 최고의 행복을 "아타락시아" (ἀταραξία)와 "아포니아"(ἀπονία)로 부른다. 아타락시아는 말 그대로 "부동심"(ἀταραχή)으로서 모든 고통으로부터 자유로운 '평정심'의 상태라고 말할 수 있다. 아포니아는 '고통이 없는'(ἀπόνος)의 의미를 가지며, 이것은 "육체적인 고통을 느끼지 않으며, 그래서 영혼의 동요가 없는 상태"(τὸ μήτε᾽ αλγεῖν κατὰ σῶμα μήτε ταράττεσθαι κατὰ ψυχήν)[1]라고 말할 수 있다.

이런 관점에서 볼 때 에피쿠로스학파의 행복론은 그것이 정신적인 것이든 육체적인 것이든 '쾌락은 추구하고 고통은 피하라'는 쾌락주의적 철학 원리에 근거하고 있다고 말할 수 있다.[2] 즉 "쾌락이 우리가 추구하는 삶의 시작이자 목적이 되는 것이다".(διὰ τοῦτο τὴν ἡδονὴν ἀρχὴν καὶ τέλος λέγομεν εἶναι τοῦ μακαρίως ζῆν)[3] 에피쿠로스는 특히 아타락시아와 아포니아를 쾌락 중에서도 "정적 쾌락"(καταστηματικὴ ἡδονή)[4]이라 말한다. 정적 쾌락은 어떤 적극적인 자극에서 기인하는 육체적 또는 정신적인 모든 쾌락을 포함하는 "동적 쾌락"(ἡδονή κατὰ κίνησιν) 보다 더 큰 최고의 행복이 된다고 말할 수 있다.[5] 그러면 에피쿠로스학파의 쾌락주의적 행복론은 분노와 어떤 관

---

1) Epikouros, *Ep*. Men., 131.

2) 어린아이는 태어날 때부터 자신의 쾌락을 추구하지 고통을 추구하지는 않는 다는 "유아논증"(cradle argument)이 말해주듯 에피쿠로스학파는 인간 본성은 기본적으로 쾌락을 추구하고 고통은 피하는 것으로 이해하는 것이다.

3) Epikouros, *Ep*. Men., 128. *KD*, 3. *DL*, 10.136. Cicero, *Fin*, 2.9.

4) *DL*, 10.136.

5) 동적 쾌락은 특히 육체적, 정신적인 결여상태에서 그것이 충족되는 과정에서 갖게 되는 쾌락이라고 말할 수 있다(Cicero, *Fin*, 1.37). 중요한 것은 에피쿠로스학파가 이전의 퀴레네학파처럼 극단적인 육체적 쾌락만을 주장하는 것이 아니라는 점이다. 이것은 에피쿠로스학파가 쾌락을 정적 쾌락과 동적 쾌락으로 구분하여 이해하는 것을 통해서도 알 수 있다(*DL*, 10.136; Cicero, *Fin*, 2.9). 중요한 것은 에피쿠로스학파에게 있어 동적 쾌락보다는 정적 쾌락이, 그리고 육체적인 측면에서의 정적 쾌락보다는 정신적인 정적 쾌락이 더 중요한 가치를 갖는 쾌락이며 이것에 의해 참된 행복실현이 가능한 것으로 이해할 수 있다(*DL*, 10.136. *Ep*. Men., 131). 에피쿠로스 자신이 육체적인 고통이 심한 상태에서 과거의 친애를 공유했던 제자들과의 아름다운 시절을 기억하면서 기쁨으로 임종을 맞이한 예는 정신적인 정적 쾌락으로서의 아타락시아가 최고선(summum bonum)이 되는 행복임을 알 수 있게 해준다. 그러나

련을 갖는 것으로 볼 수 있을까?

이와 관련하여 무엇보다 에피쿠로스학파가 철학을 '영혼의 건강'을 위한 의술에 비유한다는 점이 고려될 필요가 있다. 그래서 오이노안다의 디오게네스(Diogenes of Oinoanda)는 "공통의 질병으로부터 구원의 의술"[6]이 철학이라고 말한다. 에피쿠로스는 육체의 건강처럼 "영혼의 건강"(τὸ κατὰ ψυχὴν ὑγιαῖνον)[7]이 중요함을 강조한다. 그런데 에피쿠로스학파에게서 이러한 영혼의 건강을 방해하여 영혼을 병들게 할 수 있는 것이 공포나 질투 그리고 분노와 같은 정념들이다. 특히 분노라는 정념은 파괴적이며 폭력적인 광기적 특성을 보이는 영혼의 질병으로 간주되며, 그렇기 때문에 치료의 대상이 되는 정념이다. 그래서 스토아학파의 세네카에 따르면 에피쿠로스는 "통제되지 않은 분노는 미치게 만든다"(inmodicum ira gignit insaniam)[8]고 말했다고 한다. 결국 분노는 공포나 광기적 사랑 또는 질투의 정념처럼 최고선으로서의 행복, 즉 영혼의 아타락시아를 실현하지 못하게 하는 부정적 정념이 된다고 말할 수 있다.

그런데 앞으로의 논의를 통해 밝혀지겠지만 흥미로운 사실은 분노에 관한 중요한 언급을 하고 있는 기원후 1세기의 에피쿠로스학파의 철학자인 필로데모스(Philodemos)가 분노 자체는 악이지만 그것이 행

또한 간과하지 말아야 할 것은 에피쿠로스가 동적 쾌락 역시 부정하지 않고 있다는 점이다. 이와 관련해선 J. S. Purinton, "Epicurus on the telos", *Phronesis*, vol. 38, 1993, pp. 281~320 참조.

6) Philodemos, *de ira*, IV. 3~VI. 14.

7) *DL*, 10, 122.

8) Seneca, *Ep*, 18.14.

위자의 "성향"(διαθέσις)과 관련해서는 "선"(ἀγαθόν)이 될 수 있음을 인정하고 있다는 사실이다.[9] 뒤에서 자세히 다루어지겠지만 에피쿠로스 자신이 종종 화를 냈다는 보고[10]나, 제자들을 가르치는 데 있어 분노의 순기능이 가능하다는 언급[11]들은 에피쿠로스학파의 분노론이 스토아의 극단적인 분노 부정론과는 다른 각도에서 이해될 필요가 있음을 말해준다. 과연 에피쿠로스학파의 분노에 대한 기본적인 입장은 어떤 것으로 볼 수 있을까? 그들은 페리파토스학파(οἱ Περιπατοί)와 스토아학파(οἱ Στοικοί)의 분노 치료와 비교하여 분노에 대한 보다 체계적이며 적합한 방책을 제시하는 것으로 볼 수 있을까? 나는 아래에서 필로데모스의 분노에 대한 견해를 통해 이러한 물음들에 가능한 답을 찾을 것이다. 이를 위해 먼저 에피쿠로스학파의 분노론의 근거가 되는 전승된 자료가 어떤 것이 있는지를 간단하게 살펴보고, 다음으로 분노론의 주요 텍스트적 근거가 되는 필로데모스의 분노론을 분석하여 분노와 관련된 문제들이 무엇이고, 이러한 문제들에 그가 어떻게 대응하고 있는지를 고찰할 것이다.

2. 분노의 텍스트적 근거

에피쿠로스학파의 분노론에 대한 이해를 가능케 해주는 지금까지

---

9) Philodemos, *de ira*, XXXVII. 25~32.

10) Philodemos, *de ira*, XXXV. 35.18~XXXVI. 6 참조.

11) Philodemos, *de ira*, XXXIII. 41~XXXVI. 23 참조.

전승되고 있는 주요 텍스트는 세 철학자의 작품을 들 수 있다. 하나는 에피쿠로스학파 철학자인 루크레티우스(Lucretius)의 『사물 본성론』(De rerum natura) 3권 258행부터 322행까지의 언급이고, 두 번째는 앞서 살펴본 스토아학파 철학자인 세네카(Seneca)의 『분노론』(de ira)에 나타난 에피쿠로스에 관한 언급으로 추정할 수 있는 전언이 그것이다. 그리고 마지막으로 아래에서 본격적으로 다루게 될 에피쿠로스학파 철학자인 필로데모스의 분노론(Papyri Herculanei)이 여기에 속한다. 이 세 작품 중 에피쿠로스와 그 추종자들의 분노론에 관한 루크레티우스와 세네카의 보고는 사실상 그 내용이 빈약하다. 본 저술에서 필로데모스의 분노론에 초점을 맞추어 에피쿠로스학파의 분노론을 접근할 수밖에 없는 이유도 이와 무관하지 않다. 그렇지만 필로데모스의 분노론에 관한 본격적인 논의를 시작하기 전에 앞의 두 철학자의 견해를 간단하게 살펴보도록 하겠다.

먼저 루크레티우스는 『자연 본성론』 3권 258~322행에서 영혼에 대한 분석을 통해 분노에 대한 설명을 시도한다. 그에 따르면 우리의 영혼은 공기와 바람, 열 그리고 감각과 사고에 있어 중요한 역할을 하는 이름이 없는 "네 번째 요소"(quarta natura)의 합성으로 이루어져 있다.[12] 그리고 그에 따르면 우리가 화가 날 때 우리의 영혼은 더 많은 열을 갖는다. 따라서 쉽게 열이 올라 분노하는 사람은 일반적으로 그들의 영혼 속에 그에 비례해서 더 많은 열을 갖고 있다.[13] 루크레티우스는 이처럼 가슴속에 열을 많이 가진 사람은 마치 광포한 사자가 포효함으

---

12) Lucretius, *De rerum natura*, 3.244~3.287 참조.
13) Lucretius, *De rerum natura*, 3.288 이하 참조.

로써 가슴을 터뜨리듯이, 분노의 물결을 가슴속에 잡아 두질 못한다고 말한다.[14] 그런데 루크레티우스는 이러한 기질적인 성향은 "나쁜 것"(mala)이지만, 그것들을 완전히 모두 제거할 수는 없고 다만 그것을 줄일 수는 있는 것이라고 말한다.[15] 분노 역시 하나의 정념으로서 이성이 그것을 완전히 통제할 수는 없고 단지 그것이 주는 영향력을 최소화시킬 수 있다는 것이다.

그런데 여기서 우리는 한 가지 물음을 제기할 수 있는데, 그것은 루크레티우스가 이성이 영혼 내의 "구성"(σύστασις)을 변경할 수 있는 것으로 보고 있는데, 그렇다면 '이성은 왜 영혼의 요소들의 구성 변경을 통해 분노와 같은 욕구의 제거를 완전하게 수행할 수 없는가' 하는 것이다.[16] 이에 대해 루크레티우스는 더 이상의 설명을 하지 않았다. 한 가지 가능한 추정은 루크레티우스가 분노 자체의 완전한 제거가능성이 반드시 좋은 것만은 아니라고 생각했을 가능성이다. 이것은 그가 극단적인 분노의 표출 역시 악이지만 상황에 너무 둔하게 반응하여 지나친 태연함을 보이는 것 역시 "악"(malum)으로 간주했을 가능성이 있기 때문이다.[17] 극단적인 분노를 표출하는 사자 같은 사람뿐만 아니라 너무 분노에 둔감한 소 같은 사람도 문제가 있다는 것이다. 분노해야만

---

14) Lucretius, *De rerum natura*, 3.295~3.298.

15) D. P. Fowler, "Epicurean anger", *The Passions in Roman Thought and Literature*, S. M. Braund and C. Gill(eds.), Cambridge Univ. Press, 1997, p. 20. J. Procope, "Epicureans on Anger", *The Emotions in Hellenistic Philosophy*, J. Sihvola and T. Engberg-Pedersen(eds.), Kluwer Academic Publishers, Nederlands, 1998, p. 173 참조.

16) D. P. Fowler, 1997, p. 20.

17) J. Procope, 1998, p. 173.

할 때 너무 유한 것도 결점이 된다는 것이다.

다음으로 분노에 관한 에피쿠로스의 견해를 알 수 있는 자료는 이미 앞에서 살펴본 세네카의 『분노론』(de ira)이다. 세네카는 자신의 엄격한 반(反)분노론의 입장에서 에피쿠로스학파를 포함한 다른 견해를 제시하는 철학자들에 대한 신랄한 비판을 제기하지만, 실상 에피쿠로스학파의 분노에 대한 설명은 극히 제한적으로만 다루어지고 있다는 점에서 한계가 있다.

상술한 두 철학자에 비해 기원후 1세기의 에피쿠로스학파 철학자인 필로데모스는 분노에 관한 체계적인 철학적 논의를 하고 있다. 18세기 이탈리아의 동굴에서 발견된 『헤르쿨라네움 파피루스』(Herculaneum Papyri) 본은 부분적으로 소실된 알파벳으로 인해 완전한 판독이 어려운 것은 사실이다. 그러나 분노에 관한 필로데모스의 견해를 이해하기가 불가능할 정도는 아니라는 점에서 에피쿠로스학파의 분노론을 이해할 수 있게 해주는 가치 있는 자료라고 판단된다. 지금까지 이 판본에 관한 해독과 번역이 있어왔는데, 곰페르츠(Gomperz)와 윌키스(Wilkes)에 의해,[18] 그리고 인델리(Indelli)에 의해 이루어졌다. 많은 학자들이 인델리의 편집본을 통해 필로데모스의 분노론을 이해하고자 하는 경향성을 보이는 것으로 생각되며, 이 글에서도 역시 인델리의 편집본을 토대로 필로데모스의 분노론을 고찰할 것이다.[19]

---

18) T. Gomperz, *Philodemi Epicurei De ira liber*, Leipzig, 1864. K. Wilke, *Philodemi Epicurei De ira liber*, Leipzig, 1914.

19) Giovanni Indelli, *Filodemo: L'ira edizione, traduzione e commento*, Naples, 1988. 필자가 연구년 기간 동안 하버드 대학교 와이드너 도서관에서 이 자료를 볼 수 있었던 것은 본 저술의 완성에 큰 도움이 되었다.

3. 필로데모스에 따른 분노론
: 분노의 두 종류와 세 개의 에피로기즈모스를 중심으로

1) 분노의 욕구와 그 특성들

필로데모스(Philodemos)는 에피쿠로스학파의 행복론을 계승하여 철학을 영혼의 질병을 치료하는 일종의 의술로 말한다. 필로데모스가 분노에 관한 유용한 철학적 논의를 시도한 목적 역시 바로 분노가 영혼의 질병을 일으키는, 그래서 인간의 행복을 방해하는 주된 정념이 되기 때문이다. 그러면 분노에 대한 필로데모스의 견해는 무엇인가? 무엇보다 필로데모스가 분노를 어떻게 정의(definition)하는지를 알아보는 것이 자연스런 접근이 될 것 같다. 그러나 헤르쿨라네움에서 발견된 필로데모스의 파피루스에서 우리는 필로데모스의 분노에 관한 명확한 정의를 찾기 어렵다. 다만 『분노론』의 여러 곳에서 필로데모스는 분노를 '누군가가 의도적으로 부정의하게 자기 자신이나 친구들을 해(害)하려고 하거나 해를 입혔다는 믿음에 의해 야기된 복수나 처벌의 욕구'로 보고 있다는 점은 확인된다. 이러한 분노의 정의는 앞에서 살펴본 아리스토텔레스나 세네카의 분노에 대한 정의와 다르지 않다. 그러나 나는 '필로데모스가 분노를 어떤 종류의 욕구(ἐπιθυμία)로 보고 있는가' 하는 것은 보다 면밀하게 검토될 필요가 있다고 생각한다. 잘 알려진 것처럼 에피쿠로스학파에게서 욕구는 여러 종류로 세분되고 있는데, 분노의 욕구가 어떤 종류의 욕구에 해당되는지는 분노에 대한 평가와 관련하여 중요한 단서가 될 수 있기 때문이다.

에피쿠로스학파에 대한 보고를 하고 있는 『주요 교설들』(Kyriai doxai)과 『메노이케오스에 대한 서한』(Epistula ad Menoeceum)에 따르면 욕구의 종류는 다음과 같이 세분된다.

욕구들 중에, 어떤 것들은 자연적인 것이며 필수적인 것이고, 어떤 것들은 자연적이지만 필수적인 것은 아니다. 다른 것들은 자연적이지도 필수적인 것도 아니며, 헛된 믿음에서 오는 것이다.[20]

우리의 욕구들 중 어떤 것들은 자연적이고 다른 것들은 헛된 것이다. 자연적인 것들 중 어떤 것들은 필수적인 것이고, 어떤 것들은 단지 자연적이다. 필수적인 것 중 어떤 것들은 단지 행복을 위해 필요한 것이고, 다른 것들은 육체적 불편함으로부터의 자유를 위한 것이고, 다른 것들은 삶 그 자체를 위해 필요한 것이다.[21]

위의 두 인용문을 통해 우리는 에피쿠로스에게서 욕구는 기본적으로 "자연적 욕구"(φυσικὴ ἐπιθυμία)와 "헛된 욕구"(κενὴ ἐπιθυμία)로 대별된다고 말할 수 있다. 그리고 이 중 앞의 자연적 욕구는 다시 "필수적인 것"(ἀναγκαῖαι)과 필수적이지 않은 것으로 구분된다. 따라서 에피쿠로스학파에 따르면 인간의 욕구는 자연적이며 필수적인 욕구, 자연적이지만 필수적이지 않은 욕구, 그리고 자연적이지도 필수적

---

20) *KD*, 29.
21) Epikouros, *Ep*, Men., 127~128.

이지도 않은 욕구, 이렇게 세 종류의 욕구로 세분됨을 알 수 있다.[22] 이 중 에피쿠로스학파가 추구하는 욕구는 '자연적이며 필수적인 욕구'라고 말할 수 있다. 자연적이며 필수적인 욕구는 기본적인 육체적 고통이나 정신적 고통을 제거하고 정적 쾌락으로서의 아타락시아와 아포니아를 실현시켜줄 수 있는 욕구의 유형이라 말할 수 있다. 이것은 에피쿠로스학파의 욕구에 관한 보고를 하고 있는 다른 철학자들에 의해서도 확인된다. 예를 들어 2세기의 에피쿠로스주의자인 오이노안다의 디오게네스(Diogenes of Oinoanda)는 "자연적인 경계를 넘어서는 욕구들을 모든 악의 근원(ρίζα)이 되는 것"으로 말한다.[23] 또한 "우리는 공포 때문이거나 또는 제한되지 않고 헛된 욕구 때문에 행복하지 못하다"[24]는 말 역시 헛된 욕구와 행복의 길항관계를 알 수 있게 한다. 이것은 곧 욕구에 대한 분류가 분노의 감정에도 그대로 적용될 수 있음을 의미한다. 분노의 감정이 욕구와 동일한 것은 아니지만 욕구를 포함하는 것으

---

22) 자연적 욕구는 육체적인 고통의 상태에서 욕구되는 것이라고 말할 수 있다. 예를 들어 배고픔이나 추위 또는 성적 본능이 이러한 것들이다. 이러한 것들은 자연적이며 필수적인 욕구들이라고 말할 수 있다. 왜냐하면 이러한 것들이 충족되지 않으면 고통이 그대로 남아있기 때문이다. 그러나 자연적이지만 필수적이지 않은 욕구도 있다. 예를 들어 값비싼 음식이나 호사스런 옷 같은 것들이다. 다음으로 자연적이지도 필수적이지도 않은 것들이 있다. 그러한 것은 명예나 권력 등과 같은 것이다. 그리고 필수적인가 필수적이지 않은가는 욕구가 충족되지 않았을 때 고통을 느끼면 필수적인 것으로, 그 반대로 고통을 느끼지 않으면 필수적이지 않은 것으로 볼 수 있다(KD, 26, 29, 30. Epikouros, Ep. Men., 130~131. DL, 10.149). 에피쿠로스의 욕구 분류 기준에 대한 논란과 관련해선 J. Annas, "Epicurean Emotions", Greek, Roman and Byzantine Studies, vol. 30/2, 1989, pp. 149~153 참조.

23) Fr. 34.7.1~34.7.9. M. F. Smith, Diogenes of Oinoanda: The Epicurean Inscription, Naples, 1993. Cicero, Fin, I. 19.62.

24) H. Usener, Epicurea, 485.

로 볼 수 있기 때문이다.[25] 그러면 분노의 욕구는 어떤 종류의 욕구로 볼 수 있을까? 이 물음에 대한 답은 뒤에서 다루게 될 필로데모스의 자연적 분노 옹호론에 관한 본격적인 논의 속에서 자연적으로 밝혀지게 될 것이다. 일단은 『분노론』에 나타나는 분노의 특성과 양태들에 관한 필로데모스의 견해를 살펴보도록 하겠다.

일단 『분노론』 전반부에 걸쳐 기술되고 있는 분노의 다양한 증상들과 결과들을 고려할 때 분노는 긍정적인 욕구의 종류로 보기 어려운 것으로 보인다. 이곳에서 필로데모스는 분노를 기본적으로 악이며, 바람직하지 않은 정념으로 볼 수 있는 다양한 특성들을 언급하고 있기 때문이다. 무엇보다 필로데모스에 따르면 분노의 발생은 조급함이나 성급함 또는 관용이 없고, 야만적이고 가혹한 성향(διαθέσις)[26]에서 비롯한다. 그래서 그는 분노를 울부짖는 사자로 비유하면서 그것은 만족을 모르고 어떤 값을 치루더라도 얻고자 하는 탐욕스런 욕구로 말한다.[27] 그리고 그는 이와 같이 성급한 사람의 분노를 "잘못된 의견"(ψευδοδοξία)[28]에서 결과하는 것으로 말한다. 이러한 잘못된 헛된 판단은 오만함, 헛된 명예, 잔인성 그리고 부정의와 관련되어 있다.[29] 그래서 필로데모스는 분노를 노예적인 영혼 속에서 발생하는 기본적으

---

25) J. Annas, 1989, p. 153.

26) Philodemos, *de ira*, XXVII. 21

27) Philodemos, *de ira*, XXVII. 28~XXVII. 32 참고. VIII. 20~VIII. 27.

28) Philodemos, *de ira*, VI. 14~VI. 15

29) 필로데모스에 따르면 분노하는 사람은 분노 속에서 자신을 멋있는 대단한 신으로 또는 명예를 위하여 복수를 추구하는 영웅으로 상상한다는 것이다(Philodemos, *de ira*, XIV. 1~XIV. 6, XXVIII. 5~XXVIII. 40).

로 비이성적인 상태[30]이며, 이성의 작용을 무디게 하고, 미친 것에 비유할 수 있다고 말한다.[31] 필로데모스가 드는 탐욕스런 페니키안에 관한 희극 이야기가 분노로 인한 어리석은 결과를 잘 말해준다. 그것은 보잘 것 없는 동전(ἀργύριον)을 잃어버린 것에 화가 나서 배에 실고 있던 모든 것(τὸ πᾶν)을 바다로 집어던지게 하고, 배에 싣고 있는 모든 동전을 세도록 한 어리석은 자의 극단적인 분노의 단적인 한 예를 보여주기 때문이다.[32] 필로데모스는 또한 분노로 가족이나 친구 또는 아이들 또는 이웃과 상호적인 소통이나 친교가 불가능하게 된 나쁜 결과들을 지적한다. 더 나아가 분노는 학생들로 하여금 이성적인 철학적 토론을 불가능하게 만들고 그래서 지적이며 도덕적인 공동의 교육을 실현하기 어렵게 만든다고 진단한다.[33] 이런 이유로 필로데모스는 분노는 악이고 영혼의 도덕적 질병이기 때문에 그것을 제거해야 한다고 말한다.

그러면 필로데모스는 우리가 어떻게 분노를 제거할 수 있다고 말하는가? 필로데모스가 분노를 제거하기 위한 효과적인 방법으로 제시하는 것이 소위 '눈앞에 분노를 펼쳐 떠올리게 하는 기술'(technique of setting(placing)-before-the person's eyes)이다.[34] 필로데모스가 에피쿠로스의 윤리적 질병 치료의 기술로 제시하는 이 방법은 분노와 같은 특정한 정념이나 악이 가져올 나쁜 것들을 전혀 모르고 있는 환자에

---

30) Philodemos, *de ira*, XXI. 5~XXI. 6.
31) Philodemos, *de ira*, X. 19~X. 26, XII. 20~XII. 22. XVI. 34~XVI. 40.
32) Philodemos, *de ira*, XV. 12~XV. 30.
33) Philodemos, *de ira*, XIX. 25~XX. 2.
34) Philodemos, *de ira*, IV. 4~IV. 19.

게 그러한 질병이 야기할 수 있는 가능한 모든 결과들을 생생하게 기술하여 열거하는 것이다. 다시 말해 화가 난 사람의 영혼에 인상이나 그림을 만드는 특별한 기술이라 말할 수 있다. 그래서 분노한 자로 하여금 분노로 인해 파생되는 악을 보게 하고, 그러한 감정을 피하고자 느끼도록 하여, 그것을 제거하고자 하는 바람을 형성하도록 하는 것이다. 그리고 이러한 영혼의 치료를 통해 영혼을 구제하여 아타락시아를 실현할 수 있다는 것이 에피쿠로스학파가 주창하는 것이라고 말할 수 있다.[35]

상술한 분노에 관한 필로데모스의 부정적인 묘사는 "신들은 분노하지도 기뻐하지도(gratitude) 않는다"[36]는 에피쿠로스의 말과 기본적으로 일치되는 것으로 생각된다. 분노의 정념은 신과 같은 완벽한 존재의 속성이 결코 될 수 없기 때문이다. 이 말은 결국 신이 아닌 존재, 즉 인간과 같은 열등한 존재들만이 분노나 기쁨과 같은 정념을 느낀다는 것으로 이해할 수 있다. 그러면 신은 아니지만 에피쿠로스가 인간의 완벽

---

35) 모든 에피쿠로스학파의 철학자들이 이러한 치료술에 동의하는 것은 아니다. 예를 들어 티마사고라스(Timasagoras)는 에피쿠로스와 필로데모스의 환자의 치료술에 반대 입장을 견지한다. 티마사고라스는 눈앞에 악을 생생하게 묘사하거나 세팅하는 기술은 어리석고, 치료적 가치가 전혀 없음을 주장한다. 그에 따르면 치료는 이성적인 설득 자체만으로 수행되어야 한다(IV. 9~IV. 12). 도덕적 치료주의자들은 생생한 묘사가 아니라 논증을 이용해야 한다는 것이다(VII. 7~VII. 8, VII. 7~VII. 9). 티마사고라스에 따르면, 그렇기 때문에, 감정의 치료는 예방적이어야만 하지, 교정적이어서는 안 된다(VII. 5~VII. 6). 이와 달리 필로데모스는 이성적인 논증만으로 충분치 않고 영혼의 눈에 그 정념의 크기와 결과를 보게 하는 것이 중요하다(VI. 19~VI. 20). 이에 관한 보다 자세한 설명은 Voula Tsouna, *The Ethics of Philodemus*, Oxford Univ. Press, 2007, pp. 206~209 참조.

36) *KD*, 1.

한 전형으로 제시하는 현자(σόφος)의 경우는 어떠한가? 흥미로운 점은 아래에서 자세히 살펴보겠지만 필로데모스가 에피쿠로스와 같은 현자 역시 분노를 경험한다고 주장하고 있다는 점이다. 필로데모스에 따르면 에피쿠로스는 엄격함과 더불어 분노의 정념을 종종 표출한 것으로 평판이 났었다는 것이다.[37] 문제는 분노가 인간적인 약점의 특징으로 말해진다면, 어떻게 에피쿠로스와 같은 현자가 분노를 경험할 수 있는가의 아포리아(aporia)가 발생한다는 데 있다. 에피쿠로스학파가 말하는 현자는 불속에 있어도 고통스럽지 않고, 자족적이며, 불사적이라는 것과 일치되지 않는다는 문제점을 보여주기 때문이다. 또한 앞서 제기한 분노의 욕구 유형과 관련해서도 현자가 느끼는 분노의 욕구를 과연 '자연적이며 필수적인 욕구'로 보아야 하는지도 관련된 문제로 남는다. 아래에서 필로데모스가 제기하는 다른 학파들의 분노론에 대한 비판적 견해를 통해 이에 관한 답을 찾을 수 있을 것으로 기대한다.

2) 분노의 두 종류와 다른 학파의 이설(異說)들에 대한 비판

보통 사람들이 그렇듯이 현자도 인간인 한에서 타인에 의해 의도적으로 악행을 당할 수 있을 것이다. 이 경우에 현자는 보통 사람과 달리 고통을 느끼지 않을까? 이와 관련하여 에피쿠로스학파는 현자의 신체적 고통으로 인한 피해를 부정하지 않는다.[38] 그러나 다른 한편으로 에피쿠로스적 현자는 팔라리스(phalaris)의 황소 놋쇠에서 구워지거나 고

---

37) Philodemos, *de ira*, XXXV. 18~XXXVI. 6.
38) *DL*, 10.119. 10.22. Ep. Men., 129.

문대 위에서도 행복할 수 있다고 말해지며 그런 점에서 전혀 해(害)를 느끼지 않는 자족성을 담보하고 있는 것으로 간주된다.[39] 이와 관련하여 필로데모스는 현자가 해를 당했을 때 느끼는 분노의 성격이 어떤 의미를 갖는가에 주목해야 한다고 말한다. 다시 말해 에피쿠로스와 같은 현자가 경험하는 분노는 자연적인 종류의 분노로서 그와 같은 분노는 도덕적 완벽함과 조화될 수 있는 감정이라는 것이다. 필로데모스는 이것을 "자연적 분노"(ἡ φυσικὴ ὀργή)와 비자연적인 "헛된 분노"(ἡ κενὴ ὀργή)로서의 튀모스(θυμός)의 구별을 통해 응답한다.[40]

필로데모스에 따르면 튀모스는 오르게(ὀργή)와 지속성과 강도에 있어 다르다(καθὸ μεγέθει καὶ καθὸ ποιότητι).[41] 그렇기 때문에 현자의 분노는 자연적 분노로서의 오르게이며, 이와 달리 현자가 아닌 사람들이 표출하는 헛된 분노는 튀모스로서 양자는 구별되어야 한다. 이러한 구별에 근거하여 필로데모스는, 한편으론 현자의 자연적 분노를 인정하면서도, 다른 한편으론 현자의 헛된 분노의 표출을 부정한다. 현자도 어쩔 수 없는, 즉 인간의 한계를 넘어선 저항할 수 없는 분노로서의 '자연적 분노'가 존재하고, 이것은 영혼의 질병으로 간주되는 '헛된 분

---

39) Cicero, *Tusc*, 2.17. Cicero, *Fin*, 2.88~2.89. Epikouros, *VS*, 44, 45, 68, 77. Epikouros, *Ep*. Men., 130~131. *DL*, 10.118.

40) Philodemos, *de ira*, 37~39, 44~46. 분노에 관한 많은 단어들이 5세기에 orgē로 대체되는 경향성을 보인다. 플라톤과 아리스토텔레스는 orgē는 분노에 가깝고, 용기와 같은 기개적 부분의 분노는 thymos로 사용한다. 필로데모스는 이들과는 반대로 사용한다고 말할 수 있다. 다시 말해 orgē는 thymos보다 유한 자연적 분노의 의미를 갖는 것으로 사용되고 있다. Lactantius의 보고에 따르면 스토아학파와 에피쿠로스학파 그리고 페리파토스학파 모두 유사한 분노의 정의를 보여준다(Lactant, *De ira Dei*, 17).

41) Philodemos, *de ira*, 45.34~45.37. *KD*, 30.

노'와 다른 것으로 간주되어야 한다는 것이다. 필로데모스가 보기에 다른 철학자들의 분노에 대한 오해와 불충분한 이해는 바로 자연적 분노로서의 오르게를 헛된 분노인 튀모스와 같은 것으로 혼동한데서 기인한다. 필로데모스는 『분노론』에서 이러한 두 종류의 분노의 구별을 통해 분노에 관한 다양한 견해를 주장하는, 특히 페리파토스학파와 스토아학파 그리고 에피쿠로스학파 내의 다른 경쟁자들의 주장을 소개하고 이에 대항하는 자신의 비판적 견해를 제시한다.

일단 필로데모스는 스토아학파의 분노 "억제"(παραμυθία)에 관한 견해를 어리석은 것으로 비판한다. 스토아학파는 분노의 가치를 전혀 인정하지 않기 때문이다.[42] 다음으로 필로데모스가 특히 비판하고 있는 대상은 아리스토텔레스 철학을 계승하고 있는 페리파토스학파의 분노에 대한 견해이다. 페리파토스학파에 따르면 분노를 제거하고자 하는 것은 마치 건, 근육(sinews)을 자르고자 하는 것과 같다. 분노의 정념이 없이는 악행에 대한 처벌도, 자기 방어도 할 수 없기 때문이다.[43] 페리파토스학파에게 있어 분노는 용감하게 싸우기 위해 그리고 복수하기 위해 필요한 정념이다.[44] 그렇기 때문에 분노는 사적인 면에서나 공적인 면에서나 적합하고 정의롭고 이익이 되며 즐거운 것이라는 것이 페리파토스학파의 입장이라 말할 수 있다. 요컨대 페리파토스학파는 분노를 유용한 감정으로 간주하면서, 분노를 긍정적으로 평가

---

42) Philodemos, *de ira*, XXXI. 19, I. 12~I. 20.

43) Philodemos, *de ira*, XXXI. 28~XXXI. 32.

44) Philodemos, *de ira*, XXXII. 15~XXXII. 23, XXXII. 23~XXXII. 26.

(συνηγορία)한다고 말할 수 있다.[45] 그러면 필로데모스는 스토아학파와 페리파토스학파의 분노에 관한 주장을 어떻게 평가하고 있을까? 필로데모스의 이 두 학파의 분노론에 대한 접근 전략은 먼저 스토아학파의 분노에 대한 비판의 논증 중에서 필요한 것을 취사선택하여 페리파토스학파를 비판하는 것이다. 소위 이이제이(以夷制夷)의 전략이라고 말할 수 있다.

필로데모스는 먼저 스토아학파의 안티파테르(Antipater)로부터 선생이 화를 내지 않고 학생들을 바로 잡아주기 위해 벌주는 것을 인용한다. 필로데모스는 이와 유사한 경우를 제자의 '잘못된 것을 솔직하게 비판하여 바로 고쳐주고자 하는 파레시아(παρρησία) 정신'을 통해 말한다. 이를 위해 필로데모스가 우선적으로 비판하는 것이 페리파토스학파의 분노 유용성 주장이다.[46] 페리파토스학파에 따르면 분노는 자기 자신을 방어하기 위해서나 또는 전투에서 용감하게 싸우기 위해 필요한 감정이다. 그러나 우리가 앞에서 살펴본 세네카의 분노의 유용성에 대한 비판처럼, 필로데모스는 분노가 없이도 전장에서 용감하게 싸워 적을 패퇴시킬 수 있다고 생각한다. 오히려 "분노를 갖고"(μετ' ὀργῆς)[47] 싸우기 때문에 해를 입을 수 있다는 것이다. 분노한 병사의 영혼은 이성적 판단력이 약하며, 그로 인해 장군의 말을 신중하게 듣지 못하거나, 또는 인내와 기백보다는 경솔함과 불복종적인 태도를 보임

---

45) Seneca, *de ira* 3.3.1. 키케로에 따르면 페리파토스학파는 분노를 전쟁의 승리를 위해 그리고 일반적으로 용기 있는 행동을 위한 필요조건이 되는 것으로 본다(Cicero, *Tusc*, 4.19.43, 4.21.48).

46) Voula Tsouna, 2007, p. 219 참조.

47) Philodemos, *de ira*, XXXII. 39.

으로써 결국 모든 종류의 해와 고통을 당할 수 있기 때문이다.[48] 플라톤이 말하는 것처럼 기개적 분노가 용기의 필요조건은 될지 몰라도 용기의 충분조건은 아니라는 것이다. 오히려 참된 덕으로서의 용기는 이성을 통해 가능하기 때문이다. 이런 이유로 필로데모스는 말 조련사가 얼마든지 말들을 아끼면서 훈련시킬 수 있듯이, 문법 선생이 분노하지 않고 제자들을 혼내줄 수 있다고 말한다.[49] 이처럼 필로데모스는 분노의 불필요성을 주장하는 스토아학파의 입장을 통해 분노의 유용성을 주장하는 페리파토스학파의 주장이 근거가 없음을 논증한다.[50]

그런데 여기서 제기되는 물음은 '실제로 화를 내지 않으면서(ἀοργήτος)[51] 교육시키고 처벌한다는 것을 어떻게 이해할 수 있는가' 하는 것이다. 이 물음을 검토하는 것은 필요한데, 그것은 필로데모스의 이에 대한 응답이 스토아학파의 철저한 '분노 무용(無用)론'과는 다른 입장을 보여주기 때문이다. 이 물음과 관련하여 우선 필로데모스는 실질적으로 분노하지 않으면서 벌주는 사람은 분노하는 사람의 양태를 보이지만, 그 분노는 그 사람의 "성향"(διάθεσις)에서 기인한 것이 아니기 때문에 일시적이며 심하지 않은 것으로 말한다.[52] 다시 말해 현자의 분노는 보통 사람의 분노와 표면적으론 유사한 것으로 보이지만 본질적으로 분노의 성격 자체가 다르다는 것이다. 예를 들어 가르침의 경우 현자는 제자의 올바르지 못함을 솔직하게 비판하고, 심지어 벌주

---

48) Philodemos, de ira, XXXII. 39~XXXIII. 7, XXXIII. 25~XXXIII. 8, XXXIII. 28~XXXIII. 34.
49) Philodemos, de ira, XXXIII. 41 이하 참조.
50) Philodemos, de ira, XXXIII. 34~XXXIII. 40.
51) Philodemos, de ira, XXXIV. 16.
52) Philodemos, de ira, XXXIV. 32~XXXIV. 6.

지만 이때의 현자의 분노의 동기는 제자들에 대한 사랑에서 비롯된 것이다.[53] 그렇기 때문에 이러한 현자의 제자에 대한 비판과 처벌이 다른 사람들의 눈에는 현자가 오히려 분노하는 것으로 비추어지고, 그래서 사람들에 의해 현자가 심지어 미움을 받을 수 있지만, 실상은 이때의 현자의 분노는 그 성격 자체가 다른 것으로 이해되어야 하는 것이다. 필로데모스가 생각하기에 현자가 표출하는 이러한 분노는 헛된 분노가 아니라 자연적 분노이기 때문이다. 현자는 자연적 분노를 통해 자신의 제자들이나 친구들을 벌주고 "비판적인 솔직한 말"(παρρησία)을 행사하는 것이다.[54]

상술한 것처럼 필로데모스는 분노의 두 종류를 통해 스토아학파와 페리파토스학파의 분노론에 대한 비판적 분석을 행한다. 그는 분노의 완전한 제거를 통해 삶의 위안을 주려는 스토아학파의 주장은 인간이 겪을 수밖에 없는 분노의 불가피성을 간과한다는 점에서 비현실적인 측면이 있다고 본다. 마찬가지로 그는 분노를 권장하거나 고무시키는 페리파토스학파 역시 분노가 갖는 역기능의 측면을 간과하고 있다는 점에서 문제가 있는 것으로 비판한다. 요컨대 필로데모스가 보기에 스토아학파는 헛된 분노와는 다른 자연적 분노까지 모두 부정한다는 점에서 문제가 있고, 페리파토스학파는 그 반대로 헛된 분노의 잘못된 영향력을 과소평가한다는 점에서 문제가 있는 것으로 본다고 정리할 수 있다.

그러나 필로데모스의 분노론이 과연 페리파토스학파와 스토아학파

---

53) Philodemos, *de ira*, XXXV. 17~XXXV. 21.
54) Philodemos, *de ira*, XXXVI. 17~XXXVI. 23.

를 조화시키는 '중용의 분노론'으로 평가될 수 있는지는 아직까지 분명하지 않다. 다음과 같은 아포리아가 발생할 수 있기 때문이다. 무엇보다 필로데모스는 '분노를 기본적으로 악으로 규정하면서 현자의 자연적 분노를 인정하고 있는데, 그렇다면 현자의 분노는 악이 아닌 선한 욕구로 보아야 하는가'의 문제다. 위에서 말한 것처럼 필로데모스는 현자도 해를 당할 수 있고, 그로 인해 현자 역시 분노할 수 있음을 부정하지 않는다. 그리고 그는 페리파토스학파와 스토아학파의 분노론에 대한 비판을 통해 분노 자체는 분명 나쁜 것임에도 불구하고, 현자가 보이는 분노는 자연적 분노로서 "불가피한"(ἀνέκφευκτον) 것으로 주장한다.[55] 그렇다면 '피할 수 없다'는 의미에서의 분노의 자연성은 분노를 악이 아닌 선으로 볼 수 있게 하는 여지를 주는 것으로 생각된다. 이것은 필로데모스의 현자의 '자연적인 분노 옹호론'이 아직까지 치밀한 논증을 통해 뒷받침되고 있지 않은 데서 발생하는 혼란으로 보인다. 필로데모스는 이러한 문제점을 인식하고 있었던 것으로 보이며, 이것에 관한 중요한 단서를 우리는 아래의 인용문에서 발견할 수 있다.

(분노)라는 말에 의해(κατὰ φωνήν) 발생하는 잘못된 어떤 종류의 추론

---

55) 필로데모스는 현자의 약함을 부정하지는 않는다. 그것은 인간본성이 신의 본성과 다르며, 죽음과 고통에 민감한 본성을 갖고 있기 때문이다. 디오게네스 라에르티우스가 말하는 것처럼 두 종류의 행복이 있는데, 하나는 신이 누릴 수 있는 최고의(ἀκροτάτη) 행복과 다른 하나는 쾌락의 증감과 조화되는 행복이 그것이다. 현자의 행복은 인간으로서 고통과 죽음에 반응하지 않을 수 없는 유형의 것이다. 여기서 ataraxia와 aponia적 행복이 가능한 것이다. 다만 여기서 육체적 고통은 현자의 행복과 일반적 평정심을 파괴하기에 충분치 않다는 것이다 (Philodemos, de ira, XLII. 7~XLII. 11 참조).

이 있을 수 있기 때문에, 우리는 (분노가 좋은 것인지 또는 악한 것인지와 관련해서) 어떤 단적인 선언을 해서는 안 된다. 그 대신에 우리는 정념(πά θος) 그 자체가 분리되어 취해진 경우, 그것이 고통스러운 것이거나 고통에 가까운 것이기 때문에 악이 되는 것으로 주장한다. 반면에 우리는 그 것이 성향과 결합되어(συνπλοκήν τῆι διαθέσει) 취해진다면 선(ἀ γαθόν)으로 불릴 수 있는 것으로 생각한다. 왜냐하면 그것은 사물의 본성에 대한 이해, 그리고 불이익에 대한 측정과 해를 끼친 자에 대한 처벌에 있어 잘못된 판단(ψευδοδόξειν)을 하지 않는 것에 근거하고 있기 때문이다. 그래서 헛된 분노가 철저하게 타락한(παμπόνηρος) 성향에서 기인하고, 그로인해 수많은 문제를 발생시키기 때문에 우리가 헛된 분노 (κενὴ ὀργή)를 악으로 부르는 것과 같은 방식으로, 우리는 자연적 분노 (φυσικὴ ὀργή)를 악이 아니라고 불러야만 한다.[56]

위 인용문에서 필로데모스의 기본적인 입장은 분노를 단적으로 선이나 또는 악으로 규정해서는 안된다는 것이다. 페리파토스학파처럼 분노를 지나치게 긍정적으로 평가하는 것도, 또 스토아학파처럼 분노를 단적으로 악으로 규정하는 것, 이 양자의 입장 모두 분노에 대한 올바른 이해가 아니라는 것이다. 필로데모스는 에피쿠로스학파의 분노론이 일의적(一義的)으로 이해되는 것을 거부하고 두 학파 사이에서 분노의 적절한 위상을 찾으려고 하는 것으로 보인다. 그러면 필로데모스가 자신의 주장을 정당화하기 위해 사용하는 이론적 근거는 무엇인가? 인

---

56) Philodemos, *de ira*, XXXVII~XXXVIII.

용문에서 필로데모스는 그것을 분노 그 자체만 보면 악이지만, 그것을 행위주체의 영혼의 "성향"(διάθεσις)과 관련시켜 보면 선이 될 수도 있다는 것에서 찾는다. 다시 말해 대상이나 사태 자체에 대한 판단의 옳고 그름에 따라 분노는 선이나 또는 그 반대의 악이 될 수 있다는 것이다. 만약에 가해진 나쁜 행위에 대한 잘못된 판단에 따라 분노가 일어난다면 그것은 헛된 분노로서 나쁜 정념이고, 그 반대로 올바른 판단에 의해 이루어진 분노의 경우 그것은 자연적 분노로서 그것을 악으로 규정해서는 안 된다는 것이다.

이러한 필로데모스의 분노에 관한 견해에서 무엇보다 주목할 점은 '성향'과 '판단'의 함수관계를 통해 분노를 이해하는 것이다. 인용문에서 필로데모스가 정확하게 성향과 판단의 관계에 대해 말하지는 않지만, 분명한 것은 분노가 성향에 의존하고, 성향은 다시 판단과 밀접한 관계를 갖는 다는 점이다. 추정하건대 필로데모스에게 있어 성향은 특정한 판단이나 믿음을 고수하여 그러한 판단에 근거해서 특정한 상황에 반응하고자 하는 영혼의 습성으로 생각된다. 분노 속에 포함된 믿음은 판단인데, 이것은 사태나 정황에 대한 판단이나 감지된 악행의 크기에 대한 비교평가를 통한 판단 또는 처벌의 적합성이나 심각성에 대한 판단이 될 것이다.[57] 만약에 행위자가 타락한 성향을 갖고 사태에 대한 잘못된 판단이나 믿음을 고수한다면, 그로 인한 정념은 헛된 분노가 되고 그것은 악이 된다고 말할 수 있다. 반대로 행위자가 좋은 성향을 갖고 사태의 본질과 악행의 크기와 손해를 올바르게 평가한다면, 이것에

---

57) Philodemos, *de ira*, XXXVII. 38~XXXVII. 39.

근거한 처벌은 자연적 분노로서, 곧 선이 되는 것으로 간주할 수 있다. 그래서 필로데모스는 "우리는 자연적 분노를 수용하지 않으려고 하는 것을 악으로 부를 것이다"(οὕτως κακὸν ἐροῦμεν τὸ μὴ τὴν φυσικὴν ὀργὴν ἀναδέχεσθαι)[58]라고 말한다. 자연적 분노로 인한 상처를 느끼는 것은 그것이 주는 고통만큼 나쁜 것이지만, 그것을 느끼지 않는 것은 더 나쁜 것이라는 것이다.[59] 모욕과 부당한 대우에 무감각한 사람은 그가 나쁜 성격을 가지고 있다는 증표가 되기 때문이다.[60]

상술한 것을 통해 우리는 필로데모스가 분노를 '자연적 분노'와 '헛된 분노'로 나누고, 그것에 근거해 기존의 페리파토스학파와 스토아학파의 분노론을 비판한 것으로 말할 수 있다. 필로데모스가 보기에 이것은 이 두 학파가 분노가 갖고 있는 이중적 의미를 정확하게 파악하지 못한 데서 비롯한다. 특히 필로데모스에게서 자연적 분노는 헛된 분노와 달리 올바른 판단을 행할 수 있는 성향과 관련되는 분노라는 점에서 처음에 생각했던 것보다 훨씬 이성적인 판단의 특성이 강하게 포함된 분노의 유형이라고 볼 수 있다.[61] 그러나 필로데모스가 현자의 자

---

58) Philodemos, *de ira*, XXXVIII. 18~XXXVIII. 22.

59) Voula Tsouna, 2007, pp. 222~223 참조.

60) Philodemos, *de ira*, XXXVIII. 22~XXXVIII. 27.

61) 인지적 판단의 입장을 강하게 주장하는 입장은 스토아학파의 초기 철학자인 크리시포스의 '정념-판단 동일성' 주장이 대표적이다(Galen, *PHP*, 4.5.21~4.5.25. Cicero, *Tusc*, 3.74~3.76. 또한 손병석, 2008, pp. 41~59 참조). 현대 철학자 중 정념의 인지적 측면을 강조하는 학자로는 Nussbaum과 Solomon을 들 수 있다. 이 학자들의 주장에 따르면 분노와 같은 감정은 일종의 인지적인 판단이나 믿음에 의해 구성된다(M. Nussbaum, "Aristotle om Emotion and Rational Persuasion", A. O. Rorty(ed.), *Essays on Aristotle's Rhetoric*, Univ. of California Press, 1996, pp. 303~323. R. Solomon, *The Passions*, New York, 1976, p. 186~187

연적 분노에 근거해 에피쿠로스와 같은 현자의 분노 표출을 설명하고
자 시도한 중요한 이유는, 에피쿠로스학파 내의 철학자들의 분노에 대
한 오해와 그들의 분노에 대한 강한 거부감이 있어왔기 때문이다. 특히
『분노론』에서 필로데모스가 비판의 대상으로 삼는 경쟁자들이 에피쿠
로스학파 내의 철학자인 니카시크라테스(Nikasikrates)와 티마사고라스
(Timasagoras)이다. 앞으로의 논의를 통해 밝혀지겠지만 이들 에피쿠로
스학파내의 분노를 둘러싼 논쟁은 필로데모스의 분노론을 보다 체계
화시키고 정교화시키는 데 중요한 기여를 한 것으로 생각된다.

3) 필로데모스의 자연적 분노 옹호 논변 (I)

먼저 필로데모스는 분노론 38장과 39장에서 니카시크라테스의 주장
을 다음과 같이 소개한다.

또는 R. Solomon, *What is an Emotion?*, Oxford Univ. Press, 2003 참조). 그러나 모든 학자가
감정의 인지적 설명을 지지하는 것은 아니다. 대표적으로 제임스는 감정의 인지적 해석과 다
른 입장에서, 감정을 신체적인 느낌(feeling theory)과 동일시한다. 즉 제임스에 따르면 울기
때문에 슬픔을 느끼고, 맞았기 때문에 분노를 느끼며, 몸을 떨었기 때문에 공포를 느끼는 것
이다(W. 제임스, 『심리학의 원리 3』, 정양은 역, 아카넷, 2005, p. 2040 참조). 최근에 프린츠(J.
Printz)는 제임스의 입장을 발전시켜 감정이 일종의 체현된 평가(embodied appraisal) 개념임
을 주장한다. 이 주장에 따르면 감정은 신체적 느낌으로써 명제적 판단과 유사한 인지적 기
능을 수행한다는 것이다. 이에 관한 상세한 논의는 신인자, 「신체적 느낌과 인지는 감정을 구
성하기 위해 어떻게 결합하는가?─프린츠의 이론을 중심으로」, 『철학사상』, 27권, 2008, pp.
269~296. 양선이, 「윌리엄 제임스의 감정이론과 지향성의 문제」, 『철학연구』, 79권, 2007,
pp. 107~128 참조.

우리는 자연적 분노 그 자체의 본성이 고통스런 것일 뿐만 아니라, 그것은 또한 우리의 이성적 판단을 흐리게 만들기에 충분하고, 일반적으로 친구와 함께하는 삶의 평온함과 관용을 방해하며, 그리고 그 자체가 우리가 열거한 많은 악들을 가져온다는 것을 안다.[62]

위 인용문에서 필로데모스는 니카시크라테스가 분노를 그 자체적으로도 또 수단적으로도 악으로 규정하는 것으로 소개하고 있다. 그렇기 때문에 니카시크라테스에 따르면 현자가 분노를 경험할 때 고통을 느낄 수밖에 없기 때문에, 최선은 분노 자체를 피하는 것이다.[63] 현자의 분노 역시 현자가 아닌 다른 누군가가 경험한 것 보다 덜 고통스런 것이 아니라는 것이다. 이처럼 분노를 가급적 최소화(minimalism)시키거나 아예 발생하지 않도록 해야 한다는 니카시크라테스의 주장에 대해 필로데모스는 몇 가지 이유로 반대한다. 먼저 니카시크라테스의 주장이 자연적 분노에도 맞는 것으로 적용된다면, 자연적 분노의 불가피성은 인간이 추구하는 지혜와 행복을 성취하지 못하게 만들수 있다는 점에서 문제가 있다. 그러나 필로데모스가 생각하기에 이것은 에피쿠로스의 경우가 보여주는 것처럼 분명 사실에 맞지 않는 주장이다.[64] 에피쿠로스가 자연적 분노를 느낌에도 불구하고, 그를 여전히 현자라고 말할 수 있다면, 자연적 분노는 니카시크라테스가 주장하는 것처럼 단적으로 악이고 어리석은 정념이라고 보기가 어렵기

---

62) Philodemos, *de ira*, XXXVIII. 34~XXXIX. 7.

63) Philodemos, *de ira*, XXXVII. 4~XXXVII. 7.

64) Philodemos, *de ira*, XXXIX. 17~XL. 2.

때문이다.[65]

필로데모스가 니카시크라테스에 반대하는 또 다른 이유는 현자가 느끼는 자연적 분노는 일반적으로 짧고 부드럽게 나타나므로[66] 결코 정신적 혼란의 단계까지 이르지는 않기 때문이다.[67] 필로데모스에 따르면 이것은 현자의 분노에 대한 태도, 특히 복수 또는 처벌에 대한 생각이 다르기 때문에 가능하다. 다시 말해 현자의 자연적 분노에 의한 처벌의 욕구는 어디까지나 자신의 전체적인 안전을 증가시킬 정도에 정확하게 상응하는 수단적인 가치만을 담보하는 것[68]으로 간주될 수 있다는 것이다. 현자는 대부분의 사람들과 달리 복수나 처벌을 그 자체 쾌락적인 어떤 것으로 보지도 않을 뿐만 아니라, 자체 목적적인 선이나 가치로 규정하지도 않기 때문이다. 요컨대 필로데모스에게 있어 현자의 처벌이나 복수는 최선의 수단이 아닌 것이다.[69] 에피쿠로스의 다음과 같은 말은 이것을 뒷받침한다.

모든 욕구의 경우에 우리는 다음과 같은 물음에 직면해야만 한다. 즉 욕구의 대상이 성취되어야만 한다면, 나에게 무슨 일이 일어날까? 그렇지 않고 그것이 달성되지 않는다면 나에게 어떤 일이 일어날까?[70]

---

65) Philodemos, *de ira*, XXXIX. 17~XXXIX. 21.

66) Philodemos, *de ira*, XLII. 4~XLII. 6, XLIII. 41~XLIV. 10, XLV. 5~XLV. 8.

67) Philodemos, *de ira*, XLII. 7~XLII. 12.

68) Philodemos, *de ira*, XLII. 21~XLII. 6, XLIV. 15~XLIV. 18, XLII. 21~XLII. 31, XLIV. 28~XLIV. 36.

69) Philodemos, *de ira*, XLII. 28~XLII. 30.

70) Epikouros, *VS*, 71.

에피쿠로스의 이 말은 쾌락주의적 원리가 처벌에 있어서도 중요하게 고려되어야 함을 의미한다. 즉 복수가 원래 추구했던 것보다 미래의 더 큰 심각한 고통을 결과적으로 자신에게 가져다준다면 복수의 시도를 포기하는 것이 더 낫다는 것이다. 그런데 여기서 복수의 결과가 더 큰 고통을 가져올 수 있기 때문에 포기될 수 있다는 말은 분노를 어떤 유형의 욕구로 볼 수 있는지에 관한 중요한 정보를 주는 것으로 생각된다. 앞에서 나는 에피쿠로스학파의 다양한 욕구의 종류 중 분노를 어떤 종류의 욕구에 포함시켜야 할지의 물음을 제기한 적이 있다. 다시 말해 에피쿠로스학파에 따르면 욕구는 자연적이며 필수적인 욕구와 자연적이지만 필수적이지는 않은 욕구, 그리고 자연적이지도 필수적이지도 않은 세 종류의 욕구로 나뉘는데, '분노는 이 중 어떤 종류의 욕구로 볼 수 있는가' 하는 것이다. 필로데모스는 이와 관련하여 분노를 '자연적이지만 필수적이지는 않은 욕구'로 간주한다고 말할 수 있다. 왜냐하면 앞에서 말한 것처럼 의도적으로 부당하게 이루어진 악행에 대한 현자의 복수나 처벌은 그것이 결과적으로 더 큰 고통을 가져올 경우 포기할 수도 있기 때문이다. 다시 말해 현자는 자신의 이성적 판단에 의해 복수나 처벌이 자신의 안전과 평정심을 확보할 수 있다고 생각할 경우에는 자연적 분노에 의한 처벌의 시도를 하지만, 그 결과가 긍정적이지 않을 경우 복수를 포기할 수 있다는 것이다. 중요한 것은 필로데모스가 이러한 복수가 포기되었을 경우 고통을 느끼지 않고 분노심이 사라질 수 있는 것으로 말하고 있다는 점이다. 이것은 바로 자연적 분노가 자연적 욕구일 수는 있어도 반드시 필수적인 욕구는 아님을 의미하는 것으로 이해할 수 있게 해준다.[71]

따라서 필로데모스의 입장에서 위의 인용문에서 니카시크라테스가 부정적으로 평가한 분노는 자연적 분노가 아닌 헛된 분노에 적용되어야 하는 것이다. 『주요 교설들』 30을 통해 알 수 있는 것처럼 '헛된 분노'는 그 출발점에 있어서는 '자연적 분노'와 같지만 그 분노의 강도와 지속성에 있어서는 분명한 차이가 있기 때문이다. 필로데모스에 따르면 헛된 분노는 행위주체의 잘못된 판단에 의해 복수에의 욕구의 사라짐이 방해를 받기 때문이다. 헛된 분노는 근본적으로 잘못된 판단에서 기인하는 행위주체의 나쁜 그리고 타락한 성향에 의해 발생하는 것이다[72]. 그리고 잘못된 판단은 무엇보다 행해진 악행에 대한 정확한 판단이 이루어지지 않은 경우다. 이것은 필로데모스에 따르면 무엇보다 외적 선에 대한 가치론적 판단이 잘못되게 이루어진 경우다.

그러나 간과되지 말아야 할 점은 필로데모스가 분노를 스토아학파처럼 전적으로 판단이나 믿음의 관점에서만 보지는 않는다는 점이다.[73]

---

71) *KD*, 30. 필로데모스는 복수나 응징을 즐거운 것으로 욕구하게 되면 그것은 결과적으로 큰 분노를 발생시키는 것으로 말한다(XLIII. 3~XLIII. 2). 복수를 추구하는 것은 야만적인 성향에서 기인하기 때문이다(XLIII. 21~XLIII. 30). 그렇기 때문에 복수를 좋고 즐거운 것으로 감지하는 것은 악행자가 처벌을 받는 것이 필요하다는 헛된 믿음을 포함한다. 필로데모스에 따르면 이것은 단지 바보만이 그렇게 생각하는 것이지, 현자는 그것을 결코 쾌락적인 것으로 생각하지 않는다(XLIV. 15~XLIV. 22, XLIV. 32~XLIV. 35, XLIV. 5~XLIV. 8). 복수나 처벌은 그 자체가 즐거운 것은 아무것도 그 본성상 없으며, 그것을 종종 자연적인 선을 달성하기 위한 수단으로 간주할 뿐이다(XLIV. 15~XLIV. 22).

72) Philodemos, *de ira*, XXXVIII. 2~XXXVIII. 3, XLII. 30~XLII. 32.

73) 자연적 분노와 헛된 분노의 기본적인 차이점을 잘못된 판단에 두고 있는 필로데모스의 분노론은 정념을 이성적 판단과 동일시하는 스토아학파의 크리시포스의 견해와 별 차이가 없는 것으로 생각된다. 그렇다면 필로데모스는 아리스토텔레스적인 분노론보다는 스토아적 분노론에 가까운 것으로 보아야 할 것이다. 그러나 본문에서 언급한 것처럼 필로데모스가 자

이것은 분노에 관한 분석에서 필로데모스가 인지적 측면의 역할과 그 중요성을 결코 과소평가하지는 않지만, 그에 못지않게 그러한 믿음에 근거한 복수나 처벌의 욕구를 또한 부정하지 않고 있기 때문이다. 단지 헛된 분노가 잘못된 판단에 의해 복수나 처벌을 쾌락으로 간주하고, 그것의 끈질긴 추구를 목표로 하는 것과는 달리, 자연적 분노는 그것을 쾌락이 아닌 고통으로 생각한다. 이렇듯 필로데모스가 보기에 앞에서 언급한 페리파토스학파와 스토아학파뿐만 아니라 니카시크라테스와 같은 에피쿠로스학파 내의 철학자들의 기본적인 문제점은 자연적 분노와 헛된 분노를 구별하지 못한다는데 있다. 이러한 필로데모스의 생각은 아래의 인용문에 잘 나타난다.

그들이 자연적 분노(ὀργή)와 헛된 분노(θυμός)가 동의어적으로(ἐπὶ ταὐτό) 사용될 때와 그렇지 않을 때를 올바르게 파악하는 데 실패하고 있다는 것이다. 그들은 또한 현자가 그것의 엄격한 기술적 의미에서 헛된 분노에 빠지는지(περιπίπτειν θυμῶι) 아닌지를 고려하는 데 있어 그들의 판단(δοξάζειν)은 실수를 범하는 것이다.[74]

상술한 것을 고려할 때 필로데모스가 다른 철학자들과 다른 분노론을 구축할 수 있었던 주요한 아르키메데스적 원리는 분노의 "자연성"(ἡ

연적 분노에 의한 복수나 처벌을 부정하는 것은 아니라는 점에서 스토아학파의 소위 '분노-이성 동일성론'을 주장하는 것은 아니라고 말할 수 있다.
74) Philodemos, *de ira*, XLV. 37~XLVI. 3.

φυσική)이라 말할 수 있다.[75] 그리고 이때의 자연성의 의미[76]는 무엇보다 "불가피성"(ἀνέκφευκτον)[77]의 의미가 강조될 필요가 있다. 그리고 중요한 것은 필로데모스가 이러한 분노의 불가피한 자연성을 현자에게 귀속시킨다고 해서 그것이 곧 현자와 비현자의 차이성을 제거하는 것이 결코 아니라는 것이다. 다시 말해 니카시크라테스가 주장하는 것과 달리 현자의 자연적 분노는 보통사람의 분노처럼 지속적이거나 극단적인 과도함을 보여주지 않으며, 따라서 삶의 행복과 정신적인 쾌락을 방해하지 않는다는 것이다.[78] 아래의 인용문은 필로데모스의 이러한 견해를 알 수 있게 해준다.

현자가 누군가에 의해 의도적으로 악행을 당했거나 또는 해를 당할 것이

---

75) 필로데모스의 입장은 한편으론 스토아학파 또는 에피쿠로스학파의 경쟁자 니카시크라테스, 그리고 다른 한편으론 페리파토스학파 사이의 중간 정도에 있는 것으로 보인다. 다시 말해 필로데모스의 견해는 전자의 스토아학파나 니카시크라테스와 달리 현자 역시 자연적 분노를 느낄 수 있음을 인정하고 있다는 점에서 차이성이 있다. 그러나 아리스토텔레스나 페리파토스학파의 분노에 대한 긍정적인 평가와 달리, 필로데모스는 잘못된 판단에 의한 헛된 분노의 가능성을 경계한다는 점에서 좀 더 엄격한 분노론의 입장을 보인다.

76) 필로데모스는 오르게(orgē)의 자연성의 의미를 네 가지 정도의 의미를 갖는 것으로 사용한다. 첫째는 자연적 분노는 이익이 되고, 그것의 완전한 부재 내지 결여는 비자연적인 것으로서 해가 된다(XXXIX. 26~XXXIX. 29, XXXIX. 29~XXXIX. 38). 두 번째 의미는 분노를 발생시키는 상황에 내포된 요소들에 대한 정확한 이해와 일치하고 그것에서 파생한 것이 자연적 분노다(XXXVII. 20~XXXVIII. 9). 세 번째로 오르게(orgē)는 의도적인 악행에 대한 합리적이고 왜곡되지 않은 반응 내지 반작용이다. 그러한 상황에서 분노의 부재는 중요한 성격적 결함을 보여주는 것이다(XXXVIII. 22~XXXVIII. 33). 마지막으로 오르게는 '피할 수 없는 것'이라는 점에서 자연적이다(XL. 17~XL. 22).

77) Philodemos, de ira, XL. 20.

78) Philodemos, de ira, XL. 6~XL. 12, XXXVIII. 8~XXXVIII. 9. XL. 7, XL. 10, XL. 26~32.

라는 인상을 갖게 되었을 때, 현자는 누군가가 자기를 보았던 것처럼 그 것을 별 차이가 없는(ἀδιάφορον) 것과 같은 느낌을 경험할 것인가, 아니 면 그것을 적합한(οἰκεῖον) 것으로 부르는 것은 확실히 이상하기 때문에 그것을 그와 다른 것(또는 부적합한, ἀλλότριον)으로 느낄 것인가? 그것 을 '별 차이가 없는 것'으로 부르는 것은 언어도단일 것 같다. 다른 한편 그것이 부적합한 것으로 생각된다면, 현자는 '악행자가 처벌을 받았을 때 그의 마음이 가라앉고, 그것이 타인들에 대한 억제력을 갖고, 따라서 악행자가 미쳐서 어떤 식으로든 그에게 고통을 주는 악행을 다시는 행하 지 않을 것이라는 것'을 안다. 우리는 그와 같은 것을 분노(ὀργή)라고 부 른다.[79]

위 인용문에서 필로데모스는 의도적인 악행에 대한 현자의 대응 방 식을 해석할 수 있는 몇 가지 경우를 제시하고 있다. 먼저 현자의 의도 적인 악행에 대한 아디아포론적인 대응 방식은 적절하지 않은 것으로 간주된다. 왜냐하면 의도적인 악행을 마치 자신의 얼굴을 흘끔 쳐다 본 것에 별 관심을 두지 않는 것과 같은 방식으로 처리하는 것은 우리의 경험적 직관에 맞지 않는 대응 방식이기 때문이다. 필로데모스가 생각 하기에 의도적인 해를 당하는 것은 분명 나쁜 것이고, 그래서 현자는 나쁜 것을 고통으로 올바르게 지각하기 때문이다. 중요한 것은 그러한 악행에 대해 현자는 분노를 느껴야 하는데 현자답게 느껴야 한다는 것 이다. 그러면 현자에 걸맞은 분노는 어떤 것인가? 필로데모스는 의도

---

79) Philodemos, *de ira*, XL. 32~XLI. 9.

적인 악행이 부적합한 것으로 판단해 갖게 되는 현자의 분노를 오르게 (ὀργή), 즉 자연적 분노라고 부른다. 그리고 이러한 자연적 분노는 악행자에 대한 처벌이나 복수가 이루어졌을 때 자신의 분노심이 사라질 수 있고, 그것을 행한 자의 악행의 재발을 방지할 수 있을 뿐만 아니라 또한 그것을 본 타인들에게 악행의 가능성을 효과적으로 줄일 수 있는 가능성을 줄 수 있는 자연적 욕구라고 말할 수 있다.

그러나 여전히 남는 문제는 '현자가 자신을 보호하고 악행자로 하여금 재범의 가능성을 억제시키기 위한 목적으로 이루어지는 자연적 분노의 영역을 어느 정도로 허용할 수 있는가' 하는 것이다. 현실적으로 현자의 자연적 분노와 현자가 아닌 자들의 분노를 질적으로 분명하게 구별할 수 있는 기준이 존재하지 않는다고 생각되기 때문이다. 자연적 분노와 헛된 분노의 보다 분명한 기준의 부재는 더 나아가 다음과 같은 잇따른 반론에 직면할 수 있다. 즉 필로데모스는 의도적인 악행에 대한 현자의 자연적 분노를 인정하고 있는데, 그렇다면 악행의 정도가 극단적이고, 상당히 교활하면서도 사악하게 의도적으로 이루어진 경우, 이에 비례하여 '현자는 자신을 보호하고 또 다른 악행을 방지하기 위하여 큰 분노에 상응하는 복수나 처벌을 시도해야 하지 않는가' 하는 것이다.[80] 다행히 필로데모스는 다음의 인용문에서 이 물음에 대한 답을 제시하는 것으로 보인다.

현자는 자신에게 큰 해악을 끼쳤거나 그에게 장차 큰 해를 분명하게 끼칠

---

80) Philodemos, *de ira*, XLI. 32~XLI. 39.

사람을 멀리하고 분명 미워할 것이다. 이러한 결론이 당연히 도출될 수 있기 때문이다. …… 그러나 현자는 큰 정신적 혼란(ταρα<χ>ὴν μεγά λη<ν>)을 겪지는 않을 것이다. 현자는 분노를 일으키는 것에 대한 것뿐만이 아닌 큰 고통에 직면해서도 그것에 민감하게 반응하여 큰 정신적 혼란을 겪지는 않기 때문이다. 왜냐하면 그러한 혼란을 겪는 것은 어리석음에서 나오기 때문이다. 따라서 누군가가 어리석다면 그것을 겪을 수밖에 없다. …… 그러나 현자는 그것들을 분명하게 볼 수 있기 때문에 그러한 (불행들) 속으로 떨어지지 않는다.[81]

인용문에 나타난 것처럼 필로데모스는 현자가 매우 큰 해악을 당할 경우 그러한 악행을 행한 자를 미워하고 분노할 수는 있지만, 그로 인해 그의 평정심이 흐트러지지는 않을 것이라고 말한다. 왜냐하면 그러한 분노의 원인이 되는 대상은 아디아포론과 관련되는 외적인 것들인데, 현자는 이러한 것들에 별 가치를 부여하지 않기 때문이다. 요컨대 현자는 외부로부터 그에게 닥치는 악행이나 악의를 어쩔 수 없이 당할 수밖에 없는 상황에 처할 경우, 그로인해 겪게 되는 자연적인 분노의 정념을 피할 수 없을 것이다. 중요한 것은 현자가 그러한 큰 해가 자신의 아타락시아(ἀταραξία), 즉 부동심을 침해한 것으로 자신의 이성적인 동의를 할 것인가 하는 것이다. 그러나 위 인용문을 통해 알 수 있는 것처럼 필로데모스는 그러한 해악에 대해 현자는 큰 정신적 혼란이나 고통을 겪지 않을 것이라고 말한다. 현자는 기본적으로 자신의 평정

---

81) Philodemos, *de ira*, XLI. 39~XLII. 20.

심에 문제가 생길 정도로 과한 분노를 표출하는 어리석은 자가 아니기 때문이다. 이것은 현자가 자신에게 가해진 극단적인 악행에 민감하게 반응하지 않고, 그것에 대한 자신의 이성적인 동의를 하지 않기 때문이다. 에피쿠로스가 죽음의 침상에서 보여준 것[82]처럼 현자는 어떠한 육체적인 고통이 심해도 영혼의 평정심과 행복을 잃지 않는다는 것이다.

상술한 것을 통해 우리는 필로데모스가 분노의 종류를 자연적 분노와 헛된 분노로 나누고, 앞의 자연적 분노를 현자가 불가피하게 느낄 수 있는 분노로 해석하는 것을 알 수 있었다. 또한 필로데모스는 에피쿠로스학파 내의 니카시크라테스가 현자의 자연적 분노의 인정에서 발생할 수 있는 반론을 소개하고 그것에 대항하여 자연적 분노의 옹호를 지속적으로 해왔음을 알 수 있었다. 그러나 필로데모스는 자연적 분노와 관련된 이론적 문제점들을 상당히 진지하게 받아들이는 것으로 보이며, 이것은 『분노론』 말미에서 소개하는 세 개의 주요 논증들(ἐπιλογισμοί)에 대한 자신의 반론을 통해 대응하는 것을 통해 알 수 있다. 아래에서 이 세 개의 주요 반대 논증을 소개하고 필로데모스가 이에 대해 어떻게 대응하고, 그 대응논증이 설득력이 있는지를 살펴보도록 하겠다.

4) 필로데모스의 자연적 분노 옹호 논변 (II): 세 개의 논증을 중심으로

지금부터 살펴보게 될 세 개의 에피로기즈모스(ἐπιλογισμός), 즉

---

82) A. Long, 『헬레니즘 철학』, 이경직 역, 서광사, 1974, p. 145 참조.

논증들은 기본적으로 '현자의 분노가능성'과 관련하여 니카시크라테스의 추종자들이 제기하는 반론들이다. 필로데모스는『분노론』XLVI. 16 부터 XLVIII. 3에 걸쳐 이들 주장들을 소개하고 자신의 의견을 제시하고 있다. 텍스트의 완전한 보존이 이루어져 있지 않기 때문에 필로데모스와 그에 반대하는 자들의 견해를 정확하게 이해하기 어려운 점이 없지는 않으나, 재구성을 통해 양자의 견해를 이해하는 것이 불가능하지는 않다. 특히 반론의 핵심은 현자가 자연적 분노를 느낀다면, 다른 사람들과 마찬가지 방식으로 현자 역시 분노를 느낄 수밖에 없기 때문에, 분노 자체를 피하려고 해야만 한다는 것이 논증의 주된 내용이다.

이들 논증들을 주장한 것으로 추정되는 니카시크라테스의 추종자들은 에피쿠로스나 메트로도로스(Metrodōros)가 말했다고 전해지는 "현자의 튀모스"(τοῦ σοφοῦ θυμός)[83]를 인용하면서 현자 역시 해를 당하면 화를 낼 것이라고 말한다. 이러한 공격에 대해 필로데모스는 "그들이 자연적 분노(ὀργή)와 헛된 분노(θυμός)를 동의어적으로 사용할 때와 그렇지 않을 때를 올바르게 파악하는데 실패하고 있다"[84]고 비판한다. 논증 속에서 공격의 대상이 되는 분노는 헛된 분노지 현자의 자연적 분노가 될 수 없다는 것이 필로데모스의 기본적인 생각이다.

첫 번째 논증은 현자가 기쁨을 느낀다면 그 반대인 분노(의미상 헛된 분노)도 느껴야한다는 주장이다. 두 번째 논증은 현자 역시 보통 사람들처럼 술을 마시면 취하듯이 분노를 느낄 수밖에 없다는 것이다. 마지막 논증은 현자가 악행을 당했을 경우 그것에 대한 동의를 통해 화를

---

83) Philodemos, *de ira*, XLV. 10~XLV. 12.
84) Philodemos, *de ira*, XLV. 37~XLVI. 3.

낼 수밖에 없다는 주장이다. 이 세 개의 에피로기즈모스는 주로 경험에 근거하여 이루어진다는 점에서 "경험적 논증"이라 볼 수 있다.[85] 그리고 차차 밝히겠지만 이들 세 논증에 대항하는 필로데모스의 기본적인 전략은 세 논증의 전제를 인정하지만 결론은 부정하는 방식으로 이루어진다. 이제 이들 논증들을 차례대로 분석하면서 필로데모스가 이러한 논증들에 효과적으로 대응하고 있는지를 알아보도록 하겠다.

첫 번째 논증(ἐπιλογισμός)은 다음과 같다.

만약에 현자가 그에게 잘 대우해준 사람들에게 기쁨을 느낀다면, 그는 마찬가지로 의도적으로 그에게 해를 준 사람들에게 분노를 느낄 것이다(ὀργισθήσεται). 그런데 그가 만약에 후자의 사람들에게 분노를 느끼지 않는다면, 마찬가지로 그는 전자의 사람들에게도 기쁨을 느끼지 못할 것이다. 왜냐하면 모든 각각의 경우에 하나의 정념은 다른 것의 반대의 것(ἀντίστροφος)이기 때문이며, 그래서 의도적인 것이 우리를 기쁘게 하는 것처럼 그것은 또한 우리를 분노(ὀργή)하게끔 움직인다. 어떤 결과를 발생시키는 무생물적인 대상에 대해 우리가 기쁨을 느끼지도 않고, 우리에게 선택에 의한 것이 아닌 어떤 것을 제공하는 생명을 가진 것에 대해 기뻐지도 않는 것처럼, 우리는 그러한 대상 어느 것에도 분노하지 않기 때문이다. 그런데 이들은 우리가 반대되는 이유에 의해 기뻐하게 되는 것

85) D. Sedley, "Epicurus, On nature Book 28", *Cronache Ercolanesi 3*, 1973, pp. 5~84. Phillip Delacy, "Epicurean ΕΡΙΛΟΓΙΧΜΟΣ", *American Journal of Philology 79*, 1958, pp. 179~183 참조.

과 같이 우리가 자연적으로 분노(ὀργή)로 움직인다고 주장한다.[86]

위 인용문에서 필로데모스의 경쟁자들은 분노와 기쁨을 한 쌍으로 대비시키면서 기쁨을 느끼는 것은 곧 그 반대의 정념인 분노를 느끼는 것으로 보아야 함을 주장한다. 만약에 분노를 느끼지 않는다면, 이것은 곧 기쁨도 느끼지 않는다고 말해야 한다. 필로데모스의 경쟁자들의 전제된 주장에 따르면 에피쿠로스적 현자는 기쁨을 느끼기 때문에, 마찬가지로 분노 또한 느끼지 않을 수 없다는 것이다. 그렇다면 에피쿠로스적 현자는 정말로 기쁨을 느끼는 것으로 볼 수 있을까? 디오게네스 라에르티우스와 세네카의 보고에 따르면 에피쿠로스는 현자만이 합당한 이유로, 적합한 정도로, 올바른 사람을 향해 기뻐할 수 있다고 보았다.[87] 또한 신은 기쁨이나 분노와 같은 어떤 정념도 느끼지 않지만, 반면에 현자와 같은 인간은 이러한 정념들에 의해 영향을 받는 약점을 갖고 있는 것으로 말해진다.[88]

위 인용문에서 필로데모스는 그의 경쟁자들이 주장하는 것처럼 자발적인 요소(τὸ ἑκούσιον)가 기쁨과 분노의 공통적인 원인이 되지만 하나는 이익이 되고 다른 하나는 고통이 된다는 점에서 반대(ὠντιστρό φοι)[89]의 정념으로 나타난다고 말한다. 그리고 필로데모스는 그의 논적들의 기쁨과 분노의 관계를 통한 분노 주장을 부정하지 않는 것으로

---

86) Philodemos, *de ira*, XLVI. 18~XLVI. 35.

87) *DL*, 10.118, Seneca, *Ep*, 81.11. Epikouros, *VS*, 17, 39, 55.

88) Epikouros, *KD*, 1. Philodemos, *de ira*, XLIII. 14~XLIII. 41, XLIV. 41~XLV. 15 참조.

89) Philodemos, *de ira*, XLVI. 25~XLVI. 26, XLVI. 39~XLVI. 40.

보인다. 현자는 기쁨을 느낄 뿐만 아니라 어떤 종류의 분노도 느끼기 때문이다. 그러나 중요한 것은 필로데모스가 모든 종류의 분노를 인정하는 것이 아니라는 것이다. 아래의 인용문을 통해 알 수 있는 것처럼 위 논증의 주창자들이 그들의 논리를 강한 분노에까지 적용시키고자 하는 것에 대해 필로데모스가 강하게 반대하고 있기 때문이다.

[1] 우리가 우리에게 자발적으로 이익을 준 사람들에게 자연적으로 강한 기쁨을 느끼도록 재촉된다면, 따라서 우리는 또한 선택적으로 우리에게 해를 준 사람들에게 자연적으로 강한 분노(συντονῶς ὀργίζεσθαι)를 갖도록 촉발될 것이다. [2] 그리고 현자는 또한 기쁨을 느끼기 때문에…… 현자는 또한 외적인 것들을 중요하지 않은 것으로 간주하기 때문이다. 왜냐하면 그는 외적인 어떤 것도 그것이 악과 관련해서 뿐만이 아니라 좋은 것들과 관련해서도 마찬가지로 큰 중요성이 있는 것으로 간주하지 않기 때문이다. [3] 현자는 그를 지혜롭게 만들어준 사람들뿐만 아니라 그에게 어떤 다른 것들을 제공한 사람들에 대해서도 실제로 큰 기쁨을 느낀다. 만약에 누군가가 현자가 그들의 의도를 보고 이런 방식으로 행위한다고 말한다면, 마찬가지로 그 사람은 분노와 관련해서도 동일한 결론을 받아들일 것이라는 점이 분명하다.[90]

위 인용문에서 필로데모스와 그 경쟁자들의 각각의 주장을 이해하기 위해서는 보다 신중한 텍스트적 분석이 필요하다. 약간의 텍스트의

---

90) Philodemos, *de ira*, XLVIII. 5~XLVIII. 32.

소실이 있다는 점과 말하는 주체가 불분명하게 기술되고 있기 때문이다. 그래서 나는 위 인용문을 세 부분으로 나누어 분석을 하면서 내용 이해를 시도할까 한다. 먼저 [1] 부분은 필로데모스의 주장이 아니라 그의 상대자들의 주장으로 이해되는 것이 문맥에 맞다. 앞서 기쁨과 분노의 상관관계를 통해 현자의 분노의 가능성을 주장한 경쟁자들이 이제 그 연장선상에서 "강한 기쁨"(συντόνως εὐχαρίστειν)을 통해 현자의 "강한 분노"(συντόνως ὀργίζεσθαι)를 주장하는 것으로 볼 수 있기 때문이다. 필로데모스가 동의할 수 없는 분노가 바로 헛된 분노로 분류될 수 있는 이러한 강한 분노라고 말할 수 있다. 강한 분노를 인정할 수 없는 이유를 필로데모스는 이어지는 [2] 부분에서 제시한다. 필로데모스가 보기에 강한 기쁨에 근거한 강한 분노의 주장은 논리적으로 강한 기쁨을 인정하지 않으면 그 결론인 강한 분노도 인정될 수 없다.[91] 그러면 현자는 강한 기쁨을 느끼는 것으로 볼 수 있는가? 이에 대해 필로데모스는 현자는 강한 기쁨을 느끼지 않는다고 응답한다. 그 이유는 그것이 악한 것이든 좋은 것이든 "외적인 것들"(ἔξωθεν)은 현자의 기쁨의 대상이 될 수 없기 때문이다. 다시 말해 현자의 욕구의 대상은 자연적이며 필수적인 것에 한정되어 있기 때문에, 재물이나 명예와 같은 외적인 것들은 현자의 욕구의 대상이 될 수 없고, 따라서 강한 기쁨을 주는 것들이 될 수 없다. 다시 말해 현자는 그러한 외적인 것들이 아무리 많고 커도 그것들에 큰 가치를 부여하지 않는다는 것이다. 그렇기 때

---

91) 필로데모스의 논리적 대응 방식은 일종의 후건부정식이라고 볼 수 있다. 즉, 강한 기쁨(q)과 강한 분노(p)에서 강한 기쁨이 강한 분노의 필요조건이므로(p→q), 강한 기쁨이 부정된다면 강한 분노도 부정되는 것으로 생각하는 것이다.

문에 필로데모스가 보기에 가설적으로 전제된 강한 기쁨의 논리를 통해 강한 분노를 논증하고자 하는 경쟁자들의 주장은 현자에게는 설득력이 없다. 현자는 외적인 것에 휘둘려서 지나치게 강한 기쁨을 느끼지 않기 때문에 강한 분노 역시 느끼지 않기 때문이다.

그런데 문제는 위 인용문 중 [3] 부분이다. 이곳에서 현자는 자신을 지혜롭게 만들어준 사람들이나 자신에게 좋은 의도를 갖고 좋은 것들을 제공한 사람들에게 큰 기쁨을 느낀다고 기술되고 있기 때문이다. 그러나 전체적인 문맥상 이 부분은 필로데모스에게 반론을 제기할 수 있는 가상의 경쟁자의 주장을 기술한 것으로 볼 수 있을 것 같다.[92] 현자의 분노를 끈질기게 문제 삼는 필로데모스의 경쟁자들 입장에선 '외적 선과 달리 지혜(σοφία)나 친애(φιλία)와 같은 것들은 큰 가치를 갖는 것으로 볼 수 있고, 그래서 현자는 이런 선물들에 강한 기쁨을 느낄 수 있지 않는가' 하는 반론을 충분히 제기할 수 있기 때문이다. 필로데모스가 염두에 둔 논적의 의도는 '현자의 큰 기쁨이 인정된다면 그에 상응하는, 그러나 정반대의 악에 대해선 강한 분노를 느낄 수 있지 않은가' 하는 결론을 얻어내기 위한 것으로 볼 수 있다. 그러면 철학적 지혜나 친애와 같은 것에 대한 필로데모스의 견해는 어떤 것일까? 필로데모스나 에피쿠로스는 이러한 것들이 현자에게 큰 기쁨을 주는 것으로 보았을까?

일단 필로데모스가 지혜나 친애와 같은 것들이 외적인 것들과 다른 중요한 가치를 가진다는 것을 부정하지 않는다고 말할 수 있다. 에피쿠

---

92) Voula Tsouna, 2007, p. 232.

로스는 현자가 자신에게 지혜를 가르쳐준 스승에게 큰 기쁨을 느낄 것이라고 말하고 있기 때문이다. 필로데모스가 말하는 스승의 제자에 대한 파레시아(παρρησία) 정신도 이런 관점에서 볼 수 있다. 또한 우정과 같은 덕은 에피쿠로스가 정적 쾌락과 같은 아타락시아를 실현시켜줄 수 있는 중요한 가치로 인정한다는 점에서 이것에 대해 크게 기뻐하는 것은 자연스런 느낌일 것이다.[93] 중요한 것은 현자가 이러한 큰기쁨을 느낀다는 사실이 곧 현자가 크게 분노하는 결론을 정당화시켜줄 수 있는가하는 것이다. 추나(Tsouna)가 옳게 말하는 것처럼 "기쁨과분노의 유비는 철학적 지혜와 관련해서 유지될 수 없다. 왜냐하면 그것은 어떤 해악에도 대응할 수 없는 유일한 가치 있는 선물이기 때문이다".[94] 필로데모스에 따르면 지혜의 선물은 몇 가지 중요한 점에서 다른 외적인 선들과 다르다. 첫째는 현자에게 지혜는 다른 누군가가 그에게 줄 수 있는 기쁨 중에서 비교 불가능한 가치를 지니는 선물이다. 즉다른 어떤 선도 가치의 관점에서 비교될 수 없다는 것이다. 그리고 현자는 이러한 지혜를 일단 성취하면 잃어버릴 수 없고,[95] 현자의 행복은 그 어떤 외적인 힘에 의해서도 방해받을 수 없다. 따라서 이것은 현자에게 강한 분노를 느끼게 할 그 어떤 해악도 있을 수 없다는 것을 의미한다. 이러한 관점에서 현자가 스승에 대해 깊은 고마움을 느끼지만, 그렇다고 강한 분노를 마찬가지로 느낄 것이라는 추론이 수용되기는어렵다. 요컨대 필로데모스의 논증 수행 방식(modus operandi)은 강한

---

93) Voula Tsouna, 2007, pp. 232~233.

94) Voula Tsouna, 2007, p. 232.

95) *DL*, 10.117.

기쁨은 인정하면서도 강한 분노는 부정하는 것이다. 여기서 간과해서 안 될 점은 현자의 강한 기쁨은 어디까지나 철학적 지혜와 같은 대상으로 한정되는 것이지, 일반인들이 외적인 것들에 대해 느끼는 것과 같은 것이 결코 아니라는 점이다.

두 번째 논증은 분노를 술 취한 것에 비유하여 논증하는 방식이다. 필로데모스의 경쟁자들의 주장을 먼저 살펴보고 계속해서 필로데모스의 대응 방식에 관한 언급을 살펴보도록 하겠다.

> 와인을 마실 때마다 술이 취하는, 단순히 바보들뿐만이 아닌 양식 있는 사람들까지 포함해서, 그리고 전자만큼 후자에 해당되는 사람도 술이 취하는 경우를 우리가 목격하는 것처럼, 우리는 술이 취하는 것은 단순히 바보들뿐만 아니라 심지어 현자 역시 술을 마신다면, 지혜를 가진 사람도 마찬가지로 (술이 취하는 것을) 알 수 있게 된다. 그래서 가치가 없는 사람들뿐만 아니라 현자 역시 마찬가지로, 그들이 누군가에 의해 의도적으로 해를 입는다면 분노하기 마련이다. 이런 이유로 우리는 자연에 따라 현자가 술에 취할 수 있는 것처럼 분노도 같은 원인으로 그에게 발생해야 함을 주장할 것이다.[96]

위 인용문에서 필로데모스의 경쟁자들은 현자 역시 어리석은 자들 못지않게 술을 마시면 술에 민감하게 반응하여 취할 수밖에 없음을 주장한다.[97] 현자 역시 인간인 이유로 "자연적 본성에 따른"(κατὰ φυσί

---

96) Philodemos, *de ira*, XLVI. 40~XLVII. 18.

97) 많은 철학자들이 분노한 자를 술취한 자로 비유한다. 예를 들어 ὁ γὰρ μεθύων ἢ ὀργιζό

ν)[98] 생리적인 현상을 겪을 수밖에 없기 때문이라는 것이다. 필로데모스의 반대자들이 보기에 현자가 바보처럼 같은 정도나 또는 더한 정도로 술이 취할 수 있다면, 이것은 같은 방식으로 현자가 바보처럼 같은 정도로 화가 날 수 있는 경우에도 적용될 수 있다. 필로데모스의 분노의 종류 중 헛된 분노인 튀모스(θυμός)와 같은 분노의 종류를 경험할 수 있다는 것이다. 이들의 주장은 "에피쿠로스가 그의 향연에서 말하는 것처럼 현자는 취했을 때 자신을 억제하지 못할 것이다"[99]라는 말에서 특히 지지를 받을 수 있다. 결국 두 번째 논증은 경험적인 사실에 근거하여 '현자가 술을 마시면 취하듯이 분노 역시 경험할 수밖에 없지 않는가' 하는 것이다. 우리는 이에 대한 필로데모스의 답변을 다음의 인용문에서 찾아낼 수 있다.

실제로 우리는 이 두 번째 논증을 어리석은 것으로 간주해야만 한다. 왜냐하면 심지어 현자도 취할 것이라는 그들의 주장과 관련하여, 그들이 '선한 사람들 역시'라는 말을 에피쿠로스학파의 사람들을 의미한다면, 그들은 이치에 맞지 않는 말을 하는 것이다. 다른 한편으로 그들이 그 말로써 자신들을 의미한다면, 그들 자신의 경우를 통해 현자에 대해 추론하는 것은 분명 어리석은 것이다. 우리는 동일한 방식으로 계속해서 증명하고자 하는데, 그것은 현자는 명예를 추구하거나 또는 사랑에 빠지거나 또는

μενος (Aristoteles, *EN*, III₁.1110b25~III₁.1110b26). 이 밖에도 Cicero, *Tusc*, 4.52; Seneca, *de ira*, 1.13.3, 3.8.5. Philodemos, *de ira*, XLVII. 2~XLVII. 5, XLVII. 3, XLIX. 19~26 참조.
98) Philodemos, *de ira*, XLVII. 15.
99) *DL*, 10.119.

다른 수많은 정념들을 겪을 수 있음을 계속해서 증명할 수 있다. …… 그리고 우리는 현자가 생각이 없는 자들보다 더 분노의 표출을 보일 수 있고, 바보 못지않게 분노를 느끼는 것을 인정해야 할 것이다. 왜냐하면 그들이 '취한다'라고 말하는 의미에 따르면 현자는 바보보다 덜 취하지 않기 때문이다.[100]

위의 인용문 중 몇 부분이 소실되었기 때문에 필로데모스의 정확한 답변을 알기는 어렵지만 그 이해가 그리 어려운 것은 아니다. 위 인용문에서 필로데모스는 앞서 언급한 경쟁자들의 두 번째 논증을 대인(ad hominem) 논증의 오류 형식을 통해 비판한다. 이것은 그의 반대자들이 술이 취한다고 말하는 "좋은 사람들"(οἱ χαρίεντες)[101] 또는 현자라는 말이 정확하게 어떤 사람들을 말하는지가 명확하지 않다는 것을 문제삼는 것이다. 필로데모스가 보기에 에피쿠로스와 그 제자들을 지칭한다면, 그들의 주장은 어리석다. 그들이 자신들을 좋은 사람들로 생각하고 말한다면, 그들은 단지 자신들의 열정을 현자에게 투영한 것에 불과하다. 이렇듯 필로데모스는 반대자들의 논증을 대인논증의 오류를 통해 비판한다. 그리고 이러한 잘못된 현인 모델에 근거한 반대자들의 오류와 무지는 인용문 중간을 통해 알 수 있듯이 현자가 명예나 사랑 또는 격렬한 다양한 정념들을 느낀다는 추론을 계속해서 이끌어내도록 한다. 그리고 이러한 주장에 근거해 반대자들은 현자 역시 바보 못지않게 강한 분노를 표출한다는 결론을 이끌어낸다.

---

100) Philodemos, *de ira*, XLVIII. 36~XLIX. 26.

101) Philodemos, *de ira*, XLIX. 1

그러나 필로데모스가 생각하기에 이들의 주장은 맞지 않다. 이들이 '취한다'고 보는 현자는 어디까지나 자신들의 생각을 투영한 현자에게만 적용될 수 있기 때문이다. 이와 달리 필로데모스의 현인은 강한 분노와 같은 헛된 분노를 표출하지 않기 때문에 설사 술을 마셔도 바보들처럼 취하지 않고, 따라서 분노 역시 질적으로 다른 종류의 분노를 보인다고 말할 수 있다. 다시 말해 필로데모스가 생각하는 현자는 분노를 경험하되 그것은 헛된 분노가 아닌 어디까지나 자연적 분노이고, 이러한 분노는 강하지 않고 적절한 정도에 그치며, 지속적이지 않고 짧게 나타난다는 점에서 질적으로 다른 양태를 보인다. 지금까지 언급한 것을 종합할 때 필로데모스는 술 취함과 분노의 비유를 역으로 그의 반대자들을 논박하는데 이용함으로써 자신의 현자의 자연적 분노에 관한 주장을 변호하는 데 성공하는 것으로 보인다.

세 번째 마지막 논증 역시 바보와 현자의 비유를 통해 전개된다.

물론 바보가 어리석은 분노를 표출한 것은 번개에 맞았기 때문이 아니라 그 이전의 판단에 따른 것 때문이다. 한 사람은 '나는 해를 입었다'라고 생각하고, 다른 한 사람은 '크게(μεγάλως) 해를 입었다'고 믿는다. 어떤 상황에서는 그러한 믿음들을 갖지 않으나 다른 상황에서는 그러한 믿음들을 갖는다. 전자의 경우 그는 화를 내지 않지만 후자의 경우에 그는 정신을 잃고 화를 낸다. 그래서 공통적으로 분노가 발생하는 것이 그러한 믿음들에 따라 이루어진다면, 그리고 현자가 누군가에 의해 의도적으로 해를 입게 되면, 그는 그가 실제로 해를 입은 정도만큼만 해를 입은 것으로 올바르게 믿는다. 따라서 그는 확실히 분노하지만 그 분노는 짧다

(βραχέως). 왜냐하면 그는 어떠한 외적인 것도 중요한 것으로 간주하지 않기 때문에 자신이 큰 해를 입었다는 인상을 결코 수용하지 않을 것이기 때문이다. 그러나 어떤 사람들은 이러한 동일한 믿음들을 또한 현자가 분노를 느낄 것이다(θυμωθήσεσθαι)라는 것에 적용한다.[102]

위 인용문에서 필로데모스는 그의 반대자들이 바보의 분노가 타인에 의해 자신이 의도적으로 고통을 당했다는 "믿음"(ὑπόληψις)에 의해 이루어진다고 말한다. 그리고 마찬가지로 현자 역시 상황에 대한 판단을 통해 그가 실제로 해를 당했다는 믿음에 상응하는 분노를 보일 것이라고 주장한다. 필로데모스는 이러한 상대자들이 주장하는 전제와 결론에 반대하지 않는다. 현자 역시 바보처럼 이 경우에 분노를 보인다는 것이다. 다만 필로데모스가 그의 반대자들과 의견을 달리하는 것은 현자가 바보처럼 *강한 분노를 오랫동안* 표출할 것인가의 문제이다. 여기서 필로데모스는 분명하게 현자의 분노는 강하지도 길지도 않다는 것이다. 그 반대로 현자는 짧고, 온화한 분노를 느낀다는 것이다. 왜냐하면 그 자신이 매우 큰 해를 입었다는 것에 결코 동의하지 않기 때문이다.[103] 이것은 현자가 어떠한 외적인 것도 중요한 것으로 평가하지 않기 때문에 가능하다. 그래서 필로데모스는 바보처럼 강한 분노 즉 튀모스(θυμός)를 느낄 수 있다는 주장을 현자에게 적용하는 것은 잘못된 것이라고 비판한다. 이러한 필로데모스의 답변에서 중요한 것은 첫 번째 논증을 통해서도 알 수 있었던 것처럼 고통과 해를 입었다는 판

102) Philodemos, *de ira*, XLVII. 18~XLVIII. 3.
103) Philodemos, *de ira*, XLVII. 37~XLVII. 41.

단이나 믿음이 분노와 갖는 함수관계다. 부정할 수 없는 것은 판단과 그것에 대한 동의 여부가 현자의 분노와 밀접한 관계를 갖는다는 것이다. 그러나 판단이 분노의 충분조건이 될 수 있는가는 아직까지 명확하지 않은 것으로 보인다. 이에 관한 중요한 설명을 우리는 다음의 인용문에서 확인할 수 있다.

마지막 논증은 결정적이지 않다. 왜냐하면 '분노는 해를 당했다는 믿음 없이는 발생하지 않는다'와 '현자가 의도적인 해를 당했다'는 전제로부터, 현자 역시 분노를 느낀다고 추론하고 있기 때문이다. 누군가가 알파벳을 배우지 않고 현명하게 될 수는 없지만 그렇다고 그가 알파벳을 배웠다고 현명하게 된다는 것이 또한 도출되지는 않는 것처럼, 분노는 고통을 당했다는 믿음의 결과이며 그렇지 않은 경우 분노가 발생하지 않음을 주장하는 사람들은, 해를 입었다는 믿음이 분노의 '작용인'(δραστικὸν αἰτίον)임을 증명하지 않는다면, 악행을 당했다는 인상을 가진 사람이 항상 (παντός) 분노하게 될 것이라는 결론을 도출할 입장에 서 있지 못하는 것과 같다.[104]

위 인용문에서 필로데모스는 알파벳을 배우는 경우를 통해 판단 (ὑπόληψις)이나 믿음이 분노의 충분조건이 될 수 있는지를 알고자 한다. 필로데모스에 따르면 알파벳을 배우지 않고서 어느 누구도 지혜롭게 될 수 없는 것은 분명하나, 그렇다고 알파벳을 배워 읽을 줄 안다고

---

104) Philodemos, *de ira*, XLIX. 27~L. 8.

모두가 현자가 되는 것은 아니다. 이것은 알파벳을 배우는 것이 현자가 되기 위한 필요조건은 될 수 있어도 충분조건이 될 수 없음을 뜻한다. 알파벳의 경우는 분노의 경우에도 그대로 적용될 수 있다. 다시 말해 필로데모스의 주장에 따르면 해를 입었다는 믿음이 없이는 분노가 발생하기 어려운 것은 사실이지만, 그렇다고 분노가 '악행을 당했다는 믿음'만에 의해 일어나지는 않는다는 것이다. 지혜롭기 되기 위해선 알파벳을 익히는 것 이외에 그것을 토대로 한 다양한 지식의 습득이 필요하고, 그러한 이론적 지식을 구체적인 현실 속에서 적용시켜 올바르게 활용하는 경험적 과정이 필요한 것이다.

이것은 분노의 경우에도 마찬가지로 적용될 수 있다. 즉 현자의 분노가 앞선 악행에 대한 판단이 없이 발생할 수는 없지만, 그렇다고 매번 현자가 그러한 판단에 따라 분노를 느낀다는 결론이 도출되지는 않는다는 것이다. 악행을 당했다는 믿음이 그 악행의 미미함이나 악행자의 무가치성과 기질, 그리고 그가 자라난 열악한 양육 환경 등과 같은 여러 요소가 종합적으로 고려될 수 있음을 감안하다면, 현자의 분노 역시 사라질 수 있기 때문이다. 이것은 필로데모스가 위 인용문 끝 부분에서 믿음에 따라 필히 분노가 발생한다는 것을 입증하지 않는 한 악행을 당했다는 믿음에 의해서만 현자가 반드시 분노한다는 주장이 정당화되기 어렵다는 말에서 알 수 있다. 앞에서도 언급했지만 현자는 때로 분노에 의한 처벌이나 복수가 오히려 더 큰 고통이나 해를 결과적으로 발생시킬 수 있는 것으로 판단하는 한, 그러한 처벌을 행하지 않을 수도 있다. 즉 현자는 악행에 대한 처벌이 미래의 더 큰 고통으로 예견되는 것으로 판단할 경우, 자연스럽게 그의 분노를 거둘 수 있다는 것이다. 이점에서 현자의 자연적 분노의 불가피성이 곧 악행에 대한 분노 표출의 필연성을 함의하는 것으로 간주하는 것은 필로데모스의 분노론에 대한 정확한 이해가 아님을 알 수 있다.

상술한 것을 통해 필로데모스의 분노론은 일종의 소요학파와 스토아학파의 분노론의 중간 정도에 위치한다고 정리할 수 있다. 그는 소요학파의 분노에 대한 긍정적인 입장을 '자연적 분노'로 수용하면서, 다른 한편으론 스토아학파의 분노 제거론의 입장을 '헛된 분노'의 유형과 연결시키는 것으로 생각된다. 또한 니카시크라테스와 같은 에피쿠로스학파 내의 분노에 대한 비판론자들의 견해에 대해서도 마찬가지로 자연적 분노와 헛된 분노의 구별을 통해 대응하고 있다. 그것은 에피쿠로스적인 현자의 분노는 자연적 분노로서의 오르게(ὀργή)이며, 이와 달리 현자가 아닌 사람들이 표출하는 헛된 분노는 튀모스(θυμός)로서 양자가 구별되어야 한다는 것에 근거한다. 주목할 점은 필로데모스가 현자 역시 악행을 당한 것에 대한 판단이 분명하게 내려진 경우, 그에 따른 자연적 분노를 가질 수 있다는 것이다. 이때 중요한 것은 현자의 자연적 분노가 올바른 판단과 더불어 그것을 정당화시켜줄 수 있는 다양한 요소들이 합당하게 충족될 수 있어야 한다는 점이다. 그러나 판단을 비롯한 여러 가지 조건들이 만족되지 않은 경우에도 필로데모스가 현자의 자연적 분노를 인정한 것으로 보기는 어렵다. 현자는 자연적 분노의 합당한 조건들이 엄격하게 충족되지 않을 경우 분노에 동의하지 않을 것이며 그래서 분노를 표출하지 않거나 분노를 느끼지 않을 수도 있기 때문이다. 이런 이유로 필로데모스에게 분노는 자연적일 수 있어도 필수적인 것으로까지 볼 수는 없게 된다.

고대 희랍 분노론의 반추와 공동체적 삶의 전망

본 저술은 호메로스부터 헬레니즘 시기에 걸친 고대 희랍과 로마의 분노론을 다루었다. 제1부에서는 호메로스와 3대 비극작가 그리고 희극작가 아리스토파네스의 작품을 통해 분노의 사회·정치적 의미를 밝혔다. 제2부에서는 정치적 분노와 설득의 관점에서, 소크라테스의 법정 변론술과 플라톤적 이상국가 건설에 있어, 튀모스적 부분을 숭고한 분노로 전환시키기 위한 설득의 중요성 그리고 여성의 분노가 함의하는 사회·정치적 의미를 규명하였다. 그리고 제3부에서는 분노와 행복의 상관관계를 아리스토텔레스의 분노에 대한 긍정적인 입장과 이와 대립각을 세우고 있는 스토아학파의 분노 제거 내지 억제론을 세네카를 통해 살펴보았다. 또한 에피쿠로스학파에 속하는 필로데모스를 통해 분노에 대한 일종의 절충주의적 입장도 살펴보았다.

지금까지의 분노에 대한 고찰을 통해 나는 고대 희랍과 로마의 분노론이 부정확하면서도 단편적으로 이해되어왔다는 결론에 이르렀다. 그것은 무엇보다 인간 삶에서 분노는 가급적 제거되거나 억제되어야 한다는—적어도 감정에 대한 근대 이후의 서구 학계의 이성중심적인 해석을 고려할 때—부정적인 평가가 고대 희랍인의 분노관을 온전히 반영하고 있지 않기 때문이다.[1] 딕슨(Dixon)이 말하는 것[2]처럼 18세기 이후의 서양에서 이모션(emotion)이라는 영어식 표현은, 본래 인간의 영혼 또는 정신적 삶과 관계되어 사용되던 정념(passion)이나 정서(affection) 개념이 세속화(secularisation)되어 사용된 새로운 개념이다. 문제는 이모션이라는 관점에서 볼 때, 분노라는 감정이 근대 이전의 고대와 중세에서 뜻하던 인간의 온전한 영혼과 자아의 활동으로 인식되지 못하고, 단순히 뇌과학 내지 신경생리적인 차원에서의 과도한 병리적 양태로 진단될 수 있다는 점이다. 분노에 대한 이러한 정의를 따르면 분노는 비합리적이고 불완전한 감정으로, 신속하게 제거해야 하거나 억제시켜야 하는 감정이다.

분노에 대한 이러한 편협하면서도 잘못된 평가의 근저에는 기본적으로 고대 희랍인들의 분노에 대한 이해가 서양 근대 이후의 이해보다 정확하지 못하리라는 선입견 때문인 듯하다. 특히 인류문화사적 관점에서 볼 때 인간의 역사는 진보하여 왔고, 분노나 수치심 또는 정의에 대한 인간의 사고 역시 점차 발전되어온 것으로 보는[3] 소위 진

---

1) 국내에서 최근에 수치심과 죄책감에 주목하여 감정 연구의 중요성을 강조한 연구서로는 임홍빈, 『수치심과 죄책감』, 바다출판사, 2013 참조.

2) T. Dixon, *From Passions to Emotions: The Creation of a Secular Psychological Category*, Cambridge Univ. Press, 2003, 특히 pp. 1~25 참조.

3) Snell과 Adkins의 입장이 여기에 속한다. B. Snell, *The Discovery of the Mind in Greek Philosophy and Literature*, New York, 1953. A. W. H., Adkins, 1960.

보주의적(progressive) 해석 방식에 따르면 희랍인의 분노론은 원초적 (primitive)이며 비합리적인 것으로서 세련된 문명인의 보편적 감정으로 볼 수 없다.[4] 그러나 이러한 진보주의적 해석 방식은 버나드 윌리엄스(Bernard Williams)가 비판하는 것[5]처럼 자칫 인류가 따르는 도덕률이 모두 근대의 칸트적인 도덕률이며, 그래서 우리 모두를 칸트주의자로 생각하는 것만큼 잘못된 것이다.

상술한 문제를 염두에 두고 나는 고대 희랍인이 말하는 분노 개념이 그들만의 고유한 분노 관념이 아님을, 즉 고대 희랍인의 분노관이 보편적임을 밝히고자 하였다. 고대와 현대의 문화적인 차이가 부정될 수 없고, 그래서 분노의 원인과 양태는 다를 수 있지만, 현대를 살아가는 우리는 여전히 호모 이라쿤두스(homo iracundus), 즉 '분노하는 인간'이기 때문이다. 호메로스와 아리스토텔레스 그리고 세네카의 분노에 대한 지적인 작업은 여전히 지금도 '인간이란 무엇인가'의 물음에 대한 하나의 통찰력 있는 견해를 보여준다는 점에서 특히 자세히 짚어 보았다. 나는 또한, 고대 희랍인의 분노론이 부정확하게 이해되어왔음에 주목하고 그것을 바로잡고자 하였다. 호메로스와 아이스퀼로스 그리고 플라톤과 아리스토텔레스와 같은 고대 희랍인들에게 중요한 것은 분노를 제거하거나 억제하는 것이 아니라, 분노를 적합하게 표출하고 분

---

4) 이러한 견해는 현대의 고전학자들에게서도 발견된다. 예를 들어 L. Muellner, 1996, p. 1. D. Konstan, *The emotions of the Ancient Greeks: Studies in Aristotle and classical literature*, University of Toronto Press, 2006, p.41.
5) B. Williams, 1993, 특히 4장 참조.

노를 순화할 수 있는 가능성이 있는가의 여부였다는 점이다. 요컨대 고대 희랍인들은 분노 자체의 가치를 부정하지 않으면서도 분노를 어떻게 개인과 공동체의 순기능을 담당할 수 있는 좋은 분노로 순화시키거나 조화시킬 수 있는지를 모색했다고 말할 수 있다. 인간의 행복하면서도 참된 삶은, 분노를 제거하기보다는 분노와 함께하는 방식으로 가능하다고 본 것이다.

이제 이러한 나의 문제의식이 본 저술에서 어떻게 제시되었는가를 핵심적인 내용을 짚어가면서 정리해보도록 하겠다. 먼저 호메로스 시기의 분노론을 이해하려면 이 시기가 필로티모스(philotimos), 즉 명예(time)를 중시하는 사회라는 점을 고려해야 한다. 대부분의 경우에 그것이 인간의 분노든 또는 신의 분노든, 기본적으로 명예를 상실했을 때 느끼는 모욕에 대한 반응이라는 것이다. 『일리아스』편에 나오는 아킬레우스와 병사 테르시테스의 분노는 전투에서의 응당 자신에게 귀속되어야 할 티메를 상실하거나 보상이 이루어지지 않았을 때 일어나는 반응이다. 티메를 상실하면 얼굴을 들지 못할 정도로 수치심이 일고, 곧 분노가 일어나기 때문이다. 오뒤세우스의 구혼자들에 대한 분노 역시 무엇보다 구혼자들이 따라야 할 당시의 적절한 관례를 어긴 오만무례(hybris)한 원초적 악행에 대한 되갚음이라는 응징적 정의의 속성을 보여준다.

여기서 우리가 주목해야 할 것은 호메로스 시기의 분노론이 기본적으로 그 당시의 사회·정치적 상황을 반영하고 있다는 점이다. 이것은 공동체 내의 인간적인 갈등과 분쟁이 사회적 법과 같은 제도적 요소에 의해 해결되기보다는 일종의 영웅들의 분노의 경쟁을 통해 실현되는 공동체 형태에 기인했기 때문이라 볼 수 있다. 티메의 합당한 분배가 법과 같은 합리적인 제도적 절차를 통해 이루어지지 않는 수치문화(shame culture)에서 분노는 일종의 합당한 분배적 정의를 요구하는 사회·정치적인 감정적 반응이자 표현이다. 자신의 정당한 분배를 받기 위한 일종의 자력구제(自力救濟, self-help)의 수단이 될 수 있다는 것이다. 이런 이유로 호메로스의 영웅주의 시대는 분노가 다른 감정들보다 더 특별한 위치를 차지한다. 분노의 가치는 전제되어 있으며, 따라서 주된 관심은 분노를 어떻게 잘 표현하는가에 있다.

비극시대의 분노론은 신화시대와는 다른 양상, 다른 유형으로 나타난다. 비극시대는 폴리스라는 사회·정치적 환경에 있었기 때문에 분노의 순화나 통제가 법이나 재판과 같은 공적 기제에 의해 관리된다. 아이스퀼로스의 『오레스테이아』 3부작에서는 정의와 정의가 대립하고 충돌했을 때 아레이오스 파고스에서의 재판과 같은 공적 기제에 의해 문제가 해결되는 장면이 등장한다. 아가멤논 집안의 사적(私的)인 분노에 의한 살인과 그로 인한 복수(vendetta)가 대화와 설득을 통한 이성적이며 민주적인 권위체인 공적인 재판에 의해 무력화되고 대체되는 것이다. 그러나 새로운 사회로 진입하면서도 에리뉘에스의 분노가 갖는 정당성 역시 그대로 인정되고 있다는 점을 간과할 수 없다. 새로운 문명사회를 정착시키는 데 있어서 가족 내의 윤리적이며 규범적인 원칙이 지켜지지 않을 경우 복수의 여신들의 분노가 여전히 필요하다고 인정되고 있기 때문이다. 분노가 함의하는 긍정적인 의미는 프로메테우스의 분노를 통해서도 여실히 드러난다. 제우스의 전제적 통치와 권위에 대한 프로메테우스의 불복종과 저항정신은 분노의 힘에 의해 가능했다고 볼 수 있기 때문이다. 즉 인류애에 대한 프로메테우스의 사랑과 헌신은 분노가 동력이 되었던 셈이다.

소포클레스의 비극작품에서 역시 분노가 갖는 사회·정치적 의미를 파악할 수 있다. 『오이디푸스 왕』과 『안티고네』에 나타난 오이디푸스 왕과 크레온 왕의 분노에서 한 나라의 왕의 분노가 공동체 전체의 운명을 결정할 수 있는 요인으로 작용함을 알 수 있다. 오이디푸스 왕의 통제되지 않은 분노는 그의 아버지를 죽이고, 이러한 그의 폭력적인 분노는 결국 테바이라는 한 나라의 비극을 야기하는 원인이 된다. 마찬가지로 크레온 왕은 왕으로서의 역할에 충실하고자 하나, 그의 지나친 분노로 인해 사태를 제대로 보지 못하고 결국 자신의 가족과 한 나라를 위기로 몰아넣는다. 이처럼 분노의 주체가 한 사인(私人)이 아닌, 한 국가의 왕일 경우 그것의 부정적 기능은 한 국가를 파멸로 이끈다는 점에서 분노의 힘은 막강하다. 그러나 이것이 작가 소포클레스가 분노를 악의 감정으로 규정하기 위해 두 작품을 썼다고 보는 것은 정확한 이해가 아니다. 그보다는 오히려 두 왕의 비극적 결과를 통해 분노에 대한 처리와 관리가 어떻게 이루어져야 하는지에 관한 실존적 물음을 제기한다고 보아야 한다. 왕의 분노는 그것을 어떻게 통제하고 잘 순화하는가에 따라 일국(一國)의 흥망성쇠가 달라질 수 있기 때문이다.

제2부에서는 정치적 분노와 설득의 관계를 살펴보았다. 먼저 소크라테스의 재판에서의 변론술과 그의 죽음의 원인을 고찰하였다. 특히 소크라테스의 변론술이 그의 에이로네이아와 메갈레고레이아적인 수사술적 방식에 의해 이루어졌음을 밝혔다. 이 두 변론 방식은 기본적으로 시민 배심원단의 판결능력에 대한 소크라테스의 불신에서 비롯한 그

의 독특한 수사술이다. 소크라테스의 이러한 변론 방식은 기본적으로 자신에 대한 기소가 근거가 없으며, 재판의 목적은 진실을 가려야 하는 것이지 다수의 배심원들의 의견에 호소해서는 안 된다는 신념이 깔려 있다. 그러나 그의 변론 방식은 결국 아테네 배심원들에게 오만하다고 비추어졌으며 배심원들의 분노를 야기하는 실패한 설득술로 평가받았다. 그런데 소크라테스에 대한 배심원단의 사형 판결에는 그의 정치적 입장에 대한 아테네 시민들의 공분(公憤)이 근본적으로 깔려 있다고 봐야 한다. 아테네 시민 배심원단의 사형 결정은 당시의 아테네 민주주의 하에서 소크라테스의 사적(私的)인 철학 활동이 함의하는 정치적 의미에 대한 아테네 시민들의 의혹과 분노가 반영되었다고 볼 수 있기 때문이다. 그리고 소크라테스에 대한 기소명으로 제시된 불경건죄와 청년 타락죄는 본질적으로 소크라테스의 반(反)민주적인 철학함의 정치적 요소가 고려되어 이해되어야 한다는 점을 밝혔다.

플라톤의 분노론은 분노에 대한 적극적인 관심과 그것의 기여를 철학적인 분석을 통해 논증하고 있다는 점에서 주목할 필요가 있다. 플라톤의 주된 관심은 튀모스적 분노를 이성의 척도에 맞추어 순화시키거나 조절하는 데 있었지, 분노의 완전한 제거나 억제를 목표로 하지 않았다. 이것은 튀모스의 과도하면서도 거친 성향을 교육을 통해 도야시킴으로써 고상한 분노, 즉 용기의 덕으로 바꾸는 것을 의미한다. 플라톤은 튀모스가 이성이나 욕구와 어떤 관계를 맺는가에 따라 궁극적으로 정의 실현의 성패가 갈릴 수 있다고 생각하기 때문이다. 다시 말해 튀모스가 이성과 협력하면 이상국가를 실현할 수 있지만, 반대로 튀모스가 이성의 명령에 저항하고 욕구로 기울어지면 정의로운 나라를 건설하기 어렵다는 것이다. 플라톤이 『국가』편에서 튀모스를 숭고한 분노로 이끌기 위한 시가 교육과 체육 교육의 조화를 왜 그렇게도 강조했는지를 바로 이러한 이유에서 찾을 수 있다. 요컨대 플라톤의 고민은 튀모스의 부정적인 측면으로서의 거칠면서도 조야한 성향을 어떻게 용기와 정의로 승화될 수 있는 고상한 분노로 설득하는지에 있다고 말할 수 있다. 이처럼 플라톤은 분노를 부정하기보다는 그것을 자신의 이상국가를 건설하기 위한 유용한 수단으로 선용(善用)하고자 한다.

제3부에서는 분노와 행복의 상관관계를 해명하고자 하였다. 먼저 아리스토텔레스의 분노론을 고찰하였다. 아리스토텔레스는 플라톤의 분노에 대한 관심과 의미 부여를 보다 체계적이면서도 적극적으로 제시한다고 말할 수 있다. 아리스토텔레스가 중용에 따른 분노가 가능함을 인정하면서 분노의 긍정적인 측면을 강조하고 있기 때문이다. 이것은 분노를 과도하게 내는 것도 문제지만 아예 분노하지 않거나 너무 약하게 분노하는 것도 문제가 있다는 아리스토텔레스의 말에서 분명해진다. 그러니까 아리스토텔레스는 중용의 원리에 따라 정당성이 확보될 경우 분노의 표출을 긍정적으로 간주한다. 온화한 분노로서의 관엄함(πραότης)이 그러한 올바른 분노의 유형이라고 말할 수 있다. 이처럼 아리스토텔레스에서 부당한 모욕에 대한 분노의 대응 방식은 도덕적 주체가 될 수 있게 하는 적합한 방응이 된다. 결국 아리스토텔레스에게서 인간의 행복은 분노를 부정함으로써가 아니라 '분노에 따라'(κατ' ὀργήν) 실현될 수 있는 것이다. 아리스토텔레스적인 의미의 행복한 사람은 이성적인 인간이 되어야 할 뿐만 아니라, 분노할 때 분노할 수 있는 호모 이라쿤두스(homo iracundus)도 되어야 하는 것이다.

스토아학파의 분노에 대한 견해는 아리스토텔레스와 상반된다. 스토아학파의 후기 철학자인 세네카는 아리스토텔레스와 그 계승자들인 소요학파의 분노론을 신랄하게 비판한다. 세네카는 기본적으로 부정이나 욕설, 경멸 등과 같은 모욕에 대해 분노로 반응하는 것은 우리의 행복을 위한 적합한 판단이 아니라고 생각하기 때문이다. 물론 세네카가 우리가 살고 있는 세상이 많은 부정의와 악으로 가득 찬 것을 부정하는 것은 아니다. 그러나 스토아 철학자가 보기에 이러한 부정의와 고통으로 가득 찬 세상에서 인간이 행복할 수 있는 태도는 분노와 복수가 아니라 용서와 동정심이다. 타인의 죄를 덜 비난하고 악인에게 사랑을 베풀수록 자신의 행복과 세상의 행복이 실현될 수 있는 가능성이 좀 더 높은 것으로 생각하기 때문이다. 현자란 바로 자신의 유한한 삶을 자신의 이성을 통해 세계 이성의 섭리에 조화시킴으로써 분노가 어떠한 가치도 갖지 않음을 통찰할 수 있는 사람이다. 그러기 때문에 세네카에 따르면 우리는 현자처럼 자신의 최고선인 아파테이아(ἀπάθεια)를 분노가 아닌 용서를 통해 실현해야 한다. 그래서 세네카는 분노로부터 우리가 자유로워져야 하며, 그러기 위해서는 분노의 "뿌리를 완전히 뽑아버릴 것"(exstirpemus radicitus)을 주문한다.

마지막으로 필로데모스의 분노론을 통해 에피쿠로스학파의 분노론을 검토하였다. 필로데모스의 분노론은 일종의 소요학파와 스토아학파의 분노론의 중간 정도에 위치한다고 말할 수 있다. 그는 분노의 종류를 '자연적 분노'와 '헛된 분노'로 나누면서, 앞의 자연적 분노는 인정하면서 후자의 헛된 분노는 부정한다. 여기서 필로데모스는 에피쿠로스적인 현자의 분노는 자연적 분노로서의 오르게(ὀργή)이며, 이와 달리 현자가 아닌 사람들이 표출하는 헛된 분노는 튀모스(θυμός)로서 양자가 구별되어야 함을 강조한다. 이러한 구별에 근거하여 필로데모스는 현자의 헛된 분노의 표출을 반대하면서도, 현자의 자연적 분노는 인정한다. 현자도 어쩔 수 없는, 즉 인간의 한계를 넘어선 저항할 수 없는 분노로서의 '자연적 분노'가 존재하고, 이것은 영혼의 질병으로 간주되는 '헛된 분노'와 다른 것으로 간주되어야 한다는 것이다. 필로데모스가 보기에 다른 철학자들의 분노에 대한 오해와 불충분한 이해는 바로 자연적 분노로서의 오르게를 헛된 분노인 튀모스와 같은 것으로 혼동한 데서 기인한다.

본 연구를 통해 나는 고대 희랍과 로마의 분노론이 분노의 긍정적 측면과 부정적 측면 모두를 짚고 있음을 밝혔다. 플라톤과 아리스토텔레스가 분노의 긍정적 측면에 주목한다면, 세네카와 같은 스토아 철학자는 분노의 부정적 측면에 초점을 맞추어 그것의 제거나 억제에 관한 방안과 처리를 고민했다고 말할 수 있다. 그러면 이러한 고대 희랍과 로마의 분노론은 과연 오늘날 어떤 의미가 있을까? 특히 우리 삶에 어떤 사회·정치적인 전망을 제시하는가?

무엇보다 분노는 한 사회의 건강함을 포착할 수 있는 일종의 도덕적 바로미터(barometer)다. 한 사회의 구성원들이 내는 분노의 강도가 세거나, 빈도수가 높거나, 분노가 물리적인 폭력이라는 극단적인 방식으로 표출될수록 그 사회는 불안정하고 시민들은 불행하다는 것을 말해 주는 일종의 사회적 지표다. 그것이 다수이든 소수이든 의식적인 집단적 분노의 표출은 그 사회가 아직까지 자유나 평등 또는 인권을 구현하지 못하고 있음에 대한 증표로 볼 수 있다. 특히 한 사회가 외양적으로는 건강한 사회처럼 보여도 속으로 병든 공동체일 경우, 분노는 그것의 허상을 벗겨줄 수 있는 진실의 목소리일 수 있다. 거짓과 기만에 의해 조작된 사회를 다시 진실과 정의의 사회로 바꾸고자 하는 깨어 있는 몸짓일 수 있다. 마치 한 마리 물고기가 썩어가는 저수지를 휘저음으로써 다시 그 저수지에 산소를 공급하는 생명지킴이의 역할을 할 수 있는 것처럼, 분노는 잠들어 있는 공동체를 깨울 수 있는 계몽된 영혼의 외침이 될 수 있는 것이다. 따라서 한 사회가 보다 더 나은 공동체로 거듭나기 위해서는 그 구성원들의 분노에 눈을 감거나 눈을 돌리는 것은 바람직하지 않다. 정당한 분노에 눈을 감는 사회는 곧 그 사회의 불의와 부정 그리고 도덕적 타락을 용인하는 사회이기 때문이다. 그렇기 때문에 우리는 기뻐해야 할 때 기뻐할 수 있어야 하는 것처럼, 분노해야 될 때 분노할 수 있어야 한다. 번영로 시인이 말한 것처럼 '거룩한 분노는 종교보다 깊을 수 있'기 때문이다. 물론 분노가 남용되어서는 안 된다. 정당화될 수 없는 분노는 공감을 얻지 못할 것이며, 생명력을 잃게 마련이기 때문이다. 그러나 우리는 때로 행복해지기 위해 분노할 줄 알아야 한다. 불의로 팽배한 사회가 침묵한다는 것은 그 사회가 병들었다는 증거다. 행복하고 건강한 사회가 실현되기 위해서는 숭고하고 정당한 분노의 가치가 인정되어야 한다. 정의로운 분노가 부정되는 사회는 고대 희랍인들이 말하는 것처럼, 자유인이 아닌 노예들의 사회다. 이런 점에서 우리가 고대 희랍에서 찾아야 할 것은 민주주의와 철학의 정신만이 아니다. 고대 희랍인의 분노론 역시 우리가 계속적으로 대화하고 연구하고 반추할 만한 점을 찾아내야 할 지적 자산 중 하나다.

본문 출처

* 다음의 글은 저자가 예전에 발표한 글을 일부 수정, 보완한 형태로 본문에 실었음을 밝힌다. 나머지 부분은 저술 과정에서 모두 새롭게 작성되었다.

1. 제1부 제2장 1. 『결박된 프로메테우스』에 나타난 프로메테우스의 분노론
   : 손병석, 「프로메테우스의 분노(orgē)와 정의(dikē)의 정당성 문제」, 『서양고전학연구』, 45집, 2011, pp. 5~37.

2. 제2부 제5장 여성의 분노론: 『메데이아』와 『뤼시스트라테』를 중심으로
   : 세네카와 갈렌, 크리시포스와 질(Gill)의 견해는 손병석, 「무정념: 현인에 이르는 스토아적 이상과 실천」, 『철학연구』, 80집, 2008, pp. 45~54에서 부분적으로 재인용.

3. 제3부 제6장 아리스토텔레스의 분노론을 중심으로
   : 손병석, 「분노는 정당화될 수 있는가?: 아리스토텔레스의 분노(orge)론을 중심으로」, 『철학연구』, 93집, 2011, pp. 31~60.

4. 제3부 제7장 스토아학파의 분노 치료와 아파테이아
   : 손병석, 「무정념(apatheia): 현인에 이르는 스토아적 이상과 실천」, 『철학연구』, 80집, 2008, pp. 41~59에서 일부 수정 후 반영.

Homeros, *Ilias-Odyssey*, Loeb. Classical Library, Cambridge, Harvard UP, 1995.

Aeschylus, I, II, Loeb Classical Library, Cambridge, Harvard UP, 1973

Sophocles, I, II, Loeb Classical Library, Cambridge, Harvard UP, 1987.

Euripides, I, Loeb. Classical Library, Cambridge, Harvard UP, 1967.

Aristophanes, III, Loeb Classical Library, Cambridge, Harvard UP, 1987.

Aristoteles, *Aristotelis Opera*, Imm. Bekker(ed.), Berlin 1831~1970.

Platon, *Platonis Opera*, J. Burnet(ed.), Oxford, vol. 1~4, 1900~1907.

Stoicorum Veterum Fragmenta, Hans von Arnim(ed.), vol. 1~4, Stuttgart, 1903~1924.

The Hellenistic Philosophers, A. A. Long and D. N. Sedley(eds.), vol. 1~4, London 1987.

Epicuro: Opere, Graziano Arrighetti, Turin 1973.

Lives of Eminent Philosophers, R.D. Hicks(trans.), Loeb Classical Library, Harvard Univ. Press, 1972.

Dionysius of Halicarnassus, Usener and Redermacher, 1904~1929.

Xenophon, *Apologia, Memorabilia*, The Loeb Classcial Library, Cambridge, Harvard UP, 1958.

Giovanni Indelli, Filodemo: L'ira edizione, traduzione e commento, Naples, 1988.

Galen, *De placitis Hippocratis et Platonis*, Corpus Medicorum Graecorum, Phillip de Lacy(eds.), Berlin 1981.

Seneca, *De ira*, J. Hendeson(ed.), The Loeb Classical Library, Harvard Univ. Press, 1970.

Lucretius, *De rerum natura*, Loeb Classical Library, 1924.

Liddle, H-Scott, R and Jones, H. S., Greek-English Lexicon.

참고문헌

권창은, 「소크라테스와 악법」, 『희랍철학의 이론과 실천』, 고려대 출판부, 2004, pp. 167~198.

────, 「소크라테스에 있어서 정의와 준법」, 『희랍철학의 이론과 실천』, 고려대 출판부, 2004, pp. 199~268.

────, 「아리스토텔레스의 정의관─응징정의관(膺懲正義觀)을 중심으로」, 『서양고전학 연구』, 10권, 1996, pp. 11~41.

강성훈, 「『국가』 4권에서 영혼의 세 부분」, 『서양고전학 연구』, 23권, 2005, pp. 29~69.

김봉철, 「고전기 아테네의 불경죄 재판」, 『서양고전학 연구』, 2003, pp. 169~206.

데카르트, 『방법서설, 성찰, 철학의 원리, 정념론』, 소두영 역, 동서문화사, 2007.

도즈, E. R., 『그리스인들과 비이성적인 것』, 주은영, 양호영 역, 까치, 2002.

베터니 휴즈, 『아테네의 변명』, 강경이 역, 옥당, 2008.

롱, A., 『헬레니즘 철학』, 이경직 역, 서광사, 1974.

손병석, 「희랍 철학 속에 나타난 뮈토스와 로고스의 이분법적 구분에 대한 재성찰」, 『철학 연구』, 56집, 2002, pp. 171~194.

────, 「전자 민주주의와 참여민주주의: 몸의 확장을 넘어서 덕의 고양으로」, 『철학연구』, 36집, 2008, pp. 123~132.

────, 「정치적 기술(politike techne)과 공적 합리성─프로타고라스와 플라톤의 견해를 중심으로」, 『철학』, 75권, 2003, pp. 49~80.

────, 「무정념(apatheia): 현인에 이르는 스토아적 이상과 실천」, 『철학연구』, 80집, 2008, pp. 41~59.

────, 「아리스토텔레스 수사학에서 쾌락과 칭찬」, 『철학』, 93집, 2007, pp. 71~93.

────, 「아리스토텔레스에 있어서 에르곤(ergon), 덕(arete) 그리고 행복(eudaimonia)의 의미」, 『철학연구』, 76집, 2000, pp. 31~64.

────, 「Polis and Cosmopolis」, 『철학논총』, 39집, 2005, pp. 203~211.

신인자, 「신체적 느낌과 인지는 감정을 구성하기 위해 어떻게 결합하는가?─프린츠의 이론을 중심으로」,『철학사상』, 27권, 2008, pp. 269~296.

아이스퀼로스,『아이스퀼로스 비극』, 천병희 역, 단국대 출판부, 1998.

양선이,「윌리엄 제임스의 감정이론과 지향성의 문제」,『철학연구』, 79권, 2007, pp. 107~128.

에우리피데스,『에우리피데스 비극』, 단국대학교출판부, 1999.

이상인,「연민과 비극의 도덕―아리스토텔레스『시학』13장의 '비극적 죄'를 중심으로 」,『철학』, 64권, 2000, pp. 83~111.

이창우 외 역,『니코마코스 윤리학』, 이제이북스, 2006.

이창대,「초기 스토아 윤리학의 적합한 행위와 옳은 행위」,『그리스 자연철학 이해』, 인하대학교출판부, 2006, pp. 253~278.

―――,「스토아 윤리학의 인식론적 기초」,『철학』, 62집, 2000, pp. 86~92.

이정호,「플라톤 국가편에 나타난 트라시마코스 주장의 일관성 탐색」,『희랍 철학 연구』, 종로서적, 1987, pp. 107~126.

이태수,「호메로스의 인간관」,『희랍 라틴문학연구』, 성균관대학교 인문과학연구소, 1993, pp. 147~178.

임철규,『그리스 비극』, 한길사, 2007.

임홍빈,『수치심과 죄책감』, 바다출판사, 2013.

소포클레스,『소포클레스 비극』, 단국대학교출판부, 1998.

스톤, I. F.,『소크라테스의 비밀』, 손병석, 편상범 공역, 간디서원, 1996.

조지 커퍼드,『소피스트 운동』, 김남두 역, 아카넷, 1981.

정재원,「Orestes의 석방과 (釋放) Zeus의 법(Dike)」,『서양고전학 연구』, 1990, pp. 27~50.

제임스, W.『심리학의 원리 3』, 정양은 역, 아카넷, 2005.

플라톤, 박종현 역,『국가』, 서광사, 1997.

―――, 박종현 역,『에우티프론, 소크라테스의 변론, 크리톤, 파이돈』, 서광사, 2003.

Adkins, A. W. H., *Merit and Responsibility: a Study in Greek Values*, Oxford, the Clarendon Press. 1960.

Allen, D. S., *The World of Prometheus, The Politics of Punishing in Democratic Athens*, Princeton Univ. Press, 2000.

Annas, J., "Plato's Republic and Feminism", *Philosophy*, vol. 51, 1976, pp. 1~14.

―――, "Epicurean Emotions", *Greek, Roman and Byzantine Studies*, vol. 30/2, 1989, pp. 145~164.

Averill, J. R., "Studies on Anger and Aggression", *American Psychologist*, 1983, pp. 1145~1160.

Barton, C., *Getting Even: Revenge as a Form of Justice*, Open court publishing company, 1999.

Blakeley, D. N., "Stoic Therapy of the Passions", *Hellenistic Philosophy*, vol. 2, K. J. Boudouris(ed.), Athens, 1994, pp. 30~41.

Blundell, M. W., *Helping Friends and Harming Enemies: A Study in Sophokles and Greek Ethics*, Cambridge, 1989.

Bobonich, C., *Plato's Utopia Recast: His Later Ethics and Politics*, Oxford 2002.

Bongie, E. B., "Heroic Elements in the Medea of Euripides", *Transactions of the American Philological Association*, vol. 107, 1977, pp. 27~56.

Boudouris, K. I., "Hē stoikē ethikē philosophia ōs therapeia", *Hē ēthikē philosophia tōn hellenon*, Athena, 1996, pp. 180~193.

Bove, L. F., "Reflections on Revenge and Community: Lessons from Seneca's *de ira* and Verdi's Rigoletto'", *Community, diversity, and difference*, 2002, pp. 5~20.

Braund and Most(eds.), *Ancient Anger*, Cambridge Univ. Press, 2003.

Brickhouse, T. C. and N. D. Smith, "Socrates' God and the Daimonion", *Reason and Religion in Socratic Philosophy*, N. D. Smith and Paul B. Woodruff(eds.), Oxford Univ. Press, 2000, pp. 74~88.

————, *The Trial and Execution of Socrates*, Oxford Univ. Press, 2002.

————, "The Origin of Socrates' Mission", *Journal of the History of Ideas*, vol. 44/4, 1983, pp. 657~666.

————, *Socrates on Trial*, Princeton Univ. Press, 1989.

Brown, E., "Justice and Compulsion for Plato's Philosopher-Rulers", *Ancient Philosophy*, vol. 20, 2000, pp. 1~17

Burnet, J., *Greek Philosophy: Thales to Plato*, London, 1950.

Burnett, A. P., *Revenge in Attic and Later Tragedy*, Univ. of California Press, 1998.

Burnyeat, M. F., "The Impiety of Socrates", *Ancient Philosophy*, vol. 17, 1997, pp. 1~12.

————, "The Truth of Tripartition", *Proceedings of the Aristotelian Society*, 106, 2006, pp. 1~22.

Cairns, D. L., "Anger and the Veil in Ancient Greek Culture", *Greece & Rome*, vol. 48/1, 2001, pp. 18~32.

Cantarella, E., "Private revenge and public justice", *Punishment & Society*, vol. 3/4, pp. 473~483.

Cantens, B., "Why forgive? A christian response", *Proceedings of the ACPA*, Vol. 82, 2009, pp. 217~227.

Castelnerac, B., "Plutarch's Psychology of Moral Virtue: Pathos, Logos, and the Unity of Soul", *Ancient Philosophy*, 27, 2007, pp. 141~163.

Coby, J. P., "Why are there Warriors in Plato's Republic", *History of Political Thought*, vol. 22/3, 2001, pp. 377~399.

Cohen, David, *Law, Violence, and Community in Classical Athens*, Cambridge Univ. Press, 1995.

Cooper, J. M., "Posidonius on emotions", *The Emotions in Hellenistic Philosophy*, J. Sihvola and T. Engberg-Pederson, Dordrecht, Netherlands, 1998, pp. 71~111.

――――, "Plato's Theory of Human Motivation", *Plato Critical Assesments*, vol. III, N. D. Smith (ed.), Routledge, London 1998, pp. 27~47.

Cooper, L. D., "Beyond the Tripartite Soul: The Dynamic Psychology of the Republic", *The Review of Politics*, vol. 63/2, 2001, pp. 341~372.

Curzer, H., "A Defense of Aristotle's Doctrine of the Mean", *Ancient Philosophy*, vol. 16, 1996, pp. 129~138.

Daniel, L., *YELOI EKTHANON: Laughter and the dwmise of the Suitors*, by ph. D., University of Cincinnati, 1980.

Davies, M., "Odyssey 22.474~22.477: Murder or Mutilation?", *The Classical Quarterly*, New Series, vol. 44/2, 1994, pp. 534~536.

Delacy, P., "Epicurean EPIΛOΓIXMOX", *American Journal of Philology*, 79, 1958, pp. 179~183.

Dixon, T., *From Passions to Emotions: The Creation of a Secular Psychological Category*, Cambridge. Univ. Press, 2003.

Diels, H., Kranz, W., *Die Fragmente der Vorsokratiker*, vol. I~III, Berlin, 1974.

Dodds, E. R., *The Greeks and the Irrational*, University of California Press, 1951.

――――, "On Misunderstanding the 'Oedipus Rex'", *Greece & Rome*, vol. 13/1, 1966, pp. 37~49.

Donaghy, J. A., *Spiritedness in Plato's "Republic: The education of to thymoeides"*, Boston College, 1990, pp. 68~89.

Dillon, J. M., "Metriopatheia and Apatheia", *Later Greek Ethics, Essays in Ancient Greek Philosophy*, vol. 2, Jong p. Anton and Anthony Preus (eds.), Albany: Suny Press, 1983, pp. 508~517.

Dorter, K., "Freedom and Constraints in Prometheus Bound", *Interpretation*, vol. 19/2, 1991~1992, pp. 117~135.

Edmunds, L., "The Practical Irony of the Historical Socrates", *Phoenix*, vol. 58.3/4, 2004, pp. 193~207.

Ellis, A., *Humanistic psychotherapy: The rational-emotive approach*, New York, 1974.

Ellis, A. & Harper, R. A., *A guide to Rational Living*, CA: Wilshire Book Company, 1997.

Emily, Wilson, *The Death of Socrates*, Harvard University Press, 2007.

Flynn, T., "Philosophy as a way of life Foucault and Hadot", *Philosophy & Social Criticism*, vol. 31, 2005, pp. 609~622.

Foley, H. P., "The Female Intruder Reconsidered: Women in Aristophanes' Lysistrata and Ecclesiazusae", *Classical Philology*, 77/1, 1982, pp. 1~21.

―――――, "The Conception of Women in Athenian Drama", *Reflections of Women in Antiquity*, New York, 1981, pp. 127~168.

Fowler, B. H., "The Imagery of the Prometheus Bound", *The American Journal of Philology*, vol. 78/2, 1957, pp. 173~184.

Fowler, D. P., "Epicurean anger", *The Passions in Roman Thought and Literature*, S. M. Braund and C. Gill(eds.), Cambridge Univ. Press, 1997, pp. 16~35.

Frede, M., "The Stoic doctrine of the affections of the Soul", *The Norms of Nature*, M. Schofield and G. Striker(eds.), Cambridge Univ. Press, 1986, pp. 93~110.

Gill, C., "Did Chrysippus understand Medea?", *Phronesis*, vol. 28, 1983, pp. 136~149.

Gillett, G and Robin Hankey, "Oedipus the King: Temperament, Character, and Virtue", *Philosophy and Literature*, vol. 29, 2005, pp. 269~285.

Giordano, M. Zecharya, "As Socrates Shows, the Athenians did not Believe in Gods", *Numen*, vol. 52/3, 2005, pp. 325~355.

Gocer, A., "A New Assessment of Socratic Philosophy of Religion", *Reason and Religion in Socratic Philosophy*, N. D. Smith and P. B. Woodruff, Oxford Univ. Press, 2000, pp. 115~129.

―――――, "Socrates on Personal Survival and Politics", *Ancient Philosophy*, vol. 17/2, 1997, pp. 283~289.

Gontar, D. P., "The Problem of the Formal Charges in Plato's Apology", *Tulane Studies in Philosophy*, vol. 27, 1978, pp. 89~101.

Gooch, P. W., "Socratic Irony and Aristotle's Eiron: Some Puzzles", *Phoenix*, 41, 1987, pp. 95~104.

Gomperz, T., *Philodemi Epicurei De ira liber*, Leipzig, 1864.

Gray, V. J., "Xenophon's Defence of Socrates: The Rhetorical Background to the Socratic

Problem", *The Classical Quarterly*, vol. 39/1, 1989, pp. 136~140.

Guthrie, W. K. C., *A History of Greek Philosophy*, vol. 3, Cambridge Univ. Press, 1981.

Hackforth, R., *The Composition of Plato's Apology*, Cambridge Univ. Press, 1933.

Harris, W. V., *Restraining Rage: The Ideology of Anger Control in Classical Antiquity*, Cambridge, Harvard Univ. Press, 2001.

―――, "Saving the phainomena : A Note on Aristotle's Definition of Anger", *The Classical Quarterly*, vol. 47/2, 1997, pp. 452~454.

Havelock, E. A., *The Crucifixion of Intellectual Man*, Boston, Beacon Press, 1951.

Hesiodos, *Erga kai Hemerai*, Loeb. Classical Library, Cambridge, Harvard UP, 1936.

Hobbes, A., *Plato and the Hero: Courage, Manliness and the Impersonal Good*, Cambridge Univ. Press, 2000.

Hoof, L. van., "Strategic Differences: Seneca and Plutarch on Controlling Anger", *Mnemosyne*, 60, 2007, pp. 59~86.

Houston, B., "In praise of Blame", *Hypatia*, vol. 7/4, 1992, pp. 128~147.

Hume, D., *A Treatise of Human Nature*, L. A. Selby-Bigge(ed.), Oxford, 1978.

Hursthouse, R., "A False Doctrine of the Mean", *Proceedings of the Aristotelian Society*, vol. 81, 1980~1981, pp. 57~72.

Inwood, B., "Seneca and Psychological Dualism", *Passions & perceptions: studies in Hellenistic philosophy of mind*, Jacques Brunschwig and Martha C. Nussbaum(eds.), Cambridge University Press, 1993, pp. 150~183.

―――, *Reading Seneca. Stoic Philosophy at Rome*, Oxford, 2005.

Irwin, T. H., "Socratic Inquiry and Politics", *Ethics*, vol. 96, 1986, pp. 400~415.

―――, "Socrates and Athenian democracy", *Philosophy and Public Affairs*, Vol. 18/2, 1989, pp. 184~205.

―――, *Plato's Moral Theory*, Clarendon Press, Oxford, 1977.

Jacquette, D., "Socrates on Persuasion, Truth, and Courtroom Argumentation in Plato's Apology", *Inquiry*, vol. 22/4, 2003, pp. 33~41.

Jaeger, W., *Paideia*, vol. 1, Oxford Univ. Press, 1945.

Jones, F. W., "The Formulation of the Revenge Motif in the Odyssey", *Transactions and Proceedings of the American Philological Association*, vol. 72, 1941, pp. 195~202.

Joyce, R., "Early Stoicism and Akrasia", *Phronesis*, vol. 40/3, 1995, pp. 315~335.

Karbowski, J., "Slaves, Women, and Aristotle's Natural Teleology", *Ancient Philosophy*, vol. 32, 2012, pp. 323~350.

Kaster, Robert A., *Emotion, Restraint, and Community in Ancient Rome*, Oxford University Press, 2005.

Kemp, S and Strongman, "Anger Theory and Mannagement: A Historical Analysis", *The American Journal of Psychology*, vol. 108/3, 1995, pp. 397~417.

Ker, J., "Seneca on self-examination: rereading On Anger 3.36", *Seneca and the Self*, S. Bartsch and D. Wray(eds.), Cambridge Univ. Press, 2009, pp. 160~187.

Kohen, Ari, "Plato's Heroic Vision: The difficult choices of the Socratic life", *Polis*, vol. 28/1, 2011, pp. 45~73.

Koziak, B., "Homeric Thumos: The Early History of Gender, Emotion, and Politics", *The Journal of Politics*, vol. 61/4, 1999, pp. 1068~1091.

Konstan, D., *The Emotions of the Ancient Greeks: Studies in Aristotle and classical literature*, University of Toronto Press, 2006.

————, "The Ocean Episode in the 'Prometheus Bound'", *History of Religions*, vol. 17/1, 1977, pp. 61~72.

Koutras, D., "Equity(epieikeia) in Aristotle's Practical philosophy", *Political Equality and justice in Aristotle and the problems of contemporary society*, Athens 2000, pp. 247~258.

Kraugerud, H. A., "Essentially Social? A Discussion of the Spirited Part of the Soul in Plato", *European Journal of Philosophy*, 18/4, 2010, pp. 481~494.

Kraut, R., *Socrates and the State*, Princeton Univ. Press, New Jersey 1984.

————, "Return to the cave: Republic 519-521", *Plato*, G. Fine(ed.), Oxford Univ. Press, 2000, pp. 717~736.

Kristjansson,K., "Can We teach justified Anger?", *Journal of Philosophy of Education*, vol. 39/4, 2005, pp. 671~689.

Lane, M. S., *Method and Politics in Plato's Statesman*, Cambridge Univ. Press, 1998.

Lara, E. C. de "Socrates' Response to the Divine in Plato's Apology", *Polis*, vol. 24/2, 2007, pp. 193~202.

Lear, J., *Aristotle: The desire to Understand*, Cambridge Univ. Press, 1988.

Leighton, S., "Aristotle's account of Anger: Narcissism and Illusions of Self-sufficience", *Ratio*, 15/1, 2002, pp. 23~45.

Liebowitz, D., *The Ironic defense of Socrates*, Cambridge Univ. Press, 2010.

Long, A. A., "Soul and body in Stoicism", *Stoic Studies*, Univ. of California Press, Berkeley and Los Angeles 1996, pp. 224~249.

Losin, P., "Aristotle's Doctrine of the Mean", *History of Philosophy Quarterly*, vol. 4/3, 1987, pp. 329~341.

Lutz, M. J., "Wrath and Justice in Homer's Achilles", *Interpretation*, vol. 33/2, 2006, pp. 111~131.

MacDowell, D., *Andokides, On the Mysteries*, Oxford Univ. Press, 1962.

————, *The Law in Classical Athens*, Thames and Hudson Ltd, London, 1978.

Marks, J., "The Ongoing Neikos: Thersites, Odysseus, and Achilieus", *American Journal of Philology*, vol. 126/1, 2005, pp. 1~31.

McFall, L., "What's wrong with bitterness?", *Feminist Ethics*, C. Card(ed.), Univ. Press of Kansas, 1991, pp. 146~160.

McPherran, M. L., "Socratic Reason and Socratic Revelation", *Socrates Critical Assessments*, W. J. Prior(ed.), vol. II, Routledge, 1996, pp. 167~194.

————, "Does Piety Pay? Socrates and Plato on Prayer and Sacrifice", *Reason and Religion in Socratic Philosophy*, N. D. Smith and Paul B. Woodruff(ed.), Oxford Univ. Press, 2000, pp. 89~114.

————, *The Religion of Socrates*, Pennsylavania State Univ. Press, 1999.

Metcalf, P. S. R., "The Philosophical Rhetoric of Socrates' Mission", *Philosophy and Rhetoric*, vol. 37/2, 2004, pp. 143~166.

Miller, F., *Nature, Justice, and Rights in Aristotle's Politics*, Oxford Univ. Press, 1995.

Mueller, G., "Another Approach to Socrates", *International Journal of Ethics*, vol. 43/4, 1933, pp. 429~439.

Muellner, L., *The Anger of Achilles*, Cornell Univ. Press, 1996.

Mulgan, R., *Aristotle's Political Theory*, Oxford Univ. Press, 1977.

Navia, Luis E., "A Reappraisal of Xenophon's Apology", *New Essays on Socrates*, E. Kelly(ed.), University Press of America, 1984, pp. 47~65.

Newton, Rick M., "Odysseus and Melanthius", *Greek, Roman and Byzantine Studies*, vol. 38/1, 1997, pp. 5~18.

Nicholson, P., "Unravelling Thrasymachus' Argument in 'the Republic", *Phronesis*, vol. 19, 1974, pp. 210~232.

Noone, J. B., "Oedipus, Fate, and Cosmic Justice", *Thought*, vol. 34, 1959, pp. 57~78.

Nussbaum, M. C., "Aristotle on Emotion and Rational Persuasion", A. O. Rorty(ed.), *Essays on Aristotle's Rhetoric*, Univ. of California Press, 1996, pp. 303~323.

————, *The Therapy of Desire*, Princeton Univ. Press, 1994.

Okin, S. M., "Philosopher Queens and Private Wives: Plato on Women and Family", *Plato:*

Critical Assessments, N. D. Smith (ed.), London, 1998, p. 182~190.

Owens, J., "The KALON in Aristotelian Ethics", *Studies in Aristotle*, J. O'Meara, The Catholic Univ. of America press, 1981, pp. 261~277.

Page, D., *Euripides, Medea*, Oxford 1938.

Partridge, J., "Socrates, rationality, and the Daimonion", *Ancient Philosophy*, vol. 28, 2008, pp. 285~309.

Patterson, R., "Plato on Philosophic Character", *Journal of the History of Philosophy*, vol. 25/3, 1987, pp. 325~350.

Peradotto, J. and J. P. Sullivan (eds.), *Women in the Ancient World*, The Arethusa Papers, State Univ. of New York Press, 1984.

Popper, K. R., *Open Society and its Enemies*, vol. I, Routledge London, 1994.

Procope, J., "Epicureans on Anger", *The Emotions in Hellenistic Philosophy*, J. Sihvola and T. Engberg-Pedersen (eds.), Kluwer Academic Publishers, Nederlands, 1998, pp. 171~196.

Purinton, J. S., "Epicurus on the telos", *Phronesis*, vol. 38, 1993, pp. 281~320.

Rabieh, L. R., *Plato and the Virtue of Courage*, The Johns Hopkins Press, 2006.

Radulesch, D., "The Tragic Heroine: Medea and the Problem of Exile", *Nature, Women, and the Art of Politics*, E. A. Velasquez, Lanham: Rowman & Littlefield, 2000, pp. 19~52.

Reesor, M. E., "The Stoic Wise Man", *Proceedings of the Boston Area Colloquium in Ancient Philosophy*, vol. 5. J. Cleary and D. C. Shartin (eds.), pp. 107~123.

Regis, L. M., *L'Opinion selon Aristote*, Publications de L'Institut D'Etudes Medievales D' Ottawa, Paris, Ottawa, 1935.

Russell, B., *A History of Western Philosophy*, George Allen & Unwin Pub. London, 1979.

Sadler, G., "Forgiveness, anger, and virtue in an Aristotelian perspective", *Proceedings of the ACPA*, vol. 82, pp. 229~247.

Sakezles, P. K., "Aristotle and Chrysippus on the Physiology of Human Action", *Apeiron*, 31/2, 1998, pp. 143~155.

Sanders, K.R., *Natural Passion: Desire and Emotion in Epicurean Ethics*, The Univ. Texas at Austin, 2002.

Santiago, A. C., *A Study of Aristotelian Demands for Some Psychological Views of the Emotions*, Duke Univ. Ph.d, 2009.

Saxonhouse, A. W., "Thymos, Justice, and Moderation of anger in the story of Achilles", *Understanding the political spirit: Philosophical investigations from Socrates to Nietzsche*, Yale Univ. Press, 1988. pp. 30~47.

————, "Men, Woman, War, and Politics: Family and Polis in Aristophanes and Euripides", *Political Theory*, vol. 8/1, 1980, pp. 65~81.

————, "Political Woman: Ancient Comedies and Modern Dilemmas", *Finding a New Feminism: Rethinking the Woman Question for Liberal Democracy*, P. G. Jensen(ed.), Lanham, MD, 1996, pp. 149~170.

Scanlon, T. M., *What we owe to each other*, The Belknap Press of Harvard Univ. Press, 1998.

Sedley, D., "Epicurus, On nature Book 28", *Cronache Ercolanesi*, 3, 1973, pp. 5~84.

Shofield, M., "I. F. Stone and Gregory Vlastos on Socrates and Democracy", *Ancient Philosophy and Modern Ideology, Aperion*, Special issue, 2000, pp. 281~301.

Singpurwalla, R., "The Tripartite Theory of Motivation in Plato's Republic", *Philosophy Compass*, vol. 5/11, 2010, pp. 880~892.

Slatkin, L. M., "The Wrath of Thetis", *Oxford Readings in Homer's Iliad*, D. L. Cairns(ed.), Oxford Univ. Press, 2001, pp. 409~434.

Smith, M. F., *Diogenes of Oinoanda: The Epicurean Inscription*, Naples, 1993.

Snell, B., *The Discovery of the Mind in Greek Philosophy and Literature*, New York, 1953.

————, *Scenes from Greek Drama*, Univ. of California Press, 1967.

Solomon, R., *The Passions*, New York, 1976.

————, *What is an Emotion?*, Oxford Univ. Press, 2003.

Son, Byung Seok, "Socratic Parrhesia and Democracy", *Greek Philosophy and the Issues of Our age*, K. Boudouris(ed.), Athens 2009, pp. 222~229.

————, "Plato's Conception of DOXA in Relation to Democracy", *Platonic Political Philosophy*, K. J. Boudouris(ed.), Athens 1997, pp. 182~199.

Sorabji, R., *Emotion and Peace of Mind*, Oxford, 2000.

Sourvinou, C.-Inwood, "What is Polis Religion", *Oxford Readings in Greek Religion*, R. Buxton(ed.), Oxford Univ. Press, 2000, pp. 13~37.

Stalley, R. F., "The Tripartite Soul in the Republic", *Oxford Studies in Ancient Philosophy*, D. Sedley(ed.), vol. 32, 2007, pp. 63~89.

Stanford, William B., *Greek Tragedy and the Emotions*, Routledge & Kegan Paul Books Ltd, 1983.

Stocker, M., and Hegeman, E., *Valuing emotions*, Cambridge Univ. Press, 1996.

Stokes, M., "Socrates' Mission", *Socratic Questions*, B. Gower and M. Stokes(eds.), Loutledge, 1992, pp. 26~81.

Stone, I. F., *The Trial of Socrates*, Anchor books, New York, 1988.

Stuurman, S., "The Voice of Thersites: Reflections on the Origins of the Idea of Equality", *Journal of the History of Ideas*, 65/2, 2004, pp. 171~189.

Swanson, J. A., "The Political Philosophy of Aeschylus's Prometheus Bound, *Interpretation*, vol. 22/2, 1994~1995, pp. 215~245.

Tait, M. D. C., "Spirit, Gentleness and the Philosophic Nature in the Republic", *Transactions and Proceedings of the American Philological Association*, vol. 80, 1949, pp. 203~211.

Taylor, A. E., *Socrates*, New York 1933.

Taylor, G., "Justifying the Emotions", *Mind*, vol. 84/335, 1975, pp. 390~402.

Tessitore, A., "Euripides' Medea and the Problem of Spiritedness", *The Review of Politics*, vol. 53/4, 1991, pp. 587~601.

Thomson, G., *Aeschylus and Athens*, London, 1980.

Tsouna, V., *The Ethics of Philodemus*, Oxford Univ. Press, 2007.

Turner, J. S., "A Note on Vlastos, Vietnam, and Socrates", *Ancient Philosophy*, 18, 1998, pp. 309~314.

Urmson, J. O., "Aristotle's Doctrine of the Mean", A. Rorty(ed.), *Essays on Aristotle's Ethics*, Univ. of California Press, 1980, pp. 157~170.

Vasiliou, I., "Socrates' Reverse Irony", *The Classical Quarterly*, vol. 52/1, 2002, pp. 220~230.

——, "Conditional irony in the Socratic Dialogues", *Classical Quarterly*, 49.2, 1998, pp. 456~472.

Vernezze, P. J., "Moderation or the Middle Way Two Approaches to Anger", *Philosophy Easy & West*, vol. 58/1, 2008, pp. 2~16.

——, "Philosopher's Interest", *Ancient Philosophy*, vol. 12, 1992, pp. 31~349.

Vetter, L. P., *Women's Work as Political Art*, Lexington Books, Maryland, USA, 2005.

G. Vlastos, "Socratic Piety", *Reason and Religion in Socratic Philosophy*, N. D. Smith and B. Woodruff(eds.), Oxford Univ. Press, 2000, pp. 55~73.

——, *Socrates: Ironist and Moral Philosopher*, Cambridge 1991.

——, "Socrates and Vietnam", *Socratic Studies*, Cambridge Univ. Press, 1994, pp. 127~133.

——, "The Historical Socrates and Athenian Democracy", *Political Theory*, vol. 11/4, 1983, pp. 495~516.

——, "The Paradox of Socrates", *The Philosophy of Socrates*, G. Vlastos(ed.), Garden city, 1971, pp. 1~21.

——, "Socrates' God and the Daimonion", *Reason and Religion in Socratic Philosophy*, N.

D. Smith and Paul B. Woodruff(eds.), Oxford Univ. Press, 2000, pp. 74~88.

————, *The Trial and Execution of Socrates*, Oxford Univ. Press, 2002.

Waterfield, R., *Why Socrates Died: Dispelling the Myths*, Norton, W. W. and Company, Inc, 2009.

Wees, H. V., *Status Warriors war, violence and society in Homer and History*, Amsterdam, 1992.

————, "The Homeric Way of War: The Iliad and the Hoplite Phalanx", Greece and Rome, 41/1, 1994, pp. 1~18, 41/2, 1994, pp. 131~155.

Weiss, R., "For Whom the Daimonion tolls", Apeiron, vol. 38/2, 2005, pp. 81~96.

White, S., "Io's World", *The Journal of Hellenic Studies*, vol. 121, 2001, pp. 107~140.

Wilke, K., *Philodemi Epicurei De ira liber*, Leipzig, 1914.

Williams, B., "The Analogy of City and Soul in Plato's Republic", *Plato*, G. Fine(ed.), Oxford Univ. Press, 2000, pp. 737~746.

————, *Shame and Necessity*, Berkeley: University of California Press, 1993.

Wilson, Emily, *The Death of Socrates*, Harvard University Press, 2007.

Wolfsdorf, D., "The Irony of Socrates", *The Journal of Aesthetics and Art of Criticism*, vol. 65/2, 2007, pp. 175~187.

Wood, E. M. and Wood, N., "Socrates and Democracy, A Reply to G. Vlastos", *Political Theory*, vol. 14/1, 1986, pp. 55~82.

————, *Class Ideology and Ancient Political Theory*, Basil Blackwell, Oxford, 1978.

Woolf, R., "Socratic Authority", *Archiv f. Gesch, d. Philosophie*, 90, pp.1~38.

Whitehead, A. N., *Process and Reality: an essay in cosmology*, New York, 1978.

Yu, A.C., "New Gods and Old order", *Journal of the American Academy of religion*, 39, 1971, pp. 19~42.

Zagacki, K. S., "Rhetoric and Anger", *Philosophy and Rhetoric*, vol. 39/4, 2006, pp. 290~309.

Zeidman, L. B. and P. S. Pantel, *Religion in the Ancient Greek City*, Cambridge Univ. Press, 1989.

Zuckert, C., "The Socratic Turn", *History of Political Thought*, vol. 25/2, 2004, pp. 189~219.